THE GUIDELINES ON LEGAL ISSUES OF
SHAREHOLDER DISPUTES

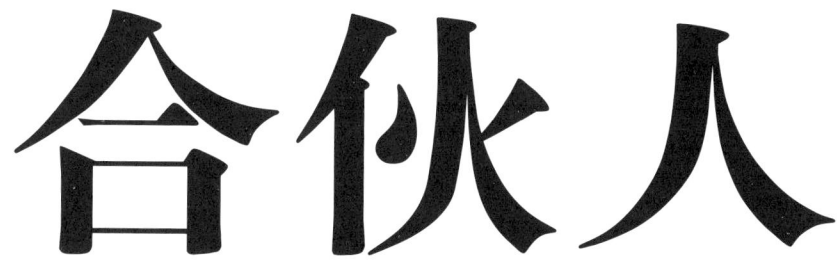

股东纠纷法律问题全书

# 合伙人

（第三版）

上海宋和顾律师事务所　编著

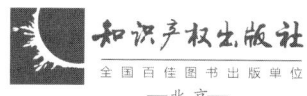

全国百佳图书出版单位
—北京—

图书在版编目（CIP）数据

合伙人：股东纠纷法律问题全书.1/上海宋和顾律师事务所编著.—3版.—北京：知识产权出版社，2022.10

ISBN 978-7-5130-8404-8

Ⅰ.①合… Ⅱ.①上… Ⅲ.①股份有限公司—股东—公司法—研究—中国 Ⅳ.①D922.291.914

中国版本图书馆CIP数据核字（2022）第186288号

策划编辑：齐梓伊　　　　　　　　　　责任校对：谷　洋
责任编辑：秦金萍　　　　　　　　　　责任印制：刘译文
封面设计：杰意飞扬·张悦

# 合伙人 ❶
股东纠纷法律问题全书（第三版）
上海宋和顾律师事务所　编著

| | | | |
|---|---|---|---|
| 出版发行： | 知识产权出版社 有限责任公司 | 网　　址： | http://www.ipph.cn |
| 社　　址： | 北京市海淀区气象路50号院 | 邮　　编： | 100081 |
| 责编电话： | 010-82000860转8176 | 责编邮箱： | qiziyi2004@qq.com |
| 发行电话： | 010-82000860转8101/8102 | 发行传真： | 010-82000893/82005070/82000270 |
| 印　　刷： | 天津嘉恒印务有限公司 | 经　　销： | 新华书店、各大网上书店及相关专业书店 |
| 开　　本： | 720mm×1000mm　1/16 | 印　　张： | 40 |
| 版　　次： | 2022年10月第1版 | 印　　次： | 2022年10月第1次印刷 |
| 字　　数： | 738千字 | 定　　价： | 498.00元（全5册） |
| ISBN 978-7-5130-8404-8 | | | |

出版权专有　侵权必究
如有印装质量问题，本社负责调换。

## 上海宋和顾律师事务所
## 一家专注解决股东纠纷的律师机构

**认为** —— 诉讼不能从根本上化解股东纠纷，最终途径是协商。各方应以"妥协"的心态，合理主张股东权益，否则两败俱伤。

**倡导** —— 原则性（合作）谈判，尊重对方心理诉求，有效管控双方的情绪，避免竞争性谈判，共同寻找最佳替代解决方案。

关 于 作 者

# 第三版编写说明

本次修订,根据新颁布实施的《民法典》《外商投资法》《民事诉讼法》《公司法司法解释(五)》《全国法院民商事审判工作会议纪要》等,更新了典型案例,修订了原书中与现行法律冲突或遗漏的内容。

本书对于部分法律法规,特别是司法解释,直接采用了较为简单明确的表述,如《公司法司法解释》《合同法司法解释》等。对《〈公司法〉修订草案》(2021年12月24日,第十三届全国人民代表大会常务委员会第三十二次会议审议)中新的内容,在所涉章节开篇时以脚注形式提示。本书部分案例及案例中涉及的收购报告书等文件的出处因时间较久,部分网址已失效,故未能尽数标注。同时,为方便读者阅读,如无特别标注或说明,本书案例中的二审上诉人、被上诉人,以及再审申请人、被申请人,均统一以原告(人)、被告(人)称之。案例中如有二审、再审,并予以维持的判决书,均以终审案号为准。此外,为方便表述,书中部分内容采用"高管"来代替"高级管理人员"一词。

本书定稿于2022年1月,涉及法律法规有效性均止于定稿时间。

宋海佳、顾立平、郭睿、王静、于慧琳、姚祎、王芬、陈露婷、徐源芷、徐权权、杨瑞芬、赵佳、冉洁月、吴钰颖、张经纬参与了此次修订。

上海宋和顾律师事务所<br>
2022年5月25日

# 第二版编写说明

《合伙人》第一版出版两年多,蒙读者厚爱,在当当网、京东网、亚马逊网的读者好评率分别为100%、97%和五星。

本次再版,除了订正疏漏之外,还撷取和提炼了最新的具有代表性的典型案例,尤其是来自最高人民法院的公报案例、指导案例,修正原书中与现行法律法规、司法判例中或冲突或遗漏的内容,将最前沿的、最具实务价值的司法观点(如《最高人民法院关于适用〈中华人民共和国公司法〉若干问题的规定(四)》征求意见稿)、实践经验呈现给读者。

需要说明的是,本书中部分案例判决作出时间较早,诉讼主体、判决依据和结果可能与现行法律、法规有所冲突。我们也注意到了这些问题并加以标注。之所以仍然保留,是因其中案件的背景、证据和法院观点对现今的司法实践仍有借鉴意义,读者亦可从中感受司法实践的发展历程。

最后,借《合伙人》再版之际,向对第一版提出修订建议的读者和朋友,向给予我们关心、鼓励和帮助的同行和专家学者们,表示衷心的感谢!

主编宋海佳参与本书全部章节的撰写,并负责选题、体例设计和审定工作。

任梅梅、顾立平参与本书全部章节的撰写工作。

韦业显(香港韦业显律师行创办人)参与本书"离岸公司不公平损害的股东权益保护"部分的撰写工作。

于东耀、章亚萍、郭睿、吴星、张莉、虞修秀、张祎、姜元哲参与资料收集和部分案例的编写及校对工作。

再版修改部分,由徐清律师负责统筹,由宋海佳、顾立平、徐清、赵玉刚、陈纯、龙华江(全面负责税法部分修改)、华轶琳、陈怀榕、王永平律师参与撰写,王芬律师负责校对。

# 简　目

**1**

第一章　公司设立纠纷 …………………………………………（ 1 ）
第二章　发起人责任纠纷 ………………………………………（ 98 ）
第三章　股东出资纠纷 …………………………………………（ 134 ）

**2**

第四章　股东资格确认纠纷 ……………………………………（ 495 ）
第五章　股东名册记载纠纷 ……………………………………（ 742 ）
第六章　请求变更公司登记纠纷 ………………………………（ 763 ）
第七章　股权转让纠纷 …………………………………………（ 847 ）

**3**

第八章　增资纠纷 ………………………………………………（1117）
第九章　新增资本认购纠纷 ……………………………………（1242）
第十章　减资纠纷 ………………………………………………（1269）
第十一章　公司合并纠纷 ………………………………………（1317）
第十二章　公司分立纠纷 ………………………………………（1385）
第十三章　损害公司利益责任纠纷 ……………………………（1426）

# 4

| 第十四章 | 损害股东利益责任纠纷 | （1737） |
| 第十五章 | 请求公司收购股份纠纷 | （1799） |
| 第十六章 | 公司解散纠纷 | （1883） |
| 第十七章 | 申请公司清算 | （2027） |
| 第十八章 | 清算责任纠纷 | （2116） |
| 第十九章 | 股东知情权纠纷 | （2157） |

# 5

| 第二十章 | 公司决议纠纷 | （2301） |
| 第二十一章 | 上市公司收购纠纷 | （2524） |
| 第二十二章 | 公司盈余分配纠纷 | （2596） |
| 第二十三章 | 公司证照返还纠纷 | （2697） |
| 第二十四章 | 公司关联交易损害责任纠纷 | （2746） |
| 第二十五章 | 损害公司债权人利益责任纠纷 | （2813） |

# 目 录

## 第一章 公司设立纠纷

### 第一节 立 案 (2)

1. 如何确定公司设立纠纷的诉讼当事人? (2)
2. 公司设立纠纷诉讼由何地法院管辖? (2)
3. 当事人协议管辖的约定中,关于级别管辖的部分约定不明,或违反法律关于级别管辖的规定,该协议管辖是否无效? (2)

【案例1】协议管辖条款违反级别管辖规定 不必然无效 (3)

【案例2】协议管辖条款违反级别管辖规定部分无效 地域管辖部分仍有效 (4)

4. 公司设立纠纷应按照什么标准交纳案件受理费? (6)
5. 公司设立纠纷是否适用诉讼时效? (6)

### 第二节 公司设立程序及条件 (6)

#### 一、公司设立的流程 (6)

6. 设立内资企业需要履行哪些程序?提交哪些材料? (6)
7. 《外商投资法》生效后,外国投资者如何设立外商投资企业? (7)
8. 外国投资者或者外商投资企业违反规定,不如实、主动地填报投资信息,将面临怎样的行政法律责任? (8)
9. 公司营业执照中记载哪些事项? (8)
10. 设立哪些公司需要履行前置审批程序? (10)
11. 外国人可以担任内资企业法定代表人吗?外国人在华就业需要履行哪些手续? (14)

## 二、企业名称(商号)、商标、域名与经营范围 ……(15)

### (一)企业名称(商号)、商标与域名 ……(15)

12. 公司名称由哪几部分组成?实践中应注意哪些问题? ……(15)
13. 企业之间因登记注册的名称发生争议时,应该如何处理? ……(16)
14. 向市场监督管理部门请求处理企业名称争议,需要提交哪些材料? ……(17)
15. 在哪些情形下,构成企业名称(商号)侵权? ……(17)

【案例3】在后注册企业使用在先登记名称　工商责令变更登记 ……(18)

16. 公司登记后,公司的名称可以转让或许可他人使用吗? ……(21)
17. 何为企业名称(商号)合同纠纷?该纠纷由何地法院管辖?是否适用诉讼时效? ……(21)

【案例4】企业名称相似　工商登记被撤销 ……(21)

【案例5】类别不同经营范围相同　上海"爱建"核准不当被撤销 ……(23)

【案例6】注册于不同辖区且品牌"驰名"在后　不当竞争侵犯商标权理由不成立 ……(26)

【案例7】无偿使用字号条件未成立　判决停止使用并支付使用费 ……(29)

【案例8】转让人继续使用字号属根本违约　解除合同并赔偿损失 ……(31)

18. 将与他人企业名称中的字号相同或者近似的文字注册为商标,是否构成侵权?如何判断相关公众是否对企业名称所有人与商标注册人产生误认或者误解? ……(39)

【案例9】未证明商号知名度　商标"同"商号不属侵权 ……(40)

【案例10】字号早于商标且未突出使用　未攀附未误导不构成侵权 ……(44)

19. 企业将与他人注册商标相同或者相近似的文字作为企业的字号是否构成对他人注册商标的侵权?如何理解"商标相同""商标近似"? ……(49)

【案例11】搭驰名商标便车　企业字号被判停用 ……(49)

【案例12】不恰当使用字号侵犯商标权　诉请撤销变更企业名称决定被驳回 ……(54)

20. 他人侵犯注册商标专用权或企业名称专有权,权利人有哪些法律救济措施? ……(57)

【案例13】虽与驰名商标不同类　因视觉相似仍被认定为侵权 ……(58)

# 目 录

21. 何为网络域名权属、侵权纠纷？该纠纷由何地法院管辖？是否适用诉讼时效？ ……(61)
22. 何为商标权权属、侵权纠纷？该纠纷由何地法院管辖？是否适用诉讼时效？ ……(62)
23. 侵犯注册商标专用权或商号侵权案件中,如何确定侵权人的赔偿数额？ ……(63)

（二）经营范围 ……(63)

24. 如何表述企业经营范围？不同类型的经营项目如何办理营业范围登记？在哪些情形下,企业登记机关对企业申请的经营范围不予登记？ ……(63)
25. 在哪些情形下,企业应当及时申请变更经营范围登记或者注销登记？ ……(64)
26. 如何认定公司超越经营范围签订的合同的效力？ ……(64)
27. 何为非法经营罪？其立案追诉标准以及量刑标准分别是怎样的？ ……(64)

【案例14】国家药监局原副局长张某礼 犯非法经营等罪被判17年 ……(72)
【案例15】未经许可炒卖外汇获利近2万 非法经营入狱两年罚金5万 ……(73)
【案例16】假公司炒汇获利5万余元 被判非法经营获利4年罚金50万 ……(75)

## 第三节 设立中公司责任承担的裁判标准 ……(77)

28. 先公司交易行为责任应由谁承担？ ……(77)

【案例17】内部约定不能对抗债权人 设立中民事责任由公司承担 ……(77)

29. 设立中的公司法律性质如何？是否可以与第三人签订交易合同？ ……(79)

【案例18】发起人借款设公司 公司享受权利应担责 ……(79)
【案例19】从事非必要的交易行为 发起人个人承担民事责任 ……(82)

30. 因公司虚假登记致使公司或者第三人受到损害的,由谁承担责任？ ……(87)
31. 通过网络股权众筹所签订的协议是否有效？ ……(87)

【案例20】股权众筹融资协议未违反法律法规强制性规定为有效 ……(87)

# 第二章 发起人责任纠纷

## 第一节 立 案 ……(99)

32. 如何确定发起人责任纠纷的诉讼当事人？……(99)
33. 发起人责任纠纷由何地法院管辖？……(99)
34. 发起人责任纠纷按照什么标准交纳案件受理费？……(99)
35. 发起人责任纠纷是否适用诉讼时效？……(99)

【案例21】发起人共担亏损且过时效丧胜诉权 非认股人主张退股金被驳回……(99)

## 第二节 发起人责任承担的裁判标准……(103)

### 一、设立失败时发起人的责任承担……(103)

36. 公司设立失败时，发起人应当承担哪些责任？……(103)
37. 设立行为所产生的债务、费用包括哪些？……(104)

【案例22】被告主体不适格 请求未成立公司担责被驳回……(105)

【案例23】按股权分担开办费 设立失败返还股金……(108)

【案例24】两次募资设立主体视为变更 设立失败发起人返还认股人投资……(109)

【案例25】公司设立失败 费用按认缴比例分担……(112)

【案例26】公司设立失败 过错发起人承担违约责任……(113)

38. 股份有限公司设立失败时，认股人除了可向发起人请求承担返还股款加算利息的连带责任外，可否就发起人的过错，要求其承担损害赔偿责任？……(115)
39. 如果公司发起人指示负责验资的银行将认股人投入的款项私自转移，认股人应当如何救济？……(115)

【案例27】发起人非验资账户所有人 主张银行划转验资款担责被驳回……(115)

40. 如果发起人故意作出虚假陈述引诱认股人认购股份的，认股人应当如何救济？……(119)
41. 购买非法出售的公开募集股份，投资人的利益应当如何救济？……(119)

### 二、设立成功时发起人的责任承担……(120)

42. 公司设立成功后，如何解决因发起人过失造成公司其他发起人或认股人的经济损失？……(120)

43. 公司设立成功后,在设立过程中因履行设立职责给他人造成损害的,受害人可否向公司主张侵权责任? ……(120)

## 第三节 衍生问题——婚约财产纠纷和同居关系纠纷 ……(120)

### 一、婚约财产纠纷的裁判标准 ……(120)

44. 何为婚约财产纠纷? ……(120)
45. 如何确定婚约财产纠纷的诉讼当事人? ……(120)
46. 婚约财产纠纷的管辖法院如何确定? ……(121)
47. 婚约财产纠纷是否适用诉讼时效? ……(121)
48. 婚约解除时,给付彩礼的一方是否可以向收受彩礼的一方主张返还彩礼? ……(122)

【案例28】"非诚勿扰"相识相恋 反悔送"礼"闹上法庭 ……(122)

【案例29】双方办理结婚登记手续但确未共同生活 婚前支付的彩礼应当返还 ……(124)

49. 父母、亲属向对方给付的彩礼,能否成为返还彩礼诉讼的当事人? ……(125)
50. 彩礼给付后,男女双方仅形成同居关系,为此,给付彩礼的一方要求返还彩礼的,能否支持? ……(125)
51. 若男女双方已经结婚,给付彩礼的一方能否要求返还? ……(125)
52. 以订婚为名,实质上却以此欺诈他人婚约财产,行为人是否构成诈骗罪? ……(125)

【案例30】"凡夫俗子"网上征婚经历不凡 恋爱交友实施诈骗获刑13年 ……(125)

53. 如果一人同时对外订立多份婚约,则是否可以向所有未与其形成婚姻关系的一方主张返还彩礼? ……(127)

### 二、同居关系纠纷的裁判标准 ……(127)

54. 何为同居关系纠纷?该纠纷如何确定管辖法院?按照什么标准交纳案件受理费?是否适用诉讼时效? ……(127)
55. 具有同居关系的双方诉至法院要求离婚的,法院应当如何处理? ……(127)
56. 如果同居一方起诉主张解除同居关系,法院应当如何处理? ……(127)
57. 如果女方在同居期间怀孕,男方是否可以提出解除同居关系? ……(128)
58. 解除同居关系时,对于同居期间的财产应当如何分割? ……(128)

【案例31】男方出资购房 分手女方获得折价款 ……(128)

59. 解除同居关系时,同居期间所形成的债权、债务如何处理? ………… (129)

【案例32】同居时借款共同开销 法院确认为共同债务双方连带
偿还 ……………………………………………………………… (130)

【案例33】同居期间生育子女 相关费用由双方各半承担 ………… (131)

# 第三章 股东出资纠纷

## 第一节 立 案 ……………………………………………………… (136)

60. 如何确定股东出资纠纷的诉讼当事人? ………………………… (136)

61. 公司一名股东以公司名义起诉请求另一股东返还出资,起诉状中
仅有公司印章,无法定代表人签字,另一股东以法定代表人名义申请
撤销该诉讼,对该诉讼应如何处理? ……………………………… (137)

【案例34】公章与法定代表人签字冲突 法院裁定驳回诉请 ……… (137)

62. 起诉协助股东抽逃出资的董事、高级管理人员、实际控制人承担连带
责任时,如何确定诉讼当事人及案由? …………………………… (140)

63. 公司股东未履行或未全面履行出资义务,公司足额出资股东能否
直接请求出资不实股东履行出资义务? 是否需要履行先请求
公司向出资不实股东主张权利的前置程序? ……………………… (140)

64. 股东出资纠纷由何地法院管辖? ………………………………… (141)

65. 股东约定共同出资成立公司,但该公司未进行工商登记,某位股东
以非货币资产出资但未办理权属转让手续,该公司应以何种身份
起诉要求违反出资义务股东承担责任? …………………………… (141)

66. 股东出资纠纷诉讼按照什么标准交纳案件受理费? …………… (141)

67. 公司请求违反出资义务的股东补缴出资款是否适用诉讼时效?
公司债权人要求股东在出资不实范围内对公司债务承担补充
赔偿责任的,是否适用诉讼时效? ………………………………… (141)

【案例35】公司请求股东补缴出资款 不受诉讼时效限制 ………… (142)

## 第二节 出资方式 ………………………………………………… (144)

### 一、注册资本 …………………………………………………… (144)

68. 法律对公司注册资本最低额有要求吗? 货币出资与非货币资产
出资的比例有何要求? ……………………………………………… (144)

69. 股东认缴的出资未届履行期限,未缴纳部分的出资是否享有
表决权? ………………………………………………………… (146)

【案例36】股东资格、表决权按认缴出资还是按实缴出资确认和行使 …… (146)

70. 增资时,股东可否分期缴纳出资? …………………………… (150)

71. 募集设立公司的发起人应至少认购公司多少股份? 认股人
未按期缴纳所认购股份的股款,对于该部分股款,公司其他
发起人应如何处理? 该认股人应承担何种法律责任? ……… (150)

72. 工商登记的股权比例与合作协议约定的投资比例不一致,
应以何为准? …………………………………………………… (151)

73. 用于出资的财产应当符合哪些条件? 哪些财产可以用于出资?
劳务、信用、自然人姓名、商誉、特许经营权或者设定担保的
财产以及国家法律规定禁止流通的财产,如枪支、弹药、
毒品、土地所有权、集体土地使用权可以用于出资吗? ……… (151)

74. 出资人以非货币财产出资,是否必须进行资产评估? 未依法
评估作价,出资人的出资行为效力应如何认定? …………… (152)

**二、股权作价出资** …………………………………………………… (152)

75. 符合哪些条件的股权可以用于出资? 如何判定股东是否
已全面履行股权出资义务? …………………………………… (152)

76. 投资人以外商投资企业股权投资的,有何特殊程序? ……… (154)

77. 投资人以股权出资,其他股东是否享有优先购买权? ……… (154)

78. 如何对股权进行资产评估? …………………………………… (154)

【案例37】股权作价出资评估报告 …………………………………… (156)

**三、债权作价出资** …………………………………………………… (161)

79. 债权出资包括哪些形式? 公司设立时可以采用债权出资吗? …… (161)

80. 哪些主体可以采用债权出资? 哪些主体可以接受债权出资? …… (161)

81. 哪些债权可以转为股权? 债权出资应当履行哪些特殊程序? …… (161)

82. 债权转股权的效力是依双方转股合同还是依工商设立
登记来确定? …………………………………………………… (162)

83. 债权可以部分出资吗? 可以分期缴纳吗? ………………… (162)

84. 公司以债权出资,在市场监督管理部门登记的出资方式如何
表述? …………………………………………………………… (163)

85. 被投资公司接受债权出资应注意哪些事项? ………………… (163)

## 四、知识产权作价出资 ……………………………………………………（163）
### 86. 公司接受技术出资,应注意哪些法律风险? …………………（163）
### 87. 出资人以知识产权作价出资,应当履行哪些程序? ……………（165）
### 【案例38】股东可以专利使用权向公司出资 …………………（165）
### 【案例39】未办理变更登记　实用新型出资行为不成立 ………（169）
### 88. 如何办理专利著录权、著作权、商标等知识产权的变更登记? ……（171）
### 89. 如何对专利、著作权、商标等知识产权进行资产评估? …………（172）

## 五、土地使用权与实物作价出资 ………………………………………（174）
### 90. 股东可否以知识产权的使用权作价出资? ………………………（174）
### 91. 国有企业划拨土地使用权能否直接用于出资? 如何认定出资人是否履行了出资义务? ……………………………………（174）
### 【案例40】国有划拨土地使用权未经批准　出资无效 ………（175）
### 92. 集体土地使用权能否直接用来出资? 应当履行哪些审批程序? ……（178）
### 93. 特定机构管理的不动产收益权,如公路桥梁、公路隧道或者公路渡口等不动产权益是否可以出资? ……………………………（178）
### 94. 如何办理房屋及土地使用权出资变更登记手续? ………………（178）
### 95. 非货币财产尚未经评估,公司可否要求先过户至公司名下,以完成出资义务? …………………………………………………（179）
### 【案例41】未经评估非货币出资财产仍需过户　增值溢价部分归公司享有 ………………………………………（179）
### 96. 如何对机器设备进行资产评估? …………………………………（187）
### 97. 如何对土地使用权进行资产评估? ………………………………（188）

## 第三节　股东出资纠纷的裁判标准 ……………………………………（189）
### 一、股东出资纠纷的一般裁判标准 …………………………………（189）
#### 98. 出资人以知识产权、非专利技术、实物作价出资,如何认定是否全面履行了出资义务? ……………………………………………（189）
#### 【案例42】技术已出资实际控制人仍侵占　诉讼确认归公司 ……（189）
#### 99. 股东以非专利技术作价出资,虽然没有签订非专利技术转让协议,但实际在公司使用,出资是否已经到位? ……………………（193）
#### 100. 出资人以房屋、土地使用权作价出资,如何认定是否全面履行了出资义务? 在出资人未办理权属转移手续或未实际交付公司使用情况下,如何认定股东是否履行了出资义务以及是否享有股东权利? ……………………………………………（193）

目 录

【案例43】非货币出资未经评估不得记入验资报告 未办理财产转移
    手续视为未出资 ………………………………………… (194)

101. 出资人以划拨土地使用权出资,或者以设定权利负担的土地
    使用权出资,是否有效?是否全面履行了出资义务? ………… (196)

102. 当事人之间对是否已经履行出资义务发生争议,举证责任
    如何分配? ……………………………………………………… (196)

【案例44】未推翻出资评估报告 要求股东补足差额被驳回 ………… (196)

【案例45】名为"投资"假戏被做真 私下约定为"借贷"无效 ………… (200)

103. 股东占有股权的比例是否必须与认缴或实际出资比例相同?
    股东可否自由约定股权比例? ………………………………… (202)

【案例46】股东按照约定持有股权应当受到法律的保护 ……………… (202)

104. 验资报告可否作为判定股东出资到位的直接证据? ……………… (209)

【案例47】审计报告不足以推翻出资证据 股东主张违约责任
    被驳回 ……………………………………………………… (209)

105. 财务报表中对于长期股权投资、无形资产等的记载,是否可以
    作为证明股权出资、无形资产出资已经到位的证据? ………… (213)

106. 出资人以符合法定条件的非货币财产出资后,因市场变化或者
    其他客观因素导致出资财产贬值,该出资人是否需要
    补足差额? ……………………………………………………… (213)

【案例48】无形资产依法评估作价出资 因客观因素致资产贬值
    无须补足 …………………………………………………… (213)

107. 非货币财产没有按期、足额缴纳,或者实际价额显著低于公司章程
    所定价额的,公司、其他股东可否要求瑕疵出资的股东以货币
    补足? …………………………………………………………… (217)

108. 股东以专利技术出资并在市场监督管理部门备案,但未办理专利转让
    变更登记。公司成立后,股东又将该专利技术转让给第三人,
    该专利技术转让合同是否有效? ……………………………… (217)

109. 公司章程中约定出资者以货币出资,但股东实际出资时却以
    实物代替,该股东是否履行了出资义务? …………………… (218)

【案例49】出资方式有争议 以工商登记为准 ………………………… (218)

【案例50】专有技术交付、完成交接方为出资完成 无约定请求变更
    出资形式被驳 ……………………………………………… (223)

· 9 ·

110. 如何确定出资不实股东的出资缴纳时间？在公司进入破产或
清算程序后，股东承诺的出资期限尚未到期，该股东是否
有义务继续履行出资义务？公司债权人能否请求该股东
承担连带责任？ ……………………………………………………… (228)

【案例51】公司全面停业　出资期限尚未届满的股东提前履行
出资义务 ……………………………………………………… (229)

【案例52】变更出资期限应经股东本人同意　已部分实缴出资不适用
股东除名 ……………………………………………………… (232)

【案例53】出资瑕疵股东对除名其股东资格的决议不具有表决权 … (235)

111. 瑕疵出资股东对公司享有到期债权的,其能否主张抵销其
相应的瑕疵出资额？ ……………………………………………… (239)

【案例54】破产债权不能与瑕疵出资相抵销　法定出资义务应履行 …… (239)

112. 瑕疵出资股东能否以其应分取的利润抵销瑕疵出资？公司能否
直接扣留股东应分得的利润以填补股东所欠出资？ ……………… (241)

【案例55】未达成抵销合意　未分配红利不得冲抵瑕疵出资额 ……… (241)

113. 出资人以不享有处分权的财产出资,该出资行为是否有效？ …… (244)

114. 出资人以贪污、受贿、侵占、挪用等违法犯罪手段取得的货币
出资,该出资行为是否有效？出资人因此取得的股权应
如何处理？ ……………………………………………………… (244)

## 二、虚假出资的裁判标准 ……………………………………………… (245)

115. 公司吊销未注销时,是否仍可主张未出资的股东补足出资？ …… (245)

116. 虚假出资在实践中有哪些表现形式？ ……………………………… (246)

【案例56】房地产出资未过户　验资不实会计师事务所与股东
共担责任 ……………………………………………………… (246)

【案例57】房产无法过户出资存瑕疵　法院判令股东履行增资义务 …… (250)

【案例58】出资实物发票系虚假　股东连带承担债务 ………………… (255)

117. 公司利用本公司的其他银行账户将资金以借款名义借给股东,
然后以股东名义作为投资追加注册资本,股东是否
构成虚假出资？ ………………………………………………… (265)

118. 强制执行过程中,债权人发现股东存在出资不实或虚假出资或
抽逃出资的情形,法院能否裁定追加该股东为被执行人？
能否裁定追加原股东为被执行人？ ……………………………… (265)

【案例59】原股东自认出资不实　被追加执行偿还公司债务 …………(266)

【案例60】保证人有执行能力　申请追加股东为被执行人被驳回 ……(267)

【案例61】股东未证履行出资义务　债权人申请执行获支持 …………(269)

119. 虚假出资中的财产在他人名下,债权人能否以虚假出资损害赔偿责任直接申请执行虚假出资的财产? ……………………………(271)

【案例62】出资房产未过户　他人名下不可直接执行 …………………(271)

120. 出资不实股东,就其对公司的债权与外部债权人能否处于同等受偿顺位? ………………………………………………………(273)

【案例63】股东出资不实,在公司剩余资产分配中应劣后受偿 …………(274)

121. 金融机构、会计师事务所为企业提供不实、虚假的验资报告或者资金证明,当公司财产不足以清偿对外债务时,在执行阶段能否追加金融机构以及会计师事务所为被执行人? ………………(276)

【案例64】虚假验资承担补充赔偿责任　未经诉讼追加验资机构被驳回 ………………………………………………………………(277)

### 三、抽逃出资的裁判标准 ………………………………………………(279)

122. 抽逃出资在实践中有哪些表现形式? ………………………………(279)

【案例65】虚报利润进行分配　股东抽逃出资被判返还 ………………(279)

【案例66】股东以借款名义抽逃出资　债权人请求连带责任获支持 ……(286)

【案例67】以"其他应收款"长期占用公司资金　股东被判抽逃出资 ……(288)

123. 股东会采取哪些财务记录方式抽逃出资? …………………………(289)

124. 如何区分抽逃出资与虚假出资? ……………………………………(290)

125. 如何区分抽逃出资与股东借款行为? ………………………………(291)

126. 股东以土地使用权的部分年限对应价值作价出资,期满后收回土地使用权是否构成抽逃出资? ……………………………………(292)

【案例68】以土地使用权部分年限出资　到期收回不构成抽逃出资 ……(293)

## 第四节　股东虚假出资与抽逃出资的责任承担 ………………………(296)

### 一、违反出资义务股东对公司责任的承担 ………………………………(296)

127. 出资期限未届满是否属于"出资不实"?债权人能否以清偿到期债务为由,请求未届出资期限的股东在未出资范围内对公司不能清偿的债务承担补充赔偿责任? ……………………………(296)

【案例69】股权虽转让　出资不实责任不免除 …………………………(296)

· 11 ·

128. 公司股东未履行或未全面履行出资义务,其他股东是否应当对
     该股东不实出资承担连带责任? ·············································· (299)
【案例70】入股渔船价值显著偏低 其他发起人承担连带责任 ·············· (299)
【案例71】股东增资时存在出资瑕疵 其他股东不承担连带责任 ·············· (307)

## 二、违反出资义务股东对公司债务的承担 ······································ (318)

129. 股东违反出资义务对公司债务应当承担哪些民事责任? ············ (318)
130. 原股东在其出资期限未届满时转让股权,是否属于《公司法司法
     解释(三)》第18条第1款规定的"有限责任公司的股东
     未履行或者未全面履行出资义务即转让股权"的情形? ············ (319)
【案例72】出资期限未届满转让股权 债权人主张受让人对公司
     债务连带偿债被驳 ······························································ (319)
131. 哪些主体应该对公司债务不能清除部分承担连带或补充
     责任? ························································································ (324)
132. 公司设立时,章程规定股东分期缴纳出资,若股东缴纳了第一期
     出资后未履行后续的出资义务,是否属于股东已经完成了在
     公司设立时的出资义务? 此时,发起人是否还需要对
     该股东出资不实承担连带责任? ············································ (324)
【案例73】股东缴纳了设立时的首期出资 发起人仍需要对该股东出资
     不实部分承担连带责任 ······················································ (325)
133. 债权人可通过哪些方式证明公司股东存在虚假出资或抽逃
     出资行为? ················································································ (328)
134. 债权人要求抽逃出资的股东对公司债务承担清偿责任时,
     如何分配举证责任? ································································ (328)
135. 债权人以股东未履行、未全面履行出资义务或抽逃出资为由,
     诉请股东承担补充赔偿责任,是否适用诉讼时效? ············ (328)
【案例74】申请法院调查垫资事实 股东抽逃出资承担连带责任 ·············· (329)
【案例75】律师调查令查清虚假出资 股东被判连带责任 ·············· (334)
【案例76】判决确认股东虚假出资 诉讼主张承担出资不实责任 ·············· (337)
136. 对于隐名投资,确定出资瑕疵的股东应当承担责任时,应当由实际
     出资人承担责任,还是应当由名义股东承担责任? ············ (341)
137. 如果存在股权多次转让的情形,即受让人为多人时,公司或债权人
     应如何选择承担瑕疵出资责任的受让人? ······························ (341)

138. 公司债权人承认公司注册资金足额到位,但认为其中部分股东出资不实,能否要求该部分股东承担连带清偿责任? ………… (341)

【案例77】注册资本充实 债权人无权主张个别瑕疵出资股东承担连带责任 ………… (341)

139. 在因多名股东出资不实导致公司股东对公司债务承担连带责任的情况下,出资不实的股东如何分担责任? ………… (344)

140. 股东是否应就公司设立后的增资瑕疵对公司债权人承担责任? ………… (344)

【案例78】增资不实在债权产生后 主张增资股东承担连带责任被驳回 ………… (345)

141. 出资不实股东对公司享有债权,能否要求公司偿还?在公司不能偿还的情况下,能否要求其他违反出资义务的股东在出资不实范围内承担连带责任? ………… (350)

【案例79】出资虽瑕疵 向公司主张债权仍获支持 ………… (350)

142. 假定A公司是B公司的股东,B公司又是C公司的股东。A公司在设立B公司时存在瑕疵出资行为,B公司在设立C公司时也存在瑕疵出资行为。C公司、C公司的守约股东和C公司的债权人可否追究A公司的民事责任呢? ………… (353)

143. 股东未履行或者未全面履行出资义务或抽逃出资,公司能否限制违反出资义务股东的相应权利? ………… (353)

【案例80】出资不实 股东权利受限制 ………… (355)

【案例81】未按章程约定履行出资义务 公司有权决议限制股东权利 ………… (359)

144. 公司通过决议限制瑕疵出资股东的部分权利,此时瑕疵出资的股东是否可以参与表决? ………… (369)

【案例82】已依法依约出资 公司无权决议限制股东权利 ………… (369)

【案例83】股东出资不到位或抽逃出资 剩余财产分配等权利可被合理限制 ………… (373)

145. 有限责任公司的股东未履行出资义务或者抽逃全部出资的,公司有何救济措施? ………… (377)

【案例84】股东履行部分出资义务 法院否定公司开除股东资格决定 ………… (377)

【案例85】股东抽逃部分出资不可除名 ………………………………… (385)

【案例86】章程约定未足额出资除名被认定无效 ………………………… (389)

146. 在股东除名审议事项表决中,拟被除名的股东是否应回避
表决? …………………………………………………………………… (391)

【案例87】股东利用关联交易抽逃出资被除名 利害关系股东应
回避表决 ……………………………………………………… (391)

147. 抽逃出资的股东是否可以被公司债权人申请追加为
被执行人? ……………………………………………………………… (395)

【案例88】股东验资后立即将出资转出构成抽逃 依法被追加
为被执行人 …………………………………………………… (395)

### 三、对股东出资不实负有责任的董事、高级管理人员责任的承担 …… (398)

148. 公司股东未履行或者未全面履行出资义务,董事、高级管理人员是否
应当对公司承担责任?如需要,董事、高级管理人员应在何种范围内
承担责任?董事、高级管理人员对公司和债权人承担责任后,是否
有权向违反出资义务的股东追偿? ………………………………… (398)

149. 公司其他股东、董事、高级管理人员、实际控制人协助公司股东
抽逃出资,是否应对公司和公司的债权人承担责任?公司
董事、高级管理人员协助股东抽逃出资承担连带责任后,
能否向抽逃出资股东追偿? ………………………………………… (399)

【案例89】董事协助股东抽逃出资 连带承担出资本息返还责任 …… (399)

### 四、对虚假出资与抽逃出资负有责任的第三人责任的承担 …………… (405)

150. 金融机构出具不实或虚假的资金证明,对出资单位的
债权人造成损失应如何承担责任? ………………………………… (405)

【案例90】出具虚假资金证明 银行承担补充连带责任 ……………… (406)

151. 会计师事务所出具不实验资报告,由此对被审计单位利害
关系人造成损失的应如何承担责任? ……………………………… (408)

### 五、虚假出资或抽逃出资的行政责任与刑事责任 ……………………… (409)

152. 公司股东虚假出资或抽逃出资,应当承担哪些行政责任? ……… (409)

153. 何为虚假出资、抽逃出资罪?其立案追诉标准以及量刑标准
分别是怎样的? ………………………………………………………… (409)

154. 何为非法吸收公众存款罪?其立案追诉标准以及量刑标准
分别是怎样的? ………………………………………………………… (410)

【案例91】非法吸收公众存款　中富证券被罚百万 …………………… (411)

155. 何为集资诈骗罪？其立案追诉标准以及量刑标准分别
是怎样的？ …………………………………………………………… (414)

【案例92】吴英案几经波折　重审改判无期 …………………………… (415)

【案例93】非法集资行为无效　发行人与代理人均担责 ……………… (424)

156. 验资机构、金融机构等中介机构违法出具虚假证明文件,是否
应当承担刑事责任？ ………………………………………………… (427)

## 第五节　股东出资的税务问题 …………………………………………… (428)

### 一、知识产权作价出资税务问题 …………………………………………… (428)

157. 个人以知识产权作价出资,是否需要缴纳个人所得税？ ………… (428)

158. 居民企业以知识产权作价出资,是否需要缴纳企业所得税？
如何确定应纳税所得额？是否享有税收优惠政策？ ……………… (429)

【案例94】以专利作价出资　减半缴纳企业所得税 …………………… (432)

159. 居民企业以技术向关联企业出资,是否可以享受税收优惠
政策？ ………………………………………………………………… (432)

160. 如何办理技术合同认定登记？ …………………………………… (432)

161. 非居民企业以技术出资,是否享有企业所得税税收优惠政策？ … (433)

162. 纳税人采取技术转让方式销售货物,其货物部分的税收
应如何处理？ ………………………………………………………… (433)

163. 个人或企业以知识产权出资,是否需要缴纳增值税？ …………… (433)

164. 个人或企业以知识产权出资,是否需要缴纳印花税？ …………… (434)

165. 以专利、技术、著作权等知识产权作价出资,如何进行会计
处理？ ………………………………………………………………… (434)

### 二、股权作价出资税务问题 ………………………………………………… (434)

166. 个人以股权作价出资,是否需要缴纳个人所得税？如何确定
其应纳税额？ ………………………………………………………… (434)

167. 企业以股权出资,是否需要缴纳企业所得税？ …………………… (434)

【案例95】收购股权比例不同　企业所得税有差异 …………………… (435)

168. 个人以股权参与上市公司定向增发股票,是否需要缴纳个人
所得税？ ……………………………………………………………… (439)

169. 以上市公司股份出资是否需要缴纳证券(股票)交易印花税？ … (439)

170. 个人或企业以股权出资,是否需要缴纳印花税？ ………………… (440)

· 15 ·

171. 个人或企业以股权出资,如何进行会计处理? ……………… (440)

【案例96】股权出资的会计处理方式 …………………………… (441)

### 三、债务重组的税务问题 …………………………………………… (441)

172. 如何确定企业债务的重组日、重组业务当事各方及重组
主导方? ……………………………………………………… (441)

173. 个人以债权出资,是否需要缴纳个人所得税? …………… (442)

174. 企业债务重组中,如何进行一般性税务处理? …………… (442)

【案例97】非货币资产偿债 转让与债务清偿两步走 ………… (442)

175. 在债务重组过程中,哪些债权不得在税前扣除?适用税前扣除
应满足哪些条件? …………………………………………… (444)

176. 企业发生债务重组,何时确认收入的实现? ……………… (445)

177. 满足哪些条件,债务重组适用特殊性税务处理方式进行所得税
处理?交易各方应如何进行特殊性税务处理? …………… (445)

【案例98】债权转股权 免缴企业所得税 ……………………… (447)

178. 债务重组过程中,债务人与债权人如何进行会计处理? … (448)

【案例99】债权作价出资会计处理方式 ………………………… (449)

179. 债务重组过程中是否需要缴纳印花税、增值税、土地增值税和
契税? ………………………………………………………… (450)

180. 以国债出资,转让收入时间以及应纳税所得额如何确定? … (450)

### 四、固定资产作价出资税务问题 …………………………………… (451)

181. 个人以固定资产作价出资是否需要缴纳个人所得税? …… (451)

【案例100】设备原值与股权价值相当 实物出资无须缴个人所得税 …… (451)

182. 企业以固定资产作价出资,是否需要缴纳企业所得税? … (452)

【案例101】实物出资视同销售 增值部分缴纳企业所得税 …… (453)

183. 企业以接受捐赠的固定资产作价出资,所得税处理有何
特殊之处? …………………………………………………… (454)

184. 企业以固定资产作价出资,是否需要缴纳增值税?如何确定
销售收入以及税率? ………………………………………… (454)

185. 债转股企业与金融资产管理公司签订债转股协议,债转股企业
将货物资产作为投资提供给债转股新企业的,是否需要
缴纳增值税? ………………………………………………… (455)

186. 以固定资产作价出资,如何进行会计处理? ……………… (455)

## 五、以房地产作价出资的税务问题 ·············· (455)

### （一）房地产转让的一般税务问题 ·············· (455)

187. 转让房地产需要缴纳哪些税费？如何确定各个税种的应纳税额？法定纳税义务人是谁？纳税义务发生时间为何时？由何地税务机关征管？ ·············· (455)

188. 房地产开发企业未支付的质量保证金，能否在计算土地增值税时予以扣除？ ·············· (462)

189. 房地产开发费用按照何标准进行扣除？ ·············· (462)

190. 转让未取得土地使用权属证书的土地使用权，是否应缴纳土地增值税、营业税和契税等税费？ ·············· (463)

191. 出现哪些情形，纳税人应当对房地产的价格进行评估确认转让房地产的收入？如何评估？如何确定评估机构？评估机构有何义务？ ·············· (463)

192. 哪些情形下，纳税人应办理土地增值税清算手续？应于何时办理？清算时应向税务局提交哪些文件？ ·············· (464)

193. 纳税人应当于何时申报土地增值税？向何地税务机关申报？申报时需要提交哪些材料？如何确定纳税期限？ ·············· (465)

194. 在哪些情形下，对土地增值税清算可实行核定征收？ ·············· (465)

195. 清算补缴土地增值税，是否需要加收滞纳金？ ·············· (465)

196. 转让房地产中，转让方拒绝开具发票，受让方能否向法院提起民事诉讼请求转让方开具发票？ ·············· (466)

【案例102】卖方未证交付发票　买方诉讼请求开具发票获支持 ·············· (466)

197. 纳税义务人与合同相对人约定由合同相对人或者第三人缴纳税款，该约定是否有效？ ·············· (468)

【案例103】约定税费他方承担　未违反法律合法有效 ·············· (469)

### （二）房地产作价出资的税务问题 ·············· (480)

198. 以房地产作价出资与一般的房地产转让所需缴纳的税费有何不同？ ·············· (480)

【案例104】土地作价出资　免征土地增值税 ·············· (481)

199. 以土地使用权作价出资，如何进行会计处理？ ·············· (482)

200. 以划拨方式取得的土地使用权出资，是否需要缴纳相关税费？ ·············· (482)

201. 对原划拨土地使用权采取国家股入股的,股份制企业转让的,
是否需要缴纳相关税费? ………………………………………… (482)

202. 以土地使用权作价出资成立项目公司,投资各方以及项目公司
如何进行所得税处理? ……………………………………………… (483)

【案例105】成立项目公司合作开发房地产的会计与税务处理……… (484)

203. 在成立项目公司情形下,出地方以土地使用权作价出资,是否
需要缴纳契税? ……………………………………………………… (486)

204. 房地产开发企业将开发产品用于职工福利、奖励、对外投资、分配
给股东或投资人、抵偿债务、换取其他单位和个人的非货币性
资产等(以下简称非直接销售),需要缴纳哪些税收? 如何
确定收入? ………………………………………………………… (486)

(三)联合开发房地产的税务问题 ………………………………… (487)

205. 联合开发房地产中,如何确定纳税主体? ……………………… (487)

206. 联合开发房地产中,投资方与被投资企业应如何进行企业
所得税处理? ………………………………………………………… (487)

207. 联合开发房地产中,出地方是否需要缴纳土地增值税? ……… (487)

# 第四章 股东资格确认纠纷

## 第一节 立 案 ……………………………………………………… (497)

208. 如何确定股东资格确认纠纷的诉讼当事人? ………………… (497)

209. 实际出资人以名义股东为被告要求确认股权的,法院该如何
处理? ……………………………………………………………… (498)

210. 股东资格确认纠纷由何地法院管辖? ………………………… (498)

211. 股东资格确认纠纷按照什么标准交纳案件受理费用? ……… (499)

212. 股东资格确认纠纷是否适用诉讼时效? ……………………… (499)

213. 在确认股东资格后,他人不配合办理变更登记的,原告应如何
救济? ……………………………………………………………… (500)

## 第二节 股东资格确认的一般规则……………………………………(500)
### 一、股东资格的主体限制……………………………………………(500)
214. 发生股东资格确认纠纷的原因有哪些?……………………(500)
【案例106】关某天与周某波股东资格之争……………………(501)
215. 哪些机构或自然人不能担任公司股东?……………………(502)
216. 未成年人可否担任股东?……………………………………(502)
【案例107】上海法院首例支持娃娃股东持股案例………………(503)
【案例108】北京银行惊现20%娃娃股东………………………(504)
217. 公务员可以投资入股吗?……………………………………(504)
【案例109】公务员投资入股 股东资格不受影响………………(505)
【案例110】继承股权 因公务员身份无法工商登记……………(507)
【案例111】千万红利未索回 "法官股东"赔了夫人又折兵……(511)
【案例112】借"死人"名义 参与国企改制被处罚………………(513)
【案例113】澳洲政府公务员可公开从事"第二职业"……………(513)
218. 精神病人可以作为发起人吗?可以继承股东资格吗?……(514)
219. 配偶双方在公司章程约定的股权比例,是否视该股权为夫妻各自财产而非共同财产?……………………………………(514)
【案例114】章程约定不代表配偶股权分配比例…………………(514)
220. 股东的配偶可否主张对共有股权行使股东权利?…………(516)
### 二、股东资格的取得方式……………………………………………(516)
221. 股东资格的取得方式有哪些?………………………………(516)
222. 无权处分人将股权出售给善意的第三人的行为是否有效?实际权利人可否主张收回股权?………………………………(516)
223. 善意取得股东资格应当具备哪些条件?……………………(516)
【案例115】谨慎调查标的公司 善意取得股东资格………………(517)
【案例116】受让人为同事兼同学 无法善意取得股东资格………(521)
### 三、确认股东资格的基本条件………………………………………(523)
224. 确认股东资格的条件有哪些?………………………………(523)
225. 形式条件和实质条件在确认股东资格时的效力如何?……(524)
【案例117】员工仅按月领取"股息" 不视为公司法意义上的股东…(524)
226. 确认股东资格的条件之间发生冲突时应如何解决?………(526)

227. 如何判定确权请求人是否具备股东资格？请求人民法院确认
　　其股东资格的,应当证明哪些事实？ ················· (527)
【案例118】股权应归谁　享有实际股权应如何证明 ········· (527)
228. 实际出资人取得股东资格是否需要遵循《公司法》有关股权转让
　　优先购买权规定,即必须经过其他股东过半数同意？ ······· (530)
229. 股东资格得到法院判决确认后,可否主张已分配或未分配的
　　利润？可否撤销股东会决议或主张股东会决议无效？ ······ (530)

## 四、公司章程的证据效力 ···························· (531)

230. 公司章程进行工商登记有何法律效力？其与未登记的公司章程
　　在效力上有何区别？ ··························· (531)
231. 未被记载于公司章程是否一定不具有股东资格？ ········· (531)
232. 公司设立协议对股东资格确认有何效力？ ············ (531)
233. 公司章程关于股权激励对象离职后,由其他股东或公司回购
　　其股权的约定是否有效？ ······················· (532)
【案例119】章程限定离职退股　法院判决约定有效 ········· (532)
【案例120】未履行股权激励所附条件　获赠股份应相应退还 ···· (533)

## 五、工商登记的证据效力 ···························· (536)

234. 工商登记文件的记载对股东资格确认有何效力？ ········· (536)
【案例121】强制退股须有在先依据　解除股东资格须经股东会决议 ··· (536)
【案例122】工商登记文件不是确认股东资格及股东权利义务的
　　　　唯一证据 ······························· (538)
235. 未被记载于工商登记文件,是否一定不具备股东资格？ ····· (542)
【案例123】实质证据推翻工商登记　股权比例重新确认 ······· (542)
236. 第三人请求股东在出资不实范围内承担责任时,股东能否
　　以工商登记文件非自己签名为由不予履行？ ············ (544)
237. 工商备案登记法定代表人与公司内部文件不一致的,
　　以哪一个为准？ ···························· (544)
【案例124】公司起诉债务人　新任命法定代表人有权代表公司撤诉 ··· (544)

## 六、股东名册的证据效力 ···························· (548)

238. 股东名册具有什么法律效力？股东名册的记载对股东资格确认
　　具有何种效力？ ···························· (548)
239. 记载于股东名册的股东是否必然享有股东权利？ ········· (549)

240. 签署公司章程并被公司章程记载,但未在股东名册上记载的人,
是否具有股东资格? ……………………………………………… (549)

241. 股东决议增加注册资本,与第三人签订增资协议并收取股款的,
如果公司拒不办理工商变更登记、股东名册变更手续,该第三人
能否主张不具有股东资格? ……………………………………… (549)

### 七、实际出资的证据效力 …………………………………………………… (549)

242. 实际出资对股东资格确认有何效力? ……………………………… (549)

【案例125】凭借条主张股东身份 不具备实质要件被驳回 ……… (550)

243. 瑕疵出资股东有股东资格吗? ……………………………………… (554)

### 八、出资证明书的证据效力 ………………………………………………… (554)

244. 出资证明书对股东资格的确认有何效力? ………………………… (554)

245. 出资证明书要符合哪些形式要件?出资证明书记载了哪些
内容? ………………………………………………………………… (555)

### 九、实际享有股东权利的证据效力 ………………………………………… (555)

246. 实际享有股东权利对股东资格的确认有何影响? ………………… (555)

247. 未实际享有股东权利是否一定不具有股东资格? ………………… (555)

248. 按照发起人协议履行了出资义务,并记载于工商登记,但未签署
公司章程,是否具有股东资格? …………………………………… (555)

【案例126】国企改制批复文件优于工商登记 诉请确认股东资格获
认定 ………………………………………………………… (556)

249. 第三人与公司签订增资协议并支付了股款,公司也办理了工商
登记、股东名册的变更,全体股东能否以未经股东会决议为
由否定其股东资格? ………………………………………………… (558)

## 第三节 特殊情形的股东资格确认的裁判标准 …………………………… (558)

### 一、实际出资人与名义股东的股东资格确认的裁判标准 ……………… (558)

250. 实际出资人显名的条件是什么? …………………………………… (558)

【案例127】未实名登记不影响实际股东资格 滥用股东权利剥夺优先
认购权无效 ………………………………………………… (558)

251. 半数以上其他股东知晓实际出资人实际出资的认定标准
是什么? ……………………………………………………………… (562)

252. 实际出资人如何证明其已实际出资? ……………………………… (563)

【案例128】验资报告未能反映实际情况 以实际出资为准判别
股权归属 (563)
【案例129】已投资并取得分红 隐名股东如何显名 (569)
253. 如何区分投资关系与借贷关系？ (574)
【案例130】集资款不等于出资 股东确权被驳回 (574)
【案例131】朋友代持埋隐患 律师斡旋平争端 (576)
254. 实际出资人如何证明其他股东同意其作为公司股东？ (578)
【案例132】推定其他股东知悉代持 实际出资人成功"显形" (579)
255. 实际出资人与名义股东之间订立的代持股协议的效力如何？ (581)
256. 签订代持股协议应注意哪些要点？ (581)
【案例133】"假"股东自认 "真"股东顺利显名 (582)
257. 取得股份有限公司股票的方式有哪些？ (583)
【案例134】未登记股票被他人转让 刑事立案材料确认股东资格 (584)
【案例135】有效证据链助实际出资人"夺回"股东资格 (587)
258. 公司与员工约定，其无须出资，但可以分配公司收益，则该员工
是否具有股东资格？ (591)
259. 实际出资人能否依据隐名投资协议请求名义股东履行相关
合同义务，并交付从公司获得的收益？ (591)
260. 名义股东不履行隐名投资合同义务，致使合同目的不能实现的，
实际出资人能否请求解除合同，并由名义股东承担违约责任？ (592)
261. 名义股东能否请求实际出资人支付必要的报酬？ (592)
262. 隐名投资协议解除后，实际投资人能否请求名义股东返还
投资款和利息？ (592)
263. 隐名投资协议被认定无效后，投资款与股权收益应如何处理？ (592)
264. 名义股东明确表示不要股权的，如何处理实际出资人的
投资款？实际出资人可否参与名义股东放弃的股权的拍卖？ (593)
265. 名义股东私自处分股权的，实际出资人应如何保护自身利益？ (593)
266. 名义股东能否以其非实际出资为由对抗债权人？ (593)
267. 名义股东因自身债务成为被执行人的，若法院强制执行"名义"
股权，实际出资人提出执行异议，能否得到支持？ (594)
268. 如果确认实际出资人股东资格将导致公司股东人数超出有限责任
公司股东法定50人上限的，法院是否会支持原告的诉请？ (594)
【案例136】确权将导致股东人数超限 法院不予确认股东资格 (594)

· 22 ·

269. 上市公司存在股份代持,相关代持协议是否有效? ·············· (596)

【案例137】上市公司发行人存在股权代持情况　隐名代持协议被认定
无效 ·············· (596)

270. 新三板存在股份代持,相关代持协议是否有效? ·············· (604)

【案例138】新三板股份代持未违反效力性强制规定　《代持股协议》
有效 ·············· (604)

## 二、股权转让中股东资格确认的裁判标准 ·············· (609)

271. 因股权转让而引起股东资格争议的,如何处理? ·············· (609)

272. 股权转让合同签订后受让人何时享有股东资格? ·············· (609)

273. 股权转让合同能否对受让人取得股东资格的时间作出约定? ·············· (609)

274. 股权转让中未向股权转让人支付对价的,是否享有股东资格? ·············· (610)

275. 受让人已经支付价款,并且以股东身份参加股东会、参与公司经营和
利润分配,但未办理工商登记变更的,该受让人是否具有股东
资格? ·············· (610)

276. 股权转让中受让人股东资格未被确认的,应如何保护其利益? ·············· (610)

## 三、干股股东资格确认的裁判标准 ·············· (610)

277. 干股股东是否具有股东资格? ·············· (610)

278. 干股股东在确认其股东资格时应提交哪些证据? ·············· (611)

279. 出资人以贪污、受贿、侵占、挪用等违法犯罪所得向公司出资取得
股权或干股的,是否具备股东资格?对这部分股权应当如何
处理? ·············· (611)

【案例139】公司不得持有本公司股权　犯罪所得股权应拍卖返还 ·············· (611)

## 四、借用或冒用他人身份的股东资格确认的裁判标准 ·············· (615)

280. 当事人被冒用或借用身份证从而登记为公司股东的,能否请求
法院判决否认其股东资格? ·············· (615)

281. 名义股东和冒名股东的法律责任有何不同? ·············· (615)

【案例140】名义股东谎称被冒名　逃避出资义务难得逞 ·············· (615)

【案例141】工商登记非本人签字自称"被股东"　电邮证其诉求
"被股东"不成立 ·············· (618)

【案例142】冒用父亲名义做股东　女儿被判侵犯姓名权 ·············· (619)

282. 身份被他人借用的,被借用人是否具有股东资格? ·············· (622)

283. 冒用他人身份登记为公司股东的,被冒用人是否具有股东资格? ·················································································· (622)

### 第四节 外商投资企业股东资格确认的裁判标准 ················ (622)

#### 一、外商投资企业股东资格确认的条件 ······················· (622)

284. 《外商投资法》施行后,外商投资指的是什么?外商投资企业指的是什么? ·························································· (622)

285. 具备哪些条件的,人民法院可以确认外商投资企业实际投资者的股东身份? ·················································· (623)

【案例143】《外商投资法》实施后 隐名股东"显名"无须特别审批 ······ (623)

【案例144】经主管机关审批 股东资格应确认 ···················· (626)

【案例145】合作协议未审批 实际出资人确权被驳回 ·············· (628)

【案例146】未经主管机关审批 确认资格被驳回 ···················· (632)

286. 因虚假报批引发的法律责任由股东还是公司承担? ············ (634)

287. 虚假报批导致企业他方股东丧失股东身份或原有股权份额的,他方股东如何救济? ······································· (634)

#### 二、外商投资企业中代持股协议效力判定 ······················ (634)

288. 隐名投资协议未经审批机关批准的,其效力如何? ············ (634)

289. 《外商投资法》正式生效后,外商投资企业股权转让是否必须经过特别审批程序? ··········································· (635)

290. 外商投资企业实际出资人与名义股东因隐名投资协议产生纠纷,适用中国法律还是域外法? ································ (635)

291. 外国人或外国企业在中国起诉的,可否委托其本国律师或外国律师? ······························································· (635)

292. 因公司原因不能办理股权转让审批手续,实际出资人能否请求公司返还投资款与利息? ···································· (635)

【案例147】实际出资人确权不成 请求公司返还投资款与利息获支持 ·············································· (636)

### 第五节 股东资格继承问题 ··············································· (638)

#### 一、遗产继承的一般规则 ··············································· (638)

293. 哪些财产可以作为遗产继承? ······································· (638)

294. 夫妻一方死亡时,是否所有夫妻共同财产均需要作为遗产分割? ······························································· (639)

295. 夫妻一方继承的遗产是否属于夫妻共同财产? ……………………(639)
296. 继承权纠纷诉讼时效是几年? 起算时间如何计算? ……………(639)
【案例148】三星家族爆巨额遗产 诉讼时效成焦点 ………………(639)

### 二、法定继承 ……………………………………………………………(642)

297. 若继承人先于被继承人死亡,该份遗产如何处理? ……………(642)
【案例149】霍氏兄弟争夺64亿港元遗产 情势逆转最终和解 ……(642)
298. "私生子"是否享有法定继承权? ………………………………(646)
【案例150】巴西首富去世 55名私生子争夺30亿美元巨额遗产 …(647)
【案例151】私生子争千万遗产 亲子鉴定争得遗产继承权…………(648)

### 三、遗嘱继承及遗赠 ……………………………………………………(650)

299. 何为遗赠? 遗赠必然是无偿的? 有无特殊限制? ……………(650)
300. "二奶"是否有权继承遗产? ……………………………………(650)
【案例152】违背公序良俗 遗赠"二奶"被判无效 ………………(651)
301. 出现多份遗嘱,应以哪份遗嘱为准? …………………………(654)
【案例153】存在多份遗嘱 内容互不抵触的均有效 ………………(654)
302. 哪些遗嘱需要见证? 何为律师遗嘱见证? 律师在办理涉及
   股权的遗嘱见证时应注意什么问题? ……………………………(658)
303. 哪些人不得作为代书遗嘱、录音录像遗嘱、打印遗嘱、口头
   遗嘱的见证人? ……………………………………………………(659)
【案例154】继承人代书遗嘱不合法 状告祖父母获公司股权………(659)
304. 在什么情况下,遗嘱视为无效或撤回? ………………………(660)
【案例155】遗嘱处分离婚未分割股权无效 主张了解经营财务
   状况获支持 ………………………………………………………(661)
【案例156】两份遗嘱引香港"的士大王"家族之争 原配6名子女
   败诉二房独享10亿港元遗产 ……………………………………(662)
【案例157】老板娘意外身亡 上亿遗产引家族纷争 ………………(664)
305. 何为遗嘱信托? 遗嘱信托有何作用? …………………………(666)
306. 设立遗嘱信托应注意哪些问题? ………………………………(667)
【案例158】"遗嘱信托第一案" 遗嘱家族信托获法院支持 ………(667)
307. 律师在遗嘱信托中有哪些作用? ………………………………(671)

### 四、股东资格的继承 ……………………………………………………（672）

308. 有限责任公司的股东资格是否可以继承？ ………………………（672）

【案例159】谢某妻儿股东身份获确认　继承谢某生前企业股权 ………（672）

【案例160】股权现金慈善　李嘉诚三分家产把控有道 ………………（673）

【案例161】他人放弃继承　妻子获公司股权 …………………………（676）

【案例162】未召开股东会　继承人获股东资格 ………………………（678）

【案例163】妻子据遗嘱继承股东资格　法院判决支持 …………………（680）

309. 确认继承人享有股东资格的应提交哪些证据？ …………………（681）

310. 继承人有多人的,是否都可以继承股东资格？各自继承的
比例如何确定？ …………………………………………………（681）

311. 实践中如何禁止或限制股东资格继承条件,以防止"无能"
股东入主公司？ …………………………………………………（681）

【案例164】公司章程可以排除股东资格继承 …………………………（682）

312. 出资不实的股东死亡后,其继承人能否继承股东资格？ ………（691）

313. 股东的继承人能否直接要求分割并继承公司的利润？ …………（691）

314. 股东生前为隐名股东的,其继承人可否直接继承其股东资格？ …（691）

【案例165】温州富商去世　婆媳争夺8000万元巨额遗产 ……………（692）

315. 被继承人死亡后,股东会修改公司章程禁止继承股东资格
是否具有约束力？ ………………………………………………（695）

【案例166】股东死亡后修改章程禁止继承的决议无效 ………………（696）

316. 实际出资人在确权之前死亡的,其继承人能否继承其股东
资格？ ……………………………………………………………（699）

317. 夫妻一方能否依据离婚协议中的股权分割约定直接取得
股东资格？ ………………………………………………………（699）

【案例167】离婚调解书助股东成功确权 ………………………………（700）

## 第六节　股东资格确认中的税务问题 ……………………………（704）

### 一、实际出资人确权的税务问题 ………………………………………（704）

318. 实际出资人被确认为工商登记股东是否需要缴税？ ……………（704）

319. 为了逃避股权转让纳税义务,当事人以虚假诉讼方式确认股权,
可能会承担哪些刑事责任？ ……………………………………（705）

【案例168】逃避债务不成　虚假诉讼身陷囹圄 ………………………（706）

320. 何为逃税罪？其构成要件、立案追诉标准以及量刑标准分别是
怎样的？ ･･････････････････････････････････････････････････････ (706)

321. 纳税义务人和扣缴义务人在被发现偷漏税后补缴税款、滞纳金与
罚款，是否能够免除刑事责任？ ･･････････････････････････････ (707)

322. 哪些人可能成为逃税罪的主体？单位犯罪的，法定代表人是否
应当承担刑事责任？ ････････････････････････････････････････ (708)

【案例169】签订"阴阳合同"规避税款　情形严重可能构成逃税罪 ······ (708)

【案例170】某庆公司偷逃税款710万余元　法定代表人刘某庆免责 ····· (709)

【案例171】千万富翁虚开发票羁押两年　申诉8年终获无罪 ·········· (710)

【案例172】政府作出税抵债承诺却未兑现　企业纳税零申报被判
逃税罪 ････････････････････････････････････････････････ (714)

【案例173】未依决定补缴税款　被判有期徒刑 ····················· (716)

【案例174】用人单位未依法申报员工个税　作为扣缴义务人被判
逃税罪 ････････････････････････････････････････････････ (717)

【案例175】心存侥幸为逃税　补缴税款仍处刑 ····················· (718)

【案例176】补缴税款接受处罚　免除刑事责任 ····················· (720)

## 二、股权激励的税务问题 ･･････････････････････････････････････ (722)

### （一）有限公司股权激励税收问题 ･････････････････････････････ (722)

323. 有限责任公司股权激励有哪些方式？ ･･････････････････････ (722)

324. 员工取得以资本公积金增资产生的股权后，如何计征个人
所得税？ ････････････････････････････････････････････････ (722)

325. 自然人股东将其持有的部分股权以低价转让或赠与员工的，
是否需要缴纳个人所得税？ ････････････････････････････････ (723)

326. 公司法人股东将股权以低价转让给员工，是否需要缴纳企业
所得税？ ････････････････････････････････････････････････ (723)

### （二）股份有限公司股权激励税收问题 ･･････････････････････････ (724)

327. 股份有限公司有哪些股权激励方式？如何确定股权激励的
来源？ ･･････････････････････････････････････････････････ (724)

328. 在我国境内上市的居民企业实施员工股权激励计划的，如何
确认其企业所得税？ ････････････････････････････････････････ (724)

329. 股份有限公司采用股票期权方式实施股权激励,员工接受股票期权是否需要缴纳个人所得税?如需缴纳,如何计税? ……………(725)

330. 员工行使股票期权时,是否需要缴纳个人所得税?如需缴纳,如何计税? ……………………………………………………………(726)

331. 员工在纳税年度内第一次取得股票增值权时,如何确定应纳税额? ……………………………………………………………(727)

332. 员工在纳税年度内第一次取得限制性股票的,如何确定应纳税额和纳税义务发生时间? ……………………………………………(727)

333. 对于授予限制性股票的股权激励计划,企业应如何进行会计处理?等待期内企业应如何考虑限制性股票对每股收益计算的影响? ……………………………………………………………(728)

334. 员工转让行权后的股票,是否需要缴纳个人所得税?如需缴纳,该如何缴纳? ……………………………………………………(731)

335. 员工因拥有股权而参与企业税后利润分配取得的所得,应如何缴纳个人所得税? ……………………………………………(731)

336. 被激励对象为缴纳个人所得税款而出售股票,其出售价格与原计税价格不一致的,应如何计算应纳税所得额和税额? …………(731)

337. 实施股票期权、股票增值权以及限制性股票计划的境内上市公司,应向税务局报送哪些材料? ………………………………(731)

【案例177】乐凯胶片二股东套现亿元　金发科技控制人避税阴谋 ………(732)

338. 在哪些情形下,股权激励所得,直接计入个人当期所得征收个人所得税? …………………………………………………………(733)

### 三、遗产税与赠与税 ……………………………………………(733)

339. 在我国,继承遗产或接受遗赠财产是否需要缴税? ………………(733)

340. 中国香港地区征收遗产税吗? ……………………………………(734)

【案例178】邵某夫家族信托分配遗产 ……………………………………(735)

341. 中国台湾地区是如何征缴遗产税的? ……………………………(736)

342. 中国台湾地区是如何征缴赠与税的? ……………………………(736)

【案例179】王某庆继承人以实物抵缴22亿元新台币遗产税 ……………(737)

# 第五章 股东名册记载纠纷

## 第一节 立　案 …………………………………………………………（743）
### 343. 如何确定股东名册记载纠纷的诉讼当事人？ ……………………（743）
### 344. 股东名册记载纠纷按照什么标准交纳案件受理费用？ …………（743）
### 345. 股东名册记载纠纷由何地法院管辖？ ……………………………（743）
### 346. 请求公司变更股东名册的诉讼是否适用诉讼时效？ ……………（743）
## 第二节　股东名册记载纠纷的裁判标准 ……………………………（744）
### 一、股东名册的置备 ……………………………………………………（744）
#### 347. 哪些主体需要置备股东名册？置备的义务人分别是谁？
应在何时由公司哪个机关置备于何处？ …………………………（744）
#### 348. 上市公司由证券登记机构置备的股东名册和公司置备的
股东名册有何关系？ ………………………………………………（744）
#### 349. 公司未置备股东名册是否需要承担法律责任？ …………………（744）
### 二、股东名册变更的一般程序 …………………………………………（745）
#### 350. 股东名册变更登记的请求权人是谁？ ……………………………（745）
#### 351. 有限责任公司股东名册变更须提交哪些材料？ …………………（745）
#### 352. 股份有限公司股东名册变更需要提交哪些材料？ ………………（746）
### 三、股东名册封闭制度的限制及其他表现形式 ………………………（746）
#### 353. 股东名册封闭制度可否仅对部分股东行使？ ……………………（746）
#### 354. 股东名册封闭的是股东的哪些权利？ ……………………………（746）
#### 355. 公司可否自主决定股东名册的封闭日期？ ………………………（746）
#### 356. 除了封闭股东名册，公司还可采取何种形式确定股东名册上的
股东权利行使人？ …………………………………………………（747）
#### 357. 哪些做法属于违法封闭股东名册或违法确定在册日期？ ………（747）
#### 358. 如果违法封闭股东名册或违法确定在册日期，基于此作出的分红、
表决等行为是否有效？ ……………………………………………（747）
### 四、股东名册记载纠纷的举证义务 ……………………………………（747）
#### 359. 主张股东名册变更应当提供何种证据？ …………………………（747）
【案例180】记载于股东名册的股东已实际出资　有权要求公司签发
出资证明书 ……………………………………………………（748）

【案例181】关于股东名册纠纷的法律定性问题 …………………… (748)

【案例182】转让已实际履行　股东名册应依法变更 ……………… (752)

【案例183】判决确定股东资格股东　诉请变更名册获支持………… (755)

【案例184】改制不影响股东资格　要求变更名册获支持 …………… (757)

360. 当事人可否以股东变更的股东会决议主张变更股东名册? …… (759)

【案例185】仅以股东会决议主张变更股东名册被驳回 ……………… (759)

# 第六章　请求变更公司登记纠纷

## 第一节　立　案 …………………………………………………… (764)

361. 如何确定请求变更公司登记纠纷的诉讼当事人? ……………… (764)

362. 请求变更公司登记纠纷由何地法院管辖? ……………………… (764)

363. 在提起请求"变更公司登记"诉讼前或在诉讼过程中,系争股权已被冻结或变更登记至第三人名下或受到第三人权利限制的,对该诉讼有何影响? ………………………………………………… (765)

【案例186】诉争股权被冻结　无法判决办理变更登记 ……………… (765)

364. 请求变更公司登记纠纷按照什么标准交纳案件受理费用? …… (767)

365. 请求变更公司登记纠纷是否适用诉讼时效? …………………… (767)

【案例187】合同未约定报批时间　受让人可随时主张索赔………… (767)

366. 法院判决增加或变更股东名册记载后,或请求变更登记纠纷诉讼胜诉后,被告拒不执行生效判决、裁定时,原告应如何救济? ……… (770)

## 第二节　请求变更公司登记纠纷的裁判标准 …………………… (770)

### 一、对拒不履行公司登记义务的救济 ……………………………… (770)

367. 公司或他人拒不履行工商变更登记义务,原告可以采取哪些救济措施? ………………………………………………………… (770)

368. 当事人可否通过行政诉讼的方式,主张撤销或变更公司工商登记? ……………………………………………………………… (771)

【案例188】工商登记仅作形式审查　请求撤销行政行为被驳回…… (771)

【案例189】假公章导致股权转让无效　"转让人"成功撤销工商登记…… (776)

### 二、请求变更公司登记纠纷的裁判标准 …………………………… (777)

369. 公司实际出资人主张公司变更工商登记其为公司股东,是否必须先行提起股东资格确认诉讼? …………………………………… (777)

370. 通过诉讼主张公司变更登记需要证明哪些事项？……………(778)
【案例190】股权转让判决无效　工商登记应恢复原状…………(778)
【案例191】新股东付清股款忠实履约　法院判决公司办理变更登记……(782)
371. 董事在任期内辞职,可否请求公司办理变更登记？…………(783)
【案例192】董事辞职未导致董事会成员低于法定人数　公司应
办理变更登记…………………………………………(784)
372. 原法定代表人辞去董事长、执行董事或总经理职务,公司不选派
新人继任,不办理变更登记,原法定代表人能否通过诉讼涤
除其法定代表人工商登记？…………………………………(787)
【案例193】与公司无实质性利益关联　可诉请涤除法定代表人
工商登记………………………………………………(788)

### 三、未履行变更登记义务对股权转让合同效力的影响…………(790)

373. 股权转让当事人可否以未办理变更登记为由,主张股权转让
合同无效或不生效,或者主张解除合同？如果受让方已经实际
享有股东权利,但未被变更登记为股东,是否还可以未办理
变更登记为由主张解除合同？………………………………(790)
【案例194】不配合变更致根本违约　股权转让合同被判解除……(790)
【案例195】未及时变更登记公司即被注销　转让合同被解除……(792)
374. 转让人与受让人签订股权转让合同后正常履约,但在进行变更登记时,
市场监督管理部门以合同不符合登记标准为由拒绝登记,转让方
借此毁约,不愿意按照市场监督管理部门的要求重新签订
新合同,此时,受让方如何保障自己的权利？………………(794)

### 四、未履行变更登记义务的责任承担……………………………(794)

375. 未办理变更登记,义务人需承担何种民事责任？……………(794)
376. 未办理变更登记,公司需承担何种行政责任？………………(795)
【案例196】变更登记材料不全　请求撤销不受理决定遭驳回……(795)

## 第三节　衍生问题——市场监督管理部门的登记审查责任………(800)

### 一、立案…………………………………………………………(800)

377. 如何确定与市场监督管理部门的登记审查责任有关纠纷的诉讼
当事人？在设立登记中,市场监督管理部门出具的营业执照、
核准通知书等文件上有多个机关盖章的,如何确定被告？…………(800)
【案例197】被告不适格　裁定驳回起诉………………………(800)

378. 工商行政确认纠纷、工商行政许可纠纷由何地法院管辖？……………(802)

379. 工商行政确认纠纷、工商行政许可纠纷按照什么标准交纳
案件受理费？……………………………………………………………(802)

380. 工商行政确认纠纷、工商行政许可纠纷是否适用诉讼时效？
如何理解"不属于起诉人自身的原因"？………………………………(802)

【案例198】明知登记行为　已过诉讼时效撤销请求被驳回………………(803)

【案例199】非因自身耽误期间　不计入诉讼时效计算范围………………(804)

381. 当事人不知道具体行政行为，是否受诉讼时效的限制？………………(809)

【案例200】不知设立行为　冒名股东5年后诉请撤销被驳回……………(809)

382. 市场监督管理部门不作为时，当事人起诉市场监督管理部门
要求履行法定职责的起诉情形有哪些？起诉期限有何要求？…………(812)

383. 因他人提供需要材料被登记为公司股东，当事人可否直接向市场
监督管理部门，申请撤销公司登记？……………………………………(812)

384. 市场监督管理部门可否主动撤销公司登记？……………………………(812)

385. 在什么情况下，登记机关可以不予撤销市场主体登记？………………(812)

386. 原告因他人提交虚假材料而被登记为公司股东等，如何确定
诉讼请求？………………………………………………………………(813)

## 二、执行相关问题……………………………………………………………(814)

387. 工商行政确认、工商行政许可诉讼请求获法院支持后，市场监督
管理部门不配合办理工商变更登记，原告应如何救济？………………(814)

## 三、工商行政确认纠纷、工商行政许可纠纷的裁判标准……………………(814)

388. 工商登记审查应适用形式审查标准，还是实质审查标准？……………(814)

【案例201】设立材料系虚假　冒名股东主张撤销公司登记获支持………(815)

【案例202】使用虚假材料设立公司　确认工商登记违法……………………(818)

【案例203】设立登记岂能形式审　冒名登记被确认无效…………………(821)

389. 对于股东、法定代表人的变更登记应遵循什么审查原则？
应该审查哪些内容？……………………………………………………(824)

【案例204】未审查任职决议合法性　法定代表人变更被撤销……………(825)

【案例205】私章与预留印鉴明显不一致　未尽审查义务股东
登记被撤销……………………………………………………(828)

390. 在办理工商变更登记中,如果公司拟进行变更的内容已由股东会表决通过,但部分小股东未在股东会决议上签字,市场监督管理部门是否会受理变更登记材料?如果市场监督管理部门未进行变更,股东能否提起行政诉讼? ……………… (835)

【案例206】尽责调查会议决议个别股东未签字 决议内容仍可变更 …………………………………………… (835)

391. 若登记事项仅须形式审查,市场监督管理部门是否完全不需要对真实性负责? …………………………………………… (839)

【案例207】法定代表人变更材料虚假 工商行政登记被撤销 …… (840)

392. 如何理解市场监督管理部门"怠于履行行政义务"? ……… (841)

【案例208】经营场所证明材料已完备 工商局被判履行设立登记职责 …………………………………………………… (841)

393. 市场监督管理部门作出错误的行政许可行为,应对行政相对人承担什么样的法律责任? …………………………………… (846)

# 第七章 股权转让纠纷

## 第一节 立 案 …………………………………………… (848)

394. 如何确定股权转让纠纷的诉讼当事人? ……………………… (848)

395. 如何确定股东主张优先购买权的诉讼当事人? ……………… (849)

396. 股权转让纠纷中,受让人以转让的股权存在出资瑕疵为由提起诉讼,应当如何确定诉讼当事人? ………………… (849)

397. 股份有限公司发起人、董事、监事、高级管理人员转让股份违反《公司法》的限制性规定,如何确定诉讼当事人? ……… (849)

398. 其他股东以转让人侵犯其优先购买权为由,要求撤销股权转让变更登记行为的,应当如何确定诉讼当事人? ……… (849)

399. 股权转让纠纷案件由何地法院管辖? ………………………… (849)

400. 股权转让纠纷按照什么标准交纳案件受理费用? …………… (850)

401. 股东主张优先购买权的诉讼按照什么标准交纳案件受理费? …… (850)

402. 股权转让纠纷是否适用诉讼时效? …………………………… (850)

403. 股东主张优先购买权的诉讼请求应如何表述? ……………… (850)

404. 在股东主张优先购买权的诉讼中,原告是否需要提供财产担保? 数额如何确定? ……………………………………………………… (850)

## 第二节 有限责任公司股权转让纠纷的裁判标准 ……………… (850)

### 一、股权转让纠纷一般裁判标准 ………………………………… (850)

405. 股权转让时,可否仅转让股权中的部分权能? ………………… (850)
406. 股权转让合同何时成立、生效?是否可以约定办理工商变更登记手续后生效? ……………………………………………… (851)
407. 外商投资企业《股权转让协议》订立后未经有关行政主管部门审批,是否有效? ……………………………………… (851)
408. 股权转让合同应当具备哪些必备条款? ……………………… (852)
409. 涉外股权转让协议中,关于汇差由一方补足的约定是否有效? …… (852)

【案例209】股权转让汇差约定有效应履行 …………………… (852)

410. 有限责任公司股东转让股权,受让人何时成为公司股东? …… (853)
411. 股权转让合同撤销及无效的法定事由有哪些? ……………… (853)
412. 股权转让合同被确认无效或者撤销之后,有何法律后果? …… (854)
413. 股权转让合同被确认无效或者被撤销后,对受让人实际参与公司经营管理期间的公司盈亏如何处理? ……………………… (854)
414. 股权被他人无权处分转让给第三人,所订立的《股权转让协议》效力如何?无权处分而转让股权是否产生股权变动的法律效果? …………………………………………………… (854)

【案例210】无权处分所订立的《股权转让协议》有效 ………… (855)

415. 在什么情况下,当事人可以单方解除股权转让合同? ………… (863)
416. 股权转让合同解除后,出让方已分得的红利如何处置? ……… (863)
417. 有限责任公司中,如股权转让导致股东人数超过50人,是否影响股权转让合同的效力? ………………………………… (863)
418. 公司解散后,转让股权的合同效力如何认定? ………………… (864)

【案例211】委托他人处分股权不同于"冒名处分" 应认定有效 …… (864)

419. 公司章程可否规定股东离职或在其他情况下,其股权由其他股东受让?该强制股权转让交易是否有效? ……………………… (866)

【案例212】公司要求离职员工强制退股 章程不违法主张获支持 …… (866)

【案例213】约定股权激励回购不影响股权转让合同效力 ………… (871)

【案例214】章程约定的股本原始价格回购离职员工股权有效 …………… (877)

【案例215】强制退股需一致同意　滥用多数决修改章程无效 …………… (883)

【案例216】合伙协议约定员工离职退伙有效　无须分析劳动合同
　　　　　解除原因 ……………………………………………………………… (887)

420. 人民法院拍卖上市公司的国有股和社会股时,应当履行哪些
　　　程序? ………………………………………………………………………… (891)

421. 股东转让其正在被执行的独资开办的企业(被执行人),人民法院
　　　能否追加该股东为被执行人? ……………………………………………… (892)

422. 股权转让纠纷胜诉后,公司拒绝将股东名册或工商登记中的股东
　　　由转让人变更为受让人的,受让人应如何救济? ………………………… (892)

## 二、股权转让的对价确定 ……………………………………………………… (893)

423. 股权转让纠纷中,出现多个对价时,应当如何判断合同当事人的
　　　真实意思表示并确定股权转让价格? ……………………………………… (893)

【案例217】根据净资产状况推断价款获法院支持 ………………………… (893)

424. 股权转让合同如未约定转让价款的,且无任何证据证明双方
　　　当时的真实意思表示,应如何确定对价? ………………………………… (898)

【案例218】未明确股权转让价格　合同虽无对价但有效 ………………… (898)

425. 股权转让合同签订后,在履行过程中请求变更股权转让款是否
　　　允许?其行为如何定性? …………………………………………………… (900)

426. 股权转让时,原股东捏造虚假信息,欺骗受让人以较高的价格
　　　购买股权,受让人购得公司股权后应如何救济? ………………………… (900)

【案例219】已确认股权转让价款且超过1年　转让人主张变更
　　　　　价款被驳回 …………………………………………………………… (901)

427. 如何证明股权转让合同是基于欺诈而签订的? …………………………… (904)

【案例220】未尽注意义务　主张欺诈不成立 ……………………………… (905)

## 三、"一股多卖"及出质股权转让的裁判标准 ………………………………… (906)

428. 有限责任公司中,股东将自有股权重复出卖给多个股东的,
　　　各受让人应如何主张权利? ………………………………………………… (906)

429. 转让人一股多卖,其中一名受让人经过法院判决取得股权,但
　　　另一受让人已经实际享有股东权利、履行股东义务,则通过
　　　诉讼获得股东资格的受让人可否主张行使股东权利的
　　　受让人在公司作出的行为无效? …………………………………………… (906)

【案例221】一股二卖引发旷日持久连环案 ………………………………… (907)

· 35 ·

【案例222】被执行人名下股权已协议转让　未变更工商登记仍可被冻结……(910)

430. 股权质押如未经工商登记,是否有效?……(913)

## 四、股权转让所涉资产、资质、控制权转让问题……(913)

431. 股权转让中,如果因公司实物资产存在质量瑕疵,该瑕疵的相应责任可否要求股权转让人承担?……(913)

【案例223】股权转让人对公司资产质量问题不承担赔偿责任……(913)

432. 股权转让合同中,约定公司资产归股东所有是否有效?……(916)

【案例224】股权转让不得一并转让公司资产……(916)

## 五、瑕疵股权转让的裁判标准……(918)

433. 出资瑕疵的股东可否对外转让股权?……(918)

【案例225】出资瑕疵的股东仍可对外转让股权……(918)

434. 出资瑕疵的股东转让股权,受让人可否以转让人出资瑕疵为由主张合同无效,或拒绝履行合同?……(920)

【案例226】股权明知瑕疵仍受让　拖欠股权转让款需偿还……(921)

## 六、隐名股东股权转让的裁判标准……(923)

435. 隐名股东通过股权转让的方式显名,代持股股东拒不交付股权,却起诉要求隐名股东履行付款义务,如何处理?……(923)

【案例227】隐名投资证据不足　为"显名"支付转让款……(924)

436. 隐名股东直接以自己名义与他人签订股权转让合同,效力如何认定?……(925)

【案例228】实际出资且其他股东认可　隐名股东转让股权有效……(926)

437. 未经隐名股东同意,名义股东擅自对外转让股权的,隐名股东可否直接主张股权处分行为无效?……(927)

【案例229】名义股东擅自转让代持股份　恶意受让代持股股权协议无效……(928)

【案例230】显名股东擅自转让股权　隐名股东主张转让溢价款获支持……(929)

## 七、股东优先购买权的裁判标准……(933)

438. 内部股东之间转让股权时,其他股东是否享有优先购买权?……(933)

【案例231】内部转让股权　其他股东无优先购买权……(933)

439. 股东向公司以外的第三人转让股权,是否需要其他股东同意?……(935)

目 录

【案例232】损害股东优先购买权转让股权　工商股东变更后协议
　　　　　仍被撤销 ····································································· (935)

440. 股东对外转让股权须经"过半数股东"同意中的"过半数",指的是
　　表决权过半数还是"人头"过半数? ·································· (938)

441. 转让人向其他股东通知转让事宜必须注意哪些问题? 应包括
　　哪些通知内容? ································································· (938)

442. 转让人向公司其他股东发出的通知主要转让条件不明确时,
　　如何处理? ········································································ (939)

443. 其他股东接到转让人的书面通知,应在多少日内给予答复? ········ (939)

444. 转让人未依法履行通知义务,即对外签订股权转让合同,侵犯其他
　　股东的优先购买权,股权转让合同效力如何认定? 享有优先
　　购买权的股东应如何救济? 股权受让人应如何救济? ············ (939)

445. 股东对外转让股权,其他股东是否可对部分股权主张优先
　　购买权? ··········································································· (939)

446. 股东对外转让股权时,如过半数股东同意转让,是否股权就可以
　　转让给拟受让人? 过半数股东不同意转让时,是否股权就无法
　　转让? ··············································································· (939)

【案例233】外滩地王之争:间接转让无法规避优先购买权　合法形式
　　　　　掩盖非法目的转让合同被判无效 ····························· (940)

447. 如争议的股权已经被处分,导致股东优先购买权无法实现,主张
　　优先购买权的股东可否要求转让人或公司承担赔偿责任? ······· (948)

448. "在同等条件下,其他股东有优先购买权"中的"同等条件"包括
　　哪些因素? ········································································ (948)

449. 股东对外转让股权,其他股东半数以上不同意转让的,不同意
　　转让的股东应当以何种价格购买股权? ································ (948)

【案例234】股东行使优先购买权时　购买价格根据评估价值确定
　　　　　无法可依 ·································································· (949)

450. 转让人未就其股权转让事项征求其他股东意见,或者以欺诈、恶意
　　串通等手段,损害其他股东优先购买权,其他股东能否起诉要求
　　按照同等条件购买该转让股权? ··········································· (952)

【案例235】法定期限内未主张优先购买权　视为同意股权转让 ············ (952)

· 37 ·

451. 转让人未就其股权转让事项征求其他股东意见,或者以欺诈、恶意串通等手段损害其他股东优先购买权,其他股东能否仅起诉要求确认股权转让合同及股权变动效力,不购买转让股权? ………… (954)

【案例236】未主张优先购买 仅诉请股权转让协议无效的不予支持 …… (954)

【案例237】债务承担也应视为同等条件的组成部分 ………… (956)

452. 股东主张优先购买权后,转让人解除股权转让合同,其他股东的优先购买权还能否继续行使? ………… (958)

【案例238】股东解除股权对外转让合同 其他股东无法继续主张优先购买权 ………… (958)

453. 如果章程规定或股东约定"股东主张优先购买权后,转让人解除股权转让合同不影响优先购买权的行使",法院应当如何处理? ………… (971)

454. 章程规定、股东约定"股东主张优先购买权后,转让人不能'反悔'",该规定或约定应当经多数决还是一致决作出? ………… (971)

455. 如果转让股东为了回避其他股东的优先购买权而反复"反悔",法院如何处理? ………… (971)

【案例239】诉讼中解除转让协议 优先购买权被驳回 ………… (971)

456. 当多名股东行使优先购买权时,如一名股东表示愿意以更高的价格购买全部或者部分股权,并导致其他股东无法按照各自出资比例行使优先购买权的,应如何处理? ………… (973)

457. 股东的优先购买权是否适用于股权赠与的情况? 如果适用,如何确定同等条件? ………… (974)

【案例240】股权赠与应有其他股东同意 未实际交付仍有权撤销 ………… (974)

458. 夫妻离婚时,对财产进行分割,股东一方将股权的部分或者全部转让给配偶时,其他股东可否优先购买? ………… (977)

【案例241】离婚分割股权侵害其他股东优先购买权 被判无效 ………… (977)

459. 当股权发生继承时,是否允许其他股东行使优先购买权? ………… (979)

460. 人民法院在强制执行程序中决定拍卖有限责任公司股权时,其他股东的优先购买权如何保护? ………… (980)

## 八、夫妻共有股权转让的裁判标准 ………… (980)

461. 夫妻一方与他人签订股权转让协议,转让夫妻共有股权,如何认定股权转让合同效力? ………… (980)

【案例242】丈夫代妻子签约转让共同股权有效　妻诉称侵权对抗善意第三人被驳回 ································································· (981)

【案例243】夫妻一方未经授权转让登记在另一方名下股权　转让被认定无效 ································································· (986)

【案例244】对外转让股权须得过半数股东同意　配偶同意并非必须 ······ (988)

462. 如何有效防止夫妻共有股权被擅自处分？ ································ (995)

## 第三节　股份有限公司股份转让的裁判标准 ······························ (995)

### 一、股份转让流程及限制 ························································· (995)

463. 股份有限公司股份应当如何转让，有何限制？ ························· (995)

464. 股份有限公司成立前是否可以向股东交付股票？ ····················· (995)

465. 股份有限公司的股份转让是否必须在证券交易所进行？ ············ (995)

466. 股份有限公司的股东转让股份，是否需要经过董事会或股东大会决议和同意？ ································································· (996)

467. 股份有限公司发起人、董事、监事、高级管理人员转让本公司股份有何限制？ ································································· (996)

468. 股份有限公司股东在限售期内转让股份，约定待股份解禁后再行办理过户是否有效？ ··········································· (996)

【案例245】约定解禁后再行过户　股份转让合法有效 ··············· (996)

469. 股份有限公司可否通过公司章程规定股权转让的条件，限制股东转让股份？ ································································· (1001)

470. 股权转让合同解除后，转让人是否可以起诉主张受让人在返还股权时一并返还其持有该股份在公司所获得的红利、配送新股及因该股份而认购的新股等股东权益？ ························ (1001)

471. 国有单位受让上市公司股份有哪些方式？ ···························· (1001)

472. 公司内部职工股的交易有何限制？ ······································ (1002)

473. 公司内部职工股在持有人脱离公司或死亡时如何处理？ ··········· (1002)

474. 公司内部职工股的转让价格如何确定？ ······························· (1002)

### 二、非上市公众公司股份转让的流程 ······································· (1002)

475. 什么是非上市公众公司？ ··················································· (1002)

476. 非上市公众公司股票应当在哪里登记？公开转让在哪里进行？ ···· (1002)

477. 进行非上市公众公司收购的条件是什么？收购的股份多长时间可以转让？ ········································································ (1002)

478. 非上市公众公司信息披露文件主要包括哪些? ……………… (1003)
479. 公开转让与定向发行的非上市公众公司应当如何进行信息
    披露? ………………………………………………………… (1003)
480. 股票向特定对象转让导致股东累计超过200人的非上市公众公司
    应当如何进行信息披露? …………………………………… (1003)
481. 非上市公众公司披露信息应当由公司的什么机构发布? …… (1003)
482. 非上市公众公司可否在公司章程中约定信息披露方式? …… (1003)
483. 非上市公众公司披露信息应当如何公布? ………………… (1003)
484. 股票向特定对象转让导致股东累计超过200人的股份有限公司
    应当如何进行股票转让? …………………………………… (1003)
485. 非上市公众公司向社会公众公开转让股票时应当如何作出决议?
    其决议包括哪些内容? ……………………………………… (1004)
486. 申请股票向社会公众公开转让应提交哪些申请文件? ……… (1004)
487. 非上市公众公司定向发行包括哪些情形? ………………… (1004)
488. 非上市公众公司定向发行时应当满足哪些条件? ………… (1004)
489. 非上市公众公司定向发行股票时,公司应当如何作出决议? …… (1005)
490. 非上市公众公司定向发行股票的申请文件包括哪些? ……… (1005)
491. 非上市公众公司可否向证监会申请分期定向发行股票?应履行
    何种程序? …………………………………………………… (1005)
492. 非上市公众公司在什么情况下可以豁免向中国证监会申请核准
    定向发行股票? ……………………………………………… (1005)
493. 非上市公众公司报送的报告有虚假记载、误导性陈述或者重大
    遗漏的,应当承担何种行政责任? ………………………… (1006)
494. 非上市公众公司以欺骗手段骗取核准、虚假陈述或者其他重大
    违法行为给投资者造成损失的,应当承担何种法律责任? …… (1006)
495. 非上市公众公司未按规定擅自转让或发行股票的,应当承担何种
    行政责任? …………………………………………………… (1006)
496. 证券公司、证券服务机构出具的文件有虚假记载、误导性陈述或者
    重大遗漏的,应当承担何种行政责任? …………………… (1006)
497. 非上市公众公司及其他信息披露义务人未按照规定披露信息,
    或所披露的信息有虚假记载、误导性陈述或者重大遗漏的,
    应当承担何种行政责任? …………………………………… (1006)

498. 公司向不符合规定条件的投资者发行股票的,应当承担何种
行政责任? ·················································································· (1007)

499. 非上市公众公司内幕信息知情人或非法获取内幕信息的人,在对公众
公司股票价格有重大影响的信息公开前,泄露该信息、买卖或者
建议他人买卖该股票的,应当如何对其进行处罚? ··············· (1007)

### 三、上市公司股份转让的特殊规则 ·············································· (1007)

500. 如何认定尚未履行必要程序的收购上市公司股份
合同的效力? ·············································································· (1007)

501. 如何认定尚未履行证券监督管理机构股东变更报批手续的转让
证券公司股份合同的效力? ······················································ (1007)

502. 哪些人员买卖上市公司股份存在6个月内不得进行买卖的
特殊时间限制?有无例外情况? ·············································· (1008)

503. 如果上市公司董事会未依照规定没收频繁交易的董事、监事、
高级管理人员及股东收益时,应当如何处理? ······················· (1008)

## 第四节 国有股权转让的裁判标准 ················································ (1008)

### 一、国有股权转让的程序规定 ······················································ (1008)

504. 国有股权转让应当履行哪些程序? ········································· (1008)
505. 清产核资应当由谁组织? ························································· (1009)
506. 国有股权转让的价格,应当以何为依据?价款支付有何限制? ······ (1010)
507. 国有股权转让应当如何进行公告?公告期为多少日?公告内容
有哪些? ······················································································ (1010)

508. 国有股权转让经公开征集后,仅有一个受让人应当如何处理?
有两个以上受让人拟购买转让股权时应当如何处理? ········· (1011)

509. 企业国有股权转让中,应当于何时办理变动产权登记? ······· (1011)
510. 企业办理变动产权登记需要提交哪些材料? ························· (1011)
511. 转让国有股权应由哪个机构批准? ········································· (1012)
512. 决定或者批准企业国有股权转让,应当审查哪些书面文件? ······ (1012)
513. 国有股权转让中转让方案应当包括哪些内容? ····················· (1012)
514. 如果转让人对国有股权转让的受让人有特殊要求,或在资产重组中
拟将股权转让给所控股企业从而拟进行协议转让的,应当由哪个
部门进行批准? ·········································································· (1012)

515. 经国有资产监督管理机构批准后,股权转让双方又对转让方案进行调整的,是否还须重新报批? ……………………… (1013)

## 二、国有股权转让合同的效力认定 ……………………… (1013)

516. 转让的国有股权未履行批准手续或其他法定程序的,合同效力如何? ……………………… (1013)

【案例246】国有股转让未获批 百亿市值瞬间蒸发 ……………… (1013)

517. 如内部决策程序有瑕疵,股权转让协议效力如何认定?善意受让人能否适用善意取得制度? ……………………… (1017)

518. 签订国有股权转让合同后,未对股权价值进行评估的,该股权转让行为效力如何确定?诉讼过程中应如何处理? ……………… (1017)

【案例247】未经评估不当然导致国有资产转让行为无效 ……… (1018)

【案例248】未经批准、评估转让国有股权被认定无效 …………… (1021)

519. 如何进行国有资产转让评估? ……………………… (1023)

520. 如国有股权转让后,受让人不依照双方约定的职工安置方案履行合同,国有股权的转让人可否主张合同无效? …………… (1024)

521. 国有股权转让未进场交易,合同效力如何确定? …………… (1024)

【案例249】国有股权转让未进场交易 合同无效 ……………… (1024)

【案例250】国有股权转让未进场交易 股权转让协议被认定无效 …… (1027)

522. 在哪些法定情形下,国有资产转让可不进场交易? ………… (1032)

## 三、国有股权拍卖的特殊规定 ……………………… (1032)

523. 国有股权进场交易时,如采用拍卖程序转让股权,则其他股东的优先购买权如何行使? ……………………… (1032)

524. 国有股权被强制拍卖时,其拍卖是否必须确定保留价?保留价应当如何确定?如拍卖最高价未到达保留价应如何处理? …… (1033)

525. 如国有资产监督管理部门怠于履行或拒绝履行职责,哪个部门可以代替国有资产监督管理部门成为代表国家提起股权转让纠纷诉讼的主体? ……………………… (1033)

## 四、国有创业投资企业股权投资的退出 ………………… (1033)

526. 国有创业投资企业是否可以协议方式转让股权? …………… (1033)

527. 国有创业投资企业与其他股东事前约定股权转让条件应注意哪些问题? ……………………… (1033)

528. 国有创业投资企业对股权转让的事前约定应当怎样办理
备案手续? ……………………………………………………… (1034)
529. 国有创业投资企业股权转让应当遵循怎样的决策程序? ………… (1034)
530. 国有创业投资企业转让股权如何报批? 如何审批? ……………… (1034)
531. 何为创业投资引导基金? …………………………………………… (1035)
532. 引导基金形成的股权应如何退出? ………………………………… (1035)

## 第五节 股权转让的税务问题 ……………………………………… (1036)
### 一、自然人转让股权的税务问题 …………………………………… (1036)
533. 自然人转让股权,如何计征个人所得税? ………………………… (1036)
【案例251】股权转让个人所得税处理案 ……………………………… (1037)
534. 自然人转让股权,应当于何时何地缴纳个人所得税? 当自然人年
所得超过12万元,其任职单位与股权变更企业所在地不一致时,
自然人应如何选择纳税地? ……………………………………… (1038)
535. 纳税义务人自行申报或扣缴义务人进行股权转让纳税申报,
需要提交哪些材料? ……………………………………………… (1039)
【案例252】自然人转让股权未进行纳税申报 欠缴税款可能构成
逃税罪 ……………………………………………………………… (1039)
536. 个人纳税义务人转让其在境外股权取得的所得,如果这部分
所得在境外已经缴税,在境内是否还需要缴税? ……………… (1043)
537. 两个或者两个以上自然人共同取得同一股权转让收入的,
应如何纳税? ……………………………………………………… (1043)
538. 自然人转让股权,其计税明显偏低,税务机关是否可以调整?
如何调整? ………………………………………………………… (1043)
【案例253】股份转让价格低于对应净资产值 税务机关有权重新
核定转让收入 ……………………………………………………… (1044)
539. 如何判断股权转让所得计税依据明显偏低? 计税依据明显偏低的
正当理由包括哪些? ……………………………………………… (1045)
【案例254】1元受让配偶持有的85%股份 可不缴纳个税 ………… (1045)
540. 自然人分期投入获得的股权,转让部分股权时,主管税务机关将
如何审核其股权转让成本? ……………………………………… (1046)

541. 主管地方税务机关核定股权转让应纳税所得额时,应考虑
哪些因素? ……………………………………………………(1046)

542. 自然人股东将股权赠与他人,是否需要缴纳所得税?什么情形下
需要缴纳所得税? ……………………………………………(1047)

543. 如何确定个人转让因受赠获得的股权的应纳税额? ……(1047)

544. 企业股权置换过程中个人股权转让,应如何缴纳个人所得税? ……(1047)

545. 对个人在上海证券交易所、深圳证券交易所转让从上市公司公开
发行和转让市场取得的上市公司股票所得,是否需要计征个人
所得税? ………………………………………………………(1047)

【案例255】华孚色纺公司股东减持股改限售股份 …………(1048)

546. 全体股东,通过签订股权转让协议,以转让公司全部资产方式将
股权转让给新股东,协议约定时间以前的债权债务由原股东
负责,协议约定时间以后的债权债务由新股东负责。此时,
原股东如何计征个人所得税? ………………………………(1049)

547. 集体所有制企业在改制为股份合作制企业过程中个人取得的
量化资产,如何计征个人所得税? …………………………(1049)

548. 股权转让合同被撤销,退还的股权转让款是否需要缴纳个人
所得税?如何缴纳? …………………………………………(1050)

549. 股权成功转让后,转让方个人因受让方个人未按规定期限支付
价款而取得的违约金收入,是否需要缴纳个人所得税? ……(1050)

550. 个人因各种原因终止投资、联营、经营合作等行为,从被投资企业或
合作项目、被投资企业的其他投资者以及合作项目的经营合作人
取得股权转让收入、违约金、补偿金、赔偿金及以其他名目收回的
款项等,是否需要缴纳个人所得税?如需缴纳,如何缴纳? ……(1050)

551. 非居民个人转让其在境内持有的股权,是否需要缴税? ……(1051)

552. 个人转让股权是否需要缴纳印花税?如果股权转让合同签署后
又被撤销或终止,已经完税的贴花能否回转? ……………(1051)

二、法人股东转让股权的税务问题 ………………………………(1051)
(一)居民企业转让股权的所得税问题 ………………………(1051)

553. 企业因转让股权,何时确认收入? …………………………(1051)

554. 如何确认和计算企业因转让股权取得的所得? ……………(1051)

555. 企业股权投资损失的所得税应如何处理? …………………(1051)

556. 核定征收企业所得税的企业,取得的转让股权(股票)收入等转让
财产收入,是否适用企业所得税核定征收方式?如果适用,
如何征税? ·················································································· (1052)

557. 居民企业转让股权所得的纳税地点如何确定? ·························· (1052)

558. 居民企业取得股权转让所得,缴纳企业所得税的税率是多少? ····· (1052)

559. 投资企业撤回或减少投资时应作何税务处理? ·························· (1052)

560. 股权转让人应分享的被投资方累计未分配利润或累计盈余公积金
应如何定性? ·············································································· (1052)

561. 被投资企业有未分配利润等股东留存收益,在转让股权前进行
利润分配,能否降低税负? ························································ (1052)

562. 法人股东低价转让股权,税务局是否会核定企业所得税? ·········· (1053)

【案例256】对赌协议不能成为企业股权转让的挡税牌 ····················· (1054)

563. 法人股东将其持有的股权无偿赠与他人是否需要征收
所得税? ······················································································ (1056)

564. 办理股权转让税务登记变更需要提交哪些材料? ······················ (1057)

565. 个人独资、合伙企业转让投资股权如何缴纳所得税? ·············· (1057)

(二)非居民企业转让股权的所得税问题 ·············································· (1057)

566. 非居民企业取得来源于中国境内股权转让财产所得是否需要缴纳
企业所得税? ·············································································· (1057)

567. 对非居民企业取得来源于中国境内的转让财产所得,应如何确定
扣缴义务人?扣缴义务人应当如何履行扣缴税款义务?扣缴
义务的发生时间如何确定? ························································ (1057)

568. 对非居民企业取得来源于中国境内转让财产所得,应如何确定
主管税务机关?扣缴义务人未按照规定办理扣缴税款登记的,
可能会承担哪些行政法律风险? ················································ (1058)

569. 如何确定非居民企业股权转让所得应纳税所得额?其税率为
多少?如何计算股权转让的应纳税额? ····································· (1058)

570. 在计算非居民企业股权转让所得时,扣缴义务人对外支付或者
到期应支付的款项为人民币以外货币的,在申报扣缴企业
所得税时,应当采用何种币种计算应纳税所得额?计算
股权转让收入以及股权净值时应采用何种币种? ···················· (1059)

· 45 ·

571. 扣缴义务人与非居民企业签订有关的业务合同时,凡合同中约定由扣缴义务人负担应纳税款的,应如何确定非居民企业的应纳税所得额? …………………………………………………… (1059)

572. 扣缴义务人未依法扣缴或者无法履行扣缴义务的,非居民企业也不申报缴纳企业所得税,税务主管机关应如何处理? ………… (1059)

573. 主管税务机关在追缴非居民企业应纳税款时,可以采取什么措施? ……………………………………………………………… (1060)

574. 非居民企业到期应支付而未支付的所得如何扣缴企业所得税? …………………………………………………………………… (1060)

575. 境外投资方(实际控制方)通过境外企业间接转让中国居民企业股权,因股权转让购买方、交易均在境外,并且转让的是境外公司的股权而非境内企业的股权,是否因此在中国不负有纳税义务? ……………………………………………………………… (1060)

576. 如何判断间接转让中国应税财产交易相关的所有安排是否具有合理商业目的? ………………………………………………… (1060)

577. 税务机关在什么情况下可以直接认定间接转让中国应税财产相关的整体安排不具备合理商业目的? ……………………… (1061)

【案例257】境外间接转让境内股权 境内征收1.73亿元税款 ……… (1061)

【案例258】转让标的实质在境内 多层间接持股难逃税 ………… (1064)

【案例259】避税地设立公司无正当商业目的 难逃近4亿元缴税义务 …………………………………………………………… (1066)

【案例260】重庆国税成功征收98万元人民币预提所得税 ………… (1069)

578. 非居民企业向其关联方转让中国居民企业股权,其转让价格不符合独立交易原则而减少应纳税所得额的,税务机关是否有权进行调整? …………………………………………………… (1070)

579. 非居民企业转让境内股权适用特殊性税务处理必须具备哪些条件? ……………………………………………………………… (1070)

580. 在什么情形下,非居民企业适用核定征收方式?核定应纳税所得额有哪些方式? ………………………………………………… (1071)

581. 非居民企业是否可以享受小型微利企业所得税优惠政策? ……… (1072)

582. 何为外国企业常驻代表机构?外国企业常驻代表机构需要缴纳哪些税收?各个税种的缴纳时间为何时? ……………………… (1072)

583. 代表机构应于何时办理税务登记?办理登记手续时,应当提交
哪些材料? ……………………………………………………… (1073)

584. 在哪些情形下,税务机关将对代表机构的应纳所得额采取核定
征收方式?如何核定? ………………………………………… (1073)

(三)企业转让股权所涉其他税种 …………………………………… (1074)

585. 企业转让股权是否需要缴纳印花税?如果股权转让合同签署后
又被撤销或终止,已经完税的贴花能否回转? ……………… (1074)

586. 企业买卖股票取得的收入,是否需要缴纳增值税? ………… (1074)

587. 企业以转让股权名义转让房地产的,是否需要缴纳土地
增值税? ………………………………………………………… (1074)

588. 企业转让股权涉及企业土地、房屋权属发生变化的,是否需要
缴纳契税? ……………………………………………………… (1074)

### 三、转让限售股的所得税问题 ……………………………………… (1075)

589. 如何确定限售股的范围? ……………………………………… (1075)

590. 哪些限售股交易行为,需要计征个人所得税? ……………… (1075)

【案例261】陈某树减持紫金矿业股份税务处理案 ………………… (1076)

591. 个人转让限售股,如何确定纳税义务人、纳税范围、扣缴
义务人? ………………………………………………………… (1079)

592. 个人转让限售股,如何确定应纳税额? ……………………… (1080)

593. 个人持有的上市公司限售股,解禁前取得的股息红利如何
确定应纳税额? ………………………………………………… (1080)

【案例262】杭齿前进自然人出售限售股税务处理案 ……………… (1080)

594. 个人转让限售股,如何确定征收方式? ……………………… (1081)

595. 纳税人同时持有限售股及该股流通股的,如何确定其限售股
转让所得? ……………………………………………………… (1082)

596. 限售股在解禁前被多次转让的,如何缴纳个人所得税? …… (1082)

597. 个人转让限售股,限售股所对应的公司在证券机构技术和制度
准备完成前上市的,应如何计算应纳税所得额? …………… (1082)

598. 个人转让限售股,限售股所对应的公司在证券机构技术和制度
准备完成后上市的,如何确定其应纳税所得额? …………… (1082)

599. 个人通过证券交易所集中交易系统或大宗交易系统转让限售股，如何确定转让收入？ ………………………………………… (1082)
600. 个人用限售股认购或申购交易型开放式指数基金(ETF)份额，如何确定转让收入？ ………………………………………… (1082)
601. 个人用限售股接受要约收购，如何确定转让收入？ ……… (1082)
602. 个人行使现金选择权将限售股转让给提供现金选择权的第三方，如何确定转让收入？ ………………………………… (1082)
603. 个人协议转让限售股的，如何确定转让收入？ …………… (1083)
【案例263】绿大地股东协议转让限售股税务处理案 …………… (1083)
604. 个人持有的限售股被司法扣划的，如何确定转让收入？ … (1084)
605. 个人因依法继承或家庭财产分割让渡限售股所有权、个人用限售股偿还上市公司股权分置改革中由大股东代其向流通股股东支付的对价，如何确定转让收入？ ……………………… (1084)
606. 个人转让因协议受让、司法扣划等情形取得未解禁限售股的，如何计算成本？ ……………………………………………… (1084)
607. 在证券机构技术和制度准备完成后形成的限售股，自股票上市首日至解禁日期间发生送、转、缩股的，其原值应如何调整？ …… (1084)
608. 当出现个人协议转让限售股、个人持有的限售股被司法扣划、个人因依法继承或家庭财产分割让渡限售股所有权、个人用限售股偿还上市公司股权分置改革中由大股东代其向流通股股东支付的对价情形之一的，纳税人应如何缴纳个人所得税？ ……… (1084)
609. 个人持有在证券机构技术和制度准备完成后形成的拟上市公司限售股，在公司上市前，应如何确定其原值？ ………………… (1085)
610. 证券机构技术和制度准备完成前形成的限售股，如何计征个人所得税？ ……………………………………………………… (1085)
611. 证券机构技术和制度准备完成后新上市公司的限售股，纳税人在转让时应缴纳的个人所得税，其征收方式如何确定？ …… (1086)
612. 证券机构技术和制度准备完成前形成的限售股，其转让所得应缴纳的个人所得税采取证券机构预扣预缴、纳税人自行申报清算方式征收，其具体的征缴方式有哪些？ ……………… (1086)
613. 采取证券机构预扣预缴、纳税人自行申报清算方式下的税款结算和退税管理如何进行？ ………………………………… (1087)

614. 企业转让限售股,如何确定纳税义务人? ………………………(1087)
615. 企业转让因股权分置改革造成原由个人出资而由企业代持有的
限售股,是否需要缴纳企业所得税? 企业将税后收入转付给
实际所有人是否需要缴税? ………………………………………(1087)
【案例264】何种方式转让限售股　税负最低………………………(1088)
616. 企业在限售股解禁前转让限售股的,如何计征所得税? ………(1089)

### 四、股权收购与资产收购的所得税问题 ………………………………(1089)

(一)适用特殊性税务处理的一般条件及流程 ………………………(1089)

617. 何为企业重组? 符合哪些条件,发生在境内的企业重组事项适用
特殊性税务处理? ……………………………………………………(1089)
618. 跨境重组适用所得税特殊性税务处理必须满足哪些条件? 企业
适用特殊性税务处理后,有何注意事项? ………………………(1090)
【案例265】香港晋明集团跨境重组税务处理案 ……………………(1091)
【案例266】跨境股权转让　申请特殊税务处理获批………………(1092)
【案例267】跨境重组特殊性税务处理申请被否　追缴712万元 ……(1096)
619. 企业由法人转变为个人独资企业、合伙企业等非法人组织,或将
登记注册地转移至境外,或企业注册名称、住所以及企业组织
形式等发生改变(以下简称企业法律形式改变),如何
进行税务处理? ……………………………………………………(1098)
【案例268】天玑科技有限公司折股变更为股份公司税务处理案 ………(1099)
620. 企业重组业务适用特殊性税务处理的,当事各方申报时有哪些
注意事项? …………………………………………………………(1100)
621. 企业发生符合特殊性重组条件并选择特殊性税务处理,在备案或
提交确认申请时,应从哪些方面说明企业重组具有合理的
商业目的? …………………………………………………………(1100)
622. 若同一项重组业务涉及在连续12个月内分步交易,且跨两个纳税
年度,当事各方如何进行税务处理? ……………………………(1100)
623. 任一当事方在规定时间内发生生产经营业务、公司性质、资产或
股权结构等情况变化,致使重组业务不再符合特殊性税务处理
条件的,应如何处理? ……………………………………………(1101)

624. 100%直接控制的居民企业之间,以及受同一或相同多家居民企业100%直接控制的居民企业之间按账面净值划转股权或资产,任一当事方在规定时间内发生生产经营业务、公司性质、资产或股权结构等情况变化,致使重组业务不再符合特殊性税务处理条件的,应如何处理? …………………… (1101)

(二)股权收购的财税处理 ……………………………………… (1102)

625. 一名或多名个人投资者以股权收购方式取得被收购企业100%股权,企业被收购之后,新股东将原有"资本公积、盈余公积、未分配利润"等盈余积累转增股本(注册资本、实收资本等),是否需要缴纳个人所得税? ……………………………………………… (1102)

626. 企业股权收购重组日、重组业务当事各方以及重组主导方如何确定? ……………………………………………………………… (1103)

627. 股权收购如何进行一般性税务处理? ……………………… (1103)

628. 符合哪些条件,股权收购适用特殊性税务处理方式? ……… (1103)

629. 企业股权收购重组交易,交易各方应如何进行特殊性税务处理? …………………………………………………………… (1103)

【案例269】西单商场股权收购税务处理案 ……………………… (1104)

630. 企业发生符合条件的股权收购业务,进行特殊性税务处理,应准备哪些文件? ……………………………………………… (1107)

(三)资产收购的财税处理 ……………………………………… (1107)

631. 如何确定企业资产收购重组日、重组业务当事各方以及重组主导方? ……………………………………………………… (1107)

632. 企业资产收购重组交易,除适用特殊性税务处理规定的外,如何进行税务处理? …………………………………………… (1108)

【案例270】天坛生物资产收购一般性税务处理案 ……………… (1108)

633. 符合哪些条件,资产收购适用特殊性税务处理方式? ……… (1112)

634. 企业资产收购重组交易,交易各方应如何进行特殊性税务处理? …………………………………………………………… (1113)

635. 企业资产收购,进行特殊性税务处理,应准备哪些文件? …… (1113)

## 第八章　增资纠纷

**第一节　立　　案** ······················································ (1119)

　　636. 股东请求确认增资无效应当如何确定诉讼当事人？ ············ (1119)

　　637. 向公司实际投入资金用于增资的股东或非公司股东投资者，
　　　　主张公司返还投资款的诉讼当事人应当如何确定？ ············ (1119)

　　638. 增资纠纷诉讼是否适用诉讼时效？ ····························· (1119)

　　639. 增资纠纷诉讼由何地法院管辖？ ································ (1119)

　　640. 增资纠纷按照什么标准交纳案件受理费？ ····················· (1119)

**第二节　增资纠纷的裁判标准** ·········································· (1120)

**一、增资的作用、方式、程序及增资无效的原因** ··························· (1120)

　　641. 实践中,公司增资的方式主要有哪些？ ························ (1120)

　　642. 公司增资一般需履行哪些程序？ ································ (1120)

　　643. 公司增加注册资本时,原有股东享有哪些权利？ ·············· (1121)

　　644. 公司增资行为何时生效？无效的原因有哪些？ ················ (1121)

**二、公积金转增股本的限制** ················································ (1122)

　　645. 法定公积金的提取有何法定要求？法定公积金有何作用？ ···· (1122)

　　646. 哪些公积金可以用以增加公司注册资本？在以公积金增资时
　　　　有何限制？ ······················································· (1122)

**三、股份有限公司发行新股、可转换公司债券的程序** ····················· (1122)

　　647. 股份有限公司首次公开发行新股应当满足哪些条件？ ········· (1122)

　　648. 如何认定股份有限公司是否具备健全、良好的组织机构？ ····· (1122)

　　649. 如何认定上市公司是否具备持续盈利能力及拥有良好财务
　　　　状况？ ····························································· (1123)

650. 拟发行新股的公司"最近3年财务会计文件无虚假记载,无其他重大违法行为"中的虚假记载及重大违法行为应当如何认定? …… (1123)

651. 拟发行新股的公司募集资金的数额与使用有何一般性规定? …… (1124)

652. 股份有限公司公开发行新股的方式有哪些? …………………… (1124)

【案例271】厦门厦工公开增发16,000万股新股上市 …………… (1124)

【案例272】川投能源优先配发16,300万股新股上市 …………… (1126)

【案例273】宏图高科定向增发1.6亿股限售股上市流通 ………… (1128)

653. 股份有限公司向原股东配售股份,有何特殊的条件限制? …… (1129)

654. 如果控股股东不履行认购股份的承诺,或原股东认购数额不满拟配售数量的70%,发行人有何责任? …………………………… (1129)

655. 向不特定对象增发股份,有何特殊条件限制? ………………… (1129)

656. 股份有限公司发行新股需履行哪些程序? ……………………… (1129)

657. 股份有限公司发行新股时,股东大会应对哪些事项作出决议? …… (1129)

658. 股份有限公司公开发行新股需向证监会报送哪些材料? ……… (1130)

659. 何为可转换公司债券? 发行可转换债券有何特殊限制? ……… (1130)

【案例274】同仁堂配售、公开发行12亿可转换公司债券 ……… (1130)

【案例275】南山铝业配售、公开发行60亿可转换公司债券 …… (1135)

【案例276】中国银行可转换债券转股18余万股 ………………… (1140)

660. 发行可转换公司债券的期限是多少? 应按照怎样的程序发行? …… (1141)

661. 擅自公开发行证券的,有何民事及行政责任? ………………… (1143)

662. 什么是非公开发行股票? 非公开发行股票的对象应当具备什么条件? ……………………………………………………………… (1143)

663. 上市公司非公开发行股票,除了应当满足对象的要求外,对拟发行的公司本身有何要求? ……………………………………… (1143)

664. 公司在何种情况下,不得非公开发行股票? …………………… (1144)

## 四、增资效力的裁判标准 …………………………………………… (1144)

665. 增资决议内容违法的表现形式有哪些? ………………………… (1144)

【案例277】增资损害小股东利益 公司赔偿股东损失 ………… (1144)

666. 增资程序违法的表现形式有哪些? ……………………………… (1147)

667. 虽然未经股东会决议通过,但公司收取了第三人的增资款并与第三人签订增资协议,增资行为是否有效?如果公司进而为其办理了工商变更登记手续,并对股东名册进行了修改,该增资是否有效? ………………………………………………………… (1147)

【案例278】增资未经股东会决议通过 虽已办理工商登记仍被认定无效 ……………………………………………………… (1147)

668. 投资人履行了出资义务,但未办理工商变更登记,其增资行为是否有效? ……………………………………………………… (1149)

669. 国有独资公司的增资有何特殊程序? ……………………… (1150)

【案例279】国有独资公司增资未经批准 决议被判无效 ………… (1150)

670. 国有资本控股公司、国有资本参股公司增资时,应当由哪个机构对增资行为进行决议? ……………………………………… (1152)

671. 增资协议无效的原因包括哪些? ……………………………… (1152)

【案例280】增资协议不合法、股东会决议未作出 投资人无法取得股权 ………………………………………………………… (1153)

672. 公司股东会决议增资,但投资人并未与公司之间形成明确的投资关系,此时是否能够认定增资行为为生效? ……………… (1156)

【案例281】未明确投资关系 公司增资不成立 ………………… (1156)

673. 实践中,哪种情况下投资人可依法解除增资协议? ………… (1157)

【案例282】公司拒不办理工商登记 投资人成功解除增资协议 …… (1158)

【案例283】未经股东会决议且另一原股东不同意新股东入股 增资协议无效 ………………………………………………… (1159)

【案例284】因不可抗力导致增资协议目的无法实现 一方有权解除协议 ………………………………………………… (1162)

674. 投资人在主张解除增资协议,向公司主张返还股款的同时,要求公司承担利息损失应当具备哪些条件? 投资人是否可以另外主张公司承担损害赔偿责任? ……………………………………… (1167)

【案例285】增资到位未得股东资格 解除协议主张利息获支持 …… (1168)

【案例286】公司违反增资协议 股东可按约请求赔偿损失 ……… (1171)

**五、投资人确权或主张公司依据增资决议履行义务的裁判标准** …… (1174)

675. 投资人向公司缴纳增资款后,如何保障其股东权益? ……… (1174)

· 53 ·

676. 投资人依法向公司缴纳增资款后,请求确认其股东资格的前提
条件是什么? ……………………………………………………… (1174)
【案例287】凭过期资产评估报告验资不真实 主张非货币财产出资享
84%股权失败 ……………………………………………… (1174)
677. 投资人主张公司依据增资协议履行办理工商变更登记义务应当
举证证明哪些内容? …………………………………………… (1176)

### 第三节 新浪模式及对赌协议所涉纠纷的裁判标准 ………… (1176)

#### 一、新浪模式的法律风险与效力 ………………………………… (1176)

678. "新浪模式"的架构如何安排? ………………………………… (1176)
679. "新浪模式"的产生背景是什么? ……………………………… (1178)
680. "新浪模式"涉及哪些控制协议? ……………………………… (1178)
681. "新浪模式"中一系列控制协议是否有效? …………………… (1179)
682. 如何界别相关规定中"返程投资"与"新浪模式"? …………… (1179)
683. "新浪模式"是否存在税务法律风险? ………………………… (1180)
684. "新浪模式"下如何尽量避免法律风险? ……………………… (1180)
685. 未来产业政策将带给"新浪模式"什么样的影响? …………… (1181)
【案例288】可变利益主体股权变更 新东方市值蒸发逾三成 ……… (1181)
【案例289】新浪模式下利润转移协议被确认无效 …………………… (1182)
【案例290】新浪模式下股权控制协议被确认无效 …………………… (1186)

#### 二、对赌条款的法律风险与分析 ………………………………… (1190)

686. 对赌条款产生的原因有哪些? ………………………………… (1190)
687. 对赌条款的法律实质及效力如何? …………………………… (1190)
688. 对赌条款中的业绩承诺和估值调整的内容有哪些? ………… (1191)
【案例291】只享收益不担风险 补偿条款被判无效 ………………… (1192)
【案例292】与目标公司对赌有法律、事实可履行性 对赌条款有效 …… (1200)
689. 设置对赌条款应注意哪些问题? ……………………………… (1208)
【案例293】永乐电器预测乐观 导致公司被收购 …………………… (1209)
690. 对赌条款有哪些分散投资风险的条款? ……………………… (1209)
691. 何为利润优先分配约定?利润优先分配约定的法律效力
如何? …………………………………………………………… (1210)
692. 何为保底收益条款,其法律效力如何? ……………………… (1210)
693. 利润优先分配权、保底收益条款有何区别? ………………… (1210)

694. 何为剩余财产优先分配权? ……………………………………… (1210)

695. 优先清算权的法律效力如何? 优先清算权的主要内容
 是什么? …………………………………………………………… (1210)

696. 何为可转换债券,可转换债券的法律效力如何? ……………… (1211)

697. 何为非竞争承诺,其法律效力如何? …………………………… (1211)

698. 何为限制投资款款项用途? 如何理解限制投资款款项用途? 其
 法律效果如何? …………………………………………………… (1211)

699. 何为一票否决权? 投资者派出的董事是否享有一票否决权? …… (1212)

700. 何为股权回购条款? 股权回购约定的效力如何? 请求回购股权
 能否得到法院支持? 股权回购条款的主要内容有哪些? ……… (1212)

【案例294】股份回购"对赌" 未完成减资程序不予支持 ……… (1213)

701. 何为反稀释保护条款? 其效力如何? 其主要内容有哪些? …… (1218)

702. 何为知情权条款? 其效力如何? 其主要内容如何? ………… (1219)

## 第四节 增资的税务问题 …………………………………………… (1220)

### 一、公积金转增资本的税务问题 ………………………………… (1220)

703. 资本公积有哪些明细项目? 哪些公积金可以直接转增资本? …… (1220)

704. 公司以资本公积金增资,自然人股东因此取得的股权是否需要
 缴纳个人所得税? ………………………………………………… (1220)

【案例295】首开股份资本公积金转增股本所得税处理案 ……… (1221)

【案例296】非股票溢价发行收入形成的资本公积金 转增资本需缴纳
 个人所得税 …………………………………………… (1223)

【案例297】盈余公积转为资本公积后转增注册资本 需依法缴纳个人
 所得税 ………………………………………………… (1224)

705. 公司以股权(票)溢价所形成的资本公积增资,法人股东因此取得的
 股权是否需要缴纳企业所得税? ………………………………… (1225)

【案例298】"先减资,再增资,后转让"不能降低股权转让税负 ……… (1225)

706. 公司以盈余公积、未分配利润增资,自然人股东因此取得的股权是否
 需要缴纳个人所得税? …………………………………………… (1227)

707. 公司以盈余公积、未分配利润增资,法人股东因此取得的股权是否
 需要缴纳企业所得税? …………………………………………… (1228)

【案例299】转股送股方式不同 税务处理有差别 ……………… (1228)

708. 资本公积转增资本是否需要缴纳印花税？如需要,计税依据如何
确定？ ………………………………………………………………… (1231)

## 二、合伙企业的税务问题 ……………………………………………… (1231)

709. 如何确定合伙企业所得税的纳税义务人？ ……………………… (1231)
710. 合伙企业自然人投资者的生产经营所得个人所得税应纳税额应
如何确定？ ………………………………………………………… (1231)
711. 合伙企业合伙人是法人的,如何确定企业所得税应纳税额？ …… (1231)
712. 合伙企业未作出利润分配的决定也未实际分配利润,合伙人是否
需要缴纳个人所得税或企业所得税？ …………………………… (1232)
713. 如何确定合伙企业各个投资者的应纳税所得额？ ……………… (1232)
714. 如何确定实行查账征收办法的合伙企业自然人投资者的个人
所得税费用税前扣除标准？ ……………………………………… (1232)
715. 个人独资企业和合伙企业自然人投资者兴办两个或两个以上
企业的(包括参与兴办),应如何确定适用税率和应纳税款？ …… (1233)
716. 个人独资企业、合伙企业的年度亏损,是否可以用下一年度的生产
经营所得弥补？ …………………………………………………… (1233)
717. 个人独资企业、合伙企业自然人投资者缴纳个人所得税,何时进行
预缴和清缴？ ……………………………………………………… (1233)
718. 个人独资企业、合伙企业自然人投资者如何申报缴纳
个人所得税？ ……………………………………………………… (1234)
719. 个人独资企业、合伙企业自然人投资者缴纳个人所得税时,需要
提交哪些文件？ …………………………………………………… (1234)

## 三、私募股权投资企业税务问题 ……………………………………… (1234)

720. 创业投资企业有何优惠政策？申请该项优惠政策应满足哪些
条件？ ……………………………………………………………… (1234)
721. 个人独资企业、合伙企业对外投资分回利息、股息、红利,自然人
投资者应如何缴纳个人所得税？ ………………………………… (1235)
722. 公司制股权投资企业和股权投资管理企业的股东如何缴税？ …… (1236)
723. 有限合伙制股权投资类企业的法人合伙人如何缴税？ ………… (1236)
724. 创业投资企业个人合伙人如何缴税？ …………………………… (1237)
725. 投资于湖北省股份制改造、并购重组项目的股权投资企业可享受
何种财政奖励？ …………………………………………………… (1237)

726. 湖北省股权投资企业因收回、转让或清算处置股权投资而发生的权益性损失可否申报税前扣除? ……………………………… (1238)
727. 北京市公司制股权投资管理企业可享受何种财政奖励? ………… (1238)
728. 北京市股权基金或管理企业有关人员有何个人所得税优惠政策? …………………………………………………………… (1238)
729. 重庆市对于合伙制股权投资类企业有何地方财税优惠政策? …… (1238)
730. 重庆市公司制股权投资企业可享受何种财税优惠政策? ………… (1238)

## 第九章 新增资本认购纠纷

### 第一节 立 案 …………………………………………………… (1243)

731. 如何确定新增资本优先认购权纠纷的诉讼当事人? ……………… (1243)
732. 股东或非公司股东投资者主张公司依照股东会决议配合增资、办理工商变更登记手续的诉讼,如何确定诉讼当事人? ………… (1243)
733. 新增资本认购纠纷按照什么标准交纳案件受理费? ……………… (1243)
734. 新增资本认购所引发的诉讼是否适用诉讼时效? ………………… (1243)
735. 股东主张优先认购权的诉讼请求应当如何表述? ………………… (1243)

### 第二节 股东主张优先认购权的裁判标准 ……………………… (1244)

736. 股东之间可否约定不依照实缴出资有优先认购权? ……………… (1244)
737. 股份有限公司中,股东是否享有法定的优先认购权? …………… (1244)
【案例300】股份公司股东无法定优先认购权 ………………………… (1244)
738. 股份有限公司章程约定股东享有优先认购权,但公司股东大会决议排除了股东的优先认购权,该决议是否有效? 其余股东是否享有优先认购权? ………………………………………… (1247)
【案例301】定向增资股东会决议优于章程　股份公司股东诉请优先认购被驳回 …………………………………………… (1247)
739. 股东行使优先认购权有何时间限制? ……………………………… (1249)
【案例302】股东增资优先认购权属形成权　超期主张行使被判驳回 ……………………………………………………… (1249)
740. 股东行使新增资本优先认购权的价格如何确定? ………………… (1256)
741. 股东优先认购权受到侵犯应当如何救济? ………………………… (1256)

742. 侵犯股东优先认购权的决议被认定无效后,是否影响增资决议的
整体效力? ……………………………………………………………… (1256)
【案例303】侵犯股东优先认购权　增资决议部分无效 ……… (1256)
【案例304】剥夺股东优先认购权　股东会决议被判无效 ……… (1259)
【案例305】优先认购不属效力性强制规定　侵权但合理增资
仍有效 ……………………………………………………… (1263)
743. 股东主张优先认购权应当举证证明哪些事实? …………………… (1267)
744. 股东如何证明其未放弃优先认购权? ……………………………… (1267)
745. 法院判决股东享有新增资本优先认购权,被告公司不予执行,
原告应如何救济? ……………………………………………………… (1267)

# 第十章　减资纠纷

## 第一节　立　　案 ……………………………………………………… (1270)

746. 如何确定公司减资纠纷的诉讼当事人? …………………………… (1270)
747. 公司减资纠纷由何地法院管辖? …………………………………… (1270)
748. 公司减资纠纷按照什么标准交纳案件受理费用? ………………… (1270)
749. 公司减资纠纷诉讼是否适用诉讼时效或除斥期间? ……………… (1270)
750. 法院判决公司减资无效后,依据减资决议已经支付的减资款以及
已经作出的工商变更登记应如何处理? …………………………… (1271)

## 第二节　减资纠纷的裁判标准 ……………………………………… (1271)

### 一、减资一般法定程序 ……………………………………………… (1271)

751. 公司减资需履行哪些内、外部程序? ……………………………… (1271)
752. 减资方案应包含哪些内容?股东(大)会应以多少表决权
通过减资决议? ……………………………………………………… (1272)
753. 公司减资基准日应当如何确定? …………………………………… (1273)
754. 减资公告应在何时、何处发布?公告内容应当包括哪些? ……… (1273)
755. 减资程序违法损害债权人利益有哪些情形? ……………………… (1273)
756. 公司在减资决议作出后30日内告知债权人,债权人可否要求
公司清偿未到期债务? ……………………………………………… (1273)
757. 公司可否在通知债权人的同时约定,如果债权人不在特定期限内
主张债权或要求担保,则视为债权人放弃债权? ………………… (1273)

758. 对于未到期债务,如何认定公司怠于履行担保义务的期限? …… (1273)

【案例306】报纸减资公告不视为告知债权人 股东承诺担保负补充

清偿责任 ………………………………………………………… (1274)

759. 债权人接到公司的减资通知30日内,或未接到通知的45日内,

未要求公司清偿债务或者提供担保的,债权人的该项权利

是否仍存在? ………………………………………………………… (1276)

760. 公司减资办理注册资本变更登记时应备齐哪些材料? ………… (1276)

761. 国有公司减少注册资本由谁决定? ……………………………… (1277)

## 二、上市公司减资法定程序 …………………………………………… (1277)

762. 上市公司减资应履行什么特殊程序? …………………………… (1277)

【案例307】东港股份回购注销不合条件 被激励员工股权并减资

8万股 …………………………………………………………… (1277)

【案例308】为避同业竞争 公司以资产作为减资对价支付股东 …… (1278)

【案例309】为降投资管控风险 友好集团对子公司减资5100万元

退出经营 ……………………………………………………… (1279)

763. 上市公司减资的,应在什么时点履行临时报告义务? ………… (1280)

## 三、减资补亏及其法律效力 …………………………………………… (1280)

764. 公司以减资弥补亏损的应当具体履行哪些程序? ……………… (1280)

765. 公司以注册资本弥补亏损是否违反法律规定? ………………… (1280)

766. 公司可否先行通过资本公积金转增股本,然后再以减资的方式将

资本公积金变相用于弥补亏损? ………………………………… (1280)

【案例310】ST飞彩:转增资本后减资弥补亏损 ……………………… (1281)

767. 公司的注册资本与公司实际资产不一致,对公司和投资者而言,

有何不利? ………………………………………………………… (1282)

## 四、公司减资纠纷的裁判标准 ………………………………………… (1282)

768. 公司减资损害公司或股东利益时,应当如何救济? …………… (1282)

【案例311】减资未通知债权人 减资股东承担补充赔偿责任 ……… (1282)

769. 减资是否包括减资后的股权比例重新分配?有限责任公司不等

比减资应经多少股东表决权同意通过? ………………………… (1285)

770. 投资人能否通过定向减资取回计入公司资本公积金的投资

溢价款? …………………………………………………………… (1285)

· 59 ·

【案例312】不等比减资须全体股东同意　未经清算不得定向减资分配剩余财产 ·········································· (1286)

771. 股份有限公司不等比减资应经多少股东表决权同意通过? ········· (1292)

772. 在公司股东认缴出资尚未到位的情况下,是否允许公司进行减资? ······································································ (1292)

773. 公司减资未履行通知及公告义务,或者未按照债权人的要求清偿债务或提供相应的担保,债权人可否要求股东承担连带责任? ······ (1292)

【案例313】公司经营资不抵债　认缴注册登记制下股东出资义务加速到期 ····································································· (1292)

【案例314】拘留中股东认可债务　公司减资未通知债权人需补充赔偿 ······································································· (1298)

### 五、违法减资的法律责任 ································· (1300)

774. 减资无效后,公司的民事责任有哪些? ··························· (1300)

775. 公司减资未办理工商变更登记应承担何种行政责任? ············· (1301)

776. 如果上市公司减资未履行临时报告义务,或者违规披露信息,给投资者造成损失的,公司应当承担何种民事责任? 公司的董事、监事及高级管理人员是否需要承担责任? 由此造成的损失应当如何认定? ····································································· (1301)

【案例315】虚假陈述与股市风险并存　扣除股市下跌损失认定虚假陈述责任 ··································································· (1301)

777. 上市公司减资未履行临时报告义务,将受到何种行政处罚? ······ (1308)

【案例316】鲁北化工多起关联交易未披露　公司及负责人共计被罚147万元 ··································································· (1308)

【案例317】紫金矿业未及时披露污染事件　遭证监会罚款30万元 ····· (1310)

## 第三节　公司减资的税务问题 ··························· (1312)

778. 公司减资如何进行会计处理? 投资方如何进行会计处理? ········ (1312)

779. 公司以及股东如何进行减资的税务处理? ························ (1312)

【案例318】减资收回投资成本　无须缴纳所得税 ························ (1313)

【案例319】减资金额超出投资成本与红利　超出部分要缴税 ··········· (1314)

780. 公司因减资进行税务变更,需要提交哪些文件? ················· (1315)

# 第十一章 公司合并纠纷

## 第一节 立 案 ································································· (1318)

781. 如何确定公司合并纠纷的当事人? ································· (1318)

782. 公司合并纠纷由何地法院管辖? ······································ (1318)

783. 公司合并纠纷按照什么标准交纳案件受理费? ················· (1318)

784. 主张公司合并无效或合并协议无效是否适用诉讼时效? ····· (1319)

785. 债权人向公司主张债权的诉讼时效是否因负有债务的公司合并而产生变化? ················································· (1319)

786. 若判决公司合并无效,则新设公司在判决生效前进行的交易行为效力如何? ······························································· (1319)

787. 合并前公司签订合同中约定的争议解决条款或仲裁条款对合并后的公司是否具有约束力? ··········································· (1319)

【案例320】合并前订立仲裁条款 不因合并而丧失效力 ·········· (1319)

788. 公司合并被依法判决无效后,依据原合并决议已作出的资产负债分配及变更登记应如何处理? ········································· (1321)

## 第二节 公司合并纠纷的裁判标准 ·········································· (1321)

### 一、公司合并的法定程序 ······················································ (1321)

789. 公司合并必须履行哪些法定程序? ·································· (1321)

790. 不同法律形式的公司合并后,如何确定合并后的公司形式? ····· (1322)

791. 如何确定公司合并后的注册资本及股权比例? ················· (1322)

【案例321】海润光伏被吸收合并实现借壳上市 ······················ (1322)

【案例322】为避退市 ST东源吸收合并金科集团 ··················· (1324)

792. 公司合并是否必须签订合并协议,协议签订主体是谁?是否包括合并各公司的股东? ······················································· (1326)

793. 公司合并后,原合并各方的债务由谁承担? ······················ (1326)

【案例323】合并后新公司被判承继原债务 ···························· (1326)

794. 债权转让合同纠纷、债务转移合同纠纷以及债权债务概括转移合同纠纷有何区别? ················································· (1328)

795. 债权人转让其债权需履行何种程序?债权的转让何时对债务人产生效力? ······························································· (1329)

· 61 ·

796. 债务转移应当履行何种程序?未经债权人同意转移债务是否
有效? ………………………………………………………… (1329)

【案例324】债务转移未附生效条件　新债务人逾期不付款被判违约 …… (1329)

【案例325】债务人承诺向第三人支付　应视为已知债权转移 ………… (1333)

【案例326】未经债权人同意　债权债务概括转移对内仍有效 ………… (1336)

797. 债权转让合同纠纷、债务转移合同纠纷以及债权债务概括转移合同
纠纷由何地法院管辖?按照什么标准交纳案件受理费?是否
适用诉讼时效? ……………………………………………… (1337)

798. 公司合并时,合并各方应当如何通知债权人?进行公告的报纸
有何要求?如债权人未接到通知将如何处理? ……………… (1338)

799. 公司合并时,可否在向债权人发布的通知或公告中要求债权人限期
申报债权,并提出对不按期申报债权的债权人不予清偿? …… (1338)

800. 公司合并时,债权人可否主张未到期债权或要求提供担保? …… (1338)

801. 公司合并后,公司职工是否须与新设公司或存续公司重新签订
劳动合同? …………………………………………………… (1338)

【案例327】合并后员工调入关联公司　工作10年应签无固定期限
合同 ……………………………………………………… (1338)

802. 实践中,可否由各方先行签订公司合并协议,再提交股东(大)会
讨论决定? …………………………………………………… (1341)

803. 公司合并是否需要经过有关部门批准?如果需要,应由什么
部门批准? …………………………………………………… (1341)

804. 公司合并如何向市场监督管理部门进行登记申请?应提交哪些
材料? ………………………………………………………… (1341)

805. 如何判断公司合并是否构成垄断? ………………………… (1342)

806. 公司合并可能构成垄断的,应向什么部门申报审查?应履行怎样的
申报流程? …………………………………………………… (1342)

【案例328】谷歌收购摩托罗拉　承诺公平对待智能终端生产商
获批准 …………………………………………………… (1343)

【案例329】沃尔玛间接收购1号店　承诺实体、网络不联合获批准 …… (1347)

【案例330】乌钾吸收合并谢钾　承诺销售模式不变获批准 ………… (1348)

【案例331】可口可乐收购汇源　限制竞争被禁止 …………………… (1350)

## 二、公司合并纠纷的裁判标准 ……………………………………… (1352)

807. 什么情况下公司合并无效? ……………………………………… (1352)

808. 公司合并后,原合并各方的债权债务由谁承继? ……………… (1353)

【案例332】新公司承继债权无须另行通知 ……………………… (1353)

【案例333】以债务承担方式兼并 债务皆已转移 ……………… (1354)

809. 如果公司合并未依法通知及公告,债权人是否可以向合并后存续的公司主张提前偿还未到期的债务?如果债权人未收到通知,或收到通知但在公告后的45日内没有提出主张未到期债权,是否还可以要求提前还债? ……………………………… (1357)

810. 公司合并未通知债权人是否需要承担行政责任? …………… (1357)

## 第三节 企业合并的税务问题 ……………………………………… (1357)

### 一、企业合并的所得税处理问题 ………………………………… (1357)

(一)合并的一般性税务处理 ………………………………………… (1357)

811. 如何确定合并中当事人、合并日以及合并主导方? ………… (1357)

【案例334】同一控制下企业合并的会计处理方式 …………… (1357)

812. 同一控制下的企业合并如何进行会计处理? ………………… (1359)

813. 非同一控制下的企业合并如何进行会计处理? ……………… (1360)

【案例335】非同一控制下企业合并的会计处理方式 ………… (1361)

814. 企业合并如何进行企业所得税的一般性税务处理? ………… (1362)

815. 企业合并进行一般性税务处理需要提交哪些资料? ………… (1362)

【案例336】广汽集团吸收合并广汽长丰 股权支付比例不足85%要缴企业所得税 ……………………………………………… (1363)

816. 一般性税务处理情形下,企业合并后如何享受合并前的税收优惠政策? ……………………………………………………… (1365)

(二)合并的特殊性税务处理 ………………………………………… (1366)

817. 企业合并适用特殊性税务处理需符合哪些条件? …………… (1366)

【案例337】雅戈尔母子公司垂直合并特殊性税务处理案 …… (1367)

【案例338】同一控制下且不需要支付对价吸收合并全资子公司 适用特殊性税务处理 ……………………………………… (1368)

818. 企业合并中适用特殊税务处理,应从哪些方面说明企业合并具有合理的商业目的? ………………………………………… (1370)

819. 企业合并时如何进行特殊性税务处理? ……………………… (1370)

· 63 ·

【案例339】五粮液兄弟公司吸收合并　暂免征企业所得税 …………(1371)

820. 一家外国企业将其在境内设立的两家全资子公司合并成一家,
能否适用特殊性税务处理方式? ……………………………(1373)

【案例340】非居民企业母子公司吸收合并　税务机关认定为
股权转让 ………………………………………………(1373)

821. 企业合并,进行特殊性税务处理应于何时提交哪些备案材料?
合并各方的确认机关如何确定? ……………………………(1376)

822. 企业在合并发生前后连续12个月内分步对其资产、股权进行交易,
是否应作为企业合并交易处理?若同一项合并业务涉及在连续
12个月内分步交易,且跨2个纳税年度的,如何适用特殊性税务
处理? ……………………………………………………(1377)

823. 企业合并中,当事一方在规定时间内发生情况变化,致使合并业务
不再符合特殊性税务处理条件的,应如何处理? ………………(1378)

824. 特殊性税务处理情形下,合并后企业如何享受合并前的税收
优惠政策? …………………………………………………(1378)

二、企业合并其他税种的处理 …………………………………(1378)

825. 企业在合并过程中发生土地使用权人变更是否需要缴纳土地
增值税? ……………………………………………………(1378)

826. 企业合并过程中发生无形资产、不动产所有权的转移,是否需要
缴纳增值税? ………………………………………………(1379)

827. 企业合并过程中发生实物资产以及与其相关联的债权、负债和
劳动力转让行为,是否需要缴纳增值税? ……………………(1379)

828. 合并后的企业承受原合并各方的土地、房屋权属的,是否需要
缴纳契税? …………………………………………………(1379)

【案例341】东航换股吸收合并上航　免征土地增值税 …………………(1379)

829. 企业合并是否需要缴纳印花税? …………………………………(1382)

# 第十二章　公司分立纠纷

## 第一节　立　案 …………………………………………………(1386)

830. 如何确定公司分立纠纷的诉讼当事人? …………………………(1386)

831. 公司分立时未签订资产分割协议或分割不清,导致分立后的新设
    公司对资产分配不满意而引起诉讼,如何确定诉讼当事人? …… (1386)

【案例342】分立公司与股东财产相独立　股东无权主张分立协议
    权益 ………………………………………………………… (1387)

832. 公司分立纠纷由何地法院管辖? ………………………… (1389)

833. 公司分立无效诉讼按照什么标准交纳案件受理费? ……… (1389)

834. 公司分立纠纷是否适用诉讼时效? ……………………… (1389)

835. 公司被依法判决分立无效后,已分割的资产及已变更的工商登记应
    如何处理? ………………………………………………… (1389)

## 第二节　公司分立纠纷的裁判标准 ……………………………… (1390)

### 一、公司分立的法定程序 …………………………………… (1390)

836. 公司分立必须履行哪些法定程序? ……………………… (1390)

837. 公司分立与公司合并在程序上有何不同? ……………… (1390)

838. 公司分立的方案由谁拟订? 由谁表决通过? 需达到多少
    表决权? …………………………………………………… (1391)

839. 公司分立方案在股东(大)会通过后,是否必须签订分立协议?
    分立协议的签订人是谁? 分立各方还需提供哪些材料? ……… (1391)

840. 实践中,可否由各方先行签订公司分立协议,再提交股东(大)会
    审核? ……………………………………………………… (1391)

841. 公司分立后,如何确定注册资本及各股东股权比例? ……… (1391)

842. 公司分立后,原有债权债务由谁享有和承担? ………… (1392)

【案例343】公司分立债务不分家　分出方对旧债担责任 ……… (1392)

【案例344】分立后各方内部约定债务承担对外无效　债权人主张连带
    赔偿获支持 ………………………………………………… (1394)

843. 公司分立时,分立各方应当如何通知债权人? ……… (1396)

844. 债权人收到通知后,向分立各方主张到期债权时,分立各方拒
    不履行债务时,债权人可否以此为由中止公司分立的进程? …… (1396)

845. 公司新设分立后,新公司又被吸收合并的,原公司债务如何
    承担? ……………………………………………………… (1397)

846. 公司分立后,公司职工是否需与新设公司或存续公司重新签订
    劳动合同? ………………………………………………… (1397)

【案例345】分立不切断工龄计算　满10年公司需与员工签无固定
    期限合同 …………………………………………………… (1397)

· 65 ·

847. 公司分立过程中,哪些事项需要办理工商变更登记?应当提交
哪些材料? ……………………………………………………… (1399)

848. 公司分立导致国有资本变动时,应当向哪个行政部门报批? …… (1399)

849. 公司国有资本分立的,应当履行何种内部程序? ……………… (1400)

## 二、公司分立纠纷的裁判标准 ……………………………………… (1400)

850. 在哪些情形下,公司分立无效? ……………………………… (1400)

【案例346】提交材料视为同意决议内容　虽未签字公司分立依然
有效 ……………………………………………………… (1401)

851. 公司分立无效是否只能通过诉讼程序实现? ………………… (1403)

852. 公司进行新设分立时,如果分立协议对部分财产的归属未明确规定,
则该财产的所有权人如何确定? ……………………………… (1403)

【案例347】公司虽分立　未分割财产仍属共同所有 ……………… (1403)

853. 公司分立无效的后果是否溯及新设公司在判决前的交易活动
效力? …………………………………………………………… (1404)

854. 被执行人按法定程序分立为两个或多个具有法人资格的企业,
如何承担债务? ………………………………………………… (1405)

## 第三节　企业分立的税务问题 …………………………………… (1405)

## 一、企业分立的所得税处理 ………………………………………… (1405)

### (一)分立的一般性税务处理 ……………………………………… (1405)

855. 如何确定分立中当事各方、重组日以及主导方? ……………… (1405)

856. 企业分立时,如何进行会计处理? …………………………… (1405)

857. 企业分立如何进行企业所得税的一般性税务处理? ………… (1406)

【案例348】股权支付金额低于85%　企业分立要缴所得税 ……… (1407)

858. 企业分立进行一般性税务处理需要提交哪些资料? ………… (1408)

859. 一般性税务处理情形下,企业分立后如何享受分立前的税收优惠
政策? …………………………………………………………… (1408)

### (二)分立的特殊性税务处理 ……………………………………… (1409)

860. 分立适用特殊性税务处理需符合哪些条件? ………………… (1409)

【案例349】华晋公司派生分立　符合特殊性条件暂免所得税 …… (1409)

861. 如何判断分立是否符合"合理的商业目的"? ………………… (1412)

862. 企业分立如何进行特殊性税务处理? ………………………… (1412)

【案例350】东北高速分立适用特殊性税务处理暂免征企业所得税 …… (1413)

· 66 ·

【案例351】绍兴前进派生分立　符合特殊性条件暂免所得税 …………(1417)
863. 企业分立,进行特殊性税务处理应于何时提交哪些材料? ………(1420)
864. 企业在分立发生前后连续12个月内分步对其资产、股权进行交易,是否应作为企业分立交易处理?若同一项分立业务涉及在连续12个月内分步交易,且跨两个纳税年度的,如何适用特殊性税务处理? ………………………………………………………(1421)
865. 企业分立中,当事一方在规定时间内发生情况变化,致使分立业务不再符合特殊性税务处理条件的,应如何处理? ……………(1422)
866. 特殊性税务处理情形下,分立后企业如何享受分立前的税收优惠政策? ………………………………………………………(1422)

## 二、企业分立其他税种的处理 ……………………………………(1423)

867. 企业在分立过程中发生土地使用权人变更,新设立公司取得土地使用权,被分立企业是否需要缴纳土地增值税? ………………(1423)
868. 企业分立过程中发生无形资产、不动产所有权的转移,是否需要缴纳增值税? ……………………………………………………(1423)
869. 企业分立过程中发生实物资产以及与其相关联的债权、负债和劳动力转让行为,是否需要缴纳增值税? ………………………(1423)
870. 分立后的企业承受原被分立企业的土地、房屋权属的,是否需要缴纳契税? ………………………………………………………(1423)
871. 企业分立是否需要缴纳印花税? ………………………………(1423)

# 第十三章　损害公司利益责任纠纷

## 第一节　立　案 ……………………………………………………(1429)

872. 如何确定损害公司利益责任纠纷的原告? ……………………(1429)
【案例352】沪上首例监事告董事不忠胜诉 ………………………(1430)
873. 当发生损害公司利益责任纠纷时,如何确定被告? ……………(1432)
【案例353】状告上市公司高管不履职　原、被告主体均不适格被驳回 ……(1432)
874. 损害公司利益责任纠纷由何地法院管辖? ……………………(1434)
875. 如果损害公司利益的行为既涉及民事责任的承担,又涉嫌刑事犯罪的,法院应当如何处理? ………………………………(1434)
【案例354】涉嫌刑事犯罪　法院驳回民事起诉 …………………(1434)

876. 损害公司利益责任纠纷是否适用诉讼时效? ……………………………… (1436)
877. 损害公司利益责任纠纷按照什么标准交纳案件受理费? ……………… (1436)
878. 公司高级管理人员损害公司利益的,股东须履行哪些前置程序
才能起诉? ……………………………………………………………… (1436)
879. 股东未履行提起代表诉讼的前置程序时,法院是否当然驳回
起诉? …………………………………………………………………… (1436)
【案例355】监事选用股东身份起诉 未履行前置程序被驳回 ………… (1437)
880. 如果公司仅有两名股东,且分别担任执行董事及监事,则当其中
一人损害公司利益时,另一人可否直接提起股东代表诉讼? ………… (1438)
881. 香港公司是内地公司的股东,当内地公司发生股东纠纷时,香港
公司的股东、董事可否代表香港公司提起代表诉讼? ………………… (1438)
【案例356】无有效决议 香港公司股东、董事不能提起代表诉讼 ……… (1439)
882. 股东提起代表诉讼时,公司以何身份参加诉讼?一审法庭辩论
终结前,其他股东以相同的诉讼请求申请参加诉讼的,法院应
如何处理? ……………………………………………………………… (1440)
883. 何时成为股东是否影响股东提起代表诉讼? …………………………… (1440)
884. 股东代表诉讼所获得的利益归谁所有? ………………………………… (1440)
885. 股东代表诉讼是否仅能适用于损害公司利益责任纠纷? …………… (1440)
886. 股东在代表诉讼中丧失股东资格的,人民法院应如何处理? ………… (1441)
887. 股东因提起代表诉讼所支出的费用由谁承担? ………………………… (1441)
888. 如果股东与被告在股东代表诉讼中签订调解协议或直接申请
撤诉,法院应当如何审查其效力? ……………………………………… (1441)
889. 股东代表诉讼中,被告能否提起反诉? ………………………………… (1441)
890. 在什么情况下股东提起代表诉讼需要提供担保? ……………………… (1441)

第二节 损害公司利益责任纠纷的裁判标准 ……………………………… (1441)
一、董事、监事及高级管理人员的任职条件与职权 ……………………… (1441)
891. 公司董事如果任期届满未进行选举的,应由谁来履职? ……………… (1441)
892. 董事长具有哪些职权?法定代表人由谁担任?其与董事长的职权
有何不同? ……………………………………………………………… (1442)
893. 公司章程关于"董事会有权增补董事"的约定是否有效? …………… (1442)
894. 股东会是否有权无故解除董事的职务?章程是否可以作出另外
约定? …………………………………………………………………… (1442)

【案例357】长期不召集股东会会议　股东会有权罢免"不勤勉"执行
　　　　　　董事 ································································· (1443)
895. 董事职务被解除后,起诉公司要求补偿,应如何处理? ············ (1444)
896. 哪些人不得担任非上市公司董事、监事及高级管理人员?这些
　　　职务是否只有公司股东才能担任?外国人可否担任? ··········· (1444)
897. 法院审理期间董事所负数额较大债务已清偿,是否具备任职
　　　资格? ····························································· (1445)
【案例358】审理期间巨额债务已清偿或和解　执行董事具备任职
　　　　　　资格 ································································· (1445)
898. 哪些人不得担任上市公司的董事? ································· (1448)
899. 对于哪些人员,证监会可以采取证券市场禁入措施从而禁止相关
　　　人员担任上市公司的董事、监事、高级管理人员? ·············· (1448)
【案例359】大股东占用资金未披露　酒鬼酒董事长被禁出局 ········· (1449)
900. 证监会对于禁入措施的年限依照什么标准来确定?什么情况下
　　　可以从轻、减轻或免于采取禁入措施? ····························· (1450)
【案例360】无证券投资咨询资格非法经营　涉嫌犯罪终身被禁从事
　　　　　　证券业 ······················································· (1452)
901. 上市公司独立董事,除应具备担任上市公司董事的资格外,还应该
　　　具备哪些条件? ················································· (1453)
902. 私募股权投资基金管理人的高级管理人员包括哪些人员,其任职
　　　资格有何特殊要求? ············································ (1454)
903. 担任期货公司董事、监事以及高级管理人员有何特殊任职
　　　要求? ····························································· (1454)

## 二、损害公司利益责任纠纷的一般裁判标准 ···························· (1455)

904. 损害公司利益行为的构成要件有哪些? ·························· (1455)
【案例361】虚假陈述与损失无因果关系　请求损失赔偿被驳回 ······ (1456)
【案例362】章程规定违反忠实、勤勉义务5倍赔偿　合法有效 ········ (1460)
【案例363】规避公司授权超额执行合同　公司遭诈骗高管应赔偿 ···· (1464)
【案例364】行政处罚与经理履职无因果　合规报销未损公司利益 ···· (1468)
【案例365】董事职务未被免除仍应尽忠　电子邮件存疑难证董事
　　　　　　窥商机 ····················································· (1474)

【案例366】系争账户权属与资金来源不明　主张高管挪用公款赔偿
损失被驳回 ·········································································(1477)

905. 催缴股东出资是否属于董事勤勉义务? ·······························(1481)

【案例367】双重董事不催缴股东出资　对未出资承担连带赔偿责任······(1481)

906. 公司在什么情况下可以行使归入权? ···································(1487)

907. 公司在一个诉讼中,归入权和损害赔偿请求权是否能够同时
行使? ··············································································(1487)

908. 如何证明董事、监事及高级管理人员等损害公司利益给公司
造成的损失金额? ······························································(1487)

【案例368】执行董事未经专业审核签署《造价确认单》　赔偿公司实际
损失 ·················································································(1488)

909. 公司主张归入权时,侵权行为人取得的"收入"指的是什么收入?
应当如何认定侵权行为人的收入? ·······································(1496)

【案例369】经理在外当股东同业竞争　股权比例对应收入归入
原公司 ·············································································(1496)

【案例370】无法否定高管同业经营亏损证据　举证不能主张归入权
无功而返 ··········································································(1500)

【案例371】竞业禁止义务不止于任期届满　同业收入包含未分配
利润 ·················································································(1503)

【案例372】公司不义董事仍需尽忠　"粤超联赛"法定代表人被判
停职 ·················································································(1506)

910. 股东代表诉讼中,股东承担的律师费用是否可以主张?如何确定
律师费用是否合理? ···························································(1513)

911. 公司高级管理人员离职后,公司可否起诉要求高级管理人员
赔偿其任职期间损害公司利益的行为给公司造成的损失? ·······(1513)

【案例373】分公司负责人任职期间进行关联交易　离职后公司进行
追偿 ·················································································(1513)

912. 独立董事对公司是否负有忠实勤勉义务? ·····························(1521)

【案例374】独立董事对公司负有勤勉义务　未尽义务需接受处罚 ······(1523)

### 三、收受贿赂及侵占、挪用公司资金民事责任的裁判标准 ··············(1529)

913. 董事、监事及高级管理人员收受贿赂及其他非法收入的构成要件
有哪些? ··········································································(1529)

914. 公司或股东起诉董事、监事及高级管理人员侵占公司财产需举证
证明哪些内容？ ……………………………………………………… (1529)

【案例375】法定代表人并非保管员　主张返还公司财产被驳回 ……… (1529)

【案例376】二人公司执行董事借款不还　监事诉讼返还借款理由
成立 ………………………………………………………………… (1531)

915. 公司董事、监事及高级管理人员、控股股东或实际控制人侵占公司财产，
或利用职务受贿或收取其他非法收入，应当承担何种责任？ …… (1536)

916. 董事、高级管理人员挪用公司资金的构成要件包括哪些？ ……… (1536)

917. 公司董事、高级管理人员挪用公司资金，或将公司资金存入个人名义
或者以其他个人名义开立的账户应当承担何种责任？ ……………… (1536)

【案例377】返还存入个人账户的公司资金和利息　辩称个人垫付款
冲抵公司资金不成立 …………………………………………… (1536)

【案例378】公款"私存"用于资金周转　挪用公司资金主张不成立 …… (1538)

918. 如果公司已经没有实际经营场地，或股东之间已经就解散清算达成
决议，董事或高级管理人员可否将公司财物存于个人账户或
其他处所？ ………………………………………………………… (1540)

【案例379】公司停业且无经营场地　董事保管财物不视为挪用 ……… (1540)

### 四、擅自借贷及担保民事责任的裁判标准 …………………………… (1543)

919. 公司向其他企业投资或者为他人提供担保，由谁决定？公司为
公司股东或者实际控制人提供担保，由谁决定？ ………………… (1543)

920. 董事、高级管理人员未经公司决策机构同意，将公司资金借贷或担保时，
该借贷或担保是否有效？如何有效防范公司的违规担保
行为？ ……………………………………………………………… (1544)

【案例380】董事长擅自对外担保　造成损失应赔偿 …………………… (1545)

921. 法定代表人擅自为他人提供担保，担保合同效力如何？担保责任
如何承担？公司可否主张法定代表人赔偿损失？ ………………… (1547)

922. 法定代表人擅自为他人提供担保，如何认定债权人是否善意？ …… (1548)

923. 法定代表人以公司名义签订的债务加入协议效力如何？ …………… (1548)

【案例381】历史习惯交易必为同一合同当事人　违规为母公司担保
无效 ………………………………………………………………… (1548)

【案例382】法定代表人越权担保造成损失　股东提起代表诉讼主张
赔偿 ………………………………………………………………… (1552)

924. 公司为向股东或实际控制人借贷资金而作出股东(大)会、董事会决议时,接受借贷的股东或实际控制人控制的股东是否需要回避? ……………………………………………………………………(1555)

## 五、自我交易行为民事责任的裁判标准 ……………………(1555)

925. 董事、高级管理人员违法进行自我交易的构成要件有哪些?该交易是否有效? …………………………………………………(1555)

【案例383】董事擅自受让公司债权 自我交易无效债权归还公司 ……(1555)

【案例384】未经股东会同意受让公司商标 自我交易被判无效 ………(1559)

【案例385】总监新设公司间接自我交易 协议无效法院酌定返还费用 …………………………………………………………………(1562)

926. 已经履行相关决策程序的自我交易行为是否一定有效? ………(1566)

927. 公司经理给自己发放薪酬是否违反了忠实义务? ………………(1566)

【案例386】未经全体股东同意 以利润发奖金被判返还 ………………(1566)

## 六、谋取公司商业机会与竞业限制民事责任的裁判标准 ……(1569)

928. 判断是否属于公司商业机会的标准是什么? ……………………(1569)

【案例387】违反竞业禁止义务 董事承担损害赔偿 ……………………(1569)

929. 公司董事、高级管理人员违反谋取公司商业机会限制义务的构成要件有哪些?如果董事、高级管理人员违反该义务与第三人进行了交易,该交易是否有效? …………………………………(1574)

930. 第三人出于对公司董事、高级管理人员的信任而与其合作,董事、高级管理人员是否属于违反谋取公司商业机会限制的义务? ……(1574)

【案例388】利用第三方谋取公司商机 收入被判归公司所有 …………(1574)

931. 如何判断是否违反了竞业限制义务? ……………………………(1576)

932. 公司董事、高级管理人员在经营同类业务的其他公司作为股东,是否构成对竞业限制义务的违反? ………………………………(1577)

933. 股东是否可以成为竞业禁止限制义务的主体? …………………(1577)

934. 如果公司已经税务注销或被吊销但尚未注销,董事、高级管理人员另设公司与原公司同业竞争是否构成损害公司利益? ………(1578)

【案例389】原公司停止经营 另设公司不构成同业竞争 ………………(1578)

## 七、侵害商业秘密民事责任的裁判标准 ………………………(1581)

935. 如何判断公司的经营信息和技术信息是否属于商业秘密? ……(1581)

【案例390】客户名单为经营秘密 侵权需赔偿 …………………………(1582)

【案例391】侵犯商业秘密 不同职位不同责任 …………………………(1587)

936. 侵犯商业秘密的表现形式有哪些? ……………………………………（1597）

937. 实践中公司应如何注意保护商业秘密? ………………………………（1597）

### 八、其他损害公司利益责任的裁判标准 ……………………………………（1599）

938. 公司对外进行投资应当经过怎样的决策程序? 公司董事会或
总经理是否有权决定? ……………………………………………（1599）

【案例392】擅自对外投资　赔偿公司损失850万元 ……………………（1599）

939. 擅自以公司资产对外投资所形成的股权是否属于法律规定的
应归公司所有的收入? ……………………………………………（1604）

940. 如果公司董事、高级管理人员拒不履行公司决议,应当承担
何种责任? ……………………………………………………（1605）

【案例393】拒不执行董事会决议　损害公司利益赔偿60万元 …………（1605）

941. 如何判断公司董事、高级管理人员的决策行为是否符合正常的
商业目的及操作习惯? …………………………………………（1609）

【案例394】商业决策符合公司利益　未造成损失董事无责 ……………（1610）

【案例395】未分配利润奖励员工　损害公司利益判决返还 ……………（1614）

942. 董事、高级管理人员在执行公司职务时,违反法律、行政法规而
使公司遭受税收滞纳金和罚款的,公司可否请求其承担责任? ……（1625）

【案例396】公司偷税漏税　高级管理人员仅对惩罚性款项担责 ………（1625）

【案例397】总经理开支严重超常　违反忠实义务须赔偿 ………………（1629）

## 第三节　损害公司利益刑事责任 ……………………………………（1630）

### 一、一般刑事犯罪 ……………………………………………………（1630）

943. 何为侵犯商业秘密罪? 其立案追诉标准以及量刑标准分别是
怎样的? ……………………………………………………（1630）

【案例398】力拓案——4名员工侵犯商业秘密 …………………………（1632）

944. 何为挪用资金罪? 其立案追诉标准以及量刑标准分别是
怎样的? ……………………………………………………（1633）

【案例399】挪用侵占公司资金　"真功夫"老总被判14年 ……………（1633）

【案例400】北京一高尔夫俱乐部老总挪用200万元　获刑5年 ………（1636）

945. 何为职务侵占罪? 其立案追诉标准以及量刑标准分别
是怎样的? ……………………………………………………（1637）

946. 职务侵占罪与侵占罪的区别是什么? ………………………………（1637）

【案例401】老总打白条320万元进腰包　职务侵占获刑9年 …………（1638）

【案例402】伪造材料变更股东　侵占股权获刑10年 ·················· (1639)
947. 职务侵占罪与贪污罪的区别是什么？ ························· (1645)
948. 何为非国家工作人员受贿罪？其立案追诉标准以及量刑标准
　　分别是怎样的？ ··············································· (1646)
【案例403】非国家工作人员周某正受贿246万元　一审获刑11年 ······ (1646)
949. 非国家工作人员受贿罪与收取合理报酬行为的界限是什么？ ····· (1647)
950. 非国家工作人员受贿罪与请客送礼、接受馈赠行为的界限
　　是什么？ ······················································ (1647)
951. 非国家工作人员受贿罪与其他索取、收受提成、回扣、手续费等
　　行为的界限是什么？ ·········································· (1648)
952. 非国家工作人员受贿罪与受贿罪的区别是什么？ ················ (1648)
953. 何为违规披露、不披露重要信息罪？其立案追诉标准以及量刑
　　标准分别是怎样的？ ·········································· (1648)
【案例404】民营石油大亨龚某龙违规披露重要信息获刑19个月 ······· (1649)
954. 何为非法经营同类营业罪？其立案追诉标准以及量刑标准分别是
　　怎样的？ ······················································ (1651)
【案例405】私设民企赚"差价"　非法经营同类营业被判刑 ············ (1652)
955. 何为签订、履行合同失职被骗罪？其立案追诉标准以及量刑标准
　　分别是怎样的？ ··············································· (1654)
【案例406】国企老总涉嫌签订、履行合同失职被骗罪被公诉 ········· (1654)
956. 何为背信损害上市公司利益罪？其立案追诉标准以及量刑标准
　　分别是怎样的？ ··············································· (1655)
【案例407】划拨上市公司1.7亿元资金　背信损害公司利益获刑2年 ··· (1656)
957. 何为欺诈发行证券罪？其立案追诉标准以及量刑标准分别是
　　怎样的？ ······················································ (1661)
【案例408】我国首例上市公司被判欺诈发行股票罪案 ················ (1662)
958. 何为妨害清算罪？其立案追诉标准以及量刑标准分别是
　　怎样的？ ······················································ (1665)
【案例409】隐匿、转移清算财产43万元　被判妨害清算罪获刑1年半 ··· (1665)
959. 何为内幕交易、泄露内幕信息罪？其立案追诉标准以及量刑标准
　　分别是怎样的？ ··············································· (1668)
【案例410】内幕交易、泄露内幕信息　黄某裕等被判刑并罚数亿 ······ (1669)

【案例411】保荐人内幕交易第一案　夫妻双双被判刑 ………… (1673)

【案例412】中电员工泄露内幕消息炒股获刑6年 …………………… (1675)

二、涉税刑事犯罪 ……………………………………………………… (1677)

960. 何为抗税罪？其立案追诉标准以及量刑标准分别是怎样的？ … (1677)

961. 抗税罪与逃税罪有何区别？ ……………………………………… (1677)

962. 抗税罪与妨害公务罪的区别是什么？ …………………………… (1678)

963. 何为逃避追缴欠税罪？其立案追诉标准以及量刑标准分别是怎样的？ …………………………………………………………… (1678)

【案例413】"示范店主"逃避欠税获刑3年 …………………………… (1679)

964. 逃避追缴欠税罪与抗税罪的区别是什么？ ……………………… (1680)

965. 何为骗取出口退税罪？其立案追诉标准以及量刑标准分别是怎样的？ …………………………………………………………… (1680)

【案例414】三青年一软件骗取退税3000余万被判无期 ……………… (1681)

966. 骗取出口退税罪与诈骗罪的区别是什么？ ……………………… (1682)

967. 骗取出口退税罪与虚开增值税专用发票罪的异同是什么？ …… (1683)

968. 何为虚开增值税专用发票、用于骗取出口退税、抵扣税款发票罪？其立案追诉标准以及量刑标准分别是怎样的？ ………… (1683)

【案例415】行贿、虚开增值税专用发票、挪用资金　周某毅再获刑16年 …………………………………………………………… (1684)

969. 何为非法购买增值税专用发票、购买伪造的增值税专用发票罪？其立案追诉标准以及量刑标准分别是怎样的？ ………… (1690)

【案例416】未实际交易　非法买卖增值税发票100万元获刑3年 …… (1690)

第四节　董事、监事、高级管理人员收入的税务问题 ……………… (1692)

970. 个人担任董事、监事职务在公司取得的收入按照什么项目征收个人所得税？ ……………………………………………………… (1692)

【案例417】对在公司任职董事发放董事费　应按工资薪金所得缴纳个税 ………………………………………………………… (1692)

971. 在中国境内同时担任外商投资企业的董事（长）与直接管理职务，或者名义上不担任企业的直接管理职务，但实际上从事企业日常管理工作的个人，如何确定其应取得的工资、薪金收入额？ ……… (1693)

972. 如何确定董事、监事及高级管理人员取得报酬所得的来源地？ …… (1693)

973. 高级管理人员为无住所个人时,且其所在居民国与我国无税收协定时,如何确定其工资薪金所得收入额?如何确定计税方式? …… (1693)

974. 无住所个人为高级管理人员时,且其所在居民国与我国有税收协定时,如何确定其工资薪金所得? …… (1695)

975. 年度首次申报时,如何根据无住所个人的境内居住时间进行税款征缴? …… (1696)

976. 如何对无住所个人在境内任职、受雇取得来源于境内的工资薪金所得进行税款征缴? …… (1697)

977. 在中国境内无住所的个人应当提交哪些凭据证明其个人工资薪金及实际在中国境内的工作期间? …… (1697)

978. 港澳税收居民在内地受雇取得的报酬,如何计征个人所得税? …… (1698)

979. 内地居民在港澳受雇取得的报酬,如何缴纳个人所得税? …… (1699)

980. 香港特别行政区居民从内地取得的受雇所得和董事费,是否允许在对该居民征收的香港特别行政区税收中抵免? …… (1699)

981. 澳门特别行政区居民从内地取得的受雇所得和董事费,是否允许在对该居民征收的澳门特别行政区税收中抵免? …… (1699)

982. 内地居民从香港或澳门特别行政区取得的受雇所得和董事费,是否允许在对该居民征收的内地税收中抵免? …… (1699)

## 第五节　衍生问题——夫妻忠实义务 …… (1700)

### 一、违反夫妻忠实义务的民事法律责任 …… (1700)

983. 何为夫妻之间的忠实义务? …… (1700)

【案例418】妻子隐瞒违背忠实义务的事实　丈夫请求撤销离婚协议获支持 …… (1700)

984. 如何证明男女之间关系为婚外情?收集婚外情相关证据应注意哪些问题? …… (1703)

985. 什么是离婚损害赔偿责任纠纷? …… (1704)

986. 离婚损害赔偿责任纠纷由何地法院管辖? …… (1704)

987. 什么情况下可以请求离婚损害赔偿? …… (1704)

988. 无过错方行使离婚损害赔偿请求权的方式与期限如何确定? …… (1705)

989. 夫妻一方存在过错,离婚时另一方有权请求损害赔偿。如果双方都有过错,是否都可以请求对方赔偿? …… (1705)

990. 受到损害的未成年子女或其他家庭成员能否行使离婚损害赔偿
请求权？ (1705)

991. 离婚后，一方主张精神损害赔偿金，在没有约定的情况下如何
确定赔偿数额？ (1706)

【案例419】配偶与第三者同居　法院酌定精神赔偿金3万元 (1706)

【案例420】丈夫家暴　法院酌定精神赔偿金2万元 (1708)

992. 夫妻双方离婚后，一方发现另一方在婚姻关系存续期间与他人同居，
可否以对方过错造成婚姻破裂为由请求精神损害赔偿？ (1712)

993. 婚外情对离婚诉讼有何影响？ (1712)

【案例421】著名主持人出轨　妻子携保证书主张赔偿 (1713)

## 二、违反夫妻忠实义务的刑事法律责任 (1715)

994. 何为重婚罪？其立案追诉标准以及量刑标准分别是怎样的？ (1715)

995. 重婚罪需被害人提起自诉还是由人民检察院提起公诉？ (1716)

【案例422】事实婚姻又与他人同居生子　重婚获刑1年 (1716)

996. 重婚罪被害人可否主张损害赔偿？ (1717)

## 三、夫妻"忠诚协议"的效力 (1718)

997. 何为夫妻之间的"忠诚协议"？其效力如何认定？ (1718)

【案例423】忠诚协议约定道德义务　无法律依据被判无效 (1718)

【案例424】配偶出轨　约定101万元精神损害赔偿获法院支持 (1722)

998. "第三者"可否在双方分手后主张已婚一方承担损害赔偿
责任？ (1724)

【案例425】婚外情"转正"不成　女方诉请补偿遭驳回 (1725)

【案例426】胁迫立下借条40万元　"小三"要求"分手费"遭驳回 (1726)

## 四、"婚外情"所涉子女抚养问题 (1727)

999. 如果在诉讼过程中拒绝做亲子鉴定的，可否推定亲子关系
不存在？ (1727)

1000. 诉讼过程中如何确定亲子鉴定机构？ (1727)

1001. 亲子鉴定前应当做好哪些准备工作？提供哪些资料？ (1727)

【案例427】婚内所生子女并非亲生　请求损害赔偿39万元获支持 (1728)

1002. 通过性行为发生的"借夫生子"所生子女法律地位如何？"借夫
生子"协议是否有效？"借夫生子"中的女性是否违反忠实
义务，男方是否可以请求损害赔偿？ (1731)

【案例428】夫妻协商"借夫生子"　离婚请求损害赔偿不支持 (1732)

# 第十四章　损害股东利益责任纠纷

## 一、立　案 ···························································································· (1737)

1003. 如何确定损害股东利益责任纠纷的诉讼当事人？ ······················· (1737)

1004. 受到侵害的多个股东是否必须同时提起诉讼？不起诉的股东应如何处理？ ································································································· (1737)

【案例429】股东涉嫌侵占罪　法院移交公安机关 ···························· (1738)

【案例430】公司被吊销　要求赔偿红利损失被驳回 ·························· (1739)

1005. 董事依董事会决议实施侵害股东利益行为的，应以谁为被告？ ····························································································· (1744)

1006. 损害股东利益责任纠纷按照什么标准交纳案件受理费用？ ········· (1744)

1007. 损害股东利益责任纠纷由何地法院管辖？ ································· (1744)

1008. 损害股东利益责任纠纷是否适用诉讼时效？ ····························· (1744)

1009. 损害股东利益责任纠纷中，股东胜诉，判决结果能否直接适用于其他未参加诉讼的股东？ ································································· (1744)

## 二、损害股东利益责任纠纷的裁判标准 ···················································· (1745)

1010. 公司股东可否约定转让公司主要资产的决策条件及违约责任？ ······························································································· (1745)

【案例431】擅自转让公司商标　赔偿其他股东损失20万 ··················· (1745)

1011. 公司实际控制人未履行清算义务，给其他股东造成损失，其他股东是否有权要求赔偿？ ······················································· (1749)

【案例432】公司实际控制人不作为　怠于履行清算义务给其他股东造成损失的应予赔偿 ············································· (1749)

【案例433】股权比例相当　股东请求赔偿剩余财产分配损失被驳回 ······ (1751)

【案例434】控股股东承担清算赔偿责任 其妻子构成共同侵权承担
连带责任 ···················································································· (1754)

1012. 因实际控制人怠于履行清算义务,其他股东主张赔偿,如何
确定利息损失的起算点? ····························································· (1758)

【案例435】清算完毕后才可获得剩余财产 主张利息也应从此时
起算 ·························································································· (1758)

1013. 公司部分股东可否直接商定部分高级管理人员、董事的待遇? ········ (1760)

【案例436】大股东私下约定待遇 侵犯小股东利益被判无效 ·············· (1760)

1014. 公司经营管理不善,股东可否主张返还出资款,并要求公司
董事、高级管理人员赔偿? ··························································· (1768)

【案例437】总经理承诺盈利 公司亏损主张赔偿股东被驳回 ·············· (1768)

1015. 何为企业承包经营合同纠纷? ······················································· (1772)

【案例438】承包经营不赚反赔 协议无效但款项难回 ························ (1772)

【案例439】享管理权不等于承包公司 无书面合同诉请承包所得
被驳回 ······················································································ (1776)

### 三、离岸公司不公平损害的股东权益保护 ·········································· (1781)

1016. 股东通过合伙企业间接持有公司股权,执行事务合伙人未经
合伙人会议讨论即将股权转让,股东利益如何维护? ······················· (1781)

1017. 何为香港私人公司或BVI公司中的不公平损害行为? 不公平
损害行为包括哪些情形? ····························································· (1782)

【案例440】BVI股东非类合伙关系 不存在不公平损害请求解散
BVI被驳回 ················································································ (1783)

1018. 香港法庭对于不公平损害行为,可以作出什么命令来保障
受损害的股东? ··········································································· (1788)

1019. 香港法庭如何评定何为"公平的价值"? ······································· (1788)

1020. 香港私人公司或BVI公司董事职务被撤销应如何救济? ················· (1789)

1021. 除将小股东摒除于董事局或管理层外,实际经营管理中还有
什么其他可以构成不公平损害行为的例子? ·································· (1789)

1022. 如香港控股公司在中国内地子公司出现支付过多董事报酬、
资产被挪用等情况,香港控股公司股东是否可以提出
不公平损害行为的诉讼? ····························································· (1789)

1023. 若各股东之间仅是关系与互信破裂,难以确定任何一方过错,是否可以不公平损害为由,要求法庭颁令由其中一方收购另一方的股权? ……………………………………………………(1790)

1024. 不公平损害行为是否适用于上市公司? ……………………(1790)

1025. 除了不公平损害行为外,少数股东受到不公平或不合理的对待,或公司利益受到损害时,有没有其他要求法庭保障的诉因? ……(1791)

1026. 如果各股东持有股份的公司是 BVI 公司,是否意味着上述的法律程序需要在 BVI 进行? ……………………………………(1793)

【案例 441】控股公司在 BVI 香港法庭无管辖权 ……………………(1793)

1027. 若集团的主体业务和资产都在中国内地,但母公司是 BVI 公司,中国内地股东应如何聘请律师在 BVI 诉讼? ……………………(1798)

## 第十五章 请求公司收购股份纠纷

### 第一节 立 案 ……………………………………………………(1800)

1028. 如何确定请求公司收购股份纠纷的诉讼当事人? ……………(1800)

1029. 针对请求公司收购股份纠纷,涉及企业改制中职工的股权问题是否属于人民法院的受案范围? ………………………………(1800)

1030. 可否以控股股东为被告或第三人? ……………………………(1800)

1031. 请求公司回购股份纠纷由何地法院管辖? ……………………(1800)

1032. 请求公司回购股份纠纷按照什么标准交纳案件受理费用? …(1801)

1033. 请求公司收购股份纠纷有无期限要求? ………………………(1801)

【案例 442】逾期起诉 股份收购请求权被驳回 ……………………(1801)

1034. 异议股东是否必须自股东会决议通过之日起满 60 日才能向法院起诉? …………………………………………………………(1802)

### 第二节 请求公司收购股份纠纷的裁判标准 ……………………(1802)

#### 一、请求公司收购股份的主体 …………………………………(1802)

1035. 无表决权股东是否享有股份收购请求权? ……………………(1802)

1036. 享有请求公司收购股份权的股东将其股份转让给第三人,该第三人作为继受股东是否享有股份收购请求权? ………………(1802)

1037. 瑕疵出资股东是否享有股份收购请求权？ ……………………………… (1803)
1038. 股份有限公司的股东是否可以诉讼方式请求公司收购
股份？ ……………………………………………………………………… (1803)

## 二、上市公司回购股份的程序 ………………………………………………… (1803)

### （一）股份回购的一般规定 ………………………………………………… (1803)

1039. 上市公司股份回购有哪些方式？ ……………………………………… (1803)
1040. 上市公司回购的股份应如何处理？ …………………………………… (1803)
1041. 上市公司回购股份应当符合哪些条件？ ……………………………… (1804)
1042. 回购的股份自何时失去其权利？ ……………………………………… (1804)
1043. 上市公司回购股份应当遵循哪些基本程序？ ………………………… (1804)
【案例443】长安汽车股份公司独立董事回购意见书 ………………… (1805)
【案例444】宝山钢铁股份有限公司回购报告书 ……………………… (1806)
1044. 上市公司回购股份应当向证监会报送哪些备案材料？ ……………… (1810)

### （二）集中竞价交易方式回购股份的特殊规定 …………………………… (1811)

1045. 上市公司以集中竞价交易方式回购股份的,应当履行哪些报告、
公告义务？ ……………………………………………………………… (1811)
1046. 在哪些期间,上市公司不得进行股份回购的委托？ ………………… (1811)
1047. 在哪些期间,上市公司不得回购股份？ ……………………………… (1811)
1048. 上市公司以集中竞价交易方式回购股份的,确定回购价格时
有何特殊要求？ ………………………………………………………… (1811)

### （三）要约方式回购股份的特殊规定 ……………………………………… (1811)

1049. 上市公司以要约方式回购股份的,如何确定要约价格？ …………… (1811)
1050. 上市公司以要约方式回购股份的,回购资金应置于何处？
要约期限是多久？ ……………………………………………………… (1812)
1051. 上市公司以要约方式回购股份,股东预受要约的股份数量
超出或不足预定回购的股份数量的,应如何处理？ ………………… (1812)

## 三、请求公司收购股份的条件 ………………………………………………… (1812)

1052. 公司可否主动回购股份或股权？ ……………………………………… (1812)
【案例445】回购股权违反资本维持原则 关联交易未回避表决决议
不成立 ……………………………………………………………… (1812)

1053. 有限责任公司回购股权应当遵循哪些程序？ ……………………… (1815)

1054. 有限责任公司股东行使回购请求权应当满足哪些条件？ ……… (1815)

1055. 有限责任公司异议股东如与公司无法达成股权回购协议,可否就此向法院提起诉讼？ …………………………………………… (1815)

1056. 异议股东是否必须在与公司就股份回购进行沟通且无法协商一致后,方可向法院提起诉讼？ ………………………………… (1816)

【案例446】股东反对公司延长经营期限　请求回购股份获支持 ……… (1816)

【案例447】设立子公司疑分立　未转移财产难回购 …………………… (1822)

【案例448】不具备股东资格　请求回购股权被驳回 …………………… (1826)

1057. 有限责任公司的股东行使股份回购请求权是否必须以股东在公司决议中投反对票为前提？ ……………………………………… (1829)

1058. 如果公司决议未获通过,或通过后在未实施前被撤销或归于无效时,异议股东可否请求公司收购其股份？ ………………… (1829)

1059. 如果股东未参加公司有关事项的股东会决议并表决,但对公司的决议内容持反对态度,能否请求公司收购其股份？ …………… (1829)

1060. 异议股东对股东会决议内容投反对票后,事后又履行该决议内容的,能否请求公司收购其股份？ ……………………………… (1830)

1061. 公司恶意规避退股条件,如隐瞒公司实际经营情况,制作虚假的财务报表,或在5年期间里仅象征性地分配一次红利,该股东能否行使公司收购股权？此时,股东应当如何维护合法权益？ …… (1830)

【案例449】7年盈利有红不分　股东主张公司回购股权获支持 ……… (1831)

【案例450】连续6年不分红　股东请求回购获支持 …………………… (1834)

1062. 公司股东(大)会通过了盈余分配方案,事后公司迟迟不分配红利,股东能否请求公司收购其股份？ ……………………………… (1837)

【案例451】未实际取得已分配红利　股东请求回购被驳回 …………… (1837)

1063. 公司终止或破产清算时,股东是否享有股份回购请求权？ …… (1839)

1064. 如果公司转让主要财产,异议股东有权请求公司收购其股权,那么判断"主要财产"的标准是怎样的？ ……………………… (1839)

【案例452】公司出售固定资产　属主要财产应回购 …………………… (1839)

【案例453】未证明转让股权系"主要财产"　主张回购被驳回 ……… (1842)

1065. 如股东与公司董事会达成协议退股,并经董事会决议、股东会决议通过,股东是否能够退股？ ……………………………………… (1845)

【案例454】擅自达成退股协议　因违法被认定无效 ……………… (1846)
1066. 异议股东请求公司收购股权的价格应当如何确定? ………… (1855)
【案例455】异议股东未举证净资产数额　法院以原值确定回购
　　　　　价格 ………………………………………………………… (1856)
【案例456】被告拒绝回购　价款不符合约定请求被拒 …………… (1861)
1067. 若采用评估方式确定异议股东的股权价格,评估费用应当
　　　由谁承担? ……………………………………………………… (1866)
1068. 公司回购股份,应如何确定评估基准日? …………………… (1866)
【案例457】以股东提出异议时间为评估基准日确定股份回购价款 … (1867)
1069. 公司回购股份后,应当如何处理? …………………………… (1868)
1070. 法院判决公司应当在一定期限回购股东的股份,公司不予执行,
　　　异议股东应如何救济? ………………………………………… (1868)

### 四、公司章程有关股份回购条款的效力 …………………………… (1868)

1071. 公司章程可否限制或剥夺股东的股份收购请求权? ………… (1868)
1072. 公司章程在法定情形之外规定公司可以主动回购股份是否有效?
　　　职工与持股会签订协议,在章程中规定有退股条件,可否按
　　　该规定退股? …………………………………………………… (1869)
1073. 有限责任公司章程约定,因实施股权激励取得股权的股东,在持有
　　　股权期间,如果其与公司终止了劳动合同关系,应当将所持股
　　　权转让给公司其他股东或由公司回购,这种约定是否有效? … (1870)
【案例458】公司依章程特别约定回购离职员工股份 ……………… (1871)
【案例459】员工离职后申请退还股金　回购方式应以章程规定为准 … (1873)

## 第三节　公司收购股份的税务问题 ………………………………… (1877)

1074. 公司收购股份后,异议法人股东应如何进行会计处理? 异议股东
　　　(转让方)是否需要缴税? ……………………………………… (1877)
1075. 公司收购股份后,应如何进行财务处理? 是否需要缴纳企业
　　　所得税? ………………………………………………………… (1877)
1076. 股份有限公司回购的股份在注销或转让之前如何进行财务
　　　处理? …………………………………………………………… (1877)
1077. 股份有限公司实施股权激励回购股份,如何进行财务处理? … (1877)
1078. 上市公司收购个人股东的股票,个人股东如何缴纳增值税? … (1878)
1079. 上市公司收购法人股东的股票,法人股东如何缴纳增值税? … (1878)

1080. 公司收购股份,如何缴纳印花税? ……………………………… (1878)

【案例460】昆明制药集团股份有限公司股份回购税务处理案 ……… (1878)

【案例461】名为"股权回购"实为"股权激励" 员工所得股息红利
应按20%缴纳个人所得税 ………………………………… (1879)

## 第十六章　公司解散纠纷

### 第一节　立　案 ……………………………………………………… (1885)

1081. 如何确定公司解散纠纷的诉讼当事人? ……………………… (1885)

1082. 瑕疵出资股东是否有权提起解散公司之诉? …………………… (1886)

1083. 隐名股东是否有权提起解散公司之诉? ………………………… (1886)

1084. 企业被吊销营业执照或被撤销登记后,如何确定该企业的诉讼
主体? ……………………………………………………………… (1886)

1085. 原告以其他股东为被告一并提起公司解散之诉的,人民法院
应当如何处理? …………………………………………………… (1886)

1086. 债权人可否作为公司解散之诉的原告? ………………………… (1886)

1087. 未提起解散公司之诉的其他股东或者利害关系人以何种身份
参加诉讼? ………………………………………………………… (1887)

1088. 香港公司解散后是否还可以作为民事主体参加诉讼并对公司
债务承担责任? …………………………………………………… (1887)

【案例462】香港公司解散后不再承担责任 ……………………………… (1888)

1089. 公司解散纠纷之诉由何地法院管辖?如何确定级别管辖
法院? ……………………………………………………………… (1888)

1090. 公司解散纠纷诉讼按照什么标准交纳案件受理费? ………… (1889)

1091. 公司解散纠纷诉讼是否适用诉讼时效? ………………………… (1889)

1092. 原告应如何表述解散公司的诉讼请求? ………………………… (1889)

1093. 股东在提起解散公司之诉的同时,是否可以申请人民法院对
公司进行清算? …………………………………………………… (1889)

1094. 公司解散之诉调解的方式有哪些? ……………………………… (1889)

1095. 有限责任公司解散之诉调解的结果是股东以外的人收购原告
股东股权的,其他股东的优先购买权如何保护? ……………… (1890)

## 第二节　公司解散纠纷的裁判标准 …………………………………（1890）

1096. 公司解散的法律效力如何？ ……………………………………（1890）
1097. 公司解散应当符合哪些法定条件？ ………………………………（1891）
1098. 如何认定"公司经营管理出现严重困难"？ ………………………（1892）
【案例463】公司停产财产闲置　股东请求解散公司获支持 …………（1892）
1099. 如何认定公司是否陷入僵局？ ……………………………………（1897）
【案例464】美达股东内斗不止　公司被诉解散 ………………………（1898）
【案例465】公司正常经营但决策机制失灵　股东请求法院解散公司
　　　　　获支持 ……………………………………………………（1912）
1100. 如何理解"公司持续两年以上无法召开股东会"？持续两年的
　　　时间如何计算？ …………………………………………………（1914）
1101. 如果股东（大）会瘫痪而董事会运行正常，或者董事会发生瘫痪
　　　而股东（大）会运行正常，能否直接认定公司经营管理
　　　发生严重困难？ …………………………………………………（1915）
1102. 如何理解在公司处于僵局时会对"股东利益造成重大损失"？……（1915）
1103. 如何判定"通过其他途径不能解决"的公司解散条件？ …………（1915）
【案例466】未穷尽僵局解决途径　请求解散公司被驳回 ……………（1916）
【案例467】穷尽途径僵局依然　请求解散公司获支持 ………………（1920）
1104. 股东之间、股东与公司、董事与股东之间多次诉讼，能否认定公司
　　　符合解散条件？ …………………………………………………（1922）
【案例468】股东多次诉讼公司人合性遭破坏　公司被判解散 ………（1922）
1105. 股东可否以知情权、盈余分配请求权等权利受侵害，或公司亏损、
　　　财产不足以偿还全部债务，以及公司被吊销企业法人营业执照
　　　未进行清算为由提起解散公司之诉？ ……………………………（1925）
【案例469】知情权、盈余分配权受侵害有途径解决　请求解散公司
　　　　　被驳回 ……………………………………………………（1925）
1106. 小股东在公司僵局中如何保护自身利益？ ………………………（1928）
1107. 为了防止公司实际控制人持续侵害公司其他股东利益，提起解散
　　　公司之诉的股东应从哪几方面申请财产保全或证据保全？
　　　人民法院对于股东的保全申请应如何处理？ ……………………（1928）
1108. 公司解散诉讼中，如果原告是该案被告的法定代表人，原、被告达成
　　　和解协议，如何保障其他股东不愿解散公司的权利？ …………（1929）

1109. 是否必须在公司解散后才能要求公司设立时的其他股东或发起人在未缴出资范围内对公司债务承担连带责任? ……………… (1929)

1110. 解散公司的判决是否对全体股东具有法律约束力? ……………… (1929)

### 第三节 衍生问题——离婚纠纷的裁判标准 ……………… (1930)

#### 一、婚姻关系的解除 ……………… (1930)

##### (一) 协议离婚 ……………… (1930)

1111. 离婚协议书包括哪些内容? ……………… (1930)

1112. 何为"离婚冷静期"? 关于"离婚冷静期"的具体执行方法如何? ……………… (1931)

##### (二) 诉讼离婚 ……………… (1932)

1113. 离婚诉讼涉及家庭共有房产的分割,能否将其他家庭成员追加为共同诉讼人? ……………… (1932)

1114. 夫妻一方可否申请对配偶的个人财产或者夫妻财产采取保全措施? ……………… (1932)

【案例470】因离婚引发股权变动 土豆网股权被冻结推迟上市计划 ……………… (1932)

##### (三) 域外离婚案件的特殊程序 ……………… (1934)

1115. 若一方为中国公民,一方为外国公民或中国港澳台地区公民,在所在国或地区登记结婚,在中国提起离婚诉讼,应当履行哪些程序? ……………… (1934)

1116. 若双方为外国公民,结婚注册地在国外,现一方在中国境内有住所,如何进行离婚处理? ……………… (1934)

1117. 在哪些情形下,中国法院对于涉外离婚诉讼具有管辖权? ……………… (1934)

【案例471】"疯狂英语"李某离婚纠纷案 ……………… (1935)

1118. 域外离婚诉讼如何立案? 立案材料有哪些? ……………… (1936)

1119. 国外法院作出的离婚判决,我国是否予以承认或执行? ……………… (1936)

1120. 港澳台地区作出的离婚判决,我国内地法院是否予以承认和执行? ……………… (1938)

1121. 我国作出的离婚判决,在国外是否能得到承认和执行? ……………… (1938)

1122. 申请承认国外及中国港澳台地区的离婚判决是否有期限的限制? ……………… (1938)

1123. 承认和执行国外离婚判决由何地法院管辖? ……………… (1939)

1124. 中国公民申请承认国外离婚判决需要提交哪些材料? ……………… (1939)

1125. 驻外使、领馆就中国公民申请承认外国法院离婚判决如何进行公证、认证？ (1939)

1126. 取得外国永久居民身份证(绿卡)的中国公民办理委托手续是否需要领事认证？ (1940)

1127. 承认国外离婚判决的申请书具体应包含哪些内容？ (1940)

1128. 哪些情况下法院会对国外离婚判决作出不予承认的裁定？ (1940)

1129. 承认外国法院的离婚判决的裁定何时生效？ (1941)

1130. 若双方已在国内提起离婚诉讼,此时是否可以再行申请承认外国法院离婚判决？ (1941)

1131. 申请承认外国法院离婚判决后,另一方是否可以向人民法院提起离婚诉讼？ (1941)

1132. 申请承认外国法院离婚判决后是否可以撤回？是否可以再次提出申请？ (1941)

1133. 已被国外法院判决离婚但未申请我国法院承认,当事人是否可以再向我国法院提起离婚诉讼？ (1941)

1134. 承认国外判决的申请被驳回后是否可以再次提出申请？ (1941)

1135. 申请承认国外离婚判决是否可以委托他人办理？ (1941)

1136. 我国承认国外离婚判决后,离婚判决生效日期如何起算？ (1942)

1137. 若法院不予承认国外离婚判决,则应如何处理？ (1942)

1138. 国外法院作出的离婚判决经我国法院承认后如何执行？ (1942)

1139. 涉外离婚诉讼中如何向国外一方送达法律文书？ (1942)

## 二、离婚财产分割的裁判标准 (1943)

### (一)离婚时财产分割的一般裁判标准 (1943)

1140. 前后有几份离婚协议书,如何认定其效力？ (1943)

1141. 离婚财产分割协议何时生效？经过公证的离婚财产分割协议是否在签字后立即生效？ (1943)

**【案例472】离婚协议已签署　未办理离婚登记不生效** (1943)

1142. 夫妻约定婚内财产归各自所有,承担较多家庭义务的一方在离婚时可否请求补偿？ (1948)

1143. "夫妻共同财产"包括哪些财产？"夫妻一方财产"包括哪些财产？ (1948)

1144. 夫妻一方个人财产在婚后产生的收益,是否为夫妻共同
财产? ………………………………………………………………… (1948)

1145. 婚姻关系存续期间,夫妻一方是否可以请求分割共同财产? 一方
能否通过诉讼请求确认登记在另一方一人名下的财产
为共有? ………………………………………………………………… (1949)

【案例473】夫妻感情露裂痕　确认产权共有免纠纷 ……………… (1949)

1146. 离婚时,一方隐藏、转移、变卖、毁损、挥霍夫妻共同财产,或伪造
夫妻共同债务企图侵占另一方财产的,分割夫妻共同财产时,
该如何处理? ……………………………………………………… (1950)

【案例474】认为少分财产　世贸天阶董事长前妻两次主张变更财产
分割协议 …………………………………………………… (1951)

1147. 一方在离婚诉讼上诉期间所取得的财产,另一方是否有权主张
分割? ……………………………………………………………… (1952)

1148. 离婚诉讼中,双方对财产价值有争议时,是否必须委托中介
机构评估? ………………………………………………………… (1952)

1149. 离婚时,男方可否请求返还按照习俗在婚前送给女方的
彩礼? ……………………………………………………………… (1952)

1150. 女方婚前陪送嫁妆在离婚时应当如何认定? ………………… (1952)

1151. 夫妻离婚时,一方取得的知识产权应该如何处理? 如何确定婚姻
关系存续期间所实际取得的知识产权财产性收益的归属? …… (1953)

【案例475】夫妻不是商标共有人　商标产生收益才能分割 ………… (1953)

1152. 离婚时夫妻一方尚未退休、不符合领取基本养老金条件的,另一方
是否有权按照夫妻共同财产分割基本养老金? ………………… (1954)

1153. 婚姻关系存续期间购买的保险,指定受益人为夫妻一方的保险
利益,在离婚时,是否属于夫妻共同财产? ……………………… (1954)

1154. 一方提起离婚诉讼时,请求分割尚未实际分割的遗产,应如何
处理? ……………………………………………………………… (1955)

1155. 夫妻之间订立借款协议,以夫妻共同财产出借给一方从事个人经营
活动或用于其他个人事务的,该借款在离婚时应如何处理? …… (1955)

1156. 当事人因在婚姻登记机关协议离婚时所签订的离婚协议中的
财产分割条款的效力及履行发生纠纷,人民法院是否应
受理? ……………………………………………………………… (1955)

【案例476】按离婚协议书分割财产反悔　请求重新分割被驳回 ……… (1955)

(二)离婚时房产分割的裁判标准 ……………………………………… (1957)

1157. 夫妻一方在婚前购置的房屋在婚后发生了增值,增值部分在双方离婚时应当如何分割? ……………………………… (1957)

【案例477】婚前房产　婚后增值属个人财产 …………………… (1958)

1158. 夫妻双方对共同财产中的房屋价值及归属无法达成协议时,应当如何处理? ……………………………………… (1963)

1159. 婚前或婚姻关系存续期间,夫妻约定一方将其所有房产赠与另一方,赠与方在赠与房产变更登记之前撤销赠与,另一方请求判令继续履行的,能否得到支持? ………………… (1963)

1160. 婚后一方父母给夫妻出资买房,离婚时补打借条,所借购房款项是否属于夫妻共同债务?是否应由夫妻共同偿还? ……… (1963)

【案例478】公婆买房给儿媳　离婚时要还 …………………………… (1964)

1161. 夫妻一方未经另一方同意出售双方共同共有的房屋,第三人善意购买、支付合理对价并办理产权登记手续的,另一方是否有权主张追回该房屋? …………………………………… (1966)

1162. 婚姻关系存续期间,双方用夫妻共同财产出资购买以一方父母名义参加房改的房屋,产权登记在一方父母名下或是登记在夫妻双方名或一方名下,离婚时,该套房屋如何分割? ……… (1966)

1163. 夫妻一方婚前以个人财产按揭购买房屋,婚后夫妻共同清偿贷款,在离婚时应如何处理? …………………………… (1966)

1164. 夫妻离婚时,还未取得产权或未取得完全产权的房屋如何分割? ………………………………………………………… (1967)

1165. 婚前由一方父母承租,婚后又以夫妻共同财产购买房屋的,离婚时如何分割? …………………………………………… (1967)

(三)离婚时股权分割的裁判标准 ……………………………………… (1967)

1166. 如何判断一方名下的股权、红利以及股权转让所得属于夫妻共同财产还是一方个人财产? ………………………………… (1967)

【案例479】瑕疵出资转让股权　补缴出资系夫妻共同债务 ………… (1968)

【案例480】工商登记为股东　一方主张分割股权转让款获支持 …… (1970)

1167. 可以采用何种必要措施避免离婚造成股权变动对公司经营产生影响? ……………………………………………………… (1973)

· 89 ·

【案例481】赶集网陷"夫妻门" 总裁擅自转让共有股权被判无效 …… (1974)

【案例482】"离婚门"致股权分散 沃华医药四面楚歌 …… (1975)

1168. 婚姻关系存续期间,用共同财产购买的股票、债券、投资基金份额等有价证券以及未上市股份有限公司的股份,在离婚时如何分割? …… (1976)

【案例483】和平分割股权 华谊嘉信实际控制人夫妇实现双赢 …… (1976)

【案例484】股权置换混淆视听 转移夫妻共同股权被判无效 …… (1977)

1169. 离婚时,夫妻双方共同经营的个人独资企业资产如何分配? …… (1980)

1170. 夫妻一方以夫妻共同财产在合伙企业中出资,分割夫妻财产时,应当如何处理? …… (1981)

1171. 一方以自己名义将夫妻共同财产投资于个体经济组织、个人独资企业、合伙企业、有限责任公司,双方在离婚时对上述权益的价值协商不成,另一方又不愿意参与经营的,如何确定其价值? …… (1981)

1172. 一方以从夫妻共同财产中的借款投资开办个人独资企业的,另一方不参与该企业的生产经营活动,该企业财产以及产生的收益归谁所有?该企业的对外债务是否为夫妻共同债务? …… (1981)

### 三、离婚后财产纠纷的裁判标准 …… (1982)

1173. 何为离婚后财产纠纷?该纠纷包括哪些情形?由何地法院管辖?是否适用诉讼时效?按照什么标准交纳案件受理费? …… (1982)

【案例485】钢铁大亨妻子提起离婚诉请被驳回 是否"被离婚"? …… (1982)

1174. 离婚后,一方发现另一方在离婚时有隐藏、转移、变卖、毁损、挥霍夫妻共同财产的,或伪造债务企图侵占另一方财产的,该如何处理? …… (1986)

【案例486】丈夫隐瞒股权 妻子离婚后主张分割获支持 …… (1987)

1175. 离婚后,一方隐藏、转移、变卖、毁损、挥霍夫妻共同财产,或伪造债务企图侵占另一方财产的,另一方请求再次分割夫妻共同财产的,应在多长的期限内提出? …… (1988)

1176. 双方离婚诉讼期间,一方隐瞒另一方预购房产,但在离婚前并未实际取得该房产,未申请登记,该房产是否属于共有财产? …… (1988)

### 四、夫妻共同债务承担的裁判标准 …… (1989)

1177. 何为夫妻共同债务?如何判断债务是否属于夫妻共同债务? …… (1989)

【案例487】丈夫借款赌博夫妻俩成被告　判决赌债丈夫一人承担 …… （1989）
1178. 如何认定夫妻双方通谋虚假离婚的效力？ ……………………… （1991）
1179. 夫妻共同债务应当如何清偿？ ………………………………… （1991）
1180. 夫妻约定在婚姻关系存续期间所得的财产归各自所有，所发生的
债务由各自承担的，债权人能否主张夫妻双方对共同债务承担
连带清偿责任？ …………………………………………………… （1991）
【案例488】夫妻约定财产制　债权人不知约定仍是共同债务 ………… （1992）
1181. 何为夫妻财产约定纠纷？由何地法院管辖？是否适用诉讼
时效？按照什么标准交纳案件受理费？ ……………………… （1993）
【案例489】夫妻协议离婚　离婚前共同债务仍担责 …………………… （1994）
1182. 当事人的离婚协议或人民法院的判决书、裁定书、调解书已经对
夫妻财产分割进行了处理，债权人能否主张夫妻双方对共同
债务承担连带清偿责任？人民法院可否依照债权人的申请
直接追加被执行人的原配偶为被执行人执行其财产？ ……… （1999）
【案例490】离婚后债务人申请执行　原夫妻仍需承担共同清偿责任 … （1999）
1183. 夫或妻一方死亡的，债权人能否请求在世一方对共同债务承担
清偿责任？ ………………………………………………………… （2001）
【案例491】丈夫意外死亡　妻子对债务承担连带责任 ………………… （2002）
1184. 当事人自愿离婚，并就财产问题、债权债务处理达成一致，债务人
能否以该调解协议侵犯了其合法权益为由提起再审？ ……… （2004）

## 五、离婚时子女抚养权的裁判标准 ………………………………… （2004）

1185. 何为抚养权纠纷？由何地法院管辖？是否适用诉讼时效？按照
什么标准交纳案件受理费？ …………………………………… （2004）
1186. 如何确定子女抚养归属的标准？ ……………………………… （2004）
【案例492】收入高并非当然取得抚养权　子女利益是首要原则 ……… （2006）
【案例493】失去生育能力　未必当然获得抚养权 ……………………… （2010）
【案例494】不满孩子现状　孙某状告前妻变更抚养权 ………………… （2014）
1187. 养父母离婚，养子女由谁抚养？ ………………………………… （2014）
1188. 生父与继母或生母与继父离婚时，对曾受其抚养教育的继子女，
继父或继母不同意继续抚养的，如何处理？ ………………… （2015）
1189. 如何确定子女抚养费的标准？ ………………………………… （2015）
1190. 在哪些情形下，已经成年的子女可以主张父母给付抚养费？ …… （2015）

· 91 ·

1191. 离婚协议中未对孩子的医疗费分担问题进行约定的,抚养孩子的一方能否要求对方分担医疗费? ……………………………………(2016)

1192. 在何种情形下,子女可以请求增加抚养费? ……………………(2016)

1193. 未成年人请求支付抚养费的,是否受诉讼时效限制? …………(2016)

1194. 判决后,可否申请变更子女抚养费? 如可以变更,应当从何时起算? ………………………………………………………………(2016)

1195. 变更姓氏是否会影响抚养费? ……………………………………(2016)

1196. 单身母亲要求解除非婚生子女抚养权,应当如何处理? ………(2017)

1197. 一方失踪或下落不明时,法院将如何处理子女和财产问题? …(2017)

1198. 一方拒不到庭缺席判决的,法院将如何处理子女和财产问题? ……………………………………………………………………(2017)

1199. 何为探望权纠纷? 由何地法院管辖? 是否适用诉讼时效? 按照什么标准交纳案件受理费? 父母一方如何行使探望权? ………………………………………………………………(2017)

【案例495】为孩子身心健康　申请变更探望权行使时间获支持 ……(2017)

1200. 父或母一方拒不执行抚养费、探望子女等判决或裁定的,另一方的救济措施有哪些? …………………………………(2021)

【案例496】强制执行探视权困难重重 ………………………………(2021)

1201. 何为监护权纠纷? 由何地法院管辖? 是否适用诉讼时效? 按照什么标准交纳案件受理费? ……………………………(2022)

# 第十七章　申请公司清算

## 第一节　立　　案 ………………………………………………(2029)

1202. 如何确定申请公司清算的当事人? ………………………………(2029)

【案例497】将股东列为被申请人　法院裁定驳回起诉 ……………(2029)

1203. 公司职工能否申请对公司进行强制清算? ……………………(2031)

【案例498】为执行生活费　职工申请强制清算公司获支持 ………(2031)

1204. 隐名股东能否直接申请对公司进行强制清算? ………………(2032)

1205. 瑕疵出资股东能否申请对公司进行强制清算? ………………(2032)

【案例499】判决确认股东资格　继受股东有权申请清算 …………(2032)

1206. 是否所有的企业都适用《公司法》规定的强制清算? …………(2034)

【案例500】债权人申请联营企业强制清算被驳回 ·················· (2035)
【案例501】全民所有制企业非合格强制清算主体 ·················· (2036)
1207. 申请公司清算应由何地法院管辖？ ························· (2039)
1208. 申请公司清算按照什么标准交纳案件受理费？ ··············· (2039)
1209. 申请公司清算是否适用诉讼时效？ ······················· (2039)
1210. 满足什么条件,债权人或公司股东、董事或其他利害关系人
      可以申请对公司进行强制清算？ ··························· (2039)
【案例502】公司被吊销执照　股东有权申请强制清算 ·············· (2041)
【案例503】公司被撤销登记　股东有权申请强制清算 ·············· (2042)
【案例504】判决解散逾期未达成清算合意　股东有权申请强制清算 ·· (2043)
【案例505】已成立清算组　法院不受理强制清算申请 ·············· (2044)
1211. 如果公司因改制而解散,债权人、股东、董事或其他利害关系人
      是否可以申请公司强制清算？ ··························· (2045)
【案例506】解散事由存争议　股东申请清算被驳回 ·············· (2045)
1212. 申请公司清算应当提交哪些基本申请材料？证明哪些基本
      事实？ ··················································· (2048)
【案例507】股东资格及财产分配方式均存疑　申请清算被驳回 ······ (2049)
【案例508】申请程序中丧失股权　请求强制清算被驳回 ············ (2051)
【案例509】吸收合并解散　强制清算申请被驳回 ·················· (2052)
1213. 法院收到强制清算申请时,会对哪些内容进行审查？审查时
      应遵循哪些程序？ ········································ (2054)
【案例510】股权被强制执行　丧失强制清算申请权 ················ (2055)
1214. 申请人将强制清算申请材料提交人民法院后,如果申请人提交的
      证据不足时,应如何处理？ ································ (2056)
1215. 人民法院受理强制清算申请后,经审查发现强制清算申请不符合
      法律规定的,应如何处理？申请人有何救济措施？ ············ (2057)
1216. 在申请人提供证据材料证明强制清算启动的事由时,举证责任
      如何分配？ ·············································· (2057)
1217. 申请人是否可以撤回强制清算申请？ ······················· (2057)
1218. 申请人撤回强制清算申请的程序是怎样的？ ················· (2057)
1219. 强制清算中,公司应当于何时向人民法院提交相关清算材料？
      由谁提交？若不提交,应承担何种法律责任？ ················ (2058)

· 93 ·

1220. 如何确定申请公司清算案件的审判组织? ……………………… (2058)

1221. 人民法院在强制清算中的主要职责是什么? …………………… (2058)

1222. 在申请公司清算过程中,产生其他诉讼的,应当如何处理? …… (2058)

1223. 在法律、司法解释规定不明确的情形下,鉴于强制清算与企业破产清算在具体程序操作上的相似性,在哪些情形下,强制清算程序可以准用企业破产清算程序? ……………………… (2059)

1224. 申请公司清算是否可以申请财产保全? ………………………… (2060)

1225. 强制清算审查过程中,如果公司的"主要财产、账册、重要文件等灭失"或"被申请人人员下落不明"的,应当如何处理? ……………………………………………………………………… (2060)

【案例511】公司账册下落不明 法院终结强制清算程序 ……………… (2061)

1226. 对公司的股东、董事等直接责任人拒不提交账册、重要文件的行为,人民法院是进行民事制裁还是采取妨害民事诉讼的强制措施? …………………………………………………………… (2062)

1227. 人民法院何时裁定终结强制清算程序? ………………………… (2062)

【案例512】公司变成"空壳" 法院终结强制清算程序 ………………… (2063)

1228. 终结强制清算程序由谁申请?在清算组未申请终结强制清算程序的情况下,股东能否代表公司向法院申请终结强制清算程序? ……………………………………………………………… (2064)

1229. 公司强制清算中,清算组在清理公司财产、编制资产负债表和财产清单时,发现公司财产不足以清偿债务的,应如何处理? …… (2064)

1230. 在强制清算中,股东(大)会是否继续存在? …………………… (2065)

## 第二节 公司清算的程序 …………………………………………………… (2065)

### 一、清算组的成立及职责 ……………………………………………… (2065)

1231. 清算程序的具体内容包括哪些? ………………………………… (2065)

1232. 清算组的法律属性如何? ………………………………………… (2066)

1233. 清算义务人与清算组有哪些区别? ……………………………… (2067)

1234. 清算组应何时成立和解散? ……………………………………… (2067)

1235. 清算组在清算期间有哪些职责? ………………………………… (2067)

1236. 如何确定公司清算组成员? ……………………………………… (2068)

1237. 企业破产案件中,哪些主体可以担任管理人?如何确定管理人? ………………………………………………………………… (2068)

1238. 法律对清算组成员的人数是否有要求？ ……………………（2070）
1239. 如何确定清算组成员的报酬？ ………………………………（2070）
1240. 公司强制清算案中，清算组的议事机制如何规定？ …………（2071）

## 二、债权确认 …………………………………………………………（2072）

1241. 公司清算期间，清算组应当如何向债权人履行告知与通知
    义务？ ……………………………………………………………（2072）
【案例513】债权申报通知书范本 ……………………………………（2072）
1242. 债权人对公告的媒体级别有异议时能否获得司法救济？ ……（2074）
1243. 债权申报的内容包括哪些？ ……………………………………（2074）
1244. 享有担保物权的债权是否需要申报？如何实现有担保的
    债权？ ……………………………………………………………（2074）
1245. 职工工资、社会保险和税款等费用是否需要申报？ …………（2074）
1246. 债权申报的期限可否中断或中止？ ……………………………（2075）
1247. 债权人在规定的期限内未申报债权，是否可以补充申报？
    何时申报？如何清偿？ …………………………………………（2075）
1248. 债权补充申报程序中审查和确认债权的费用由谁承担？ ……（2075）
1249. 债权人或者清算组，能否以公司尚未分配的财产和股东在剩余
    财产分配中已经取得的财产不能全额清偿补充申报的债权
    为由，向人民法院提出破产清算申请？ ………………………（2075）
1250. 清算组清算通知和公告中对逾期申报债权另作不同规定是否
    有效？ ……………………………………………………………（2076）
1251. 当多个无过错债权人补充申报债权，而公司尚未分配的财产和
    股东已经取得的财产不足以全额清偿时如何处理？ …………（2076）
1252. 公司清算程序终结后，未申报债权的债权人如何救济？ ……（2076）
1253. 公司清算过程中，对公司未到期债权、附条件的债权及附条件的
    债务、存续期间不确定的债务应如何处理？ …………………（2076）
1254. 债权人能否对其他债权人的债权提起异议？ …………………（2076）
1255. 异议债权的重新核定程序如何进行？被申请人如何确定？ …（2076）
1256. 债权异议诉讼的性质如何？ ……………………………………（2077）
1257. 人民法院对债权异议作出了裁决，债权人能否再次提起异议
    债权确认之诉？ …………………………………………………（2077）
1258. 如何确定异议债权确认之诉的管辖法院？ ……………………（2077）

95

【案例514】公司破产　债权人请求法院确认债权 ……………… (2077)
1259. 如何处理异议债权确认之诉与仲裁条款的关系? ……… (2078)

### 三、清算方案的确认与财产分配 ……………………………… (2078)

1260. 清算财产的范围如何确定? ………………………………… (2078)
1261. 清算方案应由谁制订和确认? 包括哪些内容? …………… (2078)
1262. 清算报告包括哪些内容? …………………………………… (2079)
1263. 强制清算过程中, 人民法院应当如何审查、确认清算报告? …… (2079)
1264. 在哪些情形下, 人民法院不应当确认清算报告? 清算方案的瑕疵表现在哪些方面? ……………………………… (2080)
1265. 自行清算中, 清算方案确认决议须经代表多少表决权的股东通过? 未经股东(大)会或人民法院确认的清算方案是否具有法律效力? ……………………………………………… (2080)
【案例515】清算方案与报告未经股东会确认　被判未生效 ……… (2080)
1266. 债权人以何种形式确认债务清偿方案? …………………… (2087)
1267. 公司强制清算中资不抵债时是否必须申请破产? ………… (2087)
1268. 公司清算财产应如何分配? ………………………………… (2087)

### 四、清算中公司的法律属性及诉讼地位 …………………………… (2088)

1269. 清算中的公司性质如何? …………………………………… (2088)
1270. 清算期间, 企业从事的哪些行为将被认定为无效? 如何认定清算中的公司超出清算活动范围的民事行为的效力? 确认无效后, 损失应如何处理? ………………………… (2088)
1271. 如何确定清算中公司的诉讼主体地位? 如何确定债权人对清算中的公司提起诉讼的被告? ……………………… (2089)
1272. 法律对清算的期限有何要求? ……………………………… (2089)
1273. 清算期间公司股东是否可以转让股权? …………………… (2090)

## 第三节　公司清算的税务问题 ……………………………………… (2090)

### 一、清算企业的税务问题 …………………………………………… (2090)

1274. 哪些企业应进行清算所得税处理? ………………………… (2090)
1275. 企业清算时的所得税处理包括哪些内容? ………………… (2091)
1276. 如何确定清算所得、清算企业应纳税所得额以及清算所得税额? ……………………………………………………… (2091)

【案例516】公司破产清算过程中 税务机关无权强制执行拍卖
　　　　　财产的税款 ………………………………………………… (2092)
【案例517】公司破产时 所欠税款和滞纳金应被视为破产债权 …… (2096)
【案例518】超出股息及投资成本部分 清算所得要缴税 ………… (2099)
1277. 如何计算企业清算所得的期间? ………………………………… (2101)
【案例519】税务部门无权对已注销企业作出追缴税款等税务处理
　　　　　决定 ……………………………………………………… (2101)
1278. 企业依照有关法律、法规的规定实施注销、破产后,债权人(包括
　　　破产企业职工)承受注销、破产企业土地、房屋权属以抵偿
　　　债务的,是否需要缴纳契税? …………………………………… (2103)
【案例520】清算过程中拍卖部分资产 应缴纳相关税费 ………… (2104)
1279. 企业清算所得能否适用税收优惠政策?能否弥补以前年度
　　　亏损? ……………………………………………………………… (2106)
1280. 企业清算过程中,将公司资产作为剩余财产分配给股东,需要
　　　缴纳哪些税费? …………………………………………………… (2107)
1281. 公司清算时,如何办理增值税进项税额抵扣? ………………… (2107)

**二、清算企业的股东以及债权人的税务问题** …………………………… (2107)
1282. 哪些财产是税法意义上用来分配的剩余财产?如何确定股东
　　　分得财产的计税基础? …………………………………………… (2107)
1283. 分得剩余财产后,法人股东如何进行所得税处理?自然人股东
　　　如何进行所得税处理? …………………………………………… (2107)
【案例521】清算所得相当于留存收益部分 免征企业所得税 …… (2108)
1284. 债权人从清算企业取得的清算资产,如何进行所得税处理? …… (2109)

**三、税务注销** ……………………………………………………………… (2109)
1285. 房地产开发企业注销前,如何办理企业所得税退税? ………… (2109)
1286. 发生哪些情形,应当进行税务注销?何时办理注销?企业未按照
　　　规定办理税务注销的,税务机关应如何处理? ………………… (2110)
1287. 公司申请税务注销登记的程序有哪些? ………………………… (2111)

# 第十八章　清算责任纠纷

## 第一节　立　案 …………………………………………………… (2117)
1288. 如何确定清算责任纠纷的诉讼当事人? ………………………… (2117)

1289. 对清算责任纠纷,哪些股东有权提起代表诉讼?是否需要履行前置程序? ………………………………………………………… (2117)

1290. 部分股东提起清算责任纠纷的代表诉讼,其他股东以何种身份参加诉讼? …………………………………………………………… (2117)

1291. 当公司已经清算完毕且注销,股东可否直接对清算组成员提起诉讼,追究其损害赔偿责任?诉讼当事人如何确定? ……………… (2118)

1292. 清算责任纠纷由何地法院管辖? ………………………………… (2118)

1293. 清算责任纠纷按照什么标准交纳案件受理费? ………………… (2118)

1294. 清算责任纠纷是否适用诉讼时效? ……………………………… (2118)

## 第二节 清算责任纠纷的裁判标准 …………………………………… (2118)

1295. 清算义务人、清算组成员或实际控制人承担赔偿责任或清偿责任应该具备哪些要件? ……………………………………………… (2118)

1296. 何种情况下清算义务人、清算组成员或实际控制人应当承担清偿责任?何时应当承担赔偿责任? ………………………………… (2119)

【案例522】账册财产灭失无法清算 举证不利承担连带清偿责任 …… (2119)

1297. 清算义务人可否以自己是小股东未参与公司经营管理为由拒绝承担责任? …………………………………………………… (2121)

【案例523】小股东虽未参与公司经营管理 未履行清算义务仍担责 …… (2122)

1298. 如何认定清算义务人、清算组成员或实际控制人存在"怠于履行"清算义务? ……………………………………………… (2124)

【案例524】"一事不再理"抗辩不成立 股东推诿怠于清算连带承担百万债务 ……………………………………………………… (2124)

1299. 债权通知和公告内容不详尽是否视为清算组未依法履行通知和公告义务? …………………………………………………… (2127)

1300. 清算组仅将清算事宜在报纸上进行公告,未对债权人进行明确的书面通知,债权人可否主张清算义务人承担民事责任? ……… (2128)

【案例525】未适当履行通知公告义务 清算组成员连带赔偿损失 …… (2128)

【案例526】主张债权证据不足 请求清算组成员连带赔偿被驳回 …… (2137)

【案例527】违反清算分配顺序 股东清偿员工社保费 ………………… (2139)

1301. 如何认定公司因财产、账册、重要文件灭失而"无法清算"?如何分配"无法清算"的举证责任? ……………………………… (2141)

【案例528】债权人未申请强制清算　主张股东承担赔偿责任被驳回 … (2141)

【案例529】虚假清算报告骗取注销登记　原股东承担连带赔偿责任…… (2143)

【案例530】清算报告隐瞒债务注销公司　未证剩余财产连带赔偿
债权损失 ………………………………………………………… (2144)

【案例531】股东承担有限责任理由不成立　虚假报告骗取注销担责
百万 ……………………………………………………………… (2147)

1302. 公司未经清算即办理注销登记,清算义务人应当如何对公司
债务承担责任? ………………………………………………… (2149)

1303. 公司解散后,公司股东或第三人办理注销登记时,向登记机关承诺
负责清理债权债务,但并未实际清算,债权人应当向谁主张
权利? …………………………………………………………… (2149)

1304. 在清算报告中承诺对公司遗漏债务承担连带责任的承诺人承担
责任后,债权人还可以追究清算义务人的责任吗? ………… (2149)

1305. 清算组成员或清算义务人执行未经确认的清算方案是否要承担
损害赔偿责任? ………………………………………………… (2150)

1306. 清算组成员或清算义务人基于股东大会决议而实施违法行为
是否需要承担民事责任? ……………………………………… (2150)

1307. 公司依法注销后,股东发现公司在清算中遗漏债权或其他财产
权益的,可否以自己的名义向相应债务人提起诉讼?是否应由
全体股东作为共同原告提起诉讼?追回的财产归谁所有? … (2150)

【案例532】股东主张公司清算遗漏债权获支持 ……………………… (2151)

1308. 公司依法注销后,债权人发现原公司股东获得了财产权益的,
可否要求获益股东清偿债务? ………………………………… (2154)

1309. 清算义务人的赔偿责任是否为债务人应当清偿的全部债权? … (2154)

1310. 公司违反法律规定进行清算,有何行政责任? ……………… (2154)

1311. 清算组在清算过程中存在违法行为,有何行政责任? ……… (2155)

1312. 公司清算义务人未经依法清算,以虚假的清算报告骗取公司登记
机关办理法人注销登记,应当承担哪些行政责任? ………… (2155)

1313. 无过错的清算组成员或清算义务人是否应当对其他成员或
义务人的过错行为承担连带赔偿责任? ……………………… (2155)

# 第十九章　股东知情权纠纷

## 第一节　立　案·····························(2158)

1314. 如何确定股东知情权纠纷的诉讼当事人?·····················(2158)

1315. 股东在知情权诉讼过程中丧失了股东资格,该股东是否具备行使知情权的主体资格?·····························(2158)

【案例533】诉中丧失股东资格　仍享有任期知情权·····················(2159)

1316. 公司监事能否以其知情权受到侵害为由提起知情权诉讼?······(2163)

【案例534】监事无权提起知情权之诉·····························(2163)

【案例535】法院释明监事弃权　知情权止于原始凭证·············(2167)

【案例536】监事的财务检查权系内部事务　不属法院立案受理范围·····························(2170)

1317. 公司依法注销后,原公司股东是否可以原公司其他股东、法定代表人或高级管理人员为被告主张知情权?·····················(2171)

1318. 公司停止经营无人管理已进入清算程序或被吊销时,股东可否诉讼主张行使知情权?·····························(2171)

【案例537】公司停业被吊销　主张知情权被驳回·····················(2171)

1319. 公司股东的投资人能否向公司提起知情权诉讼?··············(2173)

【案例538】股东的投资人主张知情权被驳回·····················(2173)

1320. 股东对公司提起知情权纠纷诉讼,可否申请将会计师事务所列为第三人参加诉讼?·····························(2176)

1321. 股东知情权纠纷诉讼由何地法院管辖?·····················(2177)

1322. 股东知情权诉讼按照什么标准交纳案件受理费?··············(2177)

1323. 股东知情权诉讼是否适用诉讼时效?·····················(2177)

## 第二节　股东知情权纠纷的裁判标准·····················(2177)

### 一、知情权行使的主体·····························(2177)

1324. 股东请求对公司账簿行使查阅权是否应受一定持股比例的限制?·····························(2177)

1325. 隐名股东是否享有知情权?·····························(2178)

【案例539】被告认可实际出资人　隐名股东可享知情权·············(2178)

1326. 名义股东是否享有知情权?·····························(2180)

· 100 ·

【案例540】股东资格未被否认　名义股东享有知情权 …………… (2180)

1327. 瑕疵出资股东是否享有知情权？ ……………………………… (2182)

【案例541】出资虽瑕疵　知情权仍完整 ………………………… (2183)

1328. 股权被冻结,股东知情权的行使是否受影响？ ………………… (2186)

1329. 股权转让后,原股东能否行使其担任股东期间的知情权？ …… (2186)

【案例542】章程约定辞职要退股　主张知情被驳回 …………… (2186)

【案例543】诉中股权被执行　行使诉前知情权得支持 ………… (2189)

1330. 新股东(继受股东)是否可对其加入公司前的经营情况享有
知情权？ ……………………………………………………… (2196)

二、知情权的查阅范围 ………………………………………………… (2196)

1331. 股东能够查阅公司哪些信息与文件？ ………………………… (2196)

1332. 股东能否查阅会计原始凭证、经营合同等《公司法》未列明的
文件？ ………………………………………………………… (2196)

【案例544】股东诉请查阅会计凭证获支持 …………………… (2198)

【案例545】股东诉请查阅会计凭证　一波三折终未获支持 …… (2207)

【案例546】查阅合同非法定范围　请求查阅被驳回 …………… (2212)

【案例547】原始凭证是知晓公司财务信息的前提　查阅请求获法院
支持 …………………………………………………… (2213)

【案例548】知情权目的已实现　查阅原始凭证请求遭驳回 …… (2215)

【案例549】合理怀疑报表真实性　适当查阅原始凭证获支持 …… (2220)

【案例550】会计凭证系会计账簿的依据　无明确约定不支持审计 …… (2225)

1333. 股东请求查阅会计报告等知情权范围内的信息、资料时,公司
负有哪些法定义务？ ………………………………………… (2229)

1334. 股东能否查阅、复制公司的审计报告？ ……………………… (2229)

【案例551】股东请求查阅、复制审计报告　获支持 …………… (2229)

1335. 股东是否可以查阅2005年《公司法》颁布实施前的公司会计
账簿？ ………………………………………………………… (2234)

1336. 公司股东可否对公司的子公司行使知情权？ ………………… (2234)

三、知情权行使的限制 ………………………………………………… (2235)

1337. 股东在查阅会计账簿等财务资料时,可否进行摘抄？ ………… (2235)

1338. 股东行使知情权的具体方式有哪些？股东可以复制所有可供
查阅的文件吗？ ……………………………………………… (2235)

101

1339. 股东可否对公司财务进行审计或资产评估？如股东行使知情权对公司财务进行审计或资产评估，审计与评估费用由谁承担？ ………………………………………………………………… (2235)

1340. 股东查阅公司会计账簿需要满足哪些条件？ …………… (2236)

【案例552】法院寄送起诉状副本　视为公司已知晓股东查阅申请 ………………………………………………………………… (2236)

1341. 股东请求查阅会计账簿的书面文件有何要求？ …………… (2238)

1342. 账簿查阅权的"合理目的"与"不正当目的"举证责任应如何分配？ ……………………………………………………………… (2238)

【案例553】股东"同业"经营要查账　"不当目的"抗辩不成立 …… (2239)

【案例554】无目的无范围无理由　律师函查阅要求遭拒 ……… (2243)

【案例555】未证损害公司利益　同业竞争股东有权知情 ……… (2245)

【案例556】无合理理由、正当目的　股东请求查阅会计凭证、银行流水被驳回 ………………………………………………………… (2247)

1343. 股东与公司经营同类业务是否一定构成实质性竞争？公司能否直接以此为由拒绝股东行使知情权？ ……………………… (2251)

【案例557】不同地域经营地产不构成实质竞争　请求查阅会计账簿应予支持 ………………………………………………………… (2251)

1344. 在同业经营股东行使知情权时,如何保护公司商业秘密？ …… (2254)

【案例558】涉嫌获取商业秘密　同业经营股东知情权被拒 …… (2255)

1345. 股东查阅会计报告等其他资料已经能够实现行使知情权之目的,仍然要求查阅会计账簿,其请求能否得到法院支持？ …………… (2259)

1346. 股东之前存在损害公司的行为能否证明股东行使知情权有不正当目的？ ……………………………………………………………… (2260)

【案例559】"旧伤"已去　以曾损害公司利益对抗知情权被驳回 …… (2260)

1347. 若股东查账之目的有主次之分,且主要目的和次要目的各不相同,一为正当,一为不正当,应如何处理？ ……………………… (2262)

1348. 公司章程能否对股东知情权的行使作出不同于《公司法》的扩大性或限制性的规定？ …………………………………………… (2262)

【案例560】董事会认可　股东可以查阅原始凭证 ……………… (2262)

【案例561】限制股东知情权　调阅办法被判无效 ……………… (2267)

【案例562】股东知情权不容肆意剥夺　滥用多数决限制知情权决议无效 ………………………………………………………………… (2277)

## 四、股东质询权行使问题 (2280)

1349. 股东如何行使质询权？ (2280)

1350. 侵害股东质询权是否会影响股东(大)会决议效力？ (2280)

1351. 对于股东的质询,董事、高级管理人员及监事在哪些情况下可以拒绝回答？ (2280)

1352. 股东质询权受到侵犯如何进行法律救济？ (2281)

【案例563】质询遭拒诉讼无门　股东质询权如何维护 (2282)

1353. 公司章程可否对质询权作详细约定？ (2283)

## 五、夫妻共有股权知情权问题 (2283)

1354. 夫妻一方在公司担任股东,另外一方是否可以共有人身份主张股东知情权？ (2283)

1355. 夫妻共同担任一家公司的股东,不在公司任职的一方是应该通过股东知情权还是配偶知情权了解公司的经营情况与财务情况？ (2284)

【案例564】前妻管账未移交　再诉查阅难支持 (2284)

## 六、股东知情权的强制执行问题 (2285)

1356. 股东知情权诉讼中,股东可否请求对公司的会计账簿等资料进行查封、扣押？ (2285)

1357. 股东知情权诉讼中,股东可否请求对公司采取财产保全措施？ (2286)

1358. 行使知情权所支出的相关费用应由谁承担？不承担时后果如何？ (2286)

1359. 股东知情权诉讼胜诉后,被告还是拒不履行提供会计账簿等资料供原告查阅,原告应如何救济？ (2286)

1360. 股东知情权诉讼胜诉后,能否由会计师、律师等协助行使知情权？ (2287)

1361. 公司档案材料不健全,股东如何行使知情权？ (2287)

【案例565】股东无法独立分析财务信息　可委托专业会计师查阅 (2287)

1362. 何为违规隐匿、故意销毁会计凭证、会计账簿、财务会计报告罪？其立案追诉标准以及量刑标准分别是怎样的？ (2289)

【案例566】隐匿账簿阻碍知情权行使　获刑隐匿会计账册罪 (2290)

1363. 工会代持员工认购的出资,实际出资人是否享有知情权？ (2293)

【案例567】工会代持持股　实际出资人要求行使知情权被驳 ………… (2293)

## 第三节　衍生问题——夫妻知情权与隐私权…………………………(2295)

1364. 何为配偶知情权？哪些信息属于配偶知情权享有的范围？ …… (2295)

1365. 何为隐私权和隐私权纠纷？侵害隐私权的形式有哪些？ ……… (2296)

【案例568】妻子提供丈夫手机通信记录及照片作为其出轨证据
未侵犯丈夫隐私权 ……………………………………………… (2297)

1366. 如何确定隐私权纠纷的管辖法院？是否适用诉讼时效？按照
什么标准交纳案件受理费？ ……………………………………… (2298)

1367. 如何调查夫妻一方持有的股权及证券情况？ ………………… (2299)

## 第二十章　公司决议纠纷

### 第一节　立　　案 ………………………………………………………(2302)

1368. 如何确定公司决议纠纷的诉讼当事人？ ……………………… (2302)

1369. 如何防止公司决议纠纷诉讼损害公司其他股东或相对利害
关系人的利益？ …………………………………………………… (2303)

1370. 无表决权股东是否可以提起公司决议撤销纠纷之诉？ ……… (2303)

1371. 在决议作出之后才成为股东的主体，可否作为原告起诉撤销
公司决议？ ………………………………………………………… (2303)

1372. 在请求撤销公司决议的诉讼中，原告失去股东资格的，法院是否
可以驳回起诉？ …………………………………………………… (2304)

1373. 董事、监事可以提起决议撤销之诉吗？ ……………………… (2304)

1374. 法定代表人作为原告提起确认股东会、董事会决议效力的
诉讼时，公司作为被告应由谁作为代表人参加诉讼？ ………… (2304)

1375. 未出席会议的股东能否提起公司决议撤销纠纷诉讼？ ……… (2304)

1376. 原股东转让股权后，是否还具备公司决议纠纷之诉的原告主体
资格？因受让或继承取得股权的新股东是否可以对其持股
之前的公司决议请求确认无效或撤销？ ………………………… (2304)

1377. 对决议投赞成票的股东是否可以提起公司决议纠纷之诉？ …… (2305)
1378. 与公司存在合同关系的一般债权人可否作为原告提起确认公司决议效力之诉或确认公司决议不成立之诉？ ………………… (2305)
1379. 公司决议纠纷中,股东可否既请求确认决议无效,又请求确认享有决议中的股东权益？对互相矛盾的诉讼请求,法院是否应当受理？ ……………………………………………………… (2305)

【案例569】同时诉请决议无效和享有决议权益 诉请矛盾法院仍受理 …………………………………………………… (2305)

1380. 确认股东会决议效力纠纷诉讼中,被告以原告未实际投资不具备股东资格,或只是名义股东作为抗辩的,此时,如何处理股东资格审查与股东会决议效力认定的关系？ ……………… (2308)
1381. 公司的哪些债权人可以作为原告提起确认公司决议效力之诉或确认公司决议不成立之诉？ …………………………………… (2308)
1382. 公司员工可否作为原告提起确认公司决议效力之诉或确认公司决议不成立之诉？ ……………………………………………… (2308)
1383. 公司决议纠纷由何地法院管辖？ ………………………………… (2308)
1384. 公司决议纠纷诉讼按照什么标准交纳案件受理费用？ ………… (2308)
1385. 公司决议撤销纠纷是否适用诉讼时效？如何确定60日的起算点？ …………………………………………………………… (2308)
1386. 公司决议纠纷是否适用级别管辖？ ……………………………… (2309)

【案例570】虽为确认之诉 但级别管辖仍按"诉讼标的额"确定 ……… (2309)
【案例571】超出60日除斥期间提请求 丧失撤销权决议有效 ……… (2310)
【案例572】60日不可中止 刑满释放主张撤销被驳回 ……………… (2317)
【案例573】瑕疵决议已履行 无须诉讼请求被驳回 ………………… (2318)
【案例574】决议作出日起算60日 逾期请求撤销被驳回 …………… (2326)

1387. 全民所有制、股份合作制等非公司制企业的股东提起公司决议撤销之诉是否适用60日之期限？ ……………………………… (2331)
1388. 确认决议效力之诉和确认决议不成立之诉是否适用诉讼时效？ ………………………………………………………………… (2331)
1389. 公司决议纠纷诉讼适用调解程序吗？ …………………………… (2331)

第二节 公司决议纠纷的裁判标准 ……………………………………… (2331)
一、公司决议撤销纠纷之诉的裁判标准 ……………………………… (2331)
1390. 在什么情况下,原告可以请求法院撤销公司决议？ …………… (2331)

1391. 会议召集程序或者表决方式仅有轻微瑕疵,股东可否请求撤销
该决议? ……………………………………………………………… (2333)
1392. 如何认定公司决议的程序只是"轻微"瑕疵? ……………………… (2333)
1393. 股东(大)会由谁召集与通知?对通知时间与通知方式有何要求?
股东(大)会召开违反提前15日通知的时限,是否影响股东(大)会
决议的效力?通知中应当包括哪些内容? …………………………… (2334)
【案例575】监事越权召集股东会会议 股东会决议被撤销 ……………… (2336)
【案例576】监事越权召开股东会会议 执行董事有权拒绝履行
该决议 …………………………………………………………… (2341)
【案例577】董事、监事拒绝召集股东会会议 股东有权召开 ……………… (2347)
【案例578】电话通知虽是惯例 未送达仍为通知瑕疵 …………………… (2350)
【案例579】电话通知难举证 罢免执行董事决议被撤销 ………………… (2352)
1394. 公司因股权转让致使股份份额发生重大变化,变化后的首次
股东会由谁召集和主持? ……………………………………………… (2354)
【案例580】股份发生重大变化 出资最多股东召集股东会 ………………… (2354)
1395. 股东会会议通知期间的起止时间如何确定?通知何时生效? …… (2359)
【案例581】同住成年家属代签 视为通知送达 ………………………… (2359)
1396. 会议通知通过快递方式寄给股东,如果该通知由股东所任职
公司的前台代签,是否视为送达?邮寄公证的股东会会议
通知是否即视为送达? ………………………………………………… (2363)
【案例582】全程公证仍有一失 六次公证难证"送达" ……………………… (2363)
1397. 如果股东拒绝签收会议通知,公司应当如何救济?股东下落
不明时,公司应如何送达? …………………………………………… (2373)
1398. 股东(大)会会议召开过程中是否可以临时增加议题? …………… (2374)
1399. 股东(大)会应当遵循什么样的表决程序?会议的表决方式有何
特殊要求? ……………………………………………………………… (2374)
【案例583】股份合作制企业决议 上海规定按股表决计票 ……………… (2375)
1400. 股东(大)会对会议议题进行表决,对表决权有何要求?股东能否
委托他人参加会议并在决议文件上签章? …………………………… (2381)
1401. "不可撤销"地将表决权进行授权委托是否有效?在已将表决权
"不可撤销"地委托授权后,委托人是否仍有权主张解除委托
关系? …………………………………………………………………… (2382)

【案例584】双方信赖关系破裂 "不可撤销"的表决权委托关系被解除 ……(2383)

1402. 公司向其他企业投资或者为他人提供担保,由谁决定?公司为公司股东或者实际控制人提供担保,该股东可以参与该项表决吗? ……(2384)

1403. 上市公司为他人提供担保,担保合同效力如何? ……(2385)

1404. 法定代表人擅自为他人提供担保,担保合同效力如何?担保责任如何承担?公司可否主张法定代表人赔偿损失? ……(2385)

1405. 法定代表人擅自为他人提供担保,如何认定债权人是否善意? ……(2385)

1406. 法定代表人以公司名义签订的债务加入协议效力如何? ……(2385)

1407. 有限责任公司与股份有限公司决议事项对表决权比例要求有何不同? ……(2386)

1408. 累积投票制与直接投票制有什么区别? ……(2386)

1409. 累积投票制主要用于哪些决议事项?什么情况下应当实行累积投票制? ……(2386)

1410. 实行累积投票制如何计算票数? ……(2387)

1411. 实施累积投票制进行决议时,对于通知、候选人选择等程序是否有特殊规定? ……(2387)

1412. 实行累积投票制表决应当遵循哪些规则? ……(2387)

1413. 若上市公司股东大会采用网络投票的形式,则使用累积投票制选举董事、监事事项如何进行操作? ……(2388)

1414. 公司章程能否降低股东(大)会决议生效的法定条件? ……(2390)

【案例585】特别决议事项表决约定低于法定要求 章程被判无效 ……(2390)

1415. 公司章程能否提高股东(大)会决议生效的法定条件? ……(2392)

【案例586】决议违反章程表决权约定 丈夫转移夫妻共有财产决议被撤销 ……(2393)

【案例587】剥夺继承人表决权 章程修正案无效 ……(2394)

1416. 法院对争议的公司决议主要审查哪些内容?是否应对决议的合理性进行审查? ……(2398)

1417. 董事任期届满前,公司能否无理由解除董事职务? ……(2398)

1418. 董事职务被解除后,起诉公司要求补偿,应如何处理? ……(2398)

【案例588】董事会罢免公司高管 法院不审合理性 ……(2398)

· 107 ·

1419. 在公司决议撤销诉讼中,公司重新作出股东会决议,撤销原股东会决议,已经进行的诉讼应如何处理? ……………………………… (2402)

1420. 董事会会议由谁召集、通知和主持?对于会议通知的方式与内容有何要求? ………………………………………………………… (2403)

1421. 提议召开临时董事会,应当遵循哪些程序? ……………………… (2404)

【案例589】董事会罢免总经理 未证通知部分决议被撤 ………… (2404)

1422. 召开董事会会议可以采用哪些方式? ……………………………… (2409)

1423. 对董事会会议进行表决应遵循哪些程序?是否应适用关联交易回避制度?表决方式以及会议记录的保存应注意哪些事项? …… (2409)

1424. 董事会召开过程中是否可以临时增加议题? ……………………… (2410)

【案例590】扩大议题免总裁 罢免决议被撤销 …………………… (2410)

1425. 董事可以投弃权票吗?投弃权票的董事应当承担哪些民事责任? ………………………………………………………………… (2413)

1426. 有限责任公司可否通过决议方式限制股东表决权代理的对象? ………………………………………………………………… (2413)

【案例591】决议限制股东表决权代理对象 符合法律规定未侵犯股东权利 ……………………………………………………… (2413)

## 二、公司决议效力确认纠纷之诉的裁判标准 ………………………… (2415)

1427. 在哪些情形下,公司决议可被确认无效? ………………………… (2415)

【案例592】利用不公允的关联交易抽逃出资 相关决议无效 …… (2415)

【案例593】税后利润激励员工 侵犯盈余分配权无效 …………… (2417)

【案例594】离职员工股份被没收 未付对价决议始无效 ………… (2422)

【案例595】伪造股东签名 股东会决议无效 ……………………… (2424)

【案例596】冒签协议转股权 请求无效获支持 …………………… (2428)

【案例597】债转股平等主体产纠纷 共享国拨资金决议无效 …… (2429)

【案例598】伪造签名罢免高管 终止合资决议无效 ……………… (2434)

【案例599】违反累积投票制选举董事 上市公司股东大会决议被判无效 ……………………………………………………… (2437)

【案例600】股东会决议开除股东资格 内容违法应无效 ………… (2441)

【案例601】无另行约定时股东间转让股权无须决议 股东除名须合法 …………………………………………………………… (2442)

【案例602】大额债务到期未清偿致董监高不适格 任免决议无效 …… (2445)

【案例603】滥用资本多数决剥夺小股东董事提名权　股东会决议
无效 ································································· (2447)
【案例604】未经全体股东同意　影响股东红利分配权的股权激励
制度被否决 ························································· (2449)
1428. 公司章程将原属于股东会的职权授权给董事会行使,是否
有效? ································································· (2452)
【案例605】授权董事会选举董事　新增董事决议无效 ··············· (2453)
【案例606】限缩股东会投资决策权　股东起诉确认无效被驳回 ····· (2454)
1429. 如果一份公司决议中包括几项决议,其中某一项决议被确认
无效,是否会导致整个会议决议被确认无效? ··················· (2455)
【案例607】免除股东债务损害公司利益　部分决议内容被判无效 ··· (2455)
1430. 公司决议存在撤销情形,当事人请求确认无效的,应当如何
处理? ································································· (2461)
【案例608】各自为政"双头"召开股东会　两份"对立"协议均无效 ····· (2461)
1431. 公司决议被撤销或确认无效后,因该决议设立的法律关系的
效力如何? ··························································· (2470)
【案例609】股东会决议被撤销　工商登记应变更 ······················ (2471)

### 三、公司决议不成立确认之诉的裁判标准 ···························· (2474)
1432. 公司决议不成立的情形都包括哪些? ······························ (2474)
1433. 决议不成立与决议可撤销有何区别? ······························ (2474)
1434. 如何辨识决议不成立与决议无效的界限? ························ (2475)
【案例610】减资、调整股权未达法定表决权数　决议被判无效 ······· (2475)
【案例611】离婚协议未生效　法院判决决议不成立 ··················· (2478)
【案例612】程序轻微瑕疵决议撤销被驳　未达章程规定的通过比例
决议不成立 ························································· (2484)
【案例613】伪造股东签章　诉决议无效但判决议不成立 ············· (2490)
【案例614】决议同意比例未达章程规定　决议不成立不涉及效力
问题 ··································································· (2493)
【案例615】非现场会议没给时间和渠道质询、讨论　董事会决议
不成立 ······························································· (2496)
【案例616】阻挠股东会会议召开　诉请"门口会议"决议不成立
被驳 ··································································· (2498)

### 四、其他特殊类型的公司决议纠纷 ………………………………… (2502)

1435. 股东可否因股东(大)会决议不合法直接要求市场监督管理局变更其登记? ……………………………………………………… (2502)

1436. 法院是否可以直接判决变更公司决议的内容? ………………… (2502)

1437. 当事人可以请求法院确认公司决议有效吗? ………………… (2502)

【案例617】请求确认股东会决议有效具有诉的利益　符合人民法院受案范围 ……………………………………………………… (2503)

【案例618】无争议决议无诉讼利益　不符合起诉条件被驳回 ……… (2507)

1438. 当事人能否请求法院判令公司召开定期股东会会议或临时股东会会议? ………………………………………………………… (2510)

【案例619】法院不干预公司自治　请求召开董事会被驳回 ………… (2510)

# 第二十一章　上市公司收购纠纷

## 第一节　上市公司收购的方式 ………………………………… (2526)

### 一、收购上市公司的基本问题 ………………………………………… (2526)

1439. 一致行动人持有的上市公司股份应当如何计算? ……………… (2526)

1440. 投资者符合哪些条件可视作拥有上市公司控制权? ………… (2527)

【案例620】国美电器与三联集团的收购与反收购战争 ……………… (2527)

【案例621】历时一月半　广发证券成功抵抗中信证券收购 ………… (2529)

1441. 哪些人不得收购上市公司? …………………………………… (2530)

1442. 如何处理被收购公司的控股股东、实际控制人及其关联方在公司被收购前损害公司及其他股东合法权益的行为? ………… (2531)

### 二、财务顾问的职责、许可及监管 …………………………………… (2531)

1443. 收购上市公司的投资者是否必须聘请财务顾问? 财务顾问应履行哪些职责? ……………………………………………… (2531)

1444. 何为财务顾问的持续监管义务? ……………………………… (2531)

【案例622】财务顾问持续督导意见——关联方以项目公司股权出资收购刚泰控股实现被收购方主营业务重大调整 ……………… (2532)

【案例623】财务顾问持续督导意见——收购方以自有资产收购广钢股份实现被收购方主营业务重大调整 …………………………… (2534)

【案例624】财务顾问持续督导意见——收购方以换股收购赛马实业实现被收购方吸收合并 ……………………………………… (2535)

【案例625】财务顾问持续督导意见——中国电子以子公司股权间接收购南京熊猫变更其实际控制人 ……………………………… (2537)

1445. 证券公司从事上市公司收购的财务顾问业务应当具备哪些条件? …………………………………………………………………… (2538)

1446. 证券投资咨询机构从事上市公司收购财务顾问业务,应当具备哪些条件? ………………………………………………………… (2539)

1447. 其他财务顾问机构从事上市公司收购财务顾问业务,应具备哪些条件? …………………………………………………………… (2539)

1448. 哪些机构不得担任财务顾问? ……………………………………… (2540)

1449. 财务顾问主办人应当具备哪些条件? ……………………………… (2540)

1450. 申请从事财务顾问业务资格,应当提交哪些文件? …………………… (2540)

1451. 财务顾问申请人应当提交财务顾问主办人的哪些文件? ………… (2541)

1452. 如果财务顾问申请人提交的文件内容发生重大变化时应如何处理? …………………………………………………………… (2542)

1453. 哪些机构不得担任独立财务顾问? ………………………………… (2542)

1454. 财务顾问从事上市公司收购业务时,应指定几名主办人,几名协办人? ………………………………………………………… (2542)

1455. 担任收购人的财务顾问,应当着重关注哪些问题? ……………… (2542)

1456. 什么情况下,可以免于聘请财务顾问? …………………………… (2543)

1457. 上市公司的独立财务顾问可否兼任收购人的财务顾问? ………… (2543)

1458. 财务顾问就收购出具的财务顾问报告,应包含哪些内容? ……… (2544)

1459. 财务顾问受托向中国证监会报送申报文件,应当在财务顾问报告中作出哪些承诺? …………………………………………… (2545)

1460. 投资者及其一致行动人未按规定聘请财务顾问而取得上市公司控制权,将如何承担责任? ……………………………………… (2545)

【案例626】审批机关否决转让不属不可抗力 财务顾问违约赔偿100万元 ……………………………………………………………… (2545)

1461. 上市公司被收购时,应当在独立财务顾问报告中对哪些问题发表意见? ………………………………………………………… (2548)

· 111 ·

1462. 财务顾问将申报文件报中国证监会审核期间,委托人和财务
顾问终止委托协议应如何处理? ……………………………………… (2549)

1463. 财务顾问及其财务顾问主办人出现哪些情形时,证监会可以
对其采取监管措施? ……………………………………………………… (2549)

1464. 在持续督导期间,如果财务顾问与收购人解除合同,是否收购人
即可回避财务顾问对其的督导? ……………………………………… (2550)

1465. 上市公司收购完成后,收购人持有的被收购公司股份是否可以
立即再次转让? …………………………………………………………… (2550)

### 三、权益披露制度 …………………………………………………………… (2550)

1466. 何为权益披露制度? …………………………………………………… (2550)
1467. 投资者在上市公司中的权益包括哪些? …………………………… (2550)
1468. 在何种情况下,投资者及其一致行动人应当编制权益变动
报告书? …………………………………………………………………… (2550)

1469. 权益变动报告书的形式及内容是否因权益变动的股份权益
比例不同而有所不同? …………………………………………………… (2551)

1470. 何种情形下,投资者及其一致行动人应当编制简式权益变动
报告书?其内容包括哪些? ……………………………………………… (2551)

【案例627】康强电子原高管减持套现作出权益变动报告 ………………… (2551)
【案例628】和方投资认购新股作出权益变动报告 ………………………… (2553)
【案例629】神奇控股减持套现作出权益变动报告 ………………………… (2553)

1471. 何种情形下,投资者及其一致行动人应当编制详式权益变动
报告书?其内容应当包括哪些? ……………………………………… (2554)

1472. 已披露权益变动报告书的投资者及其一致行动人因拥有权益的
股份变动需要再次报告、公告权益变动报告书的,是否可以
仅就不同部分作出报告、公告? ……………………………………… (2557)

1473. 在何种情况下,投资者及其一致行动人可免于履行报告和
公告义务? ………………………………………………………………… (2558)

1474. 上市公司的收购及相关股份权益变动活动中的信息披露义务人
采取一致行动的,可否以书面形式约定由其中一人作为指定
代表负责统一编制信息披露文件? …………………………………… (2558)

1475. 信息披露文件中涉及与多个信息披露义务人相关的信息,各
义务人是否仅对涉及自身披露义务的信息承担责任? ……………… (2558)

1476. 投资者与其一致行动人拥有的权益在涉及可转债时应当
      如何计算? ………………………………………………………… (2558)

## 四、律师尽职调查 ……………………………………………………… (2558)

1477. 律师事务所和律师以何种形式为上市公司收购提供法律
      服务? …………………………………………………………… (2558)
1478. 收购方律师在收购完成前的法律服务流程有哪些? ………… (2559)
1479. 收购过程中,尽职调查的总体程序有哪些?包括哪些工作? … (2560)
1480. 法律尽职调查的内容有哪些? ………………………………… (2560)

## 五、要约收购 …………………………………………………………… (2562)

1481. 以要约收购一个上市公司股份的,预定收购的股份比例不得
      低于多少? ……………………………………………………… (2562)
1482. 收购要约中的收购条件可否区别对待不同的股东? ………… (2562)
1483. 要约收购上市公司股份应当如何履行公告程序? …………… (2562)
1484. 要约收购报告书应当载明哪些事项? ………………………… (2563)
【案例630】境外酒业巨头DHHBV要约收购水井坊 …………… (2566)
【案例631】鲁商集团要约收购银座股份巩固国有控股地位 …… (2567)
【案例632】嘉士伯战略投资要约收购重庆啤酒 ………………… (2568)
1485. 如果收购人依照协议收购的方式收购上市公司股份超过30%,
      对超过30%的部分采取要约收购时,应当如何履行相应
      程序? …………………………………………………………… (2569)
【案例633】被收购股份超20%股东可以一购一　反收购策略获
      法院支持 ………………………………………………… (2569)
【案例634】收购方未获控制权转让全部股票　次债持有人主张违约
      被驳回 …………………………………………………… (2571)
1486. 如果收购人在向证监会报送要约收购书后又取消收购计划的,
      应当如何处理? ………………………………………………… (2573)
1487. 收购人对上市公司提出收购要约后,上市公司董事会应当履行
      哪些义务? ……………………………………………………… (2573)
1488. 收购人作出提示性公告后至要约收购完成前,被收购上市公司
      可否处置其资产? ……………………………………………… (2573)
1489. 收购人要约收购上市公司的要约价格有何限制? …………… (2573)
1490. 收购人用以支付收购上市公司的价款有何限制? …………… (2573)

1491. 收购人在什么情况下应当以现金支付收购价款? ………………… (2574)
1492. 收购要约约定的收购期限有何限制? ……………………………… (2574)
1493. 收购要约何时视为送达? …………………………………………… (2574)
1494. 公开收购的要约期限可否延长? …………………………………… (2574)
1495. 收购人可否撤销其收购要约? ……………………………………… (2574)
1496. 采取要约收购方式的,收购人作出公告后至收购期限届满前可否卖出被收购公司的股票? ………………………………………… (2574)
1497. 变更收购要约应履行哪些程序? …………………………………… (2575)
1498. 如果要约收购报告书所披露的基本事实发生重大变化,应如何处理? ………………………………………………………………… (2575)
1499. 同意接受收购要约的股东如何办理相关手续? …………………… (2575)
1500. 预受股东可否撤回其承诺? ………………………………………… (2575)
1501. 如果收购期限届满,预受要约股份的数量超过预定收购数量应如何处理? ……………………………………………………………… (2576)
1502. 收购期限届满时,应当履行何种程序办理股份转让、过户手续? ……………………………………………………………… (2576)
1503. 如果收购期届满,被收购公司股权分布已经不符合上市条件,应如何处理? ………………………………………………………… (2576)
1504. 除要约方式外,投资者是否可以在证券交易所外公开求购上市公司的股份? ……………………………………………………… (2576)
1505. 发出收购要约的收购人在收购要约期限届满,不按照约定支付收购价款或者购买预受股份的,将承担何种责任? ……………… (2576)

## 六、协议收购 …………………………………………………………… (2576)

1506. 协议收购相对于要约收购有哪些特性? …………………………… (2576)
1507. 协议收购的股份达到一定比例时是否应当采用要约收购? ……… (2577)
1508. 协议收购上市公司股份的,应当向中国证监会提交哪些材料? ………………………………………………………………… (2577)
1509. 境外法人或者境外其他组织进行上市公司收购的,应当提交哪些材料? ……………………………………………………………… (2578)
1510. 上市公司控股股东向收购人协议转让其所持有的上市公司股份时,应当履行什么义务? ……………………………………… (2578)
1511. 收购协议达成后,如何报告和公告? ……………………………… (2578)

【案例635】联赢投资协议收购福星晓程 调整集团业务架构 …………… (2579)

【案例636】山西省国资委以行政划转协议收购煤气化 ………………… (2580)

【案例637】横店控股及其一致行动人以所持股权及资产协议收购
　　　　　 普洛股份 整合旗下业务减少关联交易 ………………… (2581)

1512. 协议收购的双方当事人应当如何履行股份转让、过户手续? …… (2583)

1513. 自签订收购协议起至相关股份完成过户的期间收购人可否
通过控股股东提议改选董事会,或对公司的资产进行处置? …… (2583)

## 七、间接收购 ………………………………………………………………… (2584)

1514. 何为间接收购? ……………………………………………………… (2584)

【案例638】西子电梯以增资实际控制企业间接收购百大集团 ………… (2584)

【案例639】Rich Monitor Limited 间接收购国中水务 触发全面要约
　　　　　 收购义务 …………………………………………………… (2585)

【案例640】中海炼化以行政划转零对价间接收购山东海化 …………… (2586)

1515. 如果收购人间接持有上市公司权益超过该公司已发行股份的
30%,应如何处理? ………………………………………………… (2587)

1516. 上市公司实际控制人及受其支配的股东未履行报告、公告
义务时,上市公司如何救济? ……………………………………… (2588)

1517. 上市公司就实际控制人发生变化的情况予以公告后,实际控制人
仍未披露的,公司应当采取何种措施? …………………………… (2588)

# 第二节 上市公司收购中的豁免申请及当事人责任 ………… (2588)

## 一、豁免申请的条件及程序 …………………………………………………… (2588)

1518. 满足何种情形,收购人可以向证监会提出免于以要约方式增持
股份? ………………………………………………………………… (2588)

1519. 收购人报送豁免申请文件后,证监会应在多少天内作出
决定? ………………………………………………………………… (2589)

1520. 如果收购人报送豁免要约增持的申请文件后未得到证监会的
批准,应当如何处理? ……………………………………………… (2589)

1521. 满足何种情形,当事人可以向证监会申请以简易程序免除发出
要约? ………………………………………………………………… (2589)

## 二、上市公司收购当事人的法律责任 …………………………………… (2590)

1522. 上市公司的收购及相关股份权益变动活动中的信息披露义务人,
未按照规定履行报告、公告以及其他相关义务的应当如何
处理? ………………………………………………………………… (2590)

【案例641】吉林敖东收购延边公路股权未披露　公司及董事长遭罚款110万元 …… (2590)

【案例642】京博控股收购国通管业股权未披露　公司及董事长遭罚款100万元 …… (2592)

【案例643】银河集团及其一致行动人违法收购长征电器股权未公告　公司及董事长遭罚款273万元 …… (2593)

1523. 上市公司控股股东和实际控制人在转让其对公司的控制权时,未清偿其对公司的负债,未解除公司为其提供的担保,或者未对其损害公司利益的其他情形作出纠正的,应如何处理? …… (2594)

1524. 上市公司董事未履行忠实义务和勤勉义务,利用收购谋取不当利益的应如何处理? …… (2594)

# 第二十二章　公司盈余分配纠纷

## 第一节　立　　案 …… (2599)

1525. 如何确定盈余分配纠纷的诉讼当事人? …… (2599)
1526. 盈余分配纠纷诉讼是否适用诉讼时效? …… (2599)
1527. 盈余分配纠纷由何地法院管辖? …… (2599)
1528. 盈余分配纠纷诉讼按照什么标准交纳案件受理费? …… (2599)

## 第二节　公司盈余分配纠纷的裁判标准 …… (2599)

### 一、行使盈余分配权的主体 …… (2599)

1529. 隐名股东是否享有盈余分配权? 隐名股东如何实现盈余分配权? …… (2599)
1530. 瑕疵出资的股东是否享有盈余分配权? …… (2600)

【案例644】未履行出资义务　无权分取盈余 …… (2600)

1531. 自然人股东死亡或者法人股东终止后,其盈余分配请求权由谁行使? …… (2602)
1532. 股东(大)会决议通过盈余分配方案后,未实际分配前,股东转让股权,公司应向新股东还是原股东分配盈余? …… (2602)
1533. 股份有限公司股东转让股份后,盈余分配基准日前未办理股东名册变更,公司应向新股东还是原股东分配盈余? …… (2602)
1534. 股权转让前公司未分配利润应当分配给原股东还是新股东? …… (2602)

【案例645】股权转让丧失表决权　转让对价显失公平可撤销 ………… (2603)
【案例646】章程约定离职股东无盈余分配权　股东请求分红被驳回 … (2609)

## 二、盈余分配方案…………………………………………………………… (2610)

1535. 盈余分配方案由谁制定？由谁决定？方案中应包括哪些内容？
公司盈余分配的方式有哪些？如何确定盈余分配的比例？…… (2610)

【案例647】新老股东盈余分配有差别　新股东拒绝同股不同利 ……… (2611)

1536. 经有限责任公司全体股东一致同意的盈余分配比例可否对抗
章程约定的比例？……………………………………………… (2614)

1537. 有限责任公司全体股东约定不按实缴出资比例分配盈余，该约定
对新加入的股东是否有约束力？……………………………… (2614)

1538. 公司增资时，通过认购新股取得股东资格的股东，对增资前的
盈余进行分配时是否也应当采用同股同权的比例进行
分配？…………………………………………………………… (2614)

1539. 公司以何种方式向股东派发盈余？………………………………… (2614)

1540. 股份有限公司指定认购人应当缴纳股款期日的情况下，在该期日
前后不同时间缴纳股款的股东应当如何时作为盈余分配的
基准日？………………………………………………………… (2615)

1541. 外商投资企业盈余分配方案由谁决定？税后利润如何分配？…… (2615)

1542. 外商投资企业向股东派发盈余后，股东将红利汇出境外，应当
遵循哪些程序规定？…………………………………………… (2615)

1543. 上市公司盈余分配应遵循哪些决策程序？………………………… (2616)

【案例648】中石化分红派息实施方案…………………………………… (2617)

1544. 创业板拟上市公司对分红有何特殊要求？………………………… (2619)

## 三、盈余分配请求权的裁判标准 ………………………………………… (2620)

1545. 股东主张公司进行盈余分配，应当满足哪些条件？……………… (2620)

【案例649】大股东滥用地位恶意不分红　法院强制分红为公司连带
偿债 ……………………………………………………… (2620)

【案例650】公司未就分红作出股东决议　股东无权直接请求法院强制
分红 ……………………………………………………… (2628)

1546. 股东提起盈余分配纠纷之诉，应证明哪些基本事实？提交哪些
证据材料？……………………………………………………… (2629)

【案例651】股息、红利完税证明可作为股东主张分红的依据………… (2630)

· 117 ·

【案例652】以表决权换取保底收益　违反法律强制性规定无效 ………… (2632)

【案例653】以犯罪所得出资不具股东资格　请求分红被驳回 ………… (2638)

1547. 未进行年度财务核算,能否分配公司盈余? ……………………… (2643)

1548. 没有股东会决议或股东会决议不分配盈余,但公司章程约定
每年分配盈余,股东依据该章程约定请求法院判令公司
分配盈余,能否得到支持? ……………………………………… (2644)

【案例654】半数股东确认利润分配方案　无股东会决议也有效 …… (2644)

1549. 没有股东会决议,股东间达成协议并实际分配了盈余,
该行为是否合法? ………………………………………………… (2645)

1550. 有限责任公司同时存在有关盈余分配的股东会决议与
股东协议,应以哪一份文件为准? ……………………………… (2645)

【案例655】股东协议对公司无约束　盈余分配以决议为准 ………… (2646)

【案例656】应收账款未收回　分配条件未成就主张分红被驳回 …… (2649)

1551. 对股东会决议通过的盈余分配方案持反对意见的股东,
应如何救济? ……………………………………………………… (2650)

1552. 董事会未作出盈余分配方案,股东会直接制作并决议盈余
分配方案,该方案是否无效? …………………………………… (2651)

1553. 公司长期有盈余不分,股东如何救济? ……………………… (2652)

1554. 股东据何判断公司是否有盈余? ……………………………… (2652)

1555. 公司有可供分配的盈余时,是否必须进行分配? …………… (2652)

1556. 公司无盈余或违反法律规定,在弥补亏损及提取公积金前分配
盈余,公司和股东分别应当承担哪些责任? …………………… (2652)

1557. 股东以股东(大)会确认的盈余分配比例错误为由提起诉讼,
要求按照其他比例进行盈余分配的,其主张是否能得到
支持? ……………………………………………………………… (2653)

1558. 盈余分配方案中确认的未分配利润与实际不符的,股东可否
诉请以实际利润进行分配? ……………………………………… (2653)

1559. 股东(大)会决议通过盈余分配方案后,实际分配盈余前,
公司发生亏损,公司可否以弥补亏损为由拒绝分配盈余? …… (2653)

【案例657】主张盈余分配未超时效　"亏损"不得对抗分配方案 …… (2653)

【案例658】利润分配后公司发生亏损　未支付利润仍应支付 ……… (2655)

1560. 股东放弃盈余分配权后,公司应如何分配其放弃的盈余份额？ ……………………………………………………………… (2657)

1561. 公司股东(大)会未作出盈余分配决议,或决议不分配盈余,股东向法院起诉请求判令公司分配盈余,能否得到支持？ ……… (2657)

【案例659】无利润分配决议　法院不直接干涉分红 …………… (2658)

1562. 当事人可否申请冻结或执行债务人应享有的股份、股权,以及股息红利等投资权益？若可以,如何执行？ ………………… (2660)

1563. 人民法院冻结或强制执行股权、股份或投资权益,登记机关应履行哪些协助义务？ …………………………………………… (2660)

1564. 如何确定所冻结的上市公司的股权价值？股权被冻结后,股东的哪些权利将受到限制？ …………………………………… (2661)

1565. 对于未参加盈余分配纠纷诉讼的股东,可否依据生效判决申请法院强制执行？ …………………………………………………… (2661)

## 四、夫妻共有股权盈余分配权问题 ………………………………… (2661)

1566. 股东的盈余分配权可否转让？ ……………………………………… (2661)

1567. 夫妻一方以婚前个人财产在婚后投资公司所取得的股权归谁所有？该股权在婚后产生的盈余归谁所有？ ………………… (2662)

【案例660】诉讼确认丈夫隐名股权　妻子获得股权预期收益 …… (2662)

【案例661】丈夫无偿转让婚姻存续期间获得的股权　协议无效 … (2664)

1568. 夫妻一方以婚后财产向公司投资,其所获股权以及盈余,归谁所有？ ……………………………………………………………… (2668)

1569. 夫妻一方以婚前个人财产投资公司所取得的股权,该股权在婚后产生溢价或股权转让所得归谁所有？婚前公司决议分配,并在婚后实际取得盈余,该盈余归谁所有？ ……………………… (2668)

1570. 夫妻一方以其婚前所有的股权在婚后分配的利润投资设立公司,则该新获得的股权系个人财产还是共同财产？ …………… (2668)

1571. 夫妻一方以个人名义投资设立公司,另一方可否直接请求公司向其分配属于夫妻共同财产的盈余？ ………………………… (2668)

1572. 夫妻一方以另一方持有股权的公司盈利为由,主张分割该部分盈利,能否得到法院支持？ ……………………………………… (2668)

【案例662】未证婚前股权实际收益余额　酌情分割婚姻期间经营收益 ………………………………………………………………… (2668)

· 119 ·

## 第三节 盈余分配的税务问题
### 一、自然人股东取得股息、红利的所得税问题 ······(2672)

1573. 何为居民个人与非居民个人? ······(2672)

1574. 何为居民企业与非居民企业? ······(2672)

1575. 居民个人从居民企业(不包括上市公司)取得的股息、红利等权益性收益,如何确定应纳税所得额、税率、扣缴义务人、纳税义务发生时间? ······(2672)

1576. 员工从企业取得的劳动分红如何计征个人所得税? ······(2672)

1577. 境外居民个人取得H股股息红利产生的个人所得税享受税收协定优惠,应履行哪些程序? ······(2673)

1578. 对自然人投资者从上海证券交易所、深圳证券交易所挂牌交易的上市公司取得的股息、红利所得,如何确定应纳税所得额? ······(2673)

【案例663】南钢股份派发现金红利 新旧政策个税有差异 ······(2674)

1579. 对自然人投资者从全国中小企业股份转让系统挂牌公司取得的股息、红利所得,如何确定应纳税所得额? ······(2676)

1580. 股份制企业用资本公积金转增股本,对个人取得的转增股本数额是否需要缴纳个人所得税? ······(2676)

1581. 公司以盈余公积或未分配利润(以下简称留存收益)转增股本的形式派送红股,自然人股东是否需要缴纳所得税? ······(2676)

【案例664】华远地产派送红股 视同现金分红要缴税 ······(2676)

1582. 企业以房地产或自制资产用于分配红利,企业是否负有纳税义务? 企业与法人股东如何分别进行会计处理? ······(2679)

1583. 居民个人从国外投资获得的股息、红利收益应如何计征个人所得税? ······(2680)

1584. 集体所有制企业在改制为股份合作企业时,职工个人以股份形式取得的、拥有所有权的企业量化资产参与企业分配而获得的股息、红利,是否需要计征个人所得税? ······(2680)

1585. 纳税年度内个人投资者从其投资企业借款,在该纳税年度终了后既不归还,又未用于企业生产经营的,是否需要计征个人所得税? ······(2680)

【案例665】股东长期未归还对公司借款 可视为公司对股东的红利分配 ······(2680)

1586. 企业购买车辆但将车辆所有权办到股东个人名下,如何计征个人所得税? ………………………………………………………………… (2682)

1587. 个人股东取得公司债权、债务形式的股份分红如何计征个人所得税? …………………………………………………………………… (2683)

## 二、法人股东取得股息、红利的所得税问题 ……………………… (2683)

1588. 居民企业从直接投资的其他居民企业取得的股息、红利等权益性投资收益,如何进行所得税处理?如何确定纳税义务产生时间? ………………………………………………………… (2683)

1589. 非居民企业从直接投资的其他居民企业取得的股息、红利等权益性投资收益,如何进行所得税处理?如何确定纳税义务产生时间? ………………………………………………………… (2683)

【案例666】平安银行派发现金红利 连续持股12个月法人股东免所得税 …………………………………………………………… (2685)

【案例667】万科派发现金红利所得税处理案 …………………………… (2687)

1590. 如何判定缔约对方居民是否具有税收协定股息条款中"受益所有人"身份? ……………………………………………………… (2689)

1591. 申请人通过代理人或指定收款人等代为收取所得的,对申请人"受益所有人"身份的认定有影响吗? ……………………………… (2690)

1592. 何种情况下,税务机关可直接认定申请人的"受益所有人"身份? ……………………………………………………………… (2691)

1593. 纳税人提出非居民享受税收协定待遇是否需要经过审批? …… (2691)

1594. 居民企业从其直接或者间接控制的外国企业分得的来源于中国境外的股息、红利等权益性投资收益,应如何缴纳企业所得税? ………………………………………………………………… (2691)

1595. 公司以留存收益转增股本的形式派送红股,法人股东如何进行所得税处理? ……………………………………………………… (2692)

1596. 境外注册的中资控股企业适用居民企业税收政策还是非居民企业税收政策? ……………………………………………………… (2692)

1597. 非境内注册的居民企业,其从境内其他居民企业取得的股息、红利等权益性投资应如何计征企业所得税? ………………… (2692)

1598. 非境内注册的居民企业,其投资者从该居民企业取得的股息、红利等权益性投资应如何计征企业所得税? ………………… (2693)

· 121 ·

1599. 居民企业分配给英属维尔京群岛(BVI)等避税港的境外注册公司的投资者的利润如何进行所得税处理? ·················· (2693)

# 第二十三章　公司证照返还纠纷

## 第一节　立　　案 ·················································· (2697)

1600. 如何确定公司证照返还纠纷的诉讼当事人? ················· (2697)

1601. 公司证照返还纠纷由何地法院管辖? ·························· (2697)

1602. 公司证照返还纠纷诉讼是否适用诉讼时效? ················· (2698)

1603. 公章被夺走,导致公司无法在起诉状上盖章,是否影响诉讼效力? 此时应当如何处理? ································· (2698)

【案例668】诉状无"章"　法院仍立案受理 ·················· (2698)

## 第二节　公司证照返还纠纷的裁判标准及责任承担 ·········· (2703)

### 一、公司证照的范围及保管机构 ································· (2703)

1604. 公司证照应当由谁保管? ······································ (2703)

【案例669】谁有权保管公司印章　公然抢章被行拘是否有据 ······ (2703)

【案例670】执行董事私藏证照　被判返还 ·················· (2706)

1605. 实践中,公司证照遗失或被取走时,股东或公司应当如何救济? ······································································ (2707)

【案例671】股东卷走公司资产被免职　公司要求返还公章财务资料获支持 ······················································ (2707)

【案例672】证照失控致董事被篡改　合理怀疑纠正违法变更 ······ (2711)

### 二、公司证照遗失的处理流程 ···································· (2715)

1606. 公司营业执照遗失后应当如何处理? 补办时应提交哪些材料? ·································································· (2715)

1607. 公司银行开户许可证遗失后应当如何处理? ················· (2715)

1608. 公司公章遗失后应当如何处理? ······························ (2716)

1609. 如公司公章遗失或脱离公司控制,董事会是否有权作出另刻公章的决议? ··················································· (2716)

【案例673】《章程》约定执行董事决定公司日常决策　其有权重刻公章 ································································ (2716)

【案例674】保管人谎称印章丢失　董事会决议另刻印章合法有效 ······ (2718)

## 三、公司证照返还纠纷的举证义务 (2723)

1610. 公司证照返还纠纷诉讼需证明哪些事实方能得到法院的支持？ (2723)

【案例675】非公司股东或高管持有证照 应向公司返还 (2723)

【案例676】股权已转让 证照应当依法返还 (2725)

1611. 公司应当如何证明被告持有公司证照？ (2732)

【案例677】辅助证据配合运营惯例 可证明被告持有证照 (2733)

【案例678】臆断董事持有证照 法院不予采纳 (2736)

## 四、公司证照返还纠纷的特殊情形 (2738)

1612. 公司股东可否以公司未分配利润、侵犯知情权等为由扣押公司证照？ (2738)

【案例679】以不分红、侵犯知情权为由取走公司证照无依据 (2738)

1613. 当公司股东之间发生纠纷时，股东夺走印章，公司应当如何救济？ (2739)

1614. 公司股东或他人可否以需要公司证照作为证据在其他诉讼中使用为由，拒绝向公司返还？ (2739)

【案例680】证照作为另案证据使用 不足以抗辩返还请求 (2740)

1615. 公司可否要求持有已作废公章的相关人员将该作废公章予以返还？ (2742)

## 第三节 公司证照税务问题 (2743)

### 一、营业账簿印花税 (2743)

1616. 如何缴纳营业账簿的印花税？ (2743)

1617. 跨地区经营的分支机构，其营业账簿应如何贴花？ (2743)

1618. 设置在其他部门、车间的明细分类账，如何贴花？ (2743)

1619. 对会计核算采用以表代账的，应如何贴花？ (2743)

1620. 对记载资金的账簿、启用新账未增加资金的，是否按定额贴花？ (2743)

1621. 对有经营收入的事业单位使用的账簿，应如何贴花？ (2743)

1622. 记载资金的账簿按固定资产原值和自有流动资金总额贴花后，以后年度资金总额比已贴花资金总额增加的，印花税应如何处理？ (2744)

## 二、相关的权利、许可证照缴纳印花税 ……………………………………… (2744)

1623. 如何缴纳相关的权利、许可证照印花税? ……………………… (2744)
1624. 相关的权利、许可证照的纳税义务人是谁? ……………………… (2744)
1625. 已缴纳印花税的凭证的副本或者抄本是否需要缴纳印花税? …… (2744)
1626. 对纳税人以电子形式签订的各类应税凭证是否缴纳印花税? …… (2744)
1627. 符合哪些情况,税务机关可以核定纳税人的印花税计税依据?
如何核定? …………………………………………………………… (2744)

## 第二十四章 公司关联交易损害责任纠纷

### 第一节 立 案 …………………………………………………………… (2750)

1628. 如何确定关联交易损害责任纠纷的诉讼当事人? ……………… (2750)
1629. 公司的债权人向公司的债务人提起代位权诉讼,公司应当以何
诉讼主体身份参与审理? ………………………………………… (2750)
1630. 公司债权人提起撤销权诉讼时,财产受益人或受让人应当以何种
诉讼主体出庭? …………………………………………………… (2750)
1631. 关联交易损害责任纠纷由何地法院管辖? ……………………… (2750)
1632. 债权人代位权诉讼由何地法院管辖? …………………………… (2750)
1633. 公司债权人提起的撤销权诉讼由何地法院管辖? ……………… (2750)
1634. 如何确定关联交易损害股东利益的案件受理费的标准? ……… (2750)
1635. 关联交易损害股东利益的案件是否适用诉讼时效? …………… (2751)
1636. 公司债权人提起代位权、撤销权诉讼时,如律师费、差旅费、
保全费、评估费等必要费用由谁承担? ………………………… (2751)
1637. 代位权诉讼中,公司债权人提出对公司债务人财产进行保全,
是否必须提供担保? ……………………………………………… (2751)
1638. 如果公司债权人起诉公司主张债权后,又向公司的债务人提起
代位权诉讼的,法院是否受理? ………………………………… (2751)
1639. 两个或两个以上公司债权人以公司的同一债务人为被告提起
代位权诉讼时,法院应当如何处理? …………………………… (2751)
1640. 公司的两个或者两个以上债权人皆以公司为被告,就同一放弃
债权或转让财产的行为提起撤销权诉讼时,法院应如何
处理? ……………………………………………………………… (2751)

1641. 关联交易合同存在无效或者可撤销情形,公司没有起诉合同相对方的,股东能否以自己的名义直接起诉? ⋯⋯⋯⋯⋯⋯⋯⋯ (2751)

1642. 如果关联交易已履行信息披露、经股东(大)会同意等法律、行政法规或者公司章程规定的程序,但仍然存在损害公司利益的情形,公司是否还能起诉要求控股股东、实际控制人、董事、监事、高级管理人员赔偿所造成的损失?若公司未起诉,股东能否以自己的名义直接起诉? ⋯⋯⋯⋯⋯⋯⋯⋯⋯⋯⋯⋯ (2752)

## 第二节 公司关联交易损害责任纠纷的裁判标准 ⋯⋯⋯⋯ (2752)

### 一、关联交易的决策程序 ⋯⋯⋯⋯⋯⋯⋯⋯⋯⋯⋯⋯⋯⋯⋯⋯⋯⋯ (2752)

1643. 未履行哪些程序的关联交易存在效力瑕疵? ⋯⋯⋯⋯⋯⋯ (2752)

1644. 《公司法》限制或禁止哪几种关联交易? ⋯⋯⋯⋯⋯⋯⋯ (2752)

1645. 公司向关联方提供担保需要经过何种法定程序? ⋯⋯⋯⋯ (2753)

1646. 如果公司的所有股东均要求公司为各自的债务提供担保,则这些股东在决策时还是否需要回避? ⋯⋯⋯⋯⋯⋯⋯⋯ (2753)

1647. 如果公司关联交易违反有关法定程序的,该交易行为是否有效?实施该行为的关联方需要对公司承担何种责任? ⋯⋯⋯⋯ (2753)

【案例681】内部违规对外担保 不得对抗善意债权人 ⋯⋯⋯⋯⋯ (2754)

1648. 公司提供担保,债权人应注意哪些问题方能确保担保协议合法有效? ⋯⋯⋯⋯⋯⋯⋯⋯⋯⋯⋯⋯⋯⋯⋯⋯⋯⋯⋯⋯ (2760)

1649. 公司作出何种决议事项时,关联董事或者股东必须回避? ⋯⋯⋯ (2761)

1650. 国有独资公司、国有独资企业对于关联交易行为有何特殊限制? ⋯⋯⋯⋯⋯⋯⋯⋯⋯⋯⋯⋯⋯⋯⋯⋯⋯⋯⋯⋯⋯⋯⋯ (2761)

1651. 国有资本控股公司、参股公司与关联方的交易,应当履行何种程序? ⋯⋯⋯⋯⋯⋯⋯⋯⋯⋯⋯⋯⋯⋯⋯⋯⋯⋯⋯⋯⋯ (2761)

### 二、上市公司关联交易的决策程序及披露义务 ⋯⋯⋯⋯⋯⋯⋯⋯ (2761)

1652. 何为证券回购合同纠纷? ⋯⋯⋯⋯⋯⋯⋯⋯⋯⋯⋯⋯⋯ (2761)

1653. 证券回购合同纠纷的管辖法院如何确定?是否适用诉讼时效?案件受理费如何确定? ⋯⋯⋯⋯⋯⋯⋯⋯⋯⋯⋯⋯⋯⋯ (2762)

1654. 何为证券欺诈责任纠纷? ⋯⋯⋯⋯⋯⋯⋯⋯⋯⋯⋯⋯⋯ (2762)

1655. 证券欺诈责任纠纷的管辖法院如何确定?是否适用诉讼时效?案件受理费如何确定? ⋯⋯⋯⋯⋯⋯⋯⋯⋯⋯⋯⋯⋯⋯ (2764)

1656. 上市公司的哪些关联交易应当进行披露? ⋯⋯⋯⋯⋯⋯⋯ (2764)

【案例682】ST猴王：都是关联交易惹的祸 ……………………………………… (2765)
1657. 上市公司与关联人拟发生的关联交易达到什么标准时,除应当及时披露外还应当提交董事会和股东大会审议? ……………… (2767)
1658. 上市公司与关联人进行哪些交易可以免予按照关联交易的方式进行审议和披露? ……………………………………………… (2767)
1659. 上市公司与关联人进行哪些交易可以向证券交易所申请豁免按照关联交易的方式进行审议和披露? ………………………… (2767)
1660. 可以向证券交易所申请豁免按照关联交易的方式进行审议和披露的其他行为包括哪些? ………………………………………… (2767)
1661. 上市公司可否对购买或者拟购买公司股份的人提供资助? …… (2768)
1662. 创业板上市公司股东大会审议关联交易事项时,哪些股东应当回避表决? ………………………………………………………… (2768)

### 三、关联交易损害责任纠纷的实体要件 ……………………………… (2768)

1663. 在何种情况下关联交易一方或各方应当承担损害赔偿责任? …… (2768)
1664. 如何证明交易双方系关联方? ……………………………………… (2768)
1665. 当关联方的行为不具有交易外观时,应当如何定性其行为? …… (2769)
1666. 判断关联交易的交易过程是否合法包括哪些因素? …………… (2769)
1667. 如何确定关联交易的对价是否合理? ……………………………… (2769)
【案例683】向关联公司收费却未提供服务 关联交易被判无效 ……… (2769)
【案例684】以低价房产高价向公司偿债 股东承担损害赔偿责任 …… (2772)
1668. 如何判断关联交易的必要性? …………………………………… (2773)
1669. 如何认定关联交易造成的经济损失? …………………………… (2774)
1670. 关联交易损害责任纠纷诉讼中,原被告应各自承担哪些举证责任? ………………………………………………………………… (2774)
【案例685】股东已同意与关联方进行交易 起诉主张关联交易决议无效不予支持 ………………………………………………… (2774)
1671. 可否主张关联交易损害责任人承担归入责任? ………………… (2779)

### 四、债权人代位权与撤销权诉讼的裁判标准 ……………………… (2779)

1672. 当公司关联交易损害债权人利益时,债权人如何救济? ……… (2779)
1673. 公司债权人提起代位权诉讼应具备哪些条件? ………………… (2779)
【案例686】关联交易逃避债务 债权人代位行使债权获支持 ………… (2780)
1674. 如何认定公司怠于行使其到期债权? …………………………… (2784)

1675. 公司债权人提起代位权诉讼时,其行使代位权的请求数额可否超过公司所负债务的数额,或者超过公司的债务人对公司所负的债务数额? ………………………………………………… (2784)

1676. 公司对其债务人享有的债权,超出公司债权人对其享有债权数额的,超出部分能否在代位权诉讼中一并主张? ……… (2784)

1677. 公司的债权人请求法院撤销公司放弃债权或转让财产的行为,应当以公司放弃或转让的全部财产为限,还是以债权人主张的部分为限? …………………………………………… (2785)

### 第三节 关联交易的税务问题 ……………………………… (2785)

#### 一、关联交易特别纳税调整的一般性规定 ………………… (2785)

1678. 关联企业之间的业务往来应如何进行税务处理? ………… (2785)

1679. 企业存在关联方交易,在制作企业财务报表时应注意哪些事项? ……………………………………………………… (2786)

1680. 企业进行关联方业务往来税务处理时,应向税务机关提交哪些材料?如不提供,税务机关将如何处理? …………… (2786)

1681. 税务机关在进行关联业务调查时,企业应当按照税务机关规定准备、保存并提供哪些关联交易的同期资料? ……………… (2787)

1682. 税务机关在进行关联业务调查时,什么情况下企业可免于准备同期资料? ………………………………………………… (2788)

1683. 税务机关在进行关联业务调查时,企业提供同期资料的时间、形式以及保存要求有哪些? ………………………………… (2788)

1684. 纳税人与其关联企业之间的业务往来存在哪些情形,税务机关可以调整其应纳税额? ……………………………………… (2789)

1685. 纳税人与其关联企业未按照独立企业之间的业务往来支付价款、费用的,税务机关在多长时间内可以进行调整? ………… (2789)

1686. 税务机关实施特别纳税调查,应当重点关注具有哪些风险特征的企业? ………………………………………………… (2789)

1687. 实行查账征收的居民企业和在中国境内设立机构、场所并据实申报缴纳企业所得税的非居民企业向税务机关报送《企业所得税年度纳税申报表》时,应同时提交哪些报表? ……… (2790)

1688. 税务机关对关联交易进行调查分析时,发现企业所获收益与其在交易中所执行的功能或者风险不匹配,该如何处理? ……… (2790)

1689. 企业作出特别纳税调整的,税务机关对2008年1月1日以后发生交易补征的企业所得税税款如何处理? …………………………… (2790)

1690. 经调查,税务机关发现企业存在特别纳税调整问题的,应当如何实施调整? ……………………………………………………… (2791)

## 二、转让定价管理 ……………………………………………… (2791)

1691. 税务机关实施转让定价调查时,应当进行可比性分析,可比性分析包含哪些内容? …………………………………………… (2791)

**【案例687】税务局转让定价企业补税243万元** ……………… (2792)

1692. 如何以可比非受控价格法计算关联交易的公平成交价格? 该方法适合哪些交易行为? ………………………………………… (2796)

1693. 可比非受控价格法的可比性分析应考察哪些事项? ………… (2796)

1694. 再销售价格法适合哪些交易行为? 如何以再销售价格法计算关联交易的公平成交价格? …………………………………… (2797)

1695. 再销售价格法的可比性分析应考察哪些事项? ……………… (2798)

1696. 成本加成法适合哪些交易行为? 如何以成本加成法计算公平成交价格? ………………………………………………………… (2798)

1697. 成本加成法的可比性分析应考察哪些事项? ………………… (2798)

1698. 交易净利润率法适合哪些交易行为? 如何以交易净利润率法确定关联交易的公平成交价格? …………………………… (2798)

1699. 交易净利润率法的可比性分析应考察哪些事项? …………… (2799)

1700. 利润分割法适合哪些交易行为? 利润分割法有哪些类型? …… (2799)

1701. 利润分割法的可比性分析应考察哪些事项? ………………… (2800)

1702. 还有哪些符合独立交易原则的方法? ………………………… (2800)

1703. 税务机关分析评估被调查企业关联交易时,如何选择测试对象? ……………………………………………………………… (2800)

1704. 税务机关分析评估被调查企业关联交易是否符合独立交易原则时,如何选择统计方法? ………………………………… (2800)

1705. 税务机关在进行关联交易可比性分析时,应使用哪些信息? …… (2800)

1706. 税务机关对企业实施特别纳税调整,涉及企业向境外关联方支付利息、租金、特许权使用费的,应如何处理? ……………… (2801)

1707. 涉及税收协定国家(地区)关联方的特别纳税调整,企业应如何处理? ……………………………………………………………… (2801)

## 三、预约定价安排管理 …………………………………………（2801）

1708. 预约定价安排的程序如何？ ………………………………（2801）
1709. 预约定价安排适用于哪些企业？ …………………………（2801）
1710. 预约定价安排适用于什么时期的关联交易？ ……………（2802）
1711. 企业申请预约定价安排的,应当提交哪些材料？ ………（2802）
1712. 税务机关对企业提交的预约定价安排申请应如何进行审核和评估？ ……………………………………………………（2803）
1713. 预约定价安排文本可以包括哪些内容？ …………………（2803）
1714. 如何监管预约定价安排的执行情况？ ……………………（2804）
1715. 预约定价安排期满后的效力如何？ ………………………（2805）
1716. 预约定价安排的谈签或执行涉及两个以上的省份或同时涉及国家和地方税务机关的,应如何进行？ …………………（2805）
1717. 在预约定价安排执行期间,如果税务机关与企业发生分歧的,应如何处理？ ……………………………………………（2806）

## 四、成本分摊协议管理 ……………………………………………（2806）

1718. 企业与其关联方之间应遵循哪些原则分摊共同发生的成本？ ……（2806）
1719. 成本分摊协议的参与方如何承担相应的活动成本？ ……（2806）
1720. 成本分摊协议主要包括哪些内容？ ………………………（2806）
1721. 企业达成成本分摊协议的,须履行哪些行政手续？ ……（2807）
1722. 已经执行并形成一定资产的成本分摊协议,参与方发生变更或协议终止执行,应如何处理？ ………………………………（2807）
1723. 成本分摊协议执行期间,参与方实际分享的收益与分摊的成本不相配比的,应如何处理？ ………………………………（2807）
1724. 对于符合独立交易原则的成本分摊协议,应如何进行税务处理？ ……………………………………………………………（2807）
1725. 在哪些情形下,企业与其关联方签署成本分摊协议中,其自行分摊的成本不得税前扣除？ …………………………………（2807）

## 五、受控外国企业管理 ……………………………………………（2808）

1726. 满足哪些条件,中国居民企业可免于将外国企业不作分配或减少分配的利润视同股息分配额,计入中国居民企业股东的当期所得？ ………………………………………………………（2808）

1727. 如何计算计入中国居民企业股东当期的视同受控外国企业股息分配的所得? ……(2808)

1728. 对于居民企业股东申报的对外投资信息,税务机关应如何处理? ……(2808)

1729. 受控外国企业与中国居民企业股东纳税年度存在差异的,应如何确认股息分配所得的纳税年度? ……(2808)

1730. 计入中国居民企业股东当期所得已在境外缴纳的企业所得税税款,应如何处理? ……(2808)

## 六、资本弱化管理 ……(2809)

1731. 企业从其关联方接受的债权性投资与权益性投资的比例超过规定标准而发生的利息支出,应如何进行所得税处理? 该笔支出的金额如何确定? ……(2809)

1732. 企业关联方利息支出应按何标准进行税前扣除? ……(2809)

1733. 企业未按规定准备、保存和提供同期资料的,如何处理? ……(2810)

## 七、一般反避税管理 ……(2810)

1734. 企业存在哪些情形,税务机关可启动一般反避税调查? ……(2810)

1735. 税务机关在审核企业是否存在避税安排时应考虑哪些因素? ……(2810)

1736. 税务机关在对企业的避税安排进行审核后,有哪些处罚措施? ……(2811)

1737. 税务机关启动一般反避税调查,应遵循哪些程序? ……(2811)

1738. 一般反避税调查及调整的批准机关如何确定? ……(2811)

# 第二十五章 损害公司债权人利益责任纠纷

## 第一节 立 案 ……(2814)

1739. 如何确定损害公司债权人利益责任纠纷的诉讼当事人? ……(2814)

1740. 损害公司债权人利益责任纠纷由何地法院管辖? ……(2815)

1741. 损害公司债权人利益责任纠纷按照什么标准缴纳案件受理费? ……(2815)

1742. 损害公司债权人利益责任纠纷是否适用诉讼时效? ……(2815)

【案例688】利用关联公司转移资产逃避债务 法院判决转让协议无效 ……(2815)

## 第二节　损害公司债权人利益责任纠纷的裁判标准 (2823)

### 一、损害公司债权人利益责任纠纷的一般裁判标准 (2823)

1743. 股东或实际控制人滥用公司法人独立地位应对公司债务承担什么责任? (2823)

1744. 如果公司法人人格被否认,是否所有股东均须承担无限连带责任? (2823)

1745. 如何界定股东或实际控制人是否"滥用"公司法人独立地位? (2823)

1746. 如何界定人格混同?认定人格混同时需要考虑哪些因素?最根本的判断标准是什么? (2824)

【案例689】财产混同承担连带清偿责任　抽逃出资承担补充赔偿责任 (2824)

1747. 公司间法人人格混同的表现形式有哪些? (2828)

1748. 如何界定各公司之间存在财务混同? (2828)

【案例690】人员、业务、账目混同　丧失独立法人人格三公司共同偿债 (2828)

1749. 自然人股东作为公司法定代表人,以个人账户收取公司货款的行为,是否能够作为认定股东财产与公司财产混同的情形? (2831)

【案例691】法定代表人履行职务收取货款　并非与公司财产混同 (2831)

1750. 如何分配公司与股东或实际控制人财产混同或公司间财产混同的举证责任? (2833)

【案例692】擅自挪借公司财产致财产混同　股东对公司债务承担连带责任 (2834)

【案例693】未举证证明财务混同　难以认定人格混同 (2835)

【案例694】实际控制人利用多家公司混同财务　与公司共同承担连带责任 (2837)

1751. 除了财产混同外,还存在哪些人格混同的情形? (2839)

1752. 如何证明公司存在业务混同、决策机构混同、经营地址混同? (2839)

【案例695】同一控制人随意转让收益和债务　关联企业人格混同连带担责 (2840)

1753. 如何界定公司控股股东或实际控制人对公司过度支配与控制?实践中常见的情形有哪些?最根本的判断标准是什么? (2842)

1754. 债权人主张债权后,如何判断公司转让资产的行为属于股东滥用
法人独立地位逃避债务的行为? ································(2843)

【案例696】股东私自转让公司资产　公司法人人格被否认 ·········(2843)

1755. 如何理解公司资本显著不足?认定公司资本显著不足时应当
如何判断? ························································(2845)

1756. 公司的保证人能否对其所负有保证义务的公司主张公司法人
人格否认? ························································(2846)

1757. 公司法人人格否认的判决生效后,公司的法人人格是否被彻底
否认?其他债权人可否以此判决为由要求股东对公司其他
债务承担连带清偿责任? ·······································(2846)

1758. 名义出资人依照实际出资人的示意,利用公司法人独立地位,
给债权人造成损失的,名义出资人和实际出资人应当如何
承担责任? ························································(2846)

1759. 税务主管机关在查处公司偷逃税款行为时,如发现公司股东或
实际控制人滥用公司法人人格,逃避税款,能否直接适用公司
人格否认,要求有滥用行为的股东或实际控制人承担偷逃
税款的责任? ····················································(2847)

1760. 能否在执行程序中适用公司法人人格的否认? ··············(2847)

【案例697】股东抽逃出资损害债权人利益　执行程序追加股东连带
赔偿获支持 ····················································(2847)

【案例698】逃债新设公司需担连带责任　执行期间不可否定法人
人格 ···························································(2849)

## 二、一人有限责任公司法人人格否认的裁判标准 ···················(2853)

1761. 一人有限责任公司适用公司法人人格否认有何特殊条件或
要求? ································································(2853)

1762. 在一人有限责任公司的股东损害公司债权人利益责任纠纷中,
如何分配举证责任?如何证明公司财产独立于个人财产? ·······(2853)

1763. 一人有限公司自然人股东死亡后,诉讼主体如何确定? ·········(2854)

【案例699】一人公司应自证独立人格　未予证明股东应对公司债务
连带清偿 ····················································(2854)

1764. 在一人有限责任公司的人格否认诉讼中,如果公司并未资不抵债,
债权人能否主张公司股东承担连带责任? ·····················(2857)

【案例700】一人公司虽未资不抵债　股东仍须承担连带责任 ………… (2857)

1765. 如果一人有限责任公司的股东在对外履行债务过程中将股权
转让给他人,且公司存在公司财产与股东个人财产混同的
情形,则债权人应当向新股东还是老股东主张连带责任? ……… (2860)

【案例701】一人公司股东为逃避债务转让股权　财产混同新老股东
对债务连带担责 …………………………………………… (2860)

1766. 什么是实质上的一人有限责任公司?实质上的一人有限责任
公司能否按照一人有限责任公司的相关规定适用法人人格
否认制度? ………………………………………………………… (2863)

### 三、特殊情形下法人人格否认的裁判标准 ………………………………… (2864)

1767. 夫妻共同出资设立的公司,如何适用法人人格否认制度? ……… (2864)

【案例702】一人有限责任公司法人人格否认制度举证责任倒置　举证
不能致夫妻承担连带责任 ………………………………… (2864)

【案例703】以共同财产设立的夫妻公司出资主体单一　未证财产
不混同夫妻连带清偿公司债务 …………………………… (2866)

1768. 在集团公司中,可否直接认定由集团公司对集团下属公司的
债务承担连带清偿责任? ………………………………………… (2867)

1769. 什么是反向适用公司法人人格否认? ……………………………… (2868)

1770. 什么条件下可以反向适用公司法人人格否认? …………………… (2868)

【案例704】对外投资股权转让未减少公司资产　非借改制逃避债务
不适用反向人格否认 ……………………………………… (2868)

1771. 如果公司或非公司法人对外投资设立子公司,债权人可否就开办
企业的债务主张由其所设立的子公司承担连带清偿责任? …… (2872)

# 第一章 公司设立纠纷

**【宋和顾释义】**

> 公司设立纠纷,是指在公司设立过程中,发起人为了具备公司设立的条件,对外签订合同,从事民事行为,由此可能引发的责任承担纠纷。公司设立纠纷具体包括以下两种类型:
>
> (1)发起人为设立公司,可能以自己的名义对外签订合同,由此引发的责任承担问题。
>
> (2)发起人为设立公司,可能以设立中公司的名义签订合同,由此引发的公司承继合同权利义务的问题。
>
> 需要说明的是,在公司设立过程中,因公司不能成立对认股人、债权人所承担的责任,或者因发起人自身的过失行为致使公司利益受损时应当承担的责任而引发的纠纷由本书第二章发起人责任纠纷具体介绍。
>
> 该案由系《最高人民法院关于修改〈民事案件案由规定〉的决定》(法〔2011〕41号)与公司有关纠纷新增加的四个案由之一。

**【关键词】** 先公司交易行为　企业集团　名称专用权

❖ **先公司交易行为**:公司设立过程中发生的民事交易行为。

❖ **企业集团**:企业集团系不具有企业法人资格,以资本为主要联结纽带的母子公司为主体,以集团章程为共同行为规范的母公司、子公司、参股公司及其他成员企业或机构共同组成的具有一定规模的企业法人联合体。

其中,母公司应当是依法登记注册,取得企业法人资格的控股企业。子公司应当是母公司对其拥有全部股权或者控股权的企业法人;企业集团的其他成员应当是母公司对其参股或者与母子公司形成生产经营、协作联系的其他企业法人、事业单位法人或者社会团体法人。

企业集团应当具备下列条件：

(1) 企业集团母公司的注册资本应在 5000 万元人民币以上，并至少拥有 5 家子公司；

(2) 母公司和其子公司的注册资本总和在 1 亿元人民币以上；

(3) 集团成员单位均具有法人资格；

(4) 国家试点企业集团还应符合国务院确定的试点企业集团条件。

❖ **名称专用权**：申请登记注册的企业名称享有的专有权，后登记注册的名称不得与已登记注册的企业名称相同或近似。

# 第一节 立 案

**1. 如何确定公司设立纠纷的诉讼当事人？**

公司设立纠纷的原告为债权人，当债权人请求公司承担责任时，以公司为被告，可以以发起人为第三人；当债权人请求发起人承担责任时，以发起人为被告。

**2. 公司设立纠纷诉讼由何地法院管辖？**

2022 年生效的《民事诉讼法》规定，因公司设立提起诉讼的，应当由公司住所地人民法院管辖。①

对于债权人向公司发起人主张债务，而各方对该债务是否属于设立公司的必要费用产生争议的案件，笔者认为，其实质是公司或发起人对外的债权债务纠纷，并不应属于《民事诉讼法》中"因公司设立提起的诉讼"，也无必要规定由公司住所地人民法院专属管辖，但此尚有待司法解释进一步予以明确。

**3. 当事人协议管辖的约定中，关于级别管辖的部分约定不明，或违反法律关于级别管辖的规定，该协议管辖是否无效？**

协议管辖条款违反级别管辖规定并非绝对无效，人民法院不能仅以协议管辖违反级别管辖为由否认其法律效力，还应结合具体情况予以认定。若协议管辖中既约定地域管辖又约定具体的管辖法院，虽然违反级别管辖的部分无效，但关于地域管辖的约定仍有效。

---

① 本章中部分案例发生在 2012 年《民事诉讼法》修改前，一般由被告所在地人民法院管辖，而 2022 年最新生效的《民事诉讼法》第 27 条规定，公司设立纠纷由公司住所地人民法院管辖，在此予以说明。

# 第一章 公司设立纠纷

## 【案例1】协议管辖条款违反级别管辖规定　不必然无效①

**申请人**：林某达

**被申请人**：曾某青

**诉讼请求**：将本案移送龙岩市中级人民法院审理。

**争议焦点**：协议管辖条款违反级别管辖规定是否绝对无效。

**基本案情**：

2010年7月28日,申请人与被申请人签订了借条,借条载明"借款人申请人向出借人被申请人借款13,257,000元人民币,利息按月利率7.5%计算。到期不还发生争议的,各方可协商解决;协商不成的,由晋江市人民法院管辖"。

2012年5月22日,被申请人向泉州市中级人民法院起诉申请人,请求判令申请人偿还借款13,257,000元及利息、违约金。

**申请人诉称**：

1. 借条约定"到期不还发生争议的,各方可协商解决;协商不成的,由晋江市人民法院管辖"。本案诉讼标的额在800万元以上,属于中级人民法院受案范围,故双方约定由晋江市人民法院管辖明显违反级别管辖的法律规定,应属无效约定。

2. 在约定管辖无效的情况下,应依照《民事诉讼法》第34条②的规定确定管辖,因本案的申请人住所地和合同履行地均为龙岩市,泉州市中级人民法院对本案不具有管辖权,应由龙岩市中级人民法院管辖。

**被申请人辩称**：

根据借条约定,泉州市中级人民法院对本案具有管辖权。

**法院认为**：

我国《民事诉讼法》规定,协议管辖不得违反级别管辖。但因级别管辖是上下级法院之间就审理一审案件范围的分工,其主要立法目的是在贯彻审级制度的基础上实现各级法院职能的合理定位及工作量的平衡,且人民法院级别管辖的划分标准会随着社会发展、各地法院受案状况等因素而不断调整,许多情况下当事人难以准确预期。因此,协议管辖违反级别管辖规定并非绝对无效,人民法院不能仅以协议管辖违反级别管辖为由否认其法律效力,还应结合具体情况分别予以

---

① 参见最高人民法院(2013)民申字第53号民事裁定书。
② 现为《民事诉讼法》(2021年修正)第35条相关内容。

认定。

本案中,被申请人与申请人2人在借条中明确约定"由晋江市人民法院管辖",而晋江市系被申请人的住所地,双方合意选择晋江市人民法院作为解决争议的管辖法院,确有在该法院所在地解决争议的意思表示,法律应维护其对双方当事人的约束力。原审裁定基于尊重当事人意思自治,将当事人在地域上选择管辖的真实意愿结合级别管辖规定,确定由晋江市所在地的中级人民法院即泉州市中级人民法院管辖并无不当。

**法院判决:**

驳回再审申请。

### 【案例2】协议管辖条款违反级别管辖规定部分无效 地域管辖部分仍有效[①]

**原告:** 庆丰公司

**被告:** 渤海公司

**诉讼请求:** 裁定本案由黑龙江省高级人民法院管辖。

**争议焦点:** 诉讼标的额超过了合同约定的具体管辖法院的管辖范围,是否当然认定关于地域管辖的约定无效。

**基本案情:**

被告渤海公司因经营需要多次向原告借款,截至2015年8月5日,被告渤海公司总计向原告借款10,024万元。双方签订的《借款合同》第8条约定"如有纠纷,应协商解决,协商不成,可向沈阳市皇姑区人民法院(以下简称皇姑区人民法院)提起诉讼"。《借款合同》载明:"签订地点:沈阳市。"

现借款期限届满,被告渤海公司没有履行还款义务。原告庆丰公司向皇姑区人民法院起诉请求判令偿还借款及利息。被告渤海公司提出管辖权异议。

**原告诉称:**

1. 案涉《借款合同》第8条应依法确认无效。

根据《民事诉讼法》规定,合同双方当事人协议约定地域管辖只能选择与争议有实际联系的地点的人民法院,且该地点应具体明确。本案中,原告和被告渤海公司住所地、合同的履行地、标的物所在地均不在沈阳市,合同的签订地虽标明为沈阳市,但原告提供的证人证言表明合同签订地为原告最终加盖公章的黑龙江

---

① 参见最高人民法院(2017)最高法民辖终238号民事裁定书。

省大庆市。被告渤海公司称《借款合同》是在沈阳市签订的,但没有提供任何证据证明具体地点。签订《借款合同》时,原告已经将案涉借款分次交付被告渤海公司,借款本息合计数额达到1亿元以上,双方应当知晓基层人民法院对本案没有管辖权。《借款合同》第8条协议管辖条款违反级别管辖规定,应属无效。特别需要说明的是,双方对管辖法院的约定是故意降低级别管辖和套用其他合同文本而形成的,非原告真实意思表示,该约定无效。

2. 本案由黑龙江省高级人民法院审理符合便利原则。

本案中,原告的住所地和合同履行地在黑龙江省,被告渤海公司住所地在辽宁省,双方之间的纠纷与沈阳市无任何联系。并且,被告渤海公司长期拖欠原告上亿元款项,严重影响原告生存和发展,如果将本案移送到辽宁省高级人民法院审理,势必加重原告对案件处理的经济成本和时间成本,致使本案的审理不能便利进行。

**被告辩称：**

双方所签《借款合同》约定的管辖法院为辽宁省沈阳市皇姑区人民法院,合同签订地为沈阳市。该约定包含双方当事人同意案涉借款产生的纠纷接受合同签订地管辖的意思表示,即双方协议确定了地域管辖的范围。因案涉标的额超过了皇姑区人民法院管辖范围,应推定本案由辽宁省高级人民法院管辖,故请求将本案移送至辽宁省高级人民法院审理。

**法院认为：**

根据《民事诉讼法》第34条规定,合同或者其他财产权益纠纷的当事人可以书面协议选择被告住所地、合同履行地、合同签订地、原告住所地、标的物所在地等与争议有实际联系的地点的人民法院管辖,但不得违反本法对级别管辖和专属管辖的规定。本案中,被告渤海公司与原告签订的《借款合同》第8条约定,"如有纠纷,应协商解决,协商不成,可向沈阳市皇姑区人民法院提起诉讼"。该条既约定地域管辖又约定具体管辖法院为皇姑区人民法院,虽然案涉《借款合同》的标的额超出皇姑区人民法院的管辖范围,双方所约定的级别管辖应属无效,但是不能因此认定关于地域管辖的约定也当然无效。《借款合同》载明"签订地点:沈阳市",原告主张合同签订地为黑龙江省大庆市,但是其依据仅为该公司员工的证人证言,不足以推翻《借款合同》所载明的内容。而且,作为原审被告的渤海公司住所地为辽宁省。

因此,《借款合同》第8条关于地域管辖的约定符合上述《民事诉讼法》第34条规定,应认定该部分约定合法有效,并根据《最高人民法院关于调整高级人民法院和中级人民法院管辖第一审民商事案件标准的通知》的规定,本案应移送至辽宁省高级人民法院管辖。

**法院判决:**

被告渤海公司对管辖权提出的异议成立,本案移送辽宁省高级人民法院处理。

**4. 公司设立纠纷应按照什么标准交纳案件受理费?**

公司设立纠纷的案件受理费应当根据案件标的计算,计算比例如表 1-1 所示:

表 1-1  公司设立纠纷案件受理费计算

| 标的额/元 | 金额或比例 |
| --- | --- |
| 不超过 1 万的(含 1 万) | 50 元 |
| 1 万~10 万部分(含 10 万) | 2.5% |
| 10 万~20 万部分(含 20 万) | 2% |
| 20 万~50 万部分(含 50 万) | 1.5% |
| 50 万~100 万部分(含 100 万) | 1% |
| 100 万~200 万部分(含 200 万) | 0.9% |
| 200 万~500 万部分(含 500 万) | 0.8% |
| 500 万~1000 万部分(含 1000 万) | 0.7% |
| 1000 万~2000 万部分(含 2000 万) | 0.6% |
| 超过 2000 万部分 | 0.5% |

**5. 公司设立纠纷是否适用诉讼时效?**

适用。公司设立纠纷是债权人请求公司或发起人承担债务的纠纷,债权人应自债务履行期限届满之日起 3 年内行使权利。

# 第二节  公司设立程序及条件

## 一、公司设立的流程

**6. 设立内资企业需要履行哪些程序?提交哪些材料?**

内资企业设立登记流程包括:(1)名称自主申报;(2)经营范围行政许可项目审批;(3)公司设立注册登记;(4)刻制公章。

（1）名称自主申报。

主管部门：市场监管部门。

通过企业名称自主申报系统提交符合规则要求的名称，也可以在办理企业登记时直接向企业登记机关提交拟登记的名称。

（2）经营范围如涉及行政许可项目审批的，需提交的材料根据许可经营的项目不同而不同。①

（3）公司设立注册登记。

主管部门：市场监管部门。

需提交的文件：

①公司法定代表人签署的《公司设立登记申请书》；

②公司法定代表人任职文件和身份证明；

③载明公司董事、监事、经理姓名、住所的文件以及有关委派、选举或者聘用的证明；

④全体股东（董事会）指定代表或者共同委托代理人的证明；

⑤公司章程；

⑥住所或者主要经营场所相关文件；

⑦公司申请登记的经营范围中有法律、行政法规和国务院决定规定必须在登记前报经批准的项目，提交有关的批准文件或者许可证书复印件或许可证明复印件。

（4）刻制公章。

主管部门：公安机关。

需向具有企业印章刻制资格的刻制单位提交如下文件：

①承刻公章的印模信息；

②公章刻制经办人身份证；

③需要刻制公章的单位或者机构的设立批准文件或登记证；

④刻制公章委托函。

**7.《外商投资法》生效后，外国投资者如何设立外商投资企业？**

《外商投资法》对外商投资实行准入前国民待遇加负面清单管理制度，主管机关对外商投资准入负面清单以外的领域按照内外资一致的原则实施管理。

随着《外商投资法》的生效，《中外合资经营企业法》《外资企业法》和《中外合作经营企业法》三部法律同时废止，外商投资企业的组织形式、组织机构及其活

---

① 详见本章第10问"设立哪些公司需要履行前置审批程序？"。

动准则,适用《公司法》及《合伙企业法》等法律的规定。

商务主管部门对于外国投资者在中国境内投资的行政管理方式也由原来的审批制转为信息报告制。外国投资者在中国境内投资设立公司、合伙企业,应按照《外商投资信息报告办法》的规定,通过企业登记系统在线提交初始报告,该初始报告由市场监督管理总局向商务部共享,外国投资者无须另行报送。

除办理外国人就业许可、外汇登记手续以外,符合外商投资准入的外商投资企业设立登记程序与内资企业设立登记别无二致。

**8. 外国投资者或者外商投资企业违反规定,不如实、主动地填报投资信息,将面临怎样的行政法律责任?**

外国投资者或者外商投资企业未按规定要求报送投资信息,且在商务主管部门通知后未按照规定予以补报或更正的,由商务主管部门责令其于 20 个工作日内改正;逾期不改正的,处 10 万元以上 30 万元以下罚款;逾期不改正且存在以下情形的,处 30 万元以上 50 万元以下罚款:

(1)外国投资者或者外商投资企业故意逃避履行信息报告义务,或在进行信息报告时隐瞒真实情况、提供误导性或虚假信息;

(2)外国投资者或者外商投资企业就所属行业、是否涉及外商投资准入特别管理措施、企业投资者及其实际控制人等重要信息报送错误;

(3)外国投资者或者外商投资企业未按规定要求报送投资信息,并因此受到行政处罚的,2 年内再次违反规定有关要求;

(4)商务主管部门认定的其他严重情形。

**9. 公司营业执照中记载哪些事项?**

自 2014 年 3 月 1 日起,经市场监督管理部门准予设立、变更登记以及补发营业执照中的登记记载事项包括:

(1)名称;

(2)类型;

(3)住所;

(4)法定代表人;

(5)注册资本;

(6)成立日期;

(7)营业期限;

(8)经营范围。

公司登记机关可以按照规定发给电子营业执照。电子营业执照与纸质营业执照具有同等法律效力。

不同类型市场主体营业执照记载事项如表1-2所示：

表1-2 各类市场主体营业执照记载登记事项

| 序号 | 企业类型 | 营业执照记载事项名称 | 格式类型 |
| --- | --- | --- | --- |
| 1 | 内资公司 | 名称、类型、住所、法定代表人、注册资本、成立日期、营业期限、经营范围 | A |
| 2 | 外资公司 | 名称、类型、住所、法定代表人、注册资本、成立日期、营业期限、经营范围 | A |
| 3 | 内资非公司企业 | 名称、类型、法定代表人、注册资本、成立日期、营业期限、经营范围 | B |
| 4 | 合伙企业 | 名称、类型、主要经营场所、执行事务合伙人、成立日期、合伙期限、经营范围 | C |
| 5 | 外资投资合伙企业 | 名称、类型、主要经营场所、执行事务合伙人、成立日期、合伙期限、经营范围 | C |
| 6 | 农民专业合作社法人 | 名称、类型、住所、法定代表人、成员出资总额、成立日期、业务范围 | D |
| 7 | 个人独资企业 | 名称、类型、住所、投资人、成立日期、经营范围 | E |
| 8 | 个体工商户 | 名称、类型、经营场所、经营者、组成形式、注册日期、经营范围 | F |
| 9 | 内资分公司 | 名称、类型、营业场所、负责人、成立日期、营业期限、经营范围 | G |
| 10 | 外资分公司 | 名称、类型、营业场所、负责人、成立日期、营业期限、经营范围 | G |
| 11 | 内资非公司企业分支机构及非法人企业 | 名称、类型、营业场所、负责人、成立日期、营业期限、经营范围 | G |
| 12 | 合伙企业分支机构 | 名称、类型、营业场所、负责人、成立日期、营业期限、经营范围 | G |
| 13 | 外商投资合伙企业分支机构 | 名称、类型、营业场所、负责人、成立日期、营业期限、经营范围 | G |

续表

| 序号 | 企业类型 | 营业执照记载事项名称 | 格式类型 |
|---|---|---|---|
| 14 | 个人独资企业分支机构 | 名称、类型、营业场所、负责人、成立日期、营业期限、经营范围 | G |
| 15 | 农民专业合作社分支机构 | 名称、类型、经营场所、负责人、成立日期、业务范围 | H |

**10. 设立哪些公司需要履行前置审批程序？**

根据《工商登记前置审批事项目录》[①]，诸如证券公司、烟草专卖批发企业、营利性民办培训机构、出版单位、经营个人征信业务的征信机构、快递公司等经营范围涉及特许经营项目的公司，需要履行前置审批程序。

具体详见表1-3：

表1-3 工商登记前置审批事项目录

| | 序号 | 项目名称 | 实施机关 | 设定依据 |
|---|---|---|---|---|
| 法律明确的工商登记前置审批事项目录 | 1 | 证券公司设立审批 | 证监会 | 《证券法》 |
| | 2 | 烟草专卖生产企业许可证核发 | 国家烟草专卖局 | 《烟草专卖法》《烟草专卖法实施条例》（国务院令第223号） |
| | 3 | 烟草专卖批发企业许可证核发 | 国家烟草专卖局或省级烟草专卖行政主管部门 | 《烟草专卖法》《烟草专卖法实施条例》（国务院令第223号） |
| | 4 | 营利性民办学校（营利性民办培训机构）办学许可 | 县级以上人民政府教育行政部门、县级以上人民政府劳动和社会保障行政部门 | 《民办教育促进法》 |

---

[①] 本书第三版修订时，遵照执行的《工商登记前置审批事项目录》为2017年11月版。

续表

| | 序号 | 项目名称 | 实施机关 | 设定依据 |
|---|---|---|---|---|
| 国务院决定保留的工商登记前置审批事项目录 | 1 | 民用爆炸物品生产许可 | 工业和信息化部 | 《民用爆炸物品安全管理条例》(国务院令第466号) |
| | 2 | 爆破作业单位许可证核发 | 省级、设区的市级人民政府公安机关 | 《民用爆炸物品安全管理条例》(国务院令第466号) |
| | 3 | 民用枪支(弹药)制造、配售许可 | 公安部、省级人民政府公安机关 | 《枪支管理法》 |
| | 4 | 制造、销售弩或营业性射击场开设弩射项目审批 | 省级人民政府公安机关 | 《国务院对确需保留的行政审批项目设定行政许可的决定》(国务院令第412号)《公安部、国家工商行政管理局关于加强弩管理的通知》(公治〔1999〕1646号) |
| | 5 | 保安服务许可证核发 | 省级人民政府公安机关 | 《保安服务管理条例》(国务院令第564号) |
| | 6 | 涉及国家规定实施准入特别管理措施的外商投资企业的设立及变更审批 | 商务部、国务院授权的部门或地方人民政府 | 《外商投资法》《台湾同胞投资保护法》 |
| | 7 | 设立经营个人征信业务的征信机构审批 | 中国人民银行 | 《征信业管理条例》(国务院令第631号) |
| | 8 | 卫星电视广播地面接收设施安装许可审批 | 新闻出版广电总局 | 《卫星电视广播地面接收设施管理规定》(国务院令第129号)《关于进一步加强卫星电视广播地面接收设施管理的意见》(广发外字〔2002〕254号) |
| | 9 | 设立出版物进口经营单位审批 | 新闻出版广电总局 | 《出版管理条例》(国务院令第594号) |

续表

| | 序号 | 项目名称 | 实施机关 | 设定依据 |
|---|---|---|---|---|
| 国务院决定保留的工商登记前置审批事项目录 | 10 | 设立出版单位审批 | 新闻出版广电总局 | 《出版管理条例》（国务院令第594号） |
| | 11 | 境外出版机构在境内设立办事机构审批 | 新闻出版广电总局<br>国务院新闻办 | 《国务院对确需保留的行政审批项目设定行政许可的决定》（国务院令第412号）<br>《外国企业常驻代表机构登记管理条例》（国务院令第584号） |
| | 12 | 境外广播电影电视机构在华设立办事机构审批 | 新闻出版广电总局<br>国务院新闻办 | 《国务院对确需保留的行政审批项目设定行政许可的决定》（国务院令第412号）<br>《外国企业常驻代表机构登记管理条例》（国务院令第584号） |
| | 13 | 危险化学品经营许可 | 县级、设区的市级人民政府安全生产监督管理部门 | 《危险化学品安全管理条例》（国务院令第591号） |
| | 14 | 新建、改建、扩建生产、储存危险化学品（包括使用长输管道输送危险化学品）建设项目安全条件审查；新建、改建、扩建储存、装卸危险化学品的港口建设项目安全条件审查 | 设区的市级以上人民政府安全生产监督管理部门、港口行政管理部门 | 《危险化学品安全管理条例》（国务院令第591号） |
| | 15 | 烟花爆竹生产企业安全生产许可 | 省级人民政府安全生产监督管理部门 | 《烟花爆竹安全管理条例》（国务院令第455号） |

第一章 公司设立纠纷

续表

| | 序号 | 项目名称 | 实施机关 | 设定依据 |
|---|---|---|---|---|
| 国务院决定保留的工商登记前置审批事项目录 | 16 | 外资银行营业性机构及其分支机构设立审批 | 银保监会 | 《银行业监督管理法》《外资银行管理条例》(国务院令第478号) |
| | 17 | 外国银行代表处设立审批 | 银保监会 | 《银行业监督管理法》《外资银行管理条例》(国务院令第478号) |
| | 18 | 中资银行业金融机构及其分支机构设立审批 | 银保监会 | 《银行业监督管理法》《商业银行法》 |
| | 19 | 非银行金融机构(分支机构)设立审批 | 银保监会 | 《银行业监督管理法》《金融资产管理公司条例》(国务院令第297号) |
| | 20 | 融资性担保机构设立审批 | 省级人民政府确定的部门 | 《国务院对确需保留的行政审批项目设定行政许可的决定》(国务院令第412号)《国务院关于修改〈国务院对确需保留的行政审批项目设定行政许可的决定〉的决定》(国务院令第548号)《融资性担保公司管理暂行办法》(银监会等七部委令2010年第3号) |
| | 21 | 外国证券类机构设立驻华代表机构核准 | 证监会 | 《国务院对确需保留的行政审批项目设定行政许可的决定》(国务院令第412号)《国务院关于管理外国企业常驻代表机构的暂行规定》(国发[1980]272号) |

· 13 ·

续表

| | 序号 | 项目名称 | 实施机关 | 设定依据 |
|---|---|---|---|---|
| 国务院决定保留的工商登记前置审批事项目录 | 22 | 设立期货专门结算机构审批 | 证监会 | 《期货交易管理条例》（国务院令第627号） |
| | 23 | 设立期货交易场所审批 | 国务院或证监会 | 《期货交易管理条例》（国务院令第627号） |
| | 24 | 证券交易所设立审核、证券登记结算机构设立审批 | 国务院 | 《证券法》 |
| | 25 | 专属自保组织和相互保险组织设立审批 | 银保监会 | 《国务院对确需保留的行政审批项目设定行政许可的决定》（国务院令第412号） |
| | 26 | 保险公司及其分支机构设立审批 | 银保监会 | 《保险法》 |
| | 27 | 外国保险机构驻华代表机构设立审批 | 银保监会 | 《保险法》《国务院对确需保留的行政审批项目设定行政许可的决定》（国务院令第412号）《国务院关于管理外国企业常驻代表机构的暂行规定》（国发〔1980〕272号） |
| | 28 | 快递业务经营许可 | 国家邮政局或省级邮政管理机构 | 《邮政法》 |

**11. 外国人可以担任内资企业法定代表人吗？外国人在华就业需要履行哪些手续？**

可以。不过外国人在华就业，应当取得"外国人就业许可证书"（以下简称就业许可证）。

（1）就业许可证申办条件

①持"Z"（职业）签证入境；

②年满18周岁,身体健康;
③具有从事其工作所必需的专业技能和相应的工作经历;
④无犯罪记录;
⑤有确定的聘用单位;
⑥持有有效护照或能代替护照的其他国际旅行证件。
(2)申请及所需材料
①"聘用外国人就业申请表";
②拟聘用的外国人履历证明;
③聘用意向书;
④拟聘用外国人原因的报告;
⑤拟聘用的外国人从事该项工作的资格证明;
⑥拟聘用的外国人健康状况证明;
⑦法律、法规规定的其他文件。

## 二、企业名称(商号)、商标、域名与经营范围

(一)企业名称(商号)、商标与域名

**12. 公司名称由哪几部分组成？实践中应注意哪些问题？**

公司名称应当包括四个部分:公司所属行政区划名称＋字号(商号)＋公司的行业或营业部类＋公司的形式。如上海智浦达信息科技有限公司,其中:上海是行政区划名称,智浦达是字号,信息科技是行业类别,有限公司是公司形式。

实践中应注意以下问题:

(1)经市场监督管理部门核准,下列企业的企业名称可以不冠以企业所在地行政区划的名称:
①全国性公司;
②国务院或其授权的机关批准的大型进出口企业;
③国务院或其授权的机关批准的大型企业集团;
④历史悠久、字号驰名的企业;
⑤外商投资企业;
⑥国家市场监督管理总局规定的其他企业。

(2)具备下列条件的企业法人,可以将名称中的行政区划放在字号之后,公司形式之前:
①使用控股企业名称中的字号;

②该控股企业的名称不含行政区划。

企业名称中的字号应当由2个以上的字组成。行政区划不得用作字号,但县以上行政区划的地名具有其他含义的除外。

(3)行业表述应符合如下两点要求:

①企业名称中的行业表述应当是反映企业经济活动性质所属国民经济行业或者企业经营特点的用语。企业经济活动性质分别属于国民经济行业不同大类的,应当选择主要经济活动性质所属国民经济行业类别用语表述企业名称中的行业。

其中,符合下列条件,企业名称中可以不使用国民经济行业类别用语表述企业所从事的行业:

a. 企业经济活动性质分别属于国民经济行业5个大类以上;

b. 企业注册资本(或注册资金)1亿元以上或者是企业集团的母公司;

c. 与同一市场监督管理局核准或者登记注册的企业名称中字号不相同。

②企业名称中的行业表述应当与企业经营范围一致。

**13. 企业之间因登记注册的名称发生争议时,应该如何处理?**

企业因名称与他人发生争议,可以向市场监督管理部门申请处理,也可以向侵权行为地或被告所在地人民法院起诉。

(1)市场监督管理部门处理原则如下:

①两个以上的企业因已登记注册的企业名称相同或者近似而发生争议时,市场监督管理部门依照注册在先原则处理。

②中国企业的企业名称与外国(地区)企业的企业名称在中国境内发生争议并向市场监督管理部门申请裁决时,由国家市场监督管理总局依据我国缔结或者参加的国际条约规定的原则或者《企业名称登记管理规定》处理。

③擅自使用他人已经登记注册的企业名称或者有其他侵犯他人企业名称专用权行为的,被侵权人可以要求侵权人所在地市场监督管理部门进行处理。市场监督管理部门有权责令侵权人停止侵权行为,赔偿被侵权人因该侵权行为所遭受的损失,没收非法所得并处以5000元以上5万元以下罚款。

④登记机关对企业名称登记注册申请作出决定之前,利害关系人认为申请人申请登记注册的企业名称与其已经登记注册的企业名称相同或者近似,并提出听证申请的,登记机关应当组织听证。

⑤对市场监督管理部门作出的具体行政行为不服的,当事人可以在收到通知之日起15日内向上一级市场监督管理部门申请复议。上级市场监督管理部门应

当在收到复议申请之日起30日内作出复议决定。对复议决定不服的,可以依法向人民法院起诉。

逾期不申请复议,或者复议后拒不执行复议决定,又不起诉的,市场监督管理部门可以强制更改企业名称,扣缴企业营业执照,按照规定程序通知其开户银行划拨罚没款。

(2)对侵犯他人企业名称专用权的,被侵权人也可以直接向人民法院起诉。

如果企业擅自使用他人的企业名称或者姓名,使消费者误认为是他人的商品,被侵权企业可以向人民法院提起诉讼,请求侵权企业停止不正当竞争行为,但企业应当就侵权事实的存在承担举证责任。企业在提起诉讼前,可以就侵权企业的侵权事实向市场监督管理部门检举投诉,请求市场监督管理部门对侵权行为进行处理。

**14. 向市场监督管理部门请求处理企业名称争议,需要提交哪些材料?**

企业请求市场监督管理部门处理名称争议时,应当向核准他人企业名称的市场监督管理部门提交以下材料:

(1)申请书。申请书应当由申请人签署并载明申请人和被申请人的情况、名称争议事实及理由、请求事项等内容。

(2)申请人的资格证明。

(3)举证材料。包括申请人拥有企业名称权的合法证明,如企业营业执照;被申请人侵权证据,如经公证的被申请人网站、在市场监督管理部门调取的被申请人身份证明等。

(4)其他有关材料。委托代理的,还应当提交委托书和被委托人资格证明。

**15. 在哪些情形下,构成企业名称(商号)侵权?**

当公司名称与已在登记机关登记注册的公司名称相同或近似,构成名称侵权。企业名称相同或近似的具体认定标准如下:

(1)企业名称相同,是指申请人申请的企业名称与已在登记机关登记注册的企业名称完全一致。

(2)企业名称近似,是指申请人申请的企业名称与已在登记机关登记注册的企业名称存在下列情形:

①企业名称均含行业表述,字号相同,行业表述文字相同,但组织形式不同的;

②企业名称均含行业表述,字号相同,行业表述文字不同但含义相同的;

③企业名称均含行业表述,字号的字音相同且字形相似,行业表述文字相同

或者含义相同的;

④企业名称均不含行业表述,字号相同,但组织形式不同的;

⑤企业名称均不含行业表述,字号的字音相同且字形相似的。

"同行业",即企业名称中表述"行业或者经营特点"的文字内容。

我国公司名称的排他范围限定在同一登记机关辖区内的同一行业的企业中。在同一登记机关辖区内,同一行业的企业不能有相同或类似的名称。但是如对已登记注册的企业名称,虽然行政区划不同,在使用中引起公众误认,损害他人合法权益的不适宜的企业名称,应当依据注册在先和公平竞争的原则予以处理。

不过确有特殊需要的,经省级以上登记主管机关核准,企业可以在规定的范围内使用一个从属名称。

## 【案例3】在后注册企业使用在先登记名称 工商责令变更登记①

**申请人:** 上海许继电气有限公司

**被申请人:** 上海许继电气科技有限公司

**申请事项:** 变更被申请人的企业名称。

**争议焦点:** 被申请人企业字号与申请人的字号和商标相同是否可能造成对公众的欺骗或者误解。

**基本案情:**

申请人与被申请人均为在上海市登记注册的企业。

申请人成立于2001年11月8日,原企业名称为晟态公司。2003年12月25日,企业名称变更为"上海许继电气有限公司"。经营范围为:研发、生产电网调度自动化设备、配电网自动化、变电站自动化、电站自动化、铁路供电自动化、电网安全稳定控制设备、电力管理信息系统、电力市场技术支持系统、继电保护、自动控制装置及电力系统的控制检测、测试仪器设备和软件开发。

申请人股东许继集团有限公司成立于1996年12月27日,主要经营范围是对电气、信息、环保、高新技术行业进行投资,制造、销售继电器、继电保护屏及综合自动化装置、中压继路器、计算机、通信设备、高低压开关柜、自动门、输配电及控制设备,商贸、住宿、餐饮;母线槽、立体车库、交通设施的生产、销售。直流电源、变压器、电度表、箱式变电站。

---

① 参见上海市工商行政管理局沪工商注名争处字[2006]第6号企业名称争议处理决定书及国家工商行政管理总局工商复字[2007]22号行政复议决定书。

# 第一章
## 公司设立纠纷

申请人另一股东许继电气股份有限公司成立于 1996 年 12 月 26 日,1997 年 4 月 18 日在深交所上市。主要营业范围为生产经营电网调度自动化设备,配电网自动化、变电站自动化、电站自动化、铁路供电自动化、电网安全稳定控制设备,电力管理信息系统,电力市场技术支持系统,继电保护及自动控制装置,继电器,电子式电度表,中压开关及开关柜,电力通信设备(不含无线),变压器,互感器,现实变电站及气体机电产品(不含汽车);承办本企业自产的机电产品、成套设备及相关技术的出口业务,经营本企业生产、科研所需要的原辅材料、机械设备、仪器仪表、零配件及相关技术的进出口业务,经营本企业的进料加工和"三来一补"业务,低压电器生产经营。

被申请人成立于 2004 年 2 月 13 日,经营范围为:电子技术领域技术开发、技术转让、技术咨询、技术服务,低压电器、成套电气设备、继电器、集成电路信号遥控设备、电力设备、电测量仪器、电子元件、塑料制品、电线电缆、橡胶制品研发、制造、加工、批发、零售,化工原料批发、零售。

2005 年 6 月 6 日,被申请人变更经营范围为:电子技术领域技术开发、技术转让、技术咨询、技术服务,低压电器、成套电气设备、继电器、集成电路信号遥控设备、电力设备、电测量仪器、电子元件、塑料制品、电线电缆、橡胶制品研发、制造、加工、批发、零售,化工原料(有毒、易制毒及危险品除外)批发、零售(上述经营范围涉及许可经营的凭许可证经营)。

**申请人称:**

申请人及其关联企业已为公众所熟知的知名企业,"许继"字号是电子、电气、电力技术和相关产品市场的驰名品牌。申请人及其关联企业的企业名称所使用的"许继"字号注册登记先于被申请人,且申请人与被申请人同在上海市工商行政管理局注册登记,二者的经营范围属于同一个行业。

被申请人在明知以上事实的情况下,故意注册使用"许继"字号已经对公众造成欺骗或者误解,该行为违反了《企业名称登记管理实施办法》第 31 条的规定,违反了企业名称专用权的法律规定,损害了申请人的合法权益。

根据《企业名称登记管理实施办法》第 41 条的规定"已经登记注册的企业名称,在使用中对公众造成欺骗或者误解的,或者损害他人合法权益的,应当认定为不适宜的企业名称予以纠正",被申请人应当变更企业名称。

**被申请人辩称:**

1. 被申请人在申请注册企业名称时对申请人变更使用"上海许继电气有限公司"的企业名称并不知情,而且得到了工商行政机关的核准登记,主观上并不存在恶意。

2. 新修改的《企业名称登记管理实施办法》是在被申请人的企业名称核准登记后实施的，申请人根据新的行政法规对被申请人的行为进行定性并请求变更企业名称，是没有法律依据的。

3. 申请人所述称的对公众造成欺骗或者误解，损害其合法权益没有提供证据，是否造成欺骗或误解应当由消费者来判断，因此申请人的事实依据不足。

**上海市工商行政管理局认为：**

根据《企业名称登记管理规定》①第 5 条的规定，登记主管机关有权纠正已登记注册的不适宜的企业名称，上级登记主管机关有权纠正下级登记主管机关已登记注册的不适宜的企业名称。对已登记注册的不适宜的企业名称，任何单位和个人可以要求登记主管机关予以纠正。

根据《企业名称登记管理实施办法》第 41 条的规定，已经登记注册的企业名称，在使用中对公众造成欺骗或者误解的，或者损害他人合法权益的，应当认定为不适宜的企业名称予以纠正。由于被申请人的企业名称与申请人的企业名称，在使用中容易对公众造成欺骗或者误解，应予以纠正。

**上海市工商行政管理局决定：**

责令被申请人在收到决定书之日起 30 日内办理企业名称变更登记，不得再使用"许继"为企业名称中字号。

被申请人不服上海市工商行政管理局作出的决定，向国家工商行政管理总局申请行政复议。

**被申请人称：**

1. 被申请人注册"上海许继电气科技有限公司"主观上不存在恶意。

被申请人被核准登记时，申请人以"许继"名义开展经营不到两个月，被申请人没有必要借其名义开展经营。

2. 被申请人的企业名称在使用中不会对公众造成欺骗或误解。

因为被申请人企业名称中有申请人企业名称中所没有的"科技"二字。

3. 上海市工商行政管理局适用法律错误。

上海市工商行政管理局适用的《企业名称登记管理规定》是 2004 年 7 月 1 日开始实施的，而被申请人核准申请人企业名称的行为发生在该法规实施之前，该法规不具有溯及力。

---

① 该规定已于 2022 年 3 月 1 日起失效。

4. 上海市工商行政管理局的行政行为在程序上违法。

上海市工商行政管理局应当告知被申请人进入听证程序。

**上海市工商行政管理局答复称：**

1. 经问卷调查表明，申请人的企业名称在使用中必然给公众造成误解。

2. 上海市工商行政管理局按照《企业名称登记管理实施办法》第44条的规定处理企业名称权争议，程序合法。

**律师观点：**

1. 根据《企业名称登记管理实施办法》第41条的规定，已经登记注册的企业名称，在使用中对公众造成欺骗或者误解的，应当认定为不适宜的企业名称予以纠正。上海市工商行政管理局经过调查，认定被申请人的企业名称与注册在先的申请人企业名称在使用中容易造成欺骗或者误解，因此责令申请人办理企业名称变更登记，不得再使用"许继"为其企业名称中字号的行为并无不当。

2. 上海市工商行政管理局按照《企业名称登记管理实施办法》第44条的规定处理该企业名称权争议，程序合法。

**国家工商行政管理总局决定：**

维持上海市工商行政管理局作出的具体行政行为。

**16. 公司登记后，公司的名称可以转让或许可他人使用吗？**

可以。根据《民法典》规定，公司有权依法决定、使用、变更、转让或者许可他人使用自己的名称。

**17. 何为企业名称（商号）合同纠纷？该纠纷由何地法院管辖？是否适用诉讼时效？**

企业名称（商号）合同纠纷是指当事人之间因企业名称（商号）转让、许可使用而产生的纠纷，包括企业名称（商号）转让合同纠纷与企业名称（商号）使用合同纠纷。

该纠纷本质上属于合同纠纷，由被告住所地或合同履行地人民法院管辖，适用诉讼时效，被侵权人自知道或应当知道权利被侵害之日起3年内提起诉讼。

**【案例4】企业名称相似　工商登记被撤销**[①]

**原告：** 上海新沪电机厂有限公司

---

[①] 参见上海市第一中级人民法院(2004)沪一中行终字第26号民事判决书。

**被告**：上海市工商行政管理局

**第三人**：上海新泸电机有限公司

**诉讼请求**：撤销被告于2001年11月27日作出核准第三人开业登记中使用"上海新泸电机有限公司"作为企业名称的具体行政行为。

**争议焦点**："上海新泸电机厂有限公司"与"上海新泸电机有限公司"的企业名称是否相似。

**基本案情**：

1994年5月12日,原告登记成立,其营业执照确认的经营范围为：电机、水泵、起重机等。

2001年7月10日,原告取得了"新泸"商标和"新泸"商标的独占许可使用权。

2001年10月14日,被告核准第三人的企业名称。

2001年11月27日,被告核准第三人设立登记,营业执照确认的经营范围为：潜水泵、自吸泵等。

2002年5月31日,原告向上海市第二中级人民法院起诉第三人不正当竞争,该院一审判决第三人应在其水泵产品、包装及说明书上停止实施对原告的不正当竞争行为；另因企业名称核准机关是有关工商行政管理部门,故对原告提出要求第三人停止使用企业名称的请求未予支持。该判决经上海市高级人民法院二审判决予以维持。

**原告诉称**：

原告名称"上海新泸电机厂有限公司"与第三人名称"上海新泸电机有限公司"相似,原告与第三人属于同行业,并且第三人亦以此实施了不正当竞争。因此,原告请求拥有核准公司名称和公司登记行政职权的被告撤销核准第三人使用"上海新泸电机有限公司"作为企业名称的具体行政行为。

**被告辩称**：

1. 第三人提交的申请材料齐全,核准开业登记并无不当；

2. 原告诉称的"新泸"与"新泸"相近似依据不足；

3. 第三人的不正当竞争行为与核准开业登记行为无必然联系。请求驳回原告诉讼请求。

**第三人述称**：

第三人实施不正当竞争行为与登记行为并没有必然联系。

**律师观点:**

《企业名称登记管理规定》第6条规定,企业只准使用一个名称,在登记主管机关辖区内不得与已登记注册在先的同行业企业名称相同或者近似。

本案中,原告与第三人的企业名称中字号的字音、字义虽然不同,但字形近似,且第三人以原告独占许可使用的"新泸"商标作为其企业名称中的字号,主观恶意明显,生效民事判决亦认定第三人将"'新泸'二字不恰当用作'新泸电机'的字样",与原告合法使用的"新泸"商标容易产生混淆,第三人的行为构成对原告不正当竞争。因此,被告作为具有核准公司名称和公司登记行政职权的行政机关,应撤销于2001年11月27日作出核准第三人开业登记中使用"上海新泸电机有限公司"作为企业名称的具体行政行为。

**法院判决:**

撤销被告于2001年11月27日作出核准第三人开业登记中使用"上海新泸电机有限公司"作为企业名称的具体行政行为。

## 【案例5】类别不同经营范围相同　上海"爱建"核准不当被撤销[①]

**原告:** 上海爱建股份有限公司

**被告:** 上海市工商行政管理局

**第三人:** 上海爱建房地产有限公司

**诉讼请求:** 撤销被告核准第三人企业名称为"上海爱建房地产有限公司"的具体行政行为。

**争议焦点:**

1. 原告作为综合类别企业,企业名称专用权在其经营范围的行业领域内是否都应得到保护;

2. 原告与第三人关于企业名称的争议可否通过行政诉讼寻求救济;

3. 被告对第三人作出的具体行政行为,2年[②]诉讼时效是自该具体行政行为作出之日起计算还是自原告知道该具体行政行为之日起计算。

---

① 参见上海市徐汇区人民法院(2000)徐行初字第67号民事判决书。

② 根据《最高人民法院关于适用〈中华人民共和国行政诉讼法〉的解释》(法释〔2018〕1号)第64条规定,行政机关作出行政行为时,未告知公民、法人或者其他组织起诉期限的,起诉期限从公民、法人或者其他组织知道或应当知道起诉期限之日起计算,但从知道或应当知道行政行为内容之日起最长不得超过1年。

**基本案情：**

1992年7月18日，原告经被告核准变更登记企业名称，原企业名称为上海市工商界爱国建设公司，属综合类股份有限公司（上市公司），经营范围：中外合资、合作，补偿贸易，进料来料加工，技术引进，自办联合企业，委托、代办有关进出口业务。

1995年2月18日，原告获得上海市建设委员会颁发的房地产开发企业资质证书，确认具备开发资格，具有二级资质，准予从事房地产开发经营。

1997年12月，上海港湾建筑安装工程总公司与周某林共同作为股东向被告所属宝山区工商行政管理局提出名称预先核准为"上海爱建房地产有限公司"的申请。

1997年12月9日，被告核准"上海爱建房地产有限公司"名称，并明确该名称保留6个月至1998年6月8日。

1998年1月16日，第三人获得营业执照，经营范围：房地产开发经营，物业管理，经济信息咨询服务。

1998年10月，原告知道被告作出核准第三人企业名称为"上海爱建房地产有限公司"的具体行政行为，要求被告予以纠正，未得到答复。

**原告诉称：**

经过十几年的发展，原告在房地产业务方面已累计开发建造30余万平方米建筑面积的商品房，成为一家积20余年经验和商誉、具有城市综合开发二级资质的房地产开发经营企业，已经创立了相当的业绩和市场知名度。1998年秋，原告发现经由被告核准登记了第三人"上海爱建房地产有限公司"，由此导致了两个同行业企业的企业名称近似、字号相同的事实。原告于1998年10月28日、1999年4月14日两次向被告提出纠正"上海爱建房地产有限公司"名称登记的书面请求，但迄今未获答复。

**被告辩称：**

1. 1997年12月9日，第三人股东港湾公司、周某林申请"上海爱建房地产有限公司"名称预先登记时，通过电脑查询，在登记机关辖区内没有发现房地产行业有相同字号，故予以核准。事后原告来函提出异议，要求纠正该企业名称，被告即找该公司法定代表人调查协调，因意见不一未果。

2. 原告企业经营范围是综合类，房地产开发是其中一部分，第三人是专业类房地产公司，并非是同行业，请求判决维持被告作出的具体行政行为。

**第三人述称：**

1. 原告系综合类公司，第三人系房地产公司，属于不同行业；

2. 原告与第三人关于企业名称的争议系属民事纠纷，故其请求事项不属于行政审判权限范围；

3. 原告起诉已超过起诉期限。

**律师观点：**

1. 原告作为综合类别企业，企业名称专用权在其经营范围的行业领域内都应得到保护。

被告作为企业名称登记的主管机关，依法有权核准或者驳回企业名称登记申请，监督管理企业名称的使用，保护企业名称专用权。依照《企业名称登记管理规定》第6条的规定，企业只准使用一个名称，在登记主管机关辖区内不得与已登记注册的同行业企业名称相同或者近似。

原告与第三人的企业名称均在被告辖区内核准登记，原告申请登记在前，第三人申请登记在后。原告属综合类别的股份有限公司，在企业名称中不能体现行业特征，但其经营范围则是经过被告核准确定的。因此，综合类别企业的企业名称专用权应在其经营范围的行业领域内得到保护。第三人与原告在所从事的房地产开发经营的范围中应属同行业。两者字号均为"爱建"，组织形式虽有差别，但在房地产领域中容易使公众误解，由此构成近似。

被告核准登记第三人企业名称为"上海爱建房地产有限公司"的具体行政行为属适用法律、法规错误，应予撤销。

2. 原告与第三人关于企业名称的争议可以通过行政诉讼寻求救济。

原告不服被告作出的核准登记的具体行政行为而提起诉讼，属人民法院行政诉讼受案范围。

3. 被告对第三人作出的具体行政行为，2年诉讼时效应自原告知道该具体行政行为之日起计算。

由于被告是对第三人作出具体行政行为，并没有告知利害关系人诉权和起诉期限，原告作为利害关系人，在实际知道具体行政行为内容之日起2年内，依法有权提起行政诉讼。

**法院判决：**

撤销被告1997年12月9日作出的核准登记第三人企业名称为"上海爱建房地产有限公司"的具体行政行为。

## 【案例6】注册于不同辖区且品牌"驰名"在后 不当竞争侵犯商标权理由不成立[①]

**原告：**揭阳市天阳模具公司

**被告：**常州市天阳橡塑模具公司

**诉讼请求：**判令被告立即停止使用"天阳"字号的不正当竞争行为和商标侵权行为。

**争议焦点：**

1. 注册于不同辖区的企业名称专用权的保护范围；
2. 诉争字号系在注册商标驰名前使用是否构成不正当竞争；
3. 被告使用原告注册商标的行为是否构成对原告注册商标的突出使用，以致相关公众产生误会侵犯原告注册商标专用权。

**基本案情：**

1991年3月4日，原告成立，原名揭阳县天阳橡胶机械有限公司，经营范围为轮胎模具和橡胶机械。

2002年7月7日，揭东县轮胎模具厂获准"天阳"图形、文字组合商标注册，注册证号为第1803085号，核定使用商品为第7类轮胎成型机。

2002年12月21日，该商标经核准转让给原告，现原告为该注册商标专用权人。

被告原名为常州市矿用橡塑带管厂，2001年6月29日，经工商管理机关核准变更为被告，经营范围为橡胶运输带、橡胶模具、橡胶机械制造等。

2005年9月9日，羊氏公司成立，被告股东羊某东、羊某等均为羊氏公司股东。

**原告诉称：**

原告系1991年3月4日成立的专业生产轮胎模具的国内知名企业，其生产的轮胎模具系知名商品，并于2002年7月7日获准注册含有"天阳"字样的商标。

经营中，原告发现被告在企业名称中使用"天阳"字号，在业内和客户中产生了一定的混淆，对原告造成一定的损害。特别是被告将"天阳"字样在其网页上突出使用，在业内和客户中造成了更大的混淆，原告的合法权益被进一步损害。原告经多年努力成为业内知名企业，所生产的模具成为知名商品。被告与原告系生产相同产品的企业，其注册与原告相同的字号，并在网页上突出使用"天阳"字样，足以使相关公众对商品的来源产生误认，包括误认被告与原告存在许可使用

---

① 参见江苏省高级人民法院(2007)苏民三终字第0123号民事判决书。

或关联企业等特定联系,因此,被告既构成对原告的不正当竞争行为,又侵犯原告的注册商标专用权。

**原告为证明其观点,提交证据如下:**

1. 1995 年,原告被国务院发展研究中心市场经济研究所等机构认定为"中国首家开发子午线轮胎活络模具的企业",并被授予"中华之最"奖牌。

2. 1998 年 8 月,被国家科技部授予"子午线轮胎活络模具"火炬优秀项目三等奖。

3. 2002 年 1 月,世界名牌产品交流中心和中国名优产品推广中心对原告"天鹅牌子午线轮胎活络模具、轮胎模具、轮胎成型鼓"产品,授予"中国知名品牌"证书。

4. 2002 年 12 月,中国模具工业协会证明,原告生产的"天鹅"牌轮胎模具产品的产值、产量、销售额、利润、市场占有率等指标在国内同行业同类产品中处于领先地位。

5. 2005 年 9 月,原告"子午线轮胎活络模具"等系列产品被中国工业合作协会授予"全国名优产品"证牌。

6. 2006 年 1 月,原告使用在轮胎成型机头上的"天鹅"牌商标被评为广东省著名商标。

7. 2006 年 11 月,中国橡胶工业协会机头模具分会证明,原告在同行业中产值、销售收入、税收、利润及全员生产率排名第二,"天阳""天鹅"品牌飞遍大江南北并远销世界各国,产生广泛良好的影响。

8. 2007 年 1 月 29 日,原告委托江苏省常州市公证处对网址为 http://www.tyremould.com 的网站的相关网页进行证据保全。根据公证书记载,该网站对羊氏公司和被告的企业基本情况、产品类型及联系方式作了介绍。该网站首页及相关页面上部均以黑体字标明"羊氏模具 天阳橡塑模具"。

9. 被告在常州市武进区延政路 511 路、312 路、216 路公交车兄弟纺织站点处设有指示牌一块。指示牌上有"天阳模具"字样、被告的电话号码及指示被告具体方位的箭头。

**被告辩称:**

被告没有任何不正当竞争行为和商标侵权行为,请求驳回原告的诉讼请求。

**律师观点:**

1. 原告未证明被告采用"天阳"字号构成不正当竞争。

根据《企业名称登记管理规定》第 4 条、6 条的规定,我国对企业名称实行分级登记管理,在同一登记主管机关辖区内不得与已登记注册的同行业企业名称相同或近似。由于原告系在广东揭阳登记注册,被告系在江苏常州登记注册,两者分属不同的登记主管机关辖区,因此被告将"天阳"变更登记为企业字号并不违反相关规定。

原告拟证明被告在2001年6月29日对企业名称变更登记时,原告及其产品在轮胎模具和橡胶机械制造领域已具有极高的知名度,被告将"天阳"变更登记为字号的目的是"搭便车",使相关公众误认被告为原告,或者误认为被告与原告存在关联关系,被告的行为构成不正当竞争。

但原告提交的证据中,除1995年被国务院发展研究中心市场经济研究所等机构认定为"中国首家开发子午线轮胎活络模具的企业",并被授予"中华之最"奖牌和1998年8月被国家科技部授予"子午线轮胎活络模具"火炬优秀项目三等奖外,其余的荣誉证书及相关证明均在被告企业名称变更登记之后取得,根据现有证据无法认定被告在变更企业名称登记时原告及其产品已享有极高的知名度,也无法判定被告将"天阳"变更登记为其企业字号时主观上具有恶意,其目的就是造成混淆,搭原告便车。原告不能因为其后取得的知名度而要求被告停止使用此前登记的字号。

综上,被告企业名称系依法经工商管理机关核准登记取得,根据现有证据,无法认定被告将"天阳"登记为企业字号的行为违反了诚实信用的原则和公认的商业道德,构成不正当竞争。

2. 被告使用原告注册商标的行为不构成侵犯原告注册商标专用权。

《最高人民法院关于审理商标民事纠纷案件适用法律若干问题的解释》第1条第1项规定,将与他人注册商标相同或者近似的文字作为企业的字号在相同或者类似商品上突出使用,容易使相关公众产生误认的,属于侵犯他人注册商标专用权的行为。

本案中,被告企业名称为"常州市天阳橡塑模具有限公司",其中常州为企业所在地的行政区划名称,"天阳"是字号,橡塑模具为企业所属行业,有限公司为组织形式,被告在网页上使用"天阳橡塑模具"系使用企业简称,被告使用简称的方式不违背企业简称使用的一般习惯。在使用简称时,被告将"羊氏模具""天阳橡塑模具"在同一网页上并列,并使用同一字体,并未突出"天阳",使其具有商标标识的作用;且被告在使用简称时,也清楚载明公司全称。

被告在常州市武进区延政路511路、312路、216路公交车兄弟纺织站点处所设的指示牌,位于被告附近,在数量上也只有一块。该指示牌上"天阳模具"字样字体、字号完全相同,且标有指示被告地址的箭头,其作用仅仅在于指示被告厂址,不能据此认定被告突出使用"天阳"商标。

同时,轮胎模具和橡胶机械并非一般商品,其销售对象也非一般消费者,在销售方式上一般会经过相对谨慎、细致的缔约过程,仅因为字号相同而导致相关公众发生误认的可能性很小。

综上,原告在本案中指称的被告使用公司简称的行为,未侵犯原告涉案"天阳"注册商标专用权。

**法院判决:**

驳回原告诉讼请求。

## 【案例7】无偿使用字号条件未成立　判决停止使用并支付使用费①

**原告:** 雅特兰家具公司

**被告:** 梁某民、郭某光、雅特兰销售公司

**诉讼请求:**

1. 三被告停止使用"雅特兰"字号;

2. 三被告承担2007年8月1日至2008年7月31日"雅特兰"字号使用费50万元人民币;

3. 被告返还办公室、设备垫付资金3万元人民币。

**争议焦点:**

1. 被告雅特兰销售公司未达到协议书约定的销售额,三被告是否应停止使用"雅特兰"字号;三被告是否应支付原告1年的字号使用费;

2. 在协议书未约定折旧率的情况下,三被告应支付的办公室装潢、设备垫付折旧资金如何确定。

**基本案情:**

2006年7月30日,原告与三被告签订了协议书1份。该合同第1条约定,原告同意被告梁某民、被告郭某光设立家具销售公司字号使用原告"雅特兰"字号,即设立被告雅特兰销售公司;第4条约定,被告雅特兰销售公司如在原告处完不成年销售额800万元人民币的指标,第2年被告梁某民、被告郭某光应将被告雅特兰销售公司的字号"雅特兰"变更为其他字号,否则支付"雅特兰"字号使用费50万元人民币/年,并对原告对被告雅特兰销售公司的办公房屋装

---

① 参见上海市第一中级人民法院(2009)沪一中民五(知)初字第30号民事判决书。

潢(确认36,000元人民币)及办公设备(确认1万元人民币)出资按照折旧进行资金返还。

被告雅特兰销售公司2007年工商年检审计报告中会计报表和资产负债表中反映出该公司截至2006年12月31日,账面资产总额为88万元人民币,所有者权益88万元,实收资本88万元,未反映出任何交易情况。

被告雅特兰销售公司成立时间为2004年3月8日,注册资本为88万元人民币。至2008年8月4日,被告雅特兰销售公司企业字号仍未变更。

**原告诉称:**

原告于2006年7月30日与三被告共同签订了字号使用协议书,然协议签订后,三被告违反了协议约定,给原告造成权益及利益损失。

**原告为证明其观点,提交证据如下:**

1. 协议书,证明原告允许被告有条件使用"雅特兰"字号;

2. 2006年度,被告雅特兰销售公司企业法人年检报告书,实收资本及账面资产总额审核的截止时间为2006年12月31日,证明被告雅特兰销售公司取得营业执照后,基本上没有经营,根本达不到协议书上所约定的销售额,违反了合同义务。

被告均未作答辩。

**律师观点:**

1. 三被告依约应当停止使用原告的字号。

依照《合同法》的规定,当事人一方迟延履行债务或者有其他违约行为致使不能实现合同目的,另一方当事人可以解除合同;合同解除后,尚未履行的,终止履行;已经履行的,根据履行情况和合同性质,当事人可以要求恢复原状、采取其他补救措施,并有权要求赔偿损失。[①]

本案中,原告与被告之间所签订的协议书合法有效,双方当事人均应恪守。本案查明的事实表明,原告同意被告梁某民、被告郭某光设立家具销售有限公司字号使用"雅特兰"字号,而被告雅特兰销售公司必须在原告处完成年销售额800万元人民币的指标,否则第2年被告梁某民、被告郭某光应将被告雅特兰销售公司的字号"雅特兰"变更为其他字号。

原告提交的证据中被告雅特兰销售公司的实收资本及账面资产总额审核的截止时间为2006年12月31日,然该份证据表明被告雅特兰销售公司自签订协

---

① 现为《民法典》第563条、566条相关内容。

议之日起至 2006 年年底未开展任何经营活动,且被告也未提供证据反驳原告的主张。

故法院有理由相信三被告在协议签订当年未完成双方在协议中约定的 800 万元/年的销售指标,鉴于三被告未能履行协议约定,不予变更"雅特兰"字号,致使该协议目的不能实现,故法院对该协议应予以解除,三被告依约应当停止使用原告的字号。

2. 被告应支付原告字号使用费。

在本案中,原告还主张三被告应支付"雅特兰"字号使用费 50 万元人民币,期限自 2007 年 8 月 1 日至 2008 年 7 月 30 日。

被告雅特兰销售公司在未完成 800 万元/年的销售指标后,未变更"雅特兰"字号。而双方在协议中约定,如被告未履行变更义务,则应支付原告字号使用费 50 万元人民币/年。鉴于被告雅特兰销售公司在协议签订当年未完成销售指标,故对于原告该项诉讼请求法院应予以支持。

3. 被告应支付原告办公室装潢、设备垫付折旧资金。

原告亦主张三被告应返还办公室装潢、设备垫付资金。在系争协议中,双方未约定返还资金的折旧率,法院应综合考虑使用年限、资产折旧率等因素,确定三被告应当连带赔偿原告办公室装潢、设备垫付折旧资金人民币。

**法院判决:**

1. 三被告于本判决生效之日起立即停止使用"雅特兰"商号;

2. 三被告于本判决生效之日起 15 日内向原告支付 53 万元人民币,三被告互负连带责任。

## 【案例 8】转让人继续使用字号属根本违约　解除合同并赔偿损失[①]

**原告:** 高某燕、刘某党

**被告:** 林某、吴某哲、吴某华、傅某端

**诉讼请求:**

1. 判令解除 2006 年 3 月 21 日签订的《设备转让协议》;

2. 判令解除 2006 年 4 月 10 日签订的《名称转让协议》;

3. 判令四被告连带返还企业名称转让费、商标使用许可费、设备转让费合计 40 万元及赔偿经济损失 100,080 元。

---

① 参见广西壮族自治区高级人民法院(2009)桂民三终字第 20 号民事判决书。

**争议焦点：**

1. 被告傅某端是否与本案有直接利害法律关系，可否因其与被告吴某哲为夫妻关系而成为被告；

2.《设备转让协议》中关于注册商标的部分是否有效，关于设备转让部分是否已履行完毕，是否应予解除；

3. 三被告继续使用"柳州市麦乐基脆皮炸鸡店"名称的行为是否构成根本违约；

4. 如何确定原告遭受的经济损失，原告主张的租金、人工费、行政处罚罚金、办理卫生许可证费等与《设备转让协议》《名称转让协议》的部分或全部解除有因果关系。

**基本案情：**

"麦乐基"商标系由案外人何某朝于2005年6月30日申请注册。"柳州市麦乐基脆皮炸鸡店"于2005年9月29日申请工商登记注册，登记经营者姓名为被告林某，组织形式为个人经营，经营场所在柳州市某小区综合西楼6-7号门面，但实际经营者为三被告林某、吴某哲和吴某华。两原告、被告吴某哲与被告傅某端均系夫妻关系。

2006年3月21日，原告刘某党与被告吴某华签订了1份《设备转让协议》，该协议约定："1. 注册商标问题：（1）三人共用'麦乐基'，由原告刘某党给原'麦乐基'所有人2000元；（2）由原告刘某党个人使用应给原'麦乐基'所有人4000元；2. 设备：（1）按清单里的设备价格总价的80%付给原'麦乐基'所有人现金；（2）如有设备损坏，应帮修好。3. 时间：（1）先交定金5000元；（2）到2006年3月22日再交15,000元定金，然后才可以到胜利店学技术；（3）到2006年4月5日要付设备总价款的80%；（4）安装验收完时，余款全部要一次付清；（5）到2006年4月6日前如不搬走所有设备和付款，定金2万元归原'麦乐基'所有人所有。"

2006年4月10日原告高某燕与被告林某签订1份《名称转让协议》，该协议约定："1. 经柳州市麦乐基脆皮炸鸡店的业主林某（被告）与高某燕（原告）协商，林某（被告）同意将'柳州市麦乐基脆皮炸鸡店'名称转让给原告高某燕；2. 待原告高某燕办理名称预先核准手续以后，被告林某不得再使用'柳州市麦乐基脆皮炸鸡店'名称；3. 因名称引起的官司和纠纷由双方协商解决，与工商局无关；4. 林某（被告）必须自名称核准之日起1个月内办理营业执照注销手续，高某燕（原告）持林某（被告）注销登记证明到经营地址所在地工商分局办理开业登记；5. 本协议一式3份，高某燕（原告）与林某（被告）双方各执1份，工商局留存1份，协议自双方签字之日起生效。"

2006年4月11日,两原告到柳州市工商行政管理局办理个体工商户名称预先核准手续,该局对申请名称的查询情况为"经查,有个体工商户'柳州市麦乐基脆皮炸鸡店',现该业主将名称转让,提交名称转让协议,予以受理",并给原告高某燕签发了"柳州市麦乐基脆皮炸鸡店"个体工商户名称预先核准通知书,名称保留期为2006年4月11日至2006年10月11日。

**原告诉称:**

原告办理了名称预先核准手续后,被告林某、吴某哲、吴某华没有按《名称转让协议》约定的期限即自名称核准之日起1个月内,办理其经营的"柳州市麦乐基脆皮炸鸡店"营业执照注销手续,并提供相应的注销登记证明给原告,反而继续使用协议转让的企业名称"柳州市麦乐基脆皮炸鸡店"进行经营。原告无法取得《名称转让协议》约定的企业名称权,无法办理工商登记,无法取得营业执照。

在签订上述协议之后,为准备开业经营,原告租赁了门面并进行了装修,还购买了设备及原材料等。2006年5月29日,柳州市工商行政管理局对原告高某燕作出行政处罚决定,认定原告高某燕自2006年5月17日始,在未经工商行政管理机关核准登记颁发"营业执照"的情况下,租用柳州市某路24号门面从事餐饮经营活动,属非法经营,决定责令原告高某燕停止非法经营行为,并处以罚款500元。其后,两原告多次要求被告林某、吴某哲、吴某华履行合同约定的义务未果。

**被告傅某端辩称:**

被告傅某端不是本案适格的被告,其没有参与任何一起纠纷,与本案没有利害关系。

**被告林某、吴某哲、吴某华辩称:**

1. 2006年4月10日签订的《名称转让协议》已经履行完毕。原告高某燕于2006年5月29日已办理工商营业执照,企业名称为柳州市麦乐基脆皮炸鸡,经营者为原告高某燕,经营场所为柳州市某路24号。

2. 2006年3月21日签订的《设备转让协议》涉及的设备转让已经履行完毕。2006年4月27日原告支付最后一笔设备款7500元给被告,被告已全部搬走2006年3月30日"柳州市麦乐基炸鸡汉堡永前店设备清单"中记载的设备。

3. 《设备转让协议》中涉及的商标使用许可没有实施,原告也没有支付商标使用转让款。

4. 原告提供的收条不真实。收条内容是原告所写,被告吴某哲将名字写在外面,且同一天又写了1张内容完全不同的证明。被告从未收到原告现金

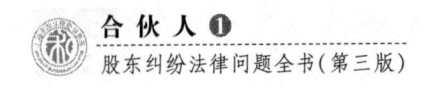

392,500元。

**一审认为：**

1. 关于本案诉讼主体资格的问题。

原告高某燕与原告刘某党系夫妻关系，并确认欲共同出资和经营"柳州市麦乐基脆皮炸鸡店"，所产生的权利义务由其享有和承担，故确认高某燕、刘某党是适格的原告。虽然"柳州市麦乐基脆皮炸鸡店"登记经营者姓名为被告林某，但是根据本案的事实和证据，该店的实际经营者为三被告林某、吴某哲、吴某华，本案所涉的《设备转让协议》《名称转让协议》以及与其相关的行为所产生的权利义务，由上述三人享有和承担，依照《最高人民法院关于适用〈中华人民共和国民事诉讼法〉若干问题的意见》第46条①的规定，确认被告林某、吴某哲、吴某华为适格被告。虽然被告傅某端与被告吴某哲系夫妻关系，但原告并没有证据证实被告傅某端与本案有直接的关系，故其对被告傅某端的诉讼请求，不应支持。

2. 关于《设备转让协议》《名称转让协议》法律效力的问题。

(1) 关于《设备转让协议》的效力问题。

三被告林某、吴某哲、吴某华不是依法享有"麦乐基"注册商标的权利人，未经合法授权，其没有向他人转让和处分注册商标的权利，依照《商标法》第3条第1款、《合同法》第52条第1款第5项②的规定，转让"麦乐基"注册商标的条款应认定为无效。

双方约定转让设备的条款，没有违反法律强制性的规定，合法有效。

(2) 关于《名称转让协议》的效力问题。

三被告林某、吴某哲、吴某华共同经营、所有的"柳州市麦乐基脆皮炸鸡店"，系经工商行政管理部门合法登记依法成立，三被告林某、吴某哲、吴某华享有合法的企业名称权，有权转让，故双方签订的《名称转让协议》合法有效。

3. 关于三被告林某、吴某哲、吴某华是否构成违约及解除合同的问题。

(1) 关于注册商标转让的问题。

三被告林某、吴某哲、吴某华不是"麦乐基"注册商标的权利人，未经合法授权，与原告刘某党签订转让"麦乐基"注册商标合同，主体不合格，造成转让无效以及合同无法履行，三被告存在过错。因该部分条款无效，故不存在解除合同的问题。

---

① 现为《最高人民法院关于适用〈民事诉讼法〉的解释》（2022年修正）第59条相关内容。
② 现为《民法典》第143条相关内容。

(2)关于设备转让的问题。

《设备转让协议》未约定原告购买"胜利店"的设备,两原告只是到该店学习有关技术,且《柳州市麦乐基炸鸡店永前店设备清单》已由原告刘某党与被告吴某华签字确认,故该设备清单中所列举交付的设备,应视为被告林某、吴某哲、吴某华已履行《设备转让协议》约定的转让设备的义务,不存在根本违约的行为,且转让设备的主要义务已履行,故不符合《合同法》第94条①所规定的解除合同的情形,不予解除。

(3)关于企业名称转让的问题。

被告林某、吴某哲、吴某华通过签订《名称转让协议》,将其享有的"柳州市麦乐基脆皮炸鸡店"企业名称权全部转让给原告,其不得继续使用,但其未履行约定的义务,未办理原营业执照注销手续,并将注销登记证明交给原告,仍然继续使用该企业名称,致使原告无法取得营业执照及"柳州市麦乐基脆皮炸鸡店"企业名称权,故被告林某、吴某哲、吴某华构成根本违约,《名称转让协议》依法应予解除。

4. 关于本案所涉的企业名称转让费、商标转让费、设备转让款的问题。

《设备转让协议》、2006年4月25日的收条、2006年4月27日的证明虽然涉及有关企业名称转让费、商标转让费、设备转让款的内容,但《设备转让协议》只是约定有相应的数额,是否实际履行,无证据证实;2006年4月25日收条的内容不明确;2006年4月27日证明载明的设备款7500元双方均无异议,但仅是部分设备款,不是全部的设备款。原告要求被告林某、吴某哲、吴某华返还企业名称转让费10万元、商标转让费4000元、代买设备款10万元,缺乏事实依据,不予支持;《设备转让协议》有关设备转让部分不符合解除要求,故原告要求被告林某、吴某哲、吴某华返还设备款7.6万元,不予支持。

5. 关于被告林某、吴某哲、吴某华如何承担赔偿责任的问题。

由于被告林某、吴某哲、吴某华的过错和违约,造成了《设备转让协议》转让"麦乐基"注册商标的条款无效以及《名称转让协议》被依法解除,依照《合同法》第58条、60条、97条、113条②的规定,原告有权要求三被告林某、吴某哲、吴某华承担相应的赔偿责任。

**一审判决:**

1. 解除原告高某燕与被告林某于2006年4月10日签订的《名称转让协议》;

---

① 现为《民法典》第563条相关内容。
② 现为《民法典》第157条、509条、566条、584条相关内容。

2. 被告林某、吴某哲、吴某华赔偿两原告经济损失2万元;
3. 驳回两原告对被告林某、吴某哲、吴某华其他诉讼请求;
4. 驳回两原告对被告傅某端的诉讼请求。

两原告不服一审判决,向上级人民法院提起上诉。

**原告均上诉称:**

1. 一审判决认定被告傅某端不是本案的适格主体错误。被告傅某端与吴某哲是夫妻关系,依照《最高人民法院关于适用〈中华人民共和国婚姻法〉若干问题的解释(二)》第24条①的规定,被告傅某端对婚姻关系存续期间夫妻一方所负债务应当按共同债务处理,傅某端系适格被告。

2. 一审判决认定事实不清、证据不足、适用法律错误。

(1)一审判决认定原告与被告签订的设备转让协议不予以解除,与我国《合同法》的相关规定明显相悖。原告与被告签订合同的目的就是要获得"麦乐基"注册商标的专有使用权和"柳州市麦乐基脆皮炸鸡店"企业名称权,如果合同目的不能达到,则原告与被告签订设备转让协议就毫无意义。由于被告的过错和违约行为致使合同目的不能实现,设备转让协议依法应予以解除,被告对原告的损失依法应承担赔偿责任。

(2)一审判决认定双方的商标使用权转让协议无效并解除双方的企业名称权转让协议,却没有依法判令被告返还收取的商标使用权转让费和企业名称权转让费,适用法律错误。被告至少收取了原告商标使用权转让费3000元、企业名称权转让费3万元。吴某华个人签名的证据就有上述款项的收条,一审判决不予认定,适用法律错误。

(3)一审判决既认定双方的商标使用权转让协议无效并解除了双方的企业名称转让协议,但又没有依法判令被告返还收取的商标使用权转让费和企业名称权转让费,自相矛盾。一审判决对其不采用的证据使用了推测的解释,违反法律规定。

(4)一审判决判令被告赔偿原告2万元人民币,数额明显偏低。按双方签订的合同关于定金罚责的约定,原告就应获得2万元的赔偿,一审判决既然已认定双方的商标使用权转让协议无效并解除双方的企业名称权转让协议,且认定被告具有过错和违约行为,就应依法判令被告赔偿原告因此而遭受的其他损失。

被告二审辩称意见与一审意见一致。

---

① 现为《民法典》第1064条相关内容。

**律师观点：**

1. 被告傅某端与本案没有直接利害关系，不是本案的适格主体。

原告提起的诉讼是违约之诉，被告傅某端并不是涉案合同《设备转让协议》《名称转让协议》的当事人，虽然被告傅某端与被告吴某哲系夫妻关系，但原告并没有证据证明其与被告傅某端之间具有法律关系或其他利害关系，因此傅某端不是本案适格的被告。

2.《设备转让协议》对涉案商标的约定实际是商标许可使用，因未取得权利人许可或追认，应认定无效。

从2006年3月21日签订的《设备转让协议》的有关条款内容来看，第1条第(1)项约定由原告刘某党与被告吴某华等两人共用"麦乐基"商标，第(2)项虽然约定由原告刘某党个人使用，但按照第(4)项的约定，原麦乐基店仍然可以使用"麦乐基"商标，原告刘某党无权干涉，不管当事人最终是按照第(1)项还是第(2)项履行合同，原告都不可能取得涉案"麦乐基"商标的所有权，因此，当事人上述约定的法律关系性质是"麦乐基"商标的使用许可而不是转让。由于"麦乐基"商标系由案外人何某朝于2005年6月30日向国家工商行政管理总局商标局申请注册，被告林某、吴某哲、吴某华无权许可被告使用，且其在协议签署后没有取得处分权或经权利人追认，因此，根据《合同法》第51条①的规定，涉案商标使用许可条款无效。

3.《名称转让协议》合法有效，但被告行为已构成根本违约，应当解除。

"柳州市麦乐基脆皮炸鸡店"由被告林某、吴某哲、吴某华共同经营、所有，并经工商行政管理部门合法登记依法成立。因此，被告林某、吴某哲、吴某华享有合法的企业名称权，有权转让，故双方签订的《名称转让协议》合法有效。根据原、被告双方签订的《名称转让协议》，被告林某、吴某哲、吴某华应将其享有的"柳州市麦乐基脆皮炸鸡店"企业名称权全部转让给原告，其不得继续使用。但合同签订后，被告林某、吴某哲、吴某华未履行约定的义务，未办理原营业执照注销手续，并将注销登记证明交给原告，仍然继续使用该企业名称，致使原告无法取得营业执照及"柳州市麦乐基脆皮炸鸡店"企业名称权，因此，被告林某、吴某哲、吴某华构成根本违约，《名称转让协议》依法应予解除。

4.《设备转让协议》中的设备转让条款合法有效，主要义务已履行完毕，且该条款与商标许可使用条款、《名称转让协议》互相独立，效力不受影响，不应解除。

(1)当事人在上述协议中约定的设备转让条款系当事人真实意思表示，内容

---

① 现为《民法典》第51条相关内容。

没有违反法律、行政法规的强制性、禁止性规定,约定合法有效是正确的。从被告提供的证据来看,能证明被告已将设备转让给原告。被告吴某哲在庭审中亦承认已收到原告设备转让款 60,800 元,原告也已使用了转让的设备 3 年多。因此,《设备转让协议》中的设备转让条款主要义务已履行完毕。

(2)《设备转让协议》与《名称转让协议》互相独立,《名称转让协议》的解除不影响设备转让条款效力。《设备转让协议》是原告刘某党与被告吴某华于 2006 年 3 月 21 日签订,而《名称转让协议》是原告高某燕与被告林某于 2006 年 4 月 10 日签订,两份合同签订的时间不同、主体不同、权利义务的内容不同,虽然两原告系夫妻,但原告刘某党与被告吴某华在签订《设备转让协议》时并没有明示其受让涉案设备的目的就是获得"麦乐基"注册商标的专有使用权和"柳州市麦乐基脆皮炸鸡"企业名称权,事实上被告吴某华也根本无法预见到原告刘某党在签订《设备转让协议》后还进一步要求转让"柳州市麦乐基脆皮炸鸡"企业名称权。

(3)《设备转让协议》中的商标使用许可条款和设备转让条款,两者法律关系性质不同,内容相对独立,即使商标使用许可条款和设备转让条款有主从关系,因合同的名称为《设备转让协议》,且协议中的大量篇幅都是设备转让条款,故亦应认定主合同系设备转让条款,因此,商标使用许可条款无效并不影响设备转让条款的履行。

5. 原告提出的赔偿损失部分无证据证明是被告违约行为的直接经济损失,法院只能支持部分。

《设备转让协议》中的商标使用许可条款因被告林某、吴某哲、吴某华对涉案商标"麦乐基"无权处分而无效,主要过错在于被告,依照《合同法》第 58 条①的规定,被告应赔偿原告因此所遭受的损失。原告刘某党疏于审查被告对涉案商标是否享有处分权,对导致合同无效亦有一定的过错,应承担次要责任。

《名称转让协议》因三被告没有及时履行合同主要义务而构成根本违约,依照《合同法》第 107 条②的规定,三被告林某、吴某哲、吴某华应承担赔偿损失等违约责任。

《设备转让协议》包含设备转让条款和商标使用许可条款两个法律关系,虽然商标使用许可条款无效,但设备转让条款的主要合同义务已履行完毕,依照《合

---

① 现为《民法典》第 157 条相关内容。
② 现为《民法典》第 577 条相关内容。

同法》第115条①的规定,债务人履行债务后,定金应当抵作价款或者收回,原告可以要求被告返还定金。原告主张的其他赔偿款项如租金、人工费、行政处罚罚金、办理卫生许可证费用、广告印刷费、购置设备费、购置物品费用及购置食品、原料、配料费用、运输费,因原告无法证明上述款项的支出就是商标使用许可条款无效及"名称转让协议"的解除所造成的直接经济损失,所以法院不会全额支持。

**二审判决:**

1. 维持一审判决第1项、4项;

2. 撤销一审判决第3项;

3. 变更第2项为:三被告林某、吴某哲、吴某华连带赔偿原告经济损失3万元人民币;

4. 三被告林某、吴某哲、吴某华连带返还原告刘某党商标使用许可费4000元人民币;

5. 三被告林某、吴某哲、吴某华连带返还原告刘某党按"设备转让协议"的约定已交付的定金2万元人民币;

6. 驳回原告其他诉讼请求。

**18. 将与他人企业名称中的字号相同或者近似的文字注册为商标,是否构成侵权?如何判断相关公众是否对企业名称所有人与商标注册人产生误认或者误解?**

将与他人企业名称中的字号相同或者近似的文字注册为商标,引起相关公众对企业名称所有人与商标注册人的误认或者误解的,构成对他人企业名称专有权的侵权。

判断是否容易引起相关公众的误认或误解,应以相关公众的一般注意力为标准。所谓相关公众,是指与商标所标识的某类商品或者服务有关的消费者和与前述商品或者服务的营销有密切关系的其他经营者。

如果系争商标的注册与使用将会导致相关公众误以为该商标所标识的商品或服务来自于商号权人,或者与商号权人有某种特定联系,可以认定系争商标容易与在先商号发生混淆,容易引起相关公众的误认或误解。是否可能损害在先商号权人的利益,应当综合考虑下列各项因素:

---

① 现为《民法典》第587条相关内容。

(1)在先商号的独创性。

如果商号所使用的文字并非常见的词语,而是没有确切含义的臆造词汇,则可以认定其具有独创性。

(2)在先商号的知名度。

认定在先商号在相关公众中是否具有知名度,应从商号的登记时间、使用该商号从事经营活动的时间跨度、地域范围、经营业绩、广告宣传情况等方面来考察。

(3)系争商标指定使用的商品/服务与商号权人提供的商品/服务原则上应当相同或者类似。

**【案例9】未证明商号知名度　商标"同"商号不属侵权**[①]

**原告:** 德源公司

**被告:** 卢某某、日升公司

**诉讼请求:** 判令两被告立即停止侵犯原告的商号权及不正当竞争的行为,共同赔偿原告经济损失10万元人民币(含原告合理的诉讼支出)并承担本案的诉讼费用。

**争议焦点:** 如何判断将在先企业名称的字号注册为商标属于不正当竞争的侵权行为,诉争字号是否享有较高知名度是否可能导致公众混淆或误解,是否造成对字号权利人的损害。

**基本案情:**

原告于1998年8月27日经泉州市工商行政管理局核准后成立,经营范围包括生产、制造轴承、汽车配件。

被告日升公司于2003年7月28日在杭州成立,法定代表人被告卢某某,经营范围包括:批发零售轴承、轴承座及配件等。

兴业公司于2001年期间作为原告杭州总经销,销售该公司生产的轴承等产品。2001年至2002年,被告卢某某作为兴业公司业务员,参与经销原告生产的轴承产品。

2004年10月14日,被告卢某某取得了注册号为第3399259号的"德源"文字商标,核定使用的商品为第7类(包括轴承等商品),注册有效期自2004年10月14日至2014年10月13日止,该商标至今有效。

---

[①] 参见浙江省高级人民法院(2009)浙知终字第51号民事判决书。

被告卢某某将其所有的第3399259号"德源"注册商标许可被告日升公司使用,许可方式为普通许可,许可期限自2004年10月14日至2014年10月13日。

2007年10月22日,被告卢某某将该商标许可合同报国家工商行政管理总局商标局予以备案。

被告日升公司在其网站上声称其经营的品牌为"RSB／德源",同时在其宣传材料中称其主要以生产和销售"RSB"品牌轴承为主,同时代理和销售国内外各种知名品牌轴承。

**原告诉称:**

原告注册在先,被告卢某某利用经销原告产品的机会,将原告字号注册为商标并许可其所有的被告日升公司使用,被告卢某某、被告日升公司的行为侵犯了其企业商号权并构成不正当竞争。

**被告卢某某、被告日升公司辩称:**

被告将"德源"注册为商标的行为并不存在恶意,系正常合法的行为,且与原告的商号权并不冲突。原告在被告申请商标的异议期内未提出异议,应视为已认可了被告的注册行为。故原告的请求于法无据,应予驳回。

**一审认为:**

1. 商标与高知名度在先企业字号相似并引起公众混淆时应认定为不正当竞争。

商标是区分不同商品或服务来源的标志;企业名称是区别不同市场主体的标志。商标权与企业名称权均是经法定程序确认的两项不同的民事权利,依法受到法律保护。

企业名称经核准登记后,权利人享有在不侵犯他人合法权益的基础上使用企业名称进行民事活动、在相同行政区划范围内阻止他人登记同一名称即禁止他人假冒企业名称的民事权利。商标经核准注册后,权利人享有商标专用权和禁止权(禁止他人在相同和相似的商品或者服务上使用相同或者近似的商标的权利)。

商标权与企业名称权作为各自独立存在的民事权利,在通常情况下,两者并不互相排斥,即商标权不能限制合法取得的企业名称权的行使,企业名称权也无权禁止注册商标权的行使。但当商标中的文字和在先企业名称中具有很高知名度字号相同或相近似,并使他人对市场主体及其商品来源或者服务的来源的混淆,即引起相关公众对企业名称所有人与商标注册人的误认或者误解时,使用该注册商标的行为可认定为违反公平和诚实信用原则的不正当竞争行为。

2. 原告未提供证据证明其商号的知名度,也没有证据证明商标和商号可能引起公众混淆。

本案中,原告之企业名称权相对于"德源"注册商标权而言,其属于在先权利,且该企业字号与"德源"注册商标相同;但要认定在轴承等产品上使用"德源"商标的行为构成对原告的不正当竞争,还须同时具备该"德源"商号具有很高的知名度、相关公众会对两者的混淆等要件。然而,一方面,原告未提供任何证据证明其"德源"商号具有一定的知名度及较强的显著性,即原告不能证明在消费者心中,"德源"商号已成为原告与其他同行业产品主体和商品来源的主要识别性商业标识;另一方面,原告与被告日升公司生产、销售的产品上所使用的商标、企业名称、地址等方面均不一致,相关消费者根据上述标识足以区分两者产品,并不会引起相关公众对两种产品来源的混淆、误认,或者使相关公众认为被告日升公司产品与原告具有某种特定联系,导致对产品的市场主体或来源产生混淆。事实上,原告也并没有提供任何证据表明上述两种产品已经产生混淆之事实。

因此,被告卢某某、被告日升公司在经营活动中使用"德源"商标,属于其作为商标注册人及被许可使用人应有的一项权利,并无不当。

**一审判决:**

驳回原告的诉讼请求。

原告不服一审判决,向上级人民法院提起上诉。

**原告上诉称:**

1. 原审判决忽视诚实信用原则的基本要求,回避了被告卢某某作为原告代理商员工的特殊身份,并未准确区分"恶意注册"与"合理使用"的界限;

2. 原告的"德源"字号为在先权利,被告卢某某曾是原告杭州地区代理商的员工,对原告企业字号以及产品信息、销售渠道等应当十分清楚,有意将原告的字号注册为商标,该行为应认定为恶意;

3. 被告卢某某将原告的字号注册为商标,并使用于与原告主营范围相同的商品,相关消费者基于对被告卢某某的身份的认识,极易认为被告日升公司的商品或者服务与原告之间存在某种法律上、经济上、组织上的关联,足以造成消费者的混淆、误认。

**被告卢某某、被告日升公司二审辩称:**

1. 被告卢某某注册"德源"商标的行为属于正当民事行为,并未侵犯原告的"商号权",亦不构成不正当竞争;

2. 原告的商号仅仅在泉州市丰泽区注册,其没有提供相关知名度的证据,也没有提供混淆的证据,且在现实中,有大量以"德源"作为字号且早于原告的

企业;

3."德源"作为字号,已经公开使用,原告认为被告卢某某存在恶意缺乏相应的理由;

4.原告并没有在被告卢某某申请商标公告期内提出异议,现要求不得使用没有法律依据。

**律师观点:**

1.商号权和商标权产生冲突时,应当遵守诚实信用、保护在先权利及禁止混淆三个处理原则。

商号是一个企业的商业活动与其他企业的商业活动区别开来的标记;商标是生产经营者在自己提供的商品或服务上使用的标记。商号权和商标权同属知识产权项下的识别性标志权,两种民事权利均受法律的保护。对两种权利冲突的处理应当遵守诚实信用、保护在先权利及禁止混淆三个原则,三者缺一不可。相关公众对商品或者服务是否产生混淆、误认应该作为判断是否构成侵权的一个必要前提。

2.原告没有足够证据证明被告产品可能导致公众混淆。

尽管原告的商号权相对于被告卢某某的"德源"注册商标权而言,属于在先权利,且被告卢某某作为原告原代理商兴业公司的员工,有可能属于明知的情形,但是在原告没有提供足够证据证明被告日升公司所生产、销售的产品与其所生产、销售的产品已经导致消费者误认、混淆(包括混淆可能性)的前提下,认定被告卢某某、被告日升公司侵犯原告的商号权,属于不正当竞争缺乏事实与法律依据。

3.原告没有证据证明其商号的知名度,也未证明被告的行为对原告造成了损害。

从一般意义上讲,商号有两个方面的含义:一是名称方面,仅仅涉及企业的名称和身份;二是财产权方面,是指商号,尤其是其中的字号所体现出来的商誉和声誉。后注册的商标对在先使用的商号是否构成不正当竞争,关键在于在后的商标注册人及被许可使用人是否利用了在先使用商号的商誉或声誉获取了不正当的利益,即是否造成了在先使用商号权人的经济利益的损害(包括损害的可能性)。

具体到本案中,原告既没有提供证据证明,被告日升公司所销售的标注为"德源"商标的轴承已经导致相关消费者混淆(包括混淆的可能性),且不合理地侵占了在先使用商号权人即原告的市场,造成了对原告经济利益的损害(包括损害的可能性);也没有提供证据证明,其商号在轴承行业具有一定的知名度,被告日升公司存在攀附利用其商号知名度造成消费者混淆的故意。相反,原告和被告日升公司生产、销售的产品所使用的商标、企业名称、地址等方面均不一致,相关消费者根据上述标志足以区分两者的产品,并不会引起相关消费者产生混淆或者误认。原告也确认该两者产品在外包装的差异并不会使相关消费者产生误认、混淆。

再者,原告的企业注册地在福建省泉州市丰泽区,而被告日升公司的企业注册地在浙江省杭州市,两者地域范围存在较大的不同。如果以不享有较高知名度的商号权去禁止他人在全国范围内注册的商标权的使用是不公平的,亦不符合权利冲突处理的原则。

综上,被告卢某某、被告日升公司在经营活动中使用"德源"商标,并未侵犯原告的企业商号权,亦不构成不正当竞争。

**二审判决:**

驳回上诉,维持原判。

## 【案例10】字号早于商标且未突出使用　未攀附未误导不构成侵权[①]

**原告:** 滕王阁公司

**被告:** 保宁公司

**诉讼请求:**

1. 依法确认被告的企业名称侵犯了原告"保宁"注册商标的在先权利;
2. 判令被告立即停止使用与原告在先注册商标"保宁"相同的企业名称。

**争议焦点:**

1. 诉争字号是否先于商标注册登记;
2. "保宁"标识是否系原告独创,是否具有固有性,被告使用"保宁"作为字号是否具有主观恶意;
3. 被告在其产品外包装上使用"保宁"字号是否足以造成相关公众对其产品来源的误认。

**基本案情:**

原告与被告系同处四川省阆中市的药品生产企业。

1985年12月,经国家商标局核准,阆中县中药材公司饮片加工厂取得了商标注册证号为1648518号的"保宁"商标,核定使用商品为第5类,即原料药,中药成

---

[①] 参见四川省高级人民法院(2009)川民终字第155号民事判决书。

药,各种丸、散、膏、丹,生化药品,药酒。该注册商标为文字商标,即"保宁"变形文字,下方为"BAONING"拼音。"保宁"商标在2000年、2003年、2006年被南充市工商行政管理局评为知名商标。

原告2000年4月27日成立后,于当年12月28日受让取得"保宁"注册商标专用权。

1999年2月9日,被告原法定代表人赵某乐购买了四川保宁制药厂,1999年5月6日,被告以"四川保宁制药有限公司"为企业名称向工商行政管理部门申请注册登记,1999年5月24日经核准成立,经营范围为原料药(葡萄糖)、颗粒剂、硬胶囊剂、片剂、散剂、糖浆剂等。

被告的注册商标为和平鸽图案加"金乐"文字的图文组合商标,其产品外包装上完整地使用了"四川保宁制药有限公司"企业全称,同时标注了"金乐"图文组合商标。被告的合格证为椭圆形透明塑胶纸,上方为"金乐"图文组合商标加注册商标标记®,中部为"合格证",下方为"四川保宁",贴附于产品外包装的封口处。

原告经国家药监局批准的产品种类只有两种,其2004年至2006年的年产销量均在60万元左右。而被告经国家药监局批准的产品种类有38种。

此外,《阆中县志》记载,"元至元十三年至民国初,阆中一直为保宁府治","保宁"原系阆中市行政区划中一个镇的名称,地处阆中市城区,于1981年经四川省人民政府批准由阆中县城关镇更名而来,至2003年3月因撤销镇建制,改设为保宁街道办事处。

**原告诉称:**

原告的商标多次被评选为"南充市知名商标",被告在明知的情况下将"保宁"注册为其企业字号,明显存在主观恶意。被告的行为侵犯了原告的合法权益。

**被告辩称:**

被告注册成立时,原告商标并不具有知名度,被告也没有侵犯原告商标权的恶意。被告没有在药品外包装上突出使用"保宁"文字,相关公众不会产生混淆。原告主张于法无据,应予驳回。

**一审认为:**

1. 商标专用权和企业名称权发生冲突时,应当适用维护公平竞争、尊重和保护在先合法权利和禁止混淆的原则进行处理。

商标是区别不同商品或服务来源的标志。企业名称是区别不同市场主体的标志,由行政区划、字号、行业或经营特点、组织形式等构成,其中字号又是区别不同企业的主要标志。商标权和企业名称权均是经法定程序确认的独立权利，分别受商标法律法规和民法通则、企业名称登记管理法规的调整和保护。本案中，原告依法享有第1648518号"保宁"注册商标专用权，而被告经合法注册成立，依法享有企业名称权，享有在不侵犯他人合法权益基础上使用企业名称进行民事活动的权利。当不同权利主体的商标专用权和企业名称权发生冲突时，应当适用维护公平竞争、尊重和保护在先合法权利和禁止混淆的原则进行处理。

2. 被告将"保宁"文字登记为企业名称中的字号在主观上并无恶意。

阆中在历史上曾被称为"保宁府"，1981年至2003年3月"保宁"系阆中市行政区划中地处阆中市城区的一个镇的名称，2003年3月之后改设为保宁街道办事处。在阆中有很多以"保宁"命名的产品和企业，如"保宁蒸馍""四川保宁醋有限公司"等，从某种意义上讲，"保宁"已成为阆中的代名词。被告的前身是四川保宁制药厂，1999年由自然人赵某乐购买后，在保留"保宁"字号的同时重新设立了四川保宁制药有限公司，由此可见，被告将"保宁"文字登记为企业名称中的字号在主观上并无恶意。

3. 被告的行为未引起相关公众对商标专用权人和企业名称所有人的混淆和误认。

《最高人民法院关于审理商标民事纠纷案件适用法律若干问题的解释》第1条第1项规定"将与他人注册商标相同或近似的文字作为企业的字号在相同或者类似商品上突出使用，容易使相关公众产生误认的"，属于给他人注册商标专用权造成其他损害的行为。

该种侵权行为必须同时具备下列构成要件：(1)文字相同或近似；(2)在相同或类似商品上使用；(3)突出使用；(4)结果是容易使相关公众产生误认。而"突出使用"是指企业字号在字体、字号、颜色等方面突出醒目地使用与商标权人注册商标相同或近似的文字，使人在视觉上产生混淆的行为。

本案中，被告在所有产品外包装上均整体规范地使用了其经核准登记的企业名称，同时还使用了本企业的"金乐"图文组合商标，不存在任何突出使用"保宁"文字的情形，其在合格证下方所标注的"四川保宁"文字也已被四川省高级人民法院(2008)川民终字第191号民事判决认定为合理使用。原告虽然举出了曾三次被南充市工商行政管理局评为"南充市知名商标"的证据，但其获奖时间是在被告登记成立之后，没有证据表明在被告成立之前，"保宁"商标已经具有一定知名度。因此，被告将"保宁"作为字号进行企业名称登记，不会使相关公众认为"保宁"商标注册人与被告具有关联性，不会导致相关公众对商标专用权人和企业名称所有人的混淆和误认，故被告的行为不构成对注册商标专用权的侵犯。

**一审判决:**

判决驳回原告的诉讼请求。

原告不服一审判决,向上级人民法院提起上诉。

**原告上诉称:**

1. 原判认定事实有误。

(1)原判认定被告将"保宁"文字登记为企业名称中的字号在主观上无恶意与客观事实不符;

(2)原判认定被告在所有产品外包装上均整体规范使用了其经核准登记的企业名称,不存在突出使用"保宁"文字情形与事实不符;

(3)原判认为被告在合格证下方所标注的"四川保宁"文字已被四川省高级人民法院(2008)川民终字第191号民事判决认定为合理使用与事实不符。

2. 原判适用法律有误。

(1)行政区划地名不得作为企业名称字号进行工商登记,原判认定"保宁"为地名、"保宁"系阆中的代名词,又认定"保宁"为被告字号是自相矛盾;

(2)原判以原告在被侵权期间产值不高、产品种类不及被告多作为认定被告侵权行为不足以导致相关公众对"保宁"商标专用权人和企业名称所有人的混淆和误认的前提和基础,与法相悖;

(3)原判以原告"保宁"商标被南充市工商行政管理局评为"南充市知名商标"的时间均在被告登记成立之后为由,认定被告侵权行为不会使相关公众混淆和误认是违背客观实际的。

**被告二审辩称:**

被告是在保留原四川保宁制药厂字号基础上形成的,"保宁"在阆中是特定的地域文化,可以理解成阆中的代名词,被告办理工商登记时没有恶意。四川保宁制药文字使用的合理性已被人民法院生效判决所确认,被告没有在药品外包装上突出使用保宁文字,相关公众不会产生混淆。被告在核准登记企业名称时,原告"保宁"商标不具有知名度,对原告认为"保宁"商标具有一定区域知名度的看法不予认同。原判认定事实清楚,适用法律正确。请求二审法院驳回上诉,维持原判。

**律师观点:**

1. 商标权和企业名称权发生冲突时,应当依照诚实信用、维护公平竞争和保护在先权利等原则处理。

商标是区别不同商品或者服务来源的标志,企业名称是区别不同市场主体的标志,字号是企业名称的核心组成部分。字号与商标均属于识别性标记,但分别受不同的法律法规调整,经过合法注册产生的注册商标专用权和经依法核准登记产生的企业名称权均为合法权利。当两种权利发生冲突时,人民法院应当依照诚实信用、维护公平竞争和保护在先权利等原则处理。

2. 被告使用"保宁"字号无主观恶意。

在阆中,"保宁"名称的由来有其历史渊源。从元朝设立"保宁府"管治阆中等县开始,至明清二代阆中一直为"保宁府"辖治。1981年至2003年3月,保宁镇系阆中市行政区划中的一个区级镇,2003年3月之后改设为保宁街道办事处。在阆中有很多以"保宁"命名的产品和企业,如"保宁醋""四川保宁醋有限公司"等。

被告的前身是四川保宁制药厂,也是以"保宁"命名的企业。1999年该厂改制为有限责任公司时保留了"保宁"字号。可见,被告使用"保宁"字号有其历史因素,没有违反诚实信用的商业道德。

3. 原告的商标固有性显著不足。

在相同商品上原告注册商标虽先行使用"保宁"标识,但该标识并非由原告或在先的阆中县中药材公司饮片加工厂臆造,固有显著性不足。原告也没有提交证据证明在被告成立之前,"保宁"商标经过使用已经在药品行业的相关公众中具有一定知名度,被告使用其作为企业字号具有明显的攀附故意。

4. 原告证据不足以证明被告的行为容易使公众产生误认。

《最高人民法院关于审理商标民事纠纷案件适用法律若干问题的解释》第1条第1项规定"将与他人注册商标相同或者相近似的文字作为企业的字号在相同或者类似商品上突出使用,容易使相关公众产生误认的",属给他人注册商标专用权造成其他损害的行为。

本案中,被告字号虽使用于与原告同类商品上,但原告所提交证据均不足以证明被告在其产品外包装上突出使用"保宁"字号并足以造成相关公众对二者来源的误认。

原告"保宁"商标采用圆圈内的"保宁"变形文字加下方"BAONING"拼音组合,与被告产品外包装上的"保宁"文字相比,二者视觉差异较大。并且,被告产品外包装清楚标明了本企业的"金乐"注册商标,使用字号时不仅有"四川保宁制药"简称,还规范使用了其经核准登记的企业名称"四川保宁制药有限公司",相关公众在销售、购买产品时会清楚认识该产品来源于被告,不会与原告相同或类似产品相混淆。

5. 被告成立后原告才取得商标所有权。

原告受让"保宁"注册商标时被告已经成立,原告受让时应当清楚在同一行业的同类商品上其"保宁"商标与被告"保宁"字号同时存在的情况。

**二审判决：**

驳回上诉,维持原判。

**19. 企业将与他人注册商标相同或者相近似的文字作为企业的字号是否构成对他人注册商标的侵权？如何理解"商标相同""商标近似"？**

对违反诚实信用原则,使用与他人注册商标中的文字相同或者近似的企业字号,足以使相关公众对其商品或者服务的来源产生混淆的,根据当事人的诉讼请求,构成对他人注册商标的侵权。判断是否构成对注册商标构成侵权,除需考虑是否"足以使相关公众对其商品或者服务的来源产生混淆的",还需考虑是否违反诚实信用原则,具体如下：

（1）在后商号的权利人恶意登记与在先注册商标相同的商号,最常见的便是大量商号"傍"驰名商标或著名商标的情况。对于这种情况,若将与他人注册商标相同或者相近似的文字作为企业的字号,容易使相关公众产生误认的,则法院应当认定在后商号构成对在先商标权的侵犯。

（2）在后商号的权利人在不知情的情况下登记了与在先商标相同的商号,也即"善意"地发生了权利碰撞。这里同样又包括两个方面：一方面,将他人驰名商标作为商号登记,因其对公众造成欺骗或误解而本不应给予注册,但却因我国企业名称登记前既不与商标实行联检,在确权过程中又无公示、异议程序,因而导致善意地将他人的驰名商标作为商号登记的情况"合法"地产生和存在。对于该种情况,通常是依据驰名商标的扩大保护原则、保护在先权利等规定对在后商号予以撤销,尚不缺乏权利救济的基本途径;另一方面,大量的非驰名商标被善意地作为商号登记,并因其不构成法律对企业名称不得含有"对公众造成欺骗或误解的文字"的规定而成为合法的商号权,对此,法院现行的做法一般是认定在后善意登记的商号不构成侵权。

**【案例11】搭驰名商标便车　企业字号被判停用**[1]

**原告：**中化公司

**被告：**杭州中化公司、上海中化公司、恒丰公司

---

[1] 参见北京市第一中级人民法院(2003)一中民初字第9923号民事判决书。

**诉讼请求：**

1. 终止三被告签订的《信息合同》，三被告立即停止针对原告注册商标专用权的侵权行为和不正当竞争行为；

2. 禁止被告杭州中化限公司、上海中化公司在其企业名称、网站、商品及所有相关服务上使用原告的注册商标；

3. 被告杭州中化公司赔偿原告经济损失300万元；

4. 三被告就其侵权行为消除影响，向原告公开赔礼道歉。

**争议焦点：**

1. 原告的商标被认定为驰名商标是否合法有效；

2. 被告杭州中化公司、被告上海中化公司的行为是否借用了原告商标的知名度，是否可能造成公众误解；

3. 被告恒丰公司因误解而与其他两被告签订合同，是否需向原告承担商标侵权责任；

4. 如何认定被告的侵权行为给原告造成的损失，金额应当如何确定。

**基本案情：**

原告是我国特大型国有企业，成立于1950年，在新中国成立初期承担为国家进口急需的生产、生活和战略物资的任务。自20世纪60年代初，正式调整为专营石油、化工、医药、医疗器械的专业进出口公司，并开始逐步使用"中化"作为其简称，至今已有40余年的历史。自70年代开始，该公司以"中化"（SINOCHEM）的品牌享誉国际石油化工领域，成为国际贸易界举足轻重的化工品贸易商。在国内，其年贸易额长期位于国内同行业榜首。该公司先后14次被美国《财富》杂志评为全球500强企业之一，2002年销售收入排名第248位，"中化"（SINOCHEM）在全国乃至世界范围内拥有极高知名度和良好的声誉。

原告于1988年获得国家商标局颁发的两个商标注册证，其核准注册的商标均为一椭圆加"中化"加"SINOCHEM"的图文组合商标（以下简称涉案商标）。其中，"SINOCHEM"为原告的英文简称。该商标注册证号分别为315477号、316788号，分别核定使用于第26类及第28类即化工原料、化学试剂、白乳胶和工业用染料、釉料、食用染料等商品。该两件商标于1998年被国家商标局核准续展注册至2008年。

2002年2月8日，国家商标局发出商标监〔2002〕9号"关于认定'中化'等商标为驰名商标的通知"，认定包括"中化"在内的6件商标为驰名商标。

2002年11月22日，原告获得国家商标局颁发的"中化"文字商标的商标注册证,该商标注册证号为 1951056 号,核定使用服务项目为第 35 类,包括饭店管理、广告代理、广告宣传、计算机数据库信息编入、计算机数据库信息系统化、进出口代理、贸易业务的专业咨询、商业信息、推销(替他人)(商品截止)。

被告杭州中化公司于 2000 年 8 月 7 日经核准注册成立,其经营范围主要包括技术开发、服务,计算机网络工程,电子商务等。该公司主营"中国化工网"(http://www.hi2000.com),并以此对外从事营利性商业服务。在该网站页面上,被告杭州中化公司屡次并多处使用了"中化"二字作为缩略语,如"中化信箱""中化网络""今日中化"等。

被告上海中化公司是被告杭州中化公司在上海设立的控股子公司,于 2002 年 4 月 26 日经核准注册成立,专门从事互联网信息服务。

2003 年 3 月 6 日,被告杭州中化公司、被告上海中化公司(甲方)与被告恒丰公司(乙方)在北京签署了《信息合同》,约定"甲方负责把乙方的企业名称及所有产品的信息分类加入其网站上;甲方为乙方提供 50 兆的硬盘空间,此硬盘空间由甲方安放在北京电报大楼",甲乙双方还约定,"此信息合同的服务期限为一年,总价款为 16,000 元人民币"。在信息合同签订后,被告恒丰公司依据该合同支付了 60% 的价款,即 9600 元人民币。2003 年 4 月 7 日,被告恒丰公司按约支付了合同全部尾款 6400 元人民币。

**原告诉称:**

被告杭州中化公司、上海中化公司企业名称中的字号或商号与原告依法注册并被认定为驰名的商标相同或相近似,易使相关公众产生误认,事实上,被告恒丰公司对此已构成了误认。被告杭州中化公司、上海中化公司将原告的注册商标用于其企业名称并与被告恒丰公司在北京签订信息合同的行为侵犯了原告的注册商标专用权,同时违反了《反不正当竞争法》的有关规定。

**被告杭州中化公司辩称:**

1. 被告使用"中化"作为字号并未与原告的注册商标产生混淆或误认。

原告与被告杭州中化公司双方分属于两个截然不同行业领域。被告杭州中化公司之所以将"中化"作为公司字号,是对其主营网站"中国化工网"的简称,并非有意抄袭、模仿原告的注册商标。被告恒丰公司在原告起诉后仍按信息合同的规定支付了合同尾款 6400 元人民币,且在此之前从未提出过任何异议或征询,上述行为表明其并未对该公司和原告产生混淆或误认。

2. 原告的"中化"未经注册就被认定为驰名商标是非法的,原告侵犯被告杭州中化公司字号的在先权利。

由于原告的"中化"文字商标被认定为驰名商标之前并未经核准注册,其被认定为驰名商标是非法的,该公司企业字号先于原告以相同文字申请注册的商标获得核准,原告的"中化"文字商标系侵犯了被告杭州中化公司字号的在先权利,故该公司已向商标局提出撤销原告驰名商标的申请;并且"中化"作为"中国化工"领域通用名称的简称被作为商标注册也是不合法的,原告无权禁止他人正当使用。

综上,被告杭州中化公司有理由认为原告的理由不正当,请求法院驳回原告的请求。

**被告上海中化公司辩称:**

被告上海中化公司为被告杭州中化公司在上海设立的控股子公司,专门从事互联网信息服务。该公司的企业名称获准登记的时间比原告"中化"文字商标获准注册的时间早7个月,故该公司就企业名称享有的在先权利应受合法保护。其他答辩意见与被告杭州中化公司一致。

**被告恒丰公司辩称:**

在签署信息合同时,被告杭州中化公司、被告上海中化公司在合同中及其网站上一直使用"中化"及"中国化工网"等名称,且从事与化工有关的业务,考虑到"中化"在化工行业的影响力,该公司一直以为被告杭州中化公司、被告上海中化公司是原告的下属企业,该网站是原告开办经营的,因此是在毫不知情的情况下签订了该信息合同,该公司保留对被告杭州中化公司、被告上海中化公司另行起诉的权利。对于原告所提出的对侵权行为消除影响并公开赔礼道歉的请求,该公司表示愿意采取相应的措施予以弥补。

**律师观点:**

1. 国家商标局认定原告的"中化"商标为驰名商标正确。

本案中,原告成立于1950年,是在全球具有相当信誉的综合型国际企业集团。60年代起,该公司正式调整为专业进出口公司后,开始逐步使用"中化"作为其简称,至今已有40余年的历史。此后,该公司逐步以"中化"(SINOCHEM)作为其商标使用,并通过其经营,使该品牌享誉国际石油化工领域。在国内,其年贸易额长期位于国内同行业榜首。从该公司先后14次被美国《财富》杂志评为全球500强企业之一、2002年销售收入排名第248位的情况来看,其使用的"中化"(SINOCHEM)简称及标识在全国乃至世界范围内已拥有极高知名度和良好的声誉。1988年,原告经国家商标局核准在第26类、28类商品上注册了涉案商标。在该商标中,"中化""SINOCHEM"构成了该组合商标的文字部分,是该商标的主要部分,亦是相关公众识别该商标的依据。因"中化""SINOCHEM"分别为原告的中、英文简称,且该中、英文简称已长期在国际贸易领域正式使用并被相关公众所熟知和认可,因此在原告将其中、英文简称作为商标核准注册后,原告在其简称上所体现的商业信誉、产品声誉等自然可以体现在涉案商标上。在化工领域,"中化"无论作为原告的中文简称还是注册商标,均与原告有着密切的关系。由此,国家商标局认定"中化"商标为驰名商标并无不妥。

因此,根据涉案商标从相关公众对商标的知晓程度,持续使用时间,驰名范围等方面综合考虑,可以认定涉案商标在2000年被告杭州中化公司成立之前即为驰名商标。被告杭州中化公司、被告上海中化公司以国家商标局认定"中化"为驰名商标非法为由进行抗辩,不应予以支持。

2. 被告杭州中化公司、被告上海中化公司的行为具有"搭便车"的故意。

从被告杭州中化公司所经营的"中国化工网"以及被告上海中化公司作为其控股子公司与被告杭州中化公司共同就该网站提供营利性商业服务的行为来看,基于原告的"中化"商标为驰名商标,且二被告从事的经营活动均与化工领域有关,故二被告应当知道使用"中化"作为企业名称会误导消费者,并足以使公众误认为二被告与原告存在某种关联关系或为同一市场主体,使他人对商品或服务的来源产生混淆,其行为具有明显的"搭便车"的故意,造成了"中化"驰名商标的淡化。

因此,二被告在申请企业字号时未遵循公平、诚实信用的原则和公认的商业道德,具有明显的过错。其行为属于使用他人驰名商标的主要部分,给他人的驰名商标专用权造成了损害,同时构成不正当竞争,故二被告应承担相应的法律责任。

3. 被告杭州中化公司、被告上海中化公司的行为使被告恒丰公司产生了多次误认,侵犯了原告的商标专用权。

被告杭州中化公司在其经营且对外提供营利性商业服务的"中国化工网"上屡次并多处使用"中化"作为缩略语,如"中化信箱""中化网络""今日中化"等,亦会使相关公众对其提供服务的来源产生混淆。事实上,被告恒丰公司多次表示其在信息合同签订和履行过程中已将二被告误认为原告的下属企业。被告杭州中化公司、被告上海中化公司的行为已经误导了公众,侵犯了原告的商标专用权,同时违反了诚实信用原则,亦构成不正当竞争。

二被告以被告恒丰公司在起诉后仍支付了合同余款继续履行了该合同为由,主张没有造成公众的混淆,从而不构成侵权的主张,因其抗辩理由与所证明的事实没有必然的因果关系,不应予以支持。

4. 被告恒丰公司因误认而与被告杭州中化公司、被告上海中化公司签订合同,不构成对原告的侵权。

被告恒丰公司因受误导与其他二被告签订信息合同,且在商业经营中未使用原告的注册商标,故其行为未侵犯原告的商标专用权,亦不构成不正当竞争,原告有关被告恒丰公司构成侵权的指控,不应予以支持。

5. 原告要求被告杭州中化公司、被告上海中化公司赔偿非法利益的请求不应全部支持。

由于原告没有就其因被侵权所受到的损失及被告杭州中化公司、被告上海中化公司侵权获得的非法利益提供充分的证据,故其要求二被告赔偿经济损失300万元的诉讼请求,不应全部支持。对于二被告应予承担的赔偿数额,应参照二被告侵权的情节、后果等因素予以酌情确定。

**法院判决:**

1. 被告杭州中化公司、被告上海中化公司自判决生效之日起,立即停止在其企业名称、网站、商品及所有相关服务上使用"中化"二字。

2. 被告杭州中化公司、被告上海中化公司自判决生效之日起10日内,赔偿原告经济损失50万元。

3. 被告杭州中化公司、被告上海中化公司自本判决生效之日起连续30日,在"中国化工网"显著位置上登载致歉声明,致歉内容需经法院审核,公开向原告赔礼道歉。逾期不履行,法院将在相关媒体上公布判决主要内容,所需费用由二被告共同承担。

4. 驳回原告的其他诉讼请求。

**【案例12】不恰当使用字号侵犯商标权　诉请撤销变更企业名称决定被驳回**①

**原告:**光芒热水器公司

**被告:**海安县工商局

**第三人:**光芒集团

**诉讼请求:**判令撤销被告作出的责令变更企业名称决定书。

---

① 参见中国法院网 http://www.chinacourt.org/article/detail/2004/04/id/114573.shtml,2012年9月28日访问。

**争议焦点：**

1. 原告字号与第三人的注册商标相同，原告将字号用于本公司商品的行为是否是不恰当使用企业名称的行为；

2. 被告是否享有解决商标与字号冲突的管辖权。

**基本案情：**

1998年4月7日，原告注册成立，从事太阳能热水器生产销售。

2000年4月21日，原告申请注册"沐阳"商标，核定使用商品为太阳能热水器、燃气热水器和电热水器。

1995年12月，第三人经国家商标局核准，受让了靖江某厂的"光芒"注册商标，核定使用于燃气热水器。

2000年4月21日，第三人向国家商标局申领了"光芒"商标注册证，核定使用商品为燃气热水器、太阳能热水器等。

2001年10月15日，江苏省工商局将第三人使用在热水器、煤气灶商品上的"光芒"商标审定为著名商标。

2001年6月起，第三人发现原告在湖南省湘潭市、江西省南昌市、浙江省湖州市等地发布带有"光芒"字样的太阳能热水器的商品宣传资料，即在商品名称太阳能热水器前标有"光芒"二字，其中在南昌市商品宣传资料中，通篇都是光芒太阳能热水器的字样，而没有一处"沐阳"字样。其他宣传资料上都在商品名称前较明显的位置标明"光芒"字样。

2002年年初，第三人以原告未经许可，在市场上销售突出"光芒"字样的太阳能热水器而在消费者中产生误解，给第三人的利益造成损害为由向被告举报。

2002年7月22日，被告作出行政处罚决定，认定原告擅自使用第三人的"光芒"注册商标作为商品名称系不正当竞争行为，责令停止销售，并处罚款3万元。

2002年12月15日，用户谭某向第三人投诉，称其购买的光芒太阳能热水器有质量问题，经第三人核实，该产品为原告生产；原告的保修卡以"光芒"红色大字标注封面。原告住地门前装饰牌也突出使用了"光芒"字号。

2003年，泰州市中级人民法院在第三人诉原告商标侵权一案中，判决原告的行为构成商标侵权。

2002年4月18日，第三人向江苏省工商局提出《关于请求江苏省工商行政管理局责成光芒热水器公司变更企业名称的报告》。

2003年1月20日，江苏省工商局向原告发出《关于将光芒集团对你公司名称争议予以告知的函》，原告于3月12日向该局进行了申辩。同年4月9日，江苏省工商局向南通市工商局发出《关于责令光芒热水器公司更改"光芒"字号的通知》。同年5月8日,被告向原告作出《责令变更企业名称决定书》。该公司不服,于7月5日申请行政复议。南通市工商局于9月4日作出了维持海安工商局处理决定的行政复议决定。

**原告诉称:**

原告无意侵犯第三人的商标专用权,行为发生后,被告只能给原告行政处罚,没有依职权责令原告改变企业名称的权力。现被告应上级工商局的要求责令原告变更企业名称,这是被动的行为,且没有一条法律规定,一个企业只要侵犯了他人商标专用权就一定得变更企业名称。同时,根据《国家工商总局关于解决商标与企业名称中若干问题的意见》,本案的行政处理权应属于江苏省工商局而不是被告。

**被告辩称:**

由于原告的行为系不恰当使用"光芒"字号,根据《国家工商行政管理局关于解决商标与企业名称中若干问题的意见》[1](以下简称《意见》)第10条的规定,我局享有处理权。且由于原告的行为给公众造成欺骗、误解,损害他人的合法权益,我局根据上级工商局通知所作的责令原告变更企业名称的决定并无不当。

**第三人述称:**

被告对原告的行政决定是合法的,原告不恰当地使用"光芒"字号,引起消费者误解,已对我公司的合法权利造成损害。

**律师观点:**

1. 企业名称和商标分别用来区分市场主体和商品,企业名称权与商标权也具有不同的属性。

商标是区别不同商品或者服务来源的标志,由文字、图形或者其组合构成。世界贸易组织《与贸易有关的知识产权协定》规定:"任何标记或标记的组合,只要能将一企业的货物或服务区别于其他企业的货物或服务,即能够构成商标;此类标记,特别是单词,包括人名、字母、数字、图案的成分和颜色的组合以及任何此类标记的组合,均应符合注册为商标的条件……这些标记应为视觉上可感知的。"企业名称是区别于不同市场主体的标志,由行政区划、字号、行业或者经营特点、组织形式构成,其中字号是区别不同企业的主要标志。

商标权是知识产权的一种,有专门法律进行规范,而企业名称权则尚未有专门法律进行规范,只是将其纳入人格权的范畴,适用相关规则予以保护。

---

[1] 该意见已于2014年7月14日起失效。

2. 原告将与他人注册商标同名的字号标注于本公司产品是不恰当使用企业名称的行为,应当予以纠正。

字号主要是企业的标志,而商标则是商品的标志,两者使用是有区别的。如果将字号标在应标商标的位置,就是不妥当的,一旦侵害了别人的商标权,还要承担法律责任。本案原告有自己的商标不用,而是将企业字号"光芒"二字标在商品名称前较明显的位置上,且在保修卡上以"光芒"红色大字标注封面,实际上是让字号发挥商标的作用,是对字号的不当使用。

2000年1月1日,国家工商行政总局实施的《企业名称登记管理实施办法》第41条规定:"已经登记注册的企业名称,在使用中对公众造成欺骗或者误解的,或者损害他人合法权益的,应当认定为不适宜的企业名称予以纠正。"从本案消费者的投诉情况看,热水器公司的行为已使消费者将原告的产品误解为第三人的产品,损害了第三人的利益,应认定为不适宜的企业名称予以纠正。

3. 被告对原告的行为有权作出处理。

《意见》第9条、10条的适用条件是有区别的。《意见》第9条规定:"商标与企业名称混淆的案件,发生在同一省级行政区域内的,由省级工商行政管理局处理;跨省级行政区域的,由国家工商行政管理局处理。对应当变更企业名称的,承办部门会同商标管理部门根据企业名称管理的有关规定作出处理后,交由该企业名称核准机关执行,并报国家工商行政管理局商标局和企业注册局备案。"但本条的适用以商标和企业名称混淆并引起相关公众误认或误解为前提。本案中,如果原告按规定在商标名称前标注"沭阳"二字,并正确使用企业字号"光芒",消费者通常情况下是不会将其太阳能热水器与第三人的相混淆的,也不会产生企业字号与他人商标混淆问题。《意见》第10条规定:"违反商标管理和企业名称登记管理有关规定使用商标或者企业名称混淆的,由有管辖权的工商行政管理机关依法予以查处。"本案事实上是由于原告不恰当地使用其企业名称,才造成消费者的误解的。因此,本案是不当使用字号引起的企业名称与他人商标的混淆,应适用《意见》第10条的规定,被告享有管辖权。

**法院判决:**

驳回原告的诉讼请求。

## 20. 他人侵犯注册商标专用权或企业名称专有权,权利人有哪些法律救济措施?

权利人可以采取以下处理方式:

（1）向人民法院提起侵害商标权纠纷或侵害企业名称（商号）权纠纷的民事诉讼，请求侵权人停止侵权、赔偿损失等；

（2）当商标权利人侵犯名称权利人的名称专有权时，名称权利人可向国家知识产权局商标局提出不予核准注册或者予以撤销已注册商标的申请。

当名称权利人侵犯商标权利人的注册商标专用权时，商标权利人可向市场监督管理部门提出申请，请求市场监督管理部门撤销被申请人在相关产品与服务上使用申请人的商标。

如果市场监督管理部门对同一侵犯注册商标专用权行为已经给予行政处罚的，法院不再予以民事制裁。

### 【案例13】虽与驰名商标不同类　因视觉相似仍被认定为侵权[①]

**申请人：** 许继电气股份有限公司

**被申请人：** 许昌许绝电工有限公司

**申请事项：** 撤销被申请人在第17类绝缘材料等商品上的第3213009号"许绝XJY及图形"商标。

**争议焦点：**

1."许继XJ及图"商标是否为驰名商标；

2."许继XJ及图"商标与"许绝XJY及图形"商标是否在视觉上近似；

3.两个商标分属于不同的类别之间是否具有关联性，被申请人注册的商标是否可能误导公众。

**基本案情：**

申请人原企业许昌继电器厂自1980年开始使用"XJ及图形"和"许继"商标，1982年12月8日向商标局提出申请，指定使用在第9类继电保护装置屏等商品上，注册号是第183235号（以下简称引证商标），已续展。申请人分别在第6类、9类及25类商品上申请了"许继""XJ及图形"商标。

为了扩大保护范围，申请人于1997年7月8日分别在多个类别上申请注册，并已取得商标专用权。

案外人材料公司于2002年6月17日向商标局提出申请，指定使用在第17类绝缘材料等商品上的第3213009号"许绝XJY及图形"，2003年10月7日获得注册（以下简称争议商标），后该商标转让给了本案被申请人。

---

① 参见国家工商行政管理总局商标评审委员会商评字(2005)第4612号争议裁定书。

申请人是以电力系统自动化和电力系统继电保护、控制设备开发生产为主的大型高科技企业,曾先后获得多项国家与部省发明奖、科技进步奖,并建立了企业博士后工作站。

申请人企业在科技发展方面贡献突出,获得诸多奖项,许多国家领导人都曾到申请人公司视察和指导。申请人1987年荣获国家重大装备奖、国家科技进步奖,被评为中国机械企管优秀单位;1988年荣获国家发明奖、围家进步奖、部科技进步奖等奖项;1989年获部新产品可靠性证书;1990年荣获机械部优秀产品奖、科技进步奖、省高新技术产品奖、省高新技术企业奖等;1991年获重大成果奖、国家科技攻关奖等;1992年获国家科技进步奖、部科技进步奖、省20强企业等;1993年荣获国家科技进步奖、部科技进步奖等;1994荣获中围机械行业100强等;1995年获中国机械十大杰出企业、省优秀企业等;1996年荣获省高新技术企业、中国质量万里行活动光荣榜;1997年荣获全国机械工业文明单位、省科技创新奖等;1998年获国家机械工艺先进单位、部科技成果奖、省高新技术产品奖等;1999年获国家星火项目奖等;2000年获国家级新产品奖、中国质量管理奖、中国最具发展潜力上市50强及省五一劳动奖状等;2001年获全国五一劳动奖状、国家重大装备技术奖、国家技术创新奖、中国最具发展潜力上市公司50强等;2002年获国家认定企业博士后工作站、中国机械百强企业等;2003年获全国劳模之家、国家重点高新忮术企业、国家企业技术中心等;2004年获国家成就奖等。

1997年引证商标被河南省工商行政管理局认定为河南省著名商标;2001年"XJ及图形"商标被认定为河南省著名商标。

申请人的产品在黑龙江、广东、浙江、湖北、宁夏、上海、北京、贵州、四川等多个省、市、直辖市均有销售,还远销土耳其、孟加拉、缅甸、埃塞俄比亚、叙利亚、马来西亚等多个国家和地区。在申请人提供的销售合同复印件上均标有申请人的"XJ及图形"商标。根据机械工业信息中心的资料,申请人产品1997年在全国1921家电工电器大行业企业中市场占有率排名第18位,在293家配电开关控制发备小行业企业中市场占有率排名第4位;2001年在全国457家输配电及控制设备制造企业中,产品销售收入达24.6亿元,排名第1位,在全国7107家电工电器行业企业中排名第3位;2002年在全国508家输配电及控制设备制造企业和全国7736家电工电器行业企业中,产品销售收入达34.3亿元,排名均为第1位;2003年销售收入为41.4亿元,在全国751家电工电器大行业企业中市场占有率排名第2位,在101家配电开关控制设备小行业企业中市场占有率排名第2位。

申请人从1999年至2003年通过中央电视台和地方电视台,《人民日报》《光明日报》等报刊,《湖北电力》《电力设备》《电气化铁道》等期刊、灯箱路牌,以及建立网站、举办展示会等多种方式在全国范围内作了大量的广告宣传。

**申请人称:**

1. "XJ 及图形"和"许继"商标为申请人所独创,且使用和注册在先。

2. 申请人的"XJ 及图形"和"许继"商标具有极高的知名度,为相关公众所熟知。

申请人长期以来对该商标投入大量人力、财力,使该商标具有广泛的知名度,商标在 1997 年、2001 年被评为河南省著名商标。

3. 争议商标是被申请人在对申请人注册商标模仿的基础上稍加改动进行注册的,使用在第 17 类商品上,其行为严重损害了申请人的利益和信誉。

被申请人是以生产绝缘材料为主的企业,其产品主要使用在电力电器设备上,与申请人的产品具有很强的关联性。争议商标是 2003 年核准注册的,并且是在对申请人注册商标进行模仿的基础上,稍加改动进行恶意注册的,核定使用在 1706 组商品上极易使消费者误认,严重损害了申请人的利益。

**被申请人答辩称:**

1. 争议商标与申请人的"许继"商标具有区别,且两商标所标示的商品属于不同类别。

被申请人于 2003 年在第 17 类商品上取得争议商标的注册,而申请人在第 17 类商品上并无注册商标,因此也不存在商标先后的问题。

"XJY 及图形"和"许绝"商标为被申请人首创,"XJY"就是争议商标申请人的代表符号。

2. 争议商标知名度高。

被申请人是以专业生产绝缘材料为主的高新技术企业,产品销售遍布全国,近两年由于产品需求量递增,争议商标的品牌效应更显明显,从电荷绝缘材料消费市场调查报告中看,产品的知名度为 68.2%,排在同行业首位。

为扩大争议商标的知名度、提升竞争力,被申请人在近 2 年投入 100 多万元资金,先后在多本杂志、有关网络及市级以上电视台等多种媒体进行宣传,同时在各种行业会议上参展,取得了良好的公众形象和品牌效应。

综上,恳请维持争议商标的注册。

**律师观点:**

1. 申请人注册的第 183235 号"许继 XJ 及图"商标为驰名商标。

引证商标是申请人 1982 年 12 月 8 日向商标局申请、1983 年 7 月 5 日获得注册的,一直使用至今。申请人多年来在继电器等科技领域开拓创新,荣获众多奖项,在同行业中名列前茅,产品行销海内外。申请人在继电器等商品上大量使用和广泛宣传引证商标,在相关领域建立了很高的知名度和声誉,相关消费者已将引证商标、"许继"和"XJ及图形"商标与申请人紧密联系在一起。依据《商标法》(2001年修正)第14条的规定,应认定申请人注册的第183235号"许继XJ及图"商标为驰名商标。

2. 引证商标与争议商标在整体结构与视觉效果上近似。

争议商标由中文"许绝"、英文"XJY"及图形构成,中文位于图形及英文的下方;引证商标由中文"许继"、英文"XJ"及图形构成,中文位于图形及英文的上方。争议商标与引证商标的图形均采用六边形中加两条横线的造型,英文"XJY"和"XJ"均位于图形中,中文部分分列英文与图形组合的上方或下方。

3. 由于两商标有一定关联性,故争议商标的使用将误导公众。

争议商标指定使用的绝缘材料等商品与引证商标指定使用的继电保护装置等商品均为工业品,具有一定关联性,且被申请人与申请人均为许昌市企业,争议商标指定使用在第17类绝缘材料等商品上易误导公众。被申请人注册争议商标的行为已构成《商标法》(2001年修正)第13条第2款所指的就不相同或者不相类似商品申请注册的商标是复制、摹仿他人已在中国注册的驰名商标、误导公众的行为。

综上,申请人撤销理由成立。

**商标评审委员会裁定:**

撤销被申请人在第17类绝缘材料等商品上注册的第3213009号"许绝XJY及图形"商标。

**21. 何为网络域名权属、侵权纠纷?该纠纷由何地法院管辖?是否适用诉讼时效?**

网络域名权属、侵权纠纷是指因域名的归属,或者擅自使用他人已注册的网络域名而产生的纠纷,包括网络域名权属纠纷与侵害网络域名纠纷。

该类纠纷管辖法院的确定标准如下:

(1)因合同关系引发的网络域名权属纠纷由被告住所地或合同履行地人民法院管辖;

(2)因侵权行为引发的网络域名权属纠纷由侵权行为地或者被告住所地法院管辖;

(3)因侵害网络域名纠纷提起的诉讼,由侵权行为地或者被告所在地的中级人民法院管辖;对难以确定侵权行为地和被告住所地的,原告发现该域名的计算机终端等设备所在地可以视为侵权行为地;

(4)涉外域名纠纷案件包括当事人一方或者双方是外国人、无国籍人、外国企业或组织、国际组织,或者域名注册地在外国的域名纠纷案件。

在中国境内发生的涉外域名纠纷案件,对在中国境内没有住所的被告提起的诉讼,如果合同在中国境内签订或者履行,或者诉讼标的物在中国境内,或者被告在中国境内有可供扣押的财产,或者被告在中国境内设有代表机构,可以由合同签订地、合同履行地、诉讼标的物所在地、可供扣押财产所在地、侵权行为地或者代表机构住所地人民法院管辖。

当事人可以用书面协议选择与争议有实际联系的地点的法院管辖。选择中国人民法院管辖的,不得违反中国关于级别管辖和专属管辖的规定。

涉外民事诉讼的被告对人民法院管辖不提出异议,并应诉答辩的,视为承认该人民法院为有管辖权的法院。

该纠纷适用诉讼时效,自知道或应当知道权利被侵害之日起2年内提起诉讼。

## 22. 何为商标权权属、侵权纠纷?该纠纷由何地法院管辖?是否适用诉讼时效?

商标权权属、侵权纠纷,是指因商标权权属发生争议,或因当事人实施了侵害商标所有人的使用权、禁用权、续展权、转让权以及许可使用的权利而产生的纠纷。该纠纷包括商标权权属纠纷、侵害商标权纠纷。

该类纠纷管辖法院具体确定标准如下:

(1)如因合同原因发生商标权权属争议的,依照合同案件的管辖规则确定管辖法院,由被告住所地或合同履行地人民法院管辖。

(2)如因侵犯注册商标专用权行为提起的民事诉讼,由侵权行为的实施地、侵权商品的储藏地或者查封扣押地、被告住所地人民法院管辖。

其中,侵权商品的储藏地是指大量或者经常性储存、隐匿侵权商品所在地;查封扣押地是指海关、市场监管等行政机关依法查封、扣押侵权商品所在地。

对涉及不同侵权行为实施地的多个被告提起的共同诉讼,原告可以选择其中一个被告的侵权行为实施地人民法院管辖,仅对其中某一被告提起的诉讼,该被告侵权行为实施地的人民法院有管辖权。

(3)级别管辖问题。第一审商标民事纠纷案件原则上由中级以上人民法院管辖,各高级人民法院根据本辖区内的实际情况,经最高人民法院批准,可以指定基层人民法院管辖。

对于涉及驰名商标认定的案件,由省、自治区人民政府所在地的市、计划单列市入中级人民法院,以及直辖市辖区内的中级人民法院管辖,其他中级人民法院管辖此类民事纠纷案件,需报经最高人民法院批准,未经批准的中级人民法院不再受理此类案件。该类纠纷适用诉讼时效,自知道或应当知道权利被侵害之日起3年内提起诉讼。

**23. 侵犯注册商标专用权或商号侵权案件中,如何确定侵权人的赔偿数额?**

侵犯商标专用权的赔偿数额,为侵权人在侵权期间因侵权所获得的利益,或者被侵权人在被侵权期间因被侵权所受到的损失,包括被侵权人为制止侵权行为所支付的合理开支。

侵权人因侵权所得利益,可以根据侵权商品销售量与该商品单位利润乘积计算;该商品单位利润无法查明的,按照注册商标商品的单位利润计算。

权利人因被侵权所受到的损失,可以根据权利人因被侵权所造成商品销售减少量或者侵权商品销售量与该注册商标商品的单位利润乘积计算。

被侵权人为制止侵权行为所支付的合理开支,包括权利人或者委托代理人对侵权行为进行调查、取证的合理费用;符合国家有关部门规定的律师费用可以计算在赔偿范围内。

确定赔偿数额时,应当考虑侵权行为的性质、期间、后果,商标的声誉,商标使用许可费的数额,商标使用许可的种类、时间、范围及制止侵权行为的合理开支等因素综合确定。侵权人因侵权所得利益,或者被侵权人因被侵权所受损失难以确定的,由人民法院根据侵权行为的情节判决给予500万元以下的赔偿。

销售不知道是侵犯注册商标专用权的商品,能证明该商品是自己合法取得的并说明提供者的,不承担赔偿责任。

侵犯商号案件中,侵权人的赔偿数额可以参照商标侵权纠纷的损失计算办法执行。

(二)经营范围

**24. 如何表述企业经营范围?不同类型的经营项目如何办理营业范围登记?在哪些情形下,企业登记机关对企业申请的经营范围不予登记?**

企业的经营范围应当包含或者体现企业名称中的行业或者经营特征。跨行业经营的企业,其经营范围中的第一项经营项目所属的行业为该企业的行业。

经营范围项目分为一般经营项目和许可经营项目。

对于一般经营项目,申请人应当按照《经营范围登记规范表述目录》(以下简称规范目录)的规定,在填报系统内通过自主查询并自由选择规范条目的方式申请登记;对于规范目录和规范条目中未包含的一般性经营活动,申请人可自主填报申请登记,登记机关按现行登记要求进行审查规范。

对于许可经营项目,必须严格使用全国统一经营范围标准化规定进行登记。

企业申请登记的经营范围中属于法律、行政法规或者国务院决定等规定在登记后须经批准的经营项目的,依法经企业登记机关核准登记后,应当报经有关部门批准方可开展后置许可经营项目的经营活动。

此外,企业申请的经营范围中有下列情形的,企业登记机关不予登记:

(1)属于前置许可经营项目,不能提交审批机关批准文件、证件的;

(2)法律、行政法规或者国务院决定规定特定行业的企业只能从事经过批准的项目而企业申请其他项目的;

(3)法律、行政法规或者国务院决定等规定禁止企业经营的。

## 25. 在哪些情形下,企业应当及时申请变更经营范围登记或者注销登记?

企业有下列情形之一的,应当停止有关项目的经营并及时向企业登记机关申请办理经营范围变更登记或者注销登记:

(1)经营范围中属于前置许可经营项目以外的经营项目,因法律、行政法规或者国务院决定规定调整为前置许可经营项目后,企业未按有关规定申请办理审批手续并获得批准的;

(2)经营范围中的前置许可经营项目,法律、行政法规或者国务院决定规定重新办理审批,企业未按照有关规定申请办理审批手续并获得批准的;

(3)经营范围中的前置许可经营项目,审批机关批准的经营期限届满,企业未重新申请办理审批手续并获得批准的;

(4)经营范围中的前置许可经营项目被吊销、撤销许可证或者其他批准文件的。

## 26. 如何认定公司超越经营范围签订的合同的效力?

当事人超越经营范围订立合同,不因此认定合同无效。但违反国家限制经营、特许经营以及法律、行政法规禁止经营规定的除外。

## 27. 何为非法经营罪?其立案追诉标准以及量刑标准分别是怎样的?

指违反国家规定,从事非法经营活动,扰乱市场秩序,情节严重的行为。

涉嫌下列情形之一的,应予立案追诉:

## 第一章
### 公司设立纠纷

(1) 食盐

违反国家有关盐业管理规定,非法生产、储运、销售食盐,扰乱市场秩序,具有下列情形之一的:

①非法经营食盐数量在20吨以上的;

②曾因非法经营食盐行为受过2次以上行政处罚又非法经营食盐,数量在10吨以上的。

需要说明的是,对"以非碘盐充当碘盐或者以工业用盐等非食盐充当食盐等危害食盐安全的行为",可以分不同情况,以生产、销售伪劣产品罪,或者生产、销售不符合安全标准的食品罪,或者生产、销售有毒、有害食品罪追究刑事责任。

(2) 烟草

违反国家烟草专卖管理法律法规,未经烟草专卖行政主管部门许可,无烟草专卖生产企业许可证、烟草专卖批发企业许可证、特种烟草专卖经营企业许可证、烟草专卖零售许可证等许可证明,非法经营烟草专卖品,具有下列情形之一的:

①非法经营数额在5万元以上,或者违法所得数额在2万元以上的;

②非法经营卷烟20万支以上的;

③曾因非法经营烟草专卖品3年内受过2次以上行政处罚,又非法经营烟草专卖品且数额在3万元以上的。

(3) 证券、期货、保险业务

未经国家有关主管部门批准,非法经营证券、期货、保险业务,具有下列情形之一的:

①非法经营证券、期货、保险业务,数额在30万元以上的;

②违法所得数额在5万元以上的。

(4) 资金支付结算业务、外汇业务

支付结算业务(也称支付业务)是商业银行或者支付机构在收付款人之间提供的货币资金转移服务。非银行机构从事支付结算业务,应当经中国人民银行批准取得支付业务许可证,成为支付机构。未取得支付业务许可从事该业务的行为,违反《非法金融机构和非法金融业务活动取缔办法》第4条第1款第3项、4项的规定,破坏了支付结算业务许可制度,危害支付市场秩序和安全,情节严重的,以非法经营罪追究刑事责任。无法经营支付业务的具体情形分为两种:

第一,未取得支付业务许可经营基于客户支付账户的网络支付业务。无证网络支付机构为客户非法开立支付账户,客户先把资金支付到该支付账户,再由无证机构根据订单信息从支付账户平台将资金结算到收款人银行账户。

第二，未取得支付业务许可经营多用途预付卡业务。无证发卡机构非法发行可跨地区、跨行业、跨法人使用的多用途预付卡，聚集大量的预付卡销售资金，并根据客户订单信息向商户划转结算资金。

①非法从事资金支付结算业务或者非法买卖外汇，具有下列情形之一的，应当认定为非法经营行为"情节严重"：

a. 非法经营数额在500万元以上的；

b. 违法所得数额在10万元以上的。

②非法经营数额在250万元以上，或者违法所得数额在5万元以上，且具有下列情形之一的，可以认定为非法经营行为"情节严重"：

a. 曾因非法从事资金支付结算业务或者非法买卖外汇犯罪行为受过刑事追究的；

b. 2年内因非法从事资金支付结算业务或者非法买卖外汇违法行为受过行政处罚的；

c. 拒不交代涉案资金去向或者拒不配合追缴工作，致使赃款无法追缴的；

d. 造成其他严重后果的。

③除上述情况外，有关外汇业务的非法经营行为还有以下两种情况：

a. 公司、企业或者其他单位违反有关外贸代理业务的规定，采用非法手段，或者明知是伪造、变造的凭证、商业单据，为他人向外汇指定银行骗购外汇，数额在500万美元以上或者违法所得数额在50万元人民币以上的；

b. 居间介绍骗购外汇，数额在100万美元以上或者违法所得数额在10万元人民币以上的。

非法从事资金支付结算业务或者非法买卖外汇违法所得数额难以确定的，按非法经营数额的千分之一认定违法所得数额。

(5) 使用销售点终端机具（POS机）

以虚构交易、虚开价格、现金退货等方式向信用卡持卡人直接支付现金，具有下列情形之一的，可以认定为非法经营行为"情节严重"：

①数额在100万元以上的；

②造成金融机构资金20万元以上逾期未还的；

③造成金融机构经济损失10万元以上的。

(6) 非法出版物

出版、印刷、复制、发行严重危害社会秩序和扰乱市场秩序的非法出版物，具有下列情形之一的：

①个人非法经营数额在 5 万元以上的,单位非法经营数额在 15 万元以上的;

②个人违法所得数额在 2 万元以上的,单位违法所得数额在 5 万元以上的;

③个人非法经营报纸 5000 份或者期刊 5000 本或者图书 2000 册或者音像制品、电子出版物 500 张(盒)以上的,单位非法经营报纸 15,000 份或者期刊 15,000 本或者图书 5000 册或者音像制品、电子出版物 1500 张(盒)以上的;

④虽未达到上述数额标准,但具有下列情形之一的:

a. 2 年内因出版、印刷、复制、发行非法出版物受过行政处罚 2 次以上的,又出版、印刷、复制、发行非法出版物的;

b. 因出版、印刷、复制、发行非法出版物造成恶劣社会影响或者其他严重后果的。

(7)非法从事出版物业务

非法从事出版物的出版、印刷、复制、发行业务,严重扰乱市场秩序,具有下列情形之一的:

①个人非法经营数额在 15 万元以上的,单位非法经营数额在 50 万元以上的;

②个人违法所得数额在 5 万元以上的,单位违法所得数额在 15 万元以上的;

③个人非法经营报纸 15,000 份或者期刊 15,000 本或者图书 5000 册或者音像制品、电子出版物 1500 张(盒)以上的,单位非法经营报纸 5 万份或者期刊 5 万本或者图书 15,000 册或者音像制品、电子出版物 5000 张(盒)以上的;

④虽未达到上述数额标准,2 年内因非法从事出版物的出版、印刷、复制、发行业务受过行政处罚 2 次以上的,又非法从事出版物的出版、印刷、复制、发行业务的。

(8)国际电信业务

采取租用国际专线、私设转接设备或者其他方法,擅自经营国际电信业务或者涉港澳台电信业务进行营利活动,扰乱电信市场管理秩序,具有下列情形之一的:

①经营去话业务数额在 100 万元以上的;

②经营来话业务造成电信资费损失数额在 100 万元以上的;

③虽未达到上述数额标准,但具有下列情形之一的:

a. 2 年内因非法经营国际电信业务或者涉港澳台电信业务行为受过行政处罚 2 次以上,又非法经营国际电信业务或者涉港澳台电信业务的;

b. 因非法经营国际电信业务或者涉港澳台电信业务行为造成其他严重后

果的。

(9) 网络信息服务

违反国家规定,以营利为目的,通过信息网络有偿提供删除信息服务,或者明知是虚假信息,通过信息网络有偿提供发布信息等服务,扰乱市场秩序,具有下列情形之一的:

①个人非法经营数额在5万元以上,或者违法所得数额在2万元以上的;

②单位非法经营数额在15万元以上,或者违法所得数额在5万元以上的。

(10) 无线电设备

非法生产、销售"黑广播""伪基站"、无线电干扰器等无线电设备,具有下列情形之一的:

①非法生产、销售无线电设备3套以上的;

②非法经营数额5万元以上的;

③其他情节严重的情形。

在非法生产、销售无线电设备窝点查扣的零件,以组装完成的套数以及能够组装的套数认定;无法组装为成套设备的,每3套广播信号调制器(激励器)认定为1套"黑广播"设备,每3块主板认定为1套"伪基站"设备。

(11) 伪基站

非法生产、销售"伪基站"设备,具有以下情形之一的:

①个人非法生产、销售"伪基站"设备3套以上,或者非法经营数额5万元以上,或者违法所得数额2万元以上的;

②单位非法生产、销售"伪基站"设备10套以上,或者非法经营数额15万元以上,或者违法所得数额5万元以上的;

③虽未达到上述数额标准,但2年内曾因非法生产、销售"伪基站"设备受过2次以上行政处罚,又非法生产、销售"伪基站"设备的。

(12) 赌博机

以提供给他人开设赌场为目的,违反国家规定,非法生产、销售具有退币、退分、退钢珠等赌博功能的电子游戏设施设备或者其专用软件,具有下列情形之一的:

①个人非法经营数额在5万元以上,或者违法所得数额在1万元以上的;

②单位非法经营数额在50万元以上,或者违法所得数额在10万元以上的;

③虽未达到上述数额标准,但2年内因非法生产、销售赌博机行为受过2次以上行政处罚,又进行同种非法经营行为的;

④其他情节严重的情形。

(13)药品及原料

违反国家药品管理法律法规,未取得或者使用伪造、变造的药品经营许可证,非法经营药品,情节严重的,或以提供给他人生产、销售药品为目的,违反国家规定,生产、销售不符合药用要求的非药品原料、辅料,情节严重的,具有下列情形之一的:

①非法经营数额在10万元以上;

②违法所得数额在5万元以上的。

(14)非法放贷

①违反国家规定,未经监管部门批准,或者超越经营范围,以营利为目的,经常性地向社会不特定对象发放贷款,扰乱金融市场秩序,情节严重的,依照《刑法》第225条第4项"其他严重扰乱市场秩序的非法经营行为"的规定,以非法经营罪定罪处罚。

"经常性地向社会不特定对象发放贷款",是指2年内向不特定多人(包括单位和个人)以借款或其他名义出借资金10次以上。

贷款到期后延长还款期限的,发放贷款次数按照1次计算。

②以超过36%的实际年利率实施上述非法放贷行为,具有下列情形之一的,属于《刑法》第225条规定的"情节严重",但单次非法放贷行为实际年利率未超过36%的,定罪量刑时不得计入:

a. 个人非法放贷数额累计在200万元以上的,单位非法放贷数额累计在1000万元以上的;

b. 个人违法所得数额累计在80万元以上的,单位违法所得数额累计在400万元以上的;

c. 个人非法放贷对象累计在50人以上的,单位非法放贷对象累计在150人以上的;

d. 造成借款人或者其近亲属自杀、死亡或者精神失常等严重后果的。

③非法放贷数额、违法所得数额、非法放贷对象数量接近上述②中规定的"情节严重"的数额、数量起点标准,并具有下列情形之一的:

a. 2年内因实施非法放贷行为受过行政处罚2次以上的;

b. 以超过72%的实际年利率实施非法放贷行为10次以上的。

此处的"接近",一般应当掌握在相应数额、数量标准的80%以上。

④仅向亲友、单位内部人员等特定对象出借资金,不得适用上述①中的规定

定罪处罚。但具有下列情形之一的,定罪量刑时应当与向不特定对象非法放贷的行为一并处理:

a. 通过亲友、单位内部人员等特定对象向不特定对象发放贷款的;

b. 以发放贷款为目的,将社会人员吸收为单位内部人员,并向其发放贷款的;

c. 向社会公开宣传,同时向不特定多人和亲友、单位内部人员等特定对象发放贷款的。

⑤"黑恶势力"非法放贷的,据以认定"情节严重"的非法放贷数额、违法所得数额、非法放贷对象数量起点标准,可以按照上述②规定中相应数额、数量标准的50%确定;同时具有"2年内因实施非法放贷行为受过行政处罚2次以上的"情形的,可以分别按照相应数额、数量标准的40%确定。

(15) 疫情期间哄抬物价

在疫情防控期间,违反国家有关市场经营、价格管理等规定,囤积居奇,哄抬疫情防控急需的口罩、护目镜、防护服、消毒液等防护用品、药品或者其他涉及民生的物品价格,牟取暴利,违法所得数额较大或者有其他严重情节,严重扰乱市场秩序的,依照《刑法》的规定,以非法经营罪定罪处罚。

(16) 非国家重点保护野生动物及其制品

违反国家规定,非法经营非国家重点保护野生动物及其制品(包括开办交易场所、进行网络销售、加工食品出售等),扰乱市场秩序,情节严重的,依照《刑法》的规定,以非法经营罪定罪处罚。

(17) 兴奋剂

违反国家规定,未经许可经营兴奋剂目录所列物质,涉案物质属于法律、行政法规规定的限制买卖的物品,扰乱市场秩序,情节严重的,应当依照《刑法》的规定,以非法经营罪定罪处罚。

(18) 危险废物

无危险废物经营许可证从事收集、贮存、利用、处置危险废物经营活动,严重污染环境的,按照污染环境罪定罪处罚;同时构成非法经营罪的,依照处罚较重的规定定罪处罚。

(19) 非食品原料及生猪屠宰、销售

以提供给他人生产、销售食品为目的,违反国家规定,生产、销售国家禁止用于食品生产、销售的非食品原料,情节严重的,依照《刑法》的规定,以非法经营罪定罪处罚。

违反国家规定,生产、销售国家禁止生产、销售、使用的农药、兽药、饲料、饲料添加剂,或者饲料原料、饲料添加剂原料,情节严重的,依照前款的规定定罪处罚。

实施前两款行为,同时又构成生产、销售伪劣产品罪,生产、销售伪劣农药、兽药、化肥、种子罪等其他犯罪的,依照处罚较重的规定定罪处罚。

(20) 麻黄碱类复方制剂

非法买卖麻黄碱类复方制剂或者运输、携带、寄递麻黄碱类复方制剂进出境,没有证据证明系用于制造毒品或者走私、非法买卖制毒物品,或者未达到走私制毒物品罪、非法买卖制毒物品罪的定罪数量标准,构成非法经营罪、走私普通货物、物品罪等其他犯罪的,依法定罪处罚。

(21) 麻黄草

违反国家规定采挖、销售、收购麻黄草,没有证据证明以制造毒品或者走私、非法买卖制毒物品为目的,以非法经营罪定罪处罚。

(22) 非法贩卖麻醉药品或者精神药品

行为人出于医疗目的,违反有关药品管理的国家规定,非法贩卖麻醉药品或者精神药品,扰乱市场秩序,情节严重的,以非法经营罪定罪处罚。

(23) 瘦肉精等添加药物

未取得药品生产、经营许可证件和批准文号,非法生产、销售盐酸克仑特罗(又称"瘦肉精")等禁止在饲料和动物饮用水中使用的药品,扰乱药品市场秩序,情节严重的,依照《刑法》的规定,以非法经营罪追究刑事责任。

在生产、销售的饲料中添加盐酸克仑特罗等禁止在饲料和动物饮用水中使用的药品,或者销售明知是添加有该类药品的饲料,情节严重的,依照《刑法》的规定,以非法经营罪追究刑事责任。

(24) 电视网络接收设备

违反国家规定,从事生产、销售非法电视网络接收设备(含软件),以及为非法广播电视接收软件提供下载服务、为非法广播电视节目频道接收提供链接服务等营利性活动,扰乱市场秩序,具有下列情形之一的,按照非法经营罪追究刑事责任:

①个人非法经营数额在5万元以上或违法所得数额在1万元以上;

②单位非法经营数额在50万元以上或违法所得数额在10万元以上。

(25) 卫星地面接收设施

对于非法生产、销售、安装卫星地面接收设施,具有下列情形之一的:

①个人非法经营数额在5万元以上或违法所得数额在1万元以上;

②单位非法经营数额在50万元以上或违法所得数额在10万元以上,按照非法经营罪追究刑事责任。

关于非法经营罪的量刑,如犯该罪情节严重的,处5年以下有期徒刑或者拘役,并处或者单处违法所得1倍以上5倍以下罚金;情节特别严重的,处5年以上有期徒刑,并处违法所得1倍以上5倍以下罚金或者没收财产。

**【案例14】国家药监局原副局长张某礼　犯非法经营等罪被判17年**[①]

国家药监局原副局长张某礼,因受贿117万元、非法经营获利1600余万元和诬告陷害他人被北京市第二中级人民法院以受贿罪判处12年、非法经营罪7年、诬告陷害罪3年,数罪并罚,执行有期徒刑17年。宣判后,张某礼提出上诉。北京市高级人民法院受理了此案,目前正在审理过程中。

**著"天价"书用于受贿**

张某礼于2005年至2010年4月,利用时任国家药监局副局长的职务便利,在广州某公司建设国际医药港项目过程中多次为该公司提供帮助,并于2010年4月向该公司总经理卢某索要38万元人民币。

另外3起贿赂均是以销售书籍形式受贿。张某礼在国家药监局任要职期间,可谓笔耕不辍,其署名或并列署名的著作有《百年FDA:美国药品监管法律框架》《维护公众健康——中国食品药品监管探索与创新》《中国食品药品监管理论与法律实践》《寿世补元》等。

张某礼利用自己在国家药监局任副局长的身份销售自己所著书籍,一些药企为了巴结这位副局长或者"曲线行贿",不惜出高价购买"局长书"。

其中,张某礼利用职务之便,先后为北京朗天投资有限公司等3家单位提供帮助后,向3家公司索要1400套名为《寿世补元》的书籍。该书作者正是张某礼本人,其定价高达368元。

2006年至2009年,张某礼利用职务便利,先后在天津某公司向国家药监局申请撤销被侵权药品注册号、了解药品不良反应监测数据等事件中提供帮助,并于2009年年底向该公司索要《寿世补元》一书350套,价值19.81万元。2008年年底至2010年5月,张某礼承诺为北京朗天投资有限公司在北京投资筹建疫苗厂提供帮助,并于2009年年底向该公司索要《寿世补元》一书500套,价值28.3万

---

[①] 参见新浪网 http://news.sina.com.cn/c/2011-11-20/130923495169.shtml,2014年1月14日访问。

元。2009年,张某礼为北京某公司承揽处方药代理业务提供帮助,并于2009年年底至2010年年初,向该公司索要《寿世补元》一书550套,价值31.13万元。

**著书后非法经营获利**

2008年10月至2010年5月,张某礼伙同北京浩博中天科技发展有限公司法定代表人廖某炳,印刷、销售非法出版物《寿世补元》一书第二版、第三版共计43,000余套,非法经营额合计2300余万元人民币,违法所得额约1600余万元。

**指使他人诬告**

2008年11月,张某礼指使廖某炳捏造曾请托他人办事并给予他人10万元及价值5万元人民币虫草的事实,向中纪委等部门实名举报,并在中纪委调查期间,实名反映上述捏造的事实。

此外,2010年2月至5月,张某礼故意捏造他人以权谋私、收受贿赂等事实,并指使北京朗天投资有限公司法定代表人、总经理杨某、副总裁潘某萍,向中纪委等部门及有关领导邮寄诬告信共计1300余封。

据媒体报道,张某礼诬告的主要是其上司。2003年,时年48岁的张某礼任国家药监局副局长,两年后的2005年6月,时任国家药监局局长的郑某萸被免职,药监局一批干部落马,但都没有给张某礼创造晋升机会。此后的几年,张某礼一直谋划此事,他认为,只要一把手落马,他这个副局长就可转正。为此,他让人四处搜罗材料"揭发"一把手。目前,网上还能搜索到相关诬告文章,文中直指国家药监局领导失职渎职、搞形象工程、任人唯亲、收受贿赂等,但有关部门调查表明,材料中揭发的问题纯属诬告。

## 【案例15】未经许可炒卖外汇获利近2万　非法经营入狱两年罚金5万[①]

**被告人**:侍某清

**基本案情:**

2007年11月6日,被告人委托中介公司在其开办的昌鑫公司的注册资本专用账户上存入291万元资本,待该公司成功增资注册后,被告人于次日将该291万元注册资本悉数转走,并于同月20日注销该账户。同时,被告人在明知昌鑫公司未经国家有关主管部门批准取得许可的情况下,采用与客户签订违法的承诺保底或固定收益委托理财合同代理炒卖外汇,从事非法经营,吸收客户叶某华、李某石交纳的11万元人民币、余某婷交纳的3万元港币(折合29,032.5元人民币)、

---

[①] 参见广东省广州市中级人民法院(2011)穗中法刑二终字第14号刑事裁定书。

范某交纳的 28,600 元港币(折合 27,677.65 元人民币)、尹某菊交纳的 13,290 元美元(折合 99,854.415 元人民币),后致使上述客户损失大部分投资款。期间,被告人非法获利 18,305 元人民币。

**公诉机关指控:**

被告人行为构成虚报注册资本罪、非法经营罪。①

**一审认为:**

被告人侍某清无视国家法律,使用欺诈手段虚报注册资本,欺骗公司登记主管部门,犯虚报注册资本罪、非法经营罪得公司登记,虚报注册资本 291 万元人民币,数额巨大,其行为已构成虚报注册资本罪,依法应予惩处;被告人未经国家有关主管部门批准,非法经营外汇投资业务,情节严重,其行为还构成非法经营罪,依法应予惩处。被告人犯数罪,依法应数罪并罚。鉴于被告人归案后认罪态度较好,可酌情从轻处罚。

**一审判决:**

被告人侍某清犯虚报注册资本罪,判处有期徒刑 1 年,并处罚金 5 万元人民币;犯非法经营罪,判处有期徒刑 2 年,并处罚金 5 万元人民币;总和刑期为有期徒刑 3 年,决定执行有期徒刑 2 年 6 个月,并处罚金 10 万元人民币。

被告人不服一审判决,向上级人民法院提起上诉。

**被告人上诉称:**

1. 原判认定其犯非法经营罪的事实不清,证据不足;
2. 判决其犯虚报注册资本罪的量刑过重,要求从轻或减轻处罚。

**二审认为:**

被告人在其开办的昌鑫公司未经国家有关主管部门批准取得许可的情况下,采用与客户签订违法的承诺保底或固定收益委托理财合同代理炒卖外汇,从事非法经营,吸收了上述客户的投资款,致使上述客户损失了大部分投资款,非法获利 18,305 元人民币的事实,有多名证人的证言,中国证监会广东监管局出具证实昌鑫限公司未取得中国证监会颁发的证券经纪业务许可和期货经纪业务许可的证明材料,还有客户资料表、开户资料、银行账户交易记录清单、汇款凭证,《合作协议书》《委托交易协议书》《承诺书》,被告人签认的昌鑫公司收据,被告人的供述

---

① 2014 年 4 月 24 日,第十二届全国人民代表大会常委会第八次会议通过《关于〈中华人民共和国刑法〉第一百五十八条、第一百五十九条的解释》,虚报注册资本罪和虚假出资、抽逃出资罪只适用于依法实行注册资本实缴登记制的公司。也就是说,本案若发生于 2014 年 4 月 24 日后,则被告无须承担虚报注册资本罪刑事责任,下同。

等证据证实。事实清楚,证据确实、充分,足以认定。上诉人的行为具备了非法经营罪的构成要件,构成非法经营罪。

原判根据被告人犯非法经营罪、虚报注册资本罪的犯罪情节以及认罪态度较好可以酌情从轻处罚的量刑情节,依法判处上诉人的刑罚适当,量刑并无过重。

被告人无视国家法律,使用欺诈手段虚报注册资本,欺骗公司登记主管部门,取得公司登记,虚报注册资本291万元人民币,数额巨大,其行为已构成虚报注册资本罪,依法应予惩处;被告人未经国家有关主管部门批准,非法经营外汇投资业务,情节严重,其行为还构成非法经营罪,依法应予惩处。被告人犯数罪,依法应数罪并罚。上诉人认罪态度较好,可酌情从轻处罚。

**二审判决:**

驳回上诉,维持原判。

## 【案例16】假公司炒汇获利5万余元 被判非法经营获利4年罚金50万[①]

**被告人:** 郑某1、白某某、苏某某、曾某某

**基本案情:**

被告人郑某1、白某某、苏某某等人于2003年7月成立滢悦公司,并以被告人曾某某提供曾某某的身份材料作为法人代表。

2003年7月至2004年5月,上述被告人未经国家有关部门批准,以免费培训买卖外汇和香港恒生指数的形式招揽客户,先后收取客户郑某某等28人共计1,737,240元人民币、256,000元港币作为保证金,提供上述地点给上述28名客户收看外汇、恒指的行情后打电话到该公司的总盘房问价下单,该公司以澳门环球顾问行的名义回传对账单的方式炒卖外汇和恒指,并从中收取450元至500元人民币不等的手续费。

2003年8月,被告人郑某1、苏某某等人成立滢生公司,并以被告人曾某某提供庚某某的身份材料作为该公司的法人代表。以上述同样的方式经营外汇、恒指炒卖,先后收取客户李某某等人共计235,660元人民币作为保证金。被告人曾某某在该公司负责资金往来管理。案发时,上述客户共计损失1,893,450元人民币、236,000元港币。

被告人郑某1伙同郑某2(已判刑)于1999年成立金恒德公司,并在番禺区市桥街成立该公司番禺联络处,通过上述同样的方式经营外汇、恒指炒卖业务,交

---

[①] 参见广东省广州市中级人民法院(2005)穗中法刑二终字第701号刑事裁定书。

易总额折合953,901.20元人民币,违法所得折合53,592.28元人民币。

**公诉机关指控：**

四名被告人犯非法经营罪。

**一审认为：**

四被告人无视国家法律,未经国家有关部门批准,非法经营外汇业务,其行为已构成非法经营罪。被告人郑某1、白某某、苏某某在共同犯罪中起主要作用,是主犯；被告人曾某某在共同犯罪中起次要作用,是从犯,应当从轻处罚。四被告人的认罪态度较好,可以酌情从轻处罚。

**一审判决：**

1. 被告人郑某1犯非法经营罪,判处有期徒刑4年,并处罚金553,592.28元人民币；

2. 被告人苏某某犯非法经营罪,判处有期徒刑3年,并处罚金50万元人民币；

3. 被告人白某某犯非法经营罪,判处有期徒刑2年6个月,并处罚金50万元人民币；

4. 被告人曾某某犯非法经营罪,判处有期徒刑1年,缓刑2年,并处罚金50万元人民币；

5. 非法所得50万元人民币予以追缴；缴获的作案工具电脑、手机、传真机等物品一批予以没收,上缴国库。

被告人郑某1、苏某某、白某某不服一审判决,向上级人民法院提起上诉。

**被告人郑某1上诉称：**

原审判决认定事实不清,证据不足,量刑过重。

**被告人苏某某上诉称：**

被告人苏某某在犯罪中作用较小,请求对其适用缓刑。

**被告人白某某上诉称：**

被告人白某某属于从犯,请求对其适用缓刑。

**二审认为：**

原审判决认定的事实,有郑某3等多名证人的证言及提供的保证金收据、资金担保书、客户合约、补充协议书等证据予以证实,各上诉人对其违法所得也供述在案,事实清楚,证据确实充分。被告人郑某1还伙同郑某2以上述同样的方式非法经营外汇、恒指炒卖业务。根据其在共同犯罪中的地位和作用、具体参与非法经营的犯罪数额和违法所得,原审法院对其作出的前述判决并无不当。

被告人苏某某与辩护人、被告人白某某提出在犯罪中作用较小、属于从犯,请求适用缓刑的上诉意见,经查,被告人苏某某、白某某、郑某1在非法经营犯罪中,是滢悦、滢生公司的股东和负责人,并分别是犯罪行为的直接实施者,在犯罪中起主要作用,均是主犯。原审法院根据诸被告的犯罪情节和社会危害后果作出的判决,罚当其罪。

被告人郑某1、白某某、苏某某和曾某某无视国家法律,未经国家有关部门批准,非法经营外汇业务,其行为已构成非法经营罪,依法应予惩处。被告人郑某1、白某某、苏某某在共同犯罪中起主要作用,是主犯;被告人曾某某在共同犯罪中起次要作用,是从犯,应当从轻处罚。四被告人的认罪态度较好,可以酌情从轻处罚。原审法院判决认定被告人犯非法经营罪的事实清楚,证据确实充分,定罪准确,量刑适当,审判程序合法。

**二审判决:**

驳回上诉,维持原判。

## 第三节　设立中公司责任承担的裁判标准

**28. 先公司交易行为责任应由谁承担?**

先公司交易行为责任,因对外签订合同的权利义务主体不同而有所不同,具体承担责任原则如下:

(1)如发起人以设立中的公司名义对外签订合同,应当参照适用关于合伙或个人独资企业的有关规定,原则上合同的权利、义务、责任应当由设立后的公司享有或承担。

但是,如果公司有证据证明发明发起人以公司名义为个人利益签订合同的,除非合同相对方为善意,否则公司可不履行合同义务,不承担合同责任。

(2)如果发起人以个人名义对外签订合同,原则上应由其个人承担合同责任。

但是,如果发起人签订该合同是为了设立公司,公司成立后合同相对人有权请求公司承担合同责任。

**【案例17】内部约定不能对抗债权人　设立中民事责任由公司承担**[①]

**原告:**张某波

---

[①] 参见河南省焦作市中级人民法院(2009)焦民终字第512号民事判决书。

**被告**：一普公司

**诉讼请求**：判令被告立即给付欠款801,570元及利息。

**争议焦点**：

1. 公司成立前,发起人以公司名义作出的经营行为是否应由成立后的公司承担；

2. 公司内部关于股东经手的业务"谁经手,谁还账"的规定能否对抗债权人。

**基本案情**：

2008年6月10日,被告由卫某闳、武某茹、武某芬发起设立,其中武某茹实际参与经营管理活动。

被告登记成立之前已实际进行了生产经营活动,收购了原告价值801,750元的玉米用于生产。

**原告诉称**：

2008年6月20日,武某茹向原告出具了购买价值801,750元玉米的欠条,加盖了被告的财务专用章,由被告实际使用,后被告一直未支付该笔货款。被告与原告之间存在买卖合同关系,双方债权债务关系明确,被告理应承担付款义务。

**被告辩称**：

1. 被告成立于2008年6月10日,根据《民法通则》第36条第2款①的规定："法人的民事权利能力和民事行为能力从法人成立时产生,到法人中止时消灭。"且被告与原告并不存在买卖合同关系,双方形不成债权债务关系,让被告承担其注册登记成立前的债务于法无据；

2. 被告内部规定股东经手的业务,谁经手谁负责还账。武某茹已经称该笔债务由其个人承担属于其公司的内部规定,且其本人已同意承担该笔债务。

**律师观点**：

1. 欠条上加盖了被告财务专用章,应当视为设立中公司的行为,所产生的权利义务应当归属于公司。

被告成立前已实际进行了生产经营活动,期间收购了原告的玉米用于生产。虽然被告在与原告开始发生玉米买卖合同关系时还未登记成立,正在设立之中,但武某茹作为被告的发起人,其当时的法律地位属于设立中公司的机构,对外代表设立中的公司进行创立活动,对内负责办理公司筹办的各项事务,其加盖了被告财务

---

① 现为《民法典》第59条相关内容。

专用章的行为应当视为设立中公司的行为,所产生的权利义务应当归属于公司。

2. 被告内部关于股东经手的业务"谁经手,谁还账"的规定仅为股东内部约定,不能对抗外部债权人。

虽然被告的股东均认为股东经手的业务,谁经手谁负责还账。但这仅是被告股东内部的约定,不能对抗外部债权人。

**法院判决:**

被告于判决生效后 10 日内给付原告玉米款 801,570 元及利息。

### 29. 设立中的公司法律性质如何？是否可以与第三人签订交易合同？

设立中公司是指由订立章程时起至登记完成前,尚未取得法人资格的公司。它不是完全独立的民商事主体,但在设立公司的活动中具有相对独立性,具有有限的法律人格。发起人作为设立中公司的事务执行机关,对外代表其进行创立活动,当公司合法成立时,发起人由于代理设立中公司所为的创立行为所产生的权利义务当然归属于成立后公司;如果公司设立失败,那么设立中的公司应视为合伙,发起人的协议视为合伙协议,由设立行为所产生的权利义务按照合伙的规定由发起人对第三人负个人责任或者连带责任。

《市场主体登记管理条例》明确规定,未经登记机关登记的,不得以市场主体名义从事经营活动。但如果公司发起人以设立中的公司名义对外签订合同,从保护善意第三人利益的角度出发,不能一味否定合同效力。合同责任承担主体具体确定标准如下:

(1)在合同内容不违反法律、法规的强制性规定时,合同效力的判断原则上以当事人的真实意思为标准,对发起人冒用公司名义签订与设立行为无关的合同的行为,本来应由发起人承担个人责任或者连带责任,如果公司成立后接受了此合同,则合同的当事人更新为公司和第三人,合同责任也转由公司承担。

(2)如果公司成立后拒绝接受此合同,那么合同责任就由发起人承担。如果双方均清楚合同签订时公司尚未成立,那么损失由第三人承担。发起人或者设立中公司享受到合同利益的,则应履行相应的合同义务。

### 【案例18】发起人借款设公司　公司享受权利应担责[①]

**原告:** 季某

---

[①] 参见重庆市第五中级人民法院(2010)渝五中法民终字第2590号民事判决书。

**被告**：华冠公司、甘某林

**诉讼请求**：

1. 被告华冠公司立即归还原告借款150万元，并从借款之日起至还清之日止以该借款为本金按照中国人民银行同期贷款利率标准支付资金占用利息损失；

2. 被告甘某林在认缴未到位的出资额范围内对被告华冠公司债务承担连带责任。

**争议焦点**：

1. 公司设立过程中，筹建人以公司名义向原告借款用于公司设立的费用是否应当由设立后的公司承担；

2. 股东认缴的出资未到缴纳期限时，未足额缴纳出资的股东是否须对公司的债务承担连带责任；

3. 在借款双方没有明确约定借款利息的情况下，原告是否可以请求被告返还借款利息。

**基本案情**：

被告华冠公司于2008年10月7日经名称预先核准，于2009年3月11日成立。注册资本为3000万元，实收资本为600万元，未到位资本金2400万元。徐某芳、杨某、被告甘某林是公司的股东。其中，被告甘某林占被告华冠公司72%的股权，认缴但未到位资本金1728万元。公司注册资本为分期缴纳，第一期600万元已经到账，第二期并未届至缴款期限。

在公司成立筹备期间，徐某芳、何某能、陈某平、欧阳某强4人为公司筹备组成员，徐某芳担任筹备组总负责人。

2008年12月，徐某芳以筹备组总负责人身份以被告华冠公司名义向原告借款共计150万元用于公司设立筹备费用，同时书写并签名出具3张借条，借条在公司成立后加盖被告华冠公司印章予以确认。

**原告诉称**：

徐某芳等人的行为系职务行为，徐某芳以筹备组总负责人身份以被告华冠公司名义向原告借款共计150万元用于被告华冠公司设立筹备费用。被告华冠公司在筹备期间的债务应由设立后的被告华冠公司继受并承担。现被告华冠公司已经成立并运行，原告多次向被告华冠公司要求归还150万元借款，但均被被告华冠公司拒绝。此外，被告华冠公司注册资本为3000万元，实收资本为600万元，未到位资本金2400万元。徐某芳、杨某和被告甘某林是被告华冠公司的股东。其中，被告甘某林占被告华冠公司72%的股权，认缴但未到位资本金1728万元。按照公司章程第6条规定,股东以其认缴的出资额为限对公司承担责任,故被告甘某林应当在认缴未到位资本金1728万元范围内对被告华冠公司债务承担连带责任。

**被告均辩称:**

1. 该借款合同与被告华冠公司无关,3张借据是徐某芳签的,应当为其个人债务。另该笔借款既为公司设立期间筹备费用,应当进入公司账目,但是公司并无此相关债权债务记录;

2. 被告甘某林不应承担该笔借款的连带责任,公司章程明确规定股东对外不承担责任,要求股东承担债务,违背《公司法》规定;

3. 对于利息有异议,既是徐某芳的个人债务,又没有还款约定和利息约定,不存在利息的计算。应当驳回原告诉讼请求。

**律师观点:**

1. 被告华冠公司设立过程中,筹建人徐某芳以公司名义向原告借款用于公司设立的费用,应当由设立后的公司承担。

设立中公司行为的主体是设立中公司本身,而非筹建人。筹建人是设立中公司之机关,是设立中公司行为的代表机关和执行机关。设立中公司是非法人组织,是为设立法人组织而存在的组织体,是准民商事法律主体,有自己的名称、自己的财产、自己的组织机构和场所,具有有限的法律人格,可以以自己的名义从事为公司设立和开业准备所必需的民商事活动,并就这些活动享有权利,承担义务,否则便不能开展筹建设立活动。公司不能成立时,其权利能力溯及消灭,筹建人对设立中公司的债务负无限连带责任,公司成立时,此法律后果再由设立中公司转归成立后的公司。

本案中,在被告华冠公司设立期间,徐某芳作为公司筹建人以公司名义向原告借款用于公司设立期间费用支出的行为,其法律后果在公司成立后已加盖被告华冠公司印章予以确认。所以,原告与被告华冠公司存在合法的借款法律关系,原告要求被告华冠公司归还借款的诉讼请求应得到支持。

2. 股东认缴的出资未到缴纳期限时,未足额缴纳出资的股东无须对公司的债务承担连带责任。

《公司法》规定公司以其全部财产对公司的债务承担责任,有限责任公司的股东以其认缴的出资额为限对公司承担责任。公司责任与股东责任相互独立,公司只能以自己拥有的财产清偿债务,股东除缴纳出资外对公司债务不再负责,虽然被告甘某林尚有注册资本未交清,但是并未到缴纳出资期限,故对于原告提出的要求被告甘某林承担连带还款责任的诉讼请求不应予以支持。

3. 在借款双方没有明确约定借款利息的情况下,原告可以请求被告返还借款利息。

对于借款利息,由于被告华冠公司未偿还借款,给原告造成资金占用利息损失,应当承担相应的违约责任,但是由于双方并未对利息进行约定,因此,对于原告要求被告华冠公司支付资金占用利息的诉讼请求,只能按照有关司法实践酌情予以处理。

**法院判决:**

被告华冠公司在该判决生效后5日内偿还原告借款本金150万元及资金占用利息损失(从2009年12月8日起以借款本金150万元为基数按照中国人民银行同期贷款利率计息至本金付清之日止)。

### 【案例19】从事非必要的交易行为　发起人个人承担民事责任[①]

**原告:** 施某民

**被告:** 杨某

**诉讼请求:**

1. 解除原告与被告于2008年3月4日签订的设备买卖合同;

2. 被告自行提回3套机器设备;

3. 被告退回原告已付合同价款49万元;

4. 被告赔偿原告经济损失818,617元。

**争议焦点:**

1. 公司发起人作出的非为公司设立所必需的交易行为,其法律后果是否由成立后的公司承担;

2. 公司未成立的情况下,被告作为发起人以公司名义签订的合同是否有效;

3. 原告与被告关于当被告提供给原告的设备达不到双方约定的标准时,被告赔偿原告损失金额的约定对被告是否有约束力;

4. 二审中被告是否可以对一审法院提出管辖权异议。

**基本案情:**

2008年3月4日,丽水凯特公司发起人之一被告杨某以"丽水凯特公司"名义与原告签订了设备买卖合同1份。

---

[①] 参见浙江省湖州市中级人民法院(2009)浙湖商终字第136号民事判决书。

2008年3月11日、3月14日,原告支付给被告价款总计49万元,被告向原告提供了3套设备,同时原告为实现合同的目的履行了相关的义务。而后被告组织人员对设备进行了安装、调试。

2008年8月28日,叶某林代表原告与被告签订协议书1份,双方就合同解除及损失赔偿签订了协议书1份及附表2页。协议约定,如3号机在9月22日之前再不能正常生产,被告接受3台轧机全部退货,并承担已给原告造成的全部损失,具体金额见附表(附表中未包括间接损失)。

同日,被告向原告出具了其签名的清单2页作为该协议的附表。清单除载明轧机预付款49万元外,还就原告损失的组成予以列明。后经被告调试3台轧机不能达到双方约定的生产标准。

2008年12月30日,原告对被告提起民事诉讼。

2009年2月13日,丽水凯特公司经工商核准登记成立。

**原告诉称:**

由于原告与被告就设备买卖合同解除及损失赔偿协议规定,如3号机在9月22日之前再不能正常生产,被告接受3台轧机全部退货,并承担已给原告造成的全部损失,现经被告调试3台轧机仍不能达到双方约定的生产标准。因此,被告应当按协议要求退货及赔偿原告全部损失。

**被告辩称:**

由于设备买卖合同双方主体是丽水凯特公司与原告,因此,原告起诉主体错误,被告不应当承担责任。

**被告为证明其观点,提交证据如下:**

1. 丽水凯特公司出具的《书面证明》,证明被告签订合同的行为不是个人行为;
2. 丽水凯特公司出具的《被告民事行为追认证明书》。

**被告对原告所提供的证据发表质证意见如下:**

对这两份证明,如被告在诉讼前把公司追认的意思告知我们的话,我们会根据实际情况及法律规定进行选择,现在我们已起诉,这种追认行为是无效的,在公司设立前,被告最大的可能性是代表股东而不可能代表公司,因为公司不存在,所以我们对公司的追认行为不认可。

**一审认为:**

丽水凯特公司于2009年2月13日成立,2008年3月4日签订设备买卖合同时,该公司尚未依法设立,故应由行为人即本案被告承担本合同应承担的义务。

2008年8月28日,原、被告就合同解除的条件及损失赔偿签订了协议。后经被告调试未能使3台机器达到双方约定的生产标准即未能正常生产，合同解除的条件成就。且被告隐瞒了丽水凯特公司尚未工商注册成立的事实，提供的设备属无生产企业、无生产许可证、无生产标准、无生产合格证的产品。故原告有权解除合同，并要求被告退货、返还货款、赔偿损失。

**一审判决：**

1. 原告与被告于2008年3月4日签订的设备买卖合同解除；

2. 被告自行提回3套机器设备；

3. 被告退回原告已付合同价款49万元；

4. 被告赔偿原告经济损失818,617元。

被告不服一审判决，向上级人民法院提起上诉。

**被告上诉称：**

1. 丽水凯特公司成立后，出具了对被告行为认可的书面证明，说明了被告签订合同的行为不是个人行为，且原告支付的49万元已交到公司财务，合同约定的机器设备是由公司制作，公司已依法成立并继续履行原告与被告签订的合同。被告不应对原告承担赔偿责任。

2. 一审法院对合同有效性未进行审查。

3. 原告与被告所签订的合同的赔偿金额明显过高显失公平。

4. 一审法院不具有管辖权。

**原告二审辩称：**

1. 本案虽涉及的合同一方是丽水凯特公司，但该公司成立晚于原告提起诉讼的时间，故被告诉讼主体资格是符合的；

2. 对于因被告提供的设备质量不合格，致使设备到2008年8月25日还不能正常生产，双方就合同的解除及损失签订了协议，并确定了赔偿数额，原判按双方约定判令被告承担责任是符合当事人合同自治原则的；

3. 关于管辖问题，被告已过了提出异议的时效，所以不应作为上诉理由。

**律师观点：**

1. 被告作为公司发起人，其作出的非为公司设立所必需的交易行为，由被告自己承担。

按照《公司法》第7条的规定，有限责任公司及股份有限公司营业执照签发日期为公司成立日期。因此，公司章程签订之日至公司营业执照签发之日期间，即为公司设立阶段。本案涉及设立中公司的法律地位、行为效力和设立中公司在公司成立后民事责任承担的问题。

(1)设立中公司的法律性质。

《公司登记管理条例》第 3 条第 1 款①规定:"公司经公司登记机关依法核准登记,领取《企业法人营业执照》,方取得企业法人资格。"故在登记完成之前,它尚未取得独立的法人资格,仅仅是非法人组织,是准民商事法律主体,具有有限的法律人格,即可以自己的名义从事为公司设立和开业准备所必需的民商事活动,并就这些活动享有权利,承担义务。

(2)设立中公司的行为。

按照设立中公司行为的目的和法律主体的不同,可以将设立中公司行为分为发起行为和设立中公司的交易行为。

设立中公司的交易行为,是指在公司取得独立的法人资格之前,发起人以其公司的名义与其他经济主体进行的合同行为。按照行为的目的和特征,主要分为两类:

一是设立附属行为和开业准备行为,也就是公司设立中的必要交易行为。主要包括公司设立中聘用律师事务所出具法律意见书、聘用会计师事务所出具验资报告等设立附属行为和包括为设立公司需要的经营场所而签订建设工程承包合同建造房屋、签订房屋租赁合同、征用土地以取得土地使用权、与工作人员订立雇佣合同等的开业准备行为。

二是与未来公司业务有关的公司成立前的交易行为,即公司发起行为以外的非必要交易行为。通常是指发起人为保有商业机会而以设立中公司的名义与第三人进行商业买卖的行为。与必要交易行为不同的是,非必要交易行为通常不是或不仅是以公司的成立为目的而进行的。前者因其为公司设立所必要,因而存在归属于成立后的公司的基础,而后者并非公司设立所必要,原则上并不当然具有约束公司的效力。两种行为的性质不同,法律后果也不同。

(3)公司成立后,设立中公司民事责任的承担。

公司设立完成,意味着公司自此取得法律人格,可在注册登记的经营范围内依法开展生产经营活动。那么,公司发起人以设立中公司名义对外从事公司设立必要交易行为时,其行为法律后果应当由成立后的公司直接承担;但对于公司发起人以设立中公司名义对外从事设立公司非必要的交易行为时,该行为的法律后果则不能直接由成立后的公司承担。按照《合同法》的有关规定,该行为属效力待定的民事行为,债权人可对成立后的公司进行催告,要求其对是否追认予以明

---

① 现为《市场主体登记管理条例》第 21 条相关内容。

确。公司不追认的,则由公司发起人承担民事责任。对于公司成立后哪个机构有权决定是否对发起人的非必要交易行为进行承担的问题,按照《公司法》相关理论,应由股东会或公司董事会决议是否承担公司成立前的交易行为。

本案中,被告在丽水凯特公司处于公司设立阶段时,以该公司的名义与原告签订买卖合同的行为,系公司发起人与合同相对人所进行的非必要交易行为,并非为丽水凯特公司开业而进行的必要交易行为,其行为后果并不当然的由成立后的丽水凯特公司承担。只有当这一非必要交易行为被丽水凯特公司追认时,才由该公司承担。被告虽提交了盖有丽水凯特公司公章的证明书,但未经股东会或董事会决议认可,故不具有公司追认的法律效力,该民事责任应由设立中公司的发起人被告承担。

2. 被告作为发起人以公司名义签订的合同不因公司未成立就无效。

本案中,被告个人虽不具备买卖涉讼机器设备的经营资格,但被告的行为并不符合《合同法》第52条①关于合同无效的法定构成要件,其损害的是社会管理秩序,依法应由行政管理部门予以规范。且涉案买卖合同已部分履行,故双方签订的买卖合同应认定有效。

3. 原告与被告关于当被告提供给原告的设备达不到双方约定的标准时,被告赔偿原告损失金额的约定对被告有约束力。

本案中,双方就合同解除的条件及损失赔偿金额进行协商,签订了协议书,并附列了损失的具体赔偿数额,被告在损失清单上予以签字确认,双方当事人意思表示真实,符合法律规定。双方对赔偿金额的约定,未违反《合同法》第113条②规定的损失范围,故该协议书和附属清单合法有效,对双方当事人均具有法律约束力。原告根据双方在协议书中约定的解除合同条件,认为合同解除条件成就,提出要求解除合同以及按清单约定金额予以赔偿的请求,符合法律规定和当事人自治原则,故原判并无不当。被告提出的清单所列各项系复印件,有可能是原告用被告签名的空白纸复印取得;清单不是对该产生费用的确认核对,而是对合同附表部分的认可;被告没有对原告造成损失的上诉理由,因缺乏相应证据予以证实,故其上诉理由不能成立。

4. 二审中被告不可以对一审法院提出管辖权异议。

被告在一审时未就管辖权问题在法定期限内提出异议,应视为被告自行放弃

---

① 现为《民法典》第143条相关内容。
② 现为《民法典》第584条相关内容。

相应的权利,故对被告在二审中提出的管辖权异议,不应予以支持。

**二审判决:**

驳回上诉,维持原判。

**30. 因公司虚假登记致使公司或者第三人受到损害的,由谁承担责任?**

提供虚假登记材料的发起人或者原始股东应当承担赔偿责任,中介机构提供虚假材料应当承担连带赔偿责任。因故意或重大过失而对虚假事项进行登记的,不得以该事项虚假为由对抗善意第三人。

**31. 通过网络股权众筹所签订的协议是否有效?**

判断网络股权众筹协议是否有效,主要还是判断协议是否"违反法律、行政法规的强制性规定"。

股权众筹融资系互联网金融创新的产物,目前我国现行法律、行政法规无明确规定。《证券法》第9条规定,未经依法注册,任何单位和个人不得公开发行证券;向特定对象发行证券累计超过200人(依法实施员工持股计划的员工人数不计算在内)的,构成公开发行。因此如果网络股权众筹超过200人,则协议将被认定为无效。

此外,导致网络股权众筹协议无效的情形还包括:以公开方式向社会公众转让股票、以"股权众筹"等名义非法开展私募基金管理业务、非法经营证券业务、非法集资、虚假宣传、欺诈发行、挪用或占用投资者资金及其他犯罪行为等。

## 【案例20】股权众筹融资协议未违反法律法规强制性规定为有效

**原告(反诉被告):** 飞度公司

**被告(反诉原告):** 诺米多公司

**诉讼请求:**

1. 原告诉请判令被告支付委托融资费、违约金各4.4万元,支付经济损失1.9万余元;

2. 被告反诉要求原告返还17.6万元并支付相应利息同时赔偿反诉原告损失5万元。

**争议焦点:**

1. 涉案融资协议的法律效力和合同主体之间法律关系的具体界定;

2. 双方当事人是否存在违约以及应承担何种违约责任。

**基本案情：**

2015年1月21日，飞度公司与诺米多公司签订《委托融资服务协议》，诺米多公司委托飞度公司在其运营的"人人投"平台上融资88万元（含诺米多公司应当支付的17.6万元），用于设立有限合伙企业开办"排骨诺米多健康快时尚餐厅"合伙店。

协议签订后，诺米多公司依约向飞度公司合作单位"易宝支付"充值17.6万元，并推动了项目选址、签署租赁协议等工作，计划按照合同约定在2015年4月15日正式开店营业。飞度公司也如期完成了融资88万元的合同义务。但在之后的合作过程中，"人人投"平台认为诺米多公司提供的项目所涉房屋性质、物业费均与实际情况不符，具体包括合伙店所租房屋存在违建、没有房产证和租金过高等问题，之后双方与投资人召开会议进行协商，未果。

2015年4月14日，诺米多公司向飞度公司发送解除合同通知书，要求其返还诺米多公司已付融资款并赔付损失5万元。同日，飞度公司亦向诺米多公司发送解约通知书，以诺米多公司违约为由解除合同，要求诺米多公司支付违约金并赔付损失。

**一审本诉原告诉称：**

飞度公司系运营"人人投"股权众筹平台的公司，能够为项目方展示融资项目、发布融资需求，以实现互联网便捷融资、投资、管理的目标。2015年1月21日，飞度公司与诺米多公司签订《委托融资服务协议》，融资金额为88万元，经飞度公司运作融资成功。根据《委托融资服务协议》第1条第3款的约定，诺米多公司应支付委托融资费用。但在融资成功后，经飞度公司多方核实，诺米多公司提供的项目所涉房屋性质、物业费均与实际情况不符，多次协商后，诺米多公司均拒绝提供房屋真实产权信息。为避免投资人投资风险增大，飞度公司依据该融资协议第7条第1款的约定，于2015年4月14日解除与诺米多公司的协议，并要求诺米多公司支付违约金及赔偿经济损失。

**一审本诉被告辩称：**

1. 本案所涉融资协议系居间合同，在飞度公司拒绝放款、未能促成诺米多公司与投资人达成合伙协议并设立合伙企业的情况下，不能要求诺米多公司支付居间费。诺米多公司为融资先行在"人人投"平台上充值17.6万元，此款一直被飞度公司冻结，诺米多公司在本案中不仅没有拿到融资款，自身充值款项也未能取回，不仅没有收益，反而受到很大损失，在此情况下要求诺米多公司仍支付居间费，显然不公平。

2. 诺米多公司完全按照约定履行合同,不存在违约行为,不应承担违约责任。飞度公司主张诺米多公司签订的租赁协议存在"违建""无房产证"和"租金过高"三个问题,存在"提供虚假信息"的违约行为。对此,诺米多公司不予认可。首先,对于违建问题,诺米多公司已向法庭出示1份该房屋前手承租人的工商营业执照,该营业执照写明的注册地址即为金宝街平房,表明该房屋作为经营用房的合法性得到了工商局确认,不是违建。其次,对于无房产证问题,诺米多公司也曾多次要求出租方田某出示房产证,但田某表示其只是从房屋的真正业主处承租而来,其与业主的出租合同因涉及商业秘密不可能出示给诺米多公司或其他人。诺米多公司为防范风险,向该房屋前手承租人以及周边相关租户实地了解,确认田某所说是实情。最后,至于租金过高问题,因租金水平受地理位置、商业环境、人流量多少、底商等各种因素的综合影响,虽然田某提出73万元的承租价,但诺米多公司考察了金宝街的租金水准后,发现与本案租金基本相当,且诺米多公司现在经营的世纪金源店比该租金价格更高,但仍能实现每月约5万元的盈利。基于此,诺米多公司判断以此价格承租金宝街店,仍然可以顺利实现大额盈利。

3. 关于飞度公司的费用支出。融资协议明确约定充值手续费由飞度公司承担。对其他费用,在协议未明确约定的情况下,不论合同性质是委托合同还是居间合同,均应由飞度公司承担。

**一审反诉原告称:**

飞度公司在"人人投"平台上向众多潜在投资者发布设立该项目的有限合伙企业股权融资信息,最终有86位投资者进行了认购,总额为70.4万元,并在"易宝支付"中予以付款。就在诺米多公司紧锣密鼓进行装修并要求飞度公司办理相关合伙协议并拨付融资款时,飞度公司却以各种理由推脱。在诺米多公司一再催促下,飞度公司突然提出合伙店所租房屋存在违建、没有房产证和租金过高等问题,并在诺米多公司做出充分解释说明后,仍擅自在股东QQ群里发布质疑信息,引发认购投资人的普遍疑虑。之后双方以及股东代表在4月11日召开了一次会议,诺米多公司再次对所谓问题进行了充分解释,但飞度公司又提出其拥有很多录音和其他证据,要求给股东代表观看并要求诺米多公司回避,致使诺米多公司代表愤然离场。事后,诺米多公司才知悉《合伙企业法》规定有限合伙人数不得超过50人,但本案已有87位合伙人,且飞度公司公开融资未取得人民银行批准,其融资行为违法。同时,鉴于飞度公司在2015年4月15日前未将已认购投资人签署的合伙企业协议交付诺米多公司;在诺米多公司多次请求拨付融资款后一直未予拨付,致使其在2015年4月14日向飞度公司发送《解除合同通知书》,通知自即日起解除融资协议,要求其返还诺米多公司已付融资款并赔付损失5万元。同日,飞度公司亦向诺米多公司发送解约通知书,以诺米多公司违约为由解除了融资协议,要求诺米多公司支付违约金并赔付损失。随后飞度公司单方面从诺米多公司账户内划款8800元,且将诺米多公司的账户销户,严重损害诺米多公司权益。诺米多公司认为双方已对解除融资协议达成一致,合同解除后,飞度公司应当按照我国《合同法》第97条①规定返还财产并根据过错赔偿损失。

**一审反诉被告称:**

1. 诺米多公司反诉主体不适格。飞度公司与诺米多公司于2015年1月21日签订融资协议。根据诺米多公司提供的证据2《打款凭证》证明,是由刘某光向"易宝支付"充值17.6万元。而诺米多公司的反诉请求要求飞度公司向其返还17.6万元,诉讼主体不适格。

2. 诺米多公司无权要求飞度公司赔偿其损失。(1)根据融资协议,飞度公司已融资成功88万元,诺米多公司应支付服务费44,000元,但至今未付。(2)因为诺米多公司严重违约,导致双方融资协议解除,诺米多公司应支付飞度公司违约金44,000元。众所周知,开实体店铺,最重要、最核心、最关键的环节就是租赁房屋,而诺米多公司恰恰是在此问题上提供不实信息,导致项目存在重大法律风险而不得不解除。在飞度公司成功融资后,诺米多公司向飞度公司提供了《房屋租赁合同》,显示租赁房屋为"平房",年租金73万余元。《房屋租赁合同》向全体投资人公示后,投资人明确表示,房屋约定为"平房",但实际为3层楼房,与合同内容不符,必须予以查实。后经飞度公司工作人员实地查验,确实与合同内容不符,该房屋2、3层明显加建,存在违建拆除的可能性。随即飞度公司多次要求诺米多公司提供房屋产权证明或前手出租方的有权转租证明,但诺米多公司均以各种理由拒绝提供。为保证投资人合法权益,避免因房屋租赁问题导致投资人出资风险扩大,飞度公司于2015年4月9日向全体投资人发出《关于诺米多排骨项目的情况说明》,将查证情况如实向投资人说明。2015年4月11日,飞度公司、诺米多公司和北京的投资人召开会议,要求诺米多公司提供房屋产权证明以及是否具有合法转租权的证明,但飞度公司仍无法提供。2015年4月14日,飞度公司依据融资协议第7.1条约定,终止与诺米多公司的合作。诺米多公司认为飞度公司因为投资人人数超过50人问题才主动解约,实属臆测。股权众筹行业作为新生事物和业态,很多模式和流程都是摸着石头过河,遇到问题,完全可以合法合规地解

---

① 现为《民法典》第566条相关内容。

决。即使投资人数超过50人,在我国现行法律框架内,也完全可以设计不同的方案予以圆满解决。综上所述,依法成立的合同对当事人双方均具有约束力。飞度公司依约履行了合同义务,为了保障投资人出资安全,作出多番努力,甚至先行为诺米多公司违约行为向全体投资人支付了利息。

**一审认为：**

根据《合同法》第52条[①]及《最高人民法院关于适用〈中华人民共和国合同法〉若干问题的解释(二)》中的规定合同违反法律、行政法规的强制性规定的应当认定为无效。原被告双方签订的融资协议不论是在法律层面还是在行政法规、部门规章等文件层面上,并不存在障碍,融资协议应当认为有效。在合同履行的过程中,诺米多公司无法排除可能存在的交易风险,导致交易各方信任丧失,飞度公司以此依融资协议解除合同,诺米多公司应当承担更大责任。

**一审判决：**

1. 被告诺米多公司于判决生效之日起10日内给付原告飞度公司委托融资费用25,200元、违约金15,000元；

2. 反诉被告飞度公司于判决生效之日起10日内返还反诉原告诺米多公司出资款167,200元；

3. 驳回原告飞度公司其他诉讼请求；

4. 驳回反诉原告诺米多公司其他反诉请求。

**被告上诉称：**

1. 诺米多公司没有违约,不应当承担违约金。违约金的承担应以诺米多公司是否违反合同约定的权利义务为前提,从合同来看,诺米多公司并未违反。按照合同约定,诺米多公司提供的所有信息都是真实的,飞度公司亦没有举证证明诺米多公司在合同约定的三个阶段提供了虚假信息。诺米多公司履行了充分的披露义务,租赁合同虽注明是平房,但在飞度公司提出质疑后,立即进行了沟通、解释并提供了此房屋前手商家的营业执照,向股东解释了执照上写明的营业地址即为"平房",不存在披露不真实或违建风险。合同约定的披露义务,诺米多公司已经全部尽到,至于项目租赁经营可能涉及潜在的产权纠纷,是正常合理的风险,对于该等风险,作为承租人的诺米多公司已通过租赁合同的约定以及签订补充协议进行风险控制,不足以影响诺米多公司对承租房屋的合法使用。

2. 飞度公司违约,应赔偿诺米多公司的损失。成功融资款项后,只要符合进

---

[①] 现为《民法典》第143条相关内容。

度说明,飞度公司就应该拨付款项,否则即构成违约。

3. 由于飞度公司拒绝拨付款项,诺米多公司未实际融资到任何金额,诺米多公司无须支付融资费用。

**原告二审辩称:**

一审判决事实认定无误,法律适用正确,应予维持。

**律师观点:**

1.《委托融资服务协议》的法律效力判断。

《合同法》规定,"违反法律、行政法规的强制性规定,则合同无效"。因此,确定融资协议法律效力的依据为属于效力性强制性规定的法律和行政法规。众筹融资系新型金融业务模式,目前我国现行法律、行政法规无明确规定,对该协议法律效力的分析需结合与此相关的法律法规以及其他规范性文件。在法律层面主要涉及《证券法》第10条①规定:"公开发行证券的,必须符合法律、行政法规规定的条件,并依法报经国务院证券监督管理机构或者国务院授权的部门核准;未经依法核准,任何单位和个人不得公开发行证券。有下列情形之一的,为公开发行:(一)向不特定对象发行证券的;(二)向特定对象发行证券累计超过二百人的;(三)法律、行政法规规定的其他发行行为。非公开发行证券,不得采用广告、公开劝诱和变相公开方式。"从上述规定可知,在我国现行法律规定下,如果单位或个人向社会公众公开募集股本,因涉及社会公众利益和国家金融安全,需要首先取得监管部门核准;如果系非公开发行,则在不超过人数上限的情况下,依法予以保护。具体到本案中,一方面,我国通过出台《关于促进互联网金融健康发展的指导意见》(银发〔2015〕221号)(简称《指导意见》)等规范性文件,对包括众筹融资交易在内的互联网金融创新交易予以鼓励和支持,为上述交易的实际开展提供了空间;另一方面,本案中的投资人均为经过"人人投"众筹平台实名认证的会员,且人数未超过200人上限;在此情况下,从鼓励创新的角度,本案所涉众筹融资交易不属于"公开发行证券",其交易未违反上述《证券法》第10条规定。

在行政法律、部门规章以及其他监管规范性文件层面,我国目前还未出台专

---

① 现为《证券法》(2019年修订)第9条相关内容。第9条规定:"公开发行证券,必须符合法律、行政法规规定的条件,并依法报经国务院证券监督管理机构或者国务院授权的部门注册。未经依法注册,任何单位和个人不得公开发行证券。证券发行注册制的具体范围、实施步骤,由国务院规定。有下列情形之一的,为公开发行:(一)向不特定对象发行证券;(二)向特定对象发行证券累计超过二百人,但依法实施员工持股计划的员工人数不计算在内;(三)法律、行政法规规定的其他发行行为。非公开发行证券,不得采用广告、公开劝诱和变相公开方式。"由该条规定可知,当前公开发行证券,须经依法注册,无须核准。

门针对众筹融资的行政法规和部门规章,涉及的其他文件主要是上述《指导意见》、中国证券业协会发布的《场外证券业务备案管理办法》等,也均未对本案所涉及的众筹交易行为予以禁止或给予否定性评价。至于下一步众筹交易如何进行监管,则需根据我国法律法规和监管文件的进一步出台而加以明确。

综上,本案中融资协议未违反法律、行政法规的强制性规定,应为有效。

2. 关于对于本案合同主体之间法律关系的具体界定问题。

委托融资只是双方当事人整体交易的一部分,相对于项目展示、筹集资金等服务,飞度公司还提供信息审核、风险防控以至交易结构设计、交易过程监督等服务,其核心在于促成交易。从该角度分析,双方当事人之间的法律关系主要系居间合同关系。

3. 双方是否存在违约情况及如何承担违约责任。

融资协议不能继续履行的源起为交易各方对融资项目经营用房的样态等问题产生的分歧。根据在案证据显示,飞度公司与投资人发现其确系楼房而非平房后,飞度公司认为诺米多公司存在信息披露不实,具有相应依据。因上述问题涉及房屋可能存在违建等隐患,此事项又直接关系众多投资人的核心利益,诺米多公司应提供符合经营用房的房屋权属证明;"人人投"平台对项目方融资信息的真实性实际负有相应审查义务,其严格掌握审查标准也是对投资人利益的保护。此时,诺米多公司提供的相关证件仍难以完全排除可能的交易风险,直接导致交易各方信任关系丧失。故飞度公司依据融资协议第7.1条解除合同,具有相应依据。纵观合同履行的全部过程,诺米多公司应就合同的不能履行承担更大的责任。

4. 对于投资人数超过有限合伙企业人数上限的问题。

案中双方当事人未在融资协议中约定关于融资交易的具体人数问题,诺米多公司也未在发函解除融资协议时将其作为理由;更重要的是,双方合同关系在有限合伙企业成立前即被解除,飞度公司就此是否会发生违约行为仍然仅是一种预测,其是否能通过其他方法解决此问题也未实际发生和得以检验。故在此情况下,在该案审理范围内,对上述问题是否产生相应责任,不应做过多评述。

**二审判决:**

驳回上诉,维持原判。

## 【法律依据】

### 一、公司法类

(一)法律

❖《公司法》

❖《外商投资法》

(二) 行政法规

❖《市场主体登记管理条例》

❖《企业名称登记管理规定》

❖《企业名称登记管理实施办法》

❖《企业经营范围登记管理规定》

❖《外商投资法实施条例》

(三) 司法解释

❖《最高人民法院关于适用〈中华人民共和国公司法〉若干问题的规定(三)》(2020年修正)

❖《最高人民法院关于适用〈中华人民共和国外商投资法〉若干问题的解释》(法释〔2019〕20号)

(四) 部门规章

❖《市场监管总局关于〈中华人民共和国商事主体登记管理条例(草案)〉公开征求意见的通知》

❖《工商总局关于调整工商登记前置审批事项目录的通知》(工商企注字〔2018〕24号)

❖《市场监管总局关于推进"证照分离"改革开展市场主体经营范围登记规范化工作的通知(征求意见稿)》

❖《工商总局关于提高登记效率积极推进企业名称登记管理改革的意见》(工商企注字〔2017〕54号)

❖《国家市场监督管理总局办公厅关于推进企业名称自主申报改革试点工作的通知》(国市监企注〔2018〕1号)

❖《市场监管总局关于〈企业名称登记管理实施办法(征求意见稿)〉公开征求意见的通知》

❖《外商投资信息报告办法》(商务部、市场监管总局令2019年第2号)

❖《商务部关于外商投资信息报告有关事项的公告》(商务部公告2019年第62号)

❖《外国人在中国就业管理规定》

❖《劳动部办公厅关于贯彻实施〈外国人在中国就业管理规定〉有关问题的通知》(劳办发〔1996〕65号)

❖《鼓励外商投资产业目录(2020年版)》

◆《国家工商行政管理局关于实施〈企业集团登记管理暂行规定〉有关问题的通知》(企指字〔1998〕5号)

◆《国家工商行政管理总局关于对企业名称许可使用有关问题的答复》(工商企字〔2002〕第33号)

二、证券法类

(一)法律

◆《证券法》

(二)部门规章

◆《关于印发〈股权众筹风险专项整治工作实施方案〉的通知》(证监发〔2016〕29号)

三、刑法类

(一)法律

◆《刑法》

(二)司法解释

◆《最高人民检察院、公安部关于印发〈最高人民检察院、公安部关于公安机关管辖的刑事案件立案追诉标准的规定(二)〉的通知》(公通字〔2010〕23号)

◆《最高人民法院、最高人民检察院关于办理非法生产、销售烟草专卖品等刑事案件具体应用法律若干问题的解释》(法释〔2010〕7号)

◆《最高人民法院、最高人民检察院关于办理非法从事资金支付结算业务、非法买卖外汇刑事案件适用法律若干问题的解释》(法释〔2019〕1号)

◆《最高人民检察院关于办理涉互联网金融犯罪案件有关问题座谈会纪要》(高检诉〔2017〕14号)

◆《非法金融机构和非法金融业务活动取缔办法》(2011年修正)

◆《最高人民法院、最高人民检察院关于办理妨害信用卡管理刑事案件具体应用法律若干问题的解释》(2018年修正)

◆《最高人民法院、最高人民检察院关于办理利用信息网络实施诽谤等刑事案件适用法律若干问题的解释》(法释〔2013〕21号)

◆《最高人民法院、最高人民检察院关于办理扰乱无线电通讯管理秩序等刑事案件适用法律若干问题的解释》(法释〔2017〕11号)

◆《最高人民法院、最高人民检察院、公安部、国家安全部关于依法办理非法生产销售使用"伪基站"设备案件的意见》(公通字〔2014〕13号)

◆《最高人民法院、最高人民检察院、公安部关于办理利用赌博机开设赌场

案件适用法律若干问题的意见》(公通字〔2014〕17号)

❖《最高人民法院、最高人民检察院关于办理危害药品安全刑事案件适用法律若干问题的解释》(法释〔2014〕14号)

❖《最高人民法院、最高人民检察院、公安部、司法部印发〈关于办理非法放贷刑事案件若干问题的意见〉的通知》(法发〔2019〕24号)

❖《最高人民法院、最高人民检察院、公安部、司法部印发〈关于依法惩治妨害新型冠状病毒感染肺炎疫情防控违法犯罪的意见〉的通知》(法发〔2020〕7号)

❖《最高人民法院关于审理走私、非法经营、非法使用兴奋剂刑事案件适用法律若干问题的解释》(法释〔2019〕16号)

❖《最高人民法院、最高人民检察院关于办理环境污染刑事案件适用法律若干问题的解释》(法释〔2016〕29号)

❖《最高人民法院、最高人民检察院关于办理危害食品安全刑事案件适用法律若干问题的解释》(法释〔2013〕12号)

❖《最高人民法院、最高人民检察院、公安部印发〈关于办理走私、非法买卖麻黄碱类复方制剂等刑事案件适用法律若干问题的意见〉的通知》(法发〔2012〕12号)

❖《最高人民法院、最高人民检察院、公安部、农业部、国家食品药品监督管理总局关于进一步加强麻黄草管理严厉打击非法买卖麻黄草等违法犯罪活动的通知》(公通字〔2013〕16号)

❖《最高人民法院关于印发〈全国法院毒品犯罪审判工作座谈会纪要〉的通知》(法〔2015〕129号)

❖《最高人民法院、最高人民检察院关于办理非法生产、销售、使用禁止在饲料和动物饮用水中使用的药品等刑事案件具体应用法律若干问题的解释》(法释〔2002〕26号)

❖《最高人民法院、最高人民检察院、公安部、国家新闻出版广电总局关于依法严厉打击非法电视网络接收设备违法犯罪活动的通知》(新广电发〔2015〕229号)

❖《最高人民法院、最高人民检察院、公安部、国家广播电影电视总局、国家工商行政管理总局、国家质量监督检验检疫总局、信息产业部关于依法严厉打击涉卫星电视广播地面接收设施违法犯罪活动的通知》(法发〔2007〕38号)

❖《最高人民检察院关于废止〈最高人民检察院关于办理非法经营食盐刑事案件具体应用法律若干问题的解释〉的决定》(高检发释字〔2020〕2号)

❖《最高人民法院、最高人民检察院关于办理生产、销售伪劣商品刑事案件具体应用法律若干问题的解释》(法释〔2001〕10号)

❖《最高人民法院、最高人民检察院关于办理危害食品安全刑事案件适用法律若干问题的解释》(法释〔2013〕12号)

(三)部门规范性文件

❖《对外贸易经济合作部关于严禁买卖或变相买卖进出口许可证的通知》(〔1997〕外经贸管发第364号)

❖《广电总局、公安部、国家安全部关于坚决查处擅自接收、转播境外卫星电视的通知》(广发社字〔1999〕166号)

❖《最高人民法院、最高人民检察院、公安部、中国证券监督管理委员会关于整治非法证券活动有关问题的通知》(证监发〔2008〕1号)

❖《国家外汇管理局、公安部关于严厉打击非法买卖外汇违法犯罪活动的通知》(汇发〔2001〕155号)

❖《最高人民法院、最高人民检察院、公安部关于印发〈办理非法经营国际电信业务犯罪案件联席会议纪要〉的通知》(公通字〔2002〕29号)

四、知识产权法类

(一)法律

❖《商标法》

(二)司法解释

❖《最高人民法院关于审理商标民事纠纷案件适用法律若干问题的解释》(2020年修正)

❖《最高人民法院关于审理注册商标、企业名称与在先权利冲突的民事纠纷案件若干问题的规定》(2020年修正)

❖《最高人民法院关于审理商标案件有关管辖和法律适用范围问题的解释》(2020年修正)

❖《最高人民法院关于涉及驰名商标认定的民事纠纷案件管辖问题的通知》(法〔2009〕1号)

❖《最高人民法院关于审理涉及计算机网络域名民事纠纷案件适用法律若干问题的解释》(2020年修正)

# 第二章　发起人责任纠纷

**【宋和顾释义】**

> 发起人责任纠纷,是指在公司设立失败或公司成立时,因公司发起人责任承担产生的纠纷。实践中主要包括以下两类纠纷:
> 1. 公司设立失败时发起人的责任纠纷,包括:
> (1)对设立行为所产生的债务和费用负连带责任;
> (2)返还股款并支付利息的连带责任纠纷。
> 2. 公司成立时发起人责任纠纷,包括:
> (1)发起人过失损害公司利益的赔偿责任纠纷;
> (2)发起人承担连带认缴出资责任纠纷。

**【关键词】** 发起人　发起人责任　虚假陈述

❖ **发起人:** 指为设立公司而签署公司章程、向公司认购出资或者股份并履行公司设立职责的人,应当认定为公司的发起人,包括有限责任公司设立时的股东。

❖ **发起人责任:** 指发起人在公司设立过程中,因公司不能成立对认股人所应承担的责任,或者在公司成立时因发起人自身的过失行为致使公司利益受损而应当承担的责任。

❖ **虚假陈述:** 指信息披露义务人违反法律规定,在证券发行或者交易过程中,对重大事件作出违背事实真相的虚假记载、误导性陈述,或者在披露信息时发生重大遗漏、不正当披露信息的行为。

## 第一节 立 案

**32. 如何确定发起人责任纠纷的诉讼当事人?**

在公司设立失败时,原告为外部债权人或受到损失的认股人,被告为发起人中的一人或多人。

在公司设立成功时,原告为公司、发起人或认股人(新公司股东),被告应为负有过错的发起人。

**33. 发起人责任纠纷由何地法院管辖?**

发起人责任纠纷应当由被告所在地法院进行管辖,如果有多名被告,且被告住所地或经常居住地在两个以上人民法院辖区的,各法院都有管辖权,原告向两个以上有管辖权的人民法院起诉的,由最先立案的人民法院管辖。

**34. 发起人责任纠纷按照什么标准交纳案件受理费?**

发起人责任纠纷的案件受理费应当根据案件标的计算,具体计算比例详见本书第一章公司设立纠纷第4问"公司设立纠纷应按照什么标准交纳案件受理费?"。

**35. 发起人责任纠纷是否适用诉讼时效?**

适用。诉讼时效为3年,但是起算点因下列情形而有所不同:

(1)对于债权人主张部分发起人或全部发起人承担债务和费用的,应当自债务履行期限届满之日起计算;

(2)对于认股人主张发起人返还股款、利息的,应当自认股人知道或者应当知道公司设立失败之日起计算;

(3)公司设立成功后主张负有过错的发起人承担损害赔偿责任,或者发起人承担返还股款、利息、费用义务后,主张其他发起人分担责任的,应当自损失发生或责任承担之日起计算。

**【案例21】发起人共担亏损且过时效丧胜诉权 非认股人主张退股金被驳回**[①]

原告:海南信托

被告:建行海南分行、建方实业

---

① 参见海南省高级人民法院(2001)琼经终字第31号民事判决书。

**诉讼请求：** 判令两被告连带退还原告已支付的200万元股金及300万元利息。

**争议焦点：**

1. 原告主张其股金权益受到侵害的诉讼时效应自何时起算；

2. 设立恒源公司失败后，原告作为发起人对公司设立中形成的亏损是否承担责任。

**基本案情：**

1992年，原告、被告建行海南分行与案外人建行信托在内的18家法人签订了《海南信托公司发起人协议书》，约定：共同设立定向募集公司——恒源公司，发行内部股票；成立恒源公司筹委会具体负责拟订章程、上报文件、招股等相关事宜；上述发起股东认购134,401,342元（其中原告认股200万元）；除发起股东认购134,401,342股外，拟向内部职工及社会特定法人定向募集5000万元股；募足股本后，即召开公司创立大会，正式宣告恒源公司成立，同时解散筹委会；如因其他原因公司不能成立，发起人负责向有关法人及个人退还股份及利息。

该合同签订后，1992年9月8日，恒源公司筹委会向原告发出付款通知；同年10月5日，原告向案外人建行信托支付了200万元股本金，向恒源公司筹委会支付了筹备费3万元。

同年12月28日，恒源公司召开创立大会暨第一届股东大会，通过了《恒源公司章程》，并决定：在人民银行总行新的"经营金融业务许可证"下发之前，公司对外、对内的一切事务仍然使用"建行信托"的名称。

12月29日，海南省股份制试点领导小组办公室作出批复，同意建行信托改组为恒源股份有限公司。此后，恒源公司即进行了一系列的经营活动。

1994年5月16日，恒源公司举行了第二次股东大会，通过了1993年度分红派息方案，同年6月29日，建行信托向原告支付了40万元的法人股股息。

1998年9月4日，恒源公司召开特别董事会会议，审议并通过了被告建行海南分行提交的《关于终止恒源公司经营活动的提案》及《关于恒源公司股本处理的提案》。次日，恒源公司又召开特别股东大会，审议并表决通过了前述两份提案。这两份提案的主要内容是：终止恒源公司的一切经营活动，撤销该公司，改建为被告建行海南分行的分支营业机构，由该行负责恒源公司的债权、债务清理核算和继承工作处理各类股份、退还个人股、非发起人法人股股本及同期银行存款利息；全体发起人共同承担公司设立失败的责任，全部发起人法人股不予退还，冲抵公司形成的亏损，余下的亏损及债权债务由最大发起人被告建行海南分行承担。原告的法定代表人作为恒源公司的董事参加了特别股东大会。

1998年10月28日,海南省证券管理办公室认定恒源公司设立失败,同意恒源公司提出的《关于公司股本处理的方案》。

1999年1月5日,被告建行海南分行在《海南日报》上刊登公告,将恒源公司有关债权债务的处理方案予以公告。同日,被告建行海南分行撤销案外人建行信托,接管了案外人建行信托的债权债务,并将案外人建行信托的非金融债权债务指派被告建方实业接管。

另,恒源公司在经营期间,一直未办理工商注册登记,也没有取得金融业务许可证。

**原告诉称:**

1. 1993年2月28日恒源公司发起失败,筹委会未退还原告股金。

1992年12月28日创立大会后30天,海南省工商局未批准恒源公司登记注册,其后也未批准该恒源公司成立。中国人民银行也没有核发恒源公司金融业务许可证。由此,依据《企业法人登记管理条例》第14条的规定,工商机关应在收到申请之日起30日内作出是否核发企业法人营业执照的决定。1993年2月28日,恒源公司发起失败。之后,恒源公司筹委会并未退还原告之200万元,而由案外人建行信托占用。

2. 恒源公司发起失败后,原告只应承担3万元的发起失败责任。

依据《股份有限公司规范意见》第21条第2项的规定,原告只应对设立行为所产生的债务和费用承担连带责任。恒源公司设立失败后,原告只应承担3万元的发起失败责任,对经营亏损责任应由被告建行海南分行承担。原告股金却被案外人建行信托占用,案外人建行信托依法应承担返还责任,案外人建行信托在此期间的经营活动所产生的债权债务应由其自行承担,不应由原告承担。被告建行海南分行应返还原告股金200万元及利息300万元。

3. 原告起诉未超过诉讼时效。

原告于1999年1月5日才知晓自己的股金权益受到侵害。

恒源公司设立失败,根据《股份有限公司规范意见》的规定,股东大会所作的任何决议都应无效。特别股东大会只能说明被告建行海南分行有将发起人的股金冲抵经营亏损的单方意向,此时原告股金权益未受到实际侵害,双方仍处在对返还股金的协商过程中。建行海南分行1999年1月5日在《海南日报》刊登公告时,原告的权益才真正受到侵害,在此后的法定诉讼时效期间提起诉讼,并未超过诉讼时效。

**被告建行海南分行辩称：**

1. 原告主张已超过诉讼时效。

1998年9月4日，恒源公司特别股东大会通过了恒源信托股本处理方案，原告参加了该会议，并参与表决了该会通过的两项决议案：《关于终止恒源信托经营活动的提案》及《关于恒源信托股本处理的议案》。因此，原告此日已明知其股本金应冲抵恒源信托亏损，但时隔两年多，原告才起诉，其主张超过了法定两年的诉讼时效，已丧失了本案的胜诉权。而按原告起诉所称的1993年2月28日为恒源公司发起失败时间，则其主张更是超过了诉讼时效。

2. 原告作为恒源公司的发起人，应当承担恒源公司在设立过程中形成亏损的连带责任，其股本金应冲抵损失。

自1992年创立大会起，全体发起股东就一致同意以建行信托名义对外进行经营，并都参与了1994年的分红，依据《民法通则》的权利义务对等原则以及过错原则，发起人在公司赢利时按出资额享受了投资利益，在公司亏损时也同样应当按出资额承担投资风险。因此，原告之主张无法律依据，请求依法驳回。

被告建方实业未作答辩。

**律师观点：**

1. 原告起诉已超过诉讼时效，其诉请已丧失胜诉权。

就本案的诉讼时效，有3个起算点。原告主张应以1999年1月5日，被告建行海南分行在《海南日报》上刊登公告的时间开始起算。其理由是其于此日才得知其权益被侵犯。被告建行海南分行主张应自1998年9月4日，恒源公司通过两个提案之日开始起算，或自原告主张发起失败的1993年2月28日起算。

本案中，诉讼时效的起算应以1998年9月4日为起算点。理由为：此前，恒源公司虽未取得企业法人营业执照和经营金融业务许可证，但事实上，恒源公司一直在经营，且这种经营活动各发起人是认可的。1998年9月4日，恒源公司召开特别股东大会，决定终止恒源公司，原各发起人的投资全部冲抵经营亏损。作为发起人之一的原告参加了该会，即原告当日已经知道其200万元投资应冲抵恒源公司亏损的事实。故该日当是原告可以诉讼的起算时间。如果原告认为该会议所形成的决议侵害了其权益，则自该日起，其可诉请求法律保护或向被告建行海南分行提出异议，但直至本案起诉时间2000年12月27日之前，原告并未提出异议或提起诉讼。故本案原告的起诉已超过法定诉讼期间。

原告认为因恒源公司发起失败而致使特别股东大会通过的两项提案无效，故其权益当时未受到侵害，被告建行海南分行在1999年1月5日《海南日报》上刊登的公告才是对其权利的真正侵害,该主张理由不充分。因为不管股东大会决议的效力如何均不影响原告在特别股东大会上知道其200万元股金要冲抵恒源公司亏损的事实。其后的公告实际上是对其他个人股、非发起人法人股认股人所发布的公示。

2. 就本案的实体而言,原告的诉请亦不能成立。

恒源公司系在案外人建行信托的基础上改建的由包括原告与被告建行海南分行及案外人建行信托等18家法人作为发起人拟设立的股份制公司。股份公司设立过程中所进行的经营活动,其法律后果在公司设立后,由设立后的公司承担。股份公司如设立失败,即股份公司不成立时,因为设立中的公司并未取得法人资格,故以设立公司名义所进行的经营活动所产生的法律后果应由各发起人共同承担。

恒源公司自1992年12月28日召开创立大会之后,未依法办理工商注册登记,也未取得经营金融业务许可证,应依法认定恒源公司发起失败。此时发起人不但不依照有关法律规定及时终止公司的活动,反而一致同意以建行信托名义对外经营,此经营活动是无法律依据的,各发起人对此均有过错,应承担相应的过错责任,并且各发起人均参与了1994年的分红,无论从过错原则还是从权利与义务相一致原则出发,原告都应对公司的经营亏损承担连带责任。原告主张恒源公司在发起失败后,应由被告建行海南分行承担恒源公司经营期间的全部亏损缺乏法律依据。

此外,原告是恒源公司的发起人之一,而非恒源公司的认股人,其与被告建行海南分行的法律地位是同一的,双方间并未形成债权债务关系。故其不能以认股人的身份要求也是发起人之一的被告建行海南分行退还其200万元。

**法院判决:**

驳回原告的诉讼请求。

# 第二节 发起人责任承担的裁判标准

## 一、设立失败时发起人的责任承担

### 36. 公司设立失败时,发起人应当承担哪些责任?

公司设立失败,发起人责任承担的情况如图2-1所示:

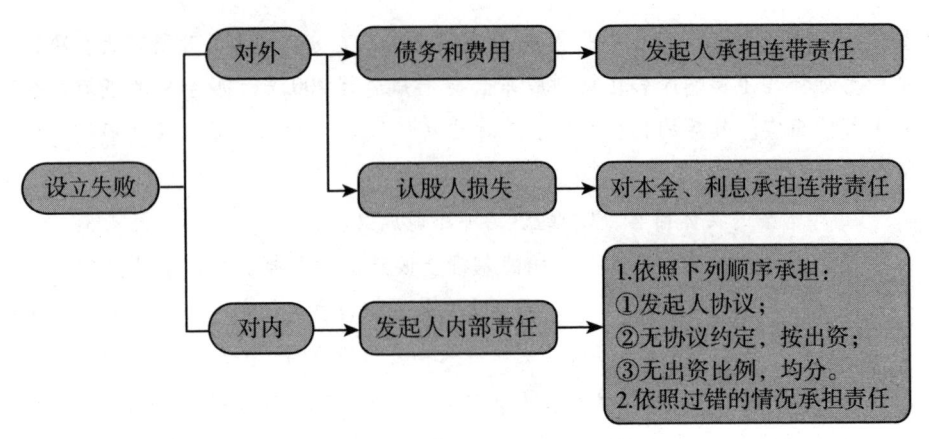

```
                    ┌─ 对外 ─┬─ 债务和费用 ──→ 发起人承担连带责任
                    │        │
                    │        └─ 认股人损失 ──→ 对本金、利息承担连带责任
        设立失败 ───┤
                    │                          ┌ 1.依照下列顺序承担：
                    │                          │  ①发起人协议；
                    └─ 对内 ── 发起人内部责任 ─┤  ②无协议约定，按出资；
                                               │  ③无出资比例，均分。
                                               └ 2.依照过错的情况承担责任
```

图 2-1 发起人责任分类示意

在外部责任方面：

(1) 对于设立过程中对外产生的债务、费用，由发起人承担连带责任；

(2) 对认股人投入的本金及同期存款利息承担连带赔偿责任。

在内部责任方面：

(1) 如果部分发起人承担了债务、费用或返还股款、利息的责任，则可以主张其他发起人依照发起人协议承担责任。如无发起人协议或发起人协议未作约定，则各发起人应当按照出资比例承担责任，如各人出资相同，则由各发起人平摊费用。

(2) 如果因部分发起人的过错给其他发起人造成损失的，其他发起人可以主张其依照过错的情况承担责任。

**37. 设立行为所产生的债务、费用包括哪些？**

所谓设立行为所产生的债务，主要是设立中的合同之债及侵权之债。

合同之债包括两种，第一种是必要交易行为所签订的合同，即设立附属行为和开业准备行为所签订的合同；第二种是与未来公司业务有关的，公司为成立后的交易行为所签订的合同。

侵权之债即如果因为发起人的过错导致公司设立失败，并给相应债权人造成损失的，发起人也应当对所造成的损失承担连带赔偿责任。

设立行为中的费用是指保障成立后公司的正常营运的合理和必要的费用，一般包括委托中介机构代办费、律师费、开立账户费用以及领取相关证照所交纳的费用等。

## 【案例22】被告主体不适格　请求未成立公司担责被驳回[①]

**原告:** 翟某义、翟某峰

**被告:** 耀华公司

**诉讼请求:**

1. 解除原被告间的技术合作协议;
2. 被告支付原告销售提成3万元及逾期支付违约金5万元;
3. 被告返还原告提供的13英寸宽度柔版印刷机全套图纸;
4. 被告赔偿原告损失45万元。

**争议焦点:**

1. 两原告提供的《技术合作协议书》和《技术人员聘用合同》的合同主体是庞联公司还是被告;
2. 两原告能否以合同主体在形式上是庞联公司,实际履行者是被告为由,请求被告承担返还销售提成、支付违约金以及赔偿金的合同义务。

**基本案情:**

2005年11月10日,案外人董某东、李某昌、张某光、何某云4人出资筹建庞联公司(至原告起诉时尚未成立),因试制产品需要,向被告租用厂房。

2006年2月20日,案外人董某东代表筹建中的庞联公司与两原告签订《柔版印刷机制造技术合作协议书》和《技术人员聘用合同》2份,合作协议约定期限5年,从2006年2月15日至2011年2月15日,由两原告负责提供技术,庞联公司提供资金、场地、合作生产柔版印刷机,机器销售提成,第1年2万元/台,第2年3万元/台,庞联公司若不按期支付技术报酬,应承担5万元违约金;庞联公司聘用原告翟某义为车间负责人,年工资为144,400元,每月支付12,000元,原告翟某峰年工资为72,000元,每月6000元。

合同签订后,两原告被安排在被告厂房内开始试制工作,与被告职工共同接受管理,并已经制造3台印刷机。印刷机试制成功后以被告名义对外宣传、展销。合同履行过程中,合同双方为琐事发生矛盾,2007年6月23日起停止合作(见图2-2)。

---

[①] 参见浙江省瑞安市人民法院(2007)瑞民初字第2759号民事判决书。

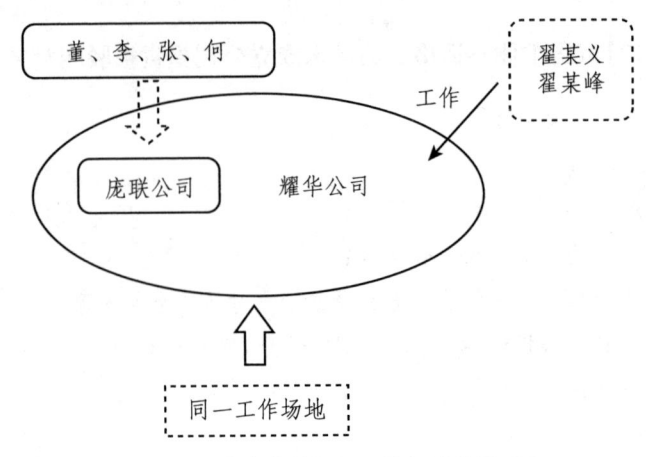

图 2-2 当事人股权及工作场地使用示意

**原告诉称：**

2006年2月20日，原告与被告签订《柔版印刷机制造技术合作协议书》和《技术人员聘用合同》，被告聘用原告为车间负责人，合作期间原告收益为被告按聘用合同支付的工资和机器设备销售提成。合同签订后，原告一直正常上班，并已经生产出3台印刷机，其中1台已经销售，但被告拖欠原告工资及销售提成；2007年6月23日被告通知原告待岗至今。被告的行为已严重违反合同的约定，属于根本违约行为。

**原告为证明其观点，提交证据如下：**

1. 技术合作协议和聘用合同，证明两原告与被告法定代表人董某东签订合作协议和聘用合同；

2. 被告营业执照证明董某东是被告法定代表人；

3. 网页截屏5份，证明两原告为被告开发机器已经进行销售；

4. 机票、护照及展会照片证明两原告代表被告参加展览会；

5. 柔版印刷机产品说明，证明被告生产销售柔版印刷机的事实；

6. 行业论文，来源于中国印刷行业协会杂志，证明两原告通过履行本合同的可得利益；

7. 暂住证、工作证、考勤表、车间照片、同事的工作计划等，证明两原告在被告处工作的事实；

8. 被告的产品资料、展会资料，证明柔版印刷机已在被告处生产销售的事实；

9. 光盘及录音笔录，证明被告拖欠工资、销售提成的事实；

10. 中国农业银行卡、上海浦发银行卡的收支明细账 5 张,证明被告付给两原告工资的事实。

**被告辩称:**

被告从来没有与两原告签订过《柔版印刷机制造技术合作协议书》和《技术人员聘用合同》,更没有聘用两原告为技术人员合作生产柔版印刷机,设备销售提成、拖欠工资和技术报酬、通知待岗等更无从说起。被告的法定代表人董某东与李某昌、张某光、何某云 4 人因筹建庞联公司需要,在瑞安试制柔版印刷机,租用被告的厂房进行产品试制,聘用两原告为技术人员。本案技术合同及劳动合同的双方当事人是两原告与董某东、李某昌、张某光、何某云,两原告所提供的宣传资料上显示被告名称,是两原告自己炮制的。综上,被告不是本案适格被告,两原告起诉被告主体错误,请求驳回起诉,责令两原告赔偿因其滥用诉权而给被告造成的名誉损失和经济损失。

**针对原告的上述证据,被告认为:**

1. 证据 1:协议和合同是两原告与庞联公司签订的,可证明与被告没有关联性;

2. 证据 3、5:被告网页截屏、柔版印刷机产品说明等,在与两原告签订合同之前三年就已存在,与本案无关联性;

3. 证据 4:机票、护照仅可证明产品是以被告名义参展的;

4. 证据 6:行业论文是杂志评论与本案无关联性;

5. 证据 7:考勤、车间照片、工作计划,仅证明庞联公司租用被告厂房进行试制的事实;

6. 证据 9:光盘及录音笔录仅证明合同进一步证明两原告明知合同主体是庞联公司;

7. 证据 10:可证明董某东委托被告出纳支付工资给两原告的事实,不能证明是被告付款。

**被告为证明其观点,提交证据如下:**

1. 厂房租用协议书,证明董某东、李某昌、张某光、何某云等人因筹建庞联公司需要,租用被告厂房的事实;

2. 出资协议书,证明被告由董某东与李某昌、张某光、何某云 4 人出资筹建。

**被告申请证人李某昌、何某云证明如下观点:**

庞联公司是他们 4 人出资筹建的,由董某东代表与原告签订合同,与被告无关。

**针对被告的上述证据,原告认为:**

对于证据真实性无异议,但是与本案无关联性,两位证人关于庞联公司筹建过程的陈述是编造的。

**律师观点:**

1. 被告不是合同主体,无须对原告承担合同义务。

以筹建中的公司名义签订合同,应认定签约时已经向合同相对人告知公司未成立的信息,缔约双方的意思表示真实。根据《公司法》规定,筹建中公司的全体设立人之间属于合伙法律关系,合伙人对设立行为产生的债务承担连带责任。

本案中,原告提供的两份合同主体甲方是庞联公司,代表人董某东签字,乙方是两原告。因此,本案合同主体是庞联公司的合伙人即董某东、李某昌、张某光、何某云4位自然人,而非被告,故两原告以合同主体在形式上是庞联公司、实际履行者是被告为由,请求被告承担合同义务,难以得到支持。

2. 原告若以庞联公司的发起人作为被告,则能得到法院支持。

事实上,如果原告欲主张其权利,应当以庞联公司的4名发起人,即董某东、李某昌、张某光、何某云中的一人或多人为被告,主张其对庞联公司未能设立时所产生的债务承担连带责任,如此原告的诉讼请求便能够得到法院的支持。

**法院判决:**

驳回原告的诉讼请求。

## 【案例23】按股权分担开办费　设立失败返还股金①

**原告:** 海懿公司

**被告:** 赵某

**诉讼请求:** 返还原告338,192元出资款。

**争议焦点:**

1. 被告是否将原告的出资款用于筹建公司;
2. 公司设立失败后,筹建费用如何承担。

**基本案情:**

2008年5月10日,原告、被告以及案外人吴某华签订了《股东合作协议书》,约定三方共同在中东阿联酋注册一物流公司开展物流运输和其他营利业务。公司的股份比例为原告出资美元61,885元,占股60%,案外人吴某华出资美元

---

① 参见北京市海淀区人民法院(2009)海民初字第12837号民事判决书。

20,628元,占股20%,被告出资美元20,628元,占股20%。

2008年6月3日、20日,原告分别向被告在境外的账户汇入19,624美元和27,142美元。同时,原告亦免除了被告在以前业务往来中欠原告7430元人民币及1450美元债务折抵被告的出资。

**原告诉称:**

被告在收取了原告的投资款项后并未如协议中约定的注册成立货运公司开展经营,而是将上述款项据为己有,原告经多次与被告协商,被告拒不交还。依据《股东合作协议书》的约定,原告已履行了出资义务,但是公司至今未成立,且被告也没有退还原告出资。根据我国法律规定,被告应返还原告投资款项。

**被告辩称:**

被告不同意原告的诉讼请求。合作协议中的另一方案外人吴某华并未到庭,其是参与主办公司的主要负责人之一,应到庭参加诉讼,请求法院将案外人吴某华列为被告或第三人参加诉讼。原告所汇给被告的款项均用于筹备公司使用,且被告也为此支出了大量的资金。

**律师观点:**

原告、被告及案外人吴某华签订的《股东合作协议书》,未违反国家有关法律、行政法规的强制性规定,当属有效。原告向被告在境外的账户汇入46,766美元出资并免除被告在以前业务往来中欠原告7430元人民币及1450美元债务用于折抵被告出资后,《股东合作协议书》约定拟成立的公司却至今没有成立,被告应当按照三方出资比例扣除筹备公司必要费用后,退还原告剩余出资。被告以原告的出资很大一部分是案外人吴某华的作为抗辩理由,但是未提交证据佐证,不应予以支持。

**法院判决:**

被告返还原告338,192元人民币。

## 【案例24】两次募资设立主体视为变更　设立失败发起人返还认股人投资[①]

**原告:** 首汽公司

**被告:** 经协公司

**诉讼请求:** 退还全部200万元股金及利息。

---

① 参见四川省成都市中级人民法院(1995)成经初字第195号民事调解书。

**争议焦点：**

1. 圣地公司不能定向募足资本后，其与其他发起人社会募集设立公司，两公司是否为同一公司；

2. 若圣地公司设立失败，被告及其他发起人是否应当向作为认股人的原告承担连带退还股金及利息的责任；

3. 原告是否能代替其职工向发起人要求退还 40 万股内部职工股股金。

**基本案情：**

1993 年 3 月，被告与案外人矿泉水公司及体育旅游公司订立了设立圣地公司的发起人协议。同年 4 月 3 日，西藏自治区体改办复函圣地公司筹委会，同意组建该公司。同年 4 月 30 日，圣地公司获得西藏自治区工商部门颁发的筹建许可证。同年 6 月 16 日，圣地公司的筹建正式获得了西藏自治区体改办的批准，确认其按定向募集股份方式设立。其募股说明书及章程释明该公司以开发、生产、出售天然矿泉水为主营业，定向募集来的资本也将用于矿泉水生产设备及厂房投资。

1994 年 6 月 18 日，该筹委会与原告订立了定向法人股认购协议书，约定圣地公司向原告发售面值 1 元人民币的定向募集法人股 160 万股，同时其补充协议约定向其职工配售 40 万股内部职工股。

至 1994 年 4 月，圣地公司已明显不能募足 5000 万元资本。西藏自治区体改办于 4 月 21 日批复按《公司法》设立新的社会募集公司。

同年 8 月，被告与案外人拉萨啤酒厂、体育旅游公司、交通工业公司、海南金川公司订立了圣地股份公司发起人协议书，筹建以开发、生产、经营啤酒为主营业总资本 6000 万元的社会募集公司，并将原告列入该公司筹委会。

这份发起人协议寄达原告后，原告即提出异议，认为该协议所称的圣地股份公司已非先前的圣地公司，自己不愿做其股东，要求被告等发起人退还股金。

同年 10 月 29 日，原告邀被告等发起人会谈，并将会谈事项做成书面备忘录，该备忘录记明圣地公司发起人应退还原告全部股金。案外人矿泉水公司法定代表人戴某耀在该备忘录上签署意见为："募股失败而未设立（公司），退款。"被告则未作明确表态，只表示 11 月 30 日前公函回复。此后，原告未能收回股金。

**原告诉称：**

原告按约向筹建中的圣地公司支付了股金 200 万元，圣地公司及其证券商海南港澳国际信托投资有限公司共同向原告及其 10 名职工分别出具了股金收据。而矿泉水公司未能成立，被告等发起人又擅自将原告投入的股金转入圣地股份公司。原告提出了异议，并要求退回股金未果。被告应承担发起人责任，负责退还全部股金及利息。

**被告辩称：**

圣地公司在设立过程中，为适应即将生效的《公司法》要求，经西藏自治区体改办批准，改制为社会募集股份有限公司，圣地股份公司正是其改制后的股份公司，实为同一公司，该公司尚在设立之中，谈不上没有成立，原告认交股款后无理由要求抽走股款，要求驳回原告的诉讼请求。

**律师观点：**

1. 圣地公司未能成立。

圣地公司没有筹足资本，没有完成设立程序，也没有最终取得企业法人营业执照，因而，其法律上的主体资格没能得到确立。虽然西藏自治区体改办批复将圣地公司改制为社会募集公司，但按此批复筹办的圣地股份公司在发起人、公司主营业务、资本结构等核心内容上与圣地公司完全不同，不能视为同一公司的改制变更，而构成了另一不同的公司。

事实上，上述批复本身也肯定了两公司各自的独立性，即批复以圣地公司作为发起人之一筹建新的圣地股份公司。而在实际操作中，圣地股份公司的发起人协议中并未出现圣地公司，正是因为该公司并未成立，不具有合法的主体资格。被告提出的圣地公司改制为圣地股份公司，其仍在设立之中的观点是没有法律及事实依据的。

2. 圣地公司不能成立，发起人应承担退还原告认缴股金及其利息的连带责任。

作为股份有限公司，圣地公司的设立经过了政府授权部门的批准，其资本除发起人认购外，可采取定向募集方式筹集。其筹委会与原告订立的定向法人股认购协议书是合法有效的。原告因认缴股金可成为圣地公司成立后的股东，若该公司不能成立，也对该股金享有合法的财产权，有权追回。《股份公司规范意见》及现行《公司法》均有相同规定，即股份公司未能成立时，其发起人应向认股人承担连带退还股金及利息的责任。因而，圣地公司的三方发起人应退还原告已认购的法人股160万元，并就此承担连带责任。

3. 内部职工股40万元，应由原告职工另行起诉要求退还。

配售职工内部股是依据原告与圣地公司筹委会的定向法人股认购协议作出的补充协议。虽然配售协议是原告订立的，协议内容也是以法人股购买协议为前提，但是，个人股的40万元股金来源于职工，股金收据也明确写明了个人认股人的姓名、金额，确认的是个人的缴股，该协议的履行结果是在原告的部分职工与圣地公司间产生一种直接的财产权利关系。在公司设立后它意味着个人的股权,在公司不能设立时也代表个人的财产权,其投入股金的所有权归属于各职工个人,而非原告。作为民事权利的一种,它应属于个人的处理范围,追回这些财产的请求权亦应由个人行使。

**法院调解：**

圣地公司三方发起人达成共识,认为股金应予返还,并在案外达成3家分担责任的方案,被告同意先独家偿还股金,原告对此表示接受;同时,原告职工授权原告一并主张退还股金,被告表示认可。

## 【案例25】公司设立失败　费用按认缴比例分担[①]

**原告**：白某惠、赵某俊

**被告**：赵某源

**诉讼请求**：被告承担在公司不能成立时因设立行为所支出的相关费用共计1447.17元。

**争议焦点**：

1. 公司未能设立是某个发起人的过错还是全体发起人协商一致的结果；
2. 两原告是否有权要求被告按出资比例返还原告垫付的出资费用。

**基本案情**：

2002年9月3日,两原告、被告、案外人国某金4人共同协商成立金树公司,拟从事有机肥料的生产和经营。签订的《金树公司章程》约定,两原告以现金出资入股,被告以位于朝阳区的相关土地使用权出资入股,案外人国某金以非专利技术出资入股。在金树公司设立过程中,两原告先行支付了因设立公司而进行厂区基建、购置机器设备、购买原材料等相关全部费用,相继共计支出12,059.79元。由于受2003年北京"非典"影响,设立中的公司因未取得行政审批而未能最终设立。4名股东因此决定终止合作。

**原告均诉称**：

由于公司设立未成,两原告多次找被告协商公司设立费用的承担和剩余资产处置的问题,但未能达成一致意见。根据《公司法》的规定,被告应承担开办费用。

**被告辩称**：

金树公司的章程系两原告、被告、案外人国某金所签订。但该章程签订后不

---

① 参见北京市朝阳区人民法院白某惠、赵某俊诉赵某源股东出资纠纷案。

久,两原告、案外人国某金以有机肥市场前景不好为由,无意再继续合作。因此,公司章程签订后,各方并未实际继续合作,也未发生新的费用。两原告主张已花费的各项费用与事实不符。

**律师观点：**

本案中,金树公司不能设立系全体发起人协商一致的结果,并非某个发起人的过错导致。故对外而言,全体发起人应当对设立费用承担连带责任;对内而言,发起人有约定的从约定,无约定的应当按照各自出资的比例来承担。两原告预先垫付了设立费用,系对外承担了全部责任,在发起人之间没有另行约定的情况下,其二人有权要求被告按照出资比例分担金树公司的设立费用。

根据提交的证据,原告在设立"金树公司"的过程中花费了4880.74元。依据被告认缴的出资占公司总资本的12%,被告应当分担585.69元。

**法院判决：**

被告向原告支付585.69元。

## 【案例26】公司设立失败　过错发起人承担违约责任[①]

**原告：**孙某华

**被告：**黄某衔、潘某

**第三人：**保利公司

**诉讼请求：**判令两被告连带赔偿原告损失636,909.95元人民币。

**争议焦点：**

1. 被告黄某衔未理顺拟设立公司使用场地的租赁关系是否存在过错,是否应对设立失败承担违约责任;

2. 被告潘某并非拟设立公司的发起人,是否应赔偿筹建费用。

**基本案情：**

2002年12月31日,被告黄某衔委托被告潘某与案外人华南印刷厂签订《房地产租赁合同》,向华南印刷厂承租濂泉路42号的一栋10层大楼。

2003年4月9日,原告与第三人保利公司、被告黄某衔签订1份《合作协议书》,约定三方在濂泉路42号处合作成立云峰酒店。

《合作协议书》签订后,原告自行出资着手云峰酒店成立前的一系列筹备工作,包括对濂泉路42号房产进行装修,以云峰酒店名义购进客房家具、酒店厨具、

---

[①] 参见广东省广州市中级人民法院(2005)穗中法民三初字第165号民事判决书。

灯饰等用品,为申请公司名称预先核准而到广东省工商行政管理局办理企业、公司名称查询,进行人员的招聘、培训并向员工支付工资等总计投入636,909.95元。同年4月28日,被告潘某发出书面通知,称濂泉路42号大楼已由华南印刷厂出租给被告潘某并签署房地产租赁合同,未经其同意签署涉及该大楼的任何协议或承诺均为无效,要求第三人保利公司等有关人员搬走办公用品,退出濂泉路42号大楼。

为此,原告要求被告黄某衔出面与被告潘某和濂泉路42号大楼的业主华南印刷厂协调,以理顺该大楼的租赁关系,但黄某衔一直没有出面协调,之后便下落不明。云峰酒店的筹备工作因此无法继续进行,无法于2003年7月1日开张经营,最终也没有完成设立登记。

**原告诉称:**

原告依约自行出资对濂泉路42号房产进行装修和招聘员工。但被告潘某违背诺言,于2003年5月1日以承租人身份阻止原告对上述房产的装修并召集人手赶走原告招聘的员工和装修人员。面对被告潘某的破坏,被告黄某衔不仅没有履行理顺租赁关系的义务,相反却退出合作,致使原告投入的资金血本无归,从而蒙受了重大损失。

被告均未答辩。

第三人无述称。

**律师观点:**

1. 被告黄某衔未能依照协议约定履行义务已构成违约。

各方签订的《合作协议书》是当事人的真实意思表示,内容上不违反中华人民共和国法律、行政法规的禁止性规定,协议依法应属有效,各方当事人均应遵照执行。

协议签订后,原告即着手开展云峰酒店成立前的一系列筹备工作,对濂泉路42号房产进行装修,以云峰酒店名义购进相关设备及用品和进行人员的招聘、培训等,并为此投入了相应的资金,履行了协议约定的义务;但被告黄某衔虽曾以濂泉路42号大楼实际承租人的身份对外出具委托书和签订合同,却未能按照协议约定理顺与被告潘某及华南印刷厂的租赁关系,保证酒店筹备工作的顺利进行,也未能在2003年4月30日前将酒店的中央空调、供水(冷热水)、供电、电梯、消防系统及资料完好地交给原告;在2003年5月1日,被告潘某以承租人身份阻止濂泉路42号大楼的装修、赶走装修人员和原告以云峰酒店名义招聘的员工时,更未能及时出面制止或协调,以致云峰酒店的筹备工作无法继续进行,酒店的正常开张和设立登记无法完成。

被告黄某衔的上述行为已构成违约,应承担相应的民事责任。原告请求作为违约方的被告黄某衔对其上述损失承担赔偿责任合法有据,理应予以支持。

2. 被告潘某不是合同当事人,原告就《合作协议书》要求其承担违约责任于法无据。

尽管被告潘某阻止酒店装修等行为客观上导致了酒店筹备工作的停滞和最终失败,但《合作协议书》系原告与被告黄某衔、第三人保利公司所签订,被告潘某并非合同当事人,原告要求其承担违约责任,连带赔偿上述损失于法无据。

**法院判决：**

1. 被告黄某衔赔偿原告经济损失 636,909.95 元人民币；
2. 驳回原告的其他诉讼请求。

### 38. 股份有限公司设立失败时,认股人除了可向发起人请求承担返还股款加算利息的连带责任外,可否就发起人的过错,要求其承担损害赔偿责任？

《公司法》仅规定了认股人要求任意或全部发起人返还股款加算利息的权利,但并未明确规定损害赔偿责任。

笔者认为,这是由于股份有限公司涉及的认股人众多,尤其是向社会公开募集股份时,如果准许认股人按照各自实际的损失来要求发起人承担赔偿责任,则可能造成时间成本、司法成本的激增,而且由于损害赔偿结果的各不相同,可能导致认股人相互之间的攀比,造成社会不稳定。因此,在一定程度上牺牲了认股人的权利,对认股人的赔偿请求,仅支持返还股款及加算银行同期存款利息。

### 39. 如果公司发起人指示负责验资的银行将认股人投入的款项私自转移,认股人应当如何救济？

与银行之间存在储蓄合同关系的主体应当为设立中的公司,而认股人与银行之间并无直接的合同关系。故认股人应当通过向发起人及银行主张共同侵权责任要求返还股款及赔偿利息,而不能直接起诉银行承担违约责任。

**【案例27】发起人非验资账户所有人　主张银行划转验资款担责被驳回**[①]

**原告：**信达公司

---

[①] 参见上海市高级人民法院(2009)沪高民二(商)终字第13号民事判决书。

**被告**：浦发银行长宁支行

**诉讼请求**：判令被告赔偿3000万元及其利息损失。

**争议焦点**：

1. 原、被告之间是否因验资账户的设立产生合同法律关系；

2. 天合基金（筹）在被告处开立验资账户和另一个临时存款账户，并将投资款划入临时账户的行为是否违反人民银行的相关规定；

3. 在天合基金不能设立时，被告将验资账户内资金划入临时存款账户，再从临时存款账户划入天一证券账户的行为是否应对原告的损失承担赔偿责任；

4. 原告是否有权代表全体发起人以自己的名义起诉，要求判决天合基金设立不能后的债权直接归属原告。

**基本案情**：

2003年5月15日，原告与案外人天一证券、湘投公司三方共同签署《发起人协议书》，约定三方作为发起人共同出资设立天合基金，出资额分别为湘投公司和原告各3000万元、天一证券4000万元。全体发起人授权天一证券牵头组建筹备组并授权筹备组全权办理筹备事宜。经国家工商行政管理总局同意预先核准三投资人出资设立企业，企业名称为"天合基金管理有限公司"。

同年9月25日，证监会批准同意筹建天合基金。

同年10月17日，被告应天合基金（筹）的申请，为其开立一验资账户，客户名称为天合基金，预留银行签章为"天合基金管理有限公司（筹）财务专用章"及"吕某"章。

同年12月25日，原告将出资款3000万元电汇至该验资账户，案外人湘投公司和天一证券亦将出资款汇入该验资账户。

2004年3月5日，被告应天合基金（筹）的申请，为其开立一个临时存款账户，客户名称为天合基金管理有限公司，预留银行签章为"天合基金管理有限公司（筹）财务专用章"及"林某森印"章。同日，被告根据天合基金（筹）的指示，将3000万元从验资账户转至临时存款账户，后该些资金被陆续用于公司筹备。

2004年4月，天合基金（筹）向被告出具《关于天合基金管理有限公司有关工商注册问题的说明》称，"虽然公司尚未取得营业执照，正式对外开业，但已经以天合基金（筹）的名义开展各项工作，公司租用了办公场地、进行了各项基金公司必备计算机系统建设、完成了办公场地的装修和家具的购置，且大部分工作人员已经到位工作，这些事项都需要资金支持，由于3家股东均已投入资本金，不再给公司垫付相关款项，因此公司需要使用存放贵行的资金"。

由于天一证券濒临破产,天合基金已无设立的可能。2005年4月25日,天合基金(筹)向被告申请撤销验资账户,并将该账户内的所有款项70,722,600元(其中722,600元为利息)转至临时存款账户。同日,被告根据天合基金(筹)的指令,将临时存款账户中的4900万元转至天一证券账户。2005年5月8日,又根据天合基金(筹)的指令,将临时存款账户中的剩余款项转至天一证券账户。随即该临时存款账户予以销户。

2007年9月30日,浙江省宁波市中级人民法院受理天一证券的破产申请。原告已就其对天一证券的债权向天一证券清算组进行了申报。原告亦曾于2005年8月23日向该院提起诉讼,要求天一证券及胡某定、吕某、刘某返还其出资,该院判令天一证券返还原告全部投资款。

**原告诉称:**

天合基金作为筹备中的公司虽然可以从事与筹备有关的活动,但并不代表其具有相对独立的民事主体地位。储蓄合同真正的主体仍系发起人或成立后的公司。公司设立失败,原告作为发起人之一,与被告存在储蓄合同关系。

被告为天合基金筹备组开设临时存款账户并划转资金的行为,违反了中国人民银行的相关规定,应当承担违约责任。原告没有同意天合基金筹备组开设临时账户或从验资账户中划拨资金。根据《人民币银行结算账户管理办法》(以下简称《办法》)第37条的规定,验资账户在验资期间只收不付;该《办法》第52条规定,设立失败的,账户资金应退还给原汇款人账户。被告将验资账户内资金划入临时账户,再转入天一证券的做法属严重违规。

综上,被告开设临时账户和划款的行为违反规定,应当承担违约责任,原告基于合同法有权主张违约赔偿责任。

**被告辩称:**

原告与被告之间不存在合同关系,其开设账户和划款均系根据账户所有人天合基金的指令办理,无任何不当,不应承担责任。

**律师观点:**

1. 原告不能依据设立中的天合基金与被告之间的合同要求被告向其直接承担违约责任。

天合基金属于拟设立的公司,是一种独特的法律形态,其具有一定的意思表示能力并根据自己的意思表示作出行为的能力,在此过程中其可以拥有发起人交纳的出资财产,以自己的名义进行公司筹备活动,亦可以其自己的名义在银行开立账户。

中国人民银行《人民币银行结算账户管理办法》规定,银行设立验资账号时,以工商行政管理部门核发的企业名称预先核准通知书所确定的企业名称作为账户存款人,而非为每一发起人单独设立银行账户,或者为全体发起人设立一个共享的银行账户。诉争验资账户的户名是天合基金管理有限公司,预留银行签章为"天合基金管理有限公司(筹)财务专用章",所以,该账户的所有人是设立中的天合基金管理有限公司。原告不是该账户的所有人,与银行之间不存在合同法律关系。

此外,合同是指当事人就权利义务一致的真思表示。根据原告提交的全部证据,考察整个验资账户的设定过程,原告从未与被告就该账户或汇入资金的权利义务进行约定。原告向验资账户汇划资金的行为,只是其为了履行《发起人协议书》约定的出资义务,并非以自己名义存款或开户。该汇款行为并不导致双方当事人就诉争验资账户或汇款资金形成合同关系。

2. 被告根据天合基金(筹)的申请,为其开立临时存款账户并不违反人民银行禁止性规定。

设立基金管理公司应当经过筹备和开业两个阶段。天合基金经证监会批准后,先进入筹备阶段,该筹备期限为 6 个月。在此筹备期间,筹备组以天合基金(筹)的名义进行筹备工作,从商业实践的角度看,其从事必要的经济活动是不能避免的,如需要为公司筹备租房、购进办公用品、聘用员工等,由此也必然需要发生对外结算业务。据此,天合基金(筹)作为一个临时机构,以证监会下发的《关于同意筹建天合基金管理有限公司的批复》,向被告申请开立临时存款账户,代表其真实意思表示。况且,临时存款账户于 2004 年 3 月即已开立,开立后即有 3000 万元从验资账户划入临时存款账户用于公司筹备,但原告未及时提出异议,故可认为原告对当时开立临时存款账户不持异议,且被告也无从知晓天合基金(筹)的申请违背原告意愿,故被告根据天合基金(筹)的申请,在审核必备文件后,为其开立临时存款账户,并不违反人民银行禁止性规定。

3. 被告划款符合人民银行关于支付结算的规定。

商业银行作为支付结算和资金清算的中介机构,必须遵循账户所有人的意愿,为其办理业务。而审查预留银行签章是账户所有人要求办理业务时的识别标识,即银行只要经过核对账户所有人的业务申请上的签章与其在银行预留签章相符,即可代账户所有人办理业务。

本案中,天合基金(筹)依据发起人协议而设立,根据发起人的授权开展工作,其对外代表所有发起人的意志。天合基金(筹)在设立验资账户时,预留"天合基金管理有限公司(筹)财务专用章"及"吕某"章,被告有理由相信预留的签章代表所有发起人的真实意思表示。在天合基金不能成立时,验资已无必要,款项划入天合基金(筹)的临时存款账户并不属于对外付款。因此,被告划款并不违反人民银行关于支付结算的规定,亦无须承担相应责任。

4. 原告无权代替全体发起人主张违约赔偿责任。

根据《民法通则》《公司法》有关规定,设立期间的公司不是法人,没有民事权利能力和民事行为能力,其权利义务应当由全体发起人共同享有和承担。公司设立失败的,应由全体发起人对外共同承担责任、共享权利。原告以自己的名义起诉,要求判决的债权也直接归属自己,显然有悖于前述规则。据合同相对性原则,原告无权替代全体发起人,直接以自己的名义主张违约赔偿责任。

**法院判决:**

驳回原告的诉讼请求。

**40. 如果发起人故意作出虚假陈述引诱认股人认购股份的,认股人应当如何救济?**

如果公司设立成功的,公司应当对其设立时的发起人的虚假陈述给投资人造成的损失承担民事赔偿责任,此后公司可以向发起人主张赔偿责任。

如果公司设立失败,则发起人除应当向认股人返还股款并加算相应利息外,还应当承担连带损害赔偿责任。

**41. 购买非法出售的公开募集股份,投资人的利益应当如何救济?**

实践中,常有公司未经证监会审核,在只能向特定人募集股份的情况下,擅自委托非法或未经证监会批准的机构代销股份,由于上述行为极有可能构成非法吸收公众存款罪、集资诈骗罪,故受欺骗的投资者一般可通过刑事途径,即向公安机关报案的手段实现利益的救济。

当然,投资人也可以通过民事诉讼要求返还投资款项。由于发起人违反《公司法》《证券法》的规定擅自公开募集股份,其与投资人之间所签订的认购协议显然属于无效协议,故投资人可以发起人为被告,要求其返还款项并要求发起人承担损害赔偿责任。

如果投资人与销售商而非发起人签订认购协议,则可以销售商为被告提起诉讼,如认购协议中明示销售商为代销的,则发起人与销售商可作为共同被告承担连带责任。

## 二、设立成功时发起人的责任承担

**42. 公司设立成功后,如何解决因发起人过失造成公司其他发起人或认股人的经济损失?**

公司设立成功后,发起人的责任主要包括如下两项:

(1) 如果在公司设立过程中,由于发起人的过失导致公司利益受到损害的,公司可以主张该负有过错的发起人承担损害赔偿责任;

(2) 如果在公司设立过程中,由于发起人的过失导致公司其他发起人或认股人损失的,其他发起人或者认股人可以要求负有过错的发起人承担损害赔偿责任。

**43. 公司设立成功后,在设立过程中因履行设立职责给他人造成损害的,受害人可否向公司主张侵权责任?**

可以。公司承担该侵权责任后,可向负有过错的发起人追偿。

# 第三节 衍生问题——婚约财产纠纷和同居关系纠纷

## 一、婚约财产纠纷的裁判标准

**44. 何为婚约财产纠纷?**

婚约,亦称订婚,是男女双方以将来结婚为目的而作的事先约定。现实生活中,婚约虽然并非结婚的必经程序,但仍然是一种重要的民事习惯并对人们的社会生活产生重要影响。婚约作为一种民事习惯,有其产生的社会基础和历史文化背景。订立了婚约的男女俗称未婚夫妻。按照我国民间的习俗,订婚的男女往往会有一些财务往来,俗称彩礼。虽然婚约对当事人并无法律上的约束力,解除婚约也不需诉诸法律程序,但因解除婚约往往会产生向对方索还彩礼的情况,因而容易产生财产纠纷。因为争议的标的并非解除或者维持婚约关系,而是解决与婚约有关的财产关系,人民法院应受理此类案件。

简言之,婚约财产纠纷,是指男女双方订立婚约,婚约期间一方以结婚为目的或因其他原因赠与对方财物,当婚约解除时,一方要求另一方返还婚约期间赠与的财产而引起的纠纷。

**45. 如何确定婚约财产纠纷的诉讼当事人?**

关于婚约财产纠纷案件的诉讼主体,法律并无明确规定,实践中存在如下三种意见:

(1)以婚约关系的男女双方为诉讼主体。理由是婚约财产纠纷不同于一般的财产纠纷,是因婚约而引发的,婚约男女应为此类案件的当然原、被告。

(2)以婚约关系的男女双方父母为诉讼主体。理由是婚约财产的给付与接受是婚约双方当事人的父母通过婚姻介绍人产生的。接受财产一方没有合法根据,使对方受有损失而自己获得利益,构成不当得利,当事人之间即发生债权债务关系。

(3)以婚约关系的男女双方及其父母为共同诉讼主体。理由是婚约财产纠纷与男女双方及其父母都有关系,都是从中受损或获益的当事人。

笔者赞同第三种意见,即婚约财产纠纷的诉讼当事人包括男女双方以及父母。该观点符合最高人民法院关于"婚约关系人"的解释。另外,将婚约关系人全部列为诉讼主体,符合审判实际的需要,也更加有利于这类案件的顺利解决,因为如果不将男女双方父母列为诉讼主体,待裁判生效后将会导致执行困难。且根据司法实践来看,法院也基本采用这一观点。

因此,因婚约财产产生纠纷时,原告为男女中的一方(及该方父母),被告应为另一方(及该方父母)。

**46. 婚约财产纠纷的管辖法院如何确定?**

应当由被告住所地法院进行管辖。被告住所地与经常居住地不一致的,由经常居住地人民法院管辖。

**47. 婚约财产纠纷是否适用诉讼时效?**

适用。诉讼时效一般为3年,但是因诉讼时效起算点落在2017年10月1日前后的不同而有所不同:

(1)诉讼时效起算点的计算。

①如果双方没有缔结婚姻关系,给付人应当及时向对方主张自己的权利,对方拒不返还的,诉讼时效开始起算;

②双方已登记结婚的,自解除婚姻关系之日起,给付人就应当知道自己的权利受到侵害,诉讼时效开始起算。

(2)诉讼时效的计算。

①起算点在2017年10月1日之后,应当适用3年诉讼时效期间的规定;

②起算点从2017年10月1日之前开始计算,至2017年10月1日,诉讼时效期间尚未满2年的,当事人主张适用3年诉讼时效期间规定的,人民法院应予支持;

③起算点从2017年10月1日之前开始计算,至2017年10月1日,2年诉讼时效期间已经届满的,不适用3年的诉讼时效。

## 48. 婚约解除时，给付彩礼的一方是否可以向收受彩礼的一方主张返还彩礼？

如同公司设立失败时发起人的返还责任一样，婚姻不成时，给付彩礼的一方亦可向收受彩礼的一方主张返还所赠送的财产。

### 【案例28】"非诚勿扰"相识相恋　反悔送"礼"闹上法庭[①]

**男女双方分别亮相"非诚勿扰"　场下确定恋爱关系赠送宝马**

2010年9月，小黄在参与江苏卫视《非诚勿扰》[②]节目录制期间结识小吴，并确定男女朋友关系。期间，小黄应小吴要求赠与其夏普32英寸高清液晶电视1台、宝马318车1辆，并登记在小吴名下。

**分手却陷财产纠纷　是否是"彩礼"双方针锋相对**

据小黄称，2010年12月25日，小吴突然拒绝与小黄结婚，并拒绝返还小黄赠与的车辆。2011年5月，小黄向朝阳区法院起诉后，要求返还其作为彩礼赠与小吴的宝马车。随后，小黄向法院提出了财产保全申请，朝阳区法院于5月12日作出民事裁定书，裁定查封、冻结小吴名下宝马轿车的过户手续。对于本案，原、被告双方各执一词。

原告强调："原告为被告购买宝马车是基于双方存在婚约的情况下购买的，在双方没有结婚的情况下，被告应当返还。"理由如下：

1. 双方存在婚约，根据提供的照片可以看出双方就结婚已经进行了准备，证人证言也证明，被告是因为原告的条件不够好才决定不结婚的，根据现有的证据，可以证明双方存在婚约。

2. 涉案的宝马车是原告给被告购买的彩礼，原告已提供相应的证据证明是原告购买，且法院调取的证据也证明了系原告购买，庭审中被告也认可了，该宝马车是原告购买。

3. 双方没有办理结婚登记手续，原告有权要求给付的彩礼返还。该赠与行为是附有条件的赠与，条件是双方结婚，如果没有结婚，财产就应当返还。关于《婚姻法司法解释（二）》第10条[③]规定，按照习俗给付彩礼的查明没有结婚登记

---

[①] 参见新浪网http://ent.163.com/11/1217/02/7LEO1P5000031H2L.html，2014年1月14日访问。

[②] 现更名为"缘来非诚勿扰"，下同。

[③] 现为《最高人民法院关于适用〈中华人民共和国民法典〉婚姻家庭编的解释（一）》第5条相关内容。

的,彩礼应当返还。所以,被告应当返还。

被告则认为:小吴和原告仅仅交往了一个多月,双方没有感情基础,双方根本没到谈婚论嫁阶段。宝马车是双方交往过程中,小黄自愿赠与小吴的,小吴也赠送过对方礼物,这与《婚姻法司法解释(二)》第10条规定的"彩礼"有本质区别。"彩礼"是在男女双方父母对婚事同意的基础上,男方为感谢女方父母,通过媒人送出的。彩礼应是按照习俗给付的彩礼,如果当地没有婚前给付彩礼的习俗,原告也就没有迫于压力给付彩礼的情形。北京并没有按照习俗给付彩礼的情况,被告也没有证据证明其是迫于压力按照习俗给付彩礼。双方没有媒人,彩礼应当是在订婚仪式上经过媒人给付对方家人的彩礼。双方是在《非诚勿扰》节目上认识的,不是按照习俗进行的,因此,宝马车不是彩礼。

**管辖权异议被驳回　证据面前判决返还大部分车款**

小吴于庭前提出其居住东城区,要求朝阳法院将案件移送至东城法院审理。北京市朝阳法院认为小吴户籍显示为朝阳区,并无法提交证据证明现居地为东城区,根据《民事诉讼法》的相关规定,裁定驳回小吴的管辖异议申请。

庭审中,被告小吴首次承认,涉案的宝马车确属小黄出资购买,还承认了小黄去过小吴家,见过小吴的父母,但否认小吴见过小黄的家长以及双方有婚约。

为了证明小吴见过小黄的父母,小黄向法庭提交了两张小吴、小黄和小黄父母的合影。律师称,这是小吴去小黄的老家,与小黄的父母吃饭时由餐厅服务员用"拍立得"拍下的。小吴的律师否认照片的真实性,但又不主张进行鉴定。

2011年12月16日上午,朝阳法院一审宣判,判决小吴返还小黄宝马车款28万元。法院作出这一判决的理由主要有:

1. 原被告双方有缔结婚姻的意愿。

《非诚勿扰》节目本身就是为男女双方寻求结婚对象而举办的。两人在参加该节目期间相识,并很快确立男女朋友关系,可表明双方交往之初具有缔结婚姻的意图。小吴称自己未见过小黄的父母,但根据小黄提供的合影照片,可以认定小吴与小黄父母见过面。在小吴和小黄朋友的电话录音中,也多次提及结婚的情况。因此可确定双方曾表露出缔结婚姻的意愿。

2. 宝马车系原告赠与被告的彩礼,应予返还。

小黄在双方有结婚意愿的基础上为小吴购买的宝马车属贵重物品,与恋爱期间男女朋友赠送的一般性礼物有区别,具备彩礼性质。因宝马车已登记在小吴名下,从车辆价值及使用时间等,法院酌情判处小吴返还小黄大部分车款。

## 【案例29】双方办理结婚登记手续但确未共同生活 婚前支付的彩礼应当返还①

**原告:**郭某某

**被告:**吕某某

**争议焦点:**离婚后,结婚前支付的彩礼是否能要求返还。

**基本案情:**

原、被告经人介绍订立婚约,其后原告分4次共计给付被告彩礼金21,200元。原、被告于2011年3月7日办理结婚登记,2011年3月12日按农村风俗举行结婚仪式,但未同居生活,亦未生育子女。原、被告婚姻关系存续期间无共同财产及共同债务。被告吕某某的个人财产有三组合皮革沙发1套(单人沙发1个、双人沙发1个、长沙发1个)、26英寸海信牌液晶彩色电视机1台、茶几1个、棉被4床、毛毯3条、太空被1床、单子16条(现均存放于原告家中)。

**原告诉称:**

原、被告结婚后因被告拒绝与原告同居生活,致原、被告婚姻关系有名无实。故请求判令与被告离婚,要求被告返还原告彩礼金21,200元。

**被告辩称:**

被告承认原告在本案中所主张的事实,但认为被告系原告明媒正娶的妻子,原、被告婚姻关系已经成立。同意与原告离婚,但不同意返还彩礼金21,200元。

**律师观点:**

婚姻关系以夫妻感情为基础。原告郭某某与被告吕某某虽然办理了结婚登记手续,但确未共同生活,夫妻关系已名存实亡。现原告诉请与被告离婚,被告亦同意离婚,故对原告的离婚诉求,应予以支持。原告诉请被告返还彩礼金的主张,亦符合法律规定。

**法院判决:**

1. 准予原告郭某某与被告吕某某离婚;

2. 被告吕某某返还原告郭某某彩礼金14,840元;

3. 被告吕某某的个人财产三组合皮革沙发1套(单人沙发1个、双人沙发1个、长沙发1个)、26英寸海信牌液晶彩色电视机1台、茶几1个、棉被4床、毛毯3条、太空被1床、单子16条归被告吕某某所有;

4. 驳回原告郭某某的其他诉讼请求。

---

① 参见河南省洛阳市嵩县人民法院(2014)嵩民五初字第22号民事判决书。

**49. 父母、亲属向对方给付的彩礼,能否成为返还彩礼诉讼的当事人?**

能。实践中,彩礼的给付人和接受人并非仅限于男女双方,还可能包括男女双方的父母和亲属,这些人均可成为返还彩礼诉讼的当事人。

**50. 彩礼给付后,男女双方仅形成同居关系,为此,给付彩礼的一方要求返还彩礼的,能否支持?**

原则上男女双方未办理婚姻登记的,彩礼应当返还。但是,并不包括双方已经共同生活的情形,如果未婚男女双方确已共同生活但最终未能办理结婚登记手续,给付彩礼方请求返还彩礼,人民法院可以根据双方共同生活的时间、彩礼数额并结合当地风俗习惯等因素,确定是否返还及具体返还的数额。

**51. 若男女双方已经结婚,给付彩礼的一方能否要求返还?**

原则上男女双方已经结婚的,彩礼不应返还。但有以下两种情况的,可主张返还彩礼:

(1)双方办理结婚登记手续但确未共同生活的。

如有人为了骗取对方的钱财,以结婚为诱饵要求对方给付价值不菲的彩礼,但登记后并不与其共同生活或者一走了之。这种为达到占有对方财物目的的骗婚行为,极大地损害了给付人的合法权益。

(2)婚前给付并导致给付人生活困难的。

此种情形下,给付人需举证证明,因给付彩礼而导致给付人的生活困难。

**52. 以订婚为名,实质上却以此欺诈他人婚约财产,行为人是否构成诈骗罪?**

股份有限公司的发起设立人如以非法占有认股人财产为目的,进行公开募集设立的,将承担与非法集资相应的刑事责任。同样,"以订婚为名,行欺诈之实"的一方,欺骗另一方的婚约财产,除了返还财产外,同样可能构成诈骗罪。

## 【案例30】"凡夫俗子"网上征婚经历不凡　恋爱交友实施诈骗获刑13年[①]

**被害人:** 钱某等5人

**被告:** 王某

**争议焦点:** 被告人王某利用"空壳"公司老板的身份,以结婚为名向被害人借钱借物的行为,是否构成诈骗罪。

---

① 参见李芹、刘慧:《"凡夫俗子"网上征婚经历不凡,恋爱交友实施诈骗获刑13年》,载《人民法院报》2010年7月26日,第3版。

**基本案情：**

2008年年初，被告人王某在婚介网站"嫁我网"上以"凡夫俗子"的网名注册征婚。网上资料显示：王某是大学本科文化，未婚，在奉贤区开办了一家名为上海靖莱实业的公司，专做涂料生意，为扩大生产，又在安徽亳州买了几十亩工业用地，与澳大利亚的风险投资合作，项目投资额达2000万元人民币。他完美的个人资料赢得不少女网友的热捧。其中，30多岁的上海网友钱某引起了王某的关注。他们在网上交谈甚欢，短短几个月，钱某就与他确定了恋爱关系，并携他参加了朋友们的聚会。聚会上，王某重复了相同的工作和创业情况，而且声称自己以分期付款的方式买了一套房产，市值七八十万元。他自称从小父亲早亡，母亲含辛茹苦一个人将他养大，两年前因患癌症去世了。每次说起母亲，他都泪流满面。钱女士对此深表同情，对王某充满信任，她带王某以男朋友的身份回家与父母认识。

然而，一个月后，王某便以公司经营和投资资金周转困难为由，向钱某借款50万元。钱某以9.5万元购买的1辆东风标致307轿车，他也以帮助办理车辆牌照为由，将该车开走。从此之后，钱某再也找不到王某，顿觉事态严重，遂报警。经查，王某实际是高中文化，拥有离婚史的他在2007年与赵某再婚，二人共同创办了上海靖莱实业公司，可公司未实际运作，购买房子也纯属虚构。王某还以同样的手段在互联网上骗取周女士、徐女士及冷女士等人共计16万余元。

**法院认为：**

首先，被告人王某在自己未出资分文的情况下设立上海靖莱实业公司，之后从未实际经营该公司。其在行骗之时亦无其他资产和稳定的收入，表明被告人王某设立公司的目的并非实际经营，而是利用公司老板的身份实施诈骗行为。其次，被告人王某隐瞒已婚的真相，通过婚介网站与各被害人相识后确立恋爱关系，并在取得被害人的信任后，以借款等名义骗取钱财。被告人王某与被害人建立的是恋爱关系，而非合作伙伴关系，其用意在骗取被害人感情的同时骗取钱财。最后，被告人王某明知自己没有经济偿还能力，却接连向被害人借款，且数额巨大，之后还隐匿不知去向，显然具有非法占有的目的。

综上所述，被告人王某主观上具有非法占有他人财物的目的，客观上实施了诈骗行为，其行为已构成诈骗罪。

**法院判决：**

被告人王某因犯诈骗罪判处有期徒刑13年，并处罚金38万元，责令被告人王某退赔所有被害人76万余元。

**53. 如果一人同时对外订立多份婚约,则是否可以向所有未与其形成婚姻关系的一方主张返还彩礼?**

在公司设立中,如果一名自然人或一家公司对多处公司设立出资,只要公司设立失败,其都可主张各发起人返还股款及利息。

但是如果一人以赠送婚约财产为诱饵,玩弄多人感情,订立多份婚约,则不得主张受赠人返还婚约财产,这也是法律上"公序良俗"原则的适用。

## 二、同居关系纠纷的裁判标准

**54. 何为同居关系纠纷?该纠纷如何确定管辖法院?按照什么标准交纳案件受理费?是否适用诉讼时效?**

同居关系纠纷是指具有同居关系的男女当事人解除同居关系时,涉及同居关系存续期间共有财产分割或者子女抚养问题时引发的纠纷。

同居关系纠纷应由被告住所地人民法院管辖,被告住所地与经常居住地不一致的,由经常居住地人民法院管辖。

同居关系子女抚养纠纷的案件受理费按件收费(50~100元/件),同居关系析产纠纷则按照案件标的额计算案件受理费。

同居关系子女抚养纠纷并非主张债权请求权的诉讼,不适用诉讼时效制度,而对于同居关系析产纠纷则应当适用3年的诉讼时效规定。

**55. 具有同居关系的双方诉至法院要求离婚的,法院应当如何处理?**

具有同居关系的双方诉请离婚的,应当区别对待:

(1)1994年2月1日,民政部《婚姻登记管理条例》公布实施以前,男女双方已经符合结婚实质要件的,按事实婚姻处理;

(2)1994年2月1日,民政部《婚姻登记管理条例》公布实施以后,男女双方符合结婚实质要件的,人民法院应当告知其在案件受理前补办结婚登记;未补办结婚登记的,按解除同居关系处理。

**56. 如果同居一方起诉主张解除同居关系,法院应当如何处理?**

一般情况下,当事人起诉请求解除同居关系的,人民法院不予受理。

但当事人请求解除的同居关系,属于有配偶者与他人同居的,人民法院应当受理并依法予以解除。

此外,如果当事人因同居期间财产分割或者子女抚养纠纷提起诉讼的,人民法院也应当受理。

### 57. 如果女方在同居期间怀孕,男方是否可以提出解除同居关系?

《民法典》婚姻家庭编仅保护在合法婚姻前提下怀孕一方的权利,故而不允许男方诉请离婚,对于同居关系并无此种保护。因此,当一方有配偶而与他人同居时,即使女方在同居期间怀孕,对男方诉到法院要求解除同居关系的,法院也应予受理。受理后即应作出解除同居关系的判决。

双方所生的非婚生子女,由哪一方抚养,双方协商;协商不成时,应根据子女的利益和双方的具体情况判决。哺乳期内的子女,原则上应由母方抚养,如父方条件好,母方同意,也可由父方抚养。子女为限制民事行为能力人的,应征求子女本人的意见。一方将未成年的子女送他人收养,须征得另一方的同意。

### 58. 解除同居关系时,对于同居期间的财产应当如何分割?

解除同居关系时,同居生活期间双方共同所得的收入和购置的财产,按一般共有财产处理;同居生活前,一方自愿赠送给对方的财物可比照赠与关系处理。

如一方在共同生活期间患有严重疾病未治愈的,分割财产时,应予适当照顾,或者由另一方给予一次性的经济帮助。

具体分割财产时,应照顾妇女、儿童的利益,考虑财产的实际情况和双方的过错程度,妥善分割。

## 【案例31】男方出资购房　分手女方获得折价款[①]

### 为结婚男方购买新房

2008年11月,岳先生和舒小姐确立恋爱关系,两人恋情迅速升温,进而于同月底闪电同居。考虑到今后关系进一步发展,2009年6月,岳先生与舒小姐同案外人签订《上海市房地产买卖合同》,共同购买一套位于本市宝山区的二手房。房屋总价为55万元,岳先生支付了首付款22万元及契税,并以自己名义办理了33万元的公积金贷款以支付剩余款。2009年7月,岳先生、舒小姐取得了房屋的产权证,产证共有形式一栏载明为两人共同共有。目前该房屋的价值已达到90万元。

### 恋人分手　为房产对簿公堂

2010年10月,岳先生、舒小姐因故分手。岳先生认为,房屋是他出资为与舒小姐结婚而购买,岳先生除了支付购房首付款及相关税费之外,每月还按时偿还

---

[①] 参见中国法律资源网 http://www.lawbase.com.cn/law_info/lawbase_@53377.htm,2014年1月14日访问。

房贷。现两人恋爱不成,舒小姐理应返还房屋份额,起诉要求法院判决确认系争房屋为其个人所有。

庭审中,舒小姐不认可岳先生的观点,认为购买房屋是两人共同投资行为,房屋产权也登记在两人名下,岳先生只享有房屋50%的产权。舒小姐表示房屋产权可以完全归岳先生,但应向其支付折价款。

**恋爱购房　分手后视双方贡献确定房产份额**

一审判决系争房屋归岳先生所有,同时判令岳先生向舒小姐支付房屋折价款10万元。对此,岳先生不服提起上诉,认为系争房屋全部由其出资购买,现两人恋爱不成,舒小姐应"净身出户",其不应再向舒小姐支付任何折价款。

二审法院认为,岳先生、舒小姐购买系争房屋,共同登记成为房屋的权利人,物权的取得程序合法,两人同为房屋的所有权人,对房屋共同享有权利。现两人终止恋爱关系后分割共有房产,符合重大理由需要分割的情形。鉴于两人对于共有房产的分割没有协议,应当考虑共有人对共有房产的贡献大小等情况,合理确定未出资方的份额。根据查明的事实,房屋由岳先生出资购买并每月偿还房贷,一审法院确定由岳先生支付舒小姐房屋折价款10万元,符合案件事实和法律规定。岳先生的上诉请求,缺乏事实和法律依据,据此驳回岳先生的上诉请求,维持一审判决。

**律师观点:**

恋爱期间共同购房,一方未出资但产权登记为两人共有,析产分割时从不动产登记的角度分析,本案所涉房屋应确定为恋爱双方即岳先生、舒小姐共有。当共有关系终止时,在没有财产分割协议的情况下,法院主要根据共有人对共有房屋的贡献大小,适当照顾共有人生产生活的实际需要等情况,合理确定未出资方的份额。在本案中,房屋是由岳先生出资购买并偿还贷款,因此房屋产权判归岳先生是适当的。同时,法院基于房屋共有人舒小姐未出资情况,根据前述共有财产的分割原则,确定岳先生向舒小姐支付折价款10万元。岳先生要求舒小姐"净身出户"的上诉请求与法律规定不符。

**59. 解除同居关系时,同居期间所形成的债权、债务如何处理?**

同居期间为共同生产、生活而形成的债权、债务,可按共同债权、债务处理。

## 【案例32】同居时借款共同开销　法院确认为共同债务双方连带偿还[①]

**原告**：杨某霞

**被告**：宋某松

**诉讼请求**：被告共同分担同居生活期间的共同债务175,000元。

**争议焦点**：原告与被告同居生活期间产生的借款是否属于共同债务，被告是否需要对共同债务承担连带偿还责任。

**基本案情**：

原告与被告于2007年1月27日按农村风俗举行结婚仪式，但没有进行婚姻登记。两人以夫妻名义同居生活至2007年7月17日。

2007年2月6日，原告向雷某武借款5万元。

2007年3月1日、3月10日原告又两次向卫某亚借款125,000元。

上述共计175,000元借款均由原告出具欠条，且至诉讼时均未偿还。后因原告生意赔本且两人感情出现矛盾，被告提出分手。

以原告之名存取款的部分银行卡回单（包括原告3次向案外人借款后的进款回单）在被告处，双方以此借款共同负担生活部分开销。

**原告诉称**：

原告与被告虽没有在民政机关办理婚姻登记，但一直以夫妻之名生活，且拥有共同财产，原、被告之间存在事实婚姻关系。因此，被告应当对婚姻期间的夫妻共同债务承担偿还责任。

**被告辩称**：

原告借款时，双方并没有结婚。该借款系原告单方为他人出具的借条，与被告无关。

**律师观点**：

原告与被告同居生活期间，原告向雷某武、卫某亚借款共计175,000元。该债务虽系原告一人出具借条，但原告向案外人借款的银行卡回单在被告手中，足以说明被告对于原告借款的事实是明知的，且该借款业已实际用于两人的生活开销。根据《最高人民法院关于人民法院审理未办结婚登记而以夫妻名义同居生活

---

[①] 参见河南省三门峡市中级人民法院(2010)三民终字第165号民事判决书。

案件的若干意见》①的规定,"同居期间为共同生产、生活而形成的债权、债务,可按共同债权、债务处理",因此涉案的3笔借款应当认定为共同债务。

因原告没有偿还该债务,根据《民法通则》第87条②"债权人或者债务人一方人数为二人以上的,依照法律规定或者当事人的约定,享有连带权利的每个债权人,都有权要求债务人履行义务;负有连带义务的每个债务人,都负有清偿全部债务的义务,履行了义务的人有权要求其他负有连带义务的人偿付他应当承担的份额"之规定,原告起诉被告共同承担同居生活期间的债务175,000元,应予支持。

**法院判决:**

被告应共同分担同居生活期间的共同债务175,000元。

## 【案例33】同居期间生育子女　相关费用由双方各半承担③

**原告:** 田某

**被告:** 曲某

**诉讼请求:**

1. 判决被告补付原告怀孕期间营养费50,000元(5000元/月×10)、保姆费105,000元(5000元/月×21)、交通费2000元、产检费用4000多元、剖腹产费用14,822.77元、月子中心费用5200元和月嫂费18,000元的二分之一;

2. 精神损害抚慰金50,000元。

**争议焦点:** 同居期间因生育所花费的相关支出,双方应当如何承担。

**基本案情:**

原、被告于2015年相识,后因感情不和及其他原因分开。双方在交往期间原告怀孕,并生育一女。

**原告诉称:**

原、被告于2015年12月在北京认识,遂以男女朋友交往。后原告怀孕后,被告答应结婚,但以工作忙为由推脱。原告提出按双方家乡风俗奉子成婚,被告同意并说中秋节结婚。怀孕期间,被告一直发微信诅咒原告。

原告剖腹产生下女儿后,被告对女儿不闻不问,拒给抚养费。在原告坐月子

---

① 该意见已于2021年1月1日失效。现行《民法典》及相关司法解释仅规定了被确认无效或者被撤销的婚姻,当事人同居期间所得的财产,除有证据证明为当事人一方所有的以外,按共同共有处理。

② 现为《民法典》第518条相关内容。

③ 参见江苏省徐州市泉山区人民法院(2019)苏0311民初904号民事判决书。

期间,被告不顾原告母亲劝阻早晚不间断地发消息羞辱原告,直接导致原告患上了月子病、抑郁症、焦虑症,致使原告至今无法回原单位正常工作。原告自怀孕到女儿出生19个月没找到被告,这期间所有的花销都是原告一人承担,大部分花费都是借亲戚朋友的。女儿尚小,正处于生长发育的关键时期,保姆、衣食住行、医疗保健等都是实际生活需要,原告今后还需花费大量的时间和精力照顾女儿。

**被告辩称:**

原告诉请无法律依据,且没有任何理由,被告不同意支付,案涉花费未经过其同意,不应由其承担。

**法院认为:**

本案为同居关系纠纷,原、被告在交往过程中原告怀孕。生育孩子必然要经历备孕、怀孕、产后恢复等阶段,住院检查、生育花费也是必要的。原告基于原、被告恋爱关系怀孕、生育、产后营养补充所花费的费用可按照共同债务处理。

关于精神损害抚慰金,原、被告系自由恋爱,双方在交往过程中原告怀孕,双方虽未登记结婚,但被告亦应尽到对原告的生活照顾义务。本案中,被告在原告怀孕期间未尽到照顾的义务,且在其怀孕期间对原告及其家人存在语言上的不文明行为,给原告及其家人精神上造成一定的损害。考虑到原、被告均系成年人,理应对自己的行为及后果具有一定认知能力,以及原、被告就原告怀孕事宜处理中的过错程度,可酌定被告赔偿原告精神损害抚慰金。

**法院判决:**

1. 被告曲某给付原告田某因怀孕、生育产生费用及营养费合计4171.23元及精神损害抚慰金2000元。

2. 驳回原告田某的其他诉讼请求。

## 【法律依据】

**一、公司法类**

(一)法律

❖《公司法》

❖《外商投资法》

(二)行政法规

❖《市场主体登记管理条例》

(三)司法解释

❖《最高人民法院关于适用〈中华人民共和国公司法〉若干问题的规定

(三)》(2020年修正)

❖《最高人民法院关于审理证券市场因虚假陈述引发的民事赔偿案件的若干规定》(法释〔2003〕2号)

**二、婚姻家庭法类**

(一)法律

❖《民法典》

(二)司法解释

❖《最高人民法院关于人民法院审理未办结婚登记而以夫妻名义同居生活案件的若干意见》(法民发〔1989〕38号)

❖《最高人民法院关于适用〈中华人民共和国民法典〉婚姻家庭编的解释(一)》(法释〔2020〕22号)

❖《最高人民法院民事审判庭关于贯彻执行最高人民法院〈关于人民法院审理未办结婚登记而以夫妻名义同居生活案件的若干意见〉有关问题的电话答复》(〔90〕法民字11号)

(三)地方司法文件

❖《山东省高级人民法院2008年民事审判工作会议纪要》(鲁高法〔2008〕243号)

# 第三章　股东出资纠纷

## 【宋和顾释义】

股东出资纠纷,是指公司股东虚假出资、出资不足、逾期出资、抽逃出资,公司或公司股东或债权人请求出资不实股东承担履行出资义务、赔偿损失责任而引发的纠纷。①

违反出资义务的股东应当承担四种责任:

(1)对公司承担资本充实责任。

公司股东应当补缴出资,如果出资的非货币财产的实际价值显著低于公司章程所定价值的,该股东应补足其差额。

(2)对其他股东和公司承担违约责任。

公司成立后,公司章程明确记载了股东应当履行的出资额。章程是由全体股东或发起人共同制定并签署的,对全体股东和公司都有约束力。股东应当按照章程约定全面履行出资义务,否则就构成违约。该违约责任当属严格责任,无论瑕疵出资股东主观上是否有过错,都应对公司和股东承担责任。而且,该瑕疵出资股东不仅对其他已足额出资的股东承担违约责任,还应当对其他瑕疵出资股东承担违约责任。

(3)对公司承担赔偿责任。

股东未履行或未适当履行出资义务给公司造成损害的,应对公司承担赔偿责任。如因股东出资不到位给公司的生产经营造成损失,影响公司正常经营的,应当予以赔偿。

---

① 为了表述方便,本书将违反出资义务的行为概括为三种:一是出资不实;二是虚假出资;三是抽逃出资。

> (4)对债权人承担补充清偿责任。
> 
> 公司的财产不足以清偿债务的,出资不实股东应当在出资不实的范围内对公司的债务承担补充清偿责任。
> 
> 实践中,应注意区分股东出资义务的民事责任与虚假出资、抽逃出资刑事责任的不同之处。
> 
> 2013年修订的《公司法》、2014年修订的《公司登记管理条例》[①]对资本制度作了较大变动,改实缴制为认缴制,具体如下:
> 
> (1)出资时间不限制在2年内缴足,而是由公司章程予以约定;
> 
> (2)不限制非货币资产的比例,也就是说公司的注册资本可全部是非货币资产;
> 
> (3)取消了公司最低注册资本的要求,但法律、行政法规以及国务院决定对公司注册资本实缴、注册资本最低限额另有规定的,从其规定;
> 
> (4)除了以募集方式设立股份有限公司外,设立有限责任公司及以发起设立方式设立股份有限公司无须再经验资机构验资并出具证明。

**【关键词】**出资不实　虚假出资　抽逃出资　股权出资　债务重组　债转股　居民企业　非居民企业　一般性税务处理　特殊性税务处理

❖ **出资不实**:指出资数额、时间、形式或程序上存在瑕疵,不符合法律规定或当事人约定。其主要包括迟延履行、出资不足、非货币出资的财产存在权利或物或价值的瑕疵。

❖ **虚假出资**:指股东表面出资,实际上采用欺骗手段并未实际出资的行为。具体表现形式包括:以无现金流通的虚假银行进账单、对账单骗取验资报告;以虚假的实物出资手续骗取验资报告;以实物、知识产权、土地使用权出资,但未办理产权转移手续等。

❖ **抽逃出资**:指股东在公司成立后,采用各种非法手段将其所缴的出资暗中抽回,即实际上并没有出资的情形。

❖ **股权出资**:指投资人依据法律、出资协议或公司章程的规定,以其在其他公司的投资权益出资,设立新公司或扩充被投资公司资本的行为。举例来说就是:A持有B公司的股权,现在A将其持有的B公司的股权作为出资投资于C公司,这样C公司就成为B公司的股东,A成为C公司的股东。

---

① 该条例已于2022年3月1日起失效,《市场主体登记管理条例》于同日起施行。

❖ **债务重组**:指在债务人发生财务困难的情况下,债权人按照其与债务人达成的协议或者法院的裁定作出让步的事项。其中,"债务人发生财务困难",是指因债务人出现资金周转困难,经营陷入困境或者其他原因,导致无法或者没有能力按原定条件偿还债务。"债权人作出让步",是指债权人同意发生财务困难的债务人现在或者将来以低于重组债务账面价值的金额或者价值偿还债务。

债务重组的方式主要有三种:以资产清偿债务、将债务转为资本(债转股)、修改其他债务条件以及三种方式的组合。其中,以资产清偿债务,是指债务人转让其资产给债权人以清偿债务的债务重组方式。修改其他债务条件,如减少债务本金、减少或免去债务利息等。

❖ **债转股**:指债权人以其依法享有的对在中国境内设立的有限责任公司或者股份有限公司的债权,转为公司股权,增加公司注册资本的行为。债务人根据转换协议将应付可转换公司债券转为资本,属于正常情况下的转换,不能作为债务重组处理。

❖ **居民企业**:指依法在中国境内成立,或者依照外国(地区)法律成立但实际管理机构在中国境内的企业。居民企业与非居民企业的概念出现在税法中。

❖ **非居民企业**:指依照外国(地区)法律成立且实际管理机构不在中国境内,但在中国境内设立机构、场所的,或者在中国境内未设立机构、场所,但有来源于中国境内所得的企业。

❖ **一般性税务处理**:指按照企业所得税的基本规则,在交易发生时确认资产转让所得或者损失,发生权属变更的资产可以按照交易价格重新确认计税基础。

计税基础是指企业资产所有者在出售该资产时允许扣除的金额。

❖ **特殊性税务处理**:指在发生重组交易时,股权支付所对应的资产暂不确认转让所得或损失。但转让方取得的股权支付的计税基础要以转让资产的计税基础来确定,即计税基础递延到取得的股权上。特殊性税务处理是相对于一般性税务处理而言。

# 第一节 立 案

### 60. 如何确定股东出资纠纷的诉讼当事人?

当股东违反出资义务时,公司或足额出资股东可作为原告,以违反出资义务的股东为被告,请求其补足出资。当公司足额出资股东请求违反出资义务股东承担出资义务时,可以列公司为第三人。

当公司股东用于出资的非货币资产远远低于其实际价值,公司可以该股东为被告,请求其补足出资,同时公司其他发起人股东应当作为共同被告对不足出资承担连带责任。

债权人可作为原告,以违反出资义务股东为被告,请求其在出资不实范围内对公司债务承担连带责任,此时公司将被列为共同被告。

**61. 公司一名股东以公司名义起诉请求另一股东返还出资,起诉状中仅有公司印章,无法定代表人签字,另一股东以法定代表人名义申请撤销该诉讼,对该诉讼应如何处理?**

公司的诉讼行为应是公司的真实意思表示,其诉讼行为应经过公司的股东达成合意方可进行。如果公司起诉状中无法定代表人签字,仅有公章,而后又向法院申请撤诉,该撤诉申请书上仅有其法定代表人的个人签名,并未加盖公司印章。由此可知,原告的股东对于以该公司名义起诉的行为并未达成意思表示一致,故公司以原告名义起诉的行为并非该公司的真实意思表示。对此,应由原告各股东协商一致确定公司的诉讼代表人后,方可提起诉讼。如股东就公司起诉的诉讼代表人选无法达成一致意见,有关股东可依照《公司法》有关规定经过适当的程序后代表公司提起诉讼。

## 【案例34】公章与法定代表人签字冲突 法院裁定驳回诉请[①]

**原告:** 奉芯公司

**被告:** 张某东、江某勇

**诉讼请求:**

1. 两被告补足抽逃的注册资金37万元,并承担连带责任;
2. 两被告支付自抽逃之日起相应的利息。

**争议焦点:**

1. 股东持有公章可否直接以公司名义起诉;
2. 法定代表人与公章持有人意思表示相冲突,起诉能否被受理。

**基本案情:**

原告注册资金50万元,法定代表人为被告江某勇。被告江某勇出资27.5万元,占注册资本的55%,被告张某东出资22.5万元,占注册资本的45%。上述资金50万元经验资后缴存于原告在中国农业银行上海奉浦支行的人民币账户。

---

[①] 参见上海市第一中级人民法院(2009)沪一中民三(商)终字第666号民事裁定书。

2006年10月30日,被告江某勇、被告张某东与案外人张某签订协议,同意吸收张某为原告股东,由其出资25万元购买原告33%的股份。2007年1月28日,通过原告章程,明确张某有股东身份。

原告公章由张某持有,原告的起诉状上加盖有原告公章。在诉讼过程中,原告又向法院提交了撤诉申请,该申请书上仅有法定代表人被告江某勇的签字,而无盖章。

**原告诉称:**

两被告存在抽逃公司资本的行为,侵犯了原告的合法权益。两被告应当履行返还出资以及赔偿利息的责任。

**原告为证明其观点,提交证据如下:**

原告2005年8月1日至31日的记账凭证记录。上述记账凭证显示:原告中国农业银行上海奉浦支行人民币账户于2005年7月5日、7月6日、7月7日、7月8日、7月11日、7月12日、7月13日各支出4万元;2005年7月19日支出2万元;2005年7月27日支出4万元;2005年7月28日、7月29日各支出3万元;以上合计支出40万元。除2005年7月15日以用途"支付南唐装饰材料款"为名领取2万元,其余款项均以用途"备用金"为名领取。上述期间由被告江某勇担任原告法定代表人负责公司经营,由外聘财务人员记账。

**两被告辩称:**

被告取走款项系用以支付公司的日常开销,以前公司开办初期的对外支出也都是以备用金的名义取款的,因此两被告不存在抽逃出资的情况。

**一审认为:**

1. 被告江某勇以备用金名义从公司取款属抽逃出资。

公司股东应当足额缴纳公司章程中约定的其所认缴的出资额,并且在公司依法登记后,不得抽回出资。公司成立后,股东投入公司的财产归公司所有。

股东于公司成立后抽逃其出资,是对公司法人财产权的侵害,抽逃出资股东应对公司承担侵权责任。

被告江某勇在公司登记后,在极短的时间内以每天领取备用金的形式抽回其出资,且其又不能合理解释如此频繁领取备用金的用途,公司也并无固定资产增加。因此,被告江某勇的行为显然是抽逃注册资金的行为,已造成其出资不实,侵害了公司权益,依法应当向公司补足其出资。

2. 被告张某东无须与被告江某勇承担连带责任。

原告要求被告张某东承担连带责任,但现原告并无证据证明被告张某东与被告江某勇共同抽逃或参与,因此对原告的诉讼请求,一审法院未予支持。

**一审判决:**

1. 被告江某勇向原告补足其抽逃的出资275,000元;

2. 被告江某勇向原告偿付利息损失;

3. 驳回原告的其他诉讼请求。

被告江某勇不服一审判决,向上级人民法院提起上诉。

**被告江某勇上诉称:**

法院认定被告江某勇以领取备用金的形式抽回其出资,侵害公司权益有误。理由为:

1. 从程序上,案外人张某无权以原告名义起诉,因为其起诉没有经过全体股东的合意,而且张某也不是公司的法定代表人,至于其认为其股东权益受到侵害,应当首先提请监事履行监督职责,但是该前置程序并未进行,不符合《公司法》的规定。

2. 一审认定被告江某勇抽逃出资依据不足。公司的明细账可反映,公司开办初期用于研发产品的技术人员工资、购买集成电路设计专用电脑费用及外聘会计的工资、房租、差旅费、办公用品费等都在备用金中支付。

**原告二审辩称:**

案外人张某作为公司股东、员工,有权起诉两名股东。关于抽逃资金的问题,被告江某勇在公司成立20天起以备用金形式连续支取公司资金,能够证明其抽逃资金,损害了其他股东权益,请求维持原判。

**被告张某东二审辩称:**

关于抽逃资本问题,应当从公司整体账目出发,不能片面认定,希望法院对账目整体进行审查。

**二审认为:**

本案的争议焦点在于,原告的股东张某是否有权直接以原告名义起诉。

公司的诉讼行为应是公司的真实意思表示,其诉讼行为应经过公司的股东达成合意方可进行。

原告的印章系由其股东张某掌管,原告的一审诉状上仅加盖了公司印章,并没有公司法定代表人即本案被告江某勇的签字确认。原告曾向一审法院申请撤诉,但该撤诉申请书上仅有其法定代表人被告江某勇的个人签名,并未加盖公司印章。综合上述事实可以推知,原告的3位股东对于以该公司名义起诉的行为并未达成意思表示一致,故案外人张某以原告名义起诉的行为并非该公司的真实意思表示。

现张某个人代表原告提起本案诉讼,而法定代表人被告江某勇则向法院申请撤诉,上述行为均无法视作公司本身的意思表示。对此,应由原告各股东协商一致确定公司的诉讼代表人后,方可提起诉讼。如股东就公司起诉的诉讼代表人选无法达成一致意见,有关股东可依照《公司法》有关规定经过适当的程序后代表公司提起诉讼。

**二审裁定:**

1. 撤销一审民事判决;
2. 驳回原告的起诉。

**62. 起诉协助股东抽逃出资的董事、高级管理人员、实际控制人承担连带责任时,如何确定诉讼当事人及案由?**

公司以及公司其他股东均可以作为原告,以抽逃出资股东、董事、高级管理人员与实际控制人为共同被告,要求其承担连带责任,在选择案由时应选择"损害公司利益责任纠纷"案由。[①]

**63. 公司股东未履行或未全面履行出资义务,公司足额出资股东能否直接请求出资不实股东履行出资义务?是否需要履行先请求公司向出资不实股东主张权利的前置程序?**

关于这一点,司法实践中存在争议。

有观点认为,只有公司才可以提起要求违约股东履行出资义务的诉讼,如上海法院就认为,公司成立后,因部分股东出资不足或者出资存在瑕疵,公司提起诉讼,请求判令其补足出资或者补正瑕疵出资,以及支付相应利息的,人民法院应予支持。再如江苏法院认为,股东抽逃出资的,公司有权诉请其返还出资并赔偿损失,帮助该股东抽逃出资的其他股东、董事、经理等共同侵权人承担连带责任。

也有观点认为,公司足额出资股东和公司都可以请求违约股东履行出资义务,如浙江法院认为,对于未履行或未完全履行出资义务的行为,《公司法》规定了未出资股东的出资填补责任和其他发起人的连带认缴责任。这种责任属于未足额出资股东对公司的侵权责任和对足额出资股东的违约责任。因此,相应的诉讼当事人应以公司或足额出资的股东为原告,以未足额出资的股东为被告。

笔者同意后一种观点,公司足额出资股东享有的是直接诉权,不需要履行先

---

① 该案由的裁判标准详见本书第十三章损害公司利益责任纠纷。

请求公司向出资不实股东主张权利的前置程序。

**64. 股东出资纠纷由何地法院管辖？**

被告所在地人民法院管辖，即出资不实股东住所地。

被告为公民的，由被告住所地人民法院管辖；被告住所地与经常居住地不一致的，由经常居住地人民法院管辖。公民的住所地是指公民的户籍所在地；公民的经常居住地是指公民离开住所地至起诉时已连续居住一年以上的地方。但公民住院就医的地方除外。

被告为法人的，由被告所在地人民法院管辖。法人的住所地是指法人的主要营业地或者主要办事机构所在地。公司主要营业地或办事机构所在地不明确的，由其注册地人民法院管辖。

**65. 股东约定共同出资成立公司，但该公司未进行工商登记，某位股东以非货币资产出资但未办理权属转让手续，该公司应以何种身份起诉要求违反出资义务股东承担责任？**

公司未经工商登记，不能被认定为具有权利能力与行为能力的法律意义上的公司。如果其中某个股东违反出资义务，其他股东可以以合伙人的身份对其提起诉讼，要求其承担出资义务，而不能以公司名义起诉未出资的股东。

**66. 股东出资纠纷诉讼按照什么标准交纳案件受理费？**

按照财产标的额收取案件受理费，具体计算比例详见本书第一章第4问"公司设立纠纷应按照什么标准交纳案件受理费？"。

**67. 公司请求违反出资义务的股东补缴出资款是否适用诉讼时效？公司债权人要求股东在出资不实范围内对公司债务承担补充赔偿责任的，是否适用诉讼时效？**

公司追究股东出资不实民事责任的，不受诉讼时效的限制。因为缴纳出资请求权与股东出资义务的特殊性直接相关，具体理由如下：

（1）公司拥有充足的资本是其开展正常经营活动的保证，公司资产也系其对外承担民事责任的一般担保；

（2）足额出资是股东对公司的法定义务，缴纳出资请求权是基于股东的法定义务而由公司享有的法定债权请求权，不同于当事人合意产生的意定债权请求权，可以由当事人自由约定处置；

（3）如果规定出资请求权适用诉讼时效，则有违公司资本充足原则，不利于公司的发展，也不利于对其他足额出资的股东及债权人的保护。尤其是如果违反出资义务的股东控制公司，公司息于对其行使追偿权利，将不合理地损害公司和其他股东的利益。

公司债权人要求股东在出资不实范围内对公司债务承担补充赔偿责任的，只要债权本身未超过诉讼时效，便可主张。

### 【案例35】公司请求股东补缴出资款　不受诉讼时效限制[①]

**原告：** 中成大厦公司

**被告：** 综合投资公司、能源投资公司

**诉讼请求：**

1. 被告综合投资公司返还出资款366万元，并按银行存款利率支付自1995年7月16日至今的利息；
2. 两被告对上述出资款承担连带责任。

**争议焦点：**

1. 基于投资关系产生的缴付出资请求权是否适用诉讼时效的规定；
2. 股东能否以对公司享有债权为由，直接抵消自己的出资义务。

**基本案情：**

原告系中外合作经营企业，被告综合投资公司是原告的股东，持有5%的股权，另两位股东为永颖公司和中国经济技术投资担保公司。1995年7月14日，被告综合投资公司将366万元划拨至原告的账户内作为出资款。1995年7月15日，原告给付被告综合投资公司366万元。

1995年7月15日，被告综合投资公司抽回了全部出资款，至今未向原告中成大厦公司归还。

2004年11月18日，北京市国资委发布《关于北京国际电力开发投资公司与北京市综合投资公司合并重组相关问题的通知》，规定被告综合投资公司与案外人北京电力开发公司合并重组成立被告能源投资公司，被告综合投资公司的债权、债务由被告能源投资公司继承，并要求被告综合投资公司尽快办理注销登记。

2004年12月8日，被告能源投资公司成立，被告综合投资公司的资产全部并入被告能源投资公司，被告综合投资公司至今未办理注销，但其2007年年底工商年检报告显示其资产总额为零。

**原告诉称：**

被告综合投资公司抽回了全部出资款，至今未向原告归还。

---

[①] 参见北京市第二中级人民法院(2009)二中民终字第19146号民事判决书。

被告综合投资公司作为股东,负有向原告足额缴纳出资款的义务,被告能源投资公司应对被告综合投资公司的出资义务承担连带责任。

**被告均辩称：**

1. 原告起诉的是侵权之诉,其主张的侵权事实发生在1995年,至今已超过诉讼时效。

2. 被告综合投资公司不应给付原告出资款,理由是被告综合投资公司投资开发建设了中成大厦,永颖公司要收购中成大厦,因此设立原告,并由被告综合投资公司作为名义股东,配合永颖公司办理中成大厦的产权转让手续和外销房许可证。在被告综合投资公司的中成大厦产权转至原告名下、被告综合投资公司完成了实物投资之后,原告向被告综合投资公司支付了部分转让款,但至今尚欠被告综合投资公司2000多万元,所以被告综合投资公司与原告之间互负债务,被告综合投资公司不是原告的控股股东,被告综合投资公司的出资款是原告主动返还给被告综合投资公司的,双方已将债务相互抵销。原告历年的年检报告也表明被告综合投资公司已出资到位。被告综合投资公司不同意原告的诉讼请求。

**律师观点：**

1. 基于投资关系产生的缴付出资请求权不适用诉讼时效的规定。

《最高人民法院关于审理民事案件适用诉讼时效制度若干问题的规定》规定基于投资关系产生的缴付出资请求权,不适用诉讼时效规定。被告综合投资公司关于本案已超过诉讼时效的主张,缺乏法律依据,不应予以支持。

2. 被告综合投资公司对原告的出资义务不能与原告对被告综合投资公司的债务进行抵销。

被告综合投资公司系原告的股东,依照有关法律规定,股东应当按期足额缴纳公司章程中规定的各自所认缴的出资额,并不得抽逃出资。1995年7月15日,原告给付被告综合投资公司366万元,该行为属于抽逃出资,被告综合投资公司应立即补足其认缴的出资额。

针对被告综合投资公司提出的原告对其负有债务,原告给付其366万元,是双方一致认可抵销债务的答辩意见,首先,被告综合投资公司没有证据证明通知原告抵销债务;其次,足额出资是股东的法定义务,被告综合投资公司收回366万元出资款,减少了原告的实收资本,降低了原告的履约偿债能力,损害了他人的利益,被告综合投资公司对原告的出资义务不能与原告对被告综合投资公司的债务进行抵销。原告对被告综合投资公司的债务应另案解决。

除此之外,被告综合投资公司经有关管理部门决定与其他企业合并成立被告能源投资公司,被告综合投资公司的债权、债务由被告能源投资公司继承。现被告能源投资公司已成立,而被告综合投资公司尚未注销,所以被告综合投资公司仍应为补缴出资款的主体,被告能源投资公司对被告综合投资公司的补缴出资款义务承担连带责任。

关于原告要求被告综合投资公司支付利息没有事实和法律根据,不应予以支持。

**法院判决:**

1. 被告综合投资公司于判决生效后10日内给付原告366万元;

2. 被告能源投资公司对判决第1条中被告综合投资公司的义务承担连带责任;

3. 驳回原告的其他诉讼请求。

## 第二节　出资方式

### 一、注册资本

**68. 法律对公司注册资本最低额有要求吗?货币出资与非货币资产出资的比例有何要求?**

自2013年《公司法》修正后:

(1)股东出资时间不限制在2年内,而是由公司章程予以约定。

(2)不限制非货币资产的比例,也就是说公司的注册资本可以全部是非货币资产。

(3)取消了公司最低注册资本的要求,但法律、行政法规以及国务院决定对公司注册资本实缴、注册资本最低限额另有规定的,从其规定。具体如下:

①设立全国性商业银行的注册资本最低限额为10亿元人民币。城市合作商业银行的注册资本最低限额为1亿元人民币,农村合作商业银行的注册资本最低限额为5000万元人民币,注册资本应当是实缴资本。

②设立保险公司,其注册资本的最低限额为2亿元人民币,且必须为实缴货币资本。

③设立管理公开募集基金的基金管理公司,注册资本不低于1亿元人民币,且必须为实缴货币资本。

④经营证券经纪、证券投资咨询、与证券交易及证券投资活动有关的财务顾

问业务的证券公司,注册资本最低限额为5000万元人民币;经营证券承销与保荐、证券融资融券、证券做市交易、证券自营以及其他证券业务之一的证券公司,注册资本最低限额为1亿元人民币;经营证券承销与保荐、证券融资融券、证券做市交易、证券自营以及其他证券业务两项以上的,注册资本最低限额为5亿元人民币。证券公司的注册资本应当是实缴资本(见表3-1)。

表3-1 目前暂不实行注册资本认缴登记制的行业

| 序号 | 名称 | 法律依据 |
| --- | --- | --- |
| 1 | 采取募集方式设立的股份有限公司 | 《公司法》 |
| 2 | 商业银行 | 《商业银行法》 |
| 3 | 外资银行 | 《外资银行管理条例》 |
| 4 | 金融资产管理公司 | 《金融资产管理公司条例》 |
| 5 | 信托公司 | 《银行业监督管理法》 |
| 6 | 财务公司 | 《银行业监督管理法》 |
| 7 | 金融租赁公司 | 《银行业监督管理法》 |
| 8 | 汽车金融公司 | 《银行业监督管理法》 |
| 9 | 消费金融公司 | 《银行业监督管理法》 |
| 10 | 货币经纪公司 | 《银行业监督管理法》 |
| 11 | 村镇银行 | 《银行业监督管理法》 |
| 12 | 贷款公司 | 《银行业监督管理法》 |
| 13 | 农村信用合作联社 | 《银行业监督管理法》 |
| 14 | 农村资金互助社 | 《银行业监督管理法》 |
| 15 | 证券公司 | 《证券法》 |
| 16 | 期货公司 | 《期货交易管理条例》 |
| 17 | 管理公开募集基金的基金管理公司 | 《证券投资基金法》 |
| 18 | 保险公司 | 《保险法》 |
| 19 | 保险专业代理机构、保险经纪人 | 《保险法》 |
| 20 | 外资保险公司 | 《外资保险公司管理条例》 |
| 21 | 直销企业 | 《直销管理条例》 |
| 22 | 对外劳务合作企业 | 《对外劳务合作管理条例》 |
| 23 | 融资性担保公司 | 《融资性担保公司管理暂行办法》 |

续表

| 序号 | 名称 | 法律依据 |
| --- | --- | --- |
| 24 | 劳务派遣企业 | 2013年10月25日国务院第28次常务会议决定 |
| 25 | 典当行 | 2013年10月25日国务院第28次常务会议决定 |
| 26 | 保险资产管理公司 | 2013年10月25日国务院第28次常务会议决定 |
| 27 | 小额贷款公司 | 2013年10月25日国务院第28次常务会议决定 |

**69. 股东认缴的出资未届履行期限，未缴纳部分的出资是否享有表决权？**

应当根据公司章程来确定。公司章程没有规定的，应当按照认缴出资的比例确定。

如果股东(大)会作出不按认缴出资比例而按实际出资比例或者其他标准确定表决权的决议，股东请求确认决议无效的，人民法院应当审查该决议是否符合修改公司章程所要求的表决程序，即必须经代表2/3以上表决权的股东通过。只要符合，就应当认定决议有效。

**【案例36】股东资格、表决权按认缴出资还是按实缴出资确认和行使**[①]

**原告：** 潘某

**被告：** 盛健公司

**第三人：** 冯某、袁某

**诉讼请求：**

1. 确认原告实际原始出资90万元，两第三人未实际出资；
2. 撤销2017年9月20日股东会决议。

**争议焦点：**

1. 如公司实际股东与工商登记不一致，对于善意相对人而言，如何确认谁是公司的股东，通常情况下，公司股权比例是按股东认缴出资确认，还是按实缴出资

---

[①] 参见福建省厦门市中级人民法院(2018)闽02民终1736号民事判决书。

确认；

2. 股东表决权应按股东认缴出资比例行使,还是按实缴出资比例行使；

3. 股东会会议召集和召开程序存在瑕疵,是否当然导致股东会决议被撤销。

**基本案情：**

根据工商信息,在原告起诉前,被告注册资本500万元,股权结构为第三人冯某持股51%,原告持股49%。原告向被告实缴了90万元投资款。

被告由第三人袁某(与第三人冯某系夫妻关系)和原告实际负责经营。在被告实际经营过程中,原告与第三人袁某发生了矛盾,造成被告公司经营出现僵局。

2017年9月6日,第三人冯某以被告执行董事名义向原告发出于当月20日召开股东会会议的通知,载明议题为免去案外人饶某总经理职务,聘任第三人冯某自己为被告总经理。

2017年9月14日,原告在被告公司微信群中发布消息要求增加"决议解散公司"的议题。

2017年9月20日,被告公司股东会会议召开,原告及第三人冯某均出席了会议；因意见不合,第三人冯某一人作出了股东会决议,记载同意免去案外人饶某总经理职务及公司法定代表人职务,聘任第三人冯某为总经理并担任公司法定代表人；原告在股东会决议文件上签署了"不同意本决议"的意见。

**原告诉称：**

因原告与第三人袁某合作过程中发生矛盾,第三人袁某向原告提出双方无法合作,经多次协商未果,第三人冯某和袁某提议解散公司,原告也表示同意。但第三人冯某、袁某未经原告同意,单方宣布员工停工,搬走被告全部财产,包括货物和办公用品,以及全部财务税务资料、营业执照、经营许可证等文件,导致被告无法继续经营。

经原告调查发现,被告的500万元注册资本均在到资后立即被抽逃,实为空壳公司；第三人冯某、袁某对原告欺骗隐瞒其入股之前被告已资不抵债的实际情况,两位第三人还存在抽逃出资、指使财务造假等不法行为。

据此原告认为：

1. 根据被告公司章程,股东会会议应提前15日通知,被告股东会会议程序违法；

2. 被告工商登记与实际情况不符,股东应以实际出资确定股东的权利和义务,第三人冯某对被告无实际出资,故,冯某无股东表决权,亦无权作出股东会决议。

**被告辩称：**

被告确认第三人冯某与袁某是夫妻关系，指出袁某是以冯某名义对被告进行的投资，袁某是被告的实际股东，被告在工商登记的股东只是形式，与实际情况不符。

第三人袁某对被告没有出资，原告不同意 2017 年 9 月 20 日股东会决议的内容，该股东会决议的效力存在问题。

在原告入股时，被告已资不抵债，第三人袁某隐瞒了相关事实，欺骗了包括原告在内的投资人。

**两位第三人共同述称：**

第三人冯某与袁某是夫妻关系，二人共同投资设立被告，对外以冯某名义作为被告的股东，持有被告 51% 的股权。

第三人冯某已依法履行通知义务，原告于 2017 年 9 月 20 日实际参加了股东会会议，经各股东表决形成了股东会决议，故该决议合法有效。

**法院认为：**

1. 如公司实际股东与工商登记不一致，对于善意相对人而言，如何确认谁是公司的股东？

股东是投资人基于其向目标公司认缴或实缴出资并被登记为股东地位而享有资产收益、参与公司重大决策和选择管理者等权利的一种资格。

根据《公司法》的相关规定，公司应当制定章程并载明股东姓名、出资情况、法定代表人等事项，公司章程对公司股东、董事、监事、高级管理人员等具有约束力。

本案中，被告最新公司章程修正案中明确记载了第三人冯某和原告是被告的股东，二人持股比例分别为 51% 和 49%，该股东信息的记载事项经工商主管机关公示登记，产生了公信力。据此，对于善意相对人而言，公司股东应以工商登记信息记载为准。

根据《公司法》第 23 条和第 26 条的规定，有限责任公司成立过程中关于公司资本应当满足的条件，是以认缴制为原则，以实缴制为例外，即在无法律、行政法规以及国务院决定对有限责任公司注册资本实缴、注册资本最低限额另有规定的情形下，出资人取得公司股东资格不以实缴资本为条件，只要有认缴资本即可。

本案中，第三人冯某是否实际向被告实缴出资或者是否存在抽逃出资的情况，并不影响其作为被告公司股东的资格，以及按照认缴出资比例确定的股权比例。

2. 股东表决权应按股东认缴出资比例行使,还是按实缴出资比例行使?

出资人成为公司股东后,根据其享有股东权利的内容及目的,可将股东权分为自益权和共益权。自益权是股东为获取自身利益而行使的权利,如利润分配请求权、新股优先认购权、剩余财产分配请求权等;共益权是股东以参与公司经营管理为目的或是以个人利益为目的兼具为公司利益而行使的权利,如临时股东会召集请求权、表决权、质询权等。

《公司法》第 34 条规定,股东按照实缴的出资比例分取红利;公司新增资本时,股东有权优先按照实缴的出资比例认缴出资。但是,全体股东约定不按照出资比例分取红利或者不按照出资比例优先认缴出资的除外。第 42 条规定,股东会会议由股东按照出资比例行使表决权;但是,公司章程另有规定的除外。

《公司法司法解释(三)》第 16 条规定,股东未履行或者未全面履行出资义务或者抽逃出资,公司根据公司章程或者股东会决议对其利润分配请求权、新股优先认购权、剩余财产分配请求权等股东权利作出相应的合理限制,该股东请求认定该限制无效的,人民法院不予支持。

据此,从上述规定可以看出,利润分配请求权、新股优先认购权、剩余财产分配请求权等自益权原则上应当受到是否实缴出资的限制,而表决权等共益权原则上不应当受到是否实缴出资的限制。同时,《公司法》还赋权公司可通过章程等形式作出另行不同规定的权利。

本案中,被告公司章程关于表决权行使的规定与《公司法》的规定一致,并无例外。第三人冯某与原告作为股东,亦未就表决权的行使作出其他约定,应当以股东认缴出资比例作为表决权行使的依据。

而被告公司章程关于股东会的议事规则规定与《公司法》规定一致,第三人冯某持有被告 51% 的股权,其以 51% 的股东表决权表决通过关于公司总经理及法定代表人任免的决议,该决议内容并不违反法律、行政法规的规定,符合资本多数决原则,合法有效。

3. 股东会会议召集和召开程序存在瑕疵,是否当然导致股东会决议被撤销?

本案中,被告公司章程中规定的股东会会议召集和召开程序与《公司法》之规定无异。

第三人冯某作为被告的执行董事且持有被告 51% 的股权,有权提议召开临时股东会并负责会议召集和主持工作。

第三人冯某于 2017 年 9 月 6 日向原告发出召开股东会会议的通知,该通知虽未在会议召开前 15 日送达原告,但原告于 2017 年 9 月 14 日在要求增加股东会议题时并未提出会议召集程序违反《公司法》及公司章程的异议，且在2017年9月20日股东会会议召开时，其实际参与会议并签到，也在股东会决议上签署了表决意见。可见，股东会会议的召集程序虽有轻微瑕疵，却未剥夺原告的表决权，对表决结果不会产生实质影响。

依照《公司法司法解释（四）》第4条规定，股东请求撤销股东会或者股东大会、董事会决议，符合《公司法》第22条第2款规定的，人民法院应当予以支持，但会议召集程序或者表决程序仅有轻微瑕疵，且对决议未产生实质影响的，人民法院不予支持。

据此，被告上述股东会决议不能因为其召集程序存在轻微瑕疵而被撤销。

**法院判决：**

驳回原告的诉讼请求。

**70. 增资时，股东可否分期缴纳出资？**

法律并无明文规定。笔者认为，公司增加资本时，可以分期缴纳出资。

《公司法》规定，有限责任公司新增资本的出资，股份有限公司为增加注册资本发行新股时，股东认购新股，按照缴纳出资或股款的有关规定执行。而缴纳出资与股款的制度中就包括分期缴纳出资与股款事项。因此，分期出资制度应适用于股东增资时。

**71. 募集设立公司的发起人应至少认购公司多少股份？认股人未按期缴纳所认购股份的股款，对于该部分股款，公司其他发起人应如何处理？该认股人应承担何种法律责任？**

以募集设立方式设立股份有限公司的，发起人认购的股份不得少于公司股份总数的35%；但是，法律、行政法规另有规定的，从其规定。

若认股人未按期缴纳所认股份的股款，公司其他发起人可以催告认股人在合理的期限内缴纳，如果认股人经催告仍不缴纳的，公司其他发起人可以对该股份进行认购。

认股人未按期缴纳其所认购股份的股款，包括未缴纳和延期缴纳两种情形。认股人未缴纳或者延期缴纳，既违反认股合同约定的义务，也违反法定的出资义务，给公司造成损失的，无论是基于违约责任还是侵权责任，公司均有权请求该认股人承担赔偿责任。

此外，认股人未缴纳或延期缴纳股款给公司造成的损失，应当界定为公司因此造成的实际损失，如公司因另行募集发生的额外费用、因设立延误造成的损失，而不应限于认股人未按期缴纳的股款范围。

**72. 工商登记的股权比例与合作协议约定的投资比例不一致,应以何为准?**

根据《民法典》确定的原则,约定与实际履行不一致,而双方对实际履行不持异议的,应以实际履行为准,所以,要审查出资人实际履行的投资额。

如果实际投资额符合工商登记的情况,则应以实际登记的金额为准;如果双方实际履行的出资比例既不同于工商登记,也不同于合作协议的约定,通过审核确定实际金额的,应以实际金额为准。当然,如双方没有到市场监督管理部门办理投资比例变更登记,不能以双方确定的比例对抗第三人。

**73. 用于出资的财产应当符合哪些条件?哪些财产可以用于出资?劳务、信用、自然人姓名、商誉、特许经营权或者设定担保的财产以及国家法律规定禁止流通的财产,如枪支、弹药、毒品、土地所有权、集体土地使用权可以用于出资吗?**

用于出资的财产应当具备以下五个条件:

(1)确定性。用于出资的标的物必须客观明确。

(2)具有价值。

(3)可以用货币估价。

(4)可以依法转让。

(5)法律与行政法规没有禁止性规定。

可以用于出资的非货币财产主要包括以下六项:

(1)动产与不动产的所有权;

(2)他物权,如国有土地使用权、海域使用权、土地承包经营权、探矿权、采矿权、狩猎权、取水权、门票销售权、渔业权、高速公路经营权、收费桥梁和隧道经营权等;

(3)可转让的债权,如债券、票据权利、合同债权等;

(4)股权;

(5)知识产权中的财产性权利,包括专利权、商标权、著作权以及注册商标专用权等;

(6)其他财产权利,如商号、商业秘密、经营权等。

劳务、信用、自然人姓名、商誉、特许经营权或者设定担保的财产以及国家法律规定禁止流通的财产,如枪支、弹药、毒品、土地所有权、集体土地使用权不可以用于出资。

《合伙企业法》第16条规定,合伙人可以用货币、实物、知识产权、土地使用权或者其他财产权利出资,也可以用劳务出资。合伙人以劳务出资的,其评估办法由全体合伙人协商确定,并在合伙协议中载明。实务中,有些合伙企业合伙人先以劳务出资的方式与其他合伙人成立合伙企业,然后再以合伙企业的名义对外进行投资,从而间接实现劳务出资。

**74. 出资人以非货币财产出资,是否必须进行资产评估?未依法评估作价,出资人的出资行为效力应如何认定?**

对作为出资的非货币财产应当评估作价,核实财产,不得高估或者低估作价。

"未依法评估作价",包括未进行评估作价和评估作价不合法两种情形。出资人以非货币财产出资,未依法评估作价,公司、其他股东或者公司债权人请求认定出资人未履行出资义务的,人民法院应当委托具有合法资格的评估机构对该财产评估作价,将评估所得的价款与章程所定的价款相比较,以确定出资人是否全面履行出资义务。

如果评估确定的价值高于章程所定价款或者与章程所定价款相当,应认定出资人依法履行了出资义务。

如果评估确定的价款显著低于公司章程所定价款的,人民法院应当认定出资人未依法全面履行出资义务。

在此,有两个问题需要注意:

(1)评估结果参照对象是公司章程确定的出资人的出资价款,如果章程对出资人的出资价款未作约定的,依注册资本总额与出资比例确定,如果没有出资比例的,各出资人按均等份额确定;

(2)认定未依法全面履行出资义务的标准是评估确定的价款显著低于公司章程确定价款的差额与章程确定价款之间的比例,同时也可以绝对数额予以一定考虑。此处的"显著"不应作绝对化理解,"显著"是一个相对概念,具体判断标准由人民法院依个案确定。

## 二、股权作价出资

**75. 符合哪些条件的股权可以用于出资?如何判定股东是否已全面履行股权出资义务?**

以股权出资的,该股权应当权属清楚、权能完整、依法可以转让。

具有下列情形的股权不得用作出资:

(1)已被设立质权;

(2)股权所在公司章程约定不得转让;

(3)股权所在公司股东转让股权应当报经批准而未经批准;

(4)不得转让的其他情形。

满足下列情形,可以认定股东已全面履行股权出资义务:

(1)用于出资的股权由出资人合法持有并依法可以转让。

按照《公司法》的规定,限制转让的股份主要是指股份有限公司的发起人、董事、监事、高级管理人员所持有的在禁售期内的股份。禁售股在禁售期满后,也可以依法转让。如果公司章程中对股权转让进行了特别的限制,那么该股权也不能用于出资。

(2)出资的股权无权利瑕疵或者权利负担。

无权利瑕疵,是指不存在任何第三人就该用于出资的股权向公司主张任何权利的事由。实践中,股权瑕疵多产生于出资义务未履行或未全面履行的情形,如出资不足、虚假出资、抽逃出资等。当事人对股权权属发生争议的,也属于有权利瑕疵的股权。

无权利负担,是指股权之上不存在质押或者被冻结等权利行使受限的情形。

(3)出资人已履行关于股权转让的法定手续。

股权转移包括股权权属变更和股权权能转移。股权权能转移,是指将股东所享有的各种权利实际转由公司行使。股权权属变更,在实践中,需要根据情形区别对待,具体如下:

①投资人以持有的有限责任公司股权实际缴纳出资的,股权公司应当向公司登记机关申请办理变更登记,将该股权的持有人变更为被投资公司。

②投资人以持有的股份有限公司股份实际缴纳出资的,投资人应当将股份依照法定方式转让给被投资公司。即记名股票,由股东以背书方式或者法律、行政法规规定的其他方式转让,转让后由公司将受让人的姓名或者名称及住所记载于股东名册;无记名股票的转让,由股东将该股票交付给受让人后即发生转让的效力。

③法律、行政法规或者国务院决定规定股权公司股东转让股权必须报经批准的,须报经批准,如国有股权转让应当依法经过批准。

此外,被投资公司还应当提交以下材料:

①以股权出资的投资人签署的股权认缴出资承诺书。有关投资人应当对用于出资的股权是否符合国家市场监督管理总局规定的条件作出承诺,即用作出资的股权应当权属清楚、权能完整、依法可以转让。

②股权公司营业执照复印件(需加盖股权公司印章)。

(4)出资的股权已依法进行了价值评估。

所谓的"依法进行"价值评估，包括两个层面的要求：

①要求出资股权必须经合法设立的专业评估机构进行价值评估；

②评估应依法进行，包括评估程序合法、评估方式合法、评估结果真实可靠，不存在高估或低估作价的情况。

股权出资不符合第(1)、(2)、(3)项规定的，人民法院应当责令出资人在指定的合理期限内采取补正措施，包括但不限于消除股权转让的限制或障碍、消除股权上的权利瑕疵或权利负担、依法完成股权过户手续等。出资人在法院指定的合理期限内补正的，人民法院应当认定其履行了出资义务；出资人逾期未补正的，人民法院应当认定其未依法全面履行出资义务。

股权出资不符合第(4)项规定的，出资人出资的股权应当由人民法院委托的评估机构进行评估作价。如果评估确定的价值显著低于公司章程所定价值的，应全面履行出资义务。

**76. 投资人以外商投资企业股权投资的，有何特殊程序？**

有以下特殊程序：

(1)股权公司投资者将股权作为被投资公司的出资，应当获得股权公司的审批部门的批准；

(2)当股权投资使得被投资公司或者股权公司的类型发生变更时，需要注意是否符合有关外商投资产业指导目录以及办理企业组织形式变更登记手续。

**77. 投资人以股权出资，其他股东是否享有优先购买权？**

享有。股权出资对于股权公司而言，是一种股权转让行为，应注意保护股权公司股东的优先购买权。

**78. 如何对股权进行资产评估？**

对股权进行评估有收益法、市场法和资产基础法三种评估方法，注册资产评估师应当根据评估目的、评估对象、价值类型、资料收集情况等相关条件，恰当选择一种或者多种资产评估方法。

(1)收益法

收益法，是指将预期收益资本化或者折现，确定评估对象价值的评估方法。收益法常用的具体方法包括股利折现法和现金流量折现法。

①股利折现法是将预期股利进行折现以确定评估对象价值的具体方法，通常适用于缺乏控制权的股东部分权益价值的评估；

②现金流量折现法通常包括企业自由现金流折现模型和股权自由现金流折

现模型。

评估时,应当充分分析被评估企业的资本结构、经营状况、历史业绩、发展前景,考虑宏观和区域经济因素、所在行业现状与发展前景对企业价值的影响,对委托方或者相关当事方提供的企业未来收益预测进行必要的分析、判断和调整,在考虑未来各种可能性及其影响的基础上合理确定评估假设,形成未来收益预测。具体而言:

①应当根据国家有关法律法规、企业所在行业现状与发展前景、协议与章程约定、企业经营状况、资产特点和资源条件等,恰当确定收益期。

②企业经营达到相对稳定前的时间区间是确定预测期的主要因素。应当在对企业收入成本结构、资本结构、资本性支出、投资收益和风险水平等综合分析的基础上,结合宏观政策、行业周期及其他影响企业进入稳定期的因素合理确定预测期。

③应当综合考虑评估基准日的利率水平、市场投资收益率等资本市场相关信息和所在行业、被评估企业的特定风险等相关因素,合理确定折现率。

(2)市场法

市场法,是指将评估对象与可比上市公司或者可比交易案例进行比较,确定评估对象价值的评估方法。市场法常用的两种具体方法是上市公司比较法和交易案例比较法。

①上市公司比较法是指获取并分析可比上市公司的经营和财务数据,计算适当的价值比率,在与被评估企业比较分析的基础上,确定评估对象价值的具体方法。上市公司比较法中的可比企业应当是公开市场上正常交易的上市公司,评估结论应当考虑流动性对评估对象价值的影响。

②交易案例比较法是指获取并分析可比企业的买卖、收购及合并案例资料,计算适当的价值比率,在与被评估企业比较分析的基础上,确定评估对象价值的具体方法。运用交易案例比较法时,应当考虑评估对象与交易案例的差异因素对价值的影响。可比企业应当与被评估企业属于同一行业,或者受相同经济因素的影响。在选择可比企业时,应当关注业务结构、经营模式、企业规模、资产配置和使用情况、企业所处经营阶段、成长性、经营风险、财务风险等因素。

(3)资产基础法

资产基础法,是指以被评估企业评估基准日的资产负债表为基础,合理评估企业表内及表外各项资产、负债价值,确定评估对象价值的评估方法。需要注意的是:

①当存在对评估对象价值有重大影响且难以识别和评估的资产或者负债时,应当考虑资产基础法的适用性;

②以持续经营为前提对企业价值进行评估时,资产基础法一般不应当作为唯一使用的评估方法;

③在对持续经营前提下的企业价值进行评估时,单项资产或者资产组合作为企业资产的组成部分,其价值通常受其对企业贡献程度的影响;

④运用资产基础法进行企业价值评估,应当对长期股权投资项目进行分析,根据相关项目的具体资产、盈利状况及其对评估对象价值的影响程度等因素,合理确定是否将其单独评估;

⑤对专门从长期股权投资获取收益的控股型企业进行评估时,应当考虑控股型企业总部的成本和效益对企业价值的影响。

## 【案例37】股权作价出资评估报告[①]

**《西昌志能实业有限责任公司股权出资项目资产评估报告》(摘录)**

**二、评估目的**

根据德昌厚地稀土矿业有限公司股东会决议,同意西昌志能实业有限责任公司股东以其所持有的西昌志能实业有限责任公司股权对德昌厚地稀土矿业有限公司进行增资,对该股权出资行为所涉及的西昌志能实业有限责任公司于评估基准日2011年4月30日的股东全部权益价值进行评估,为相关各方的经济行为提供价值参考依据。

**三、评估对象和评估范围**(见表3-2)

表3-2 西昌志能实业有限责任公司资产评估报告

| 科目名称 | 账面价值/元 |
| --- | --- |
| 一、流动资产合计 | 499,990.00 |
| 货币资金 | 499,990.00 |
| 二、非流动资产合计 | 73,411,231.52 |
| 固定资产 | 64,955,944.02 |

---

[①] 参见《西昌志能实业有限责任公司股权出资项目资产评估报告》湘资国际评字〔2011〕第031号。

续表

| 科目名称 | 账面价值/元 |
|---|---|
| 无形资产 | 8,455,287.50 |
| 三、资产总计 | 73,911,221.52 |
| 四、流动负债合计 | 64,955,944.02 |
| 应付账款 | 64,955,944.02 |
| 五、负债总计 | 64,955,944.02 |
| 六、净资产 | 8,955,277.50 |

本次评估对象为西昌志能实业有限责任公司的股东全部权益价值。委估资产类型包括流动资产、固定资产、无形资产及流动负债等,已经中喜会计师事务所有限责任公司审计,并出具了中喜审字〔2011〕第01653号审计报告。

## 七、评估方法

(一)评估方法的选择

《资产评估准则——基本准则》和有关评估准则以及《国有资产评估管理办法》规定的基本评估方法包括市场法、收益法和成本法(资产基础法)。

根据对西昌志能实业有限责任公司经营现状、经营计划及发展规划的了解,公司以前没有进行大规模生产,没有完整的历史数据可供参考,不具备采用收益法评估的条件。根据公司的实际经营状况及资产结构,本次评估采用成本法。由于采矿权评估的特殊性,故对采矿权的评估采用折现现金流量法。

成本法,也称资产基础法,是指在合理评估企业各项资产价值和负债的基础上确定评估对象价值的评估思路。该种方法的思路主要是通过逐一清查被评估单位的每一项资产、每一项负债,并对之定价,最后得出企业整体价值。其适用条件为:(1)具备可以利用的历史资料;(2)形成资产的价值耗费是必需的,并且应该体现社会或行业的平均水平,即资产的价值取决于资产的成本。

(二)成本法下各类资产及负债的评估方法

1. 关于流动资产的评估

货币资金:为库存现金,评估人员与公司出纳人员一起于盘点日对公司的现金进行了全面盘点,然后倒算出评估基准日账面数无误,以审计后的账面值为评估值。

2. 关于非流动资产的评估

(1)房屋建筑物、构筑物类资产的评估

依据本次资产评估目的,结合评估对象的实际情况及特点来选取评估方法对房屋建筑物的价值进行估算。该企业的房产包括生产性房产及生活性房产两种类型,所以本次评估也结合评估对象采用成本法对房屋建筑物的价值进行估算。

成本法,是以开发或建造估价对象房地产或类似房地产所需的各项必要费用之和为基础,再加上正常利润得出估价对象房地产价格的一种估价方法。

计算数学表达式为:评估价值＝重置成本×成新率

①重置成本:根据建筑物的实际状况,按照当地现行设计、施工标准和材料市场价格,建造一座全新的具备同样功能的建筑物所需花费的建安工程费、专业费、管理费用、资金成本、开发利润等。

计算数学表达式为:重置成本＝建安工程费＋专业费＋税费＋管理费＋利息＋开发利润

由于本次评估的标的物主要是资产持有者的生产厂房及相关的配套工程等特殊构筑物,其可与之参照的同类标的物很少。本次评估,可以确定工程造价数据的标的物采用物价指数法估算出待估标的物的建安成本,再以此为基础估算它相应的重置成本;无法确定工程造价数据的标的物由评估人员结合资产持有者提供的资料,结合市场询价,综合确定造价,以此为基础估算其重置成本。

②成新率:采用年限法及实际观察法相结合、综合分析确定成新率。

成新率＝理论成新率×50%＋技术勘察成新率×50%

(2)设备类资产的评估

根据评估目的和待评估资产的实际情况,评估方法采用重置成本法。

计算公式为:评估现值＝评估原值×成新率。设备评估原值与成新率的确定说明如下:

①设备评估原值的确定:

a. 价值高的大型设备

评估原值＝设备现行价格＋运杂费＋安装调试费＋资金成本(工程期半年以上)

b. 价值不高的一般设备

评估原值＝设备现行价格＋运杂费＋安装调试费

不需要安装的设备,评估原值中不计入安装调试费。

以上公式中的设备现行价格凡能查询到的,均按查询结果取价,无法查询到的,按相同或类似设备同期价格变化幅度调整类比后取价。运杂费、安装调试费原则上按《资产评估常用数据参数手册》中的指标选取费率,特殊情况下按实估算确定。

②设备成新率的确定：

a. 主要设备

综合成新率 = 理论成新率×40% + 现场鉴定成新率×60%

理论成新率是采用年限法按经济寿命年限计算确定；现场鉴定成新率主要依据现场勘察设备的技术状态、运行情况、使用频率、维护及检修情况、工作环境等因素综合确定。

b. 其余设备

主要采用年限法，并结合现场勘察及向设备操作、管理人员了解的设备运行状况、使用情况确定其成新率。

③车辆资产的评估：

a. 重置成本根据在评估基准日，重新形成（购置或建造）与评估对象功能相同、工作状况相同、全新状态的资产所需的全部成本、费用金额来确定。计算公式为：

重置成本 = 购置价 + 购置税 + 其他费用

其中：车辆购置价按基准日公开市场价格确定；

购置税及其他费用按基准日有关法律法规规定计算确定。

b. 成新率采用理论成新率与技术勘察成新率加权计算

成新率 = 理论成新率×0.6 + 技术勘察成新率×0.4

（a）理论成新率计算公式为：

理论成新率 =（规定使用年限 – 已使用年限）÷ 规定使用年限×100%

（b）技术勘察成新率根据现场勘察车辆运行情况、技术状态、磨损（或老化）情况结合车辆制造质量、维护保养、大修改造等因素综合确定。

④土地的评估：

本次被评估的固定资产中的土地，由于两本土地证均已遗失，仅能从当地报纸中看到两本土地证的遗失信息。两本土地证均为德昌志能稀土有限责任公司所有，且于基准日前已将土地出售给西昌志能实业有限责任公司。由于资料遗失，不能确定土地性质、面积、开发程度的信息，故本次评估中，将土地的购买价格426.18万元（审计后的账面值）作为评估值。

3. 关于无形资产的评估

根据资产占有方提供的资料及实际勘查情况，评估人员收集了各类数据，各项评估参数选取条件基本具备；根据《中国矿业权评估准则》（2008年）要求，《探矿权采矿权转让管理办法》和《探矿权采矿权评估管理暂行办法》等规定,本项目采用折现现金流量法进行矿业权价值估算。

根据折现现金流量法原理和财务模型,其计算公式如下:

$$P = \sum_{t=1}^{n}(CI - CO)t \times (1 + i)^{-t}$$

式中:P——采矿权评估价值;

CI——年现金流入量;

CO——年现金流出量;

(CI - CO)——年净现金流量;

$i$——折现率;

$t$——年序号($t = 1,2,3,4,\cdots,n$);

$n$——评估计算年限。

4. 关于负债的评估

负债全部为应付账款。评估人员主要调查了解负债的形成原因、账面值和实际负债状况。对应付账款,查阅明细账和总账,对相应经济行为的内容进行调查核实,并在可能的情况下对债权人的情况进行调查。在此基础上判断其是否为企业实际应承担的负债,如果属实,则以核实后的账面值确定为评估值,否则,评估为零。

### 十、评估结论

在评估基准日2011年4月30日持续经营前提下,经中喜会计师事务所有限责任公司审计后的西昌志能实业有限责任公司资产总额7391.12万元,负债总额6495.59万元,所有者权益账面价值895.53万元,评估后资产总额70,537.04万元,负债总额6495.59万元,股东全部权益价值为64,041.44万元,增值63,145.91万元,增值率为7051.25%。评估结果如表3-3所示:

表3-3 资产评估结果汇总

| 科目名称 | 账面价值/万元 | 评估价值/万元 | 增减值/万元 | 增减率/% |
|---|---|---|---|---|
| 流动资产 | 50.0 | 50.00 | — | — |
| 固定资产 | 6495.59 | 6658.46 | 162.87 | 2.51 |
| 无形资产 | 845.53 | 63,828.57 | 62,983.04 | 7448.95 |
| 资产总计 | 7391.12 | 70,537.04 | 63,145.91 | 854.35 |

续表

| 科目名称 | 账面价值/万元 | 评估价值/万元 | 增减值/万元 | 增减率/% |
|---|---|---|---|---|
| 流动负债 | 6495.59 | 6495.59 | — | — |
| 负债总计 | 6495.59 | 6495.59 | — | — |
| 净资产 | 895.53 | 64,041.44 | 63,145.91 | 7051.25 |

根据上述分析,评估对象于评估基准日市场价值的最终评估结论为64,041.44万元(大写为人民币陆亿肆仟零肆拾壹万肆仟肆佰元)。

## 三、债权作价出资

**79. 债权出资包括哪些形式？公司设立时可以采用债权出资吗？**

按照出资对象的不同,债权出资理论上分为三种情形:

(1)债权人甲直接以债权投资于债务人乙,成为债务人乙之股东。

国有银行剥离不良贷款执行的债转股就属于这种形式,即先由国有银行将不良贷款转让给金融资产管理公司,再由金融资产管理公司与债务人企业签订债权转股权协议,将金融资产管理公司持有的债权转变为股权。

(2)债权人甲以其对乙享有的债权向第三人公司丙出资。

假设丙公司有三名股东,分别为A、B、C。甲以债权出资,分两种情况:

①甲用其对乙享有的债权购买A在丙公司的股权,成为丙公司的股东;

②甲以债权出资于丙,成为丙的第四名股东。

(3)债权人甲以其对乙拥有的债权与债务人共同设立一新公司。

实践中,债权转股权主要指的是第一种情形。从国家市场监督管理总局的规定来看,债权出资只适用于增加注册资本时,不适用于公司设立。

**80. 哪些主体可以采用债权出资？哪些主体可以接受债权出资？**

具有中国国籍的自然人或者在中国大陆依法设立、具备公司股东资格的法人和其他组织可以采用债权出资。该要求不及于中国港澳台地区自然人。

有限责任公司与股份有限公司均可以接受债权出资。

**81. 哪些债权可以转为股权？债权出资应当履行哪些特殊程序？**

符合下列条件之一的债权可以转为股权:

(1)公司经营中债权人与公司之间产生的合同之债转为公司股权,债权人已经履行债权所对应的合同义务,且不违反法律、行政法规或者公司章程的禁止性规定。

同一债权涉及两个以上债权人的,债权人对债权应当已经作出分割。

(2)人民法院生效裁判确认的债权转为公司股权。

(3)公司破产重整或者和解期间,列入经人民法院批准的重整计划或者裁定认可的和解协议的债权转为公司股权。

债权出资应当履行下列程序:

(1)被投资公司股东会决议通过。

(2)债权人应当与被投资公司签订《债权转股权协议》。

(3)转为出资的债权应当经具备资格的资产评估机构进行资产评估。债权转股权的作价金额不得高于该债权经审计确认的账面值,也不得高于该债权的评估值。

提交变更登记时,除提交常规的变更登记材料外,区分情况还需要提交如下材料:

①如果是债权人与债务人达成协议债权转股权的,应提交债权人和公司签署的《债权转股权承诺书》,双方应当对用以转为股权的债权符合规定作出承诺;

②人民法院生效裁判确认的债权转为公司股权的,应提交人民法院的裁判文书;

③公司破产重整或者和解期间,列入经人民法院批准的重整计划或者裁定认可的和解协议的债权转为公司股权,应提交经人民法院批准的重整计划或者裁定认可的和解协议;

④公司提交的股东(大)会决议应当确认债权作价出资金额并符合《公司法》和公司章程的规定。

## 82. 债权转股权的效力是依双方转股合同还是依工商设立登记来确定?

债权转股权实际上与收购股权并没有实质上的区别。持有股权应当履行相关程序:签订股权受让合同、注资、股东名册登记、参与公司经营管理、变更工商登记注册。各个环节履行了手续,股权就由债权人享有。同一般的股权转让一样,工商登记是对社会的一种公示效果,与是否实际转变股权结构不同。债权转股权的效力关键是看股东名册是否记载,以及债权人是否在公司行使了经营管理之权,最后才是看其是否在市场监督管理部门办理了变更登记手续。

## 83. 债权可以部分出资吗?可以分期缴纳吗?

依照债权转股权协议的约定,相关债权可以全部或者部分转为被投资公司的股权。但以债权转股权方式增加的注册资本不得分期缴纳,被投资公司应当一并申请办理注册资本、实收资本变更登记。

**84. 公司以债权出资,在市场监督管理部门登记的出资方式如何表述?**

市场监督管理部门应当将债权转股权对应出资的出资方式登记为"债权转股权出资"。

**85. 被投资公司接受债权出资应注意哪些事项?**

应注意以下事项:
(1)应当对被投资债权进行尽职调查,全面核实债权是否真实;
(2)避免债权只成为公司账面上的资产,不能转化为被投资公司实际资产。

## 四、知识产权作价出资

**86. 公司接受技术出资,应注意哪些法律风险?**

公司接受技术出资,应注意九大法律风险。

(1)技术出资中的权利瑕疵

技术出资实际上是技术转让的一种形式,其包括专利技术出资和非专利技术出资。对于专利技术出资,要明确发明创造的名称、专利申请人和专利权人、申请日期、申请号、专利号以及专利权的有效期限。而对于非专利技术,则要明确其所有人。

(2)技术出资中的验收问题

根据《民法典》的规定,对于以技术出资和资金出资方式成立公司的当事人可以约定对出资技术的验收方法和标准,这样做一方面可以防止由于未事先约定相应的验收方法和标准而引起技术在实施中的争议;另一方面通过对验收的方法和标准进行约定,在出现技术不符合约定时,被出资方可以明确向出资方提出相应请求。

(3)出资技术不成熟的风险问题

如果没有在技术转让合同中约定相应的验收标准,就会导致存在一定程度不成熟的技术被法院认定为符合法律的规定和合同的约定的情况。在这种情况下就使验收方处于被动的地位,但如果在合同中约定相应的验收标准,如约定只要出现不完善的地方就视为技术出资方违约或约定只要不影响合同目的的实现,少量的缺陷也是可以接受的,就会减少甚至避免争议。

(4)技术出资交付风险问题

根据《民法典》的规定,与履行合同有关的技术背景资料、可行性论证和技术评价报告、项目任务书和计划书、技术标准、技术规范、原始设计和工艺文件,以及其他技术文档,按照当事人的约定可以作为合同的组成部分。这些条款的约定可以明确交付标准与验收标准。

因此应当在合同中约定,如果在一定时间内验收方对与履行合同有关的技术的相关资料没有提出异议,则视为这些资料已交付,这样验收方将承担对其不利的风险,也会促使其及时地采取措施避免出现这种情况,维护交易的稳定。

(5) 法律关系复杂

技术融资过程中涉及的纠纷不仅仅限于技术转让合同纠纷,还有可能涉及《公司法》上的股东资格和股东出资的问题,法律关系较为复杂。

(6) 技术价值难以确定

技术价值难以确定是因为技术评估问题。根据法律规定,以知识产权资产作价出资成立有限责任公司或股份有限公司的,应当进行资产评估。如果技术价值难以确定,就有可能导致出资不实,这样就会追究技术出资人相应的责任,而且也关系到股东权利的行使。所以,要对技术进行评估,确定其价值,维护资金股东及技术股东的合法权益。

(7) 专利技术在出资后被宣告无效

企业要注意的是如果发生了专利被宣告无效的情况时该如何处理。因为这涉及股东资格、股东权的行使问题。在专利技术确认无效后,公司与股东可以考虑该技术是否有价值,通过比较其失效后的价值与出资时的价值,确定差额部分由股东补足。如果股东不能补足,应当确定其不享有差额部分相对应的股东资格。

(8) 技术秘密公开

对于技术秘密的公开,企业也应事先做好预防。因为技术秘密被公开以后,公司以该技术生产的产品就不再具有竞争力,如果是因出资者原因非恶意造成的公开,则应比照上述专利技术被宣告无效的情况处理。如果非因出资者的原因造成公开,则就不属于出资瑕疵问题,应根据具体情况具体处理。

(9) 技术寿命有限

另外一个问题就是技术一般是有一个寿命期限的,原因是技术的更新换代,新技术取代旧技术,在这种情况下也要做好事先的约定,类似于专利技术被宣告无效或技术秘密被公开。

对此,双方可以约定出现技术淘汰、无市场、公司因经营需要不再使用该项技术、技术出资人违约情况时,以减资的方法,将出资技术退出,技术出资人不再具有股东资格。

**87. 出资人以知识产权作价出资,应当履行哪些程序?**

应履行以下程序:

(1)对拟出资知识产权进行评估。

(2)出资人与公司签订知识产权转让合同。

(3)交付知识产权以及相关资料。

(4)办理知识产权转让变更登记手续。

①出资人以专利出资,在签订专利转让合同后,应向国家知识产权局申请登记,由国家知识产权局予以公告。专利转让自登记之日起生效。

②出资人以注册商标出资的,在签订注册商标转让合同后,应共同向国家知识产权局商标局提出申请。转让注册商标经核准后,予以公告。公司自公告之日起享有商标专用权。

③出资人以著作权出资,在签订著作权转让合同后,应至国家版权局申请著作权人变更登记,公司自登记之日起享有著作权。

(5)办理工商变更登记。

除一般材料外,还需提交知识产权评估、权属转移手续。

## 【案例38】股东可以专利使用权向公司出资[①]

**原告:** 东莞分享电器公司

**被告:** 宁某杰、宁某

**诉讼请求:**

1. 两被告的转让涉案专利的行为无效;

2. 被告宁某杰履行出资义务,两被告配合原告办理将涉案"一种电动衣架"的实用新型专利权登记转移到原告名下的手续。

**争议焦点:** 股东是以专利使用权还是专利所有权向公司出资。

**基本案情:**

2012年3月21日,国家知识产权局发布的实用新型专利授权公告显示:实用新型名称:一种电动衣架;专利号ZL20112028×××.9;发明人被告宁某杰;专利权人被告宁某杰。

2015年1月15日,国家知识产权局发布的中国专利公布公告显示:专利名称为"一种电动衣架"的实用新型专利的专利权人由被告宁某杰变更为被告宁某。

---

① 参见广东省高级人民法院(2018)粤民终1405号民事判决书。

被告宁某杰与被告宁某为父子关系。

甲方案外人刘某涛、乙方被告宁某杰、丙方案外人秀某与丁方案外人刘某辉签订《合作协议》。该《合作协议》主要内容：由甲、乙、丙、丁四方共同出资合作经营，特协议如下：甲方以现金224,000元作为投资；乙方以晾衣架伸缩臂专利技术、晾衣架技术生产、销售和所有关于晾衣架的模具作为投资，该项专利除原持有专利公司使用外，乙方不可以再授权给第三方使用，否则乙方构成违约，所有权自行归甲、丙、丁三方共同所有；丙方以现金192,000元作为投资；丁方以现金192,000元作为投资。《合作协议》没有显示具体的签署日期。

2015年10月9日，原告成立。股东秀某、刘某辉、郝某国和被告宁某杰制定的《公司章程》约定：公司注册资本100万元；公司股东共有4名，分别是秀某、刘某辉、郝某国和被告宁某杰。股东的出资方式、出资额和出资时间为：秀某以货币出资20万元，占公司25%的股份；刘某辉以货币出资20万元，占公司25%的股份；郝某国以货币出资40万元，占公司25%的股份，在2025年5月30日前缴足；被告宁某杰以专利技术、模具为出资方式，占公司25%的股份。

2014年7月1日，被告宁某杰与案外人秀某就实用新型专利许可使用权签订《专利许可使用协议》。该许可使用协议约定：(1)本专利使用协议属于普通许可使用协议；(2)被告宁某杰授权案外人秀某生产、销售使用期限自2014年7月1日至2019年7月1日；(3)案外人秀某有在生产中使用以及产品宣传广告、宣传单、说明书、包装箱等上标示该专利产品专利号的权利等等。但该协议没有约定专利许可使用费。

被告宁某杰于2017年10月19日出具《专利与授权事由证明》。主要内容：被告宁某杰于2012年3月21日取得国家专利局核准专利号为ZL20112028×××.9的专利所有权，该专利主要用于电动晾衣架升降系统的结构与功能，并于2014年7月1日以此专利使用权投资原告作为应投入股金之一部分，因该公司正在办理申请登记尚未取得证照而暂时先授权给该公司全体股东同意的法定代表人秀某，但最终实际有权使用本专利者为原告，且不限于日后各股东职务调动或股东名册变更。为更有效发挥本专利功能，本人于2015年1月6日将本专利所有权转让给本人长子被告宁某，并说明事前授权给原告的使用权仍属有效而合法，且在授权期满后原告仍可以延续使用权，届时双方另行协商延续使用办法。

**原告诉称：**

原告是一家集研发、制造、销售为一体的智能家电企业，专业从事电动晾衣架等生活家电产品的生产销售。

2014年7月1日,被告宁某杰与原告其他股东刘某涛、秀某、刘某辉签订《合作协议》,约定四方共同出资成立原告,首期投资款为80万元,被告宁某杰以其拥有的包含涉案专利技术在内的晾衣架技术和所有关于晾衣架的模具作为投资,成为原告股东,占股24%,并约定被告宁某杰以涉案专利出资后不可再将专利技术授权第三人使用。

2015年11月5日,被告宁某杰与原告其他股东秀某、刘某辉、郝某国签订《公司章程》。《公司章程》第9条第3款明确约定原告注册资本100万元,被告宁某杰以技术、模具为出资方式,作价20万元,占公司股份25%。章程第11条第3款约定,以非货币财产出资的,应当依法办理其财产权转移到公司名下的手续。

2015年11月10日,东莞市工商行政管理局核准增加被告宁某杰为原告股东。

2015年1月15日,被告宁某杰在签订《合作协议》承诺将涉案专利作价出资成立公司后,在公司筹备设立期间,将涉案专利转让给其儿子即被告宁某所有,并办理专利转让登记手续。

2017年10月19日,被告宁某杰出具《专利与授权事由证明》,再次明确表示为了更好地发挥专利功能,其将涉案专利所有权转让给其长子被告宁某,并说明事前原告对涉案专利的权利仍属合法有效。根据《公司法》第28条的规定,股东以其非货币财产出资的,应当依法办理其财产权的转移手续。被告宁某杰以涉案专利作为非货币财产作价出资成立原告,应视为其以专利技术所有权出资,应当依法办理将涉案专利转让给原告的登记手续。被告宁某杰未经原告或其他股东许可,恶意将涉案专利权转让给被告宁鎏;被告宁某已受让涉案专利权,阻碍了原告对涉案专利的所有权和使用权,其转让行为应属无效。原告应为涉案专利的所有权人。

**被告宁某杰辩称:**

被告宁某杰已于2015年1月将涉案专利转移到儿子被告宁某名下。为了原告能够使用,因此在被告宁某杰告知其相关情况时,就有一个使用权除外的约定,因此本案涉及的是专利技术许可使用的情形,不存在将专利所有权转移到原告名下的事实,请求法院查明本案事实,依法驳回原告全部诉讼请求。

**被告宁某辩称:**

被告宁某与被告宁某杰的专利权转让行为在前,被告宁某杰与原告签订《合作协议》在后,因此,该合作协议无效。即使《合作协议》签订在前,因被告宁某杰是将涉案专利的使用权等入股,原告也无权要求将专利权登记在其名下。被告宁某杰将专利许可原告使用,其未经过专利局备案不得对抗第三人。该《合作协议》与原告公司成立时股东并不一致,该《合作协议》不适用原告。

**法院认为:**

1. 被告宁某杰与被告宁某对涉案专利的转让行为是否有效?

《专利法》第11条规定:"发明和实用新型专利权被授予后,除本法另有规定的以外,任何单位或者个人未经专利权人许可,都不得实施其专利,即不得为生产经营目的制造、使用、许诺销售、销售、进口其专利产品,或者使用其专利方法以及使用、许诺销售、销售、进口依照该专利方法直接获得的产品。"被告宁某杰作为专利名称为"一种电动衣架"的实用新型专利的专利权人,该专利在有效期内,其合法权益应当受法律保护。《专利法》第10条规定:"专利申请权和专利权可以转让。……转让专利申请权或者专利权的,当事人应当订立书面合同,并向国务院专利行政部门登记,由国务院专利行政部门予以公告。专利申请权或者专利权的转让自登记之日起生效。"被告宁某杰将其涉案实用新型专利转让给被告宁某,该专利转让已向国务院专利行政部门登记,并由国务院专利行政部门予以公告,该转让登记于2015年1月15日生效,因此,该专利转让行为合法有效。涉案专利权利人自2015年1月15日变更为被告宁某,被告宁某的专利权应当受法律保护。因此,原告要求两被告转让涉案专利行为无效的诉讼请求,本院不予支持。

2. 被告宁某杰以专利所有权还是专利使用权作为非货币财产投入到原告?

《公司法》第27条规定,股东可以用货币出资,也可以用实物、知识产权、土地使用权等可以用货币估价并可以依法转让的非货币财产作价出资;对作为出资的非货币财产应当评估作价,核实财产,不得高估或者低估作价。本案中,《合作协议》约定被告宁某杰"以晾衣架伸缩臂专利技术、晾衣架技术生产、销售和所有关于晾衣架的模具作为投资",《公司章程》也规定被告宁某杰"以专利技术、磨具为出资方式"。因此,无论是《合作协议》还是《公司章程》,均明确规定被告宁某杰以其专利技术作为出资方式,但没有明确规定具体的专利技术。然而,本案当事人在一审庭审中均确认上述文件中规定的专利技术指的就是本案所涉专利,即名称为"一种电动衣架"的专利技术。因此,本院据此认定被告宁某杰是以ZL20112028×××.9号实用新型专利技术作为出资方式。

根据《专利法》的规定,专利权人既可以自己实施专利,也可以许可他人实施专利。因此,以专利技术作为出资方式的,既可以是以专利所有权作为出资方式,也可以是以专利许可使用权作为出资方式,具体何种方式,当事人可以约定。《合作协议》约定被告宁某杰"以晾衣架伸缩臂专利技术、晾衣架技术生产、销售和所有关于晾衣架的模具作为投资,该项专利除原持有专利公司使用外,乙方不可以再授权给第三方使用,否则乙方构成违约,所有权自行归甲、丙、丁三方共同所有"。从该约定看,前面并没有明确被告宁某杰是以涉案专利的所有权还是许可使用权作为出资方式,但后面明确规定只有在被告宁某杰违反约定再将涉案专利授权给第三方使用时,涉案专利的所有权才归其余三方共同所有。此外,被告宁某杰与案外人秀某签订的《专利许可使用协议》明确规定双方就包括本案所涉实用新型专利在内的三个专利的"许可使用权"达成协议,并明确"本专利使用协议属于普通许可使用协议"。被告宁某杰在其出具的《专利与授权事由证明》中也明确是以"专利使用权"投资原告作为其应投入股金的一部分。上述证据能够相互印证,足以证明被告宁某杰是以实用新型专利的许可使用权作为出资方式,并不是以该专利的所有权作为出资方式。

**法院判决:**

驳回原告的诉讼请求。

## 【案例39】未办理变更登记　实用新型出资行为不成立[①]

**原告:** 王某富

**被告:** 王某德

**诉讼请求:** 判令被告返还原告为其垫付的出资款12万元。

**争议焦点:**

1. 如何证明双方是否存在借贷关系;
2. 采用实用新型出资应当履行哪些手续。

**基本案情:**

原告与被告约定成立国鼎公司,注册资本60万元。成立当年3月29日,原告通过上海长江电梯机电经营部开出1张60万元和验资款的支票。同年3月31日,经审计事务所验资证明,原告出资48万元,出资方式为货币,缴纳出资额为48万元,被告出资12万元,出资方式为货币,缴纳出资额为12万元。

1997年7月25日,被告申请获得多功能窗门实用新型专利,专利号为ZL96229989.8,专利申请日为1996年5月28日。1999年6月12日,被告申请获得助力提升仰开窗实用新型专利,专利号为ZL98213978.0,专利申请日为1998年

---

[①] 参见上海市第二中级人民法院(2000)沪二中经终字第455号民事判决书。

5月19日。至案件审理结束时,该两项专利权人仍为被告,未作变更登记。

1999年9月8日,被告出具说明1份,言明原被告合营初期总投资60万元整,当时考虑到不必要无形资产评估费,暂由原告出资60万元整,在章程中改写为原告出资48万元,被告出资12万元整。

嗣后,原告向被告催讨其为被告垫付的12万元未果。

**原告诉称:**

按照国鼎公司章程规定,被告需要出资12万元,被告一时拿不出,经原、被告协商先由原告垫付,日后偿还。原告已为被告垫付12万元,被告现应予归还。

**被告辩称:**

原告与其注册成立公司,是因为其有产品技术。其在国鼎公司的股权,实际上是以无形资产"多功能窗门"和"助力提升仰开窗"出资的,其名下股权属于虚拟的干股,并未向原告借过12万元。若为借款必有借条,而原告并无此类证据予以证明。

**律师观点:**

1. 原告为被告垫付出资的法律关系应认定为一般债权债务。

国鼎公司经有关工商行政管理部门批准注册成立,其公司章程具有法律约束力,章程规定双方作为公司的股东各以人民币现金出资认缴股份,在实际履行中,原告一方足额认缴公司全部注册资本且无抽逃资金的行为,工商行政部门的注册登记材料也确认了双方的股东地位。被告的出资额实际由原告予以垫付,由此,就原告垫付金额实际上在双方之间形成一种债权债务关系,现原告向被告催讨垫付款,并无不当,可予支持。

2. 被告持有专利未办理评估作价出资的手续,故并未以无形资产出资。

对被告所提原告与其合作是其拥有技术缘故一事,因被告拥有的专利技术未按照法律规定进行评估作价、办理财产变更手续,且公司章程对股东出资方式、认缴金额及股份所占比例亦作了明确规定,故被告辩称中,其是以无形资产投入及股东名分是虚拟的意见,不能对抗工商行政管理部门对公司股东身份及所占股权的法律确认,所以对被告上述辩称,不予采信,对被告辩称借款必须有借条的意见,于法无据,不予采纳。

**法院判决:**

被告偿付原告债务12万元,于判决生效之日起10日内履行。

**88. 如何办理专利著录权、著作权、商标等知识产权的变更登记?**

(1)商标变更登记的流程

①准备申请材料。

②提交申请书件:直接办理的,申请人在商标注册大厅的申请受理窗口提交申请;委托商标代理机构办理的,由该商标代理机构将申请书件送达商标局。

③缴纳变更费:每件变更申请应缴纳费用 500 元。如果是委托商标代理机构办理的,国家知识产权局商标局从该商标代理机构的预付款中扣除费用。

④受理申请:变更申请提交后,对符合受理条件的变更申请,国家知识产权局商标局给发出"受理通知书"(直接办理的,将按照申请书上填写的地址,以邮寄方式发给申请人;经代理的,发送给代理组织)。不符合受理条件的,不予受理,并给申请人发出"不予受理通知书"(直接办理的,将按照申请书上填写的地址,以邮寄方式发给申请人;经代理的,发送给代理组织)。

⑤补正程序:如果变更申请需要补正的,国家知识产权局商标局将发出补正通知书(直接办理的,将按照申请书上填写的地址,以邮寄方式发给申请人;经代理的,发送给代理组织),通知申请人限期补正。申请人未在规定期限内按要求补正的,国家知识产权局商标局有权对变更申请视为放弃或不予核准。

⑥发放证明:变更申请核准后,国家知识产权局商标局将发给申请人变更证明(直接办理的,将按照申请书上填写的地址,以邮寄方式发给申请人;经代理的,发送给代理组织)。变更申请被视为放弃或不予核准的,国家知识产权局商标局将发出"视为放弃通知书"或"不予核准通知书"(直接办理的,将按照申请书上填写的地址,以邮寄方式发给申请人;经代理的,发送给代理组织)。

(2)著作权变更及补充登记的流程

①用户登录:用登记作品著作权时的账号登录中国版权保护中心网站www.ccopyright.com.cn;

②在线填报申请表:选择登记类型(变更登记或补充登记),在线填写并打印登记申请表,签字盖章;

③提交材料:将所需材料邮寄至中国版权保护中心或直接到登记大厅提交材料;

④受理申请:申请文件符合受理要求时,登记机构发出缴费通知,申请人或代理人按照通知要求缴纳费用(150 元/件次),登记机构收到申请费后在规定的期限内予以受理,并向申请人或代理人发出受理通知书及缴费票据;

⑤补正程序:申请文件存在缺陷的,申请人或代理人应在规定期限内补正,逾

期不补正的,申请将被视为撤回;经补正仍不符合登记办法的,登记机构将不予登记并书面通知申请人或代理人;

⑥获得证明:申请受理之日起10个工作日后,申请人或代理人可登录中国版权保护中心网站,查阅登记事项变更或补充登记公告。北京地区的申请人或代理人在查阅到所申请登记公告后,可持受理通知书原件在该软件登记公告发布3个工作日后,到版权登记大厅领取证明。其他地区的申请人或代理人,中心将按照申请表中所填写的地址邮寄证书。

(3)专利著录项目变更登记的流程

①向国家专利局提交材料,包括著录项目变更申报书,著录项目变更证明文件。

②缴纳手续费:在提出申请后1个月内,申请人应当向国家专利局缴纳专利著录项目变更手续费(著录事项变更费)。发明人、申请人、专利权人的变更每件每次200元,代理机构和代理人的变更每件每次50元。

③受理申请:审查员应当依据当事人提交的著录项目变更申报书和附具的证明文件进行审查。著录项目变更申报手续不符合规定的,应当向办理变更手续的当事人发出视为未提出通知书;著录项目变更申报手续符合规定的,应当向有关当事人发出手续合格通知书,通知著录项目变更前后的情况,应予以公告的,还应当同时通知准备公告的卷期号。

④变更生效:著录项目变更手续自专利局发出变更手续合格通知书之日起生效。专利申请权(或专利权)的转移自登记日起生效,登记日即上述的手续合格通知书的发文日。

## 89. 如何对专利、著作权、商标等知识产权进行资产评估?

评估时,应当根据评估目的、评估对象、价值类型、资料收集情况等相关条件,分析收益法、市场法和成本法三种资产评估基本方法的适用性,恰当选择一种或者多种资产评估方法。

(1)适用收益法时应注意事项

①在获取的知识产权相关信息基础上,根据被评估知识产权的历史实施情况及未来应用前景,结合知识产权实施或者拟实施企业经营状况,重点分析知识产权经济收益的可预测性,恰当考虑收益法的适用性。

②合理估算知识产权带来的预期收益,合理区分知识产权与其他资产所获得收益,分析与之有关的预期变动、收益期限,与收益有关的成本费用、配套资产、现金流量、风险因素。

a. 商标资产的预期收益应当是因商标的使用而额外带来的收益,可以通过增量收益、节省许可费、收益分成或者超额收益等方式估算;

b. 著作权的预期收益通常通过分析计算增量收益、节省许可费和超额收益等途径实现。

③保持预期收益口径与折现率口径一致。

④根据知识产权实施过程中的风险因素及货币时间价值等因素合理估算折现率,知识产权折现率应当区别于企业或者其他资产折现率。

a. 运用收益法进行专利资产评估时,应当综合考虑评估基准日的利率、投资回报率、资本成本,以及专利实施过程中的技术、经营、市场、资金等因素,合理确定折现率;

b. 运用收益法进行商标资产评估,应当综合考虑评估基准日的利率、资本成本,以及商标商品生产、销售实施过程中的技术、经营、市场等方面的风险因素,合理确定折现率;

c. 运用收益法进行著作权资产评估时,应当综合考虑评估基准日的利率、资本成本,以及著作权实施过程中的技术、经营、市场、生命周期等方面的风险因素,合理确定折现率。

⑤综合分析知识产权的剩余经济寿命、法定寿命及其他相关因素,合理确定收益期限。

a. 运用收益法进行专利资产评估时,应当根据专利资产的技术寿命、技术成熟度、专利法定寿命、专利技术产品寿命及与专利资产相关的合同约定期限,合理确定专利资产收益期限;

b. 运用收益法评估商标资产时,收益期限需要综合考虑法律保护期限、相关合同约定期限、商标商品的产品寿命、商标商品或者服务的市场份额及发展潜力、商标未来维护费用、所属行业及企业的发展状况、商标注册人的经营年限等因素确定。

(2)适用市场法时应注意事项

①考虑被评估知识产权是否存在活跃的市场,恰当考虑市场法的适用性。

②选择具有合理比较基础的可比知识产权交易案例,考虑历史交易情况,并重点分析被评估知识产权与已交易案例在资产特性、获利能力、竞争能力、技术水平、成熟程度、风险状况等方面是否具有可比性,并且收集评估对象以往的交易信息。其中,在分析专利资产交易案例的可比性时,应当考虑交易资产的特点、交易时间、限制条件、交易双方的关系、购买方现有条件、专利资产的获利能力、竞争能

力、技术水平、成熟程度、剩余法定保护年限及剩余经济寿命、风险程度、转让或者使用情况,实施专利资产是否涉及其他专利资产等因素。

③根据宏观经济发展、交易条件、交易时间、行业和市场因素、知识产权实施情况的变化,对可比交易案例和被评估知识产权以往交易信息进行必要调整。

(3)适用成本法时应注意事项

①根据被评估知识产权形成的全部投入,充分考虑知识产权价值与成本的相关程度,恰当考虑成本法的适用性。

②合理确定知识产权的重置成本,知识产权的重置成本包括合理的成本、利润和相关税费。

a. 确定专利资产重置成本时,应当合理确定形成专利资产所需的研发人员、管理人员、设备及房屋建筑物等成本以及其他相关成本费用;

b. 运用成本法进行著作权资产评估时,应当合理确定作品的重置成本。作品重置成本包括创作人员和管理人员的人工成本、材料成本、创作环境配套成本、场地使用或者占用等合理成本以及合理利润和相关税费等。

③合理确定知识产权贬值。其中,运用成本法进行著作权资产评估时,应当了解著作权资产的贬值在其经济寿命期内可能不是均匀分布的,应当采用适当方法确定评估对象的贬值。

## 五、土地使用权与实物作价出资

**90. 股东可否以知识产权的使用权作价出资?**

可以。非货币财产出资需要满足两个条件:(1)可以进行估值;(2)可以依法转让。知识产权使用权符合上述条件且不属于法律、行政法规规定的不得作为出资的财产,因此股东可以用知识产权使用权出资。

**91. 国有企业划拨土地使用权能否直接用于出资?如何认定出资人是否履行了出资义务?**

依照我国有关法律规定,国有企业划拨土地使用权必须经国家土地管理部门按照法律规定进行审查、评估,由申请人向国家土地管理部门缴纳土地使用权出让金,将其出让土地使用权的价值折成股本金后方能作为股东的出资。

以国有企业划拨土地使用权作为股东的出资,应当以办理土地使用权变更登记手续作为认定出资的标准。

实践中,出资人以划拨土地使用权出资,公司起诉出资人履行出资义务,出资人应当在法院指定的合理期间内办理变更手续;逾期未办理或者未解除的,应当认定出资人未依法全面履行出资义务。

## 【案例40】国有划拨土地使用权未经批准　出资无效[①]

**原告：** 富力公司

**被告：** 四力公司

**诉讼请求：**

1. 被告补足395.39平方米的房产，如不能交付，则按照1998年房产价值补足出资，并赔偿房屋价格上涨的差价损失，共计75万元；

2. 被告支付土地出让金85万元。

**争议焦点：**

1. 以国有划拨土地使用权出资，未经主管机关批准，出资行为是否有效；

2. 股东瑕疵出资，对公司承担责任的范围如何认定，是否包括公司可得利益。

**基本案情：**

富森公司、被告及徐某年签订三方合资联营协议1份，约定：三方共同出资设立原告，被告出资75万元，出资方式为以土地、厂房和部分设备折价出资，经三方认定价值为75万元（含设备金额），其中房产实际使用面积为1055平方米，土地实际使用面积为2830平方米。三方约定，被告以原告名义办理房屋所有权证和土地使用证，土地使用权年限为50年，办证所需一切费用由被告承担。后被告将土地、房产及设备交付给原告，双方对土地的四至范围表述一致。

被告曾委托咨询评估公司对其拟作为出资的部分房地产进行评估。经评估：房产面积为1055平方米，评估值为301,700元；土地面积为2830平方米，使用权价格为424,500元；设备评估值为118,142元。被告交付原告实际使用的房屋为3处，即生产用房、办公用房和实验用房，房屋的实际状况与评估报告中所记载的房屋一致，面积也基本一致，评估报告中评估价值分别为生产用房价值204,700元，办公用房价值85,000元、实验用房价值12,000元。

1998年10月27日，审计事务所出具验资报告，证明原告的注册资本已由投资方缴足，其中，被告投入实物资产部分（含房地产）计84.43万元，以其中75万元用于注册，超过部分挂应付款核算。同年11月4日原告成立。

1999年7月，房产部门向原告核发房屋所有权证，房屋面积759.61平方米；同年11月，土地管理部门向原告核发国有土地使用证，使用权类型为国有划拨。

---

[①] 参见江苏省高级人民法院(2005)苏民二终字第034号民事判决书。

**原告诉称：**

1. 被告用于出资的 3 处房产中的生产用房、办公用房所有权证面积分别比实际面积少 88.78 平方米和 133.61 平方米（该部分面积属于房屋内部隔层，房产部门未颁发所有权证），实验用房 73 平方米未办理房屋所有权证书。

2. 被告以土地使用权出资的部分，土地管理部门核发的国有土地使用证的使用权类型是国有划拨，被告未缴纳土地出让金，因此被告出资不足。

**被告辩称：**

根据合资联营协议及土地房产入股协议的约定，被告应投入价值 75 万元的土地、房产和设备，作为对原告的出资。经评估机构评估，被告拟作为出资的实物的总价值超过 75 万元，该评估结论得到原告三方股东的一致认可。实际履行中，被告已按约将上述实物全部交付给原告，该事实也得到验资机构的确认。因此不存在原告诉称的出资不足的问题。

**一审认为：**

1. 被告以房屋出资已实际到位。

从房屋所有权证可以看出，实物交付后，房屋结构已发生变化，与原平面图存在明显差异，致房屋面积与约定不符。因房产在被告交付后已发生变化，故原告以房屋所有权证为依据认为被告出资不足，缺乏依据，其要求被告补足房屋面积并赔偿差价损失的请求不能成立。

2. 被告以土地使用权出资已实际到位。

协议约定被告应为原告办理土地使用证，并未特别约定土地使用权的类型，被告也于 1999 年为原告办理了国有土地使用权证，使用权类型为划拨，原告已实际取得该土地的使用权。被告的行为符合协议约定。

3. 划拨土地使用权无须缴纳土地出让金。

因该片土地的使用权类型并非出让，无须交纳土地出让金，也无任何管理部门要求原告交纳土地出让金，故原告要求被告支付土地出让金 85 万元，缺乏事实依据，其请求不能成立。

**一审判决：**

驳回原告的诉讼请求。

原告不服一审判决，向上级人民法院提起上诉。

**原告上诉称：**

1. 一审判决认定被告已经向原告交付了面积为 1055 平方米的房产，只是交付后原告改变了房屋结构导致房屋面积与约定不符，没有事实依据，被告应当补

足相应面积的房产;

2. 一审判决认定被告已为原告办理了土地使用权证符合协议约定没有事实和法律依据,被告应当支付土地出让金。

综上,请求二审法院撤销原审判决,依法支持原告的诉讼请求。

**被告二审辩称:**

1. 被告已将约定的房产交付给原告,由于原告将房屋结构改变造成面积减少责任不在被告,而在于原告;

2. 约定的土地使用权证已经办到原告名下,被告已经履行了约定的义务,不应再交纳土地出让金。

**律师观点:**

1. 被告以房屋出资,部分房产因未办理产权变更登记投资不到位。

虽然价值 204,700 元的生产用房和价值 85,000 元的办公用房办理的房产所有权证记载的面积与约定的投入面积不相符,但由于该房产与所评估的房产一致,其价值并不因房产所有权证记载面积的减少而下降,因此该两处房产应认定投入到位;价值 12,000 元的实验用房因被告至目前为止仍未将房产所有权证办理到原告名下,该房产不属于原告所有,因此,被告对该房产的投资没有到位。

2. 被告用于出资的土地使用权系划拨土地,未经主管机关批准,出资行为无效,被告应补足差额。

2830 平方米土地使用权性质至目前为止仍为国有划拨土地。国有划拨土地使用权作为出资具有特殊性,首先必须要经过国家主管部门的明确批准作为国家出资投入,其次要授权相关单位持有股权,否则使用权人对该土地只有使用权,不可以该土地作为企业财产对外承担责任。

本案中,被告在办理土地过户手续时,虽然已将国有划拨土地使用权办理在原告名下,但该土地所有权属于国家,未经国家相关部门批准可以作为国家出资投入且也无国家相关部门授权被告持有股权,原告实际上并不能将该块土地的使用权作为公司财产,因此,应当认定被告土地使用权出资未到位。

综上,被告实际投入到位的资产价值 407,842 元,对于未到位的资产依法应当按约定履行,但鉴于客观上该房产、土地使用权已无法按合同约定履行,被告依法应对 75 万元注册资金中 342,158 元的不实部分承担补足责任。原审判决认定被告已经履行出资义务不当,应予纠正。

3. 原告要求被告赔偿差价损失和支付土地出让金的诉请无法律依据。

根据《公司法》的规定,有限责任公司股东以其出资额为限对公司承担责任,股东用来出资的实物、土地使用权的实际价额显著低于公司章程所定价额的,应当由交付该出资的股东补交其差额。故被告依法负有因其不适当出资造成公司注册资本差额的价格补足责任,但由于这种责任是一种法定责任,不能适用违约责任要求其承担可得利益的损失。

因此,原告要求被告赔偿差价损失和支付土地出让金的诉讼请求缺少法律依据,不应予以支持。

**二审判决:**

1. 撤销一审判决;

2. 被告向原告补足出资342,158元;

3. 驳回原告的其他诉讼请求。

### 92. 集体土地使用权能否直接用来出资?应当履行哪些审批程序?

集体土地使用权不可以直接用来出资。但农村集体经济组织使用乡(镇)土地利用总体规划确定的建设用地兴办企业或者与其他单位、个人以土地使用权入股、联营等形式共同举办企业的除外。

出资行为涉及占用农用地的,应当办理审批手续。具体审批程序如下:

(1)建设占用土地,涉及农用地转为建设用地的,应当办理农用地转用审批手续。

(2)省、自治区、直辖市人民政府批准的道路、管线工程和大型基础设施建设项目、国务院批准的建设项目占用土地,涉及农用地转为建设用地的,由国务院批准。

(3)在土地利用总体规划确定的城市和村庄、集镇建设用地规模范围内,为实施该规划而将农用地转为建设用地的,按土地利用年度计划分批次由原批准土地利用总体规划的机关批准。在已批准的农用地转用范围内,具体建设项目用地可以由市、县人民政府批准。

(4)第(2)、(3)项外的建设项目占用土地,涉及农用地转为建设用地的,由省、自治区、直辖市人民政府批准。

### 93. 特定机构管理的不动产收益权,如公路桥梁、公路隧道或者公路渡口等不动产权益是否可以出资?

可以。不动产收益权具备价值的确定性及可转让性,可以用于出资。

### 94. 如何办理房屋及土地使用权出资变更登记手续?

房屋出资变更登记由出资方以及公司共同提交变更登记申请,并提交下列材料：

（1）登记申请书；

（2）申请人身份证明；

（3）房屋所有权证书或者房地产权证书；

（4）证明房屋所有权发生转移的材料，如出资协议；

（5）其他必要材料。

土地使用权出资变更登记由出资方以及公司共同提交变更登记申请，并提交下列材料：

（1）土地登记申请书；

（2）申请人身份证明材料；

（3）土地权属来源证明；

（4）地籍调查表、宗地图及宗地界址坐标，可以委托有资质的专业技术单位进行地籍调查获得；

（5）地上附着物权属证明；

（6）法律法规规定的完税或者减免税凭证，如非房地产企业以土地使用权作价出资免征土地增值税，应当提交减免税凭证；

（7）其他证明材料。

除此之外，当事人应当持原土地权利证书、变更后的房屋所有权证书及土地使用权发生转移的相关证明材料，申请建设用地使用权变更登记。

**95. 非货币财产尚未经评估，公司可否要求先过户至公司名下，以完成出资义务？**

《公司法》及司法解释并未作出必须先行补充评估，而后才能办理过户的程序限定。在作为出资的非货币财产未经评估作价的情况下，负有出资义务的股东首先应依法将虽未评估作价但承诺作为出资的非货币财产转移至公司名下并完成实际交付。

至于权属变更完成后，若相关权利人认为该非货币财产的实际价值与出资人认缴出资之间存在差异，继而主张出资人未全面履行出资义务且要求补足差额的，权利人则可依照《公司法司法解释（三）》的规定另行提起诉讼。此时才引发当事人申请或由人民法院委托专业评估机构进行非货币出资财产补充评估的程序，用以作为股东是否足额出资的评判依据。

但无论补充评估价值和认缴出资之间差额的正负值为多少，均不能免除股东履行实际交付非货币财产并依法办理过户手续的法定出资义务。

**【案例41】未经评估非货币出资财产仍需过户　增值溢价部分归公司享有**[①]

**原告：**美力世纪公司

**被告：**美力高科技公司

**诉讼请求：**判令被告将其享有的位于荆州市荆州城南开发区南环路南侧面积为12,153平方米的土地使用权过户至原告名下。

**争议焦点：**

1. 被告未履行出资义务，原告是否有权要求被告将涉案土地使用权整体过户至公司名下；资产评估是否为非货币出资财产过户的前置条件；法院能否在未经资产评估的情况下，径行判决将系争土地使用权过户给原告；

2. 本案被告拟用于出资的系争土地使用权增值部分应属原告享有，还是被告享有。

**基本案情：**

案外人向某良和被告系原告的股东。

2010年7月16日，双方签订原告《公司章程》，规定：原告注册资本为2500万元，其中被告认缴出资1500万元，占60%，以位于荆州市荆州城南开发区南环路南侧面积为12,153平方米的土地使用权出资（地号为141408020），公司注册之后一个月内办理过户手续；案外人向某良认缴出资1000万元，占40%，以货币出资，首次出资额不低于500万元，其余出资在公司注册后两年内到位。

案外人向某良货币出资1000万元已实缴到位；而被告仅将用于出资的土地使用权证书交给了原告，但始终都没有办理土地使用权过户手续。

2012年9月2日，原告向被告发出催办函，要求被告尽快办理土地使用权过户手续，该催办函由被告法定代表人于次日签收。

**原告诉称：**

被告未履行出资义务，未将其所有的位于荆州市荆州城南开发区南环路南侧的12,153平方米土地使用权过户到原告名下，影响了原告对土地的开发利用。经原告催告，被告仍拒不履行出资义务。被告的违约行为已给原告股东向某良造成了巨额经济损失。

---

① 参见湖北省高级人民法院(2013)鄂民二终字第00060号民事判决书。

**被告辩称：**

根据《公司法》第27条及《公司注册资本登记管理规定》①第7条的规定，以非货币财产出资的，应当评估作价。而本案所涉土地并未评估，且该土地的使用权价值已超过被告在原告《公司章程》中的认缴出资额，该宗土地即使过户，也应当经评估后，以被告认缴的出资额为限，划出相应价值的土地过户至原告。

**一审认为：**

被告作为原告的股东，一直未履行出资义务。根据《公司法司法解释(三)》第13条规定，原告主张被告依法全面履行出资义务应予支持。

但原告章程中规定的被告拟用于出资的系土地使用权，根据《公司法》第27条第2款的规定，应当先对土地使用权的价值进行评估，并由被告以价值1500万元的土地使用权进行出资。

故原告主张直接将诉争土地使用权即位于荆州市荆州城南开发区南环路南侧面积为12,153平方米的土地使用权过户到自己名下的诉讼请求，不予支持。

**一审判决：**

1. 被告对位于荆州市荆州城南开发区南环路南侧面积为12,153平方米的土地使用权进行评估，并以其中价值1500万元的部分向原告依法履行出资义务；

2. 驳回原告的其他诉讼请求。

原告不服一审判决，向上级人民法院提起上诉。

**原告上诉称：**

1.《公司法》关于非货币财产出资应当进行资产评估的规定属于管理性强制性规定，而非效力性强制性规定，因此未进行资产评估并不导致原告《公司章程》中要求被告履行非货币出资义务的条款无效。

2. 根据《公司法司法解释(三)》第10条之规定，资产评估不是本案系争土地使用权过户的前置条件。本案被告未按《公司章程》规定履行出资义务，构成违约，原告有权依法要求被告履行出资义务，将系争土地使用权过户给原告，而不论系争土地使用权是否经过评估。原告诉请系争土地使用权整体过户，而一审法院判令先进行资产评估，违反了"不告不理"的诉讼原则，亦无事实及法律依据，应依法予以纠正。

3. 即便要进行补充资产评估，评估基准日亦应为原告《公司章程》规定的被

---

① 该规定已于2022年3月1日失效，其部分内容被纳入《市场主体登记管理条例实施细则》。

告非货币财产出资的时点,而非当前时点。因股东以非货币财产出资后,该非货币财产转化为公司的合法财产,故,即便现在进行补充资产评估,显示系争土地使用权存在增值溢价,该增值溢价亦应归属于原告而非被告。因此,一审法院判令以价值 1500 万元为限的土地使用权出资,即变相将应属于原告的合法财产判归被告,导致股东变相抽逃出资、侵占公司财产,应予依法改判。

**被告二审辩称:**

1. 依据《公司法》规定,非货币出资应当依法经过资产评估,因此资产评估依法为非货币出资的前置程序;原告在系争土地使用权未经评估的情况下径行要求办理过户手续,于法无据。

2. 原告《公司章程》明确规定被告认缴出资 1500 万元,其本质含义是被告的实缴出资义务以价值 1500 万元等值资产为限;现系争土地使用权已发生增值,被告以评估后 1500 万元的部分出资,不违反资本维持原则;在被告以 1500 万元资产为限履行出资义务后,超出 1500 万元的部分理应归被告所有。

故一审法院判决正确,请求维持原判,驳回上诉。

**二审认为:**

1. 被告未履行出资义务,原告是否有权要求被告将涉案土地使用权整体过户至公司名下?资产评估是否为非货币出资财产过户的前置条件?法院能否在未经资产评估的情况下,径行判决将系争土地使用权过户给原告?

本案系股东出资纠纷,已登记设立的公司作为原告向《公司章程》中记载的公司股东提起诉讼,请求法院判令其履行约定的出资义务。故本案主要审查负有出资义务的股东是否完全适当地履行了自身的出资义务,若未履行应承担何种法律后果,并针对原告的诉请作出相应实体处理。

股东的出资是形成公司财产、奠定公司基本的债务清偿能力的基础,是公司股东最为基本和重要的义务之一,同时也是《公司法》规定的股东所必须承担的法定义务。若股东未按照法律、公司章程的规定足额缴纳出资,应对公司、其他股东乃至公司外部债权人承担相应的民事责任。对此,《公司法》第 28 条第 1 款明确规定:"股东应当按期足额缴纳公司章程中规定的各自所认缴的出资额。股东以货币出资的,应当将货币出资足额存入有限责任公司在银行开设的账户;以非货币财产出资的,应当依法办理其财产权的转移手续。"公司章程系发起设立公司的投资人共同签署的且对公司、股东及经营管理人员具有普遍约束力的自治规则,也是公司设立的必备法律文件。故本案应以 2010 年 7 月 16 日双方共同签署的《公司章程》作为确定各自出资责任的基础。原告《公司章程》载明,被告作为公司发起人之一,认缴出资1500万元,系以土地使用权作价出资,并承诺公司注册成立后一个月内办理土地过户手续。一审法院已查明,被告未将《公司章程》中规定的土地使用权作为出资实际投入原告。因此依法认定被告违反法定出资义务属于完全不履行情形,即发起人在公司章程生效后拒绝按约定出资,而非不适当履行或瑕疵出资等情况。

由于公司是追究股东出资义务最为主要的主体,根据《公司法司法解释(三)》第10条第1款关于"出资人以房屋、土地使用权或者需要办理权属登记的知识产权等财产出资,已经交付公司使用但未办理权属变更手续,公司、其他股东或者公司债权人主张认定出资人未履行出资义务的,人民法院应当责令当事人在指定的合理期间内办理权属变更手续"及第13条第1款关于"股东未履行或者未全面履行出资义务,公司或者其他股东请求其向公司依法全面履行出资义务的,人民法院应予支持"的规定,原告有权要求被告全面履行出资义务,其合法权益应受法律保护。故被告依法应按约履行出资义务,在合理的期限内将涉案的土地使用权过户至原告名下。考虑到设立公司之初,被告已在《公司章程》中承诺于原告设立后一个月内即办理涉案土地使用权的过户手续,因此被告履行出资义务的合理期限应为判决生效之日起30日内。

被告在本案一审、二审期间以《公司法》第27条第2款和《公司注册资本登记管理规定》第7条提出抗辩,主张其出资的土地使用权未经法定评估程序进行评估,且该土地使用权价值已超过其在《公司章程》中认缴的出资额。故即使法院最终判令其履行过户手续,也需要先进行评估,待确定土地使用权价值后再以认缴的1500万元出资额为限,划出相应价值的土地过户给原告。而剩余部分土地使用权仍应归属被告所有。原审判决采纳了被告的上述抗辩意见,判决结果为首先对涉案土地使用权进行评估,待评估结束后被告仅以其中价值1500万元的部分向原告履行出资义务。

原审法院的上述实体处理存在将《公司法》第27条第2款理解绝对化的问题,未区分非货币资产出资设立公司过程中评估作价程序和补充评估程序之间对股东出资义务的不同要求。原审判决将《公司法》第27条规定的非货币资产出资评估程序理解为公司提起股东出资诉讼的必要性前置程序,认为若不进行补充评估,则公司要求股东依章程约定的固定作价履行非货币资产过户手续的诉请将不予支持。此认定方式的错误之处在于,未准确把握该条规定中关于非货币财产应当依法评估作价的规定属管理性规范,而非效力性的强制规定。在发起人共同设立的公司已注册成立的情形下,未经法定评估作价的程序性瑕疵并不必然导致章程中关于非货币资产整体作为出资的约定无效,更不能成为其公司主张发起人全面履行出资义务所必经的法定前置程序。按照原审判决将涉案土地使用权先补充评估再办理过户的判决层次而言,无疑是向当事人作出了将土地使用权进行二次分割的裁判指引。但诸如补充评估程序提起的主体和评估机构的指定,以及作为特定物的涉案土地使用权二次分割的具体方式等问题却未予评述。这必将引起当事人之间新的诉讼,实际导致了对本案公司请求股东履行出资义务的诉请判而未决,亦使得该判决在执行环节中欠缺可操作性。

虽然我国《公司法》和相关部门规章已对非货币财产出资的评估作价作出了比较严格的限定,但现实中,仍存在较多非货币资产出资未经评估作价的情形,一部分公司已经被公司登记机关登记设立,而后才产生相关的纠纷。在"应当进行资产评估"这一管理性规范未被遵守而纠纷不断涌现的情况下,《公司法司法解释(三)》第9条相应地引入了关于非货币财产未依法评估时出资人未履行出资义务如何认定的规定。具体表述为"出资人以非货币财产出资,未依法评估作价,公司、其他股东或者公司债权人请求认定出资人未履行出资义务的,人民法院应当委托具有合法资格的评估机构对该财产评估作价。评估确定的价额显著低于公司章程所定价额的,人民法院应当认定出资人未依法全面履行出资义务"。上述司法解释规定系承继《公司法》(2005年修订)第27条、29条、31条的规定而来,为公司股东未依法对非货币财产出资评估作价所可能遭受权利侵害的主体设立了救济渠道和路径。若有相关当事人提起诉讼要求认定出资人未履行出资义务的,为便捷地解决纠纷,尽快充实公司资本,应由人民法院在诉讼中委托专业机构进行评估,然后将评估价与章程中的认缴额相比较,以确定出资人是否完全履行出资义务。一旦评估值显著低于认缴额,即可认定未尽出资义务。但需要指出的是,在审理类似纠纷时人民法院应同时考虑《公司法司法解释(三)》中第9条、10条的规定并与案件实际情况相结合来进行法律适用,准确区分出资人拒绝履行出资义务时和不完全履行出资义务时所应当承担的责任差别。只要签署公司章程的出资人以土地使用权作为出资的意思表示清晰明确,则以该土地出资即成为其首要的法定义务。而至于该土地使用权未经评估作价可能带来的低值高估或与认缴出资之间存在较大差异等后续法律问题,属于出资人是否全面履行出资义务的认定范畴。

原审判决关于此处的认定没有全面厘清未按章程约定出资与出资未达到章程认缴额度之间的差异性。由于《公司法》及司法解释并未明确规定未经评估作价的土地使用权不得实际投入公司并办理过户手续,所以不宜以设立公司时土地使用权未进行评估作价为由而直接从程序上否定公司对不履行出资义务的股东要求办理土地使用权过户手续的请求权。且本案不属于公司、其他股东或公司外部债权人请求认定出资人以未经依法评估作价的土地使用权出资系不全面履行出资义务继而要求其全额履行的纠纷，而是公司以股东拒绝履行以土地使用权出资义务为由，要求股东依照《公司章程》和法律规定履行权属变更手续的义务，从而使该资产成为法人财产的诉讼。从适用《公司法司法解释（三）》的条文联系上分析，虽然上述司法解释中涉及补充评估作价内容的第9条列于涉及未办理权属变更手续或未实际交付处理原则的第10条之前，但并不影响公司首先提起要求办理土地使用权过户手续的诉讼及对该请求权的实体保护。简言之，《公司法》及司法解释对与本案类似的情形并未作出必须先行补充评估，而后才能办理过户的程序限定。在作为出资的土地使用权未经评估作价的情况下，负有出资义务的股东首先应依法将虽未评估作价但承诺作为出资的土地使用权转移至公司名下并完成实际交付。至于权属变更完成后，若相关权利人认为该土地使用权的实际价值与出资人认缴出资之间存在差异，继而主张出资人未全面履行出资义务且要求补足差额的，权利人则可依照上述《公司法司法解释（三）》第9条的规定另行提起诉讼。此时才引发当事人申请或由人民法院委托专业评估机构进行非货币出资财产补充评估的程序，用以作为股东是否足额出资的评判依据。但无论补充评估价值和认缴出资之间差额的正负值为多少，均不能免除股东履行实际交付土地使用权并依法办理过户手续的法定出资义务。

2. 本案被告拟用于出资的系争土地使用权增值部分应属原告享有，还是被告享有？

《公司法司法解释（三）》第9条规定了允许当事人以事后的补充评估方式来解决追索股东出资责任的问题。此处的补充评估的关键点在于如何确定评估基准日，可能是以设立公司之初投入出资的时间节点为基准日，也可能是以诉讼发生之时为基准日，对此司法解释暂未明确。

假设以投入出资的时间节点为基准日，从涉案土地使用权出资情况分析，被告与案外人向某良签署《公司章程》并设立原告的时间为2010年7月，则以此时间节点作为基准日的土地使用权价值补充评估结果可能出现三种情形：一是补充评估的结果显示2010年7月土地价值和1500万元认缴投资额基本相当，则若土地已实际交付并办理了过户手续，就应当视为股东履行了出资义务，不再承担补充出资的责任；二是补充评估结果显示基准日的土地价值显著低于认缴出资额1500万元，则此时应认定股东出资未到位，按照司法解释的相关规定，公司、其他股东或者外部债权人有起诉要求其进行补足的权利;三是补充评估果显示基准日的土地价值超出了认缴出资额的范围,则此时就涉及高于认缴出资的此部分价值如何处理,由谁享有权利的问题。

对此,一审法院认为,超出部分的所有权仍旧归属出资人所有,未交付的可不予交付,从而将高于评估值的非货币资产出资界定为出资人的法定出资义务之外。一审法院的上述认定缺乏必要的法律依据。

首先,《公司法司法解释(三)》第9条中只规定了若评估价额显著低于公司章程所定价额的,应当认定出资人未依法全面履行出资义务,而对于高于章程约定认缴价额情形时如何认定并未作出相关规定。从司法解释规定的立法本意分析,该条的设置系出于公司资本充盈的考虑,避免公司实际资本额与登记注册资本之间的差额过大,从而杜绝虚增公司资本,进而损害公司、其他股东及外部债权人利益的情况发生。

其次,该条规定系将诉权赋予了公司、股东或外部债权人,而不是出资人。

最后,从公司章程的法律地位、本案双方当事人签署《公司章程》时的文义解释以及当时的真实意思表示判断,若经评估实际出资高于认缴额,则超出部分应视为被告对原告的赠与,和被告之间并无法律上的关联,不得以此对抗法定出资义务或主张分割出资。

因设立公司时未进行评估作价的过错不在原告或另一股东向某良,被告签署《公司章程》即应当视为对可能产生的赠与行为的确认。原告《公司章程》中明确约定了被告系以涉案土地使用权整体固定作价1500万元对原告进行出资,且被告在未能举证证明其与原告或案外人向某良之间还存在有"仅以1500万元价值为限进行土地出资,多余部分不纳入出资"的内部约定,因此即使产生土地使用权实值高于认缴出资额的情况,多缴的部分也只能作为原告的增值计入财务报表。

需要指出的是,原审判决考虑到当前形势下土地增值较快的现状,主观作出了评估基准日的土地价值应当高于章程约定的1500万元的认定,认为被告仅以1500万元部分为限投入原告即可,相当于变相对补充评估后剩余价值部分所对应的土地使用权进行了确权,确定此部分应当归被告所有。

但本案中被告仅提出应以涉案土地使用权中1500万元价值为限作为出资的抗辩,并未提出就多余部分进行确权的反诉请求,而原告提出的诉请也仅是要求办理出资土地的权属变更手续。故原审判决确定的60日内先对土地进行评估,继而进行土地二次分割且按1500万元对应价值土地为限履行出资义务的实体处理结果已超出了本案审理的范围。

此种看似对原告诉请作出了部分支持的处理,实际却形成了一份无法执行的确权判决。此外,原告作为以房地产开发销售为主业的经营性企业,由于股东承诺的土地使用权不能及时过户至公司名下并实际完成交付,致使该公司长时间无法利用此出资财产从事主营业务并从中产生收益,故原判结果亦与商事裁判效率原则相悖。

**二审判决:**

1. 撤销本案一审判决;
2. 被告将其所有的位于荆州市荆州城南开发区南环路南侧土地面积为12,153平方米的土地使用权过户至原告名下。

### 96. 如何对机器设备进行资产评估?

评估时,应当根据评估对象、价值类型、资料收集情况等相关条件,分析收益法、市场法和成本法三种资产评估基本方法的适用性,并恰当选择。

(1)适用收益法时应注意事项

①明确收益法一般适用于具有独立获利能力或者获利能力可以量化的机器设备;

②合理确定收益期限、合理量化机器设备的未来收益;

③合理确定折现率。

(2)适用市场法时应注意事项

①明确活跃的市场是运用市场法评估机器设备的前提条件,考虑市场是否能够提供足够数量的可比资产的销售数据,以及数据的可靠性;

②明确参照物与评估对象具有相似性和可比性是运用市场法的基础,应当使用合理的方法对参照物与评估对象的差异进行调整;

③了解不同交易市场的价格水平可能存在差异。根据评估对象的具体情况,确定可以作为评估依据的合适的交易市场,或者对市场差异作出调整;

④明确拆除、运输、安装、调试等因素对评估结论的影响。

(3)适用成本法时应注意事项

①明确机器设备的重置成本包括购置或者购建设备所发生的必要的、合理的成本、利润和相关税费等;

②明确重置成本可以划分为更新重置成本与复原重置成本。应当优先选用更新重置成本;

③了解机器设备的实体性贬值、功能性贬值和经济性贬值,以及可能引起机

器设备贬值的各种因素,采用科学的方法,合理估算各种贬值;

④了解对具有独立运营能力或者独立获利能力的机器设备组合进行评估时,成本法一般不应当作为唯一使用的评估方法。

**97. 如何对土地使用权进行资产评估?**

评估时,应当根据评估对象特点、价值类型、资料收集情况等相关条件,分析收益法、市场法和成本法三种资产评估基本方法以及假设开发法、基准地价修正法等衍生方法的适用性,恰当选择评估方法。

(1) 适用收益法时应注意事项

①运用收益法评估土地使用权时,应当合理确定收益期限、净收益与折现率。

a. 收益期限应当根据土地使用权剩余使用年限,并根据有关法律、法规的规定,合理确定;

b. 确定净收益时应当考虑未来收益和风险的合理预期;

c. 折现率的口径应当与预期收益口径保持一致。

②运用收益法评估土地使用权时,有租约限制的,租约期内的租金宜采用租约所确定的租金,租约期外的租金应当采用正常客观的租金。

(2) 适用市场法时应注意事项

①应当收集足够的交易实例。用作参照物的交易实例应当具备下列条件:

a. 在区位、用途、规模、档次、权利性质等方面与评估对象类似;

b. 成交日期与评估基准日接近;

c. 交易类型与评估目的吻合;

d. 成交价格为正常价格或者可修正为正常价格。

②运用市场法评估土地使用权时,应当进行交易情况修正、交易日期修正和土地使用权状况修正。

交易情况修正是将参照物实际交易情况下的价格修正为正常交易情况下的价值。交易日期修正是将参照物成交日期的价格修正为评估基准日的价值。土地使用权状况修正是将参照物状况下的价格修正为评估对象状况下的价值,可以分为区域状况修正、权益状况修正和实物状况修正。

(3) 适用成本法时应注意事项

土地使用权的重置成本通常采用更新重置成本。

(4) 适用假设开发法时应注意事项

①假设开发法适用于具有开发和再开发潜力,并且其开发完成后的价值可以合理确定的土地使用权;

②开发完成后的土地使用权价值是开发完成后土地使用权状况所对应的价值；

③后续开发建设的必要支出和应得利润包括：后续开发成本、管理费用、销售费用、投资利息、销售税费、开发利润和取得待开发土地使用权的税费等；

④假设开发方式应当是满足规划条件下的最佳开发利用方式。

(5)适用基准地价修正法时应注意事项

应当根据评估对象的价值内涵与基准地价内涵的差异，合理确定调整内容。在土地级别、用途、权益性质等要素一致的情况下，调整内容一般包括交易日期修正、区域因素修正、个别因素修正、使用年期修正和开发程度修正等。

## 第三节　股东出资纠纷的裁判标准

### 一、股东出资纠纷的一般裁判标准

**98. 出资人以知识产权、非专利技术、实物作价出资，如何认定是否全面履行了出资义务？**

出资人以知识产权、非专利技术作价出资的，履行完以下手续可以认定全面履行了出资义务：

(1)依法进行资产评估；

(2)已向公司交付了知识产权、非专利技术及实物，包括交付技术资料、给予公司必要的技术指导；

(3)以知识产权出资，还需在国家知识产权局办理权利人变更手续。

**【案例42】技术已出资实际控制人仍侵占　诉讼确认归公司**[①]

**原告：** 亚联公司

**被告：** 亚太公司、叶某炜

**第三人：** 阮某耿

**诉讼请求：**

1. 判令被告亚太公司依据《合资合同》的约定，将编号为02125227.0的专利过户给原告，履行出资义务；

---

[①] 参见上海市第一中级人民法院(2007)沪一中民五(商)初字第46号民事判决书。

2. 判令被告叶某炜对被告亚太公司的上述义务承担连带责任并无条件地将上述专利过户给原告。

**争议焦点**：专利出资应履行哪些手续视为全面履行出资义务。

**基本案情**：

2002年11月25日，被告亚太公司、上海科技公司及上海浦东科技投资公司签订《合资合同》，约定成立原告。合同约定：公司注册资本600万美元，被告亚太公司以"现汇和专有技术出资（抗血小板膜蛋白 IIb/IIIa 和血管生成抑制剂[I8-61]共3株单克隆抗体细胞株及专有技术），其中现汇出资180万美元，细胞株及专有技术出资作价180万美元，共计360万美元，占注册资本的60%"。合同的附件一是《细胞株和无形资产清单》，清单第一部分记载了3个单克隆抗体杂交瘤细胞株，其中包括克隆Y262和克隆R813；第二部分记载了无形资产，包括两项，其中第一项为"申请专利的发明名称：识别血小板膜糖蛋白的单克隆抗体及其在抗血栓治疗中的应用（专利申请号：02125227）"。

2002年12月12日，原告成立。当日，原告与被告亚太公司签订1份《产权过户协议》，明确被告亚太公司的抗血小板膜蛋白 IIb/IIIa 和血管生成抑制剂[I8-61]共3株细胞株及高新技术的产权转让给原告，原告予以接受，自该协议签订之日起，原告拥有对上述两项细胞株及高新技术的所有权，被告亚太公司不再持有。

2002年12月17日，会计师事务所有限公司依据原告出具的《无形资产出资清单》和《确认书》，审验认为截至2003年12月17日，原告收到被告亚太公司缴纳的注册资本合计180万美元。《无形资产出资清单》记载了被告亚太公司以3株单克隆抗体细胞株及专有技术作价投资180万美元。《确认书》中，另两方股东对细胞株及专有技术作价180万美元表示确认。

2002年12月18日，被告叶某炜担任原告董事长。

2005年12月7日，专利申请号为02125227的专利申请"识别血小板膜糖蛋白的单克隆抗体及其在抗血栓治疗中的应用"被正式授予专利，专利权人为被告叶某炜和第三人，专利号 ZL02125227.0（授权公告号 CN1230447C）。该专利权利要求书的保护范围是R813、Y262两个细胞株及该两个细胞株分别产生的两种单克隆抗体和含有所述两种单克隆抗体的组合物。

2003年7月30日，原告的三方股东又签订1份补充协议，对被告亚太公司无形资产的出资部分作了金额上的补充修正，明确细胞株出资作价6000美元，专有技术出资作价1,794,000美元。

2004年6月6日，因决定对原告增资，原3位股东和新股东上海张江创业投资有限公司、大连天维药业股份有限公司签订了新的《合资合同》。原合同中涉及细胞株和专有技术作价出资的部分未作改变。增资后,被告亚太公司出资600万美元,占注册资本的50.927%。

被告叶某炜代表亚太公司在上述两份《合资合同》、补充协议及验资报告附件中的《确认书》上签字。

2006年9月22日,被告叶某炜停止担任被告亚太公司董事长,改由陆某担任,被告亚太公司同时委派陆某兼任原告董事长。

被告亚太公司成立于2000年12月22日,股东为权威公司和盈发公司,各持有50%股份,被告叶某炜和陆某均是被告亚太公司董事。被告叶某炜是权威公司股东,持有70%股份。

**原告诉称:**

被告亚太公司未履行出资义务,未将专利过户给原告的行为构成对原告财产权利的侵害。被告叶某炜作为专利权人,同时也是原告和被告亚太公司的法定代表人,明知负有专利权过户的义务,却既未向原告披露专利权授予情况,亦未采取行动将专利过户给原告,还采用了其他欺诈行为,致使被告亚太公司无法将专利过户给原告,其应当与被告亚太公司共同对专利过户至原告名下承担连带责任。

**被告亚太公司辩称:**

被告亚太公司未将专利过户给原告是由于被告叶某炜控制的被告亚太公司股东权威公司未将专利过户给被告亚太公司,故根本原因在于被告叶某炜。被告亚太公司同意原告的诉讼请求。

**被告叶某炜辩称:**

《合资合同》并未约定将专利过户给原告,而是仅仅约定投入专有技术,该专有技术已与细胞株一并交付原告。此外,专利是授予13个细胞株,远远大于专有技术的范围。被告亚太公司与原告的法定代表人均是陆某,两公司利益趋同。

**第三人述称:**

其与被告叶某炜于2002年7月17日共同向国家知识产权局申请了名称为"识别血小板膜糖蛋白的单克隆抗体及其在抗血栓治疗中的应用"的专利。该专利申请的文书于2004年5月12日公开,并于2005年12月7日被正式授予专利权。若法院判决两被告有义务将上述专利转让给原告以完成注册资本的注入义务,其愿意无条件配合法院或被告叶某炜将上述专利有关的一切权利转让给原告,关于转让后其在原告应享有的权利,由其与原告另行协商。

**律师观点：**

本案的主要争议在于合资合同中关于亚太公司无形资产出资义务的约定应当作何理解。

从合同约定的文义内容来看，被告亚太公司以"现汇和专有技术出资（抗血小板膜蛋白 IIb/IIIa 和血管生成抑制剂［I8－61］共 3 株单克隆抗体细胞株及专有技术）"；作为合同附件的《细胞株和无形资产清单》中，无形资产一栏记载了申请专利的发明名称"识别血小板膜糖蛋白的单克隆抗体及其在抗血栓治疗中的应用"及专利申请号 02125227。清单作为合同附件，旨在对合同中细胞株及无形资产的内容或范围作进一步的明确和界定，其中针对细胞株部分明确了 3 个细胞株的名称，针对专有技术部分则明确了该专有技术是处在申请阶段的发明专利。

此外，无论是合同中"专有技术"，还是《产权过户协议》中"高新技术"的表述，在专利尚处于申请阶段、技术方案尚未公开的情况下，均符合常理。

被告叶某炜认为投资义务仅指专有技术以及专利保护范围大于专有技术的抗辩意见，一是与合同及附件的记载不相符；二是被告叶某炜作为专利申请人，应当知晓所申请专利的保护范围，并在此情况下代表被告亚太公司签署了合同，现直至本案纠纷发生，被告叶某炜方提出专利保护范围大于专有技术，并进而以此否认以专利权作为出资，有悖常理。而且，根据专利权利要求书的内容，被告叶某炜所称该专利保护范围包含 13 个细胞株并不属实。

鉴于合同中约定的专利申请号及专利名称与被告叶某炜、第三人在 2005 年 12 月 7 日获得专利的申请号、名称均一致，故应认定被告亚太公司作为出资的无形资产之一系专利号为 ZL02125227.0 的"识别血小板膜糖蛋白的单克隆抗体及其在抗血栓治疗中的应用"发明专利。

被告亚太公司作为股东，承诺以无形资产向原告出资，却未办理无形资产权属的转移手续，导致原告的财产权益受到损害，被告亚太公司应当承担将专利过户给原告，以履行投资义务的责任。被告叶某炜作为签订《合资合同》时被告亚太公司的法定代表人，同时也是讼争专利的申请人，对被告亚太公司承诺的投资义务以及履行义务所导致的法律后果应属明知并予以认可，但其在获得专利授权后，却未将专利过户给原告以完成被告亚太公司的投资义务，其行为明显存在过错，该行为也是导致被告亚太公司未能履约的原因。

综上所述，原告的诉讼请求有事实和法律依据，应予支持。被告亚太公司对其负有将讼争专利过户给原告的责任不持异议，第三人亦表示在法院确认专利过户给原告的情况下予以配合，鉴于专利过户的最终后果为原告成为新的专利权人,同时为便于各方履行,可依法确认讼争专利的权利人为原告。

**法院判决:**

确认专利权(专利号 ZL02125227.0)为原告所有。

**99. 股东以非专利技术作价出资,虽然没有签订非专利技术转让协议,但实际在公司使用,出资是否已经到位?**

该种情况下仍属于出资未到位。

在司法实践中,公司使用了非专利技术不代表该技术已作为出资交付给了公司。技术投入不等于资本投入。技术的投入会转化为公司产品从而影响公司的资产,而公司资产是不断变化的。股东以技术出资,是以技术作价,成为公司资本的一部分,资本是确定的、稳定的,构成公司对股东、债权人责任的基础。资产不同于资本,技术出资必须明确、准确地表示价值,且向公司交付,转化为公司资本。否则,就无法区分技术成果的权属属于持有人还是公司。

**100. 出资人以房屋、土地使用权作价出资,如何认定是否全面履行了出资义务? 在出资人未办理权属转移手续或未实际交付公司使用情况下,如何认定股东是否履行了出资义务以及是否享有股东权利?**

出资人以房屋、土地使用权作价出资,履行完以下手续可以认定全面履行了出资义务:

(1)依法进行资产评估;

(2)将房屋、土地使用权交付公司使用;

(3)办理完毕房屋、土地使用权权属变更登记手续。

在出资人未办理权属转移手续或未实际交付公司使用的情况下,如何认定股东是否履行了出资义务以及是否享有股东权利,即是以办理权属变更登记作为出资完成的标准,还是以实际交付财产给公司使用作为出资完成的标准,还是二者兼顾,实践中存在不同观点,对此《公司法》并无明文规定。

多数意见认为,应当二者兼顾。股东以需要办理权属变更登记手续的财产作价出资,自登记起生效或对抗第三人。只有办理了过户登记,公司才能取得真正的、完整的、排他的权利。交付和产权登记是该类货币财产出资行为不可分割的两个方面,交付的价值在于该类财产的实用性,产权登记的价值在于对权属的认定和法律风险的分配。未办理产权登记则意味着出资人对土地使用权和房屋所有权的保留,公司对土地、房屋的占有和利用缺少法律的效力以及随时有被追索的风险。①

对此,最高人民法院给出了解释:

(1)出资人实际交付使用但未办理法定权属变更登记手续,公司、其他股东或者公司债权人可以主张认定出资人未履行出资义务,人民法院应当责令当事人在指定的合理期间内办理权属变更手续;在前述期间内办理了权属变更手续的,人民法院应当认定其已经履行了出资义务。出资人主张自其实际交付财产给公司使用时享有相应股东权利的,人民法院应予支持。

(2)出资人已经办理权属变更手续但未交付给公司使用,公司、其他股东可以向该股东提起财产给付之诉,要求股东交付该出资财产给公司,而且由于该财产并未实际交付,公司的收益中并未凝结该财产的价值,因此,也可以对出资人的股东权利予以相应的限制,即未实际交付财产给公司的股东只应享有与其出资情况相对应的权利。

公司或者其他股东可以主张出资人向公司交付、并在实际交付之前不享有相应的股东权利,人民法院应当予以支持。

## 【案例43】非货币出资未经评估不得记入验资报告 未办理财产转移手续视为未出资②

**原告:** 高联公司

**被告:** 行南公司

**诉讼请求:** 判令被告按章程约定向原告补足未缴纳出资1190万元。

**争议焦点:**

1. 非货币出资未经评估能否记入验资报告,被告是否履行了股东出资义务;
2. 被告未履行出资义务的法律后果是什么。

**基本案情:**

1994年11月11日,上海新闵审计师事务所出具验资报告,确认原告资金总额1400万元,其中固定资产1180万元[厂房8000平方米折合720万元,办公大楼折合200万元,门房间、草坪共计140万元,土地作价面积为30亩(作使用权)折合120万元],支票支付流动资金50万元。被告在主管单位财务证明一栏对"经审查,情况属实,同意将固定资产1180万元、无形资产210万元和流动资金50万

---

① 张海棠主编:《公司法适用与审判实务》,中国法制出版社2009年版,第57页。
② 参见上海市第一中级人民法院(2018)沪01民终4878号民事判决书。

元作为该企业的注册资金,我单位对上述注册资金的真实性承担责任"的内容进行了签字盖章确认。

1994年11月18日,被告和案外人上海高联科学仪器厂共同设立原告公司。公司章程约定,公司注册资本1400万元,其中被告以土地使用权、厂房设施等作价1190万元出资。同时约定股东应当在1994年11月20日之前足额缴纳各自所认缴的出资额。以实物、工业产权、非专利技术或者土地使用权出资的,应依法办理财产权转移手续。

2000年12月12日,原告被吊销营业执照。

2014年11月14日,上海市闵行区人民法院受理原告的强制清算申请。

**原告诉称:**

被告未对非货币出资进行评估即自行作价,出资行为不符合法律规定。自原告公司设立后,被告始终未将其认缴出资的土地使用权、厂房设施等过户至原告高联公司名下,也没有办理产权移交手续。

**被告辩称:**

被告与案外人上海高联科学仪器厂间系联营关系,原告仅是联营浪潮高涨期间的形式产物,原告仅取得工商登记资格,并未实际成立和生产。因时间久远,被告无法查证其出资情况。

**法院认为:**

1. 非货币出资未经评估能否记入验资报告?被告是否履行了股东出资义务?

被告的出资义务形成于1999年《公司法》修正之前,出资程序应适用1993年《公司法》的规定。1993年《公司法》第24条第1款明确规定,"对作为出资的实物、工业产权、非专利技术或者土地使用权,必须进行评估作价"。本案中,没有任何证据证明存在这一程序。因此,上海新闵审计师事务所出具的验资报告违反了当时的法律规定。

在法院审理过程中,被告对于其用哪块土地的使用权、哪栋房屋以及货币资金50万元等作为了设立原告的出资资本,举证不能。故,被告没有履行股东的出资义务。

2. 被告未履行出资义务的法律后果是什么?

被告虽抗辩其与案外人上海高联科学仪器厂是联营关系,原告没有实际投入生产和经营,但不能否认双方共同制订了公司章程,原告是国家登记机关核准登记的有限责任公司。基于原告的法律主体资格已经存在,被告获取了对应的股权,被告负有原始出资义务,该义务是不得免除的法定义务。被告对于其用哪块土地的使用权、哪栋房屋以及货币资金 50 万元等作为出资资本,举证不能。由此可以认定被告没有履行股东的出资义务。鉴于被告无法指认作为出资的具体地块、房屋等,又考虑到没有进行依法评估,所以,以当时的实物履行出资已经不可能。原告现要求被告以货币方式补足公司章程约定的出资额 1190 万元,有事实和法律依据,其诉讼请求能够得到支持。

**法院判决:**

被告应向原告缴纳出资款 1190 万元。

### 101. 出资人以划拨土地使用权出资,或者以设定权利负担的土地使用权出资,是否有效?是否全面履行了出资义务?

根据我国法律规定,划拨的土地使用权只能用于划拨用途,不能擅自进入市场流通。因此原则上,划拨土地使用权和设定权利负担的土地使用权不得用于出资。

但在司法实践中,如出资人已以上述财产出资设立公司,并且已经办理了工商登记,如果履行了下列程序,法院可以认定出资人全面履行了出资义务:

(1)出资人以划拨土地使用权出资的,应当在法院指定的合理期限内依法补缴土地出让金,办理土地变更手续,将划拨土地使用权变更为出让土地使用权;

(2)出资人以设定权利负担的土地使用权出资的,应当在法院指定的合理期限内依法解除权利负担。

这里应当注意,能否补正瑕疵的决定权在于土地管理部门和权利负担的权利人,而不是法院,法院的审理是以瑕疵补正的结果为判断前提的。

### 102. 当事人之间对是否已经履行出资义务发生争议,举证责任如何分配?

如双方当事人对是否履行出资义务产生争议,原告仅需要提供对被告股东未履行出资义务的合理怀疑证据,被告股东举证证明自己履行了出资义务。

**【案例 44】未推翻出资评估报告　要求股东补足差额被驳回**[1]

**原告:**佩纳公司

**被告:**起帆公司

**诉讼请求:**被告全面履行以厂房和公用设施出资的义务,按 71 号评估报告结

---

[1] 参见上海市高级人民法院(2006)沪高民二(商)终字第 184 号民事判决书。

论补足差额378.23万元,并赔偿该款项自1995年11月15日起的利息损失。

**争议焦点:**

1. 本案发生于2005年修订《公司法》之前,如何适用法律;

2. 股东以关联企业土地使用权及相关资产作价出资,其出资行为是否当然无效;

3. 股东用于出资的系争房产及公共设施评估结论低于股东各方协商价格,是否当然认定被告出资不实;

4. 公司于股东出资10年后委托第三方针对系争房产及公共设施作出的评估报告能否推翻出资时作出的评估报告结论;

5. 公司实际使用系争房产及公共设施达10年,股东迟延办理过户登记手续达6年是否损害了公司的利益,公司于10年后方才提起诉讼是否丧失了撤销权。

**基本案情:**

1995年8月15日,被告与案外人斯凯特·马格德堡公司、沙士基打公司及千骏公司共同投资成立原告。被告认缴出资129.15万美元,其中厂房、公用设施分别为75.65万美元、12.55万美元。根据国有土地评估报告,该土地使用权及所有有关建筑物与设施的转让费作价114.15万美元。

被告委托会计师事务所于1995年6月30日出具222号评估报告注明:评估目的是为"被告拟以所属厂房、道路、电缆沟、围墙等资产与外商洽谈组建中外合资经营企业",评估基准日为1994年5月31日,评估方法为"参照同类型厂房造价予以评估,考虑国内外工料价差调整系数,采用重置成本法",评估结果为"生产厂房(以下简称系争房产)628.4万元,道路、电缆沟、围墙43.2万元人民币",合计671.6万元。

原告成立后,被告即将用于投资的厂房、公用设施(道路、电缆沟、围墙)均移交原告使用,但未办理系争厂房的产权过户手续。

1995年11月18日、1996年2月29日,会计师事务所先后对原告进行验资并出具第317号及第140号验资报告各1份,载明:被告向原告两次共投入1,290,762.11美元,其中包括价值671.6万元人民币的系争厂房及道路、电缆沟、围墙。

1995年1月19日,会计师事务所出具验资证明书1份,注明:被告的注册资金总额为600万元人民币,其中起帆科技出资300万元人民币(银行存款),九龙铜材出资300万元人民币[2905平方米房屋(系争厂房)作价240万元人民币,4000平方米土地使用权作价60万元人民币]。

1996年9月28日,原告向上海市青浦区工商行政管理局书面申请更换营业执照,申请书中注明"合资公司注册资金已全部到位"。

系争厂房原为案外人九龙电缆厂所有。1997年9月5日,系争厂房被上海市第二中级人民法院(以下简称二中院)在另案中依法查封,后于2001年11月8日解除查封。

2001年11月11日,原告遂作为申请人,九龙铜材、九龙电缆厂作为原权利人,共同向青浦区房地产登记处提交了上海市房地产转让、登记申请书。

2001年11月12日,原告取得系争厂房的房地产所有权证。

2006年2月14日,上海城市房地产估价有限公司接受原告的委托,以1994年5月31日为时点,采用重置成本法,对系争厂房、电缆沟、围墙、道路进行了估价,出具71号评估报告,结论为293.37万元。

**原告诉称:**

被告以土地使用权、厂房及相关设施出资的评估价格与真实价格严重不符,被告的行为损害了原告的权益,被告应全面履行其出资义务,按71号评估报告结论补足差额378.23万元人民币及利息损失。

**被告辩称:**

原评估报告采用的评估方法合法合理,原告成立时,被告已将系争厂房交付原告使用,并于其后办理了过户手续,履行了出资义务。被告不存在出资不实的行为,原告的主张于法无据。

**律师观点:**

1. 本案应当适用1990年4月4日修订施行的《中外合资经营企业法》及1983年9月20日公布施行的《中外合资经营企业法实施条例》①。

本案讼争事实是有关被告在设立原告过程中的投资行为是否存在违反合资合同、公司章程及相关法律规定的问题,根据2006年1月1日施行的《公司法》第218条"外商投资的有限责任公司和股份有限公司适用本法;有关外商投资的法律另有规定的,适用其规定"的规定,及原告系设立于1995年的中外合资经营企业的事实,依据特别法优于普通法的原则,本案应当适用1990年4月4日修订施行的《中外合资经营企业法》及1983年9月20日公布施行的《中外合资经营企业法实施条例》。

---

① 《中外合资经营企业法》与《中外合资经营企业法实施条例》均已于2020年1月1日起失效,《外商投资法》与《外商投资法实施条例》于同日起施行。

1990年《中外合资经营企业法》第5条规定:"合营企业各方可以现金、实物、工业产权等进行投资。……上述各项投资应在合营企业的合同和章程中加以规定,其价格(场地除外)由合营各方评议商定。"

1983年《中外合资经营企业法实施条例》第25条规定:"合营者可以用货币出资,也可以用建筑物、厂房、机器设备或其他物料、工业产权、专有技术、场地使用权等作价出资,以建筑物、厂房、机器设备或其他物料、工业产权、专有技术作为出资的,其作价由合营各方按照公平合理的原则协商确定,或聘请合营各方同意的第三者评定。"

2. 合营各方对于222号评估报告及评估结论均是明知且认可的。

本案中,222号评估报告对系争厂房及公用设施的评估结论于1995年6月30日已形成,合资合同及公司章程则签订于评估报告形成之后的同年7月3日,且该评估报告被作为合资合同及公司章程的附件,故合营各方对于该评估报告及评估结论均是明知且认可的。在法律明确规定现金、实物、工业产权的出资价格可由合营各方评议商定的情况下,合营各方并未对评估结论提出异议,且已将评估结论作为被告的出资记载于合资合同及公司章程中,故应认定该价格系合营各方评议商定的结果。

此外,原告设立至今已达10余年,系争厂房及公用设施也已被实际使用了10余年,产权过户至原告名下亦已有4年多,原告及各方股东从未对系争厂房、公用设施的价额提出异议,同样可证实合营各方对于评估价格是接受的。

3. 原告主张被告出资的厂房及公用设施的实际价额显著低于公司章程所定价额无事实及法律依据。

就222号评估报告与71号评估报告分析,两者虽同样采用重置成本法的评估方法,但鉴于评估目的、依据的法律法规及技术规程均不相同,两者并不具有完全的可比性,故原告以71号评估报告来证明222号评估报告存在重大瑕疵,依据尚嫌不足。据此,原告关于被告出资的厂房及公用设施的实际价额显著低于公司章程所定价额的主张,没有事实及法律依据,故难以支持。

4. 系争厂房产权迟至2001年方过户至原告名下确系被告不当,但未给原告造成损失。

非货币出资一般应以股东实际交付为完成出资义务的衡量标准,其中房地产等出资因其特殊性,应当办理财产权转移手续。本案中被告虽以与原告就过户费用的承担存在分歧为由,主张对系争厂房产权至2001年过户不存在迟延责任,然在合营各方对该费用承担未作约定的情况下,出资人理应自行承担支付责任,故系争厂房产权迟至 2001 年方过户至原告名下确系被告不当。

然鉴于系争厂房及公用设施于原告设立之初已交付原告使用,现亦无证据表明因房产迟延过户造成了原告实际损失,故原告主张利息损失没有事实依据,亦应不予支持。

**法院判决:**

驳回原告的诉讼请求。

## 【案例 45】名为"投资"假戏被做真　私下约定为"借贷"无效[①]

**原告:** 北新旅社

**被告:** 橡胶四厂

**诉讼请求:** 被告支付原告 11.3 万元。

**争议焦点:** 公司与其股东私下将股东投资款约定为对公司的借款,该约定是否有效;是否可以该约定否定其股东资格。

**基本案情:**

无锡飞索公司注册资本为 13.55 万美元,其中原告出资 2.71 万美元,占 20%,香港飞索公司出资 10.84 万美元,占 80%。

此后原告将其持有的股权的一半 1.355 万美元转让给被告,并依法办理了工商变更登记手续,股东变更为香港飞索公司、原告和被告三方。原告将 11.3 万元人民币(折合 1.355 万美元)汇入无锡飞索公司,作为其出资。会计师事务所验资确认无锡飞索公司的注册资本为 13.55 万美元,公司已收到股东的出资 13.55 万美元。

其后,原告再次与被告签订股权转让协议书约定,原告将其在无锡飞索公司的 10% 股权转让给被告,被告支付原告 11.3 万元人民币(折合 1.355 万美元)。同日,香港飞索公司也与被告签订股权转让协议书约定,香港飞索公司将其在公司的 55% 股权 7.45 万美元转让给被告。无锡飞索公司召开董事会,同意上述股权转让并经国家相关管理部门批准。9 月 9 日,无锡飞索公司依法进行工商变更,并取得了新的营业执照,法定代表人由陈某鑫变更为孙某煌,原告不再是无锡飞索公司的股东。

**原告诉称:**

由于被告未按约向原告付款。原告与被告签订还款协议约定,被告分别付款 6.3 万元、5 万元,但被告届期仍未支付剩余款项。

---

[①] 参见江苏省无锡市北塘区法院北新旅社诉橡胶四厂股权转让纠纷案。

**被告辩称：**

原告汇入无锡飞索公司的 11.3 万元是借款，10% 的股权是虚假的，股权转让协议书无效，应驳回原告的诉讼请求。理由如下：

1. 原告虽然出资 11.3 万元入股，经有关部门验资及核准，形式要件已具备法定条件，但其实质是，原告出借 11.3 万元给无锡飞索公司，获取高额利息；

2. 即便原告进行了投资，但没有共同经营，不承担经营风险，在公司亏损的情况下，仍收取固定利息，其性质属于明为投资，实为借贷，合资经营合同应属无效合同，原告系虚假股东，因此，股权转让协议书无效，不受法律保护。

**被告为证明其观点，提交证据如下：**

1. 1997 年 3 月 8 日，无锡飞索公司原董事长陈某鑫出具的借据，写明无锡飞索公司向原告暂借 11.3 万元，年息 16%，利息 18,080 元于 1998 年 3 月 7 日前缴清。1998 年 6 月 9 日，陈某鑫再次向原告出具借据，写明向原告借 11.3 万元，年息 13%，全年利息 14,690 元于 1999 年 3 月 17 日前缴清，不再续借，到期一次性归还。原告在两份借据上均盖公章。

2. 陈某鑫作证，原告出资的 11.3 万元，实际是出借给无锡飞索公司，无锡飞索公司每年均付利息给原告。

3. 原告的上级主管部门无锡市北大街街道办事处原主任俞某明作证，1996 年成立无锡飞索公司时，原告只投资，不参与经营活动，取得定额回报。

**律师观点：**

原告汇入无锡飞索公司的 11.3 万元是股权投资，股权转让协议书有效。

1. 原告汇入无锡飞索公司 11.3 万元属实。该款是原告为了成立无锡飞索公司，作为其应认缴的出资额而投入的款项。无锡公证会计师事务所对此进行验资，确认为股东投入无锡飞索公司的注册资本验资款。1998 年 6 月 28 日，原告与被告签订的股权转让协议书中也明确原告的该 10% 股权折价 11.3 万元转让给被告。该股权转让行为，已经公司董事会会议通过，并经国家相关管理部门批准，依法进行了工商变更登记。上述一系列公示行为，确定了原告汇入无锡飞索公司的 11.3 万元属注册资本、投资款，而非借款。

2. 该 10% 股权转让已经公司董事会会议通过、国家相关管理部门以法定的形式予以确认。相关部门的登记备案本身具有社会公信力，排除了第三人以其他的法律根据的追夺请求。因此，尽管原告与无锡飞索公司以借条的形式，私下确认该 11.3 万元的性质，但法律保护的是合法的民事法律关系。原告于 1996 年 4 月缴清出资款后，11.3 万元的所有权依法已转归无锡飞索公司，原告无权处分该财产,其与无锡飞索公司内部约定的借款显然无效,该约定不能否定 11.3 万元属于注册资本的性质。就被告的辩称,虽然原告也认可了只投资但不参与经营的事实,但是仅凭当事人的陈述和借据,不能推翻原告实际出资到位、依法转让股权并进行了工商变更登记的法律事实,且从无锡飞索公司的账上也反映不出是借贷。因此,被告认为属于借款性质的理由缺乏法律依据,不应予以采信。

既然原告投入无锡飞索公司的 11.3 万元是投资款,占该公司 10% 的股权,故原告将其合法持有、客观真实的股权折价 11.3 万元转让给被告的协议,在依法办理了相关批准登记手续后,应为有效。被告受让该股权后,理应支付相应的对价。

**法院判决:**

被告于判决生效之日起 10 日内支付原告 11.3 万元。

## 103. 股东占有股权的比例是否必须与认缴或实际出资比例相同?股东可否自由约定股权比例?

在公司注册资本符合法定要求的情况下,各股东的实际出资数额和持有股权比例应属于公司股东意思自治的范畴。股东持有股权的比例一般与其实际出资比例一致,但有限责任公司的全体股东内部也可以约定不按实际出资比例持有股权,这样的约定并不影响公司资本对公司债权担保等对外基本功能的实现。如该约定是各方当事人的真实意思表示,且未损害他人的利益,不违反法律和行政法规的规定,应属有效,股东按照约定持有的股权应当受到法律的保护。

**【案例46】股东按照约定持有股权应当受到法律的保护**[①]

**原告:** 国华公司

**被告一:** 启迪公司

**被告二:** 豫信公司

**第三人:** 科美投资公司

**诉讼请求:**

1. 科美投资公司的全部股权归国华公司所有。

2. 如果国华公司的第 1 项请求不能得到支持,请依法判决解散科美投资公司,并进行清算。

---

[①] 参见最高人民法院(2011)民提字第 6 号民事判决书。

**争议焦点：**
1. 股东之间,代为出资的约定是否有效;
2. 代为出资部分对应的股权应归哪方股东所有。

**基本案情：**
2006年9月18日,刘某军为甲方、张某为乙方签订《合作建设北京师范大学珠海分校工程技术学院协议书》(以下简称《9·18协议》),约定:双方合作成立珠海市科美教育咨询有限公司(以下简称科美咨询公司),并以公司名义与北京师范大学珠海分校(以下简称珠海分校)签署合作协议,合作建设和运作珠海分校工程技术学院(以下简称珠海分校工程学院)。甲方以教育资本(包括教育理论与理念,教育资源整合与引入、教育经营与管理团队、教育项目的策划与实施)出资,占科美咨询公司70%的股份,乙方以7000万元的资金投入珠海分校工程学院的建设和运作,占科美咨询公司30%的股份,本协议签署后10日内乙方将500万元保证金打入科美咨询公司账户,本协议生效。科美咨询公司与珠海分校协议签署之前,该保证金不能使用。科美咨询公司与珠海分校协议签署之后的15日内,乙方将1500万元打入科美咨询公司与珠海分校合作的共管账户,同时乙方将已经打入科美咨询公司的500万元保证金打入珠海分校作为履约保证金。科美咨询公司与珠海分校签署协议后90日内,乙方将1000万元打入共管账户,余款4000万元随工程进度及时打入共管账户。在乙方投入的7000万元回收完毕之前,双方在科美咨询公司的分配比例按照20%对80%。7000万元回收完毕之后按股份比例分配。2006年9月30日,国华公司将500万元保证金打入科美咨询公司账户(开户行:中国农业银行金鼎支行,账号4435340104000×××)。2006年10月24日,500万元保证金被从科美咨询公司账户上打入启迪公司账户。2006年10月26日,国华公司与启迪公司、豫信公司签订《关于组建珠海科美教育投资有限公司投资协议》(以下简称《10·26协议》),约定:(1)国华公司以现金出资300万元人民币,占公司注册资本30%;豫信公司以现金出资150万元人民币,占公司注册资本15%;启迪公司以现金出资550万元人民币,占公司注册资本55%。并约定三方应及时将缴纳的出资打入新设立公司筹委会账户。(2)对拟与珠海分校的办学合作项目的运作及利润的分配等事项作出了约定。(3)约定了科美投资公司的工商登记手续由启迪公司负责办理。(4)国华公司方张某出任科美投资公司董事长、法定代表人。(5)公司注册资金1000万元和投资6000万元全部由国华公司负责筹集投入。同日,通过了《珠海科美教育投资有限公司章程》(以下简称《公司章程》),约定:公司注册资本1000万元人民币。

启迪公司认缴出资额 550 万元、比例 55%，国华公司认缴出资额 300 万元、比例 30%，豫信公司认缴出资额 150 万元、比例 15%。各股东应当于公司注册登记前足额缴纳各自所认缴的出资额。董事长由国华公司一方担任，副董事长由启迪公司一方担任。章程与《10·26 协议》冲突的，均以《10·26 协议》为准。2006 年 10 月 25 日，应豫信公司和启迪公司要求，国华公司汇入豫信公司 150 万元，汇入启迪公司 50 万元。豫信公司将上述 150 万元汇入科美咨询公司账户（该账户同时为科美投资公司筹委会账户）作为其认缴出资。启迪公司将国华公司转来的 50 万元和 10 月 24 日从科美咨询公司账户转入的 500 万元保证金汇入科美咨询公司账户作为其认缴出资。国华公司将 300 万元汇入科美咨询公司账户作为其认缴出资。2006 年 10 月 31 日，经珠海市工商局核准，科美咨询公司变更为科美投资公司。注册资金由 50 万元变更为 1000 万元，股东由娄某涛、刘某军、赵某云变更为国华公司、启迪公司和豫信公司。同日，科美投资公司与珠海分校签订了《合作兴办北京师范大学珠海分校工程技术学院协议书》，约定了合作办学项目的具体事项。2006 年 11 月 28 日刘某军与张某签订《合作备忘》，约定：(1) 双方同意将科美咨询公司更名为科美投资公司。(2) 公司股东由法人组成，启迪公司和豫信公司代表甲方，国华公司代表乙方，注册资金全部由乙方支付。其后，国华公司陆续投入 1750 万元，连同 1000 万元出资共计投入 2750 万元。启迪公司认可 2006 年 11 月 2 日以后国华公司接管科美投资公司账户。在科美投资公司与珠海分校合作办学的过程中，双方产生矛盾，在是否与珠海分校继续合作上也发生争议，国华公司遂提起诉讼。

**原告诉称：**

2007 年 7 月 18 日，国华公司向河南省开封市中级人民法院提起诉讼称，2006 年 10 月 26 日，国华公司与启迪公司、豫信公司签订了《10·26 协议》，约定三方组建科美投资公司，并约定了三方的出资额、股份比例等事项。《10·26 协议》签订后，国华公司履行了出资义务，启迪公司与豫信公司未出资却滥用股东权利，损害了国华公司的权益。

**被告一辩称：**

国华公司经过充分考察决定与启迪公司进行合作，三方约定启迪公司和豫信公司的出资均由国华公司支付的意思表示是真实的，符合公司法的规定，启迪公司所享有科美投资公司 55% 的股权是合法的。国华公司请求解散公司缺乏事实和法律依据，应驳回国华公司的诉讼请求。

**被告二辩称：**

豫信公司答辩意见与启迪公司相同。

**一审认为：**

非货币财产作为出资须具备两个条件,一是可以用货币估价,二是可以依法转让,同时还应履行评估作价程序。《9·18协议》关于甲方以教育资本出资,占科美咨询公司70%股份的约定显然不符合该条规定的非货币出资的条件,也没有进行评估作价。该约定对当事人不具有法律约束力。启迪公司和豫信公司无须履行出资义务,以教育资本出资。国华公司代替启迪公司和豫信公司筹集出资资金的结果是作为真实投资者的国华公司仅占公司30%的股份,而未出资的启迪公司和豫信公司却占了公司70%的股份,国华公司作为真实投资者,要求确认与其出资相应的股份于法有据,于情相合。科美投资公司所有股东签署的《公司章程》系公司全体股东的真实意思表示,且无法律禁止性内容,对公司及所有股东具有法律约束力,所有股东应缴纳其认缴的出资额,将500万元保证金从科美咨询公司账户打入启迪公司账户系启迪公司所为,然后启迪公司又将该500万元打入科美投资公司账户作为验资资金,这种资金倒流再流回的做法有悖诚信,该500万元依法不应作为启迪公司的出资,由于该500万元系国华公司的投资款,国华公司又主张应认定为其出资,依法应将该500万元认定为国华公司的出资。

**一审判决：**

支持国华公司第1项诉讼请求,确认国华公司实际出资800万元,占科美投资公司80%的股份,豫信公司出资150万元,占科美投资公司15%的股份,启迪公司出资50万元,占科美投资公司5%的股份。

**被告一上诉称：**

1. 根据《公司章程》约定,启迪公司、豫信公司、国华公司分别出资550万元、150万元、300万元,占科美投资公司股份的55%、15%、30%,出资方式为货币出资,三公司分别将出资汇入科美投资公司账户,并经会计师事务所出具了验资报告,珠海市工商行政管理局核准并进行了工商变更登记,启迪公司获得了合法有效的股东身份。以上程序完全符合公司法的规定,启迪公司的股东身份和依法持有的股权真实、合法,应当得到保护。

2. 双方签署的《9·18协议》及《10·26协议》,约定由国华公司出资1000万元改组科美咨询公司,其中启迪公司所占的55%股份、豫信公司所占15%股份应缴出资共700万元均由国华公司投入。这种约定是各方真实意思的表示,是一种合法的商业交易行为，不违反法律法规禁止性规定，应认定合法有效。验资款的支付属于验资需要，并非一审法院所认为的有悖诚信，也没有侵犯任何一方的权利和利益。国华公司接管科美投资公司账户后，也从未对此提出任何异议。2006年11月28日，《合作备忘》再次对由国华公司支付全部注册资金以及各股东所占股份比例进行了确认。

3. 一审判决认定豫信公司出资150万元和启迪公司出资中的50万元是履行了出资义务，等于是认定了当事人关于由国华公司替启迪公司和豫信公司出资的约定是合法有效的约定，却对启迪公司出资中的500万元不予认定，存在明显的矛盾和逻辑错误。

4. 启迪公司完全履行了股东的义务。

综上，请求二审法院查明事实后依法改判。

**原告二审辩称：**

1. 一审判决认定事实清楚、适用法律正确。500万元是启迪公司利用其控制科美咨询公司账户的便利，擅自将国华公司打入科美咨询公司账户的500万元保证金转入自己的账户，又在次日转入科美投资公司的验资账户作为对科美投资公司的出资。启迪公司的行为明显违背了诚信原则和公司资本真实性原则。

2. 2006年的《9·18协议》及《10·26协议》约定科美咨询公司变更登记的注册资金1000万元由国华公司负责筹集，规避公司法律法规有关出资方式的强制性规定，是无效的，请求维持原判。

**被告二审辩称：**

对于一审对于豫信公司的认定没有意见，国华公司代为出资是自愿的，出资方式是货币出资，请求依法认定启迪公司的权利。

**二审认为：**

按照教育部的相关规定，普通高等学校主要利用学校名称、知识产权、管理资源、教育教学等参与办学。社会组织或者个人主要利用资金、实物、土地使用权等参与办学。本案中刘某军等名义上是以现金出资，实质上是以教育资源作为出资。双方实际上是通过签订协议的方式规避了我国相关法律的禁止性规定，《9·18协议》应属无效协议。在此协议的基础上，启迪公司与国华公司及豫信公司达成《10·26协议》也违反了法律的规定，国华公司代启迪公司出资的行为因违反法律规定而无效。

**二审判决：**

驳回上诉，维持原判。

**被告一再审诉称：**

1. 本案的主要焦点就是启迪公司 500 万元出资是否有效，50% 的股权是否有效。

（1）原审法院按照《独立学院设置与管理办法》（中华人民共和国教育部令第 26 号令）的相关规定认定《9·18 协议》属无效协议是错误的。《9·18 协议》是设立科美咨询公司的协议，并非合作办学协议，不能适用教育部的相关规定，而且《9·18 协议》签订于 2006 年，而教育部第 26 号令自 2008 年 4 月 1 日起施行，原审法院违反了法不溯及既往的原则。

（2）原审法院认定《9·18 协议》无效，《10·26 协议》违反法律规定，并进而认定国华公司代启迪公司出资的行为无效，国华公司代启迪公司出资的 500 万元对应的 50% 股份属国华公司所行，却又认定了同样是国华公司代出资的 50 万元和 150 万元对应的 5% 和 15% 的股份属启迪公司和豫信公司所有，前后矛盾。

（3）启迪公司注册资金的来源并不能构成判定其注册资金到位与否的根据。启迪公司已提供银行进账单和会计师事务所的验资报告及工商局依法核准的注册资金登记证明，证明了启迪公司的注册资金已完全合法到位并已经法定程序确认。500 万元保证金无论启迪公司该不该动用，法院都不应作为判定 50% 股份归谁所有的依据。

2. 公司股东的出资状况与公司章程约定的所占股权比例不存在任何关系。

《9·18 协议》与《10·26 协议》是各方当事人真实意思表示，并不违反任何国家法律规定。国华公司支付给启迪公司和豫信公司用于科美咨询公司的增资注册的资金亦不违反任何现有公司法律规定。更何况本案中科美投资公司的注册资金 1000 万元全都是货币资金，并不存在以非货币出资的问题。也没有任何法律规定注册资金的来源必须是股东本人的自有资金。

综上，被告一再审请求：（1）撤销原一审、二审判决；（2）驳回被申请人原一审、二审全部诉讼请求。

**原告再审辩称：**

1. 在设立科美投资公司过程中，启迪公司规避法律，依法不具有科美投资公司股东法定资格。2006 年 10 月 31 日，科美投资公司成立，该《公司章程》第 7 条规定的启迪公司、豫信公司、国华公司"货币出资之规定"条款是用合法形式掩盖非法目的，规避了法律，应该认定无效，启迪公司依法不具有科美投资公司股东法定资格。

2. 启迪公司的教育资本出资本质是劳务出资，其显然违反了行政法规的禁止性规定。科美投资公司注册资金1000万元全部由国华公司出资,故科美投资公司全部股权应由国华公司所有。启迪公司的再审申请理由不能成立,请求驳回启迪公司的再审申请,维持原判决。

**再审查明:**

1.《10·26协议》第14条约定:"利润分配:(1)在上述乙方(国华公司)7000万元资金没有收回完毕之前,公司交纳所得税并依法提取公积金、公益金后的利润,三方股东按照约定分配,即甲方(启迪公司)享有分配公司利润的16%,乙方享有80%,丙方(豫信公司)享有4%。(2)在上述乙方7000万元资金收回完毕后,公司交纳所得税并依法提取公积金、公益金后的利润,三方股东按照三方出资比例予以分配,即甲方享有分配公司利润的55%,乙方享有30%,丙方享有15%。"

2.《9·18协议》列明:协议的甲方为珠海分校工程学院项目策划和运营方,乙方为张某等。

**律师观点:**

本案当事人争议的焦点是,以启迪公司名义对科美投资公司500万元出资形成的股权应属于国华公司还是启迪公司。《9·18协议》与《10·26协议》是启迪公司、国华公司、豫信公司三方以各自名义签订的关于组建科美投资公司的协议书,两个协议在签订动机上确有一定的联系,但是,两个协议的签订主体和合作内容完全不同,两个协议彼此独立,其间并不存在从属关系,即使《9·18协议》无效,也不影响《10·26协议》的效力,本案是启迪公司、国华公司、豫信公司因履行《10·26协议》组建科美投资公司发生的纠纷。《10·26协议》约定该1000万元以货币出资,是各方当事人真实意思的表示,符合《公司法》第27条关于股东可以用货币出资的规定,故该约定有效。

股东认缴的注册资本是构成公司资本的基础,但公司的有效经营有时还需要其他条件或资源,因此,在注册资本符合法定要求的情况下,我国法律并未禁止股东内部对各自的实际出资数额和占有股权比例作出约定,这样的约定并不影响公司资本对公司债权担保等对外基本功能实现,并非规避法律的行为,应属于公司股东意思自治的范畴。《10·26协议》约定科美投资公司1000万元的注册资本全部由国华公司负责投入,而各股东分别占有科美投资公司约定份额的股权,对公司盈利分配也作出特别约定。这是各方对各自掌握的经营资源、投入成本及预期收入进行综合判断的结果,是各方当事人的真实意思表示,并未损害他人的利益,不违反法律和行政法规的规定,属有效约定,当事人应按照约定履行。该

1000万元已经根据《10·26协议》约定足额出资,依法进行了验资,且与其他变更事项一并经工商行政机关核准登记,故该1000万元系有效出资。以启迪公司名义对科美投资公司的500万元出资最初是作为保证金打入科美咨询公司账户,并非注册资金,后转入启迪公司账户,又作为投资进入科美投资公司账户完成增资,当时各股东均未提出任何异议,该500万元作为1000万元有效出资的组成部分,也属有效出资。按照《10·26协议》的约定,该500万元出资形成的股权应属于启迪公司。启迪公司作为科美投资公司的股东按照《10·26协议》和科美投资公司章程的约定持有科美投资公司55%股权应当受到法律的保护。

**再审判决:**

原审判决认定以启迪公司名义对科美投资公司的500万元出资违反法律禁止性规定缺乏法律依据,启迪公司申请再审的主要理由成立,予以支持。

1. 撤销原一审、二审判决。
2. 驳回国华公司的诉讼请求。

### 104. 验资报告可否作为判定股东出资到位的直接证据?

《公司法》规定,除以募集方式设立股份有限公司外,设立有限责任公司及以发起设立方式设立股份有限公司无须再经验资机构验资并出具证明。

判定股东是否出资到位最直接的就是公司注册登记时提交的相关会计师事务所出具的验资报告。验资报告详细记载了公司股东出资的时间、金额以及出资比例,除有相反证据否定验资报告的法律效力,证明验资机构存在虚假验资(包括对出资人伪造的银行存款凭证与银行询证函等未尽注意义务与调查义务)情形外,应依据会计师事务所的验资报告认定出资人出资已到位。

### 【案例47】审计报告不足以推翻出资证据　股东主张违约责任被驳回[①]

**原告:** 君信公司

**被告:** 绿谷伟业公司

**第三人:** 博尔泰力股份公司

**诉讼请求:**

1. 判令被告补足1307万元出资额或在不能补足时减少其在第三人的等额股份;

---

[①] 参见最高人民法院(2004)民二终字第260号民事判决书。

2. 判令被告因虚假出资违反合同约定而向原告支付309万元违约金。

**争议焦点：**

1. 双方当事人对同一事实分别举出相反的证据，应如何认定涉案事实；
2. 经过行政判决书认可的证据文件，是否可以增强其证明力；
3. 公司拒绝向股东提供其财务账目，是否可以当然推定股东的主张成立。

**基本案情：**

截至2000年3月，第三人注册资本为1000万元，其中，药研所出资700万元，被告出资300万元。

2000年8月1日，第三人股东会议决议增资扩股，注册资本增加至3800万元。决定：药研所增资1200万元，被告增资1600万元；增资后，药研所与被告各占第三人50%的股份；新增出资应于2000年9月30日前分批缴足。

经过一轮股权转让后，截至2000年9月6日，原告出资200万元，临河公司出资100万元，大地实业公司出资300万元，君益公司出资100万元，北融公司出资200万元，药研所出资1600万元，被告出资1300万元。

被告新增扩股的1600万元，共有15笔记载。投资时间是1999年9月24日至2000年9月18日。其中由案外人绿谷药业公司汇出代为投资的计787万元。其余为被告相关账户汇出，合计1600万元。第三人向被告出具了相应的出资收据。且第三人承认被告投资1600万元已经实际到位。经验资机构验证，各股东出资已到位，出具了验资报告，并经工商机关注册进行了登记。

**原告诉称：**

被告应承担出资不实的违约责任，理由如下：

1. 虽然第三人出具的《出资收据》和被告以其控股公司名义委托中介机构出具的《验资报告》认定被告足额出资。然而，该等文件均可以伪造或按照被告的意志出具，该等文件的真实性、客观性很难令人信服。

2. 根据《宁夏审计厅关于宁夏博尔泰力药业股份有限公司股份投资等有关问题的审计调查报告》显示，被告存在虚假出资的事实。

3. 根据原告调取证据的请求，被告应当提供其财务账目，但其拒不提供，说明该财务账目对其不利，应当依据推定规则推定原告主张成立。

4. 在宁夏回族自治区银川市中级人民法院(2004)银行终字第63号行政判决书和银川市兴庆区人民法院(2004)兴行初字第52号行政判决书中，已对审计报告的证明力予以认可。

**被告辩称：**

1. 原告提供的宁夏审计厅出具的审计调查报告不具备《最高人民法院关于民事诉讼证据的若干规定》中关于诉讼证据"真实性""关联性"和"合法性"的要求。

宁夏审计厅的审计调查报告是原告用来支持其诉讼请求及否定被告所提供证据的内容真实性的唯一证据。但原告提交的审计报告却在证据形式、形成来源多方面存在瑕疵，不能单独作为定案依据。

原告向法院递交的审计报告只是1份复印件，上面没有加盖审计单位的印鉴，也没有具体审计人员的签名。庭审过程中，原告无法说明该份审计报告的合法来源，只声称是其上级公司宁夏圣雪绒国际集团有限公司提供。

《审计法》明确规定，审计机关的审计对象是国有企业、国有资产占控股地位或主导地位的企业；审计机关应当在审计前3日向被审计单位送达审计通知书；审计报告送达审计机关前应当征求被审计单位的意见。而发起成立第三人的7家发起人的总共3800万股份中没有一家是国有企业或国有资产占控股地位或主导地位的企业。此外，审计厅在审计过程中没有征求过第三人及其子公司的意见，也没有征求过公司股东和董事会的意见。因此，该次审计既非法定审计也非各方共同委托的审计；既未提供审计行为所依据的法律规定和审计过程中使用的证据材料，也未提供审计结论所依据的法律规定和事实依据。

该审计报告的结论与第三人各方股东共同委托的会计师事务所所作的历次审计报告的内容和结论矛盾，但原告未能提出与该审计报告记载的事实和结论相关联、印证的证据。

2. 原告提交的审计报告的证明效力并不强于被告提交的证据，也不能依据"高度盖然性占优势"的证明标准否认被告提交的证据。

（1）被告从未成为过第三人的控股股东，也不存在利用控股优势委托中介机构出具虚假验资报告的行为，被告提交的历次验资报告和审计报告均由第三人各方股东共同委托，与该公司各股东、被告、第三人之间没有任何关联关系的中介机构审计后出具，且为各方股东认可，为相关行政管理机关接受备案。被告认为其提交的这一系列证据的证明力大于原告提交的单一审计调查报告。

（2）原告仅仅用审计调查报告来证明原告的推定结论，逃避了其应承担的举证责任。

第三人未作陈述。

**律师观点：**

1. 原告提交的审计报告不能作为定案依据。

原告的主要证据——《宁夏审计厅关于宁夏博尔泰力药业股份有限公司股份投资等有关问题的审计调查报告》经法院核实并经质证，系宁夏回族自治区审计厅就第三人中国有资产存在的问题，进驻第三人进行审计调查后向宁夏回族自治区政府提交的内部审计调查报告，其中涉及被告出资情况，其证据属性为书证而非司法机关委托审计部门出具的鉴定结论。且该审计报告亦未能直接、充分地证明被告虚假出资的事实，属传来证据、间接证据，不具有针对性，不能作为定案依据。

根据《审计法》及《审计法实施条例》的相关规定，审计机关的审计对象是国务院各部门和地方各级人民政府及其各部门的财政收支、国有的金融机构和企业事业组织的财务收支以及其他依照有关规定应当接受审计的国有企业、国有资产占控股地位或主导地位的企业的财政收支、财务收支。而发起成立第三人的7家发起人的总共3800万股份中没有一家是国有企业或国有资产占控股地位或主导地位的企业，因此，不属于审计厅的审计范围。

虽然该审计报告的证明力在这两份行政判决中得到认可，但与本案并无实质性牵连，不能因而增强该证据的证明力。

综上，该审计报告既未提供审计行为所依据的法律规定和审计过程中使用的证据材料，也未提供审计结论所依据的法律规定和事实依据，故不应予以认定。

2. 原告提交的审计报告不能推导出被告虚假出资的结论。

被告提供了公司登记管理机关备案的相关验资报告、被告向第三人的出资凭证、收据和由第三人各方股东共同委托的中介机构出具的审计报告等证据证明其完全真实足额地履行了增资义务。原告对被告所提供的证据的证明力不予认可，认为该等文件系由被告及由其控股的公司单方制作或单方委托中介机构出具，均可以伪造或按照被告的意志出具，并请求被告提供其原始的财务账目。针对被告拒不提供其原始账目的行为，原告主张适用推定规则，认为被告应当提供其财务账目，但其拒不提供，说明该财务账目对其不利，应当推定原告主张成立。上述原告对被告系列证据证明力的否认以及被告拒不提供原始财务账目的行为，在一定程度上削弱了被告提供的证据的证明力，但并不能必然推导出被告虚假出资的结论。

综上，双方当事人对同一事实分别举出相反的证据，但均没有足够的依据否定对方证据，因证据的证明力有限，不能作出对原告有利的认定，且原告未对被告是否构成瑕疵出资申请委托审计，亦未进一步举出对己有利的证据。根据原告应当承担主要的举证责任，只有特殊侵权案件才会由被告或者占有主导性地位的当事人承担主要的举证责任的原则。原告如果举证不力,司法机关即应当将其诉讼请求予以驳回,除非被告自认或者其证据表明原告主张的事实存在。因此,原告的诉讼请求不应予以支持。

**法院判决:**
驳回原告的诉讼请求。

**105. 财务报表中对于长期股权投资、无形资产等的记载,是否可以作为证明股权出资、无形资产出资已经到位的证据?**

对此问题,法律并无明文规定,司法实践中尚有分歧。

持肯定观点的理由是公司财务报表系公司对资产状况的确认,在诉讼中构成自认。

而持否定观点的理由为,如果存在瑕疵出资的股东是大股东和公司实际控制人,其可以操纵公司财务报表的记载情况,因此财务报表中记载无形资产等出资已到位有可能是虚假的。基于此,不宜将财务报表中的记载作为证明出资已到位的证据。

**106. 出资人以符合法定条件的非货币财产出资后,因市场变化或者其他客观因素导致出资财产贬值,该出资人是否需要补足差额?**

不需要。判断股东出资是否全面应当以股东履行出资义务的时点去判断,而不能以股东履行出资义务后出资财产价格的涨跌时点去判断。同时,由于贬值情形属于公司应承担的正常商业风险,与出资人无关。因此,即使股东非货币出资的实际价值在公司成立后显著低于公司章程所定价值,但股东交付出资之时的实际价值不低于公司章程所定价值的,应认定为出资无瑕疵。但是公司股东之间另有约定的除外。

所谓"市场或者其他客观因素",是指出资人在履行出资义务时,依据当时现有的资料、信息无法预见的客观事实和风险,包括不可抗力、意外事故、因市场经济规律产生的价格下跌、出资财产自身属性引起的价值损失等。

**【案例48】无形资产依法评估作价出资　因客观因素致资产贬值无须补足**[1]

**原告:** 青海威德公司

---

[1] 参见青海省高级人民法院(2018)青民初123号民事判决书。

**被告:** 北京威德公司

**诉讼请求:**

1. 判令被告向原告补充缴纳出资 1300 万元;
2. 判令被告向原告赔偿经营利益损失 7,118,768 元。

**争议焦点:** 出资人以专利和商标依法评估作价出资后,专利和商标被宣告无效,出资人是否应补足缴纳出资。

**基本案情:**

2002 年 10 月 30 日,原告登记成立,企业类型为有限责任公司。2009 年 11 月 27 日,北京大正评估公司受被告委托,对被告拥有的"一种以菊芋或菊苣为原料制造菊粉的新方法"发明专利及相关全套工业生产技术、"红菊芋"注册商标、"Wede"注册商标 3 项无形资产作出 168 号评估报告,至评估基准日 2009 年 9 月 29 日,上述 3 项无形资产的评估结果为 1300 万元人民币,评估结论使用有效期自评估基准日起 1 年。

2010 年 4 月 9 日,原告股东会会议作出决议,同意被告以上述 3 项无形资产向原告增资,并以评估结果 1300 万元认定增资数额。嗣后,完成了无形资产的增资并依法变更工商登记。

相关行政部门于 2014 年、2016 年相继作出被告拥有的"一种以菊芋或菊苣为原料制造菊粉的新方法"发明专利及相关全套工业生产技术、"红菊芋"注册商标无效的裁定书,"Wede"注册商标仍在有效期。

**原告诉称:**

2010 年 4 月 9 日,原告作出股东会决议,决议内容第 1 条为"为解决公司菊粉系列产品生产工业产权问题,同意接受被告将菊粉生产专利、低聚果糖生产专有技术及其产品商标独家转让给本公司,转让价格 1300 万元(附资产评估报告),被告以该转让价格作为无形资产入资原告"。该决议由被告盖章,案外人殷某、张某等股东签字。

上述《资产评估报告》,包括北京大正评估公司于 2009 年 11 月 27 日作出的 168 号评估报告,以及《北京威德公司拟以无形资产对外投资项目资产评估说明》。该报告第三部分记载,"本次评估对象为北京威德生物科技有限公司拥有的无形资产,评估范围为一项专利权和两项注册商标,具体为:1.'一种以菊芋或者菊苣为原料制造菊粉的新方法'发明专利及其相关的全套工业生产技术;2.'红菊芋'注册商标;3.'Wede'注册商标"。评估说明第三部分记载"一种以菊芋或者菊苣为原料制造菊粉的新方法"发明专利的专利号为:ZL03119619.5,"红菊芋"注册商标注册号为第3141554号。本项目评估基准日是2009年9月30日。评估结论记载,至评估基准日,被告无形资产的评估结果为1300万元人民币。2010年5月14日,工商局核准了原告的变更登记申请。

本案中,被告用以增资的无形资产虽进行了评估,但既存在评估机构违法也存在委托人和其他违法情形,导致该无形资产评估价值显著低于1300万元,依法应由被告补足其差额和赔偿利益损失。

**被告辩称：**

原告所诉无事实依据,其诉讼请求均应予以驳回。

1. 被告在2010年4月已全面履行了出资义务,不存在出资不实的情形。被告以其所有的"一种以菊芋或菊苣为原料制造菊粉的新方法"的发明专利及其全套工业生产技术、"Wede"注册商标、"红菊芋"注册商标转让给原告,经北京大正评估公司评估并出具168号评估报告,3项无形资产评估价值1300万元作为向原告的出资,并办理了无形资产的过户以及工商变更手续,此时该3项无形资产均在有效期内,没有被宣告无效的情形,且原告当时并未对168号评估报告评估价值提出异议,故被告已全面履行了出资义务。

2. "Wede"注册商标已于2010年4月20日变更所有权,原告在该商标到期后未办理续展手续,与被告无关。

3. 发明专利权和"红菊芋"注册商标被宣告无效是两项无形资产已转移至原告名下后发生的,与被告无关。发明专利在2016年12月28日被国家知识产权局宣告无效,"红菊芋"注册商标在2015年8月27日被国家工商行政管理总局商标局[1]宣告无效,均在已转移至原告名下后发生,且在申请人申请这两项无形资产无效时,原告怠于行使相应的抗辩权,在相关的决定书送达后也未向北京知识产权法院提起诉讼,也未告知被告及相关的专利发明人,造成这两项无形资产被宣告无效的责任完全在原告,与被告无关。

4. 原告主张的经营收益损失无事实与法律依据。被告已全面履行了出资义务,不应承担原告主张的经营收益损失。

5.《公司法》第30条规定:有限责任公司成立后,发现作为设立公司出资的非货币财产的实际价额显著低于公司章程所定价额的,应当由交付该出资的股东补足其差额;公司设立时的其他股东承担连带责任。本案中原告起诉被告补足出资是基于2010年4月9日股东会决议,该股东会决议明确被告是以无形资产进行

---

[1] 现为国家知识产权局商标局。

的增资,而非原告设立时被告的出资,故不符合《公司法》第30条的规定。

**法院认为:**

1.《公司法》及其司法解释对公司股东的出资方式、出资评估和非货币财产作价出资的比例等作出明确规定,不论公司设立时的出资还是增资时的出资,均不能违反法律规定。被告以其所有的知识产权等非货币财产向原告增资时,委托北京大正评估公司对其无形资产进行了评估作价,并在168号评估报告有效期内进行了增资。而原告对此次增资召开股东会会议,全体股东认可168号评估报告结果,同意以评估结果作为增资数额,并办理了财产权转移,依法进行了工商变更登记。此时,增资行为已经完成。被告的出资方式、出资评估符合法律规定,无形资产的出资比例不违反法律规定的限制条件,故被告已完成的增资行为不违反法律法规的规定。资产评估是指评估机构及其评估专业人员根据委托对不动产、动产、无形资产、企业价值、资产损失或者其他经济权益进行评定、估算,并出具评估报告的专业服务行为。在这类行为中,行为人表示的并不是某项意思,而是一种事实或者情况,评估行为所发生的法律后果是基于法律规定,而非基于当事人的意思表示。评估报告是评估行为的结论,而非民事法律行为。本案评估采取的评估方法为收益现值法,收益预测分析是无形资产评估的基础,而任何预测都建立在一定假设条件下,报告中的假设条件由此产生,并非评估报告所附的生效条件。而评估报告的有效期是应用评估报告的时间界限,也非评估报告所附的期限。原告主张168号评估报告所附假设条件未成就,评估结论并未生效的意见不能成立。本院不予支持。

2.《专利法》第47条第2款规定:宣告专利权无效的决定,对在宣告专利权无效前人民法院作出并已执行的专利侵权的判决、调解书,已经履行或者强制执行的专利侵权纠纷处理决定,以及已经履行的专利实施许可合同和专利转让合同,不具有追溯力。但是因专利权人的恶意给他人造成的损失,应当给予赔偿。《商标法》第47条第2款规定:宣告注册商标无效的决定或者裁定,对宣告无效前人民法院作出并已执行的商标侵权的判决、裁定、调解书和工商行政管理部门作出并已执行的商标侵权案件的处理决定以及已经履行的商标转让或者使用许可合同不具有追溯力。但是因商标注册人的恶意给他人造成的损失,应当给予赔偿。根据上述法律规定,专利或者注册商标被宣告无效,对宣告无效前已经履行的专利或者商标转让不具有追溯力,除非证明权利人存在主观恶意。本案中,被告的注册商标和专利经过评估作价后转让给原告,并办理了工商变更登记,此时,被告的专利权和商标权已通过增资方式完成了向原告的转让,被告由此获得相应的股东资格和股东权利,其转让出资义务已经履行完毕。原告并未提交证据证明被告在上述无形资产出资时存在主观恶意。专利和注册商标被宣告无效存在多种可能,不能因此证明权利人存在主观恶意。原告以专利和注册商标被宣告无效来证明被告存在主观恶意的意见不能成立,本院不予支持。

3.《公司法司法解释(三)》第15条规定:出资人以符合法定条件的非货币财产出资后,因市场变化或者其他客观因素导致出资财产贬值,该出资人不承担补足出资责任,除非当事人另有约定。本案中,被告以注册商标、专利权出资时,双方并无因无形资产贬值需承担补足出资的约定。即使专利和注册商标被宣告无效这种客观因素可能导致被告的出资贬值,原告也无权要求被告补足出资。原告关于专利、注册商标被宣告无效不属于客观因素的意见不能成立,本院不予支持。

综上所述,被告以注册商标、专利权等非货币财产对原告进行了增资,且依法进行了评估验资,原告无证据证明被告出资时存在恶意,双方亦无关于无形资产贬值后需补充出资的约定,故原告主张补足出资的诉求不能成立。基于此,其要求被告承担经营利益损失的主张因缺乏事实和法律依据,不能成立。

**法院判决:**

驳回原告的诉讼请求。

**107. 非货币财产没有按期、足额缴纳,或者实际价额显著低于公司章程所定价额的,公司、其他股东可否要求瑕疵出资的股东以货币补足?**

可以。资本维持原则是《公司法》关于出资的基本原则。资本维持原则要求股东应当足额缴纳出资。因此,如以非货币财产形式出资的股东未按期、足额缴纳出资,公司和其他股东可以要求该瑕疵出资股东补足出资,由于非货币财产的价值不足,此时用货币补足可以保持资本充实。

**108. 股东以专利技术出资并在市场监督管理部门备案,但未办理专利转让变更登记。公司成立后,股东又将该专利技术转让给第三人,该专利技术转让合同是否有效?**

股东履行专利出资义务应以该专利已在国家知识产权局办理专利权转让手续为标准。用于出资的专利,仅在市场监督管理部门登记备案,并未过户到公司名下,视为专利并未转让。由此,股东将专利技术转让给第三人的合同有效,但公司有权要求该股东继续履行出资义务并承担违约责任,也可以提起诉讼要求提存技术转让价款。

**109. 公司章程中约定出资者以货币出资，但股东实际出资时却以实物代替，该股东是否履行了出资义务？**

从法理上讲，股东的出资应与公司章程所规定的出资相一致，这种一致性不仅表现为出资数额上的一致，而且还表现为出资形式的一致。公司章程对出资额、出资方式的约定是股东对公司和其他股东的承诺，股东应当遵守。但公司章程毕竟是股东对相互权利义务的约定，也是一种协议，如果股东变更了出资方式，其出资行为不违反《公司法》对于出资的规定，其他股东对此无异议的，可以认定该股东全面履行了出资义务。

### 【案例49】出资方式有争议　以工商登记为准[①]

**原告**：久阳公司

**被告**：康隆公司、久康公司

**诉讼请求**：

1. 被告康隆公司补足被告久康公司投资款454.5万元人民币；
2. 被告康隆公司支付原告违约金50万元人民币（暂计算至2002年6月26日）；
3. 如被告康隆公司拒绝履行第1项出资义务，则判令被告康隆公司仅占被告久康公司20%股权。

**争议焦点**：

1. 公司实际出资方式与约定方式不一致，是否当然意味股东出资不实；
2. 法院能否直接判决以瑕疵出资股东的实际出资额确定其出资比例。

**基本案情**：

2000年12月，被告康隆公司成功研制饮用水除氟及除氟料可再生的处理装置，并被认定为高新技术成果转化项目。

为使该成果尽快转化应用，2001年3月10日，由原告作为合同甲方与作为合同乙方的被告康隆公司签订了合资成立被告久康公司的合作协议。协议约定，被告久康公司注册资本为1818万元人民币，原告以现金投资999.9万元人民币，占注册资本比例为55%；被告康隆公司以高新技术成果作为无形资产投入，原告同意出具担保协议书，承担818.1万元人民币连带责任，据此被告康隆公司占注册资本的45%。

合作协议签订后，因高新技术出资需要的审批时间长、手续烦琐，被告康隆公

---

[①] 参见上海市第二中级人民法院(2002)沪二中民三(商)初字第251号民事判决书。

司为尽快办理被告久康公司的工商登记手续,决定另外再以货币出资454.5万元人民币。

2001年4月15日,被告康隆公司总经理沈某应其董事长韩某涛要求,向绿地公司借款554.4万元人民币,用途为组建被告久康公司,借款期限为半个月,并签订了借款协议书。

2001年4月23日,会计师事务所对被告久康公司截至同年4月18日的实收资本及相关资产和负债进行了审验,并出具了验资报告。该报告载明:公司注册资本为1818万元人民币,其中原告已以货币出资999.9万元人民币,占注册资本的55%;被告康隆公司已以货币出资454.5万元人民币,以无形资产作价363.6万元人民币,共计818.1万元人民币,占注册资本的45%。

2001年4月30日,被告久康公司注册成立。根据被告久康公司股东(发起人)名录记载,被告康隆公司的出资方式为货币出资454.5万元,占注册资本的25%,无形资产作价363.6万元,占注册资本的20%。

2001年12月14日,原告与被告康隆公司又签订1份补充协议,约定由原告增加投资227.1万元人民币,占注册资本的60%;被告康隆公司原高新技术成果作价818.1万元,现变更为818万元,占注册资本的40%。协议签订后,双方并未赴工商部门办理被告久康公司的注册资本变更手续。

**原告诉称:**

原告已按约足额履行了出资义务,而被告康隆公司除技术出资外,却将汇入454.5万元验资资金全部抽走,至今未予补足。被告康隆公司的上述行为违反了《公司法》的有关规定,侵害了原告的合法权益。

**原告为证明其观点,提交证据如下:**

1. 被告久康公司工商登记信息资料,旨在证明被告久康公司于2001年4月30日核准成立,注册资本为1818万元;

2. 2001年4月16日,原告与被告康隆公司签订的被告久康公司章程,旨在证明原告应以货币出资,被告康隆公司应以技术及货币出资;

3. 同诚会计所的验资报告及工商登记资料中股东(发起人)名录,旨在证明被告康隆公司的出资义务为技术作价出资363.6万元,货币出资454.5万元,合计占被告久康公司45%的股权;

4. 被告久康公司2002年5月11日至同月30日的开户账户明细表,旨在证明被告康隆公司在验资后将454.5万元的货币全部抽走,款项未进入被告久康公司账户;

5. 2001年4月15日,被告康隆公司与案外人绿地公司签订的借款协议书,旨在证明被告康隆公司为了履行货币出资义务的验资需要,向绿地公司借款554.4万元。

原告为证明其观点,申请法院传唤被告康隆公司原总经理沈某作为证人出庭作证。证人沈某当庭作出如下证人证言:

2001年4月初,原告与被告康隆公司签订1份合作协议,决定成立被告久康公司。由于根据工商方面的有关规定,如技术投资超过500万元,需向国家科技部申请,得到批准后才能办理工商登记。故如被告康隆公司全部以技术投入,则被告久康公司的工商登记手续将需要很长时间,因此,被告康隆公司后来出现了增加货币出资的情况。又由于被告康隆公司缺乏资金,其董事长韩某涛则要求总经理沈某向绿地公司借款,并签订了借款协议。至于该笔借款嗣后是否按借款协议约定按时归还,沈某表示不清楚。

**被告康隆公司辩称:**

1. 根据原告与被告康隆公司2001年3月10日签订的《高新技术成果转化项目合作协议》(以下简称《合作协议》)的约定,被告康隆公司对被告久康公司仅负有技术出资的义务,并不存在以货币出资454.4万元人民币的义务。因此,被告康隆公司从未向验资部门汇入454.5万元,从而也不存在抽逃出资的事实。

2. 在设立被告久康公司时,因技术出资会使工商登记时间延长,为尽快办理企业登记,原告与被告康隆公司向工商局提供了1份由被告康隆公司全部以货币出资的章程,该章程记载的内容与合作协议及以后的验资报告的内容均不相符。2001年12月14日,原告与被告康隆公司又签订1份《补充协议》,该协议对被告康隆公司仅负有技术出资义务再一次作了确认,因此,原告与被告康隆公司的法律关系不应以工商登记材料为准,而应以双方的实际约定来认定。综上,原告对被告康隆公司的诉请缺乏事实及法律依据,应当予以驳回。

**被告对原告所提供的证据发表质证意见如下:**

被告康隆公司对原告提供证据材料的1、3、4的真实性无异议,对证据材料2认为第3页已被原告篡改,对证据材料5记载的借款情况不清楚。

**被告康隆公司为证明其观点,提交证据如下:**

1. 2001年3月10日,原告与被告康隆公司签订的《合作协议》,旨在证明被告康隆公司应以高新技术作价818.1万元人民币出资,不存在货币出资义务;

2. 2001年4月16日,原告与被告康隆公司签订的被告久康公司章程(系复印件),仍旨在证明被告康隆公司不存在货币出资义务、原告提供的章程第3页已被变造；

3. 2001年12月14日，原告与被告康隆公司签订的《补充协议》，旨在证明双方对注册资本投资比例作了变更约定，但仍重申被告康隆公司的注册资本全额为高新技术作价；

4. 由高新技术认定办出具的证书及相关的评估报告书，旨在证明被告康隆公司提供的技术为高新技术，不应受20%出资比例的限制，进一步证明其无货币出资义务。

**针对被告的上述证据，原告认为：**

1. 在协商设立被告久康公司时，原告曾同意被告康隆公司仅以技术出资，但在办理工商登记手续时，工商局认为被告康隆公司提供的技术非高新技术，只能占新公司注册资本的20%。被告康隆公司因此向绿地公司借款554.4万元人民币，用来履行其应尽的另外25%的货币出资义务。被告康隆公司向同诚会计所汇入454.5万元人民币后，又将该笔款项挪作他用，至今未汇入被告久康公司账户，因此，被告康隆公司应承担抽逃资金的民事责任。

2. 被告康隆公司提供的证据材料2系复印件，且与原告提供的相关原件有异，因此该份证据材料不具备证明力，对其余证据材料的真实性无异议。

原告为佐证其反驳意见，又补充提供1份其委托代理人对嘉定工商局企业登记科科长谈话的工作记录。被告康隆公司对该份证据材料认为系原告单方制作，不具备证明力。

被告久康公司对原告提供的证据材料及诉讼请求均无异议，在庭审中未提供证据材料。

**律师观点：**

1. 对双方提供证据的认定。

原告提供的证据1、3、4，两被告对其真实性均无异议，应认定上述证据具有证明力；对证据2、3，被告康隆公司提出异议，但鉴于被告康隆公司针对证据2提供的章程系复印件，不足以反证该证据系虚假，且该异议亦与被告久康公司留存嘉定工商局的章程内容不符，而原告提供的该证据与本案所涉法律事实存在关联，因此法院应对证据2予以采纳；对证据5，由于证人沈某已对借款事实予以确认，被告康隆公司又无相反证据予以反驳，法院亦应予以采纳；至于原告补充提供的工作记录，因系原告单方制作，谈话对象又未能出庭作证，对该份证据，不具备证明力，应不予采纳。对于被告康隆公司提供的证据，除证据2因系复印件且无其他证据佐证，法院应不予采纳外，其余证据因真实、合法，法院应予以采纳。

2. 对于被告康隆公司的出资义务应视为原告与被告康隆公司已作了变更。

原告与被告康隆公司签订的合作协议系双方当事人真实意思表示，且协议约定的饮用水除氟及除氟料可再生的处理装置已经高新技术认定办认定为高新技术成果转化项目，因此该协议的约定与法无悖，依法应确认合法有效。合同签订后，因以高新技术出资成立新公司的工商登记所需审批手续烦琐、时间过长，为使新公司尽快成立，被告康隆公司因此变更出资义务为：以该技术作价占新公司注册资本的20%，另外以货币出资454.5万元人民币，占注册资本的25%，并因此向绿地公司借款。虽然被告康隆公司的上述实际出资行为与签订的合作协议有关约定不一致，但原告对此并无异议，且新公司即被告久康公司亦已于2001年4月30日注册成立，因此，对于被告康隆公司的出资义务应视为原告与被告康隆公司已作了变更。

3. 被告康隆公司的行为属抽逃出资，已构成出资违约，理应对被告久康公司承担补缴出资的违约责任。

公司资本作为公司成立与发展的物质基础，同时也是对外承担债务的重要保障。因此，股东的出资义务不仅是一种合同义务，对外而言，它还应该是一种法定义务。如股东不履行出资义务，即应对公司或其他出资人承担出资违约责任，对外亦应承担相应的出资责任。被告康隆公司提出其与原告就出资义务另有补充约定，其不应承担货币出资义务的辩称，因该协议约定的是公司股东内部的权利义务关系，对外并不具备效力，被告康隆公司的出资义务理应以具有公示效力的工商登记为准，即被告康隆公司负有对被告久康公司的货币出资义务。现被告康隆公司虽已将其认缴的货币出资454.5万元汇入同诚会计所进行验资，但该笔款项至今未汇入被告久康公司账户，上述行为属抽逃出资，已构成出资违约，故被告康隆公司理应对被告久康公司承担补缴出资的违约责任。

4. 在被告久康公司怠于主张的前提下，原告作为该公司的其他股东可代为主张该项权利。

虽然要求被告康隆公司承担补缴出资的义务应由被告久康公司主张，但在被告久康公司怠于主张的前提下，原告作为该公司的其他股东代为主张该项权利，法院应予准许。被告康隆公司在承担了补缴出资责任后，可基于其与原告签订的股东内部约定，依法再另行主张。

5. 原告已确认了被告康隆公司仅负有技术出资义务，故原告要求被告康隆公司向其偿付违约金的主张缺乏依据。

根据《公司法》的有关规定，被告康隆公司对其抽逃部分资金的行为，除应向被告久康公司承担补缴出资的违约责任外,理应再承担相应的损害赔偿责任。但鉴于原告在2001年12月14日签订补充协议时,已再次确认了被告康隆公司仅负有技术出资义务,因此原告在本案中再提出要求被告康隆公司向其偿付违约金的主张,缺乏必要的事实及法律依据,法院应不予支持。

6. 原告要求法院判决被告康隆公司只占被告久康公司20%股权的诉讼请求涉及减资,不属法院审理范围。

如被告康隆公司拒不履行补缴货币出资的义务,则被告久康公司的注册资本必将减少。然而,根据《公司法》的有关规定,公司需要减少注册资本时,必须经过向债权人公告、办理变更工商登记手续等程序,该事宜不属法院审理范围。因此,法院对该节事实应不予审理,对原告要求法院径直判决被告康隆公司只占被告久康公司20%股权的诉讼请求亦不予支持。

**法院判决:**

1. 被告康隆公司应在判决生效之日起10日内向被告久康公司补缴出资454.5万元人民币;

2. 对原告的其余诉讼请求不予支持。

## 【案例50】专有技术交付、完成交接方为出资完成　无约定请求变更出资形式被驳[1]

**原告:** 焦某文、刘某辰

**被告:** 裘某山

**第三人:** 天亨公司

**诉讼请求:**

1. 确认被告未向第三人履行180万元技术股出资义务;

2. 判令被告以180万元人民币补足其欠缴的出资。

**争议焦点:**

1. 本案是否属于重复诉讼;

2. 被告是否履行了专有技术出资义务,完成专有技术出资的判断依据是什么;能否仅凭《验资报告》之记载判定专有技术出资已到位;被告专有技术出资未到位,能否以此为由否认被告享有对应的股权;

3. 在被告没有履行专有技术股出资义务,第三人《公司章程》无另行规定,

---

[1] 参见河北省石家庄市中级人民法院(2019)冀01民终6551号民事判决书。

原、被告无另行约定的情况下,原告能否要求被告变更出资方式,以货币形式履行出资义务,本案原告应如何救济。

**基本案情:**

原、被告系第三人的股东。

第三人成立时,被告以货币及专有技术认缴出资205万元,持股29.29%。该拟出资的专有技术经评估价值为197.64万元,全体股东确认以180万元作价出资。

根据第三人设立时的《验资报告》记载,被告当时签署了关于专有技术出资的《生产工艺技术交接协议》,承诺办理交接手续;全体股东向负责验资的会计师事务所出具了《设立验资承诺函》。会计师事务所据此发表验资结论:经审验,截至2006年8月30日,第三人已收到全体股东缴纳的注册资本合计231万元人民币;各股东以货币出资51万元,专有技术出资180万元。

原告提供的技术成果证书记载,被告用于出资的专有技术所有权人为案外人金通医药公司,被告担任该公司的总经理。

2009年4月16日,原、被告签订补充协议,约定若被告提供的专有技术在补充协议约定的期限内不能实现相应利润指标,被告自愿放弃所持技术股。如因客观情况导致第三人在签订本补充协议之日起3个月内没有正常生产经营,被告不再持有第三人的技术股,并有权自行另行使用上述技术,二原告承诺不干涉被告另行使用上述技术。被告不再持有第三人的技术股后,被告在第三人公司的现金持股比例为:被告25万元,占股比例为3.57%。

事后,因原、被告之间矛盾激化,被告离开了第三人,第三人无法投产运营。原告遂提起诉讼,请求变更被告股权比例为3.75%,一审、二审法院均驳回了原告的诉讼请求。

2012年3月1日,被告提起诉讼请求解散公司,经法院判决第三人解散。随后第三人进入清算程序。

**原告诉称:**

第三人成立后,被告所持有的专有技术自始至终没有移交给第三人。被告所说的专有技术由其独自掌控,实际上被告也不掌握有关核心技术。被告离开第三人后导致公司无法了解该技术,更无法进行生产,严重损害了第三人和原告的权益。因此被告未向第三人履行180万元技术股出资义务。

根据《公司法》的规定,股东股权登记仅具有证权性,而不具有设权性,公司股东应以实际出资额确定其股东权利。因第三人被法院判决解散,不能再经过法定程序减少公司注册资本,被告向第三人移交其所说的专有技术已无必要,依照补充协议的约定,被告也不再持有公司的技术股,并有权另行使用上述技术。被告作为股东,应向第三人以货币方式出资180万元,以保证第三人的注册资本足额。

**被告辩称：**

本案违反了一事不再理原则。法院已在另案中进行判决,原告在该案中的诉讼请求为依法确认被告在第三人实际股份仅为3.75%,一审、二审法院驳回了原告的诉讼请求。本案中原告的诉讼请求与该案中的诉讼请求在实质上是一致的,应驳回原告的诉讼请求。

关于专有技术出资的交接,已经《验资报告》确认被告专有技术出资到位。第三人的厂房建设设计、工艺设备的购买安装,均是依据经过被告出资的专有技术资料进行的,现在对被告专有技术出资进行否定毫无意义。关于技术参数、生产效益,双方进行过生产指标、效益指标等多次协商、开会,也能证明第三人已经掌握本案的技术材料,故,被告专有技术出资已到位。

**法院认为：**

1. 本案是否属于重复诉讼?

首先,两个案件的当事人不完全相同。

其次,两个案件的诉讼请求本质上不同。在请求变更股权比例一案中,原告的诉讼请求实质上是否定被告技术股所占有的股权,即确认被告不持有技术股;而本案的诉讼请求,并不是否定被告技术股所占股权,只是确认被告认缴的技术股出资没有实际交付给第三人,两案的诉讼请求不同。因此,原告的起诉不属于重复诉讼。

2. 被告是否履行了专有技术出资义务?完成专有技术出资的判断依据是什么?能否仅凭《验资报告》之记载判定专有技术出资已到位?被告专有技术出资未到位,能否以此为由否认被告享有对应的股权?

《公司法》第28条第1款规定,股东应当按期足额缴纳公司章程中规定的各自所认缴的出资额。股东以货币出资的,应当将货币出资足额存入有限责任公司在银行开设的账户;以非货币财产出资的,应当依法办理其财产权的转移手续。

《公司法司法解释(三)》第10条规定,出资人以房屋、土地使用权或者需要办理权属登记的知识产权等财产出资,已经交付公司使用但未办理权属变更手续,公司、其他股东或者公司债权人主张认定出资人未履行出资义务的,人民法院应当责令当事人在指定的合理期间内办理权属变更手续;在前述期间内办理了权属变更手续的,人民法院应当认定其已经履行了出资义务。出资人以前款规定的财产出资,已经办理权属变更手续但未交付公司使用,公司或者其他股东主张其向公司交付,并在实际交付之前不享有相应股东权利的,人民法院应予支持。

从以上法律规定可以看出,股东以非货币出资的,确定是否履行了出资义务的判断标准,是以向公司办理财产权转移手续及非货币财产的实际交付使用。

本案涉及出资的非货币财产为专有技术,无法通过登记转移财产所有权,应通过交付技术资料以示交付,并由全体股东监督落实,保证该技术由第三人掌握并独自享有。被告既不能提供交付证明,又因第三人成立后未投入生产即进入清算程序,不能通过已投入生产应用、公司实际掌握了该技术来证明被告已完成了交付使用而履行了出资义务。

原告质疑被告出资的专有技术不属于被告所有,并提交了该技术对应的技术成果证书。根据该证书的记载,该技术成果的所有权人为案外人金通医药公司。被告作为专有技术的出资者,应当保证对该项技术拥有合法出资入股的权利。即使按被告所称其是案外人金通医药公司的总经理,在该公司没有将系争专有技术转让给被告的情况下,转让权人也应是案外人金通医药公司,而不是被告。

综上,被告没有任何直接证据证明被告拥有系争专有技术并将该技术转让给了第三人并已由公司所掌握。

根据《公司法司法解释(三)》第20条规定,当事人之间对是否已履行出资义务发生争议,原告提供对股东履行出资义务产生合理怀疑证据的,被告股东应当就其已履行出资义务承担举证责任。被告证明其已履行出资义务的证据为第三人的《验资报告》;从该《验资报告》的内容可以看出,会计师事务所出具报告时,认定第三人收到被告专有技术出资的依据是被告签署的《生产工艺技术交接协议》承诺办理交接手续;对系争专有技术所有权的确认是依据全体股东签署的《设立验资承诺函》,该报告并未对系争专有技术的交接手续完成情况进行审验,故,在仅凭有关承诺就作出被告专有技术出资已到位的结论意见显属不当。

再者,该《验资报告》仅为被告专有技术出资的间接证据而非直接证据,在没有其他证据佐证的情况下,不能仅以该证据作为确定被告出资到位的依据。

综上所述,被告提交的《验资报告》不能作为确定被告已履行专有技术出资义务的依据。

被告称,第三人厂房的建设设计、工艺设备的购买安装均是依据经过验资的技术资料进行的,双方就生产指标、效益指标多次协商、开会,也能证明公司已掌握本案的技术出资资料,技术出资已经到位。我们认为,由被告组织厂房建设、工艺设备的购买安装,并不能说明第三人已独占并完全掌握了该项技术。

基于专有技术的保密性,专有技术出资的完整交付即确定被告完成履行出资义务的标准,应延续到公司建成后成品生产过程中的各个环节,不仅包括设备安装,还需要被告向公司履行生产成品配方、操作员工对生产工艺流程的全方位技术掌握等等,这从补充协议约定被告的技术出资以完成一定的利润额度指标为条件就能得到充分体现。在第三人未能投产的情况下,难以确认被告已完成了技术出资。

对于原告依据补充协议认为,公司投产后没有达到利润标准,被告应放弃持有的技术股,以及公司在签订补充协议后3个月内因客观原因没有正常生产经营,被告不再享有技术股的主张,因公司并未投产,尤其是该约定没有对被告不再持有技术股后对所涉及的股份另行作出安排,违背了有限责任公司的资本不变原则,因此该约定不能作为被告不再持有其专有技术出资所对应的股权的判断依据。

3. 在被告没有履行专有技术股出资义务,第三人《公司章程》无另行规定,原、被告无另行约定的情况下,原告能否要求被告变更出资方式,以货币形式履行出资义务?本案原告应如何救济?

《公司法》第28条规定,股东应当按期足额缴纳公司章程中规定的各自所认缴的出资额。股东以货币出资的,应当将货币出资足额存入有限责任公司在银行开设的账户;以非货币财产出资的,应当依法办理其财产权的转移手续。股东不按照前款规定缴纳出资的,除应当向公司足额缴纳外,还应当向已按期足额缴纳出资的股东承担违约责任。

《公司法司法解释(三)》第10条规定,出资人以房屋、土地使用权或者需要办理权属登记的知识产权等财产出资,已经交付公司使用但未办理权属变更手续,公司、其他股东或者公司债权人主张认定出资人未履行出资义务的,人民法院应当责令当事人在指定的合理期间内办理权属变更手续;在前述期间内办理了权属变更手续的,人民法院应当认定其已经履行了出资义务;出资人主张自其实际交付财产给公司使用时享有相应股东权利的,人民法院应予支持。出资人以前款规定的财产出资,已经办理权属变更手续但未交付给公司使用,公司或者其他股东主张其向公司交付,并在实际交付之前不享有相应股东权利的,人民法院应予支持。

由上述法律规定可知,股东未履行非货币财产出资义务的法律后果是责令当事人在指定的合理期间内将出资财产交付给公司使用并办理权属变更手续。

本案被告未就非货币财产部分履行出资义务，不属于《公司法》第 30 条及《公司法司法解释（三）》第 9 条规定的"非货币财产的实际价额显著低于公司章程所定价额"即"出资不实"的情形，故在第三人《公司章程》无另行规定，原、被告无另行约定的情况下，原告请求判令变更被告出资方式，要求被告以货币方式履行出资义务，无事实和法律依据，法院难以支持该项诉讼请求。

《公司法司法解释（三）》第 16 条规定，股东未履行或者未全面履行出资义务或者抽逃出资，公司根据公司章程或者股东会决议对其利润分配请求权、新股优先认购权、剩余财产分配请求权等股东权利作出相应的合理限制，该股东请求认定该限制无效的，人民法院不予支持。

据此，鉴于第三人已进入清算程序，故可通过限制被告剩余财产分配请求权等股东权利实现救济，以维护原告的合法权益。

**法院判决：**

1. 确认被告未向第三人履行 180 万元技术股出资义务；
2. 驳回原告的其他诉讼请求。

**110. 如何确定出资不实股东的出资缴纳时间？在公司进入破产或清算程序后，股东承诺的出资期限尚未到期，该股东是否有义务继续履行出资义务？公司债权人能否请求该股东承担连带责任？**

出资不实股东的出资义务到期时间以公司章程规定的时间为准。但公司已进入破产或清算程序的，债权人有权合理信赖股东的出资承诺，股东未到期的出资义务视为到期。即便是公司的剩余资产总额足以清偿债务，但由于不能保证公司的每位债权人都能获得清偿，因此，出资不实股东应当继续履行出资义务。

股东出资履行期限的约定是股东的内部约定，只能约束公司和股东，股东的出资期限尚未届满，不能以未履行或未全面履行出资义务为由追究股东的违约责任。但不能据此产生对抗第三人尤其是公司债权人的法律效力。在公司财产不足以清偿对外债务的情况下，公司债权人可以请求出资期限尚未届满的股东在其实际出资与应出资之间的差额范围内即未出资部分，承担连带责任。

公司进入破产程序后，股东应补缴的出资属于破产债权，应向破产管理人清偿债务或补缴出资，由全体债权人按分配方案受偿。

关于公司债权人能否直接请求该股东清偿债务问题，目前各地司法实践不一。有的法院认为可以在判决公司承担债务之后，以公司无力清偿为由，要求公司进行破产清算。如上海法院观点："如果公司不能清偿单个债权人到期债权，那么其往往也资不抵债,或者明显缺乏清债能力,此时按照《企业破产法》规定,公司已经符合破产条件,应该保障全体债权人的利益。债权人应当申请债务人破产,进入破产程序后再按照《企业破产法》第35条使股东出资义务加速到期。"有的法院认为,在审理中直接判令股东缴纳出资以清偿债务,要比事后判决股东在破产程序中缴纳出资,更加能保护债权人的合法利益,维护市场正常经济秩序。

## 【案例51】公司全面停业　出资期限尚未届满的股东提前履行出资义务[①]

**原告:** 名桂化工公司

**被告:** 恒丰染整厂、广纺联集团、恒丰行

**诉讼请求:**

1. 被告恒丰染整厂支付原告货款125,053元及利息;

2. 被告广纺联集团、被告恒丰行在尚未缴纳的出资资本金范围内对被告恒丰染整厂的对外债务承担补充清偿责任。

**争议焦点:** 公司已全面停业,股东是否能以出资期限尚未届满对抗原告要求承担补充清偿责任的诉讼请求。

**基本案情:**

2006年6月29日,被告恒丰染整厂具函确认截至2006年7月18日,实欠原告货款125,053元。

被告恒丰染整厂是由被告广纺联集团、被告恒丰行及案外人宏达公司共同出资成立的中外合资企业(港资)。2006年3月28日,三方股东签订《股权转让协议》及《补充合同》,约定:

1. 三方股东同意增加合资公司注册资本297.66万美元。增资后,被告广纺联集团出资387万美元,占60%,被告恒丰行出资223.266万美元,占34.61%,案外人宏达公司出资34.734万美元,占5.39%。

2. 出资期限:各方投资应在中国有关法规所规定的两年期限内注资完毕。

上述合同于2006年4月24日经对外贸易经济合作局批准生效。同年4月30日,被告恒丰染整厂委托会计师事务所对增资资本进行验资。会计师事务所经审验后出具了《验资报告》,载明:被告恒丰染整厂申请增加注册资本2,976,600美元,应由被告广纺联集团、被告恒丰行于2008年3月28日之前以货币缴足。变更后的注册资本为6,450,000美元。本次出资为第一期,截至2006

---

[①] 参见广东省广州市中级人民法院(2007)穗中法民四初字第70号民事判决书。

年 4 月 29 日,被告恒丰染整厂已收到被告广纺联集团缴纳的新增货币注册资本 1,122,684.46 美元。

至此,被告广纺联集团除缴纳了第一期增资外,尚欠增资资本金 663,275.54 美元未缴纳,被告恒丰行尚欠增资资本金 1,190,640 美元未缴纳。

2006 年 6 月,被告恒丰染整厂全面停业,但没有办理歇业手续,公司董事会也未作出清算企业的相关决议。该公司至今未组成清算组清理债权债务,依然办理了 2007 年度的工商年检登记手续。据工商行政管理局于 2007 年 5 月 29 日核发的被告恒丰染整厂企业法人营业执照记载,该公司注册资本为 645 万美元,实收资本为 522.06 万美元。被告恒丰染整厂承认公司的部分机器设备已被拍卖用于职工安置,暂无能力清偿尚欠原告的债务。

**原告诉称:**

自 2006 年上半年起,被告恒丰染整厂收到货物后以种种理由推迟付款,至今共欠货款 125,053 元,已构成违约。被告广纺联集团、被告恒丰行是被告恒丰染整厂的股东。2006 年 3 月底,荔湾区对外经济贸易局已经批准被告恒丰染整厂增资。被告广纺联集团、被告恒丰行至今未足额缴足增资款,应在未足额出资范围内承担连带清偿责任。

**被告恒丰染整厂辩称:**

我方与原告虽未签订正式的书面买卖合同,但存在事实上的工业用盐买卖关系。原告诉称我方欠付货款的事实属实,我方同意原告关于归还货款的诉讼请求。

我方因污水排放问题被迫于 2006 年 6 月 16 日停产,并非故意拖欠货款。目前,我方正积极筹措资金,用于职工安置及清还欠款,恳请原告给予一定的还款宽限期限。

**被告广纺联集团、被告恒丰行辩称:**

1. 我方不存在不足额缴纳增资款的行为。根据 2006 年 3 月 28 日三方股东签订的补充合同,约定各方股东的出资期限为 2 年,补充合同的生效时间是审批机关批准之后,出资时间是 2006 年 4 月 24 日至 2008 年 4 月 23 日。荔湾区对外经济贸易合作局的批复明确规定三方应按出资期限出资完毕。可见出资的期限是在 2008 年 4 月 23 日到期,目前还没有到期,不存在增资不足的事实。

2. 对于一方股东出资不足的责任一方面是行政责任,另一方面是合同责任。如果出资不足,工商局或审批机关有权撤回审批,在这种情况下才存在清算的问题,被告恒丰染整厂在今年还进行年检,广州市工商局加盖了年检章,行政部门并没有对出资情况发出通知。在一方股东出资不足的情况下,我方可以主张其出资,可以不主张,原告无权对股东提出请求。

**律师观点:**

1. 被告恒丰染整厂构成违约,应当承担支付货款及利息的责任。

原告与被告恒丰染整厂承认双方以口头协议的方式订立了买卖合同并已实际履行,据此可认定双方依法建立了买卖合同法律关系。原告依约履行了交货义务,被告恒丰染整厂尚欠原告部分货款未付,已构成违约,应承担支付货款的违约责任。故原告请求被告恒丰染整厂支付欠款本金及逾期付款期间产生的利息,理据充分。

2. 被告广纺联集团、被告恒丰行存在出资瑕疵,应对货款承担连带偿还责任。

在法律上,公司的财产是指注册资本金总额,而非实收资本额。通常情况下,公司债权人无从知晓法人内部的财产状况,只能通过企业营业执照上公示的注册资本金判断企业的经营规模和承责能力。因此,公司注册资本成为公司对外承担债务的担保财产,是公司获得独立法人资格的必要法律要件。股东按照公司章程的规定向公司足额投入并保持足额资本,是其享受有限责任保护的必要条件。

现有证据显示,被告广纺联集团、被告恒丰行作为被告恒丰染整厂的股东,应依照增资合同约定对被告恒丰染整厂负有缴纳增资资本金义务。虽然增资合同没有约定分期付款还是一次性付款,仅约定了股东应在两年内完成增资义务,而本案纠纷发生时,股东的最后履行期限尚未届满。但是,该约定仅是股东的内部约定,只能约束公司或股东不能以此为由追究股东的违约责任,并不能据此产生对抗第三人尤其是公司债权人的法律效力。

因此,在被告恒丰染整厂已全面停业,现有财产尚不足以清偿原告债务的情况下,公司股东应及时履行补足出资的义务以充实公司注册资本、保证公司保持足额资本对外承担债务。现被告广纺联集团、被告恒丰行至今未履行补足出资的义务,客观上使基于信赖公司的实际资本符合公司所公示的内容而与公司发生业务往来的债权人的利益受损。据此,该两股东存在出资瑕疵行为,应在实缴资本与应缴资本的差额范围内向债权人承担清偿责任。

**法院判决:**

1. 被告恒丰染整厂在判决生效之日起10日内向原告支付货款125,053元及逾期付款期间的利息;

2. 被告恒丰染整厂的财产不足以清偿对外债务时,被告广纺联集团在尚未缴纳的出资资本金 663,275.54 美元范围内、被告恒丰行在尚未缴纳的出资资本金 1,190,640 美元范围内，对被告恒丰染整厂的对外债务承担补充清偿责任。

## 【案例52】变更出资期限应经股东本人同意　已部分实缴出资不适用股东除名[①]

**原告**：江城公司

**被告**：东建公司、陈某倩

**诉讼请求**：

1. 解除被告陈某倩作为被告东建公司股东的资格；

2. 判令被告东建公司办理注销被告陈某倩股东资格的手续，并办理减资手续。

**争议焦点**：

1. 被告陈某倩是否已履行实缴出资义务；

2. 原告是否有权要求被告陈某倩提前出资，有关股东会决议是否成立；

3. 被告东建公司股东除名决议是否有效。

**基本案情**：

被告东建公司系有限责任公司，成立于2016年9月14日，公司注册资本5000万元，原始股东为案外人虞某与案外人郑某康。

因被告东建公司需要支付土地出让金，案外人虞某向被告陈某倩提出借款请求。2016年12月1日，被告陈某倩向案外人张某借入1650万元并指示张某直接汇入被告东建公司作为案外人虞某的出资款。

2017年1月17日，被告陈某倩100%受让案外人郑某康与案外人虞某的股权，成为被告东建公司唯一股东。

2017年1月5日至2017年5月，被告陈某倩及其丈夫案外人虞某刚，以及其两人控股的案外人东建集团公司将多笔数额巨大的款项汇入被告东建公司账户中，被告东建公司至今未与对方进行结算。

2017年7月18日，被告东建公司与原告签订《引进战略投资者协议书》，约定被告东建公司通过增资扩股方式引进原告作为股东，双方约定，原告认缴注册资本7500万元，在2017年7月21日上午10时前支付5500万元，余款必须保证东建公司用款时随时到位。

---

[①] 参见浙江省丽水市中级人民法院(2019)浙11民终1372号民事判决书。

同日,原告与被告陈某倩签订《公司章程》,约定股东认缴的注册资本最晚的到位时间为2046年12月31日,并明确股东会会议表决方式为:股东会会议由股东按出资比例行使表决权,股东会每项决议需代表多少表决权的股东通过规定如下:(1)股东会会议作出修改公司章程的决议,必须经全部股东表决通过。(2)股东会会议作出增加或减少注册资本的决议,必须经全部股东表决通过。……(5)股东会的其他决议必须经全部股东表决通过。

次日,被告东建公司办理工商变更登记。原告成为被告东建公司控股股东,负责经营管理。

2018年,原告与被告陈某倩就被告东建公司的经营发展产生分歧,股东关系出现裂痕。

2018年7月2日,原告通知被告陈某倩召开临时股东会议。

2018年7月27日,原告单方表决通过要求被告陈某倩在2018年8月17日前实缴全部注册资本5000万元的临时股东会决议。

2018年8月24日,原告单方表决通过要求被告陈某倩在2018年9月24日前实缴全部注册资本5000万元的临时股东会决议。

2018年11月12日,原告单方表决通过解除被告陈某倩股东资格的股东会决议。

在要求被告陈某倩足额缴纳出资之前或期间,原告及被告东建公司,并未向被告陈某倩披露被告东建公司的实际经营状况。

**原告诉称:**

原告已经实缴注册资本6000万元,被告陈某倩自公司成立后一直未履行出资义务。

因被告东建公司经营发展需要,其于2018年的7月27日、8月24日两次以股东会决议的方式要求被告陈某倩在限期内实缴全部注册资本5000万元。被告陈某倩未按期履行。经催告后,被告陈某倩仍未履行出资义务。

为此原告于2018年11月12日召开股东会会议,会议审议通过解除陈某倩的股东资格的决议。公司股东会决议免除其股东资格符合《公司法》规定。

**被告东建公司辩称:**

被告陈某倩未履行出资义务,现公司股东会决议免除其股东资格符合规定,原告的诉讼请求具有事实和法律依据。

**被告陈某倩辩称:**

被告陈某倩已经履行出资义务,并且现在未到《公司章程》规定的最晚出资期限。

2018年11月12日的股东会决议事项,同意的股东所持有的表决权未达到法定或者《公司章程》规定的标准。

**法院认为:**

1. 被告陈某倩是否已履行实缴出资义务?

如上述已查明的案情事实,双方争议的1650万元虽然由案外人张某直接汇入被告东建公司,但该款系被告陈某倩向张某所借,再转借给案外人虞某作为出资事实清楚,故被告东建公司原股东虞某已履行了1650万元实缴出资义务。

在被告陈某倩受让案外人虞某的股权后,案外人虞某的该笔出资款转化为被告陈某倩的出资款。

故被告陈某倩已履行了部分实缴出资义务。

2. 原告是否有权要求被告陈某倩提前出资?有关股东会决议是否成立?

(1)被告东建公司《公司章程》规定的缴纳注册资本的最晚时间为2046年12月31日,被告陈某倩享有缴纳出资的期限利益。故被告陈某倩剩余未实缴到位的认缴出资部分的实缴出资期限尚未届满,其有权在2046年12月31日前任一时点完成实缴出资义务,此举并不违反被告东建公司《公司章程》的规定。

(2)《公司章程》中规定的股东实缴出资期限,由股东约定形成,《公司法》对此并无强制性规定,属于股东意思自治的范畴。如需改变股东实缴出资期限的规定,应当经股东本人同意,而不能经多数决通过;何况根据被告东建公司《公司章程》的规定,对于《公司章程》内容的修改应经全体股东一致同意。

(3)被告东建公司两次股东会会议均未告知被告陈某倩关于要求其提前出资的合理理由,而原告亦未举证证明存在依据《企业破产法》第35条或《公司法司法解释(二)》第22条规定的股东出资加速到期的情形,故原告主张被告陈某倩提前出资无事实依据,法院难以支持。

因此,被告两次股东会决议修改《公司章程》中关于股东出资期限,原告均经单方作出决议,均未征得被告陈某倩的同意,已不存在法律规定的股东出资加速到期的情形,故该等股东会决议不成立。

3. 被告东建公司股东除名决议是否有效?

将股东除名是对股东最严厉的惩罚。根据《公司法司法解释(三)》第17条的规定,只有在股东全部未履行出资义务或者抽逃全部出资时,才可以通过股东会决议解除某一股东的股东资格。

本案被告陈某倩已经缴纳部分出资,不符合股东"全部未履行出资义务"或

"抽逃全部出资"的条件,因此,原告无权通过股东会决议作出除名的决定。

被告东建公司作出的关于将被告陈某倩除名的股东会决议不符合法律规定,侵犯了被告陈某倩的股东权利,故而无效。

**法院判决:**

驳回原告的诉讼请求。

## 【案例53】出资瑕疵股东对除名其股东资格的决议不具有表决权

**原告:** 宋某祥

**被告:** 万禹公司

**第三人:** 豪旭公司

**诉讼请求:** 请求确认被告股东会决议有效。

**争议焦点:**

1. 第三人是否抽逃出资;
2. 第三人对系争股东会决议事项是否享有表决权。

**基本案情:**

被告万禹公司为设立于2009年3月11日的有限责任公司,设立时注册资本为100万元,股东为宋某祥、高某,宋某祥担任执行董事,高某担任监事。

2012年8月28日,被告召开股东会会议,作出决议如下:(1)同意增加公司注册资本,由原注册资本100万元增至10,000万元;(2)同意吸收新股东第三人;(3)增资后的股东、出资情况及股权比例为:宋某祥60万元(0.6%)、高某40万元(0.4%)、第三人9900万元(99%);(4)通过新的公司章程;(5)公司原执行董事、监事不变。同日,被告通过新的公司章程,公司章程第5条关于公司注册资本、股东出资额及持股比例的内容与上述股东会决议一致。公司章程第12条约定,股东会会议对所议事项作出决议,股东会应当对所议事项的决定作出会议记录,出席会议的股东应当在会议记录上签名。股东会会议由股东按照出资比例行使表决权。股东会会议作出修改公司章程、增加或者减少注册资本的决议,以及公司合并、成立、解散或者变更公司形式的决议,必须经代表2/3以上表决权的股东通过。股东会会议作出前款以外事项的决议,须经代表1/2以上表决权的股东通过。第28条约定,公司利润分配按照《公司法》及有关法律、法规,国务院财政主管部门的规定执行。股东按照实缴的出资比例分取红利。

2012年9月14日,上海大诚会计师事务所出具验资报告,载明:我们接受委托,审验了被告截至2012年9月14日新增注册资本的实收情况。截至2012年9

月14日,被告已收到第三人缴纳的新增注册资本(实收资本)9900万元,出资方式为货币出资。

2013年12月27日,被告向第三人邮寄《催告返还抽逃出资函》,称第三人已抽逃其全部出资9900万元,望其于收函后3日内返还全部抽逃出资,否则,被告将依法召开股东会会议,解除其股东资格。第三人于2013年12月30日签收该份函件。

2014年3月6日,被告向第三人邮寄《临时股东会会议通知》,通知其于2014年3月25日上午10时召开股东会,审议关于解除第三人股东资格的事项。2014年3月25日,被告召开2014年度临时股东会,全体股东均出席股东会。股东会会议记录载明以下内容:到会股东就解除第三人作为被告股东资格事项进行表决。表决情况:同意2票,占总股数1%,占出席会议有效表决权100%;反对1票,占总股数99%,占出席会议有效表决权的比例为0。表决结果:提案通过。各股东在会议记录尾部签字,其中,第三人代理人俞某琴注明,第三人不认可表决情况中"占出席会议有效表决权的100%"及"占出席会议有效表决权的比例为0"的表述。同日,被告出具股东会决议,载明:因股东第三人抽逃全部出资,且经合理催告后仍未及时归还,故经其他所有股东协商一致,决议解除其作为被告股东的资格。被告于本决议作出后30日内向公司登记机关申请办理股东变更登记及减资手续。如涉及法律、法规和有关规定应先报经审批的项目,公司将于有关部门审批之日起30日内向公司登记机关申请办理相关公司变更登记手续。以上事项表决结果:同意的,占总股数1%;不同意的,占总股数99%。宋某祥、高某在该股东会决议尾部签字。第三人代理人拒绝签字。2014年4月7日,被告再次向第三人发函,通知其股东资格已被解除。

**原告诉称:**

第三人抽逃出资,经催告其仍不归还,故股东会决议解除其股东资格。由于第三人对上述股东会决议不认可,故宋某祥作为被告股东,诉至原审法院,请求确认被告2014年3月25日股东会决议有效。

**被告辩称:**

同意原告的诉请。

**第三人辩称:**

依据《公司法》和公司章程的规定,第三人享有表决权。股东会决议应根据认缴出资比例行使表决权。涉案股东会决议无效。

**一审认为：**

股东基于其股东资格行使股东权利。本案第三人系经过被告股东会决议，以认缴增资形式进入被告，被告在公司章程中确认其股东身份，并完成了相应的工商登记，故第三人享有被告的股东资格，有权依照法律规定、公司章程约定行使股东权利。《公司法》第42条规定，股东会会议由股东按照出资比例行使表决权；但是，公司章程另有规定的除外。被告章程第12条第2款亦约定，股东会会议由股东按照出资比例行使表决权。上述规定及约定中"出资"一词的含义，直接关系上述被告各股东表决权的行使。

《公司法》第34条明确规定股东按实缴出资分取红利，第42条则仅表述为股东按出资比例行使表决权。同样，被告章程第28条约定股东按实缴出资比例分取红利，第5条关于股东情况部分则表述为第三人出资额为9900万元，第12条亦约定股东按出资比例行使表决权。从文义上判断，在无特别说明的情况下，无论是《公司法》第42条中的"出资"抑或是被告章程第12条第2款中的"出资"均应理解为认缴出资。此外，《公司法》及相关司法解释、被告章程均未对抽逃出资股东表决权的限制作出规定或约定，被告亦未就此形成股东会决议。因此，对于除名第三人的股东会审议事项，在无《公司法》规定或公司章程约定的其他限制股东表决权的情形下，即便第三人作为股东违反出资义务，抽逃出资，其表决权并不因此受到限制，第三人应根据其认缴出资的比例行使表决权。第三人是否抽逃出资这一事实并不影响本案审理，故对宋某祥提供的相关证据及相关主张，原审法院不予审查。若宋某祥或被告认为第三人抽逃出资，可根据《公司法司法解释（三）》的相关规定，依法要求其返还出资本息，因此，宋某祥及被告关于若第三人不被除名，则其对第三人抽逃出资的行为无其他救济途径的观点缺乏依据。

**一审判决：**

驳回原告诉讼请求。

**原告上诉称：**

本案不适用资本多数决的原则。第三人抽逃出资，在该情形下就解除其股东资格的议案其不具有表决权。请求二审依法改判或发回重审。

**被告上诉称：**

第三人的行为符合《公司法司法解释（三）》第12条规定的情形，构成抽逃出资。本案应在查明其是否存在抽逃出资的基础上，讨论第三人是否对其解除股东资格的议案享有表决权才有意义。第三人在涉案表决中不享有表决权或应当回避。

**第三人二审辩称：**

第三人未抽逃出资，相应的汇款票据原件转账凭证原件全部在原告及被告处，恰恰说明第三人没有抽逃出资。不同意原告的上诉请求，请求依法维持原判。

**律师认为：**

1. 关于第三人在入股被告公司9900万元后是否存在抽逃出资情形。

第三人于2012年9月14日将9900万元入股款项汇入被告验资账户，办理完相关验资手续后，完成了对被告的出资义务。但在验资后的第3天，9900万元出资款即从被告基本账户转入燕拓公司和风动公司，对于该两笔转账行为，第三人未提供证据证明存在其他合理用途。而在同一天，燕拓公司和风动公司又将相同金额的款项分别汇入京地公司和子月公司，该两家公司系第三人出资入股前汇集9900万元款项来源的公司。由此可见，第三人应当明知其出资款项在短时间内即被全部抽回，其出资并未由被告使用，没有证据证明该资金流向存在其他合理用途，第三人之后亦未将其出资补足。第三人的行为符合《公司法司法解释（三）》（2014年修正）第12条第5项所规定的情形，即未经法定程序将出资抽回的行为应被认定为股东抽逃出资。原告系被告法定代表人，两上诉人持有并向原审法院提供的被告增资款项的流转凭证属来源合法的证据，并不能据此否定第三人存在抽逃出资行为的事实。

2. 关于第三人在涉案股东会决议中的表决权。

《公司法司法解释（三）》（2014年修正）第18条第1款规定，"有限责任公司的股东未履行出资义务或者抽逃全部出资，经公司催告缴纳或者返还，其在合理期间内仍未缴纳或者返还出资，公司以股东会决议解除该股东的股东资格，该股东请求确认该解除行为无效的，人民法院不予支持"。根据前述分析，第三人的行为构成抽逃出资，且催告后仍未补齐出资，被告以股东会决议形式解除第三人股东资格的核心要件均已具备，但在股东会决议就股东除名问题进行讨论和决议时，拟被除名股东是否应当回避，即是否应当将第三人本身排除在外，《公司法司法解释（三）》对此未作规定。《公司法司法解释（三）》（2014年修正）第18条中规定的股东除名权是公司为消除不履行义务的股东对公司和其他股东所产生不利影响而享有的一种法定权能，是不以征求被除名股东的意思为前提和基础的。在特定情况下，股东除名决议作出时，会涉及被除名股东可能操纵表决权的情形。故当某一股东与股东会讨论的决议事项有特别利害关系时，该股东不得就其持有的股权行使表决权。本案中，第三人是持有被告99%股权的大股东，被告召开系争股东会会议前通知了第三人参加会议，并由其委托的代理人在会议上进行了申辩和提出反对意见,已尽到了对拟被除名股东权利的保护。但如前所述,第三人在系争决议表决时,其所持股权对应的表决权应被排除在外。本案系争除名决议已获除第三人以外的其他股东一致表决同意这一决议内容,即以100%表决权同意并通过,故被告2014年3月25日作出的股东会决议应属有效。此外需要说明的是,第三人股东资格被解除后,被告应当及时办理法定减资程序或者有其他股东或者第三人缴纳相应的出资。

**二审判决:**
1. 撤销原审判决;
2. 确认涉案股东会决议有效。

**111. 瑕疵出资股东对公司享有到期债权的,其能否主张抵销其相应的瑕疵出资额?**

瑕疵出资股东对公司享有到期债权的,该股东或公司可以依据《民法典》第568条、569条之规定以该债权抵销相应的瑕疵出资。但下列情形除外:

(1)公司已经进入破产程序;

(2)公司债权人已经提起要求瑕疵出资股东对公司债务承担责任的诉讼。

《民法典》第568条规定,当事人互负到期债务,该债务的标的物种类、品质相同的,任何一方可以将自己的债务与对方的债务抵销,但依照法律规定或者按照合同性质不得抵销的除外。

当事人主张抵销的,应当通知对方。通知自到达对方时生效。抵销不得附条件或者附期限。

《民法典》第569条规定,当事人互负债务,标的物种类、品质不相同的,经双方协商一致,也可以抵销。

**【案例54】破产债权不能与瑕疵出资相抵销　法定出资义务应履行**[①]

**原告:** 信益电子公司

**被告:** 投资公司

**诉讼请求:** 判令被告履行1144.472,527万美元的出资义务。

**争议焦点:** 股东可否因对公司享有债权,主张与对公司瑕疵出资额相抵销。

---

① 参见河南省安阳市中级人民法院(2009)安破民字第6号民事判决书。

**基本案情：**

原告的注册资本为6397.46万美元，被告认缴的出资额为4478.24万美元，而实际出资额仅为3333.77万美元，尚有1144.47万美元未实际出资。B&F公司与金贝公司认缴数额也与实际缴纳数额不符。

**原告诉称：**

被告认缴的出资额为4478.24万美元，而实际出资额仅为3333.77万美元。2007年12月，原告进入破产程序，原告破产管理人通知被告缴纳其认缴而尚未履行的1144.47万美元的出资义务，遭被告拒绝。

**被告辩称：**

1. 被告不存在注册资金不到位的情况，2005年被告与B&F公司、金贝公司申请对原告增加注册资本4404.46万美元时，由于当时B&F公司与金贝公司均没有履行出资义务，于是三方协商减资，由河南商务厅批准延期缴纳，后被告又继续履行出资义务，但当被告还没来得及办出资手续时，原告就宣告破产；

2. 为了便于查清案件事实，要求追加B&F公司、金贝公司为共同被告；

3. 被告对原告享有债权，应当进行抵销。

**律师观点：**

1. 仅有股东之间的减资协议，原告不能成功减资；被告在没有办理出资手续、验资报告未予显示被告出资额的情况下，不能认定被告已经出资。

被告辩称其与B&F公司、金贝公司已协商减资，并履行了自己的出资义务，未来得及办理手续，原告即宣告破产，但没有提供相应证据予以支持，验资报告也未显示其出资额，不应予以认定。原告破产申请后，原告破产管理人要求被告补缴未缴足的出资于法有据，应予支持。

2. 被告申请追加的两被告，不是必须共同进行诉讼的当事人，因此应予以驳回。

3. 被告不可因对原告享有债权，主张与对原告未出足的注册资金相抵销。

被告作为原告的债权人，与原告的其他债权人享有平等的权利，被告对原告享有的破产债权不能与被告对原告未出足的注册资金相抵销。

**法院判决：**

被告于本判决生效后10日内向原告破产管理人缴纳尚未履行的出资款1144.472,527万美元。

**112. 瑕疵出资股东能否以其应分取的利润抵销瑕疵出资？公司能否直接扣留股东应分得的利润以填补股东所欠出资？**

如果股东会作出了利润分配决议,股东根据决议内容就对公司享有了股利分配请求权,在股东和公司之间也就产生了现实的债权债务关系。因此,在符合债务抵消的前提下,出资不实的股东完全可以其对公司的债权抵销所欠的出资份额。

就公司而言,也可以依据《民法典》有关抵销权的规定,直接扣留股东应分得的利润以填补股东所欠出资,但公司已经进入破产程序的除外。根据《最高人民法院关于破产债权能否与未到位的注册资金抵销问题的复函》规定,为保护破产企业其他债权人的合法权益,股东对公司享有的破产债权不能与其所欠的出资相抵销。股东应当先行补足所欠出资,然后与公司的其他债权人一并申报债权,享有与其他债权人平等的破产财产受偿权。

值得说明的是,实践中经常遇到在没有形成公司股东会利润分配决议情况下,股东仅以公司已经实际盈利,自己可分配利润完全可以弥补所欠出资数额为由主张出资已经实际到位。该主张是不能成立的,因为公司利润的分配属于公司自治的范畴,股东并不具有确定性的股利分配请求权。在利润分配前,不论公司盈利多少都是公司独立的财产,并非股东的财产,两者之间有着明确的界限。因此,公司的实际盈利并无法改变股东未实际出资的事实,股东仍应当承担出资不实的法律责任。

**【案例55】未达成抵销合意　未分配红利不得冲抵瑕疵出资额**[①]

**原告**：宇顺公司

**被告**：吴某晨

**诉讼请求**：判令被告补缴出资款27万元。

**争议焦点**：

1. 未在工商登记的股东是否当然不承担出资补足义务;
2. 公司不同意抵销,股东能否以所应分得利润抵销瑕疵出资额。

**基本案情**：

2007年1月31日,原告成立,注册资本2000万元,其中赵某发认缴出资额为800万元,王某周600万元,章某600万元。

---

[①] 参见江苏省徐州市中级人民法院(2010)徐商终字第0227号民事判决书。

2007年10月10日,王某周、被告、章某召开临时股东会,决议:股权变更后的原告实收资本为1000万元,分别为王某周400万元、章某200万元、被告400万元。该决议通过后未办理工商登记变更手续。

2007年5月9日,原告向被告出具了一张金额为27万元的收据,事由为借款。被告持该收据将原告另案起诉至原审法院,要求原告返还借款,原告辩称该笔款项实际为被告对原告的出资。后原审法院作出判决认定:该27万元并非出资,应为借款,并据此判决原告偿还被告借款27万元。该判决现已生效。

2007年8月11日,原告给被告出具357,710元收据,收款事由注明为投资款,收款方式为现金(报发票)。后原告将其中17万元从账目中调出。

2008年5月18日,被告将股权转让给案外人张某辉。

**原告诉称:**

2007年10月10日,原告召开临时股东会,商定被告出资400万元。根据原告账目记载能够反映出被告向原告出资400万元。既然其中的27万元(2007年5月9日的账面记载)被原审法院认定为原告向被告的借款,那么被告还须向原告缴纳27万元出资。

**被告辩称:**

1. 原告不具备诉讼主体资格;

2. 被告并非原告的发起股东,其股权是通过股权受让取得,故不存在出资不足问题;

3. 被告分15次向原告出资417万元。根据原审法院判决的认定,扣除27万元借款后,被告共向原告出资390万元;

4. 即使存在出资不足问题,也可以用2007年原告应分红利281,936.49元予以折抵。

**针对被告的上述观点,原告认为:**

2007年8月11日,原告收到被告357,710元,公司总账会计已对被告的账目核减后调出17万元,现账目上仅反映出该笔出资为187,710元。调账的原因如下:

1. 被告汇款10万元给路神公司购车,而该款是8名实际购车人的钱,并非被告个人的钱。因此,原告从被告账目中调减10万元;

2. 被告于2007年4月18日从原告预领款7万元,故原告从被告账目中调减7万元。

故该笔出资实际数额应为187,710元。

## 第三章 股东出资纠纷

**律师观点：**

1. 原告具备诉讼主体资格。

被告作为股东应向原告出资，如果被告不能按照约定及时足额缴纳出资，损害的是原告的权益，故原告是该案适格的诉讼主体。

2. 被告具有股东资格，应承担足额认缴出资义务。

虽然工商登记中没有载明被告曾为原告股东，但2007年10月10日被告与其他发起股东召开的股东会会议商定被告系直接向原告认缴出资400万元，且被告对原告已实际出资并参与经营，后又将自己的股权进行了转让，应视为被告已实际行使了股东权利，履行了股东义务，取得了股东资格。

虽然被告主张其股权系通过受让获得，但被告没有与原告任何发起股东签订股权转让协议，也没有向其他股东支付过股权转让款。其股东地位是通过与发起股东王某周、章某召开临时股东会、形成决议，并实际向原告出资的方式取得的，故对被告关于其股权系通过受让获得的主张不应予以支持。且根据相关法律规定，承担足额认缴出资义务的主体并不局限于发起股东。故对被告关于其不是发起股东，因此不存在欠缴出资款问题的主张亦不应予以支持。

3. 被告实际出资为373万元。

路神公司向原告出具的10万元收条复印件下方标注"东吴公司代付，挂被告个人入股金"字迹，该字迹系被告本人所写，体现的只是被告个人的意思表示，不能代表原告的意思表示，即不能证明原告同意将该笔10万元作为被告的出资款。故该笔10万元亦不应作为被告的出资款，应予以扣减；

2007年4月18日，被告从原告处领取了购置变压器款7万元，并出具了收条。因此，该7万元不应计入被告的出资款中。

根据上述分析，原告将被告该笔357,710元投资款调减为187,710元，得出被告实际出资仅为373万元是正确的。故对被告称其实际出资为390万元的主张，不应予以支持。

4. 原告不同意抵销，被告不能以所应分得利润抵销瑕疵出资额。

《合同法》第99条①规定，当事人互负到期债务，该债务的标的物种类、品质相同的，任何一方可以将自己的债务与对方的债务抵销，但依照法律规定或者合同性质不得抵销的除外。该条系对法定抵销权作出规定。《合同法》第100条②

---

① 现为《民法典》第568条相关内容。
② 现为《民法典》第569条相关内容。

规定,当事人互负到期债务,标的物种类、品质不相同,经双方协商一致,也可以抵销。该条系对约定抵销权的规定。本案中,因利润分红与出资问题所涉及的法律关系不同,利润分红问题尚有争议,原告不同意抵销,故被告提出的抵销权主张,不应予以支持。

**法院判决:**

被告于判决生效后10日内补缴给原告出资款27万元。

**113. 出资人以不享有处分权的财产出资,该出资行为是否有效?**

出资人以不享有处分权的财产出资,当事人之间对于出资行为效力产生争议的,可以参照《民法典》第311条关于善意取得的规定,判定出资行为的效力。如果出资人以不享有处分权的财产出资的行为符合善意取得条件的,公司善意取得该财产的所有权。

善意取得必须符合以下三项条件:

(1)公司在受让该财产时系善意的,即公司不知道也不应当知道出资人对出资财产不享有处分权。在原始设立公司的场合,善意与否的判断应以其他发起人是否应当知道出资人对其出资不享有处分权为标准。

(2)该出资财产转让价格合理。判断转让价格合理,一般应依法进行评估。

(3)出资的财产依照法律规定应当登记的已经登记至公司名下,不需要登记的已经交付给公司。

出资人以他人财产出资,同时符合上述三项条件的,应当认定出资有效,公司取得出资财产所有权;不符合上述三项条件的,应当认定出资无效,原财产所有权人有权取回出资财产。

**114. 出资人以贪污、受贿、侵占、挪用等违法犯罪手段取得的货币出资,该出资行为是否有效?出资人因此取得的股权应如何处理?**

出资人以违法犯罪手段取得的货币出资是否适用善意取得制度,在理论界与实务界都存在很大争议,共有三种观点:

第一种观点认为,赃物不适用善意取得制度。善意取得存在的正当依据在于:当所有人出于特定的交易目的,依其意志使让与人占有其物时,同时引发了两种危险:

(1)它营造了一个可以使第三人信赖的状态,从而对交易安全产生危险;

(2)所有人失去对标的物的直接占有,就面临标的物被他人处分的危险。

这两种危险是由于标的物所有权人的交易行为引起的,而且与交易第三人相比,让与人可以通过较小的成本有效避免自身所面临的风险。但赃物作为非基于所有人的意志丧失占有的物,根本就不具备类似的前提,若仍适用善意取得制度,对所有人过于苛刻。因此赃物不宜适用善意取得。

第二种观点认为,部分赃物适用善意取得。民法学根据所有人对物丧失占有的主观心态,将非由权利人占有的物区分为占有委托物与占有脱离物。占有委托物是基于真权利人的意思而丧失占有之物,如保管、寄存等;占有脱离物则是指非基于真权利人的意思而丧失占有之物,如盗窃、遗失物等。占有委托物适用善意取得,占有脱离物则原则上不能适用善意取得。

第三种观点认为,赃物也应适用善意取得。赃物带有的法律属性使其不能在市场上流通,但法律属性是隐性的,本身并无特殊标志,它置于公开市场中,人们难以辨认该物是否属于赃物。对第三人苛加辨认该物是否属于赃物的义务显得十分不合理,也难以操作。

最高人民法院在讨论这一问题时,最终认定出资人以违法犯罪手段取得的货币出资,不宜认定出资人构成民法上的无权处分。主要依据在于,对货币这种特殊的动产,民法理论上一般均认为,货币作为种类物和可代替物,其所有权和占有权合一,推定货币占有人为货币所有人,其享有对货币的处分权。

故出资人将其非法取得的货币投入公司后,公司即取得货币的所有权,该出资行为应当有效,出资人依法取得与该出资相对应的股权。只是如果出资人的行为构成犯罪,这种通过非法手段获得的股权则属于出资人的违法犯罪所得,这种违法犯罪所得财产形式由于出资行为从原来的货币换成了股权。

根据《刑法》规定,违法犯罪所得应予追缴以补偿受害人损失。但是,在追究出资人犯罪行为责任时,不应直接从公司抽回货币,只能对出资人就该货币形成的股权进行处置。处置的方式有两种,即拍卖与变卖。应当注意的是,以拍卖或者变卖方式处置股权时,应当符合《公司法》关于股权转让的法定条件与程序。①

**二、虚假出资的裁判标准**

**115. 公司吊销未注销时,是否仍可主张未出资的股东补足出资?**

可以。股东出资涉及两方面责任,一个是对公司的约定出资责任即股东应按章程按时缴纳出资,另一个是对公司的法定补足责任即基于公司经营活动股东应对外承担出资补足责任。股东对公司负有资本充实的责任,所谓"资本充实"即

---

① 拍卖与变卖应注意事项详见本书第七章股权转让纠纷。

全面履行章程规定的出资金额,该种资本充实责任与公司是否吊销无关。

**116. 虚假出资在实践中有哪些表现形式?**

虚假出资在实践中主要表现为以下四种形式:

(1)以虚假的实物投资手续骗取验资报告,从而获得公司登记;

(2)以实物、工业产权、非专利技术、土地使用权出资,但并未办理财产权转移手续;

(3)作为出资的实物、工业产权、非专利技术、土地使用权的实际价值显著低于公司章程所定价值;

(4)未对投入的净资产进行审计,仅以投资者提供的少记负债高估资产的会计报表验资。

**【案例56】房地产出资未过户　验资不实会计师事务所与股东共担责任**[①]

**原告:** 华升公司

**被告:** 徐某、徐某鱼、万隆会计师事务所、审计局、兴华会计师事务所

**诉讼请求:**

1. 被告徐某、被告徐某鱼在出资不实的范围内对(2008)未民二初字第1111号民事判决书中佳铭公司的债务向原告承担清偿责任;

2. 被告万隆会计师事务所、被告审计局、被告兴华会计师事务所在其虚假验资的范围内对佳铭公司所负原告的债务承担赔偿责任。[②]

**争议焦点:**

1. 用作出资的房产未过户是否构成虚假出资;

2. 如何判定会计师事务所是否尽到合理的审查义务。

**基本案情:**

2000年佳铭公司成立时,被告徐某与科文公司以1号院1号楼一层营业房(房屋建筑面积1000平方米)出资。被告徐某提供了4份购房款发票,分别为:2000年1月5日出具的95万元购房款发票、2000年1月10日出具的90万元购房款发票、2000年3月5日出具的85万元购房款发票、2000年3月25日出具的80万元购房款发票,共计350万元。

---

[①] 参见陕西省西安市中级人民法院(2011)西民四终字第00146号民事判决书。

[②] 《公司法》(2013年修正)及《公司注册资本登记管理规定》(已失效)已删除有限责任公司验资要求,故会计师事务所不存在赔偿责任问题。下同。

2000年6月26日,被告万隆会计师事务所出具验资报告,确认佳铭公司截至2000年6月26日注册资本350万元人民币。在被告万隆会计师事务所的验资报告中,实物转让清单上加盖了西安市审计事务所的公章,时间为2000年6月26日。①

2002年4月1日,在该公司年检时,被告兴华会计师事务所对其进行工商年检验资,确认截至2001年12月31日注册资本为300万元人民币,与实收资本300万元一致。

法院于2008年10月14日作出(2008)未民二初字第1111号民事判决,判令佳铭公司支付原告欠款117万元及违约金52,439元,并承担诉讼费15,802元。

原告于2009年4月28日申请强制执行。法院于2009年10月30日作出(2009)未执第797号执行裁定,认为"在执行过程中,查明被执行人佳铭公司自2003年至今一直未年检,不在判决所列地办公。同时在中国人民银行查询被执行人无开户记录,申请人所提供的被执行人的账号已经被注销。申请人也无法提供可供执行的财产线索和住址,依照《民事诉讼法》(2007年修正)第233条第6项、第234条②之规定,裁定(2009)未执字第797号案件的本次执行终结。如申请执行人发现被执行人有可供执行的财产,可再次申请执行"。

1999年12月24日,被告审计局与西安市审计事务所签订《协议书》1份,约定按照财政部和省政府关于会计师事务所、审计事务所在改制中产权界定与资产处置的有关规定,遵照"谁投资,谁所有"的原则,自脱钩改制基准日(1999年9月30日)前,西安市审计事务所的净资产归国家所有,改制前事务所的风险责任依法执行。2000年1月11日,陕西省财政厅同意西安市审计事务所脱钩改制,终止西安市审计事务所,同意成立陕西华利信有限责任会计师事务所。陕西华利信有限责任会师事务所成立后,于2006年9月15日在工商部门登记更名为陕西万隆金剑有限责任会计师事务所。

**原告诉称:**

佳铭公司工商档案显示,该公司股东为被告徐某和被告徐某鱼,股东出资为西安市东关南街东牌楼巷×号院内一层营业房,该房产从陕西科文房地产开发公司购买,面积1000平方米,价值350万元。事实上,西安市东关南街东牌楼巷×号院一层营业房根本不存在,西安市房产局没有陕西科文房地产开发公司和佳

---

① 《公司法》(2005年修订)规定,公司非货币财产出资比例不得超过公司注册资本额的70%。本案中非货币财产出资比例为100%,存在一定问题。不过根据《公司法》(2018年修正)规定,非货币财产出资的比例可以达到100%。
② 现为《民事诉讼法》(2021年修正)第264条第6项、第265条。

铭公司的任何房产信息,被告徐某和被告徐某鱼向工商局提供的资料是伪造的,被告徐某和被告徐某鱼实际上未出资,其应在出资范围内对佳铭公司的债务向原告承担连带责任。

该公司成立时的验资机构为被告万隆会计师事务所和被告审计局,该公司2002年年检时,被告兴华会计师事务所为其作了验资报告。被告万隆会计师事务所、被告审计局、被告兴华会计师事务所出具虚假验资证明,应对佳铭公司的债务向原告承担责任。

**被告徐某、被告徐某鱼辩称:**

原告起诉依据的是西安市未央区人民法院的判决书,该判决程序违法,实体错误,对此已向省高院申诉;被告徐某与科文公司签订购房合同,并支付了350万元购房款,因为科文公司的原因,地被政府收回,被告徐某准备起诉科文公司要回350万元购房款,不存在出资不实的情形。

**被告万隆会计师事务所辩称:**

佳铭公司设立时被告万隆会计师事务所验资行为符合行业规范程序。佳铭公司出具购房合同、购房发票以及开发商科文公司的证明,被告万隆会计师事务所已经尽到验资应尽的注意义务,原告没有充分证据证明佳铭公司股东伪造出资材料。另原告与佳铭公司建设施工合同纠纷一案一审判决存在重大瑕疵。总之,被告万隆会计师事务所在验资时尽到注意义务,不构成虚假验资。

**被告兴华会计师事务所辩称:**

佳铭公司不存在虚假出资情形,被告兴华会计师事务所出具的不是验资报告而是年检报告,报告依据的是原验资报告,因此是否虚假出资或虚假验资均与被告兴华会计师事务所无关。

**被告审计局辩称:**

佳铭公司设立时的验资报告是被告万隆会计师事务所作出的,而不是原西安市审计事务所作出的。被告万隆会计师事务所所出具的验资报告附件上加盖的原西安市审计事务所印章时间是2000年6月26日,西安市审计事务所2000年3月14日已在工商局注销,因此在验资报告附件上盖章不具有法律效力。审计局作为西安市审计事务所的主管单位不应承担任何法律责任。

**一审认为:**

原告与佳铭公司建设施工合同纠纷案,西安市未央区人民法院已经审结并进入执行阶段。原告提交的西安市未央区人民法院(2009)未执字第797号执行裁定,是对该次执行终结,并告知原告如发现被执行人有可供执行的财产可再次申请执行,故原告对于佳铭公司的财产尚未穷尽执行手段,对于其损失尚未最终确定,原告对佳铭公司股东被告徐某、被告徐某鱼的诉讼请求,依法不予支持。

《最高人民法院关于审理涉及会计师事务所在审计业务活动中民事侵权赔偿案件的若干规定》第10条第2项规定,对被审计单位、出资人的财产依法强制执行后仍不足以赔偿损失的,由会计师事务所在其不实审计金额范围内承担相应的赔偿责任,而本案原告的损失尚未确定,故其对被告万隆会计师事务所、被告审计局、被告兴华会计师事务所的诉讼请求,依法予以驳回。

**一审判决:**

驳回原告诉讼请求。

原告不服一审判决,向上级人民法院提起上诉。

**原告上诉称:**

1. 佳铭公司欠原告的债务明确,有西安市未央区人民法院(2008)未民二初字第1111号民事判决书确定;

2. 被告徐某、被告徐某鱼作为佳铭公司的出资人,存在虚假出资的事实,实际未出资,应对佳铭公司的债务向原告承担连带责任;

3. 被告万隆会计师事务所、被告兴华会计师事务所未按法定程序履行验资义务,应承担连带赔偿责任;被告审计局也是佳铭公司验资机构之一,应承担连带赔偿责任。

**五被告二审辩称:**

一审判决事实认定无误,法律适用正确,应予维持。

**律师观点:**

1. 关于被告徐某、被告徐某鱼是否存在出资不实的情形。

本案中,被告徐某、被告徐某鱼以房产作为出资,应当在公司成立后办理过户手续,并在登记机关备案,但被告徐某、被告徐某鱼作为出资的房产实际上因故并未交房,作为股东的被告徐某、被告徐某鱼应就佳铭公司注册资本300万元范围内补足出资。根据《公司法司法解释(三)》第13条第2款"公司债权人请求未履行或者未全面履行出资义务的股东在未出资本息范围内对公司债务不能清偿的部分承担补充赔偿责任的,人民法院应予支持……"之规定,被告徐某、被告徐某鱼应在生效判决确认的佳铭公司对原告的债务在未出资范围内承担补充赔偿责任。

2. 关于验资机构是否承担责任的问题。

被告审计局并非佳铭公司的验资机构,且原西安审计事务所在验资附件上出现公章的日期之前已被工商局注销,因此其主管上级机关被告审计局与本案涉及的虚假验资并无关联性,原告对被告审计局的诉讼主张,不应予以支持。

被告徐某、被告徐某鱼在设立公司时向验资机构被告万隆会计师事务所提供了购房合同、购房发票以及科文公司的证明,被告万隆会计师事务所据此作出验资报告,已经尽到验资义务,原告诉称佳铭公司设立时虚假验资,证据不足,其主张被告万隆会计师事务所承担赔偿责任法院不应予以支持。

2002年4月1日,被告兴华会计师事务所在为佳铭公司作年检验资时,除应核对出资时的购房合同、发票以及证明材料外,还应对房产是否已过户,并是否在工商局备案登记进行核实。本案中,被告兴华会计师事务所未对以房产出资是否已过户以及是否备案进行审查,根据《最高人民法院关于审理涉及会计师事务所在审计业务活动中民事侵权赔偿案件的若干规定》第6条"会计师事务所在审计业务活动中因过失出具不实报告,并给利害关系人造成损失的,人民法院应当根据其过失大小确定其赔偿责任"之规定,其应就佳铭公司对原告债务在其股东被告徐某、被告徐某鱼不能清偿范围内承担补充赔偿责任。

综上,一审判决适用法律部分错误,应予部分改判。

**法院判决:**

1. 维持一审判决第2项;

2. 撤销一审判决第1项、3项;

3. 判决生效后15日内被告徐某、被告徐某鱼各自在150万元范围内对西安市未央区人民法院(2008)未民二初字第1111号民事判决书中西安佳铭置业有限公司的债务向原告承担清偿责任;

4. 被告兴华会计师事务所在被告徐某、被告徐某鱼不能清偿上述债务范围内承担补充赔偿责任。

## 【案例57】房产无法过户出资存瑕疵　法院判令股东履行增资义务[①]

**原告:** 谢某某

**被告:** 某某公司、戴某某

**诉讼请求:**

1. 确认被告戴某某在被告某某公司增资500万元系虚假出资;

2. 确认恢复原告在被告某某公司的股份25.5%,被告戴某某的股份

---

① 参见上海市崇明县人民法院(2011)崇民二(商)初字第110号民事判决书。

为74.5%。

**争议焦点：**

1. 用于出资的房产已交付公司实际使用但无法办理权属证明，股东是否构成虚假出资或未全面履行；

2. 按照实缴出资确认股权比例的诉请是否属于法院司法判决的范畴。

**基本案情：**

被告某某公司股权比例为：原告出资507,000元，占16.9%，被告戴某某出资2,493,000元，占83.1%。

嗣后，被告某某公司又经股权变动，实际股东为被告戴某某、原告和案外人孙某某。

2003年7月19日，三股东经协商，形成《股权收益内部分配决议》，主要内容为：

1. 被告某某公司将原租赁的资产（原属某甲家具饰品有限公司）由被告戴某某一方作价投入被告某某公司，用于补足原投资股东更替抽资后，留下的注册资本法定数额的缺口。超出原注册资本部分，由被告戴某某一方作价投入被告某某公司，作为公司注册资本的增加；

2. 基于被告某某公司现存原始股东的利益不因此次增资扩股而发生变动，三方协商一致，同意对被告某某公司的红利分配方式不变，具体方案如下：

（1）本次投入的原租赁的资产，其收益仍限于被告某某公司与被告戴某某的原租赁协议，其租金提取方式改为：无论被告某某公司是否盈利及盈利金额大小，按租赁协议在税后有限支付，即使被告某某公司无盈利也必须由被告某某公司给予支付，并由被告某某公司用以后年度利润给予弥补，直至被告某某公司清算时在净资产分配中优先偿付；

（2）本次投入的原租赁资产，其处置权仍由被告戴某某一方以被告某某公司的名义决定，该项权利具有排他性，直至各方股东协商一致另有决议；

（3）现存投资股东在被告某某公司未来的股利分配中保持不变，即扣除优先支付的租赁资产收益后，按下列比例进行分配：被告戴某某60%，原告20%，孙某某5.5%，其余14.5%的股利分配由三方另行签署协议。

同年8月30日，被告戴某某向上海某乙资产评估有限公司发函《关于同意以设备房屋建筑物等固定资产对外投资的决定》，内容为：因企业发展的需要，本人同意将原上海某甲家具饰品有限公司（现已清算给被告戴某某个人）的设备类及房屋建筑物类固定资产对外投资成立新公司，并委托某乙公司进行评估。

同日，上海某丙实业公司向评估机构出具《关于房屋建筑物及设备的情况说明》，内容为：因对外投资的需要，涉及本次评估范围的房屋建筑物固定资产系在租赁上海某丙实业公司集体土地的基础上，由上海某甲家具饰品有限公司投资建造。现上海某甲家具饰品有限公司已停产歇业并按正常程序清算给原投资人被告戴某某。所以，本次委托评估的房屋建筑物和设备的实际权利人为被告戴某某。

同年9月7日，上海某乙资产评估有限公司接受被告戴某某的委托，对其对外投资事宜所涉及的房屋建筑物和设备等固定资产进行了评估，并出具被告戴某某拟对外投资资产评估报告书，评估结论为：被告戴某某拟对外投资的工业厂房和设备于评估基准日2003年7月31日的评估净值为5,033,565.45元，其中，房屋建筑物（建筑面积8203.42平方米），评估价值为3,394,785.99元；设备（83台）评估价值为1,638,779.46元。该报告在特别事项中说明，本次评估的房屋建筑物系在租用的集体土地上建造的，未见有合法的权证，评估中所使用的评估参数，以被告戴某某提供的拟对外投资资产清单为准，合计建筑面积为8203.42平方米。如有不符之处，最后以办理出的房地产权证为准，评估人员提请报告使用者关注。

2004年1月5日，被告某某公司全体股东形成《变更申请股东会决议》，将被告戴某某3.1%的股份作价93,000元转让给原告，将被告戴某某5.5%的股份作价165,000元转让给孙某某。变更后的出资比例为：被告戴某某出资2,235,000元，占74.5%，原告出资60万元，占20%，孙某某出资165,000元，占5.5%。

同年1月31日，上海某会计师事务所有限公司出具《验资报告》1份，该报告对本次新增注册资本实际出资情况表述为：截至2004年1月31日，公司已收到其股东被告戴某某投入新增注册资本500万元，均为实物资产。被告戴某某于2003年11月19日将评估价值5,033,565.45元的厂房设备，作价500万元投入到被告某某公司，由公司及全体股东实施了签收。该报告还说明，被告某某公司根据2003年7月19日增资扩股股东会决议，增资后股权结构变更为：被告戴某某出资7,235,000元，占90.44%，原告出资60万元，占7.5%，孙某某出资165,000元，占2.06%。

后被告某某公司经工商部门核准，注册资本增至800万元，被告戴某某作为增资投入的厂房及设备被被告某某公司实际使用。从2004年、2005年的利润分配方案反映，三股东的分配利润方案仍按被告戴某某73%、原告20%、孙某某7%的股份比例进行分配。

2010年4月20日,经协商,案外人孙某某将其持有的2.06%股份转让给原告。至此,原告在被告某某公司的持股份额为9.56%。

2011年1月4日,原告与被告某某公司经本院主持达成调解协议,被告某某公司同意将原告受让孙某某2.06%的股权以及变更后的持股比例9.56%之事项记载于公司章程内,并配合其办理股东变更工商登记手续。

同年5月12日,上海某戊实业总公司出具《情况说明》1份,内容为:我公司与上海某丙实业公司于1993年4月签订《租赁合同》中约定,由我公司承租位于某高速公路延伸段路南侧,某路东侧的场地用于建造生产家具的车间。该合同的实际承租方是上海某甲家具饰品有限公司,由于当时政策和生产队的规定,最终合同双方协商由我公司作为某甲公司的投资方之一代表某甲公司签署该合同,由于当时租赁的仅是场地,没有建筑物,其后由上海某甲家具饰品有限公司出资,委托第三方在该场地上建造了大量的建筑物用于生产,故该场地上所有的建筑物都是上海某甲家具饰品有限公司所有。

次日,上海某甲家具饰品有限公司亦出具《情况说明》1份,内容为:1993年4月,我公司由于生产场地的考虑,同上海某丙实业公司洽谈,后由我公司委托上海某戊实业总公司代表我公司与上海某丙实业公司签订了1份《租赁合同》,约定由我公司实际承租相应的场地用于建造生产家具的车间等。合同签订后,我公司出资委托某丙建筑公司在该场地上建造了相应的厂房等房屋。2002年左右,由于我公司内部经营管理策略原因,决定停产歇业。在我公司自行清算过程中,我公司已将上述合同所租赁场地上所有的房屋及相应的机器设备等转移给原投资人被告戴某某。

**原告诉称:**

被告戴某某以房产等作价500万元向被告某某公司增加投资,但被告某某公司在内部分配决议中,明确该增资财产为租赁资产,由公司向被告戴某某支付租金。扩资后,被告戴某某的股份增至90.44%,原告则通过受让案外人孙某某的股份而变为9.56%。嗣后,原告从评估报告中得悉被告戴某某以他人无证房屋作为自己可处分的财产作价5,000,000元投资,该行为显属虚假出资。

**两被告辩称:**

被告戴某某向被告某某公司增资500万元是真实到位的,其作为增资的建筑物及相应设备均被公司实际使用。但因建筑物建造在集体土地上,没有相关权属证明,故房产不能进行权属变更。而投入的设备如叉车和沪C牌照的车辆也无法过户到公司名下,原告对此是知情的,且评估时各股东均在500万元的实物投资清单中签字确认,故被告戴某某实际交付房产等财产的行为应视其出资到位,并不构成虚假出资。

**律师观点:**

1. 被告戴某某的出资行为构成未全面履行,而非虚假出资。

本案的增资程序虽经评估作价和验资程序,且最终完成了工商资本变更登记手续,但因此项非货币财产存在权利瑕疵,致增资人无法办理财产权的转移手续。法律界定虚假出资的含义为:出资人宣称已经出资但事实上并未出资,或以欺骗手段造成已出资的假象,欺骗其他股东以及债权人和社会公众的行为,在性质上构成欺诈。

于本案中,被告戴某某增资的建筑物所依附的土地权属为集体性质,其对房屋建筑物享有的仅是地上物权,即使被告戴某某将该财产已经实际交付被告某某公司使用,因土地权属无法归于被告某某公司而不能实现权利变更之目的。况且评估报告也作出特别说明,本次委托的房屋建筑物系在租用的集体土地上建造的,未见有合法的权证,最后以办理出的房地产权证为准。可见,评估机构亦注意到上述出资行为的权利瑕疵。但从被告某某公司运营的现实来看,2004 年、2005 年三股东在被告某某公司的利润分配中均获得股利,客观反映了被告戴某某投入的增资财产已被公司实际利用并从中直接获得收益之事实,故被告戴某某的增资行为虽违反出资义务,但其表现行为并非虚假出资。

根据行为方式不同,股东违反出资义务的表现形式为未履行和未全面履行,而虚假出资行为系未履行。在排除被告戴某某虚假出资行为后,是否认定未全面履行。如前所述,被告戴某某用于增资的房屋建筑物,因存在权利瑕疵而无法办理相应的权证。除房屋建筑物外,增资部分还含设备评估价值 1,638,779.46 元,一般而言,动产设备以交付为准,且被公司实际利用,并发挥资产效用,当属公司财产,但基于被告某某公司《股权收益内部分配决议》之内容,各股东明确约定被告戴某某提供的增资财产为租赁资产,被告某某公司无论盈亏均应支付租金,财产处置权亦由被告戴某某一方以公司名义决定,该项权利具有排他性。庭审中,被告亦确认投资的设备如车辆等未过户到公司,印证了决议内容的真实性。由此可见,被告戴某某以房屋建筑物及设备作为增资的财产权实际均未转移至被告某某公司,其出资财产显存权利瑕疵,故被告戴某某的增资行为构成未全面履行。

2. 原告提出的恢复其增资前的股权比例之请求涉及公司内部自治决策之范畴,法院不作处理。

至于原告提出恢复其增资前的股权比例之请求,因本案对被告戴某某的增资行为已作认定,该处理后果使被告某某公司的股东现持有的股份处于不确定的状态,对被告戴某某未全面履行部分,股东或者公司既可追究其出资不实之责,也可免除其增资义务,并由公司办理减资程序,故该请求涉及公司内部自治决策之范畴,本案对此不作处理。

综上,被告戴某某向被告某某公司的增资行为因权利瑕疵,致其增资义务未全面履行,被告戴某某增资500万元未全面履行。

**法院判决:**

1. 确认被告戴某某在被告上海某某家具有限公司未履行增资金额为5,000,000元人民币;

2. 对原告的其余诉讼请求不予支持。

## 【案例58】出资实物发票系虚假　股东连带承担债务[①]

**原告:** 王某华

**被告:** 北京市皮件厂、柴某、柳某、穆某青

**诉讼请求:** 4位被告对麦欧休普公司欠原告的2,122,169元借款及利息承担连带清偿责任。

**争议焦点:**

1. 就同一笔债务,债权人分别诉请公司承担债务偿还责任以及出资不实股东承担连带责任是否违反一事不再理原则;

2. 股东出资行为已经评估事务所和会计师事务所依法评估和审计,是否当然意味着股东出资不存在瑕疵。

**基本案情:**

2000年8月13日,柏勤会计师事务所有限公司接受被告柴某的委托,就被告柴某、被告柳某、被告穆某青、王某玲、高某山、龚某福、赵某拟投入麦欧休普公司的实物资产进行评估,被告柴某向柏勤会计师事务所有限公司提供了以下产权证明文件:被告柴某、被告柳某与深圳市宏达贸易有限公司于2000年6月30日签订的购买一批售价518万元的西门子SMT设备的合同书及相应金额的标有"国税"字样的广东省深圳市商品销售发票(其中买受人名为被告柴某的发票5张,号码分别为0582067、0582069至0582072,金额共计413万元;买受人名为被告柳某的发票3张,号码分别为0582073至0582075,金额共计105万元);被告柳某与深

---

[①] 参见北京市海淀区人民法院(2006)海民初字第21253号民事判决书。

圳市泰宏基贸易有限公司于 2000 年 6 月 28 日签订的购买一批售价 308 万元的惠普设备的合同书及相应金额的标有"国税"字样的广东省深圳市商品销售发票（发票号码分别为 0001902 至 0001905）；王某玲、高某山、龚某福、赵某于 2000 年 7 月 12 日从深圳市宏达贸易有限公司购买售价合计 21.1 万元的 13 台华宝 5P 空调和 5 台三菱 2P 空调的标有"国税"字样的广东省深圳市商品销售发票（发票号码为 0583087）。

上述 6 人在声明书中承诺，确知并保证提交会计师事务所的资料真实、完整、合法，上述资产确系其以现金方式购买，拥有完整的所有权。

同年 8 月 14 日，柏勤会计师事务所有限公司出具（2000）柏勤评报字第 08011 号评估报告，评估结论为：上述委托评估的全部资产于评估基准日 2000 年 7 月 31 日的市场公允价值为 10,678,441 元，其中，被告柴某的固定资产出资购置成本为 413 万元，评估净值为 7,516,666 元；被告柳某的固定资产出资购置成本为 413 万元，评估净值为 2,950,775 元；王某玲的固定资产出资购置成本为 82,606.5 元，评估资产净值为 82,606.5 元；高某山的固定资产出资购置成本为 58,995.6 元，评估净值为 58,995.6 元；龚某福的固定资产出资购置成本为 35,405.8 元，评估净值为 35,405.8 元；赵某的固定资产出资购置成本为 33,992.1 元，评估净值为 33,992.1 元。

2000 年 10 月 18 日，被告北京市皮件厂将其对麦欧休普公司的 50.74 万元出资存入中国工商银行北京市分行昌平支行。此后，麦欧休普公司为被告北京市皮件厂开具了入资发票。

2000 年 10 月 25 日，北京建亚永泰资产评估事务所出具京建评字 2000 - 10 - 25 - 4 号资产评估报告书，评估范围为被告穆某青投入麦欧休普公司的芯片一批、电子元器件一批，发票号码为 0506705，采用重置成本法，评估基准日为 2000 年 10 月 23 日，评估结果为被告穆某青投入的账面原值 641,567.1 元的资产评估值为 641,567.1 元。该报告后附深圳市华强电子有限公司开具的 0506705 发票及财产清单。

同日，北京泳泓胜会计师事务所有限责任公司接受麦欧休普公司的委托，为其出具了验资报告，载明：拟设立的麦欧休普公司由被告北京市皮件厂及自然人被告柴某、被告柳某、被告穆某青、王某玲、高某山、龚某福、赵某共同出资组建，现正申请办理工商登记注册手续。股东出资方式、金额及比例如下：被告北京市皮件厂货币出资 50.74 万元，占 4.3%；被告柴某实物出资 749.44 万元，占 63.51%；被告柳某实物出资 295 万元，占 25%；被告穆某青实物出资 63.72 万元，占 5.4%；

王某玲实物出资8.26万元,占0.7%;高某山实物出资5.9万元,占0.5%;龚某福实物出资3.54万元,占0.3%;赵某实物出资3.4万元,占0.29%,合计1180万元。实际出资情况为:被告北京市皮件厂已于2000年10月18日缴存中国工商银行北京市分行昌平支行城关受理处入资专用账户50.74万元,账号749001-81;拟投资的实物资产由北京建亚永泰资产评估事务所和柏勤会计师事务所有限公司对资产的不同部分分别进行评估。其中,北京建亚永泰资产评估事务所出具的"京建评字2000-10-25-4号"以投资为目的评估报告,评估值为64.16万元;柏勤会计师事务所有限公司出具的"(2000)柏勤评报字第08011号"以投资为目的评估报告,评估值为1067.84万元;以上实物资产评估值合计为1132万元。以上出资共计1182.74万元,出资多余部分为2.74万元,作为公司成立后的资本公积金处理。

同年10月31日,麦欧休普公司正式注册成立,领取了企业法人营业执照。该公司股东为被告北京市皮件厂、被告柴某、被告柳某、被告穆某青、王某玲、高某山、龚某福、赵某。

2001年4月28日,北京燕平会计师事务所有限责任公司接受麦欧休普公司的委托,对被告柴某、被告柳某、王某玲、高某山、龚某福、赵某、被告穆某青投入的非货币出资1129.26万元的转移情况进行审计,并为其出具了审计报告,载明:麦欧休普公司设立时投入的贴片机、惠普仪器、空调和电子器件等1132万元,其中:用于注册1129.26万元,计入资本公积金2.74万元,实物财产所有权人已于2001年4月19日与公司签订了财产转移协议书,该资产已转移到麦欧休普公司,并登记入账。

2003年1月21日,麦欧休普公司与原告签订协议书,约定因麦欧休普公司借原告200万元到期,双方协议如下:(1)麦欧休普公司用GPS精确校时产品原材料1万个存放在原告处作为质押保证;(2)GPS精确校时产品原材料目前形态为FLEX多频漫游寻呼机,待条件成熟时,麦欧休普公司将其赎回;(3)如发生其他意外事件,麦欧休普公司将协助原告将1万个GPS原材料做成成品,以销售收益归还原告借款,或在双方对原材料的价格认可的情况下转让给第三方,转让的收入全部用于偿还原告的相应款项。同日,原告出具收条,载明其收到麦欧休普公司数字寻呼机1万台。

2003年3月,原告将麦欧休普公司、长峰公司诉至北京市海淀区人民法院,请求判令麦欧休普公司偿还其借款本金200万元,支付借款利息40万元,罚息12.6万元,长峰公司对麦欧休普公司向其还款承担连带担保责任。2003年6月13日,北京市海淀区人民法院作出(2003)海民初字第5233号民事判决,判决:一、麦欧休普公司偿还原告借款200万元、利息40万元、逾期还款利息12.6万元,共计252.6万元,于判决生效后15日内给付;二、长峰公司对麦欧休普公司上述债务承担连带还款责任。长峰公司不服上述判决,提起上诉。另外,该判决书中载明的原告自然情况为:1974年4月4日出生,汉族,北京京都百利有限公司总经理。

2004年3月16日,北京市第一中级人民法院作出(2003)一中民终字第8743号民事判决,查明:2001年12月28日,原告与麦欧休普公司签订借款合同,约定麦欧休普公司向原告申请借款200万元,年利率为12%,利随本清,借款期限自2002年1月8日起至2003年1月7日止,并以此期间为计息期间,长峰公司作为担保人对双方借款承担连带担保责任,麦欧休普公司未按规定还款,原告可根据逾期天数按每天千分之一计收取利息。当日,原告与麦欧休普公司又签订借款合同补充协议,约定根据已签订的借款合同,麦欧休普公司愿在借款利率12%的基础上,为原告贴息8%,即年借款利率为20%。2002年1月8日,麦欧休普公司向原告出具了200万元的借款收据。依据上述事实,二审法院认为,根据原告提供的证据,可以认定麦欧休普公司向原告借款200万元的事实。原告要求麦欧休普公司偿还借款的诉讼请求,应予以支持。原告主张的20%利息及逾期还款按每天千分之一计算收取的利息未违反有关规定,亦应予以支持。借款合同上加盖的长峰公司名称的印章不是长峰公司的公章,"王某会"的签名也不是王某会书写,且长峰公司对借款合同中约定的其应承担的保证义务不予认可,因此原告要求长峰公司承担连带还款责任的诉讼请求缺乏事实及法律依据,应不予支持。

同年6月16日,北京市昌平区人民法院作出(2004)昌执字第454号民事裁定,认定北京市昌平区人民法院在执行北京辰光创业投资有限公司与麦欧休普公司借款合同纠纷一案中,对麦欧休普公司财产进行了拍卖,得款139,595元,并发还申请人北京辰光创业投资有限公司,麦欧休普公司已无其他可供执行的财产。

2004年9月26日,北京市工商行政管理局昌平分局作出京工商昌处字(2004)第7031号行政处罚决定书,查明麦欧休普公司未在规定的期限内申报2003年度企业年检,决定吊销麦欧休普公司的营业执照。

2005年2月1日,被告穆某青与原告签订买卖协议,约定双方同意被告穆某青所有的坐落于北京昌平某公寓22号楼D5、D6门2套房产(共计257.24平方米现房)作价132万元,并约定此房款作为被告穆某青代麦欧休普公司偿还由(2003)一中民终字第8743号民事判决书确定的所欠原告的债务,被告穆某青在协议签订后50天内将产权过户至原告名下。同日,原告出具收条,载明其收到麦欧休普公司归还的欠款132万元。

2006年12月19日,深圳市工商物价信息中心出具查询证明,载明经电脑查询至即日15时39分止,未发现有深圳市华强电子有限公司的注册登记记录;至即日15时40分止,未发现有深圳市宏达贸易有限公司的注册登记记录。同年12月20日,深圳市工商物价信息中心出具查询证明,载明经电脑查询至即日14时7分止,未发现有深圳市泰宏基贸易有限公司的注册登记记录。

同年12月20日,深圳市国家税务局出具票鉴(2006)0104号发票鉴定书,载明发票号为0582067、0582069~0582075、0583087,上述9张发票,经该局鉴定是假发票。当日,深圳市国家税务局出具票鉴(2006)0105号发票鉴定书,载明发票号为0506705的发票,经该局鉴定是假发票。

**原告诉称:**

2001年12月,原告向麦欧休普公司出借200万元,约定利率为12%,2003年1月7日还清。因麦欧休普公司未按期还款,原告诉至法院,北京市第一中级人民法院于2004年3月16日作出(2003)一中民终字第8743号民事判决,判令麦欧休普公司偿还原告借款、利息、逾期利息及诉讼费等共计254万元。判决生效后,除被告穆某青在2005年2月1日以其所有的两套住房作价132万元代麦欧休普公司抵偿了部分债务外,剩余欠款麦欧休普公司未予偿还。

另麦欧休普公司已于2004年9月26日被北京市工商局昌平分局吊销营业执照。在此案执行过程中原告得知四被告作为麦欧休普公司的股东,在公司注册过程中以8万元从深圳购买了一套无法使用的报废机器设备,又购买并伪造假发票虚报1000余万元,最终通过虚假验资办理了1180万元的注册资金。2003年7月21日,麦欧休普公司因其他纠纷,其全部资产被北京市昌平区人民法院拍卖,价值仅为11万元。原告认为四被告依法应当对其注册资金不实、虚假注册的行为承担法律责任。

根据(2003)一中民终字第8743号民事判决书,麦欧休普公司自2003年1月9日起,截至原告起诉的2003年3月12日,欠付原告本金200万元,利息、罚息52.6万元,共计252.6万元。自2003年3月13日起至该判决生效的2004年4月1日止,按照最高人民法院、人民银行确定的逾期付款违约金日万分之二点一计算,共计374天,逾期付款违约金为252.6万元×0.00021×374天=197,862元,总本息共合计为2,723,862元。自判决书确定的自动履行期届满的2004年4月16日起至2005年2月16日止,共计305天,逾期付款违约金为2,723,862元×

0.00021×305 天=174,463 元,按照《民事诉讼法》第232 条①的规定:被执行人未按判决、裁定和其他法律文书指定的期间履行给付金钱义务的,应当加倍支付迟延履行期间的债务利息,即 174,463 元×2＝348,927 元。截至 2005 年 2 月 16 日,麦欧休普公司共计欠付原告借款本息总计为 3,072,789 元,加上该案一审诉讼费 22,640 元,合计 3,095,428 元。当日双方达成和解,麦欧休普公司以房产方式偿还原告欠款 132 万元,截至 2005 年 2 月 16 日剩余欠款本息合计为 1,775,428 元人民币。自 2005 年 2 月 16 日起至 2006 年 5 月 31 日止,共计 465 天,逾期付款违约金为 1,775,428 元×0.00021×465 天＝173,370.5 元,加倍后为 346,741 元,故截至 2006 年 5 月 31 日,麦欧休普公司共欠付原告借款本息合计为 1,775,428 元+346,741 元=2,122,169 元。

**被告北京市皮件厂辩称:**

1. 原告起诉中所称的债权与被告北京市皮件厂没有关系,其提到的借款合同的借贷方是麦欧休普公司,被告北京市皮件厂与原告之间不存在任何债权债务关系。

2. 被告北京市皮件厂作为麦欧休普公司的股东之一,在公司成立时已足额缴纳了注册资本金,故只应在注册资本金范围内承担相应法律责任,原告要求被告北京市皮件厂承担麦欧休普公司的债务于法无据。

3. 原告试图以自行调查的关于出资人购置设备的发票为假发票等文件证明上述主张,但麦欧休普公司注册登记时,各位股东认缴的出资均经过具有合法资质的评估事务所和会计师事务所采用重置成本法进行评估和审计,这一评估方式并不简单依赖于购物发票而是以重新购置同类资产需要的成本来确定其价值,因此仅用发票的真伪不能否定实物出资人出资到位,更不能否定相关资产经有权机关评估的客观事实。

4. 即使原告的诉讼请求成立,因原告也认可被告穆某青已以 132 万元的房产偿还了部分债务,所以 254 万元的债务现在尚余 122 万元。

5. 现麦欧休普公司已被吊销了营业执照,不能独立承担民事责任和履行民事义务,但是原告仍按照有效的合同延续计算违约金,以不合法的方式计算出多达 90 余万元的所谓利息,其诉讼请求没有法律依据。

6. 原告认为公司股东存在虚假注资行为,应先行起诉其认为并能够以证据证明实施了虚假注资行为的股东,待法院审理确认后,才有权要求其他股东承担

---

① 现为《民事诉讼法》(2021 年修正)第 260 条相关内容。

连带责任。

7. 原告以另一案法院的判决作为本诉的理由,但在该案判决生效后,原告并未在法定期限内申请强制执行,而是把已经法院审结的案件重新起诉,违背了一案不再理原则。原告不依照法定程序办理案件,以违反常规的手段试图获取不正当利益,应对自身不申请强制执行的行为承担怠于行使权利的责任。

综上,请求法院驳回原告的诉讼请求。

**被告柴某、穆某青辩称:**

1. 其对原告是否是本案适格主体有异议,起诉书上原告的签字和原告与被告穆某青签订的买卖协议上原告的签字笔体完全不同,本案卷宗中原告在立案时提交的身份证照片上的原告也不是其认识的原告,该身份证号也和北京京都百利有限公司2005年年检报告上的不同,所以对本案的原告与原来的原告是否是同一个人存有异议。

2. 原告起诉的借款合同纠纷已由北京市海淀区人民法院一审及北京市第一中级人民法院二审审理终结,原告未向法院申请执行,现就同一借款纠纷,原告又再次起诉,其不具备主体资格,本案也不具备审理依据,原告坚持诉讼也应驳回其诉讼请求。

3. 被告柴某、穆某青称当时其是看到报纸上的广告找到销售设备的单位,在购买设备前也向西门子公司的陈文中询了价,由于西门子公司报价高,故分几次带着现金到深圳购买了西门子生产线等设备。同时,当时设备实物的评估价格要高于购买价格,且经过了合法有效的评估和验资,并经工商机关所认可,故不能以销售单位未注册和发票虚假来否认交易事实的存在。

4. 关于1万台模块,当时抵押给原告时的价值是高于债务的,而原告未向法院申请执行,造成这些模块现在已不值钱,对此责任应由原告自行承担。

综上所述,原告捏造事实,其诉讼请求无任何事实及法律依据,请求法院驳回原告的诉讼请求。

被告柳某未作答辩。

**律师观点:**

1. 原告诉讼资格适格。

依据原告户籍所在地公安机关出具的证明,证明中载明的身份证号码与原告在起诉时提交的身份证号码、与被告穆某青签订买卖协议时使用的身份证号码及其本人出庭所提交的身份证号码相一致,现原告本人亦到庭,并提交了其更换后的二代身份证,与公安机关出具的证明内容一致,原告具备本案原告的合法资格。

2. 原告要求出资不实的股东对公司债务承担相应的侵权赔偿责任并不违反一事不再理原则。

虽原告与麦欧休普公司之间的借款合同纠纷已经法院审查终结,但该案裁判的是麦欧休普公司与原告之间的债权债务关系。依据《公司法》《企业法人登记管理条例》及相关司法解释,有限责任公司的股东应当依照公司章程中规定的各自所认缴的出资额,足额缴纳出资,保证公司设立出资的合法、充足,既是公司设立的前提条件,也是股东的法定义务,未足额缴纳出资的应当补足出资,是股东的法定责任。由于股东出资不实,势必会导致公司对外偿还债务能力的下降,损害公司以外债权人的合法权益,故由此而受损害的公司债权人依法有权要求出资不实的股东在出资不实的范围内对公司债务承担相应的赔偿责任。

本案中,麦欧休普公司在借款合同纠纷案的判决生效后至今未能履行全部还款义务,并已被依法吊销营业执照,在经人民法院强制执行后,亦已无可供执行的财产,四被告作为麦欧休普公司的股东系该公司的法定清算主体。据此,现原告以该公司股东四被告在公司设立时存在注册资金不实、虚假注册行为为由,要求其对公司债务承担相应的侵权赔偿责任,于法有据,并不违反一事不再理原则。

3. 关于麦欧休普公司债务金额问题。

麦欧休普公司虽被吊销营业执照,但该事实并不影响其债务金额的确认及承担。依据法院生效判决书,法院确认原告与麦欧休普公司达成的按欠款额的每日千分之一支付逾期还款利息的约定合法有效。结合原告提交的利息计算清单,原告在本案中主张的每日万分之二点一的逾期还款利息计算标准显然要低于生效判决书中所确认的逾期还款利息计算标准;因麦欧休普公司未按照生效判决指定的期间履行给付金钱义务,故依法应当加倍支付迟延履行期间的债务利息,故原告主张自生效判决书确定的履行期间届满后,按每日万分之二点一的双倍支付逾期还款利息,既未超出双方当事人约定的逾期还款利息标准,也符合法律的相关规定,对原告主张的利息计算标准予以支持。对于原告主张的2003年3月13日至判决生效的2004年4月1日的逾期利息,因其在原告与麦欧休普公司借款合同纠纷一案中未主张该笔费用,且该案判决书中亦未涉及该笔费用的给付,故该笔款项不属于生效判决所确定的麦欧休普公司的债务,对该笔款项的计算不应予以支持。同时,依据原告主张的利息计算方式,在麦欧休普公司已逾期还款的情况下,其计算的部分利息系对逾期还款利息的重复计算,对其主张的该部分利息金额不应予以支持。依据原告主张的利息计算标准及计算期间核算后,麦欧休普公司现仍欠原告借款本息1,784,000.6元。对于原告主张的超出部分的款项,不应予以支持。

4. 质押物价值的减损并不能减、免麦欧休普公司对原告所负的债务。

依据原告与麦欧休普公司签订的协议,在麦欧休普公司所欠原告借款到期后,麦欧休普公司交付原告GPS精确校时产品原材料1万个存放在原告处作为质押保证,作为其履行债务的担保,如不能履行债务,麦欧休普公司负有协助原告将上述原材料做成成品,以销售收益归还原告借款以及在双方对原材料的价格认可的情况下转让给第三方,以转让的收入偿还借款的义务。现被告柴某、被告穆某青未能提供麦欧休普公司履行了上述义务或原告拒绝麦欧休普公司提出的履约请求的相关证据,不能证明质押物价值的减损系原告过错所致,故质押物价值的减损并不能减、免麦欧休普公司对原告所负的债务。

5. 原告未就借款合同纠纷案在法定期限内申请强制执行,不会导致麦欧休普公司对原告所负债务的免除。

原告称因为麦欧休普公司已被吊销,且没有财产可供执行,故未就借款合同纠纷案向人民法院申请强制执行,原告未向人民法院申请强制执行,其丧失了就该笔债务向人民法院申请强制执行的权利,但在债务未得以清偿的情况下,该行为并不导致麦欧休普公司对原告所负债务的免除。

6. 四被告实物出资显著不足,应在出资不实范围内对公司债务承担赔偿责任。

麦欧休普公司各股东在公司设立时的出资包括现金及实物,除法人股东被告北京市皮件厂以现金出资外,其余各自然人股东包括被告柴某、被告穆某青、被告柳某均以实物出资。对于现金出资部分,依据被告北京市皮件厂提交的交存入资资金报告,表明被告北京市皮件厂在麦欧休普公司设立时已将其认缴的出资全部存入工商行政管理机关指定的银行入资账户,就此原告亦未能提供相反证据予以推翻,故应认定被告北京市皮件厂已认缴了公司章程中约定的全部出资,对于原告要求被告北京市皮件厂对麦欧休普公司所负债务承担赔偿责任的诉讼请求,不应予以支持。

对于实物出资部分,被告柴某、被告穆某青为证明其已履行了出资义务提交了麦欧休普公司设立时及办理资产转移时的验资报告、评估报告及审计报告,从上述报告的内容及性质上看,对被告柴某、被告柳某及被告穆某青实物出资所作出的2份资产评估报告是验资报告及资产转移审计报告的基础和依据。

结合麦欧休普公司在工商行政管理机关备案登记的资产评估报告、审计报告、深圳市工商物价信息中心出具的查询证明、深圳市国家税务局出具的发票鉴定书,可以证实被告柴某、被告柳某于2000年6月30日签订的、购买作为投入麦欧休普公司的实物出资的售价518万元的西门子SMT设备的合同书中的出卖方深圳市宏达贸易有限公司在深圳市工商物价信息中心无注册登记记录,该合同项下相应金额的号码为0582067、0582069~0582075的8张销售发票被税务机关鉴定为假发票;被告穆某青作为投入麦欧休普公司的实物出资的售价64,156,710元的芯片等设备的出卖方深圳市华强公司在深圳市工商物价信息中心无注册登记记录,该张号码为0506705的销售发票亦被税务机关鉴定为假发票;被告柳某于2000年6月28日签订的、购买作为投入麦欧休普公司的实物出资的售价308万元的惠普设备的合同书中的出卖方深圳市泰宏基贸易有限公司在深圳市工商物价信息中心无注册登记记录。同时,发起人股东王某玲、高某山、龚某福、赵某购买投入麦欧休普公司的实物出资的售价合计为211万元的相关设备的编号为0583087的销售发票亦被税务机关鉴定为假发票。

虽然,麦欧休普公司设立时,有相应的会计师事务所、资产评估事务所对被告柴某、被告穆某青、被告柳某等人投资的实物资产进行了价值评估,但对资产的评估价值均系以购货发票为依据,参照市场价格行情,采用成本重置方法所作出,用于评估货物价值的购货发票是资产评估的主要依据。根据我国发票管理的相关规定,发票的性质是已付款的凭证,通常情况下,持有发票就证明买卖双方存在真实的交易关系,购货人已履行付款的义务,本案现有证据表明,被告柴某、被告穆某青、被告柳某等人购买入资设备所取得的发票系假发票,且开具发票的企业均未在工商行政管理机关备案登记;同时,结合设备查封后被拍卖的价值,虽设备使用数年,但其价值要显著低于公司设立入资时的评估价值。根据证明责任的分配规则,作为负有出资义务的股东被告柴某、被告穆某青、被告柳某应对其出资到位承担举证责任。虽被告柴某、被告穆某青、被告柳某提出入资设备均系以现金形式购买,但结合上述事实,在其未能提供其他相关证据材料予以佐证的情况下,仅以其办理资产评估时提交的设备买卖合同、收款发票及资产评估报告,并不足以证明其在入资设备的购置上存在真实的交易关系以及入资设备的实际价值与注册资本的金额相符,故被告柴某、被告穆某青、被告柳某对此应当承担举证不能的法律后果。据此,应认定被告柴某、被告穆某青、被告柳某在公司设立时未能足额缴纳出资,其应在出资不实的资金范围内对麦欧休普公司债务承担赔偿责任。

因被告穆某青已以个人房产代麦欧休普公司向原告偿还了部分债务,其代偿金额已足以同其向公司应补足的出资金额相折抵,故原告要求被告穆某青对麦欧休普公司债务承担赔偿责任的诉讼请求不应予以支持。由于被告柴某和被告柳某所承诺认缴的出资额要明显高于麦欧休普公司对原告所负的债务,在其未能举证证明其实际出资价额的情况下,应在其认缴的出资范围内共同对公司所负原告的1,784,000.6元借款本息承担赔偿责任。被告柳某经法院合法传唤,无正当理由拒不到庭参加诉讼,视为其放弃庭审中的诉讼权利,不影响法院依法作出裁判。

**法院判决:**

1. 被告柴某、被告柳某共同赔偿原告1,784,000.6元人民币,于本判决生效后10日内付清;

2. 驳回原告其他诉讼请求。

**117. 公司利用本公司的其他银行账户将资金以借款名义借给股东,然后以股东名义作为投资追加注册资本,股东是否构成虚假出资?**

构成。在这种情形下,公司未将资金交付给借款的股东,借款的股东也未办理资金转移手续,而是公司将股东所借资金在该公司银行账户之间内部转账,股东本身并未增加任何实际投资。此种行为可以认定为虚假出资行为。

**118. 强制执行过程中,债权人发现股东存在出资不实或虚假出资或抽逃出资的情形,法院能否裁定追加该股东为被执行人? 能否裁定追加原股东为被执行人?**

被执行人无财产清偿债务,如果股东存在注册资金不实、虚假出资或抽逃注册资金的情形,可以裁定变更或追加股东为被执行人,在注册资金不实或抽逃注册资金的范围内,对申请执行人承担责任。受让方对出资不实或抽逃出资知晓的,承担连带责任。变更和追加被执行主体,并不改变原执行依据所确定的责任的内容,只是在责任确定的基础上对与原被执行人有某种特定关系的主体的变更或追加。

适用该条规定应当具备两个条件:

(1)公司的财产不足以清偿对外债务;

(2)股东存在出资不实或虚假出资或抽逃出资的情形,该情形在执行阶段或之前已有确凿证据证实。

如果该股东出资不实、虚假出资或抽逃出资的事实并未得到确认,债权人申请追加出资不实股东为被执行人的,不应得到支持。

此处的出资不实、虚假出资或抽逃出资包括设立阶段与增资阶段。

但是如果股东已经在注册资金范围内或接受财产的范围内向其他债权人承担了全部责任,则无须重复承担责任。

## 【案例59】原股东自认出资不实 被追加执行偿还公司债务[1]

**申请执行人**：亚运村信用社

**被执行人**：首都房地产公司、首都房地产市场

**被追加执行人**：建行北京分行、工银北京分行、农行北京分行、首都经济信息报社

**申请请求**：追加被执行人首都房地产公司的原股东为被执行人，其在出资不实的范围内对公司债务承担补充赔偿责任。

**争议焦点**：能否追加已转让股权但出资不实的原股东为公司债务的被执行人。

**基本案情**：

被执行人首都房地产公司注册资本1800万元，系由4家被追加执行人联合投资组建，约定分别出资450万元，但在公司成立时，4家股东分别只投资了200万元。1996年，上述股东的出资工商登记分别变更为实际出资450万元。

1997年4月9日，申请执行人与两被执行人签订《保证担保借款合同》。合同约定：申请执行人向被执行人首都房地产公司提供贷款1000万元人民币，贷款期限自1997年4月15日至1998年4月10日，贷款利率为月息11.76‰，逾期还款在逾期期间按日万分之五计收利息。被执行人首都房地产市场作为保证人，对该贷款承担连带清偿责任。

合同签订后，申请执行人依约向被执行人首都房地产公司发放了贷款，但被执行人首都房地产公司在贷款期满后未偿还借款本金，且自1997年12月20日起拒付借款利息。申请执行人经多次催促被执行人首都房地产公司偿还贷款本息未果，遂向法院提起诉讼。

**法院经审理后依法判决**：

1. 被执行人首都房地产公司于判决生效后10日内偿还申请执行人借款本金1000万元人民币及利息。逾期支付本金则按中国人民银行同期贷款最高利率加倍支付迟延履行期间的债务利息；

2. 被执行人首都房地产市场对被执行人首都房地产公司应偿还的债务承担连带清偿责任。

---

[1] 参见北京朝阳区亚运村农村信用合作社诉北京市首都房地产开发公司等借款保证合同纠纷执行案。

判决生效后,被执行人首都房地产公司为履行生效法律文书确定的义务,将其所有的"惠发大厦"予以变卖,申请执行人从中按比例分配获得400万元,尚余600万元本金及相关利息未获清偿。执行申请执行人遂向法院申请执行。

**申请执行人称:**

由于被执行人首都房地产公司注册资金不实,其成立时出资不实的原股东也应承担补充赔偿责任,应被追加为本案被执行人。

**被追加执行人辩称:**

法院执行被执行人首都房地产公司的财产,应以被执行人首都房地产公司账上实收资本为限,不应突破法人独立人格,执行公司股东的财产。

**律师观点:**

4家被申请追加的执行人1996年在工商登记备案的在450万元并未实际出资,上述股东对此亦予以承认。

依照有关法律规定,股东应当按期足额缴纳公司章程中规定的各自所认缴的出资额,因此,股东应在出资不实的范围内对公司债务承担补充赔偿责任,申请执行人请求追加被执行人首都房地产公司成立时出资不实的原股东为本案被执行人应予以支持。

**法院裁定:**

追加被执行人首都房地产公司成立时出资不实的原股东为本案被执行人。

## 【案例60】保证人有执行能力　申请追加股东为被执行人被驳回[①]

**申诉人:** 富园公司(同为被执行人)

**被执行人:** 富园公司、华东公司

**被追加执行人:** 平阳三建

**申诉请求:** 追加被追加执行人为本案被执行人。

**争议焦点:** 在连带保证人尚有财产可供执行的情形下,债权人是否有权申请追加被执行人瑕疵出资的股东为被执行人。

**基本案情:**

被追加执行人系被执行人股东。2007年1月12日,被执行人因欠东方公司杭办借款,被东方公司杭办起诉至温州市中级人民法院。申诉人是该案的连带保证责任人。

---

① 参见浙江省高级人民法院(2008)浙执复字第2号复议决定书。

同年 4 月 13 日,温州中院作出判决,判令被执行人偿还东方公司杭办借款本金 195 万元及相应利息,并支付违约金 19,500 元,申诉人对上述债务的清偿承担连带责任,申诉人承担保证责任后,有权向被执行人追偿。

判决生效后,被执行人与申诉人均未履行义务,东方公司杭办遂向温州中院申请执行。

**申诉人称:**

被追加执行人作为被执行人股东,对被执行人出资不实,故应当被追加为本案的被执行人。

**被追加执行人辩称:**

申诉人作为本案被执行人,尚有财产可供执行,在此情况下不宜追加被执行人为被执行人。

**一审认为:**

根据《最高人民法院关于人民法院执行工作若干问题的规定(试行)》(以下简称《执行规定》)第 80 条规定,被执行人无财产清偿债务,如果开办单位投入的注册资金不实或抽逃资金,可以追加开办单位为被执行人,在不实或抽逃的范围内承担责任。

被追加执行人作为被执行人的股东一直未将其作为注册资金的房产过户到被执行人名下,依据《公司法》以及《公司登记管理条例》《公司注册资本登记管理暂行规定》①的相关规定,构成虚假出资,应在虚假出资的 210 万元注册资金范围内承担责任。

同时,《民事诉讼法》和《执行规定》未对申请追加的主体范围进行限定,本案主债务人被执行人已无财产可供执行,至于连带债务人申诉人是否具备履行债务能力不影响追加被执行人的成立,因而申诉人提出追加申请被执行人的主体合法、理由充足。

**一审裁定:**

追加被追加执行人为本案被执行人。

被追加执行人不服一审裁定,向上级法院申请复议。

**被追加执行人称:**

原审法院有关本案的听证程序违法,申诉人作为连带责任的被执行人,没有

---

① 《公司登记管理条例》与《公司注册资本登记管理暂行规定》已于 2022 年 3 月 1 日起失效,《市场主体登记管理条例》与《市场主体登记管理条例实施细则》于同日起施行。

申请追加的权利,且在被执行人有能力履行的情况下申请追加被执行人,不符合最高人民法院的规定,裁定认定事实不清、适用法律错误,本公司不应当被追加为被执行人。

**申诉人辩称：**

原审事实认定清楚、法律适用正确,应予以维持。

**律师观点：**

申诉人作为生效判决确定的本案债务的连带清偿责任人,其在任何情况下都只能容忍债权人的追索和法院的强制执行。

申诉人以出资不实为由,申请追加被追加执行人为被执行人,实质是对执行顺序的抗辩,我国实体法并没有规定对债务人出资不到位的股东在向债权人承担清偿责任的顺序上先于债务人的连带责任保证人。

相关程序法明确规定生效法律文书确定的义务人应先于依法可变更、追加的被执行人接受强制执行。

因此,申诉人无权要求追加被追加执行人为被执行人。原审法院支持申诉人的追加申请不当,应予纠正。

**二审裁定：**

被追加执行人复议理由成立。

## 【案例61】股东未证履行出资义务　债权人申请执行获支持[①]

**申请执行人：**惠州壹公司

**被执行人：**南粤公司、南边公司

**被追加执行人：**南边外资公司

**申请请求：**追加被追加执行人为被执行人。

**争议焦点：**

1. 出资不实股东连带承担公司债务的范围如何认定；
2. 法院能否直接在执行阶段否认公司法人主体资格。

**基本案情：**

申请执行人诉两被执行人、被追加执行人借款担保合同纠纷一案,法院作出民事判决已经发生法律效力。根据该生效判决：

1. 被执行人南粤公司向申请执行人偿还借款本金2475万元人民币及利息；

---

[①] 参见广东省佛山市中级人民法院(2007)佛中法执三字第146号民事裁定书。

2. 被执行人南边公司对判决第 1 项所确定的债务承担连带清偿责任；被追加执行人应对被执行人南粤公司进行清算，以清算所得财产清偿判决第 1 项所确定的债务。

因两被执行人以及被追加执行人未按上述生效判决履行义务，申请执行人向法院申请执行，法院已立案执行。

被执行人南粤公司是被追加执行人与香港义达有限公司共同投资设立的合资经营企业，成立于 1993 年 2 月 8 日，注册资本 400 万美元，其中被追加执行人应出资 280 万美元，香港义达有限公司应出资 120 万美元。

1995 年 12 月 12 日，被执行人南粤公司注册资本变更为 600 万美元，其中被追加执行人应增资 140 万美元，共应出资 420 万美元，香港义达有限公司应增资 60 万美元，共应出资 180 万美元。

被执行人南粤公司的工商档案资料中没有股东出资的验资证明。

**申请执行人称：**

被执行人南粤公司的工商档案资料中没有股东出资的验资报告，也没有其他出资证明，因此，被追加执行人在设立被执行人南粤公司的过程中存在欠缴注册资金的情况。

根据《广东省高级人民法院关于企业法人解散后的诉讼主体资格及其民事责任承担问题的指导意见》第 10 条第 1 款"股东或开办人虚假出资、欠缴注册资金，造成清算法人实际投入的注册资金未能达到《中华人民共和国企业法人登记管理条例施行细则》第十四条第(七)项或其他法律法规规定的数额的，应认定该企业不具备法人资格，清算法人的股东或开办人应该对清算法人的债务承担连带清偿责任"的规定，特申请追加被追加执行人为被执行人，由其对本案债务承担连带清偿责任。

**被追加执行人辩称：**

申请执行人无权在执行阶段追加股东为被执行人。

**律师观点：**

1. 被追加执行人对被执行人南粤公司确未尽到出资义务。

被执行人南粤公司成立时，其股东出资未经法定的验资机构验资，其注册资本变更为 600 万美元也未经法定的验资机构验资，而被追加执行人作为被执行人南粤公司的股东未向法院提交证据说明其已履行出资义务，且被追加执行人的委托代理人在听证过程中陈述被追加执行人确实未向被执行人南粤公司出资，据此，申请执行人主张被追加执行人未向被执行人南粤公司履行出资义务的事实，应予以确认。

2. 申请执行人主张被执行人南粤公司不具备法人资格不属本案审理范围。

申请执行人提出被执行人南粤公司据此不具备法人资格,被追加执行人应承担连带清偿责任的主张,因被执行人南粤公司是否具备法人资格依法应通过其他途径予以确认,而不能在执行过程中通过裁决的方式予以解决,且在本案中,据以执行的判决并未否定被执行人南粤公司的法人资格,所以对申请执行人的该主张,法院不应予以支持。

3. 被追加执行人应当对讼争债务以其未履行的出资义务部分为限承担连带赔偿责任。

根据《最高人民法院关于人民法院执行工作若干问题的规定(试行)》(1998年)第80条"被执行人无财产清偿债务,如果其开办单位对其开办时投入的注册资金不实或抽逃注册资金,可以裁定变更或追加其开办单位为被执行人,在注册资金不实或抽逃注册资金的范围内,对申请执行人承担责任"的规定,被追加执行人应在注册资金不实的范围内向申请执行人承担责任,鉴于被执行人南粤公司注册资本已变更为600万美元,而被追加执行人未履行其出资420万美元的义务,被追加执行人应在420万美元的范围内向申请执行人承担责任。

**法院裁定:**

追加被追加执行人为本案被执行人,由其在注册资金不实即420万美元的范围内向申请执行人承担清偿责任。

### 119. 虚假出资中的财产在他人名下,债权人能否以虚假出资损害赔偿责任直接申请执行虚假出资的财产?

不能。根据物权优先于债权的原理,用于出资的财产在他人名下,债权人不能直接申请执行虚假出资的财产。债权人可以要求股东在虚假出资范围内以其个人财产偿还债务。

### 【案例62】出资房产未过户　他人名下不可直接执行[①]

**申请执行人:** 集美工行

**被执行人:** 厦门东江公司、辽宁东江公司、沈阳东江公司

**被追加执行人:** 刘某娥

---

[①] 参见福建省厦门市中级人民法院(1999)厦经执字第62—1号执行裁定书。

**申请请求**：追加刘某娥为本案被执行人，并要求其在出资额330万元人民币内对申请执行人承担责任。

**争议焦点**：股东用第三人名下的房产出资，但未办理过户手续，债权人能否直接执行该房产。

**基本案情**：

截至1997年8月15日，被执行人厦门东江公司注册资本金为1830万元。其中：李某文以货币出资300万元，被执行人辽宁东江公司出资300万元，实物投资1230万元人民币，由被追加执行人出资330万元人民币，另以其夫李某英名下的别墅作价330万元人民币投资入股，李某英也书面同意以该别墅作为被追加执行人的投资；被执行人辽宁东江公司以货币出资300万元，另以149号房产作价出资900万元。

但李某英名下的系争房产的产权至今尚未办理至被执行人厦门东江公司名下，也未将该别墅交付该公司使用。

1997年8月12日，中国农业银行厦门市湖里支行与被执行人厦门东江公司、被执行人李某英共同签订了1份《最高额抵押担保借款合同》，合同约定：自1997年8月12日起至2001年8月12日止，中国农业银行厦门市湖里支行向被执行人厦门东江公司提供最高额不超过800万元的贷款，被执行人厦门东江公司以其所有的湖里区某路149号房产、李某英以系争房产作为上述借款的抵押物。

该案一审法院福建省厦门市中级人民法院于1998年12月17日作出判决，该判决发生法律效力后，申请执行人于1999年1月22日向一审法院申请强制执行，一审法院于1999年2月1日立案执行。

该案在执行程序中，被执行人李某英下落不明，被执行人厦门东江公司无财产可供执行。

**申请执行人认为**：

被追加执行人因用其夫李某英名下的别墅作价330万元人民币投资被执行人厦门东江公司，但未将该别墅产权过户至被执行人厦门东江公司名下，存在虚假出资的行为，故应当对被执行人厦门东江公司的债务在其出资额330万元人民币内对申请执行人承担责任。

3位被执行人均未发表意见。

**被追加执行人辩称**：

申请执行人申请执行的房产在李某英名下，申请执行人无权直接申请执行。

**律师观点:**

1. 被追加执行人的行为构成虚假出资。

出资是取得股东资格的前提,是股东的最主要义务,股东必须完全履行出资义务。

被追加执行人作为被执行人厦门东江公司的股东,经其夫李某英同意以其名下的房产作价330万元人民币投资入股,但之后未办理房产的产权转移手续,也未将房产交付公司使用,违反了《公司法》的规定,构成虚假出资。

2. 股东出资不到位,可以在执行程序中裁定追加该股东为被执行人。

《最高人民法院关于人民法院执行工作若干问题的规定(试行)》(1998年)第80条规定:"被执行人无财产清偿债务,如果其开办单位对其开办时投入的注册资金不实或抽逃注册资金,可以裁定变更或追加其开办单位为被执行人,在注册资金不实或抽逃注册资金的范围内,对申请执行人承担责任。"

被追加执行人作为被执行人厦门东江公司的股东,没有将作价330万元人民币的别墅的产权过户给公司,也未将别墅交付公司使用,其行为违反了股东的出资义务,构成"开办单位对其开办时投入的注册资金不实",故应"在注册资金不实"的范围内,对申请执行人承担责任。

3. 被追加执行人应对申请执行人承担损害赔偿责任,但不可直接执行相关不动产。

《公司法》(2005年修订)第200条规定:"公司的发起人、股东虚假出资,未交付或未按期交付作为出资的货币或者非货币财产的,由公司登记机关责令改正,处以虚假出资金额百分之五以上百分之十五以下的罚款。"

股东违反出资义务给公司及其他债权人造成损失的,应当向已足额缴纳出资的股东承担违约责任,向债权人承担赔偿责任。被追加执行人违反出资义务给债权人造成损害的,应承担损害赔偿责任,而不能直接执行系争房产,因该别墅所有权人为李某英,根据物权优于债权的原理,该房产的所有权变动要以登记过户为准,非经实体诉讼判决或执行追加裁定,不得侵害物权所有权人李某英的权益。

**法院裁定:**

追加被追加执行人为本案被执行人,并在出资不到位数额(330万元人民币)范围内对申请执行人承担责任。

## 120. 出资不实股东,就其对公司的债权与外部债权人能否处于同等受偿顺位?

对此,我国法律尚未明确规定,而美国历史上深石案所确立的衡平居次原则对这个问题的回答具有一定的借鉴意义。最高院公报案例也指出"若允许出资不实的问题股东就其对公司的债权与外部债权人处于同等受偿顺位,既会导致对公司外部债权人不公平的结果,也与公司法对于出资不实股东课以的法律责任相悖"。该意见表明,股东享有的公司债权时,在其出资不实金额范围内的部分不能处于同等受偿顺位,而是应当劣后于公司外部债权人的债权受偿。

### 【案例63】股东出资不实,在公司剩余资产分配中应劣后受偿[①]

**原告:** 沙港公司

**被告:** 开天公司

**诉讼请求:** 请求确认被告无权就被执行人茸城公司财产优先受偿。

**争议焦点:**

1. 针对被告出资不实而被法院扣划的45万元,被告能否以对公司也享有债权为由与原告共同分配该部分执行款;

2. 执行标的是否应包含加倍支付迟延履行期间的债务利息。

**基本案情:**

2010年6月11日,松江法院作出(2010)松民二(商)初字第275号民事判决,茸城公司应当向沙港公司支付货款以及相应利息损失。275号案判决生效后进入执行程序,因未查实茸城公司可供执行的财产线索,终结执行。茸城公司被注销后,沙港公司申请恢复执行,松江法院裁定恢复执行,并追加茸城公司股东开天公司及7名自然人股东为被执行人,并在各自出资不实范围内向沙港公司承担责任,扣划到开天公司和4名自然人股东款项共计696,505.68元(包括开天公司出资不足的45万元)。2012年7月18日,法院分别立案受理由开天公司提起的两个诉讼:(2012)松民二(商)初字第1436号案和(2012)松民三(民)初字第2084号案,开天公司要求茸城公司8名股东在各自出资不实范围内对茸城公司欠付开天公司借款以及相应利息、房屋租金以及相应逾期付款违约金承担连带清偿责任。该两案判决生效后均进入执行程序。

2013年2月27日,沙港公司收到松江法院执行局送达的《被执行人茸城公司追加股东执行款分配方案表》。分配方案表将上述三案合并,确定执行款696,505.68元在先行发还三案诉讼费用后,余款再按31.825%同比例分配,今后

---

① 参见2015年最高人民法院发布的4起人民法院典型案例之案例—沙港公司诉开天公司执行分配方案异议案。

继续执行到款项再行分配处理。

沙港公司后向松江法院提交《执行分配方案异议书》，认为开天公司不能就其因出资不到位而被扣划的款项参与分配，且对分配方案未将逾期付款双倍利息纳入执行标的不予认可。开天公司对沙港公司上述执行分配方案异议提出反对意见，要求按原定方案分配。松江法院将此函告沙港公司，2013年4月27日，松江法院依法受理原告沙港公司提起的本案诉讼。

上述三案裁判文书认定了茸城公司股东各自应缴注册资本金数额和实缴数额的情况。

**原告诉称：**

开天公司不能就其因出资不到位而被扣划的款项参与分配，且对分配方案未将逾期付款双倍利息纳入执行标的不予认可。

**被告辩称：**

应按《被执行人茸城公司追加股东执行款分配方案表》进行分配。

**律师观点：**

《公司法》明确规定有限责任公司的股东以其认缴的出资额为限对公司承担责任。开天公司因出资不实而被扣划的45万元应首先补足茸城公司责任资产，向作为公司外部的债权人原告沙港公司进行清偿。开天公司以其对茸城公司也享有债权要求参与其自身被扣划款项的分配，对公司外部债权人是不公平的，也与公司股东以其出资对公司承担责任的法律原则相悖。696,505.68元执行款中的45万元应先由原告受偿，余款再按比例进行分配。

相关275号案、1436号案、2084号案民事判决书均判令如债务人未按指定期间履行金钱债务的，须加倍支付迟延履行期间的债务利息。故原告沙港公司关于执行标的应包括加倍支付迟延履行债务期间的利息。原被告双方均对各自主张的迟延履行期间双倍利息明确了计算方式，原告沙港公司对系争执行分配方案所提主张基本成立。

本案中，最高院首次引入了美国判例法中的"深石原则"，在阐述典型意义时明确指出"若允许出资不实的问题股东就其对公司的债权与外部债权人处于同等受偿顺位，既会导致对公司外部债权人不公平的结果，也与公司法对于出资不实股东课以的法律责任相悖"。最高人民法院借鉴"深石原则"的目的，是防止股东利用其特殊地位虚构债务，损害公司外部债权人的利益。在我国法律无明文规定的情况下，本案审理法院适当借鉴域外司法理论，力求寻找公司有限责任与公司债权人保护的平衡点。这种在司法审判实践中立足于公平原则作出的创新努力，

· 275 ·

值得肯定和借鉴。

"衡平居次原则"最早源于1939年美国联邦最高法院审理的泰勒诉标准电气石油公司一案,该案又被称为"深石案",衡平居次原则也被称作"深石原则"。该案中深石公司处于破产重整阶段,联邦最高法院经审理认为,深石公司在成立之初即资本不足,且经营完全受其母公司标准电气石油公司控制,于是判决母公司对深石公司的债权劣后于深石公司的优先股股东。1977年,第五巡回上诉法院在移动钢铁公司一案中,第一次明确了衡平居次原则的三个具体适用条件:(1)债权人必须已经从事了一种不公平的行为;(2)该不公平的行为已经给破产人造成损害或者为自己带来不公平的好处;(3)对其债权的衡平居次不得违反破产法条文的规定。1978年,美国制定新的破产法时将衡平居次原则纳入成文法,根据美国现行破产法510条C(1)款的规定,法院可以根据衡平居次理论,将参与分配的一项被认可的债权(或利益)的全部或者部分从属到另一项被认可的债权(或利益)的全部或部分之后。

通过本案审判思路的归纳可以看出,本案最大的创新亮点是在出资不实股东根据我国现行民商事法律应承担的责任外(主要包括向公司补足出资的责任和对外部债权人的连带清偿/补充赔偿责任),增加了将出资不实股东对公司的债权的受偿顺位劣后的责任,把股东有限责任与公司债权人利益之间的平衡点在一定程度上向后者倾斜,对我国现有的揭开公司面纱制度有良好的补充和过渡效果。

**一审判决:**

696,505.68元执行款中的45万元应先由原告受偿,余款再按债权比例进行分配。

## 121. 金融机构、会计师事务所为企业提供不实、虚假的验资报告或者资金证明,当公司财产不足以清偿对外债务时,在执行阶段能否追加金融机构以及会计师事务所为被执行人?

不能。按照有关司法解释的精神,当债务人的财产不能清偿债务时,首先由出资人在出资不实或者虚假出资金额范围内承担责任;当出资人的财产仍不能清偿债务时,再由金融机构、会计师事务所在验资不实部分或者虚假资金证明金额范围内根据过错大小承担责任。也就是说,金融机构、会计师事务所承担的是补充赔偿责任,且金融机构、会计师事务所对一个或多个债权人在验资不实部分内承担的责任累计已经达到其应当承担责任部分的,对公司其他债权人不再承担赔偿责任。因此,为了保护金融机构、会计师事务所的诉讼权利,未经审理,法院不得直接在执行程序中追加金融机构、会计师事务所为被执行人。

## 【案例64】虚假验资承担补充赔偿责任　未经诉讼追加验资机构被驳回[①]

**申请执行人：**某变压器有限公司
**被执行人：**深圳某实业有限公司
**被追加执行人：**关某、林某、某会计师事务所
**执行请求：**
1. 追加被执行人的两位股东关某、林某为被执行人；
2. 追加某会计师事务所为被执行人。

**争议焦点：**
1. 验资报告是否可以当然证明股东已足额出资；
2. 验资机构出具不实或虚假验资证明，是否应当对债权人承担责任，债权人可否在执行程序中直接追加其为被执行人。

**基本案情：**
被执行人注册资金为300万元，由被追加执行人关某、被追加执行人林某两人分别以现金方式出资150万元，并经被追加执行人某会计师事务所于1996年3月25日验资证明上述出资款已截至1996年3月20日全部存入深圳某银行的×××02118账户。

依据生效判决，被执行人本应向申请执行人给付货款4,222,620元人民币，但其并没有给付，申请执行人遂向法院申请强制执行。法院受理后，经查证被执行人没有相关财产可供执行。

**申请执行人认为：**
根据该银行提供的资料表明，被执行人注册成立之际，被追加执行人林某于1996年3月20日将50万元人民币确实存入了上述×××02118账户。截至验资当天，该账户存款余额为500,043.75元人民币。但是，被执行人尚未注册成立，1996年4月12日，该账户中的50万元人民币作为还款又被支付给了被追加执行人林某，而且截至1996年9月26日，该账户从没有发生超过100万元的交易总额。因此，被追加执行人关某实际并没有出资150万元人民币；被追加执行人林某本应出资150万元人民币，虽然当时出资了50万元人民币，但不仅没有缴足剩余出资，反而未待公司注册登记，就将已出资的50万元人民币收回。以上说明

---

[①] 参见深圳市中级人民法院某变压器有限公司申请追加被执行人股东、验资机构为被执行人案。

被追加执行人关某、被追加执行人林某投资不实,并有抽逃出资的事实。两人应在所出资的300万元内承担民事责任。被追加执行人某会计师事务所也应为出具虚假的验资报告承担补充连带责任。

**被追加执行人关某、林某辩称:**

两被执行人出资后已经会计师事务所验资并出具了验资证明,两被执行人已经缴足出资。

**被追加执行人某会计师事务所辩称:**

会计师事务所只是负责验资,公司是否对外欠款、股东是否实际出资,与会计师事务所没有关系。申请执行人无权将会计师事务所列为被执行人。

**律师观点:**

1. 法院应当追加被执行人两位股东为被执行人。

根据《公司法》规定,有限责任公司的股东应当足额缴纳公司章程中规定的各自所认缴的出资额,以货币出资的,应当将货币出资足额存入准备设立的有限责任公司在银行开设的临时账户,同时必须经法定的验资机构验资并出具证明。

本案中,截至验资当日,被追加执行人关某没有将出资额150万元存入被执行人开设的银行账户;被追加执行人林某尚有100万元的出资额未存入被执行人开设的银行账户,而已存入的50万元人民币在被执行人成立之前又划回给了被追加执行人林某本人。因此,虽然被执行人的股东被追加执行人关某、被追加执行人林某两人出资后也经过验资机构验资并出具证明,但是并不能证明其两人的出资额全部缴纳,两人依法应当分别在注册资金不实和抽逃注册资金的范围内向申请执行人承担责任。

根据《最高人民法院关于人民法院执行工作若干问题的规定(试行)》(1998年)第80条的规定,被执行人无财产清偿债务,如果其开办单位对其开办时投入的注册资金不实或抽逃注册资金,可以裁定变更或追加其开办单位为被执行人,在注册资金不实或抽逃注册资金的范围内,对申请执行人承担责任。因此,本案申请执行人可以追加被追加执行人关某在注册资金不实的150万元内,对申请执行人承担责任;被追加执行人林某则应当分别在注册资金不实的100万元内和抽逃注册资金的50万元内,对申请执行人承担责任。

2. 法院不能在执行程序中直接追加验资机构为被执行人。

验资机构虽与案件债权人没有直接的法律关系,但因其出具不实或虚假证明,损害了债权人的合法权益,此时应当承担责任。

按照《最高人民法院关于金融机构为企业出具不实或者虚假验资报告资金证

明如何承担民事责任问题的通知》的精神,当债务人的财产不能清偿债务时,由出资人在出资不实或者虚假出资金额范围内承担责任;当出资人的财产仍不能清偿债务时,则由验资机构在验资不实部分或者虚假资金证明金额范围内根据过错大小承担责任。同时,为了保护验资机构的诉讼权利,不应在执行程序中直接追加其为被执行人,而应由债权人通过诉讼程序解决。

在本案中,如果依法强制执行被追加执行人关某、追加执行人林某的财产仍不能清偿全部债务,申请执行人可以通过诉讼程序请求验资机构承担民事责任。

**法院裁定:**

1. 追加被追加执行人关某和被追加执行人林某为本案的被执行人;

2. 限被执行人被追加执行人关某和被追加执行人林某于裁定书送达之日起7日内分别向申请执行人清偿150万元人民币。逾期不履行的,将依法强制执行;

3. 驳回申请执行人其他申请请求。

### 三、抽逃出资的裁判标准

**122. 抽逃出资在实践中有哪些表现形式?**

股东从公司抽回的各种财产,既包括股东原始出资时提供的特定财产,也包括公司成立后取得的其他财产。

实践中抽逃出资的表现形式有以下四种:

(1)通过虚构债权债务关系将其出资转出;

(2)制作虚假财务会计报表虚增利润进行分配;

(3)利用关联交易将出资转出;

(4)其他未经法定程序将出资抽回的行为。

**【案例65】虚报利润进行分配　股东抽逃出资被判返还**[①]

**原告:**中某公司

**被告:**广某公司

**诉讼请求:**

1. 被告向原告支付欠缴的认缴出资额本金888万元及从该出资期限届满之次日起至还清之日止因延期付款而承担的银行利息;

---

[①] 参见广东省深圳市中级人民法院(2009)深中法民七初字第13号民事判决书。

2. 被告向原告返还抽逃的出资额200万元及赔偿自抽逃之日起至还清之日止其占用该款期间的利息损失。

**争议焦点：**股东抽逃、虚假出资的举证责任如何分配。

**基本案情：**

原告系股份有限公司。1991年，原告吸收被告为股东。

1991年12月21日，深圳中某会计师事务所出具内验资(1991)第B161号《验资证明书》，证明被告于1991年12月18日以现金方式向原告出资440万元。

1991年12月，原告向工商部门申办了变更登记，变更后注册资金为700万元，其中被告出资440万元。

1991年12月24日和28日，原告两次通过交某银行电汇向被告支付了100万元，在银行电汇凭证上注明的汇款用途均为"利润返还"。

1992年4月，原告向深圳市市场监督管理局提交了1991年度的《工商企业年检报告书》，其中"企业全年生产经营完成情况"部分的内容为：本企业1991年下半年开始股份化重组，1991年11月市府批准确认，故1991年无经营利润，该报告书所附的盖有原告公章的《资产负债表》显示"本年利润为9201.29元"。

1996年12月10日，被告出具关于将海南某某俱乐部有限公司600万股权注入原告的决议，承诺将被告受让的越某国际有限公司在海南某某俱乐部中的股权计600万注入原告，作为被告向原告的出资。另附有被告与案外人越某国际有限公司于1996年12月10日签订的《股权转让协议》和海南椰某会计师事务所于1997年4月22日出具的《资金证明》，该资金证明显示越某国际有限公司通过其全资子公司香港泰某投资有限公司自1994年2月至1996年10月，分多次向海南某某俱乐部有限公司投入股本金共6,008,614.74元。

1997年3月4日，在被告出具的关于增加在原告投资的决定中，被告称决定将珠海银某花园24套商品住宅及4套单车房，按会计师事务所评估价投资入股。深圳市民某会计师事务所出具的资评报字(1997)第004号《关于被告24套住宅及4套单车库资产评估结果报告书》显示，截至1996年12月31日，银某花园24套住宅及4套单车房的房产价值为3,675,291元。

1997年4月14日，原告召开增资扩股股东会暨董事会会议，并形成了决议，决议的主要内容为：确认原告资产评估净值为21,122,556元，其中分配给被告的为13,286,088元；经吸收新股东，公司本次增资扩股后注册资本为40,497,857元，其中被告的投资额为13,286,088元。

1997年4月25日，深圳市民某会计师事务所出具资评报字(1997)第001号关于原告的资产评估结果报告书,该报告显示该次评估目的在于为原告进行"企业规范化"改组时拥有的资产现值提供参考依据,截至 1996 年 12 月 31 日,原告的资产净值为 21,122,556.18 元。该报告书所附的《主要资产评估说明》显示:珠海银某花园 24 套住宅及 4 个单车库是原珠海经济特区建某总公司与被告合作开发银某花园项目未卖完的房产,作为投资分回利润的一部分,房产所有权直接转入被告。经资产评估后,该房产由被告作为对原告的投资转入原告的固定资产;由于未按规定补齐地价,评估时仍未办理土地使用证和房产证,产权手续不完备;对该房产价值的评估,仅以房地产总值扣除应补地价后的评估值予以确认;海南某某俱乐部的股权,包括 1993 年原告同国防科工委等 10 家企业签订协议联合开办该俱乐部时原告实际投入 570 万元以及被告投入原告的 600 万元,其中该 600 万元股权系 1996 年 12 月 10 日案外人越某国际有限公司转给被告,被告又将此股权作为母公司对子公司的投资转入原告的,截至评估基准日,原告在海南某某俱乐部投资为 1170 万元,该项目处于搁浅阶段,该次评估按照长期投资成本法按实际投资的账面值确认。

1997 年 4 月 30 日,深圳市永某会计师事务所出具验资(1997)053 号关于原告的验资报告书,该报告显示,截至 1997 年 4 月 30 日,该公司实收资本为 40,497,857 元,其中被告认缴资本为 13,286,088 元,实际缴付资本为 13,286,088 元,出资方式为实物出资;原告进行资产评估,由原股东进行资产分别持有,经评估原公司净值为 21,122,556 元,按原投资比例分配,并经股东双方协商一致确认,被告为 13,286,088 元。原告的公司章程中记载原告共发行股份 40,497,857 股,每股面值 1 元,其中被告持有 13,286,088 股。

1997 年 4 月,原告向深圳市市场监督管理局提交了原告增资扩股暨规范登记的申请报告,主要内容为:截至 1996 年 12 月 31 日,本公司总资产为 104,164,798 元,净资产 21,122,556 元;增资扩股后本公司的注册资本为 40,497,857 元,其中被告持有 13,286,088 元。

1999 年 4 月 24 日,原告召开股东会,并形成了股东会决议,其决议的内容包括"同意以公司名下的海南某某俱乐部 29.6% 的股权、中山坦洲华某童车厂厂房及土地使用权、珠海银某花园房产等资产抵偿广东发展银行债务",该股东会决议上有公司所有股东的签章和股东代表的签字确认。

1999 年 4 月 28 日,原告与广东发某银行签订了《债务抵偿合同书》,其中约定广东发某银行同意接受原告在海南某某俱乐部 29.6% 股权协议价格为 11,417,208.2 元、中山坦洲华某童车厂厂房及土地使用权协议价格为 8,985,776

元、珠海银某花园24套住房协议价格为3,675,000元抵偿广东发某银行的债务24,077,984元。

2000年5月17日,原告向广东发某银行出具《债务确认函》,确认双方于1999年4月28日所签订的《债务抵偿合同书》未能完全履行,因此截至确认函时间,原告仍对该行负债11,417,208.2元。

2002年4月11日,原告再次向广东发某银行出具《债务确认函》,确认双方于1999年4月28日所签订的《债务抵偿合同书》未能完全履行,因此截至确认函时间原告仍对该行负债10,217,208.2元。

此外,人民法院还于2003年4月9日依法受理原告的破产还债案件,并于2003年9月6日裁定宣告原告破产还债,指定广东仁某律师事务所律师李某某、深圳广某会计师事务所会计师田某某组成清算组进行清算。清算过程中,深圳广某会计师事务所作出关于原告实收资本专项审计报告以及有关被告在原告出资情况的审计说明,该审计报告指出原告公司财务账册上记载了珠海银某花园以3,675,291元、海南某某俱乐部的股权以600万元转入实收资本,但是未见截至1997年4月25日上述房产和股权的过户资料。上述房产和股权,原告的股东会于1999年4月26日通过股东会决议将其抵偿广东发某银行的债务,公司财务在1999年12月30日将上述资产作抵债处理。

原告的清算组于2004年向被告发出《偿还财务通知书》,要求被告交付出资款11,675,291元及利息。被告针对上述《偿还财务通知书》向法院提出异议,称1991年被告按合法程序分得投资红利200万元,并无抽逃出资的行为;1997年被告履行了出资义务,在产权登记因客观原因没有完成的情况下,已将有关实物的实际控制权交给原告,系原告为解决自身债务问题,在取得实际控制权后,未等完成产权转移登记即进行了处理并形成了股东会决议。

**原告诉称:**

根据原告公司章程被告认缴出资额1328万元,持有原告32.79%股权。

1. 被告以利润分配为名义抽逃出资200万元。

1991年12月17日,被告作为原告设立股东向公司汇入其认缴的出资额440万元。但同月24日和28日又分别以利润返还名义两次各抽回资金100万元共计200万元。实际上,原告1991年账面实现利润仅有9201.29元。显然根本不存在所谓利润返还的客观基础。该事实有罗湖区人民法院委托的深圳广某会计师事务所和深圳市中级人民法院委托的深圳广某会计师事务所审计报告查实为据。

2. 在1997年4月增资过程中,被告未将股权及不动产过户至原告名下。

1997年4月,原告增资扩股,其注册资金由700万元增至4050万元,被告所持股份变更为32.79%,其应认缴出资额由440万元增至1328万元,增资888万元。在原告增资扩股时,被告书面承诺以其持有的海南某某俱乐部有限公司股权作价600万元人民币和珠海银某花园24套商品住宅(含4套单车房)评估值3,675,291元两项实物合计价值9,675,291元投入原告。然而,被告从未履行该出资义务。

事实上,被告从未持有过海南某某俱乐部有限公司的股权,根本无法履行将股权转移至原告名下的出资义务。也从未将珠海银某花园24套商品住宅及4套单车房实际转移至原告名下。

综上,被告共计应缴未缴出资额本金1088万元。其中,抽逃出资200万元,应从1992年12月29日起按同期银行贷款利率计息;未履行认缴实物出资888万元,应从1997年5月1日起计息。

原告被裁定宣告破产后,清算组曾向被告发出(2003)中某清算字第03号《偿还财物通知书》,被告提交了异议书。针对异议书,清算组依据上述事实和相关法律进行反驳,并向法院提出强制执行申请,原告清算组认为,被告抽逃出资、出资不实,应承担偿还责任。

**被告辩称:**

1. 1991年12月,被告从原告处取得200万元系利润分配行为;

2. 被告以原告1996年年底资产净值按比例分配至自己名下的部分作为出资是依照工商部门申请规范登记的,并非抽逃出资,而且珠海银某花园的24套住宅和4套单车房以及海南某某俱乐部的股权并未登记在原告名下,不应包含在1996年年底的净资产范围内。

在本案审理过程中,法院向深圳市场监督管理局询函:

询问内容:原告作为国务院国发[1995]17号通知中所称的"原有股份有限公司",其在自我规范并申请重新登记过程中,在原公司并未解散的情况下,以公司净资产按比例分配给股东并作为该股东增资后的出资额,这一增资行为是否有国务院、各级政府或其他相关部门下发的文件为依据?

深圳市场监督管理局于2010年11月3日复函,主要内容为:经查,原告成立于1988年10月31日,1997年5月27日按《公司法》以及国务院和国家工商总局有关规定规范登记,经查阅该公司档案,被告系该公司规范登记前原股东,其出资额为该公司1996年年底公司净资产按比例分配,即1328万元,并经法定机构验资,上述股东出资符合《国务院关于原有有限责任公司和股份有限公司依照〈中华人民共和国公司法〉进行规范的通知》(国发〔1995〕17 号)①的有关规定。

**律师观点：**

1. 被告以利润分配款的形式从原告处获取 200 万元的行为属于抽逃出资。

1991 年，原告系经深府办复〔1991〕955 号文同意并组建的股份有限(内部)公司。1991 年《公司法》尚未出台，当时生效的地方性法规为《深圳市股份有限(内部)公司管理细则》，该《深圳市股份有限(内部)公司管理细则》第 13 条规定："内部公司税后盈余应按以下顺序和比例分配：一、公积金:35%～50%；二、公益金:5%～10%；三、奖励金:5%～10%；四、股息、红利:35%～50%。"即公司进行利润分配的前提为公司存在税后盈余且已按规定提取了公积金、公益金和奖励金。原告向深圳市市场监督管理局提交的 1991 年度《工商企业年检报告书》中盖有原告公章的《资产负债表》显示，1991 年度原告的利润仅为 9201.29 元，并不存在可向股东支付 200 万元利润的基本条件。被告未能举证证明原告的《资产负债表》中利润仅为 9201.29 元存在错误，亦未能举证证明其获得该 200 万元利润具有其他合法依据。因此，在 1991 年 12 月 18 日，被告向原告出资 440 万元并于 1991 年 12 月 21 日取得验资证明后的 10 日内，被告在不具备利润分配条件的情况下，以利润分配款的形式从原告处获取 200 万元的行为，属于抽逃出资。

根据《公司法司法解释(三)》第 14 条第 1 款的规定，原告有权请求被告返还抽逃的出资本息。因此，原告请求被告返还抽逃的出资 200 万元及利息，有事实和法律依据，应予以支持。

2. 原告未能提供足以令人产生合理怀疑的证据证明被告虚假出资。

根据《公司法司法解释(三)》第 20 条之规定，当事人之间对是否已履行出资义务发生争议，原告应提供对股东履行出资义务产生合理怀疑的证据，在原告提供了足以产生合理怀疑证据时，被告股东应当就其已履行出资义务承担举证责任。

(1) 被告以原告 1996 年年底资产净值按比例分配至自己名下的部分作为出资向工商部门申请规范登记的做法并无不妥。

原告系 1991 年根据深圳市政府文件批准组建的股份有限(内部)公司。1997 年，原告向工商部门提交了《规范登记申请书》申请进行重新登记，系按照国务院

---

① 该通知已于 2016 年 6 月 25 日起失效。

发布的《国务院关于原有有限责任公司和股份有限公司依照〈中华人民共和国公司法〉进行规范的通知》(国发〔1995〕17号)的要求,进行的自我规范和重新登记。在该次重新登记中,被告的出资额登记为13,286,088元。根据原告的《增资扩股股东会暨董事会会议决议》和原告向工商部门提交的资扩股暨规范登记的申请报告的内容看,被告13,286,088元出资实际来源于原告1996年年底的资产净值按照原持股比例分配给被告的部分。根据法院向深圳市市场监督管理局询函的结果看,原告在公司自我规范登记过程中,将原告1996年年底的净资产按持股比例分配给原股东作为重新登记的出资这一行为,符合《国务院关于原有有限责任公司和股份有限公司依照〈中华人民共和国公司法〉进行规范的通知》(国发〔1995〕17号)中"以上一年年末公司资产负债表为准进行验资"的相关规定。虽然现行的《公司法》对以公司的净资产分配给股东作为股东出资的方式并不认同,但原告在进行自我规范登记前,实际并非依公司法登记成立的公司,其在1997年的重新登记过程中对原股东出资额的认定符合国务院有关文件的规定,是《公司法》出台后对原有公司进行补正规范的特殊方式。

因此,被告以原告1996年年底资产净值按比例分配至自己名下的部分作为出资向工商部门申请规范登记的做法,并无不妥。

(2)原告未能向法院提供证据证明原告的净资产并不包含珠海银某花园24套住宅和4套单车房以及海南某某俱乐部的股权。

原告在庭审中主张珠海银某花园的24套住宅和4套单车房以及海南某某俱乐部的股权并未登记在原告名下,不应包含在1996年年底的净资产范围。

原告1996年年底的净资产情况经深圳市民某会计师事务所评估,评估结果为资产净值21,122,556.18元,其中包括珠海银某花园24套住宅和4套单车房的价值3,675,291元以及海南某某俱乐部股权1170万元,原告主张1996年年底的净资产并不包括上述两部分财产,应当提供足以令人产生合理怀疑的证据。深圳市民某会计师事务所出具的《资产评估结果报告书》显示珠海银某花园的24套住宅和4套单车房系被告从合作开发项目中获得的利润,当时因未补足地价未办理土地使用证和房产证,被告将该房产作为投资转入原告的固定资产;海南某某俱乐部股权1170万元包括原告实际投入海南某某俱乐部享有的股权570万元以及由案外人越某国际有限公司转给被告,再由被告作为投资转给原告的股权600万元。原告主张该24套住宅和4套单车房均未过户至原告名下也未交付给原告,但从1999年4月原告召开股东会并与广东发某银行签订《债务抵偿合同书》的情况看,原告实际行使了对珠海银某花园24套住宅和4套单车房的处分权,从 2000 年 5 月 17 日原告向广东发某银行出具的《债务确认函》看,广东发某银行的债权已不再包括珠海银某花园 24 套住宅和 4 套单车房抵偿的债权部分,该 24 套住宅和 4 套单车房已实际由原告抵债给了广东发某银行。关于海南某某俱乐部的股权,从原告 1999 年 4 月召开股东会形成的决议以及与广东发某银行签订的《债务抵偿合同书》看,原告也实际享有对海南某某俱乐部股权的处分权。

因此,原告未能向法院提供证据证明原告的净资产并不包含珠海银某花园 24 套住宅和 4 套单车房以及海南某某俱乐部的股权。原告主张被告对章程中记载的 13,286,088 元出资存在出资不实的情况,未能提供足以产生合理怀疑的证据,应承担举证不能的不利后果。原告请求被告支付欠缴的出资 888 万元及利息,没有充分证据证实,不应予以支持。

**法院判决:**

1. 被告向原告返还抽逃的出资款 200 万元及利息;
2. 驳回原告的其他诉讼请求。

## 【案例 66】股东以借款名义抽逃出资　债权人请求连带责任获支持[1]

**原告:** 海宝公司

**被告:** 工具厂、鞋业公司、宏泰公司

**诉讼请求:**

1. 被告宏泰公司偿还原告借款本金 25 万美元;
2. 被告工具厂、被告鞋业公司对被告宏泰公司的财产予以清理,并以清理所得偿还原告借款本金 25 万美元;
3. 被告工具厂在抽逃被告宏泰公司注册资金 25 万美元范围内,对原告的借款承担连带赔偿责任。

**争议焦点:** 如何界定取款行为系正常的借贷关系还是抽逃出资。

**基本案情:**

被告宏泰公司注册资本为 94.5 万美元,其中被告工具厂出资 51.98 万美元,占注册资本的 55%,以现汇 28.3 万美元和人民币折 23.68 万美元投入,其余出资由被告鞋业公司投入。

1995 年 11 月 9 日,被告宏泰公司向江阴农行出具外汇贷款借款凭证,被告宏

---

[1] 参见江苏省无锡市中级人民法院(2006)锡民三初字第 094 号民事判决书。

泰公司借得贷款25万美元,还款期限至1996年10月30日。被告工具厂为该笔贷款提供保证担保。被告宏泰公司将借得的25万美元,划转给被告工具厂,用于偿还被告工具厂对被告宏泰公司的股本贷款。

借期届满后,被告宏泰公司未偿还借款本息。

2000年3月,江阴农行将其对被告宏泰公司的债权转移给长城公司,被告宏泰公司对债权转移予以确认,但未能按约偿还借款本息,长城公司在《新华日报》《江苏法制报》予以催收债权。

2005年11月24日,长城公司将其对被告宏泰公司的借款债权转让给原告,并于2006年3月17日在《江苏法制报》予以公告通知,但被告宏泰公司仍未向原告还款。

被告宏泰公司已于1999年8月被吊销营业执照。

**原告诉称:**

被告工具厂认缴被告宏泰公司注册资本中的28.3万美元系向江阴农行贷款出资。被告工具厂对被告宏泰公司认缴出资的注册资金贷款25万美元,应由被告工具厂以自有财产归还,在其不予归还的情况下,将该贷款转归被投资企业被告宏泰公司承担,显属抽逃其对被告宏泰公司已投入的注册资金。

现被告宏泰公司已被吊销营业执照,其股东应对公司进行清理,并在抽逃出资范围内承担连带责任。

**被告工具厂、被告宏泰公司辩称:**

被告宏泰公司向被告工具厂划款的行为应视为被告工具厂向被告宏泰公司借款,双方属正常的债权债务关系,被告工具厂不存在抽逃出资的行为。

被告鞋业公司未作答辩。

**律师观点:**

1. 被告工具厂存在抽逃被告宏泰公司注册资金的行为。

虽然被告宏泰公司辩称向被告工具厂划款的行为应视为被告工具厂向被告宏泰公司借款,双方属正常的债权债务关系,但被告工具厂并未向法院提供借款合同、借据等证据证明该笔划款为借款性质,故该理由不应予以支持。

2. 被告工具厂应当对被告宏泰公司不能清偿债务承担连带责任。

被告工具厂存在抽逃被告宏泰公司注册资金的行为,在被告宏泰公司不能清偿债务时,被告宏泰公司债权人原告有权诉请其在所抽逃出资的范围内就公司债务承担清偿责任。

由于被告宏泰公司已被吊销营业执照,被告宏泰公司股东被告工具厂、被告

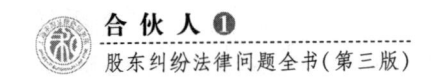

鞋业公司应当成立清算组对被告宏泰公司资产进行清理并以清理所得偿还被告宏泰公司债务。

**法院判决：**

1. 被告工具厂、被告鞋业公司应于本判决生效后30日内对被告宏泰公司进行清理，以清理的资产给付原告借款本金25万美元；

2. 被告工具厂就上述第1项还款义务在2,077,500元人民币范围内对原告承担连带清偿责任。

## 【案例67】以"其他应收款"长期占用公司资金　股东被判抽逃出资[①]

**原告：**华强奇苑公司

**被告：**刘某华

**诉讼请求：**判令被告偿还原告资本金400万元并赔偿损失（自2003年8月1日起至全部还清之日，按中国人民银行发布的同期贷款利率计算）。

**争议焦点：**股东长期占用公司资金不还，是否构成抽逃出资。

**基本案情：**

2003年7月30日，原告成立，注册资本1000万元，原告章程显示股东及其出资情况为：被告出资400万元、吴某奇出资300万元、汪某强出资300万元。

2003年8月1日，北京中燕通会计师事务所有限公司中燕验字（2003）第3—226号《验资报告》显示，原告申请注册资本1000万元，被告货币出资400万元，吴某奇货币出资300万元，汪某强货币出资300万元，以上货币出资1000万元已存入中国建设银行北京良乡昊天支行，账号为261000×××。

2008年9月4日，北京市房山区人民法院作出（2008）房民破字第8104号民事裁定书，裁定受理何某玉、李某强申请原告破产一案。

在原告破产清算案中，破产管理人对原告的财产进行清算，根据破产管理人的委托，天健光华（北京）会计师事务所对原告截至2008年9月4日的财务状况进行破产清算审计，《清算审计报告》显示：（1）从验资报告和会计记录分析，债务人公司设立时，1000万元股东出资款曾存入验资账户，后来被股东占用，截至2008年9月4日，股东占用的资金仍未归还。因债务人会计记录不完整及中国建设银行北京良乡昊天支行261000×××账号的银行资金划出单据无法取得，股东资本金的实际流转情况不详。此外，2007年1月24日，股东吴某奇与

---

[①] 参见北京市房山区人民法院（2009）房民初字第8085号民事判决书。

被告、汪某强签订《股权转让协议》，将其所持有的30%股权转让给被告、汪某强各15%，截至2008年9月4日，债务人财务记录未作相应调整，股权结构仍为被告货币出资400万元、吴某奇货币出资300万元、汪某强货币出资300万元。(2)债务人债权情况中，其他应收款为"债务人被告：账面原值4,000,000元，备注为股东占用""债务人吴某奇：账面原值3,000,000元，备注为股东占用""债务人汪某强：账面原值3,000,000元，备注为股东占用"。

**原告诉称：**

虽然原告设立时股东汪某强及被告、吴某奇分别将出资款打入原告开立的验资账户，但原告成立后，公司资本金全部被股东占用，原告的行为违反了《公司法》的规定，损害了原告的法人财产权。

**被告辩称：**

2003年时，注册资金1000万元全部到位。后来确实使用了一部分注册资金，又还了一部分，但当时公司财务不健全，遗失了部分票据，具体用了多少资金、还了多少资金被告不清楚，但被告个人并无占用公司资金的行为。

**律师观点：**

股东出资到位，是维护公司的正常经营与发展，保证公司必要的偿债能力的必要条件。股东在公司成立后，不得将自己的出资从公司中抽逃，若股东抽逃出资，应向公司承担补足与赔偿责任。

本案中，被告应当按期足额缴纳公司章程中规定的各自所认缴的出资额，其占用出资且至今未还，违反了股东的出资义务，故对原告要求被告缴纳出资款400万元并支付逾期付款利息的诉讼请求，应予以支持。

**法院判决：**

1. 被告于本判决生效之日起10日内给付原告出资款400万元；

2. 被告于本判决生效之日起10日内给付原告自2003年8月1日至全部还清之日的逾期付款利息，以中国人民银行同期贷款利率计算。

### 123. 股东会采取哪些财务记录方式抽逃出资？

抽逃行为认定的关键点在于，股东出资资金或者相应的资产从公司转移给股东时，股东并未向公司支付公正、合理的对价，即未向公司交付等值的资产或权益。股东抽逃出资多采用隐蔽、秘密的手段，但在财务上必然留下痕迹，抽逃出资的股东主要采取四种财务记录方式。

(1)借方记录"其他应收款"，贷方记录"银行存款"

以"其他应收款"长期挂账，挂账方式多为股东或与股东有关联关系的人，理由多为材料采购等,但其实股东与公司并未有真正的、公平的业务往来。因此,需查验公司的资产负债表等财务记录,以及有关的合同、发票、汇款单据等,看两种数据是否吻合。

(2) 借方记录"长期投资",贷方记录"银行存款"

以"长期投资"挂账,使公司资本长期滞留在公司账外,不能供公司使用,但实际上与股东并无基础的投资关系,或者公司对股东进行无对价的反投资或抵押担保,公司没有得到相应的收益却要因股东的债务承担连带保证责任,股东无法偿还债务时,股东的出资被部分或全部执行给案外人。此种情形需要查验抵押投资协议、汇款单据、被投资担保的公司的注册情况和公司的收益情况等,以此来查证公司对外投资、担保的真实性和公司是否享有公平合理的收益。

(3) 做混账

将应收账款、预付账款、其他应收款三个账户合并设置应收账款综合账户,而且债权、债务未按单位或个人分别设置分户明细账。

(4) 不做账或者做假账

公司成立后,股东强行转移公司资产,"银行存款"项下账面上的公司注册资金并未减少,账面数额仅是一个虚假的夸大的数字。能够进行此项操作的一般是控股股东,利用其强势地位抽逃出资。此时需要股东对交易、账务记录进行查阅、调查,或通过有法定资格的审计师事务所或会计师事务所独立审计,出具书面审计报告,以确认公司资金减少的事实和减少的原因。

**124. 如何区分抽逃出资与虚假出资?**

抽逃出资与虚假出资的不同点主要体现在三方面。

(1) 责任依据不同

抽逃出资严重侵害公司财产权时,债权人依据法人人格否认追究公司责任,此时,公司仍有独立的人格。

虚假出资往往导致公司不成立,公司自始没有独立的人格,因此,债权人主要依据发起人的设立协议要求发起人承担责任。

(2) 违反义务的方式不同

抽逃出资股东先足额履行了出资义务,而后又违反出资义务将其出资抽回。

虚假出资是股东自始至终没有足额履行出资义务。

(3) 发生的时间不同

虚假出资发生在公司成立之前,抽逃出资发生在公司成立之后。

### 125. 如何区分抽逃出资与股东借款行为？

实践中,股东会以从公司借款的形式掩盖其抽逃出资的事实。鉴于股东的抽逃出资行为与股东从公司借款的行为有不同的构成要件与法律后果,股东抽逃出资不仅要对公司及其债权人承担民事责任,而且可能承担刑事责任,如何区别股东的抽逃出资行为与借款行为便成为司法实践中一个棘手难题。要准确甄别二者界限,应当综合考虑九个因素。

(1) 金额

股东取得公司财产占其出资财产大部分的,抽逃出资的概率高;股东取得公司财产不占其出资财产大部分的,借款的概率高。该标准有一定合理性,难点在于如何界定"出资财产大部分"。

(2) 利息

以股东从公司取得财产金额有无对价为准,股东取得公司财产无利息约定的,抽逃出资的概率高,因为股东抽逃出资之时根本不会想到还本付息之事,也就没有利息约定;股东取得公司财产有利息约定的,借款的概率高,因为股东借款之时心怀还款之意。该标准似乎符合借款行为双方当事人的主观心态,也合乎借款行为的商事习惯。当然,借款行为也有无偿的;抽逃出资的股东也有可能打着利息约定的幌子。

(3) 还本付息期限

以股东从公司取得财产金额有无偿还期限为准,股东取得公司财产无返还期限约定的,抽逃出资的概率高;股东取得公司财产有返还期限约定的,借款的概率高。倘若借款返还期限过长,甚至超过了自然人股东的寿命或法人股东的营业期限的除非其提供了充分有效的担保手段,将其认定为抽逃出资的行为亦无不可。

(4) 担保

以股东从公司取得财产金额有无担保手段为准,股东取得公司财产无担保手段的,抽逃出资的概率高;股东取得公司财产有担保手段的,借款的概率高。该标准在通常情况下符合借款行为的商事习惯,能够检验股东返还借款的诚意。但仍不能绝对排除抽逃出资股东借助担保手段掩人耳目的可能。

(5) 程序

以股东从公司取得财产金额有无履行公司内部决策程序为准,股东取得公司财产未履行公司内部决策程序的,抽逃出资的概率高;股东取得公司财产履行了公司内部的决策程序的,借款的概率高。该标准一般符合公司作为贷款人的审慎思维方式。但在控股股东能够操纵股东会与董事会的情况下,即使公司内部的决策程序一应俱全,也不能确认控股股东取得财产的合法性。

(6) 主体

以从公司取得财产的股东有无控制地位为准,积极的控制股东、当权派股东取得公司财产的,抽逃出资的概率高;消极的非控制股东、在野党股东取得公司财产的,借款的概率高。

(7) 会计处理方式

以公司对股东取得财产的财务会计处理方式为准,公司的财务会计报告将股东取得公司财产的行为作为应收款处理、确认公司对该股东债权事实的,借款的概率高;公司的财务会计报告对股东取得公司财产的行为未作应收款处理的,抽逃出资的概率高。

(8) 透明度

以股东取得公司财产行为是否向其他股东公开为准,公开者借款的概率高;不公开者抽逃出资的概率高。

(9) 行为发生期限

以股东出资行为与股东取得公司财产行为之间的期限为准,股东出资行为与股东取得公司财产行为之间间隔较长的,借款的概率较高;股东出资行为与股东取得公司财产行为之间间隔较短的,抽逃出资的概率高。[①]

**126. 股东以土地使用权的部分年限对应价值作价出资,期满后收回土地使用权是否构成抽逃出资?**

不构成。根据《公司法》及相关法律法规的规定,股份有限公司设立时发起人可以用土地使用权出资。土地使用权不同于土地所有权,其具有一定的存续期间即年限,发起人将土地使用权出资实际是将土地使用权的某部分年限作价用于出资,发起人也可以将土地使用权的全部年限作价出资,作为公司的资本。发起人将土地使用权的部分年限作价作为出资投入公司,在其他发起人同意且公司章程没有相反的规定时,并不违反法律法规的禁止性规定,此时发起人投入公司的资本数额应当是土地使用权该部分年限作价的价值。

在该部分年限届满后,土地使用权在该部分年限内的价值已经为公司所享有和使用,且该部分价值也已经凝结为公司财产,发起人事实上无法抽回出资。由

---

[①] 刘俊海:《新公司法的制度创新:立法争点与解释难点》,法律出版社2006年版,第128~130页。

于土地使用权的剩余年限并未作价用于出资,所以发起人收回土地使用权是取回自己财产的行为,这种行为与发起人出资后再将原先出资的资本抽回的行为具有明显的区别,不应认定为抽逃出资,发起人取回剩余年限的土地使用权后,公司的资本没有发生变动,所以无须履行公示程序。

## 【案例68】以土地使用权部分年限出资　到期收回不构成抽逃出资[①]

**原告:**大锻公司

**被告:**鞍山一工、鞍山市政府

**第三人:**鞍山市国有资产监督管理委员会

**诉讼请求:**

1. 判令被告鞍山一工支付尚欠原告加工费2,691,263.85元及利息;

2. 鞍山市政府在抽回的1710万元范围内对被告鞍山一工给付原告款项不足部分承担给付责任。

**争议焦点:**股东将用于作价出资的土地使用权在10年使用期满后收回,是否属于抽逃出资行为。

**基本案情:**

原告与被告鞍山一工存在多年的加工关系。截至2005年9月,被告鞍山一工尚欠原告加工费2,691,263.85元。该款虽经原告多次催要,但被告鞍山一工一直未付款。

被告鞍山一工是1992年6月12日、7月12日经鞍山市和辽宁省经济体制改革委员会批准的定向募集股份有限公司。该公司于1993年在上海交易所挂牌上市。企业总股本16,500万股,每股1元。被告鞍山市政府作为国有股股东在被告鞍山一工的股份为6688.6万股(另有法人股和个人股),所占比例31.11%,其中包含被告鞍山一工所占土地570,620平方米土地使用权作价1710万元在内,使用期限10年。

1992年3月5日至2002年3月5日土地使用期限届满后,被告鞍山一工申请续办了土地使用权手续。2002年3月6日至6月27日,国家审计署驻沈阳特派员办事处对鞍山市2000年至2001年土地使用和土地资金管理情况审计时,发现一些违规行为,对此,该办事处作出沈特农决(2002)3号审计决定书,认定"2001年10月,被告鞍山一工向鞍山市土地管理局申请续期,由于被告鞍山一工

---

[①] 参见辽宁省高级人民法院(2006)辽民二终字第314号民事判决书。

在未缴纳土地出让金情况下,鞍山市土地管理局为其办理了土地使用证,并向北京中天华正会计师事务所和北京市大连律师事务所出具土地出证证明,确认被告鞍山一工已按合同规定缴纳土地出让金。上述行为与国务院(2001)15号文件《关于加强国家土地资源管理的通知》第4条不符"。据此,2003年8月29日,被告鞍山市政府根据审计署驻沈阳特派员办事处的决定,以鞍政发〔2003〕34号文件,作出整改决定为"鞍山市原土地管理局在向被告鞍山一工出让土地中弄虚作假,并违法发放《国有土地使用证》和向有关部门作出虚假土地出让证明,违反了国家《土地法》第55条和国务院规定。被告鞍山市政府决定:鉴于被告鞍山一工已经退市,短期内不能实现资产重组,且近期无法缴纳出让金,因此,终止土地出让合同,注销土地登记,收回土地使用证"。同年9月1日,鞍山市规划和国土资源局下发鞍规国土资发〔2003〕230号文件,中止了被告鞍山一工土地使用权出让合同,被告鞍山一工应到有关部门办理注销土地登记,交回土地使用证。被告鞍山一工已按规定办理了上述手续。

**原告诉称:**

被告鞍山一工欠原告承揽加工费2,691,263.85元。2003年被告鞍山市政府将向鞍山一工出资的570,620平方米国有土地使用权收回,而按《公司法》的规定注册资金是不能抽回的,故被告鞍山市政府应承担抽回资金的民事责任,即在抽回1710万元的范围内对被告鞍山一工给付原告款项不足部分承担给付责任。

**被告辩称:**

被告鞍山市政府针对国家审计署驻沈阳特派员办事处的决定下发文件,终止了对被告鞍山一工土地使用权出让合同,收回了土地使用证。其措施应属对鞍山市原土地管理局违规行为的纠正,并不违法。

第三人未述称。

**一审认为:**

1. 被告鞍山一工尚欠原告████款。

原告依据订单为被告鞍山一工加工链条,双方形成加工承揽关系,被告鞍山一工收到原告为其加工的货物后,理应向原告给付加工费,其欠款未付,显属无理,应向原告承担民事责任;

2. 被告鞍山市政府应在出资不实范围内对被告鞍山一工承担补充给付责任。

虽然被告鞍山市政府针对国家审计署驻沈阳特派员办事处的决定下发文件,终止对被告鞍山一工土地使用权出让合同的行为属于对鞍山市原土地管理局违规行为的纠正,但被告鞍山市政府作为被告鞍山一工的投资人之一,将作为投资的作价1710万元的土地使用权收回后,应根据法律规定将相应的资金补足。而被告鞍山市政府收回土地使用权后未能补足资金的行为,损害了被告鞍山一工债权人的权益,其行为构成向原告承担民事责任的理由。

**一审判决:**

1. 被告鞍山一工于判决发生法律效力后10日内给付原告加工费2,691,263.85元及利息(自2005年10月1日起至付清日,按中国人民银行同期逾期贷款利率计付);

2. 被告鞍山市政府在1710万元范围内对被告鞍山一工给付上述款项不足部分承担给付责任。

被告鞍山市政府不服一审判决,向上级人民法院提起上诉。

**被告鞍山市政府上诉称:**

原判将其收回到期土地使用权的行为,认定为违反《公司法》、抽逃注册资金的行为,是适用法律错误。570,620平方米国有土地经评估作价以1710万元入股,使用期限10年,就是土地使用10年需要支付的土地使用费,且上市之前,此宗土地使用期限10年已公示。

10年期满,被告鞍山一工继续使用土地则应重新评估作价,重新交付土地使用费,重新办理土地使用证。但此时被告鞍山一工无力支付土地使用金,无法有偿使用土地,10年期满被告鞍山市政府已履行完毕出资义务,依法收回土地使用权,不违背《公司法》,不是抽逃注册资本,被告鞍山市政府不应在土地价值范围内承担被告鞍山一工给付款项不足部分的民事责任。

**原告二审辩称:**

依据《公司法》的规定,注册资金是不能抽回的,被告鞍山市政府收回入股的土地即注册资金,则应补足相应资金,否则应承担相应民事责任。除此之外,被告鞍山一工招股说明书中没有土地使用期限10年的记载,被告鞍山市政府所称公示的内容是在财务账目内,没有向社会公布。

第三人二审未述称。

**律师观点:**

原告为被告鞍山一工加工链条,被告鞍山一工对尚欠原告承揽加工费2,691,263.85元及利息没有异议,双方承揽加工合同法律关系成立,被告鞍山一工应予承担偿还所欠加工费用及相关利息的义务。对于被告鞍山市政府的行为是否构成抽逃注册资本,因作为股东的被告鞍山市政府在被告鞍山一工设立时投入的570,620平方米土地使用权作价1710万元所对应的具体年限为10年,被告鞍山市政府虽然收回了土地使用权,但该土地使用权在投入的10年期限内的价值已经为公司所享有和使用,且该部分价值也已经凝结为公司财产,被告鞍山市政府事实上无法抽回。收回土地使用权,并不是抽逃注册资金,是10年使用期满后正常的收回行为,并不违法,也无须履行公示程序。故被告鞍山市政府不应在1710万元范围内对被告鞍山一工给付欠款不足部分承担给付责任。

**二审判决:**

1. 维持一审判决第1项;
2. 撤销一审判决第2项。

## 第四节　股东虚假出资与抽逃出资的责任承担

### 一、违反出资义务股东对公司责任的承担

**127. 出资期限未届满是否属于"出资不实"？债权人能否以清偿到期债务为由,请求未届出资期限的股东在未出资范围内对公司不能清偿的债务承担补充赔偿责任?**

出资期限未届满不属于"出资不实"。出资义务的到期时间以公司章程规定的时间为准。

在注册资本认缴制下,股东依法享有期限利益。债权人以公司不能清偿到期债务为由,请求未届出资期限的股东在未出资范围内对公司不能清偿的债务承担补充赔偿责任的,人民法院不予支持。但是,下列情形除外:

(1)公司作为被执行人的案件,人民法院穷尽执行措施无财产可供执行,已具备破产原因,但不申请破产的;

(2)在公司债务产生后,公司股东(大)会决议或以其他方式延长股东出资期限的。

**【案例69】股权虽转让　出资不实责任不免除**[①]

原告:某甲

被告:某乙

---

① 参见上海市浦东新区人民法院(2009)浦民二(商)初字第3164号民事判决书。

**第三人**：某丙

**诉讼请求**：

1. 判令被告按其所占原告38%的股权比例补缴注册资本金190万元；

2. 判令被告支付以20万元为基数，自2004年5月24日起至判决生效日止；以180万元为基数，自2006年4月19日起至2006年7月20日止；以176万元为基数，自2006年7月21日起至判决生效日止，按照中国人民银行规定的同期贷款利率标准计算的银行利息；

3. 判令被告支付工商罚款损失95,000元（250,000×38%）。

**争议焦点**：原股东出资不实的责任可否因其股权转让给第三人而免除，可否因约定由第三方承担而免除。

**基本案情**：

原告系由第三人投资30万元和被告投资20万元，于2004年5月成立的有限责任公司。

2006年4月，原告的注册资本经增加至500万元，其中第三人出资300万元，占注册资本的60%，被告出资200万元，占注册资本的40%。

2006年7月，第三人和被告分别将所持原告的13%和2%的股权转让给某某某。股权转让后，原告经工商变更后的股东和出资情况为：第三人出资235万元，占注册资本的47%；被告出资190万元，占注册资本的38%；某某某出资75万元，占注册资本的15%。

2007年6月25日，原告作出《股东会决议》，明确被告和某某某将总计53%的股权按照一定价格转让给第三人，由第三人统筹操盘引进新的股东；截至2007年6月30日，被告和某某某将不再承担原告的债权债务，同时不再参与原告的经营管理，不再享有原告规定的待遇；第三人作为原告的法人代表，将独立承担全部债权债务，并承担一切法律责任。第三人、被告和某某某在上述决议上均进行了签字。

2007年6月28日，第三人和被告签订了《股权转让合同》，约定第三人承担被告于2007年6月28日前在原告所持有股权的相应债权债务；被告同意将持有原告38%的股权，以200万元的价格转让给第三人。并约定了股权转让款的支付期限等。后因第三人没有按约支付股权转让款，被告向上海市杨浦区人民法院提起诉讼。该院于2009年3月19日判决第三人应当向被告支付股权转让款。

2008年12月11日，上海市工商行政管理局检查总队认定，原告在设立以及增资过程中,全体股东均未实际出资,而是委托其他单位代为垫资,注册资金均以当事人的股东名义缴存到验资账户,验资后被划走,总计为500万元。并对原告作出了罚款25万元的处罚。原告于2008年12月12日已经向上海市工商行政管理局检查总队缴纳了上述罚款。

**原告诉称：**

以上两次投资以及股权转让,虽然均办理了验资手续,但实际资金均系其他公司借资垫付,验资及工商登记后均从原告划出归还。由于股东实际没有投资,2008年12月11日,工商部门对原告作出了罚款25万元的行政处罚。原告也已经缴纳了此项罚款。被告应当补缴出资额并且按出资比例承担工商部门的罚款。

**被告辩称：**

原告虽名义上为公司股东,实际自2007年6月30日起,原告全部的权利归第三人所有,原告全部的债权和债务均归第三人享有和承担,全部的经营活动也由第三人掌控。由于以上原因,被告对原告应承担的债务,包括补缴出资义务,已经转由第三人承担。

**第三人述称：**

同意原告的诉讼请求。被告实际并未出资,应当承担出资义务。

**律师观点：**

1. 被告出资不实的责任不因其股权转让给第三人而免除。

股东应当足额缴纳公司章程规定的各自所认缴的出资额。被告作为原告设立之初的股东,在原告设立以及增资过程中,实际并未出资。之后,被告虽已经转让了其在原告的股权,但其出资不实的责任不应随着股权的转让被免除。

况且在被告和第三人股权转让合同纠纷案件中,法院也已经判决第三人应当支付被告相应的股权转让款。故原告要求被告补足出资190万元的诉请,应予以支持。原告要求被告支付银行利息的主张,也于法无悖,应予以支持。因原告的股东未实际出资,被相关行政部门处罚,原告按照被告的出资比例要求被告承担相应的罚款损失,也应予以支持。

2. 《股权转让合同》中关于债权债务承担的条款并不意味着被告将出资义务转让给了第三人。

虽然《股权转让合同》中约定了第三人承担被告于2007年6月28日前在原告所持有股权的相应债权债务,但这并不能直接认定是将被告的出资义务转移给了第三人,故被告认为其补缴出资的义务已经转给第三人的主张,不应予以支持。

**法院判决：**

1. 被告应于本判决生效之日起 10 日内向原告补缴投资款 190 万元；

2. 被告应于本判决生效之日起 10 日内支付原告银行利息损失（其中以 20 万元为基数，自 2004 年 5 月 24 日起至判决生效日止；以 180 万元为基数，自 2006 年 4 月 19 起至 2006 年 7 月 20 日止；以 176 万元为基数，自 2006 年 7 月 21 日起至判决生效日止，按照中国人民银行规定的同期贷款利率标准计算）；

3. 被告应于本判决生效之日起 10 日内赔偿原告罚款损失 95,000 元。

## 128. 公司股东未履行或未全面履行出资义务，其他股东是否应当对该股东不实出资承担连带责任？

需要区分股东是在设立时的股东，还是增资时进入公司的新股东。

股东作为发起人在公司设立时未履行或者未全面履行出资义务，公司债权人请求未履行或者未全面履行出资义务的股东在未出资本息范围内对公司债务不能清偿的部分承担补充赔偿责任时，可请求公司的发起人承担连带责任。

股东通过认购增资进入公司，其未履行或者未全面履行出资义务，公司债权人不能要求其他股东对该股东不实出资承担连带责任。

## 【案例70】入股渔船价值显著偏低　其他发起人承担连带责任[①]

**原告：** 孙某原

**被告：** 北方公司、徐某尧、宋某

**诉讼请求：**

1. 判令被告北方公司返还 150 万元及相应利息；
2. 判令被告徐某尧、被告宋某虚假出资，应承担相应责任。

**争议焦点：**

1. 原、被告双方提交的合伙协议不同，法院应如何认定；
2. 合伙协议性质如何，是借贷协议还是合伙协议；
3. 验资报告能否作为认定全面履行出资义务的证据；
4. 其他发起人是否应对出资不实发起人的出资责任承担连带责任。

**基本案情：**

2003 年 6 月 16 日、9 月 12 日、9 月 22 日、11 月 4 日、11 月 9 日、12 月 18 日和

---

[①] 参见山东省高级人民法院（2007）鲁民四终字第 27 号民事判决书。

2004年2月5日,原告以渔船入股投资款和借款的名义,分7笔交给被告北方公司投资款1,476,588.9元、借款20,640元(交船员保险用)。

2003年12月18日,被告北方公司股东会接受被告徐某尧将北方之星8号、北方之星9号渔船投入被告北方公司,将被告徐某尧出资变更为1335万元(其中新增1065万元),被告宋某出资变更为265万元(其中新增235万元)。北方之星8号、9号建造于1982年。2002年9月2日,被告徐某尧与韩国南海贸易商社签订船舶买卖合同,协议购买北方之星8号、9号的价格为130万美元。

2004年7月4日,原告与被告北方公司签订《合伙经营渔船合同》,合同约定被告北方公司(合同甲方)与原告(合同乙方)合伙经营甲方名下的渔船北方之星8号及北方之星9号,两艘渔船实际产权为合伙双方共同所有;由甲方负责经营及日常管理,甲方保证乙方能获得收益。合伙期限3年,自本合同签字之日起算;甲方以现金80万元人民币、两艘渔船、增加设备渔具等作为出资共计278.6万元,乙方出资现金150万元人民币;甲方承诺在合伙终止时保证全额返还乙方出资,并且如经营无盈余分配时,则自乙方将款交给甲方之日起按银行同期贷款利率向乙方支付利息;如清算后亏损或资产不足以返还乙方出资及利息时,甲方将另外支付;合伙因全部渔船转卖等约定原因之一即得终止。

2004年12月30日,被告北方公司签署《承诺书》,表示不论两艘渔船的经营状况如何,在所签合伙合同期届满或合同终止时,保证将无条件全额退还给原告出资款150万元人民币,并且无条件补足支付原告自交款之日至退款之日按银行同期贷款利率计算的利息,渔船经营亏损及出现债务由被告北方公司全部承担,与原告无关。

2005年3月3日,被告北方公司卖北方之星8号、9号的价格为22万美元。

**原告诉称:**

合同履行过程中,原告与被告北方公司产生纠纷,三被告应按原告与被告北方公司签订的《合伙经营渔船合同》和《承诺书》,承担《承诺书》中被告北方公司承诺的不论两艘渔船的经营状况如何,在所签合伙合同期届满或合同终止时,保证将无条件全额退还给原告出资款150万元人民币,并且无条件补足支付原告自交款之日至退款之日按银行同期贷款利率计算的利息。

**被告辩称:**

1. 原告提出的《合伙经营渔船合同》是虚假的合同;

2. 原告与被告北方公司共同出资经营,由于市场等因素导致目前严重亏损。在这种情况下,如果让被告北方公司单独承担亏损,并且要把原告的投资本金、利息全额返还,不公平。

**一审认为:**

1. 应采用原告提交的《合伙经营渔船合同》作为定案依据。

2005年5月8日,三被告申请对原告提供的《合伙经营合同》《承诺书》进行司法鉴定。2005年8月30日,青岛市中级人民法院作出(2005)青中法文鉴字第218号文件检验鉴定书,结论为原告提供的《合伙经营合同》《承诺书》上"北方公司"印文与提供同名样本印文均是同枚印章盖印;原告提供的《合伙经营合同》上"徐某尧"签字与提供徐某尧样本签字是同一人书写;原告提供的《承诺书》上"徐某尧印"私章印文与提供部分同名样本印文是同枚印章盖印;原告提供的《合伙经营合同》《承诺书》上印文与打印字迹形成时序均为先有打印字迹后有印文。

三被告于2005年9月21日再次申请进行鉴定,原告与被告北方公司及被告宋某的委托代理人王某签订确认委托鉴定协议,协商确定由中国刑警学院进行鉴定,双方确定对中国刑警学院的鉴定结论表示认可,同意不再提出鉴定申请,由法院依照现有鉴定结论及庭审情况进行认定。

2005年11月22日,中国刑事警察学院作出中警鉴字第0521020578号鉴定书,结论为原告提供的《合伙经营渔船合同》未发现换页痕迹,但第1页、2页上印刷体文字的打印时间无法确定;原告提供的《合伙经营渔船合同》未见原骑缝章印被消退的痕迹;原告提供的《合伙经营渔船合同》第1页与第2页上的"青岛北方船舶设备有限责任公司"印文的盖印时间一致;原告提供的《合伙经营渔船合同》第1页与第2页的纸张相同;手印印泥成分一致。

根据青岛市中级人民法院、中国刑事警察学院两次鉴定的结论,原告提交的《合伙经营渔船合同》和《承诺书》印章真实,并未查出伪造痕迹,因此可以作为定案依据。

2. 被告北方公司作为公司法人,不能成为合伙人组织投资者;原告与被告北方公司的合伙协议实质为借贷合同①。

原告与被告北方公司签订的《合伙经营渔船合同》,内容是关于双方如何进行合伙经营渔船活动。作为合伙协议的双方,原告是个人,而被告北方公司是公司法人。我国目前对于合伙的法律规定,不论是《民法通则》还是《合伙企业法》,

---

① 本案发生于2005年,依照当时的法律,公司法人不能作为合伙人组织投资者。但根据2006年实施的《合伙企业法》,法人和其他组织可以作为有限合伙人。若本案发生于2006年之后,《合伙经营渔船合同》不因投资主体问题无效。

都只对个人作为合伙组织成员从事合伙活动进行了规范，没有规定公司法人可以参与合伙。而1992年国家体改委《有限责任公司规范意见》第6条即明确规定"公司不得成为其他经济组织的无限责任股东"。《公司法》自颁行以来，共进行了4次修改，分别是1999年、2004年、2005年和2013年①，而本案所涉及合伙协议的签字时间为2004年7月4日，此时应执行的《公司法》为1999年修正版，1999年《公司法》未对公司参与合伙进行明确规定。根据《公司法司法解释（一）》第2条"因公司法实施前有关民事行为或者事件发生纠纷起诉到人民法院的，如当时的法律法规和司法解释没有明确规定时，可参照适用公司法的有关规定"。而2005年修订《公司法》第15条规定"公司可以向其他企业投资；但是，除法律另有规定外，不得成为对所投资企业的债务承担连带责任的出资人"。由于合伙组织成员须承担连带无限责任，参照上述法律规定，公司不能成为合伙组织投资人。被告北方公司参与合伙活动，违反了《公司法》的投资限制规定。

从原告与被告北方公司签订的《合伙经营渔船合同》的内容来看，原告虽然投资150万元参加合伙，但由被告北方公司负责经营及日常管理，并保证原告能获得收益，被告北方公司承诺在合伙终止时保证全额返还原告出资，并且如经营无盈余分配时，仍自原告将款交付之日起按银行同期贷款利率向原告支付利息；即使清算后亏损或资产不足以返还原告出资及利息时，被告北方公司仍将另外支付。从《承诺书》内容看，也表示了同样的意思。由此可见，原告参与合伙，但不承担合伙亏损的风险，被告北方公司保证支付原告本金与贷款利息，双方形式上签订了合伙协议，实质上规定了借贷合同的核心权利义务，属于"名为合伙，实为借贷"，我国法律对公司法人向个人进行借贷并无禁止性规定，因此双方之间的借贷关系成立，原告有权请求本金和利息，被告北方公司应按约定进行支付。

原告已向被告北方公司交付投资款1,476,588.9元人民币、借款20,640元，共计1,497,228.9元，本案所涉渔船已被出售，因此所谓合伙已经终止，被告北方公司应按其承诺对上述款项进行偿还，并支付利息。

3. 被告徐某尧存在出资不实的情形，作为同为被告北方公司的发起人被告宋某应对被告徐某尧的出资不实行为承担连带责任。

本案中，被告徐某尧将北方之星8号、北方之星9号渔船投入被告北方公司，被告徐某尧出资变更为1335万元（其中新增1065万元）。被告徐某尧当庭陈述该对渔船由韩国购买时价格是19.5万美元；在合伙经营协议中，被告北方公司投

---

① 《公司法》当前已修改5次，最新修改是在2018年。

入为现金 80 万元人民币、两艘渔船、增加设备渔具等作为出资共计 278.6 万元,即该对渔船价值在 198.6 万元人民币内;2005 年 2 月,每条渔船实际售价 7.8 万美元。根据以上事实显示,被告徐某尧未能提供其增资数额真实合理的证据,可以认定被告徐某尧增资 1065 万元存在不实成分,不足的数额至少为 866.4 万元。被告徐某尧的不实增资行为已经构成出资不实,违反了《公司法》的法定资本制度,属于欺诈行为,不仅有损其他股东利益,而且有损债权人的利益,因此,被告徐某尧应向原告承担赔偿责任,其承担赔偿责任的范围为其出资不实的范围。

《公司法》(1999 年修正) 第 28 条规定:"有限责任公司成立后,发现作为出资的实物、工业产权、非专利技术、土地使用权的实际价额显著低于公司章程所定价额的,应当由交付该出资的股东补交其差额,公司设立时的其他股东对其承担连带责任。"本案中被告徐某尧使用渔船作为出资,其中存在出资不实的成分,被告宋某作为被告北方公司的发起人应对被告徐某尧出资不实的价额承担连带责任。

**一审判决:**

1. 被告北方公司支付原告 1,497,228.9 元并分别自其收到各笔款项之日(2003 年 6 月 16 日、9 月 12 日、9 月 22 日、11 月 4 日、11 月 9 日、12 月 18 日和 2004 年 2 月 5 日)起至本判决生效之日止按银行同期贷款利率支付利息;

2. 如被告北方公司的财产不足以清偿上述款项,由被告徐某尧、被告宋某在被告徐某尧出资不实的范围内向原告连带承担支付责任。

**被告北方公司上诉称:**

1. 原审判决没有对两份合同的真实性进行比对,并对合同中的不同点作出任何解释,直接采信了原告提供的合同,对被告北方公司提供的合同视若无睹;

2. 原告提供的《合伙经营渔船合同》和《承诺书》的内容明显不正常、不合理、不合法。这两份证据的核心内容是:"甲方(被告北方公司)承诺在合伙终止时保证全额返还乙方(原告)出资,并且如经营无盈余分配时,则自乙方将款交给甲方之日起按银行同期贷款利率向乙方支付利息;如清算后亏损或剩余资产不足以返乙方出资及利息时,甲方将另外支付。"而被告北方公司合同中无此约定。既然双方签订的是合伙经营协议,就应该共同出资、共同经营、共享收益、共担风险,上述约定明显不合理、不合法,不可能是被告北方公司的真实意思表示。而且,上述《承诺书》和《合伙经营渔船合同》的内容完全一致,既然合同中已有所规定,何必再用承诺书重复?原告这种画蛇添足的做法恰恰暴露了其伪造证据的急切心态;

3. 原审判决认定"双方形式上签订了合伙协议,实质上规定了借贷合同的核心权利义务,属于名为合伙、实为借贷"。该合同一方为公司,另一方为受过良好教育的原告,如果双方真想形成借款关系,完全可以签署1份内容简单的借款协议,不可能签署1份如此复杂的《合伙经营渔船合同》,原告也不可能长期居住在青岛经营合伙事业。原审法院肆意曲解当事人的意思,没有根据。

综上,原告与被告北方公司共同出资,应共享收益、共担风险,请求二审法院依法撤销原判,改判驳回原告的诉讼请求。

**被告徐某尧上诉称:**

1. 原审判决在证据的采信上存在严重错误;

2. 原告提供的《合伙经营渔船合同》和《承诺书》的内容明显不正常、不合理、不合法。原审判决无故曲解当事人的意思表示,判决结果显失公平;

3. 被告徐某尧对被告北方公司的出资全部到位,并经国家认可的验资机构验证,在工商行政管理机关登记备案。买渔船的价格确为130万美元,合伙合同中的两艘渔船作价19.5万美元,是为了提高原告在合伙中所占的比例。

原审判决认定被告徐某尧出资不实,没有任何事实根据,显然是错误的。被告徐某尧不应对公司的债务承担连带责任。请求二审法院依法撤销原判,改判驳回原告的诉讼请求。

**被告徐某尧为证明其观点,提交证据如下:**

青岛振青会计师事务所有限公司出具的验资报告。验资报告称:经我们审验,截至2003年12月24日,贵公司(被告北方公司)已收到甲方(被告徐某尧)、乙方(被告宋某)缴纳的新增注册资本合计1300万元。各股东以货币出资235万元,实物出资1065万元。变更后的累计注册资本实收金额为1600万元。被告徐某尧用以证明增加注册资本1300万元已到位。

**原告二审辩称:**

原审判决认定的主要事实清楚,证据确凿,适用法律正确,应当予以维持。

1. 原告提供的《合伙经营渔船合同》《承诺书》经鉴定被认定为有效证据。

被告北方公司与原告提供了不同的合同文本,为了鉴别合同的真伪及有效性,被告北方公司提出了鉴定申请,经过青岛市中级人民法院技术室、中国刑事警察学院的两次专家鉴定,可以得出以下结论:

(1)原告提供的合同文本上的被告北方公司的印章、签名不存在伪造的痕迹,承诺书上的印章不是伪造的,与被告北方公司提供的文本印章、目前使用的印章完全一致;

(2)不存在先盖章后打印的问题;

(3)被告北方公司提供的合同文本第1页与第2页不是一个相同的版面,不排除两次形成一个合同文本的可能。因此,一审判决采信原告提供的证据并无不当。

2.《合伙经营渔船合同》无效,原告的投资行为名为合伙,实为借贷。

作为合伙人之一的被告北方公司的企业性质为"有限责任公司",根据《公司法》(2005年修订)第3条"有限责任公司的股东以其认缴的出资额为限对公司承担责任,公司以其全部财产对公司的债务承担责任"的规定,有限责任公司对外不能承担无限责任。《合伙企业法》(1997年)第8条规定,"设立合伙企业,有二个以上合伙人,并且都是依法承担无限责任者",也就是说,被告北方公司作为有限责任公司根本不具备合伙企业合伙人的主体资格。因此,由于被告北方公司不具备合伙企业合伙人的主体资格,因此双方签订的《合伙经营渔船合同》必然无效。

自2003年6月16日起,原告陆续向被告北方公司投入资金1,476,588.9元,有被告北方公司出具的收据为证。原告的起初目的是建立合伙企业,共同经营北方之星8号、9号两艘渔船,但原告的资金到位后,被告北方公司不但没有变更两艘渔船的产权归属,依据双方的事先约定注册合伙企业,反而以本该作为合伙企业资产的渔船增加了被告北方公司的注册资本,也就是说,被告北方公司没有合伙经营渔船的真实意思表示。

2004年7月4日签订的《合伙经营渔船合同》以及2004年12月30日的《承诺书》的核心内容为原告只享有合伙经营渔船产生的盈利,不承担合伙经营渔船所产生的亏损。原告与被告北方公司形式上签订了合伙协议,但实质上规定了借贷合同的核心权利义务,实属"名为合伙,实为借贷"的行为。更重要的是,2004年12月30日的《承诺书》中已经明确"其两艘渔船将由本公司自主经营",也就是被告北方公司放弃了合伙经营,将所谓的"合伙关系"进一步确定为借款关系。

被告宋某同意被告北方公司、被告徐某尧的上诉意见。

**律师观点:**

1.《合伙经营渔船合同》经鉴定被认定具有证据证明效力。

根据中国刑事警察学院的鉴定检验,原告提供的《合伙经营渔船合同》第1页、2页上印刷体文字行长180毫米、49字/行,左、右页边距分别为1.25毫米、1.75毫米,与同时排版形成的多页文件的特征规律相符;参比被告北方公司提交的《合伙经营渔船合同》第1页行长175毫米、48字/行,左、右页边距分别为14毫米、19.5毫米,第2页行长180毫米、49字/行,左、右页边距分别为1.25毫米、1.75毫米,反映出不是一次性排版形成的特点。

根据青岛市中级人民法院、中国刑事警察学院两次鉴定的结论,原告提交的

《合伙经营渔船合同》和《承诺书》上被告北方公司及被告徐某尧印章真实,并未查出伪造痕迹,具有证据证明效力。被告北方公司提交的《合伙经营渔船合同》,两页不是一次性排版形成,在与存在合同两页排版一致的比对下,没有证明力。

因此,应采用原告提交的《合伙经营渔船合同》作为定案依据。

2. 原审判决认定合同性质名为合伙,实为借贷,属于认识有误,但《承诺书》变更合伙为自主经营,应属有效,被告应支付原告投资款及利息。

原告出资时,被告北方公司出具收款事由为渔船入股投资。签订的《合伙经营渔船合同》中约定,渔船由被告北方公司负责经营及日常管理,被告北方公司保证原告获得收益。合同中明确保证原告的投资及收益,在合伙终止时保证全额返还原告出资,并且如经营无盈余分配时,仍自原告将款交付之日起按银行同期贷款利率向原告支付利息;即使清算后亏损或资产不足以返还原告出资及利息时,被告北方公司仍将另外支付。由于被告北方公司为有限公司,不符合合伙人承担无限连带责任的条件,因此该合同无效。合同无效的过错在被告北方公司。在履行合同过程中,被告北方公司又向原告出具《承诺书》,该《承诺书》改变了合同条款,由合伙变更为渔船由被告北方公司自主经营。该变更应为有效。被告北方公司有责任按照承诺的内容,即不论两艘渔船的经营状况如何,在所签合伙合同期届满或合同终止时,保证将无条件全额退还给原告出资款150万元人民币,并且无条件补足支付原告自交款之日至退款之日按银行同期贷款利率计算的利息。原审判决认定合同性质名为合伙,实为借贷,属于认识有误。原审根据《民法通则》第106条①的规定,判决被告北方公司支付原告的投资款及相应利息,并无不当,应予维持。

3. 被告徐某尧主张增资到位的证据不足,应连带清偿被告北方公司不能偿还的债务。

被告徐某尧提交了青岛振青会计师事务所有限公司出具的验资报告,以验资结论证明增资到位。该验资报告系依据船舶买卖合同作出的结论,没有基础的款项进出情况,被告北方公司也承认没有支付款项。北方之星8号、9号两艘船舶建造于1982年,原告对船舶价值提出异议,被告北方公司没有其他证据证明船舶的实际价值,且船舶已作价22万美元卖掉。因此,被告徐某尧主张增资到位的证据不足,其关于不承担相应责任的理由,不应予以支持。

综上所述,一审判决认定的主要事实清楚,证据确凿,适用法律正确,应当予

---

① 现为《民法典》第1165条相关内容。

以维持。

**二审判决：**

驳回上诉,维持原判。

## 【案例71】股东增资时存在出资瑕疵　其他股东不承担连带责任[①]

**原告**:马某

**被告**:吉林省国资委、大连港公司、收储公司、吉粮集团、中恒信公司

**诉讼请求：**

1. 判令被告收储公司给付借款本金1500万元及利息；

2. 判令被告吉粮集团对上述款项承担连带保证责任；

3. 判令被告中恒信公司在未全面履行出资义务范围内,对被告吉粮集团债务不能清偿的部分承担补充赔偿责任；

4. 判令被告吉林省国资委、被告大连港公司、被告中恒信公司承担连带责任。

**争议焦点：**

1. 股东以股权对公司进行增资,但股权项下的公司资产存在抵押,该股东是否属于未全面履行出资义务；

2. 股东增资时出资存在瑕疵,公司债权人可否请求公司其他股东对该出资瑕疵的股东出资瑕疵的部分承担连带责任。

**基本案情：**

原告、被告收储公司、被告吉粮集团三方于2014年5月23日、5月30日签订两份借款合同,约定:原告借给被告收储公司共计1500万元；被告吉粮集团承诺为全部借款和利息提供无限连带保证责任担保。经原告和被告收储公司对账确认,被告收储公司向原告偿还利息145万元,借款本金1500万元未予归还。

2013年,被告中恒信公司拟以其持有新大新公司、刘达公司全部股东全部权益对被告吉粮集团进行增资,受被告吉粮集团委托,资产评估公司作出评估报告,确定新大新公司基准日股东全部权益价值89,898.55万元。该评估报告载明:本次新大新公司申报评估的房地产,已全部抵押,其中有5项房产已被法院查封、冻结。根据被评估企业说明,上述主要是借款到期未还,法院查封、冻结,并承诺如因上述事项发生的相关争议,由其自行协商解决,本次评估对上述抵押、查封财产

---

① 参见吉林省高级人民法院(2018)吉民终204号民事判决书。

暂予以正常评估。同日,资产评估公司作出资产评估报告书,确定刘达公司基准日股东全部权益价值22,991.24万元。该评估报告载明:刘达公司拥有的商铺共计5540.50平方米,房产已在信托计划中提供抵押担保。根据被评估企业承诺,未来如因上述事项发生的相关争议,由其自行协商解决,上述抵押财产本次暂予以正常评估。

2014年2月12日,被告吉林省国资委、被告中恒信公司、被告大连港公司召开被告吉粮集团股东会,同意被告中恒信公司以其持有的新大新公司100%股权和持有的刘达公司100%股权对被告吉粮集团进行股权增资。

根据股东会决议,被告吉林省国资委、被告中恒信公司、被告大连港公司签订增资协议书,约定:本次增资额全部由被告吉粮集团现股东中恒信公司认缴。其中具体增资方式部分,将资产评估报告书确定的新大新公司股权评估值89,898.55万元,以及刘达公司股权评估值22,991.24万元计入增资数额。最终确认中恒信公司本次增资数额总计为130,408.93万元,折算后计入注册资本91,195.06万元。本次增资后吉林省国资委持股22.0223%,中恒信公司持股74.1238%,大连港公司持股3.8539%。另约定:协议签订之日起3日内,中恒信公司分别将持有的新大新公司和刘达公司的股权过户到吉粮集团名下。股权过户到吉粮集团名下之日起30日内,中恒信公司将新大新公司和刘达公司名下被抵押、查封、冻结的资产全部解除抵押、查封、冻结。上述手续完成后,且工商局启动年检之日起10日内,各方股东办理吉粮集团注册资本变更的工商登记。

2014年3月4日,工商行政登记管理机关为被告中恒信公司的本次增资办理了变更登记。变更登记时,涉案的新大新公司、刘达公司名下的房产已被设定抵押或被查封、冻结,至2017年11月14日上述房产均未能解除抵押、查封、冻结。

**原告诉称:**

原告与被告收储公司、被告吉粮集团分别签订两份借款合同,约定被告收储公司向原告分别借款1000万元和500万元,合计为1500万元。被告吉粮集团为全部借款和利息承担无限连带保证责任。原告按借款合同的约定分别于2014年5月23日、5月30日向被告收储公司交付了1000万元和500万元,被告收储公司为原告出具了收款确认书。截至2017年6月26日,被告收储公司仅给付利息90万元,尚欠本金1500万元,至今未予给付,被告吉粮集团承担连带保证责任。

2013年12月,被告中恒信公司以其持有的新大新公司和刘达公司的100%股权作价9亿元向被告吉粮集团增资。但是在股权价值评估和增资节点,新大新公司和刘达公司所有的房地产全部被设定抵押或被法院查封。因股权价值评估报告中未将两公司所有的房地产项目的抵押因素进行评估,导致股权评估9亿元明显高于其实际价值。特别是中恒信公司在增资变更登记时对新大新公司、刘达公司所有的房地产未予解除抵押。上述情形符合《公司法》及《公司法司法解释(三)》关于股东出资不实情形的认定。

原告作为公司债权人有权依据《公司法》及《公司法司法解释(三)》第13条的规定,要求被告中恒信公司在未全面履行出资义务的范围内对被告吉粮集团债务不能清偿的部分承担补充赔偿责任。

同时,根据最高人民法院(2013)民申字第1504号民事裁定书(以下简称最高院1504号裁定)和《最高人民法院执行工作办公室关于股东因公司设立后的增资瑕疵应否对公司债权人承担责任问题的复函》(〔2003〕执他字33号,以下简称最高院33号复函),公司增加注册资金是扩张经营规模、增强责任能力的行为,公司股东若有增资瑕疵,应承担与公司设立时的出资瑕疵相同的责任,被告吉林省国资委、大连港公司应与中恒信公司承担连带责任。

**被告收储公司辩称:**

借款事实存在,对数额没有异议,被告收储公司一共偿还了234万元利息,其中,偿还原告借款的利息为145万元。原告关于利息计算的方式被告收储公司予以认可,借款本金1500万元未予偿还。

**被告吉粮集团辩称:**

保证期间已经届满,被告吉粮集团不应承担保证责任。保证合同的签订未经公司董事会决议,借款合同中涉及保证的部分应为无效。

**被告吉林省国资委辩称:**

1. 原告主张被告中恒信公司增资不实的事实尚不明确。

(1)中恒信公司以股权出资不违反法律规定。

(2)虽然新大新公司、刘达公司的房屋资产设定了抵押,并有部分被查封,但中恒信公司是以其持有的两家公司的100%股权增资,而不是以两家公司名下的资产增资。资产是否设定抵押不构成股权增资的法律障碍,抵押、查封仅仅是或有负债,并不是现实的负债。

(3)为防范可能产生的风险,增资协议书明确约定中恒信公司将持有的两家公司的股权过户到被告吉粮集团名下之日起30日内,将两家公司名下被抵押、查封、冻结的资产全部解除抵押、查封、冻结。正因中恒信公司取得了解除抵押的证明手续,被告吉粮集团才为其办理了股权变更登记。

(4)如果抵押权人或债权人实现债权导致新大新公司和刘达公司资产减少,

进而导致股权价值降低,中恒信公司应当承担补足差额的责任。但目前这些抵押物并未被相关债权人申请法院执行完毕,被查封的财产被法院依法执行所造成的资产减少的金额、股权价值降低的数额尚未明确。在此情况下,无法确定被告中恒信公司应当向被告吉粮集团补充出资的数额,也就不能确定中恒信公司在本案中应对原告承担补充赔偿责任的范围。

(5)依据《公司法司法解释(三)》第11条第2款的规定,一旦中恒信公司出资瑕疵的数额确定,应当由人民法院责令中恒信公司在指定的合理期间内采取补正措施,以符合上述条件。逾期未补正的,人民法院才能认定其未依法全面履行出资义务并判令其承担法律责任。

2. 无论中恒信公司在增资时是否全面履行了出资义务,吉林省国资委均不应承担连带责任。

(1)依据《公司法司法解释(三)》第13条第3款规定,如果在公司设立阶段出现股东出资不实或不足的情况,公司发起人对股东的出资义务承担连带责任,但本案系中恒信公司在被告吉粮集团设立多年后对被告吉粮集团进行增资,故上述规定对本案不适用。

(2)依据《公司法司法解释(三)》第13条第4款规定,在公司增资过程中催缴出资应是公司董事、高级管理人员的勤勉义务。增资过程中股东未尽出资义务时,违反该勤勉义务的董事、高级管理人员,应承担相应责任,其他股东不承担连带责任。从第13条第3款和第4款的文义上看,第3款限于公司设立时的情形,不应扩张适用;第4款是关于增资瑕疵的规定,仅限于对董事、高级管理人员或实际控制人提出诉讼请求,不应扩张适用于股东。

(3)连带责任是依照法律的规定或者当事人的约定而产生。本案中,各方签署的增资协议书中仅规定了中恒信公司出资的义务,而未规定包括吉林省国资委在内的其他股东对中恒信公司的出资义务承担连带责任。同时,我国有关法律、司法解释没有规定在增资股东未全面履行出资义务的情况下,其他股东应当承担连带责任。因此,对增资不实的行为承担连带责任,既没有合同依据,也没有法律依据,该项请求不能成立。

3. 最高院33号复函是对特定案件的批复,不属于司法解释,只能对个案有效,不适用于其他案件的审理。从内容上看,该复函针对的是公司股东按照原有出资比例增资的情形。从文义上理解,是指公司股东就其本人出资瑕疵应负有补足出资义务,而不具有其他股东对该出资瑕疵股东负有补足出资义务、承担连带责任的含义。

4. 最高院1504号裁定,亦不符合《公司法司法解释(三)》的规定,对于同类案件也不具有示范指导作用。

(1) 该裁定偷换概念,将缴纳增资方式相同偷换为法律责任相同。《公司法》第178条第1款规定:"有限责任公司增加注册资本时,股东认缴新增资本的出资,依照本法设立有限责任公司缴纳出资的有关规定执行",即股东增资时,缴纳出资的方式应当按照《公司法》第28条的规定办理,即缴纳现金的应当把现金缴纳到公司账号。如果是实物,应当办理更名过户手续。并没有规定没有缴纳增资的股东的法律责任与公司设立时未缴纳出资的股东的法律责任是相同的。

(2) 从该裁定所引用的《公司法司法解释(三)》第13条第3款和《公司法》第31条的规定看,均没有规定增资情形下股东应当承担认缴出资的连带责任,所以该裁定是办案法官基于自己对法律的理解,分析推定出来的结论。该案不是最高人民法院发布的指导性案例,对下级人民法院的审判活动不具有指导意义。《公司法司法解释(三)》是最高人民法院专门负责审理公司纠纷案件的民二庭起草的,而审监庭作出最高院1504号裁定的时间是2013年11月16日,在后出版的《最高人民法院关于公司法解释(三)、清算纪要理解与适用》一书中对该裁定的观点未予认可。2014年12月23日,山东省高级人民法院(2014)鲁民四终字第15号民事判决就认为《公司法》第178条第1款关于公司增资过程中出资瑕疵股东的责任并没有涉及股东之间的责任。

**被告大连港公司辩称:**

1. 大连港公司与原告之间不存在民间借贷法律关系,并非原告所诉借款合同、担保合同的相对方。根据债的相对性原则,大连港公司不应承担还款义务,也不应承担所谓的连带还款义务或者代为还款义务,原告的追索没有事实及法律依据。

2. 大连港公司是被告吉粮集团的股东,占股3.85%。在2010年,大连港公司已经承诺的增资资金通过电汇方式汇至被告吉粮集团银行账户,作为新增股东,法定资本充实义务已经完成。根据《公司法》的原则性规定,股东对公司仅负有有限的出资义务,且仅以出资额为限承担有限责任。同时,大连港公司不是被告吉粮集团的原始股东,是在2010年10月被告吉粮集团通过增资吸收进来的新股东,所以原告向大连港公司主张权利没有合法依据。

3. 被告中恒信公司根据吉林省政府文件以及被告吉粮集团股东会增资决议的约定,按照法定程序将自己持有的新大新公司和刘达公司的100%股权作价增资。在经过评估和审计后,已完成了增资行为,完全符合《公司法》《公司注册资本登记管理规定》的要求。界定股东出资瑕疵，通常应考虑两个方面，一是出资行为是否与出资协议、公司章程相符，二是出资行为是否违反《公司法》或有关行政法规的禁止性规定。本案中，中恒信公司没有违反法律规定和股东会决议，增资股权上没有设定质权，股权所在公司章程亦没有约定不得转让。用股权增资也不需要报经批准，更没有违反法律、行政法规的禁止性规定。且以新大新公司和刘达公司100%股权增资已经履行完毕，在法律上已被确认。

**一审认为：**

1. 原告与被告收储公司之间成立民间借贷法律关系，被告收储公司应当向原告清偿借款本金及利息。被告吉粮集团应向原告承担连带保证责任。

原告、被告收储公司、被告吉粮集团签订的借款合同系当事人的真实意思表示，不违反法律、行政法规的效力性、禁止性规定，为有效合同，对各方均有法律约束力。被告吉粮集团对其就案涉借款承担连带保证责任进行了多次确认，均加盖了被告吉粮集团的公章，应向原告承担连带保证责任。

2. 被告中恒信公司应在未出资本息的范围内，对被告收储公司的债务不能清偿的部分承担补充赔偿责任。

被告中恒信公司以其在新大新公司、刘达公司的股东全部权益，对被告吉粮集团进行增资。股东权益又称净资产，即所有者权益，是指公司总资产中扣除负债所余下的部分，是指股本、资本公积金、盈余公积金、未分配利润之和，代表了股东对企业的所有权，反映了股东在企业资产中享有的经济利益。股东权益的计算公式为资产总额减去负债总额。

在对新大新公司、刘达公司的股权价值进行评估时，两公司的全部房地产均在抵押、查封、冻结状态。在增资节点时新大新公司、刘达公司的房产未解除抵押、查封、冻结。

显而易见，被告中恒信公司并未履行在增资时解除涉案全部房产抵押、查封和冻结的义务，其仍按照资产评估报告确定的评估价值作价增资，致使被告吉粮集团实际并未享有在新大新公司、刘达公司资产中的经济利益，应属股东在公司增资时未全面履行出资义务的情形，故依据《公司法司法解释（三）》第13条第2款的规定，原告作为被告吉粮集团的债权人，请求未全面履行出资义务的被告中恒信公司在未出资本息范围内对公司债务不能清偿的部分承担补充赔偿责任，应予支持。

3. 被告吉林省国资委、被告大连港公司应当与被告中恒信公司承担连带责任。

《公司法司法解释（三）》第13条第3款规定："股东在公司设立时未履行或

者未全面履行出资义务,依照本条第一款或者第二款提起诉讼的原告,请求公司的发起人与被告股东承担连带责任的,人民法院应予支持;公司的发起人承担责任后,可以向被告股东追偿。"第14条第2款规定:"公司债权人请求抽逃出资的股东在抽逃出资本息范围内对公司债务不能清偿的部分承担补充赔偿责任、协助抽逃出资的其他股东、董事、高级管理人员或者实际控制人对此承担连带责任的,人民法院应予支持。"最高院33号复函认为公司增加注册资金是扩张经营规模、增强责任能力的行为,公司股东若有增资瑕疵,应承担与公司设立时的出资瑕疵相同的责任。

本案中,被告中恒信公司存在增资不实及抽逃出资的行为。对此,作为被告吉粮集团股东的吉林省国资委及大连港公司均有责任,应依照上述法律及司法解释的规定,就案涉借款本息向公司债权人原告承担连带责任。

**一审判决:**

1. 被告收储公司立即清偿原告借款本金1500万元及利息;

2. 被告吉粮集团对本判决第1项确定的被告收储公司的债务承担连带保证责任;被告吉粮集团承担责任后,有权向被告收储公司追偿;

3. 被告中恒信公司对本判决第1项、2项不能清偿的部分向原告承担补充赔偿责任;

4. 被告中恒信公司、被告吉林省国资委、被告大连港公司对本判决第1项、2项不能清偿的部分向原告承担连带责任;被告吉林省国资委、被告大连港公司承担责任后,有权向被告中恒信公司追偿;

5. 驳回原告的其他诉讼请求。

被告不服一审判决,向上级人民法院提起上诉。

**被告吉林省国资委上诉称:**

1. 一审判决认定事实存在严重错误。

一审判决认为,"被告中恒信公司存在增资不实及抽逃出资的行为"。但在判决中却只论证了被告中恒信公司增资瑕疵的事实,对认定被告中恒信公司抽逃出资的证据、理由只字未提,直接导致了适用法律错误,产生了严重后果。

2. 一审判令上诉人对中恒信公司的债务承担连带责任没有法律依据。

《民法通则》第87条[①]规定,连带责任的产生方式是"依照法律的规定或者当事人的约定",在当事人没有约定,法律又没有规定的情况下,法院是不能判令当

---

[①] 现为《民法典》第518条相关内容。

事人之间承担连带责任的。一审判决根据被告中恒信公司向被告吉粮集团的股权项下的资产存在抵押、查封的事实,认定中恒信公司未依法全面履行出资义务,进而根据《公司法司法解释(三)》第13条第3款关于"股东在公司设立时未履行或者未全面履行出资义务,依照本条第一款或者第二款提起诉讼的原告,请求公司的发起人与被告股东承担连带责任的,人民法院应予支持;公司的发起人承担责任后,可以向被告股东追偿"的规定,认定被告吉林省国资委和另一股东被告大连港公司应当对中恒信公司的债务承担连带责任。但在上述司法解释中,已经明确说明该条适用的对象为公司设立时的股东,而没有规定还适用于公司增资时的股东。在最高人民法院民二庭编著的《最高人民法院关于公司法解释(三)、清算纪要理解与适用》中明确指出,只有公司发起人才对公司设立过程中股东出资瑕疵承担连带责任。在公司设立后,新股东之间及新老股东之间不再是合伙关系,老股东和新股东对公司接受的新增出资不再负有资本充实义务,也就不应对出资行为承担连带责任。根据上述论述,一审判决适用《公司法司法解释(三)》第13条第3款无疑是错误的。一审判决判令被告吉林省国资委承担责任的另一重要法律依据是《公司法司法解释(三)》第14条第2款,但适用该规定不仅需要根据中恒信公司抽逃出资的事实,还需要根据被告吉林省国资委和被告大连港公司协助中恒信公司抽逃出资的事实。一审判决没有认定被告吉林省国资委和被告大连港公司协助中恒信公司抽逃出资,所以一审判决适用该条规定认定被告吉林省国资委应对中恒信公司的债务承担连带责任没有事实基础,显然是错误的。

3. 在公司增资阶段如果股东未履行或未全面履行出资义务,应由未尽管理职责的董事、高级管理人员承担相应责任,而不是由其他股东承担责任。《公司法司法解释(三)》第13条第4款规定:"股东在公司增资时未履行或者未全面履行出资义务,依照本条第一款或者第二款提起诉讼的原告,请求未尽公司法第一百四十七条第一款规定的义务而使出资未缴足的董事、高级管理人员承担相应责任的,人民法院应予支持。"根据上述规定,如果在公司增资阶段股东出资不实,应由未尽管理职责的董事、高级管理人员承担相应责任。同时,这一规定从反面说明被告吉林省国资委不应对被告中恒信公司的出资瑕疵承担连带责任。

**被告大连港公司上诉称:**

1. 一审判决对被告中恒信公司以其在新大新公司和刘达公司股权增资与资产增资认定错误。

2. 对当事人涉嫌犯罪事实认定不清。

3. 一审法院适用法律不当,具体内容与被告吉林省国资委上诉理由相同。

**原告二审辩称：**

1. 原判决在认定被告吉林省国资委和被告大连港公司增资瑕疵和抽逃出资事实清楚、证据确实充分，且被告中恒信公司应承担补充赔偿责任。

被告中恒信公司用于增资的房屋在增资时已经全部被设定抵押或被法院依法查封、冻结。且重大瑕疵的产生在增资前、增资中、增资后，被告吉林省国资委、被告大连港公司及被告吉粮集团均是明知其存在重大过错。依据《公司法司法解释（三）》第13条第2款规定："公司债权人请求未履行或未全面履行义务的股东在出资本息范围内对公司债务不能清偿的部分承担补充赔偿责任的，人民法院应予支持。"和《公司法》第14条第2款规定，公司债权人请求抽逃出资的股东在抽逃出资本息范围内对公司债务不能清偿的部分承担补充赔偿责任，人民法院应予支持。

2. 被告吉林省国资委和被告大连港公司基于被告中恒信公司增资瑕疵及抽逃出资而应承担连带责任。

(1)《公司法》第178条规定："有限责任公司增加注册资本时，股东认缴新增资本的出资，依照本法设立有限责任公司缴纳出资的有关规定执行。"可见，增资应按公司设立时出资规定执行。

(2)《公司法》第179条第2款规定："公司增加或者减少注册资本，应当依法向公司登记机关办理变更登记。"可见，公司增加注册资本是扩张经营规模、增强责任能力的行为，与公司设立时初始出资没有本质区别。

(3)《公司法司法解释（三）》第13条第3款规定："股东在公司设立时未履行或未全面履行出资义务，依照本条第一款或第二款起诉的原告，请求公司发起人与被告股东承担连带责任的，人民法院应予以支持。"因被告中恒信公司增资存在瑕疵，属于未全面履行增资义务，依此规定被告吉林省国资委和被告大连港公司应承担连带责任。

(4)最高院33号复函规定"公司增加注册资金是扩张经营规模、增强责任能力的行为，原股东约定按照原出资比例承担增资责任，与公司设立时的初始出资是没有区别的。公司股东若有增资瑕疵，应承担与公司设立时的出资瑕疵相同的责任"，这一复函指明了公司设立后的增资与公司设立时的出资没有区别，都是增强责任能力，公司债权人对其责任能力的判断相对应是公司设立后的增资有瑕疵的责任与公司设立时的出资瑕疵责任相同。所以，增资有瑕疵应承担的责任应按照出资瑕疵责任来承担。股东出资瑕疵责任在《公司法司法解释（三）》第13条第3款规定得非常明确和具体。另，该复函是最高人民法院经研究公布的，其效力属于司法解释。

(5)最高院1504号裁定。一是该民事裁定书是最高人民法院作出的,对下级法院具有全面指导意义,下级法院可参照执行。二是该民事裁定是在《公司法》及其司法解释(三)公布之后作出的,说明该民事裁定符合《公司法》及其司法解释(三)的规定。三是该民事裁定在"本院认为"中直接认定:"公司增加注册资本是扩张经营规模、增强责任能力的行为,与公司设立时的初始出资没有本质区别,也是缴纳出资的一种方式。"增资经登记即产生对外资产公信效力,对外承担民事责任的保证效力。四是该裁定直接按照最高院33号复函精神,认定"公司股东若有增资瑕疵,应承担与公司设立时的出资瑕疵相同的责任",说明最高人民法院在2013年还直接按照最高院33号复函的精神处理案件,证明该复函具有法律效力。

3. 被告吉林省国资委称:增资瑕疵应由未尽管理职责董事、高级管理人员承担相应责任是对法律的片面理解。请求董事及高级管理人员承担责任与否是原告诉讼权利,同样,股东增资瑕疵请求其他股东承担连带责任更是原告的诉讼权利。董事、高级管理人员应否承担责任与被告吉林省国资委和被告大连港公司承担连带责任没有必然联系,更不是被告吉林省国资委和被告大连港公司免责任的事由。

综上,一审认定事实证据确定充分,适用法律正确,程序合法,被告吉林省国资委和被告大连港公司的上诉请求没有事实及法律依据。

**二审认为:**

1. 被告中恒信公司未全面履行出资义务。

根据《公司法司法解释(三)》第11条关于"出资人以其他公司股权出资,符合下列条件的,人民法院应当认定出资人已履行出资义务:(一)出资的股权由出资人合法持有并依法可以转让;(二)出资的股权无权利瑕疵或者权利负担;(三)出资人已履行关于股权转让的法定手续;(四)出资的股权已依法进行了价值评估"的规定,被告中恒信公司在以股权增资时,未解除抵押、查封、冻结的房产,其出资的股权有权利负担,属于未全面履行出资义务,被告中恒信公司对公司债权人在增资范围内承担补充赔偿责任。

2. 在公司增资时未履行全面出资义务,应由瑕疵股东承担补充赔偿责任,其他股东不承担连带责任。

(1)其他股东与发起人的职责范围不同。

发起人是公司设立时,基于其发起人身份而享有的权利、义务和职责。在公司设立时,各种设立行为均是发起人实施,发起人在公司设立的各种法律关系中处于核心地位,对外代表公司,对内执行设立任务,对公司具有实质影响。而公司成立后,发起人也因签署章程、缴纳出资而成为股东。除公司设立阶段之外,发起人作为公司股东,与其他股东权利义务相同,均是以股东会的方式间接参与公司经营。

其他股东,是在公司成立后,股东会作出增资决议的所有股东,依其出资情况,可分为增资股东和其他股东。根据权责一致原则,发起人和增资股东、其他股东,在公司设立和增资不同阶段,各自具有不同的法律地位,各自具有不同职责范围,故发起人对设立行为所产生的债务负有连带责任,而增资股东和其他股东对设立行为不承担责任。

(2)其他股东与发起人的民事责任不同。

根据《公司法》规定,发起人负有资本充实责任。之所以发起人要承担连带责任,是因为公司设立时,发起人共同订立设立协议,性质属于合伙协议,彼此对外担保出资义务的履行。因此,设立协议是发起人承担连带责任的法理基础。公司成立后,公司即具有独立的法人资格,对外独立承担责任,公司股东包括发起人不再代表公司。在公司增资时,股东会形成增资决议,由增资股东与公司签订出资协议,履行出资义务。但是,股东会的增资决议不是协议,决议是由多数人意思表示一致就可以成立,不需要所有当事人意思表示一致,属于按公司章程的议事方式和表决程序作出的民事法律行为,与设立协议具有明显区别。若出现增资瑕疵时,增资股东对内向公司承担违约责任,对外向公司债权人承担补充赔偿责任。由此可见,增资股东与发起人,均应当承担资本充实责任。而其他股东与增资股东、发起人的责任范围不同,其他股东未与公司形成增资协议关系,无出资义务;与增资股东之间无合伙关系,不承担彼此担保出资的义务。如将公司增资时等同于公司设立时,要求所有股东全体对外承担连带责任,无疑是将其他股东与增资股东之间的关系等同于设立协议的合伙关系,直接否定了公司的独立人格。因此,资本充实责任是法定责任,其承担者不能随意扩张到其他股东。

(3)其他股东对瑕疵增资承担连带责任的法律依据不足。

其他股东与增资股东对外承担连带责任,在《公司法》及司法解释中无明文规定。

最高院33号复函,属于对具体应用法律问题的请示所作的答复,不适用本案,其主要理由为:其一,该复函认为"公司增加的注册资金与公司设立时的原始出资在本质上是没有区别的",进而认定"公司股东在公司设立后若有增资瑕疵,其应当承担与公司设立时的出资相同的责任",即增资股东与发起人一样,对出资不足部分承担连带责任。该责任方式与《公司法司法解释(三)》第13条规定承担补充赔偿责任方式不一致。其二,最高院33号复函的意见,在2005年和2013年《公司法》修正时,以及历次司法解释修正过程中,都未吸收和采用该复函的精神。其三,《公司法司法解释(三)》第13条第3款关于:"股东在公司设立时未履行或者未全面履行出资义务,依照本条第一款或者第二款提起诉讼的原告,请求公司的发起人与被告股东承担连带责任的,人民法院应予支持;公司的发起人承担责任后,可以向被告股东追偿"、第4款关于"股东在公司增资时未履行或者未全面履行出资义务,依照本条第一款或者第二款提起诉讼的原告,请求未尽公司法第一百四十八条第一款规定的义务而使出资未缴足的董事、高级管理人员承担相应责任的,人民法院应予支持;董事、高级管理人员承担责任后,可以向被告股东追偿"的规定,前述解释无论对瑕疵出资的具体情形,还是责任承担主体及责任承担方式,均有具体、清晰、明确的规定,从法律解释上,不能得出其他股东对瑕疵增资承担连带责任的结论。据此,最高院33号复函的意见与司法解释就瑕疵出资的规定不一致,应当依据《公司法司法解释(三)》对本案各方当事人的权利义务进行调整,故一审判决对其他股东责任论述错误,属于适用法律不当,本院予以纠正。

(4)最高院1504号裁定的裁判理由,对本案不具有可参照性。

诚然,上级法院已先作出裁决,下级法院应当参照,并且不应背离上级法院裁判思路,这也是法律统一适用必然要求。但是,该民事裁定是以最高院33号复函的意见,作为裁判依据。根据前文分析,最高院33号复函不适用本案。况且,本案审理的公司增资方式和增资过程相关事实、案件的争点、特定诉讼程序以及公司债权人在发生借贷关系时,对公司偿债能力的信赖和增资的预期,是否存在因果关系,都存在不同之处,故经案件比对,该民事裁定对本案不具有可参照性。

**二审判决:**

1. 变更一审民事判决主文第4项为"被告中恒信公司对本判决第1项、2项不能清偿的部分向原告承担连带责任";

2. 驳回被告吉林省国资委和被告大连港公司其他诉讼请求。

## 二、违反出资义务股东对公司债务的承担

### 129. 股东违反出资义务对公司债务应当承担哪些民事责任?

公司是独立的法人,以其财产对外承担无限责任。股东全面履行出资义务形成的公司资本是公司对外交易与承担责任的基础。股东违反出资义务,必然违反了资本充实原则,也严重影响了公司债权人债权的实现。故,股东违反出资义务,

对债权人应当承担以下责任。

(1) 补足责任

股东违反出资义务,应当在未出资本息范围内对公司债务承担补充赔偿责任。如果公司怠于追究违反出资义务股东的责任,公司债权人可以行使代位权,直接要求该股东在未出资本息范围内清偿债务。

(2) 担保责任

股东以非货币财产出资的,如果公司清算时无法变现,公司债权人可以要求出资股东就该财产以出资入股的价格进行回购。

(3) 无限责任

股东资产与公司资产混同、股东业务与公司业务混同的(关联交易),公司的人格即被股东所吸收而不再独立,股东应对公司债务承担无限连带清偿责任。

**130. 原股东在其出资期限未届满时转让股权,是否属于《公司法司法解释(三)》第18条第1款规定的"有限责任公司的股东未履行或者未全面履行出资义务即转让股权"的情形?**

不属于。股东按照公司章程的规定期限实缴出资,在规定实缴出资期限未届满前,股东享有"期限利益",非存在《企业破产法》第35条规定的"人民法院受理破产申请后,债务人的出资人尚未完全履行出资义务的,管理人应当要求该出资人缴纳所认缴的出资,而不受出资期限的限制";或《公司法司法解释(二)》第22条规定的,公司解散时,股东尚未缴纳的出资均应作为清算财产,股东尚未缴纳的出资,包括到期应缴未缴的出资,以及依照规定分期缴纳尚未届满缴纳期限的出资的情形,不得主张股东出资加速到期。

在公司章程规定的出资期限未届满前,股东转让其股权,其实缴出资义务因股权转让而由股权受让方继受并继续履行。因此,《公司法司法解释(三)》第18条第1款规定的"未履行或者未全面履行出资义务"不包括在出资期限未届满前,股东尚未完全缴纳其出资份额的情况。

**【案例72】出资期限未届满转让股权　债权人主张受让人对公司债务连带偿债被驳**[①]

原告:曾某

---

① 参见最高人民法院(2019)最高法民终230号民事判决书。

**被告**：甘肃公司、冯某、冯某坤

**诉讼请求**：

1. 被告甘肃公司向原告支付股权转让款 2300 万元，同时支付按银行同期贷款利率计至起诉日止的 264.5 万元逾期违约金，共计 2564.5 万元；

2. 被告甘肃公司原股东被告冯某、冯某坤对上述债务承担补充赔偿责任。

**争议焦点**：

1. 被告甘肃公司是否应当支付剩余股权转让款及逾期支付违约金；

2. 被告冯某和被告冯某坤作为被告甘肃公司的原股东，其在持股期间未实缴出资，是否应当对被告甘肃公司的债务承担连带责任。

**基本案情**：

案外人深圳公司成立于 2009 年 10 月 19 日，注册资金 5000 万元，成立时原告为该公司持股 100% 的股东。

根据深圳正理会计师事务所于 2015 年 8 月 31 日出具的深正审字〔2015〕第 055 号《审计报告》，原告约定出资额 5000 万元，实际出资额 5000 万元。

2015 年 10 月 27 日，原告与被告甘肃公司签订《股权转让协议》，协议约定原告自愿将其所持有的案外人深圳公司 70% 的股权作价 3500 万元转让给被告甘肃公司，被告甘肃公司自愿受让。

该《股权转让协议》约定：本协议生效后 1 个工作日内，被告甘肃公司委托有资质的中介机构对案外人深圳公司进行实地财务尽职调查。若《财务尽职调查报告》显示案外人深圳公司资产负债、内部控制、经营管理等的真实状况与原告事前所介绍的相差在合理范围以内，本协议下述条款双方继续履行。否则，被告甘肃公司有权单方面终止本协议。

协议签订后：

1. 被告甘肃公司聘请深圳正理会计师事务所对案外人深圳公司的财务状况开展了尽职调查。深圳正理会计师事务所于 2015 年 10 月 31 日出具深正审字〔2015〕第 060 号《财务尽职调查报告》，其中记载：案外人深圳公司注册资本 5000 万元，实收资本 1601 万元。

2. 被告甘肃公司共向原告支付了 1200 万元股权转让款。

3. 上述案外人深圳公司 70% 的股权转让已完成工商变更登记。

此外，被告冯某和被告冯某坤系被告甘肃公司的股东，根据被告甘肃公司章程的规定，二被告认缴出资期限截止日为 2025 年 12 月 31 日，二被告在未实缴出资的情况下将其各自持有的股权转让给了其他案外人。

**原告诉称：**

被告甘肃公司只向原告支付了股权转让款 1200 万元,余款 2300 万元至今未付。

被告冯某和被告冯某坤未实际缴纳注册资本,根据《公司法司法解释(三)》第 13 条第 2 款的规定,应对被告甘肃公司的债务承担连带责任。

**三位被告共同辩称：**

案外人深圳公司出资严重不实,原告转让股权存在重大瑕疵。

被告甘肃公司暂停支付剩余股权转让款是依据《合同法》第 66 条、67 条[①]行使合同履行抗辩权。

被告冯某和被告冯某坤不是合同相对人,二人对被告甘肃公司的出资是认缴责任,不应承担责任,不是适格被告。

**一审认为：**

原告与被告甘肃公司签订的《股权转让协议》系当事人真实意思表示,内容不违反法律禁止性规定,协议合法有效。

根据该《股权转让协议》约定,如经财务尽职调查发现,案外人深圳公司资产负债、内部控制、经营管理等的真实状况与原告事前所介绍的有显著差异的,被告甘肃公司有权单方面终止本协议。但根据《财务尽职调查报告》,原告仅实缴 1601 万元,与注册资金 5000 万元之间的欠缴额为 3399 万元,该调查结论与《审计报告》记载明显不符,存在显著差异,并且该差异显然会影响受让人的判断和价款的确定。

对此,原告认为被告甘肃公司应当通过另行起诉解决,而被告甘肃公司则主张在本案中暂停支付,待原告补足出资后再行支付剩余股权转让款。一审法院认为,该争议属于权利如何行使的分歧,如果在当事人没有约定的情形下,被告甘肃公司另行起诉应当更符合《公司法》立法本意。

鉴于双方在《股权转让协议》中明确约定了受让方的权利保护内容,实际履行中,受让方在签订协议后作出的《财务尽职调查报告》中发现了重大股权瑕疵,根据《股权转让协议》中"有权单方面终止本协议"的约定,被告甘肃公司暂停支付剩余股权转让款具有合同基础。

依据《公司法司法解释(三)》第 13 条第 2 款规定,被告甘肃公司受让股权后,已经存在着被公司债权人依法追究连带责任的法律风险,其向出让股东暂停

---

[①] 现为《民法典》第 525 条、526 条相关内容。

支付剩余股权转让款具有合理性。被告甘肃公司依据《股权转让协议》的约定，主张暂停支付剩余股权转让款的抗辩理由成立。

关于被告冯某和被告冯某坤的责任问题。一审法院认为，由于原告作为债权人要求被告甘肃公司继续支付剩余2300万元股权转让款的请求不能成立，故被告冯某和被告冯某坤对于被告甘肃公司的债务依据《公司法司法解释（三）》第13条第2款及第18条第1款的规定向原告承担连带责任的事实条件尚不具备。

**一审判决：**

判决驳回原告的诉讼请求。

原告不服一审判决，向上级人民法院提起上诉。

**原告上诉称：**

股份转让之前，原告已经如实向被告甘肃公司告知了公司的注册资本情况，且对方在双方的《审计报告》《财务尽职调查报告》作出后及双方在履行协议期间均未对注册资本提出异议，亦未终止合同，在此情况下被告甘肃公司不支付剩余股权转让价款无依据。

被告冯某和被告冯某坤未实际缴纳注册资本，根据《公司法司法解释（三）》第13条第2款的规定，应对被告甘肃公司的债务承担连带责任。

**被告二审辩称：**

一审法院判决正确，请求驳回原告上诉，维持原判。

**二审认为：**

1. 被告甘肃公司是否应当支付剩余股权转让款及逾期支付违约金？

依据原告与被告甘肃公司签订的《股权转让协议》第1条第1项的约定，在《财务尽职调查报告》作出后，被告甘肃公司若认定目标公司资产不实、股东瑕疵出资可通过终止合同来保护自己权利。但被告甘肃公司并未实际行使该项合同权利，其在《财务尽职调查报告》作出后，明知目标公司实收资本与注册资本不符，仍选择继续支付股权转让款，应视为其对合同权利的处分。

被告甘肃公司虽有权选择何时终止合同，其拒付剩余股权转让款是以实际行动终止合同，但鉴于本案目标公司股权已经实际变更，被告甘肃公司虽然以终止合同提出抗辩，但并不符合法定合同解除条件。

现行《公司法》确立了认缴资本制，股东是否足额履行出资义务不是股东资格取得的前提条件，股权的取得具有相对独立性。本案中，原告已依约将所持目标公司70%的股权变更登记在被告甘肃公司名下，履行了股权转让的合同义务。

被告甘肃公司通过股权受让业已取得目标公司股东资格,原告的瑕疵出资并未影响其股东权利的行使。

被告甘肃公司以股权转让之外的法律关系为由而拒付股权转让价款没有法律依据。对于被告甘肃公司因受让瑕疵出资股权而可能承担的相应责任,其可另寻法律途径解决。

综上,一审判决认定被告甘肃公司有权拒付转让款理据不足。原告已依约转让股权,被告甘肃公司未按约支付对价构成违约,应依照《合同法》第60条、107条①的规定向原告支付股权转让款。

虽然《股权转让协议》未就被告甘肃公司逾期支付股权转让款的违约责任作出约定,但原告一审诉请中要求按照银行同期贷款利率计算上述"违约金",鉴于被告甘肃公司逾期支付剩余股权转让款实际上造成原告资金被占用期间的利息损失,根据《合同法》第107条的规定,上述利息损失应由被告甘肃公司负担。

鉴于2015年12月2日原告将所持有的案外人深圳公司股权经工商变更登记过户到被告甘肃公司名下,逾期支付股权转让款的利息损失应从该股权变更登记次日起计算。

2. 被告冯某和被告冯某坤作为被告甘肃公司的原股东,其在持股期间未实缴出资,是否应当对被告甘肃公司的债务承担连带责任?

本案中,被告甘肃公司原股东被告冯某、被告冯某坤的认缴出资期限截至2025年12月31日。

《公司法》第28条规定:股东应当按期足额缴纳公司章程中规定的各自所认缴的出资额。股东享有出资的"期限利益",公司债权人在与公司进行交易时有机会在审查公司股东出资时间等信用信息的基础上综合考察是否与公司进行交易,债权人决定交易即应受股东出资时间的约束。

《公司法司法解释(三)》第18条第1款规定的"未履行或者未全面履行出资义务"不包括在出资期限未届满前,股东尚未完全缴纳其出资份额的情况;在出资期限未届满前,股东转让其股权的,其实缴出资义务因股权转让而由股权受让方继受并继续履行。

本案中,被告冯某和被告冯某坤二人转让全部股权时,所认缴股权的出资期限尚未届满,不构成《公司法司法解释(三)》第18条第1款规定的"未履行或者

---

① 现为《民法典》第509条、577条相关内容。

未全面履行出资义务即转让股权"的情形,且原告并未举证证明其基于被告冯某和被告冯某坤的意思表示或实际行为并对上述股东的特定出资期限产生确认或信赖,又基于上述确认或信赖与被告甘肃公司产生债权债务关系。

原告主张被告冯某、被告冯某坤二人在未出资本息范围内对被告甘肃公司债务不能清偿的部分承担补充赔偿责任,实质是主张被告冯某、被告冯某坤的出资加速到期,该请求没有法律依据,应不予支持。

**法院判决:**

1. 撤销一审判决;
2. 被告甘肃公司应当支付股权转让款 2300 万元及相应逾期利息;
3. 驳回原告其他诉讼请求。

**131. 哪些主体应该对公司债务不能清除部分承担连带或补充责任?**

(1)未履行或者未全面履行出资义务的股东;

(2)有限责任公司股东未履行或者未全面履行出资义务,即转让股权,受让人对此知道或者应当知道,公司债权人起诉该股东时,可同时请求受让人承担连带责任;

(3)抽逃出资的股东,协助抽逃出资的其他股东、董事、高级管理人员或者实际控制人;

(4)未及时办理变更登记的股东,在债权人有合理理由认为原股东依然享有股东身份时,应在其登记股权范围内对债权人承担连带责任;

(5)增资股东对于其增资之前已形成的公司债务不承担连带责任;

(6)因未尽到忠实勤勉义务导致增资股东未履行或未全面履行出资义务的公司董事、高级管理人员,应承担连带责任;董事、高级管理人员承担责任后可以向未履行出资义务的增资股东进行追偿。

**132. 公司设立时,章程规定股东分期缴纳出资,若股东缴纳了第一期出资后未履行后续的出资义务,是否属于股东已经完成了在公司设立时的出资义务?此时,发起人是否还需要对该股东出资不实承担连带责任?**

不属于。有限责任公司股东可以一次性缴纳出资,也可以分期缴纳出资。但无论是首期出资还是公司成立后的分期出资,均属于公司设立时所确定的股东的出资义务。发起人仍需要对该股东出资不实的部分承担连带责任。

# 【案例73】股东缴纳了设立时的首期出资 发起人仍需要对该股东出资不实部分承担连带责任[①]

**原告：** 池州工业投资公司

**被告：** 东莞勤上公司、安徽勤上公司、安徽润磊公司

**诉讼请求：**

1. 被告安徽勤上公司立即归还借款本金2000万元，并支付利息和罚息240万元；

2. 被告安徽勤上公司承担律师费262,000元；

3. 被告安徽润磊公司在未缴足出资的1285万元及利息范围内对被告安徽勤上公司的上述第1项、2项付款义务向原告承担补充赔偿责任，被告东莞勤上公司对此向原告承担连带责任。

**争议焦点：**

被告东莞勤上公司应否就被告安徽润磊公司在1285万元未出资范围内对原告的补充赔偿责任，承担连带清偿责任。

**基本案情：**

2010年11月25日，被告安徽勤上公司成立，注册资本为1亿元，被告东莞勤上公司和被告安徽润磊公司分别认缴出资3000万元、7000万元。被告安徽润磊公司至今尚有1285万元未出资到位。

2013年5月31日，原告与中国工商银行池州城建支行及被告安徽勤上公司签订了1份《一般委托贷款借款合同》，约定原告委托中国工商银行池州城建支行向被告安徽勤上公司发放借款2000万元。同时约定原告有权直接向借款人催收委托贷款本息或通过法律手段提起诉讼。

借款到期后，被告安徽勤上公司未能按约还款。

**原告诉称：**

1. 借款到期后，被告安徽勤上公司未能按约还款。

2. 被告安徽润磊公司未全面履行出资义务，在未出资本息范围内对公司债务不能清偿的部分承担补充赔偿责任。

3. 根据《公司法》的规定，有限责任公司股东可以分期缴纳出资，但无论是首期出资还是分期出资，均属于公司设立时确定的出资义务。根据发起人资本充实责任的要求，如有股东没有按照公司章程足额出资，其他参与设立公司的股东对

---

[①] 参见最高人民法院(2016)最高法民申3764号民事判决书。

该未出资部分负有连带补足的义务。本案中,被告安徽润磊公司未全面履行设立被告安徽勤上公司时确定的出资义务,对照《公司法司法解释(三)》的相关规定,被告东莞勤上公司应对被告安徽润磊公司的补充责任承担连带责任。

**被告安徽勤上公司辩称：**

1. 被告安徽勤上公司已支付了利息281,213.63元。

2. 原告主张计算至2013年12月31日的利息和罚息为240万元,计算错误,应为982,146.37元。2013年12月31日之后的利息和罚息总计不能超过同期银行贷款基准利率的4倍。

**被告东莞勤上公司辩称：**

《公司法司法解释(三)》第13条第3款规定的是"股东在公司设立时未履行或者未全面履行出资义务,依照本条第一款或者第二款提起诉讼的原告,请求公司的发起人与被告股东承担连带责任的,人民法院应予支持"。而公司设立与公司成立是两个不同的法律概念,如果要求发起人对公司成立后股东的出资行为承担连带责任,将导致发起人义务过重,不符合《公司法》精神。本案中,被告安徽润磊公司已经按照章程约定履行了公司设立期间的出资义务,在公司设立时亦不存在出资违约责任,被告东莞勤上公司不需要承担连带责任。

被告安徽勤上公司是有限责任公司,其设立时的两个股东被告东莞勤上公司和被告安徽润磊公司都按照公司章程的规定履行了公司设立阶段的出资义务,公司因此得以正常设立,不存在发起人在公司设立期间未履行或未全面履行出资义务的情形,因而也不存在发起人承担连带责任的事实基础。

**法院认为：**

1. 被告安徽勤上公司应当向原告清偿借款本金、利息及罚息。

《一般委托贷款借款合同》签订后,原告依约通过中国工商银行池州城建支行向被告安徽勤上公司发放了2000万元贷款。但合同到期后,被告安徽勤上公司未能按约归还借款,构成违约。原告起诉要求被告安徽勤上公司还本付息,应予支持。原告要求逾期利息按中国人民银行同期贷款利率的4倍计算符合相关法律规定,予以采纳。原告起诉要求被告安徽勤上公司承担其因本案支付的律师代理费262,000元,因《一般委托贷款借款合同》中对借款人未还款致出借人起诉而产生的律师代理费等费用由借款人承担未作约定,故对原告该项诉讼请求不予支持。

2. 被告安徽润磊公司在注册资金不足的范围内承担补充赔偿责任。

被告安徽勤上公司注册资本为1亿元,由被告东莞勤上公司和被告安徽润磊公司分别认缴出资3000万元、7000万元,但被告安徽润磊公司仍有1285万元尚未出资到位。故原告起诉要求被告安徽润磊公司在注册资金不足的范围内承担补充赔偿责任的请求。

3. 被告东莞勤上公司应对被告安徽润磊公司未履行的1285万元出资义务承担连带责任。

被告安徽勤上公司成立于2010年11月25日,其发起人、股东的权利义务应适用2005年10月27日修订的《公司法》和《公司法司法解释(三)》的相关规定。

《公司法》第28条第1款规定:"股东应当按期足额缴纳公司章程中规定的各自认缴的出资额。"股东的出资义务包括公司设立时的出资义务和公司增资时的出资义务,有限责任公司股东可以一次性缴纳出资,也可以分期缴纳出资。但无论是首期出资还是公司成立后的分期出资,均属于公司设立时所确定的股东的出资义务。

《公司法司法解释(三)》第1条规定:"为设立公司而签署公司章程、向公司认购出资或者股份并履行公司设立职责的人,应当认定为公司的发起人,包括有限责任公司设立时的股东。"在公司设立阶段,发起人对外代表公司,对内执行设立事务,并于公司成立后取得股东资格。有限责任公司具有人合性质,在对内关系上,根据《公司法》第28条第2款的规定,没有足额缴纳出资额的股东对其他股东承担违约责任;在对外关系上,根据《公司法司法解释(三)》第13条第3款的规定,发起人对其他股东未全面履行出资义务的行为则需要承担资本充实责任,以保证公司资本的确定与第三人利益。

被告东莞勤上公司和被告安徽润磊公司作为被告安徽勤上公司的发起人,是被告安徽勤上公司设立过程中所产生的权利义务的主要承担者。根据《公司法》第28条第1款关于股东应当按期足额缴纳公司章程中规定的各自认缴的出资额的规定,被告东莞勤上公司和被告安徽润磊公司对被告安徽勤上公司负有资本充实责任。资本充实法定责任因公司设立行为而产生,全体公司设立者对资本充实责任负有连带责任。本案中,被告安徽润磊公司尚有1285万元未出资到位。《公司法司法解释(三)》第13条第3款规定:"股东在公司设立时未履行或者未全面履行出资义务,依照本条第一款或者第二款提起诉讼的原告,请求公司的发起人与被告股东承担连带责任的,人民法院应予支持。"有限责任公司股东可以一次性缴纳出资,也可以分期缴纳出资,但无论是首期出资还是公司成立后的分期出资,均属于公司设立时所确定的股东出资义务。被告东莞勤上公司主张其和被告安徽润磊公司完成被告安徽勤上公司设立的出资义务,与被告安徽润磊公司欠缴出资的事实不符。被告东莞勤上公司关于本案不存在适用《公司法司法解释(三)》的事实基础的主张不能成立。

综上，被告东莞勤上公司应当对被告安徽勤上公司设立后被告安徽润磊公司未履行的1285万元出资义务承担连带责任。

**法院判决：**

1. 被告安徽勤上公司于判决生效之日起10日内向原告偿还借款本金2000万元及利息；

2. 被告安徽润磊公司在1285万元未出资范围内对被告安徽勤上公司的上述第1项判决确定的义务及应承担的本案诉讼费用等不能清偿的部分承担补充赔偿责任；

3. 被告东莞勤上公司对被告安徽润磊公司的上述补充赔偿责任承担连带清偿责任；

4. 驳回原告的其他诉讼请求。

## 133. 债权人可通过哪些方式证明公司股东存在虚假出资或抽逃出资行为？

实践中，债权人可采取如下方式：

(1) 由律师向人民法院申请调查令，调查公司工商材料中的财务报表、验资报告及附注，同时向银行调取公司股东出资验资前后时间股东账户、公司验资账户的往来账情况；

(2) 通过向人民法院提出申请，由法院依职权调取上述证据；

(3) 申请人民法院对公司财务账簿采取证据保全措施，进行查封，以防止公司股东恶意损毁公司财务资料；

(4) 结合上述方式，债权人还可在诉讼中申请人民法院对公司进行司法审计，审计事项为确定公司股东是否合法履行了出资义务，是否存在虚假出资、抽逃出资的情况。

## 134. 债权人要求抽逃出资的股东对公司债务承担清偿责任时，如何分配举证责任？

当事人之间对是否已履行出资义务发生争议，原告提供对股东履行出资义务产生合理怀疑证据的，被告股东应当就其已履行出资义务承担举证责任。由此可见，在债权人已经提供合理怀疑证据的情况下，抽逃出资的股东应当证明自己不存在抽逃出资的行为。

## 135. 债权人以股东未履行、未全面履行出资义务或抽逃出资为由，诉请股东承担补充赔偿责任，是否适用诉讼时效？

只要债权人的债权未过诉讼时效，债权人要求股东承担补充赔偿责任不受诉讼时效制度的规制。

## 【案例74】申请法院调查垫资事实　股东抽逃出资承担连带责任[①]

**原告:** 造纸厂

**被告:** 星鹏公司、刘某书、王某华、孙某军

**诉讼请求:**

1. 被告给付所欠货款 624,694.71 元;

2. 被告刘某书、被告王某华、被告孙某军在抽逃出资范围内对被告星鹏公司不能清偿债务承担清偿责任。

**争议焦点:**

1. 股东在验资后将出资款抽回能否认定为抽逃出资,抽逃出资的举证责任如何分配;

2. 出资不实股权的受让人是否应当对公司债务承担连带责任。

**基本案情:**

被告星鹏公司与原告曾有买卖白板纸业务,由原告向被告星鹏公司供应白板纸,被告星鹏公司在双方 2003 年 11 月 19 日对账后,曾又给付货款 22 万元。另原告同意从销售给被告星鹏公司白板纸的总货款中扣除 4 万元。

被告星鹏公司系由被告刘某书、被告王某华分别出资 35 万元、15 万元设立。

**原告诉称:**

被告星鹏公司因业务需要,向原告购买 C 级涂布白板纸,后经双方对账,被告星鹏公司尚欠其货款 624,694.71 元。被告星鹏公司欠款不还的行为,已经严重损害了原告的利益。

此外,被告刘某书、被告王某华出资设立被告星鹏公司时均抽逃出资。后被告王某华将其股权又转让给被告孙某军。上述 3 名被告星鹏公司新、老股东,应当在抽逃出资的范围内对被告星鹏公司债务承担连带责任。

**原告为证明其观点,提交证据如下:**

1. 原告与被告星鹏公司于 2003 年 3 月 3 日签订的补充协议 1 份,证明双方曾有买卖白板纸业务往来,截至 2003 年 1 月,被告星鹏公司尚欠原告货款 599,951.30 元。

2. 原告与被告星鹏公司 2003 年 11 月 19 日财务对账函 1 份,证明截至 2003

---

[①] 参见江苏省南京市江宁区人民法院(2004)江宁民二初字第 1805 号民事判决书。

年10月,被告星鹏公司尚欠原告690,319.60元。

3. 原告与被告星鹏公司2004年6月11日财务对账函1份,证明截至2004年5月,被告星鹏公司欠原告624,694.71元。

4. 原告2003年11月23日至2004年4月向被告星鹏公司销售白板纸的号码分别为No.07319781、No.07319826、No.07319862、No.07365138、No.07229159增值税发票复印件5份、发货单复印件6份、发票回执复印件4份。证明在双方于2003年11月19日对账后,原告又向被告星鹏公司销售白板纸194,375.11元。

**被告星鹏公司、刘某书、王某华辩称：**

1. 2003年3月11日被告星鹏公司才成立,原告主张的债务包括被告星鹏公司成立之前的债务,原告仅以所谓"对账单"为依据,请求法院判令被告星鹏公司偿付货款于法无据；

2. 被告星鹏公司在2003年11月19日双方对账后,已给付货款22万元；

3. 被告刘某书、被告王某华已足额缴纳出资,且没有抽逃出资。

综上,被告星鹏公司成立后,并不欠原告624,694.71元,被告刘某书、被告王某华亦无义务为被告星鹏公司成立之前的债务承担连带责任。

被告孙某军未答辩。

**被告星鹏公司、刘某书、王某华对原告所提供的证据发表质证意见如下：**

1. 对证据1认为,该协议第3条约定以对账数为准,但以后没有看到对账。该协议系2003年3月3日所签,而被告星鹏公司于2003年3月11日才成立,该债务系被告星鹏公司成立前的债务。

2. 对证据2认为,该对账函上所盖公章确系被告星鹏公司公章,但怎么盖上去的不清楚,对对账数额690,319.60元有异议,公司成立后截至当时仅有销售额450,000元。

3. 对证据3认为,该对账函中已明确约定以对账数为准,说明双方债务数额处于不确定状态,而并非原告所称的624,694.71元。

4. 对证据4中号码No.07319862面额为41,634.85元增值税发票有异议,认为该发票上没有被告刘某书签名,签名人秦某不是被告星鹏公司职工。对证据4中其他证据均无异议,予以确认。

**被告星鹏公司、刘某书、王某华为证明其观点,提交证据如下：**

1. 被告星鹏公司设立登记申请书、发照通知各1份,以证明被告星鹏公司依法成立,被告刘某书、被告王某华应各出资35万元和15万元。

2. 上海常宁会计师事务所验资报告及企业法人变更登记申请书各1份,以证明被告刘某书、被告王某华已实际出资35万元和15万元,已履行了出资义务。后被告王某华又将股权转让给被告孙某军,并已收取15万元股权转让价款。被告孙某军成为被告星鹏公司股东。

3. 被告星鹏公司纳税清单15份,以证明被告星鹏公司一直正常经营,被告刘某书、被告王某华没有抽逃出资。

**针对被告的上述证据,原告认为:**

1. 对证据1、2均没有异议,但认为被告刘某书、被告王某华均在出资完成公司验资后抽逃出资。对被告王某华与被告孙某军间股权转让有异议,被告王某华抽逃出资后不应该再转让股权。

2. 对证据3,认为只能证明被告星鹏公司业务往来情况,不足以证明被告刘某书、被告王某华作为股东未抽逃出资。

**本案审理中,原告申请法院依法向上海市金山区工商局调取了被告星鹏公司工商登记中的验资报告及附件,向上海市金山区枫泾农村信用合作社调取了被告星鹏公司及被告刘某书、被告王某华银行账户相关会计凭证等证据:**

1. 上海金山区枫泾信用社向上海常宁会计师事务所确认的验资询征函1份,内容为被告刘某书向被告星鹏公司808004×××验资专户出资35万元,被告王某华向该验资专户出资15万元。

2. 被告刘某书缴款35万元进被告星鹏公司808004×××账户进账单、被告王某华缴款15万元进该账户进账单各1份,该进账单注明了票据种类为支款凭条及付款人被告刘某书、被告王某华账户。

3. 被告刘某书从249020×××银行账户付款35万元、被告王某华从249020×××银行账户付款15万元支款凭条各1份。

4. 2003年3月3日被告星鹏公司808004×××验资账户对账单1份。该账户2003年3月3日分别进账35万元和15万元,合计账户余额50万元。

5. 2003年3月3日万泉招商有限公司付款35万元至被告刘某书所设249020×××账户贷记凭证及同日付款15万元至被告王某华所设249020×××账户贷记凭证各1份。

6. 被告星鹏公司0808004×××账号分户账页1份,内容为分别入账35万元、15万元,加之利息110元。随即又转账付出500,110元。

7. 2003年3月14日,被告星鹏公司退款500,110元给万泉招商有限公司贷记凭证1份。

针对上述证据,原告认为:

上述证据真实性均无异议,被告刘某书、被告王某华2003年3月14日又将出资退还给借款人万泉招商有限公司的行为表明被告刘某书、被告王某华均抽逃了出资。

针对上述证据,被告星鹏公司、刘某书、王某华认为:

金山区枫泾信用社在被告星鹏公司贷记凭证上标注"用途退款"是不对的,被告刘某书、被告王某华出资额35万元和15万元已投资到位。注册资金用于经营需要,根本不存在抽逃出资的情况。被告星鹏公司有无汇500,110元给万泉招商有限公司被告不清楚,即使汇款给万泉招商有限公司也是一种经营活动,不足以证明是被告刘某书、被告王某华抽逃注册资金。

**律师观点:**

1. 关于原告与被告星鹏公司债权债务数额的问题。

三被告对原告提供证据1、2、3及证据4中除号码No.07319862面额为41,634.85元增值税发票外证据的真实性均无异议,但辩称被告星鹏公司与原告间的对账函中货款数额包含被告星鹏公司成立前的债务。而证据1、2、3中补充协议及对账函均系被告星鹏公司法定代表人被告刘某书签名并加盖了公司印章予以确认,即应视为被告星鹏公司认可所欠原告的货款数额。尤其证据2,即2003年11月19日双方对账函已明确双方截至2003年10月,被告星鹏公司欠原告690,319.60元。证据4中所有证据亦已证明2003年11月23日至2004年4月,原告又向被告星鹏公司销售白板纸194,375.11元,加之双方原先对账数额,被告星鹏公司累计欠原告货款884,694.71元。扣除双方无异议的被告星鹏公司已给付货款22万元及原告自愿从总货款中扣除的4万元,被告星鹏公司实际欠原告货款624,694.71元。且三被告亦未能提供其他证据证实原告向被告星鹏公司主张货款数额有误。

综上,法院对原告主张被告星鹏公司欠其货款624,694.71元的事实应该予以确认。

2. 关于被告刘某书、王某华是否存在抽逃出资的行为,两名股东是否应当承担连带责任的问题。

法院已依法向上海市金山区工商局调取了被告星鹏公司的验资报告及附件,该验资报告及附件内容已证明被告刘某书、被告王某华于2003年3月3日分别从其开设于上海市金山区枫泾信用社的249020×××、249020×××银行账户上支取了35万元、15万元,同日缴入被告星鹏公司设立于金山区枫泾信用社808004×××验资账户;法院依法向上海市金山区枫泾信用社调取会计凭证等证据,亦已证明系万泉招商有限公司 2003 年 3 月 3 日向被告刘某书、被告王某华上述银行账户汇入了 35 万元、15 万元,同月 14 日,被告星鹏公司完成验资后将被告刘某书、被告王某华出资额 50 万元加利息 110 元,又退还给万泉招商有限公司,上述证据相互印证,客观真实,内容和形式合法,对案件事实有证明力。且被告刘某书、被告王某华亦未能提供充分证据证明其未抽逃出资,故足以认定被告刘某书、被告王某华在出资成立被告星鹏公司后又抽逃全部出资。

因此法院对原告主张被告刘某书、被告王某华抽逃出资事实应予以确认。

在法定资本制下,公司股东出资是股东依照公司法和公司章程等向公司交付财产的行为,是股东基本义务,亦是公司成立的前提,股东缴纳出资财产将构成公司对外承担民事责任的物质基础,股东抽逃出资,必然造成公司资产减少,致公司减弱或丧失承担财产责任的实际能力,有悖于公司资本维持原则。故股东抽逃出资,公司不能清偿债务时,应由股东在所抽逃出资的范围内就公司债务承担清偿责任。本案中,被告刘某书在被告星鹏公司成立后抽逃出资,应在被告星鹏公司不能清偿债务时,在所抽逃出资 35 万元范围内就被告星鹏公司债务承担清偿责任。

3. 关于被告孙某军是否以 15 万元的价款受让被告王某华股权,是否应当对公司债务承担连带责任。

被告星鹏公司工商登记材料证实,被告王某华将其在该公司 30% 的股权转让给被告孙某军,并完成了股权转让手续。被告王某华亦自认其已将在被告星鹏公司 30% 的股权全部转让给被告孙某军,并已收取被告孙某军给付股权转让价款 15 万元。原告对此虽有异议,认为被告王某华向被告孙某军转让股权是虚假的,但未能提供充分证据加以证实。故对被告王某华向被告孙某军转让股权并收取转让价款 15 万元的事实应该予以确认。

被告王某华向被告被告孙某军隐瞒了抽逃出资的事实,向被告孙某军转让股权。而被告孙某军系善意受让股权,且向被告王某华支付了相应对价,没有恶意和过错,符合民事活动公平和等价有偿原则,故仍应由被告王某华承担抽逃出资的民事责任。

**法院判决:**

1. 判决发生法律效力之日起 10 日内被告星鹏公司向原告付清货款 624,694.71 元;

2. 被告星鹏公司不能清偿上述第 1 项判决内容确定的债务时,被告刘某书和被告王某华分别在所抽逃出资 35 万元和 15 万元范围内就被告星鹏公司债务承担清偿责任。

3. 驳回原告其他诉讼请求。

## 【案例75】律师调查令查清虚假出资　股东被判连带责任[1]

**原告：** 纹拓纹公司

**被告：** 越翰公司、董某、茆某

**诉讼请求：**

1. 被告越翰公司向原告返还借款13万元；
2. 被告董某、被告茆某对上述债务承担连带责任。

**争议焦点：** 公司注册资本系由第三方代为垫资，验资后将注册资本抽回，是否应对公司债务承担连带责任。

**基本案情：**

原告与被告越翰公司于2004年6月15日签订《技术合作协议书》，约定由被告越翰公司协助原告试制和生产光盘消信机；双方共同投入一笔资金，由被告越翰公司操作，届时被告越翰公司归还原告投入的资金和收益；原告应于当月17日先投入13万元，被告越翰公司所需投入资金根据实际需要决定；被告越翰公司应在同年12月17日实现批量生产能力供原告安排销售，并归还原告投入的款项5万元；到2005年3月17日，被告越翰公司应有每月配套生产10～50套的能力供原告安排销售，并归还原告投入的款项4万元；到2005年5月17日，被告越翰公司归还原告投入款项4万元，并保证原告所投入资金7%的年收益计6500元；后续合作事项届时另行商定。

2004年6月15日、6月18日，原告分别向被告越翰公司交付现金6万元和3万元，共计9万元。被告越翰公司收款后出具了《收据》，由被告董某经办。

2005年7月20日，原告的法定代表人姚某毅在1份拟好的《还款承诺协议书》上签字，被告董某在次月12日签字，该协议书载明的协议双方是原告和被告越翰公司。协议书载明，原告依据《技术合作协议书》约定在2004年6月17日将现金13万元交给被告越翰公司代表被告董某，但是被告越翰公司自2004年12月17日起至今没有兑现分期还款的承诺，造成原告经营困难，经双方同意，特订如下还款承诺：

"一、原告资金来源是房产抵押贷款，因此在13万元尽量及早还款的前提下，

---

[1] 参见上海市第一中级人民法院(2009)沪一中民四(商)终字第262号民事判决书。

一定要在2005年9月14日前全部还清,不能留有尾巴;

二、尽管原告遭受很大损失,但仍按原来确定的收益比例由被告越翰公司给予原告补偿,2005年7月25日以后至少给予加倍赔偿;

三、尽量及早还款的含义为2005年7月25日前全部还清或至少还清本利80%。"

此后,被告越翰公司未按《还款承诺协议书》规定履行债务。

2007年3月4日,姚某毅给被告董某、被告茆某发出关于越翰电气公司拖延2年尚未还款给原告"诉至法院的后果说明"——给被告茆某和被告董某兄妹的一封信,信的主要内容为:"被告董某自2003年11月开始向本人(姚某毅)借款已经进入第4年,自2004年6月17日起以被告越翰公司与原告合作名义以合同方式借款13万元,此款系本人用房产抵押从银行借得的、期限1年的私人助企资金,该款不能归还则房产将被拍卖。但是被告董某至今未还分文,还分别在2006年的1月、5月向本人借款2万元和25,000元,却仅在2006年8月还款35,000元,所以本人只得提起诉讼,否则事情没完没了。由于被告越翰公司注册资金不实,执行时将要以股东资产抵偿,希望两人三思。"

2007年7月8日,被告董某向原告出具了1份《还款计划书》,承诺在同年的7月底还款5万元,8月底还款8万元,9月底还款62,000元。嗣后,被告越翰公司或被告董某均未向原告履行债务。

被告越翰公司在工商行政管理机关的登记资料载明:"1. 被告越翰公司由被告董某、被告茆某两个自然人于1998年7月分别出资40万元和60万元设立,被告茆某担任法定代表人。2. 2007年3月,被告茆某将所持的60%被告越翰公司股权作价30万元转让给被告董某,被告董某拥有被告越翰公司100%股权。"

**原告诉称:**

被告越翰公司向原告借款后迟迟不归还的行为严重损害了原告利益,被告董某、被告茆某作为被告越翰公司的股东,有抽逃公司注册资本的行为,应当对公司债务承担连带责任。

**原告提起本案诉讼后,其代理律师持本院签发的调查令向交通银行上海松江支行调查查明:**

被告越翰公司100万元注册资本的验资资金是由施惠特经济发展有限公司于1998年7月30日通过贷记凭证转账至被告越翰公司,被告越翰公司于同日将该100万元通过贷记凭证转账至验资单位,验资单位于次日将验资资金通过贷记凭证转账至被告越翰公司,被告越翰公司于同日通过贷记凭证将该100万元转账至施惠特经济发展有限公司。

**被告均辩称：**

1. 涉案借款关系主体是被告董某和姚某毅，被告越翰公司仅是名义借款人，实际用款人是被告董某，且姚某毅和被告董某之间的借款行为是长期性的、多次的，具有内在一致性。所以原告作为诉讼主体不适格。

2. 原告认为被告茆某、被告董某抽逃出资，依据不足，被告越翰公司依法设立，股东已经完全履行了出资义务，不存在原告所述抽逃出资的情况。

庭审中，被告越翰公司、被告董某和被告茆某对被告越翰公司的100万元注册资本是由被告董某交给施惠特经济发展有限公司，再由该公司代办验资事项的事实主张，未举证证明，也没有举证证明被告董某、被告茆某用其他方式履行出资义务的事实。

**律师观点：**

被告越翰公司、被告茆某、被告董某与原告对借款本金为13万元这一事实并无异议，故该借款应予以确认。

1. 关于本案合同的订立主体。

本案的借款合同是基于被告越翰公司与原告的意思订立的，被告董某与案外人姚某毅签订的《还款承诺协议书》和姚某毅给被告董某、被告茆某的《诉至法院的后果说明》虽未加盖公司公章，但均以公司名义作出；且后者行文中虽有"被告董某借款未还"的表述，但标题及全文内容多处明确系被告越翰公司拖欠借款不还，并声称欲追究股东责任，显系针对被告越翰公司而言。被告董某于2007年7月8日出具的《还款计划书》，虽以个人名义作出，但无证据证明变更了借款合同的主体。因企业间的借贷违反有关金融法规规定，属无效合同，故虽然原告与被告越翰公司最终确认借款本息为17.38万元，但其中关于4.38万元利息的约定，有违不得基于无效法律行为获利的法理，故不应予以确认。

2. 关于被告董某、被告茆某是否存在抽逃出资的行为，是否应当对公司债务承担连带责任的问题。

被告越翰公司100万元注册资本的验资资金是由案外人施惠特经济发展有限公司于1998年7月30日通过贷记凭证转账至被告越翰公司，次日验资完毕后，被告越翰公司于同日通过贷记凭证将该100万元转账至施惠特公司。被告董某和被告茆某未举证证明对被告越翰公司的100万元注册资本是由其交给施惠特经济发展有限公司，再由该公司代办验资事项的事实主张，也没有举证证明被告董某、被告茆某用其他方式履行出资义务的事实，故应当认定被告茆某、被告董某没有履行出资义务,应当在未出资的范围内对被告越翰公司的债务承担连带清偿责任。

**法院判决：**

1. 被告越翰公司向原告返还借款 13 万元；
2. 被告董某、被告茆某对上述债务承担连带清偿责任。

**【案例76】判决确认股东虚假出资　诉讼主张承担出资不实责任**[①]

**原告：**华新公司

**被告：**铁通集团公司

**第三人：**华夏电信公司

**诉讼请求：**判令被告在注册资金不实的 5089.8 万元范围内对第三人在(2005)沪二中民四(商)初字第 45 号民事判决书中依法应履行的支付义务承担连带清偿责任。

**争议焦点：**

1. 债权人在执行阶段发现股东存在虚假出资的情形,能否通过诉讼方式要求出资不实股东承担赔偿责任；
2. 债权人请求股东承担出资不实责任是否应以第三人无财产清偿债务为前提条件；
3. 出资不实股东对债权人承担责任的范围如何。

**基本案情：**

原告与第三人之间存在买卖业务往来关系,为第三人拖欠货款事宜,原告于 2005 年 8 月 2 日向上海二中院提起诉讼,上海二中院于 2006 年 3 月 10 日作出 (2005)沪二中民四(商)初字第 45 号民事判决书。该判决已生效。

2005 年 12 月 13 日,经苏州市中级人民法院民事裁定书认定,第三人于 2001 年 12 月 21 日成立,注册资本为 9980 万元,其中,被告虚假出资 5089.8 万元、股东华夏建通科技开发集团有限责任公司虚假出资 2894.2 万元、股东中财国企投资有限公司虚假出资 1996 万元,并追加第三人的上述股东为该案的被执行人,依法在虚假出资范围内对第三人的债务承担责任。苏州市中级人民法院从被告已执行案款 3,239,617.67 元。

2006 年 6 月 4 日,上海二中院(2005)沪二中民四(商)初字第 45 号民事判决书确认第三人尚欠原告 3915 万元本金、利息以及诉讼费。在执行过程中,上海二

---

① 参见上海市高级人民法院(2007)沪高民二(商)终字第 145 号民事判决书。

中院将已执行到位的6,387,526元款项划付申请执行人原告,第三人至今对原告尚负有债务本金32,721,324元以及相应利息、诉讼费等。

2006年12月12日,北京二中院作出民事裁定书,认定被告对第三人注册资金不实,追加被告为被执行人,在虚假出资5089.8万元范围内对第三人债务承担连带清偿责任。北京二中院已执行案款9,704,841元。

2007年4月26日,北京一中院作出民事裁定书,认定被告对第三人注册资金不实,追加被告为被执行人,同时,认定被告因注册资金不实对第三人其他债权人承担了部分债务,由被告在虚假出资37,953,541.33元范围内对第三人的债务承担清偿责任。2007年5月18日,北京一中院执行案款15,738,714.57元。

2007年5月11日,被告向北京一中院提交书面异议书1份,认为江苏省苏州市中级人民法院从被告已执行案款3,239,617.67元;北京二中院已执行案款9,704,841元;北京一中院已执行案款15,738,714.57元;加上上海二中院于2007年4月2日已裁定冻结被告存款32,721,324元,法院所冻结和扣划被告的款项合计为61,404,497.24元,而根据相关法律规定,被告向第三人债权人承担注册资金不实的责任范围累计不得超过5089.8万元的资金数额。现法院多扣划了被告10,506,497.24元资金,故请求予以核减。

2007年6月25日,北京一中院向被告发还案款10,506,497.24元。

**原告诉称:**

被告对第三人注册资金投资不到位,造成第三人无力履行生效判决,侵害了原告的合法财产权益,故请求法院支持原告的诉讼请求。

**被告辩称:**

原告无权通过诉讼的方式主张被告承担责任,而是应当在执行阶段提出。此外,第三人尚有可供执行财产,原告无权直接要求被告承担清偿责任。

第三人同意被告的答辩意见。

**一审认为:**

1. 原告虚假出资应对第三人债务承担责任。

根据有关法律规定,企业注册登记时,其开办单位对其开办时投入的注册资金不实或抽逃注册资金的,应由开办单位在注册资金不实或抽逃注册资金的范围内承担责任。

本案第三人至今对原告负有本金32,721,324元以及相应利息、诉讼费等债务未予清偿之事实由已由生效判决以及相关划付款凭证等证据证实。

被告对第三人注册资金投入不实的事实业已由苏州市中级人民法院和北京

二中院、北京一中院分别作出的相关裁判文书予以认定。被告应依法在出资不实的资金范围内,对第三人的债务承担责任。

由于被告对第三人注册资金投资不到位,造成第三人无力清偿债务,直接侵害了原告的合法财产权益,对原告构成侵权,原告通过提起侵权之诉,要求被告承担侵权的民事法律责任,完全符合相关的法律规定,且原告提起本案诉讼亦符合《民事诉讼法》第108条①规定的起诉条件。虽然根据有关法律规定,债权人可以在执行程序中直接申请追加被执行人的开办单位为被执行人,在注册资金不实或者抽逃注册资金的范围内对申请执行人承担责任。但原告放弃选择上述方式实现其债权,属其对民事权利的自行处分。

2. 第三人有无财产可供执行并非原告权利的前提条件。

第三人是否还有可供执行的财产,并非是确定被告出资不实的民事责任的构成要件或法律前提,第三人的财产执行状况,不影响本案从实体上对被告承担注册资金不实的民事法律责任作出确定。由于包括被告在内的各股东均虚假出资,致使第三人注册资本低于最低法定资本额,被告应对第三人的债务承担连带清偿责任。

3. 第三方已承担债务金额应从本案中扣除。

根据有关法律规定,被执行人的开办单位已经在注册资金范围内或接受财产的范围内向其他债权人承担了全部责任的,人民法院不得裁定开办单位重复承担责任。因此,被告对第三人全部债务承担责任的范围应以其实际未投入的注册资金5089.8万元为限。由于被告因注册资金不实对第三人其他债权人已经承担了合计18,176,676元债务,本案中被告应在虚假出资32,721,324元范围内对第三人的债务承担清偿责任。

**一审判决:**

被告在注册资金不实的32,721,324元范围内,对第三人在(2005)沪二中民四(商)初字第45号民事判决书中依法应履行的债务承担连带清偿责任。

被告不服一审判决,向上级人民法院提起上诉。

**被告上诉称:**

1. 根据《最高人民法院关于人民法院执行工作若干问题的规定(试行)》(1998年)的有关规定,本案应当通过执行程序而非诉讼程序解决。原审判决作出原告选择诉讼方式实现债权"属其对民事权利的自行处分"的认定,既是对民

---

① 现为《民事诉讼法》(2021年修正)第122条相关内容。

事权利的误解,也违背了上述司法解释的规定,造成司法资源浪费并增加了当事人的诉讼成本,应予纠正。

2. 根据司法解释的规定,被告承担出资不实民事责任的前提条件是第三人无财产清偿债务,由于第三人尚有相当数量的光缆存放在原告处,原告应先要求第三人清偿债务。原审直接判决被告承担连带清偿责任,违反了司法解释的规定。

**原告二审辩称:**

原告通过诉讼方式维护自己的合法权利符合法律规定。第三人存放的电缆没有多少价值,第三人没有偿债能力的事实已由生效判决确认,被告应在出资不实的范围内对第三人的债务承担连带清偿责任。

第三人同意被告的上诉请求和理由。

**律师观点:**

1. 原告通过诉讼方式要求被告承担赔偿责任于法有据。

根据《最高人民法院关于人民法院执行工作若干问题的规定(试行)》(1998年)第80条的规定,被执行人无财产清偿债务,如果其开办单位对其开办时投入的注册资金不实的,可以裁定变更或追加其开办单位为被执行人。

上述规定仅对人民法院在执行案件时发现被执行人无财产清偿债务,同时存在其开办单位对其开办时投入的注册资金不实的情况下,人民法院可以采取的执行措施进行了规定,并未对申请执行人在上述情况下应采取何种措施作出任何规定。

上述司法解释规定也并未限制申请执行人采取包括诉讼在内的其他措施实现自己的合法债权。虽然本案原告是在执行程序阶段发现其债务人第三人的股东被告出资不实的事实,但这并不意味着原告只能在执行程序中请求法院裁定追加被告为被执行人,原告完全有权行使自己的民事权利直接起诉被告。原告通过诉讼方式要求被告承担赔偿责任并不违反法律规定。

2. 被告应对第三人的债务承担连带责任。

根据我国法律规定,股东在设立公司时应尽出资义务,如果股东出资不到位导致其成立的公司不能独立承担责任,损害公司债权人利益时,股东应当对公司债务承担连带清偿责任。

根据本案查明的事实,被告等股东的虚假出资行为,致使第三人注册资本低于最低法定资本额,严重违反资本法定和资本充实原则。由于被告的出资不实行为损害了第三人的独立性,滥用了第三人法人独立地位,严重损害了第三人债权人原告的利益,因此被告应对第三人的债务承担连带责任。

**二审判决：**

驳回上诉，维持原判。

**136. 对于隐名投资，确定出资瑕疵的股东应当承担责任时，应当由实际出资人承担责任，还是应当由名义股东承担责任？**

一般来说，在公司债权人不知道实际出资人的情况下，应当认可名义股东为股东，并要求其承担补充赔偿责任，名义股东无权以自己是名义股东并非实际出资人拒绝。

公司名义股东向公司的善意债权人承担赔偿责任后，名义股东享有追偿权，其可以向实际出资人追偿因此所遭受的损失。

如果债权人知道实际出资人的存在，则可向实际出资人和名义股东主张连带责任。

**137. 如果存在股权多次转让的情形，即受让人为多人时，公司或债权人应如何选择承担瑕疵出资责任的受让人？**

公司或债权人既可以请求知道或应当知道转让股权未尽出资义务的全部受让人承担连带责任，也可以向其中的部分受让人请求承担连带责任。被选择承担连带责任的受让人，不得以其与前手股东或者后手股东之间的约定对抗公司或债权人。已经承担责任的受让人有权向包括转让股东在内的所有前手股东追偿，因被追偿而受到损失的受让人有权继续向其前手股东追偿。但是，受让人之间或受让人与转让股东之间关于出资义务的承担另有约定的，从其约定。

**138. 公司债权人承认公司注册资金足额到位，但认为其中部分股东出资不实，能否要求该部分股东承担连带清偿责任？**

在公司注册资金足额到位的情况下，股东的出资责任已经完成。公司作为独立的法人，以其全部资产对外承担责任，股东以其出资额对公司承担有限责任。所谓部分股东出资"不实"，属于股东之间的权利义务关系，并不影响债权人的权利，该部分股东对公司债务不应承担连带责任。

**【案例77】注册资本充实　债权人无权主张个别瑕疵出资股东承担连带责任**[①]

**原告：** 市建三公司

---

[①] 最高人民法院中国应用法学研究所编著：《人民法院案例选·2009年第5辑》，中国法制出版社2009年版，第66~74页。

**被告：**西工大制药公司、西北工业大学

**诉讼请求：**判令被告西工大制药公司返还借款10万元，被告西北工业大学承担连带清偿责任。

**争议焦点：**

1. 两份章程记载股东出资情况不一致，能否直接认定股东出资存在瑕疵；

2. 公司注册资本已经到位，债权人能否请求个别瑕疵股东对债务承担连带责任。

**基本案情：**

被告西工大制药公司于1997年7月24日成立，股东为案外人西安科垣高新技术研究所（法定代表人王某平）和被告西北工业大学，公司注册资本1027.9606万元，但由于资金等原因一直处在筹建阶段，尚未开展正常的生产经营活动。

1998年4月23日至5月18日，被告西工大制药公司分3次累计向原告借款10万元。

在被告西工大制药公司的工商档案里，有同为1997年5月23日的两份该公司章程，其区别在于章程第9条股东出资部分。第一份章程该部分为：(1)被告西北工业大学投资256.9901万元人民币。(2)案外人西安科垣高新技术研究所出资770.9705万元人民币，其中168.0099万元货币投资，602.9606万元以土地使用权作价投资。第二份章程该部分为：(1)被告西北工业大学投资256.9901万元人民币，以土地使用权作价投资。(2)西安科垣高新技术研究所出资770.9705万元人民币，其中425万元为货币投资，345.9705万元为土地使用权作价投资。

上述第二份章程在工商档案的变更卷内(2002年4月27日核准，变更档案类型是法定代表人变更)。

1997年6月28日，陕西省秦军会计师事务所验资报告所附被告西工大制药公司实收资本验证表中登记"被告西北工业大学257万元货币投资，西安科垣高新技术研究所168万元货币投资，602.9606万元土地使用权投资"。

**原告诉称：**

被告西工大制药公司3次借原告款10万元，一直未付，其股东被告西北工业大学投资未到位，应当在其出资的份额内承担责任。

被告西工大制药公司未作答辩。

**被告西北工业大学辩称：**

原告要求被告西北工业大学对被告西工大制药公司的借款承担连带清偿责任无法律依据，被告西北工业大学以土地作价出资已到位。

**一审认为：**

被告西工大制药公司借原告款属实，理应付清；被告西北工业大学对被告西工大制药公司的投资未到位，理应补足投资，在应出资的范围内承担连带清偿责任，其提供的章程与工商档案中陕西省秦军会计师事务所出具的验资报告所附资本验证表记载的股东出资情况不一致，其认为自己投资到位的主张证据不足，不予支持。

**一审判决：**

1. 被告西工大制药公司在判决生效后30日内付清原告借款10万元；
2. 被告西北工业大学在其应出资的份额内承担借款的连带清偿责任。

被告西北工业大学不服一审判决，向上级人民法院提起上诉。

**被告西北工业大学上诉称：**

1. 一审判决否定被告西工大制药公司股东间就出资的约定和确认，在公司注册资金足额到位的情况下认定其未出资，应承担投资未到位的法律责任没有依据；
2. 一审判决回避案外人西安科垣高新技术研究所作为股东对被告西工大制药公司应承担责任也是不公正的。

据此，请求撤销一审判决，判令被告西工大制药公司全体股东选定法定代表人并组织清算。

**原告二审辩称：**

1. 被告西工大制药公司注册资金足额到位的事实并不能证明被告西北工业大学出资到位的事实成立，"股东（发起人）对资产评估结果认可"既不能证明被告西北工业大学投资到位，也不能证明实物土地使用权是被告西北工业大学的；
2. 对于被告西工大制药公司以土地使用权作价出资部分，应以被告西工大制药公司设立时向工商管理部门提供的公司章程所载明内容为准，被告西北工业大学称土地使用权出资证明其投资到位的理由也不能成立，被告西工大制药公司的602.9606万元以土地使用权作价投资部分全部来自案外人西安科垣高新技术研究所，证明被告西北工业大学没有实物投资。

原审判决认定事实清楚，适用法律适当，请求驳回上诉，维持原判。

**律师观点：**

1. 被告西工大制药公司借原告10万元属实，理应由被告西工大制药公司清偿。

原告提供的证据已经充分证明被告西工大制药公司借原告10万元款项属

实,被告西工大制药公司也承认了该借款存在的事实。而在约定还款日期之后,被告西工大制药公司并未向原告返还该3笔款项,由此,原告要求还款的主张合法合理,应予支持。

2. 被告西北工业大学投资已到位,其对10万元借款不承担连带清偿责任。

关于被告西北工业大学是否投资到位的问题,被告西工大制药公司注册资金1027.9606万元(其中货币出资425万元,土地使用权作价出资602.9606万元)已足额到位,各方当事人对此并无争议。

虽然被告西工大制药公司工商档案中存在两份章程记载被告西北工业大学出资情况不一致的问题,但该问题属于被告西工大制药公司股东之间的权益问题,其既不影响被告西北工业大学的出资比例及股东资格,也不产生被告西工大制药公司对外承担责任能力减少的后果,故应认定被告西北工业大学投资已实际到位。

**二审判决：**

1. 变更一审判决为被告西工大制药公司在判决生效后30日内清偿原告借款10万元;

2. 驳回原告的其他诉讼请求。

**139. 在因多名股东出资不实导致公司股东对公司债务承担连带责任的情况下,出资不实的股东如何分担责任？**

对外,股东承担连带责任;对内,股东之间对责任分担有约定的依约定,无约定的可按实际出资额与应出资额的差额比例分担责任。

**140. 股东是否应就公司设立后的增资瑕疵对公司债权人承担责任？**

如果债权人对公司的债权形成于公司增资之前,其对于公司责任能力的判断应以其当时的注册资金为依据,而公司之后是否偿还债务与股东增资时资金是否到位并无直接的因果关系,此时的债权人不能要求股东承担责任,公司增资时瑕疵出资股东仅对公司增资后的债权人承担相应的责任。理由如下：

公司增加注册资本是扩张经营规模、增强责任能力的行为,原股东约定按照原出资比例承担增资责任,与公司设立时的初始出资是没有区别的。公司股东若有增资瑕疵,应承担与公司设立时的出资瑕疵相同的责任。但是,公司设立后增资与公司设立时出资的不同之处在于,股东履行交付资产的时间不同。正因为这种时间上的差异,导致交易人(公司债权人)对于公司责任能力的预期不同。股东按照其承诺履行出资或增资的义务是相对于社会的一种法定的资本充实义务,股东出资或增资的责任应与公司债权人基于公司的注册资金对其责任能力产生的判断相对应。

## 【案例78】增资不实在债权产生后 主张增资股东承担连带责任被驳回[1]

**原告**:达意公司

**被告**:天马公司、祥业公司

**诉讼请求**:

1. 被告天马公司立即向原告支付欠款本金827万元及其利息(贷款期间按年利率5.0625%计息,自逾期之日起加收利息20%,计算至实际还款之日,暂计至2006年11月20日为7,395,914.8元人民币);

2. 被告祥业公司对上述债务承担连带清偿责任。

**争议焦点**:

1. 交易合同是否因超越经营范围而无效;
2. 刊登催讨公告的行为能否中断诉讼时效;
3. 股东增资不实是否应对增资前的债务承担连带责任;
4. 关联资金往来能否当然证明股东存在抽逃出资的行为。

**基本案情**:

被告天马公司系由被告祥业公司与福建省天马种猪场于1990年合作成立的中外合作企业,总投资为3500万元人民币,注册资本为1750万元,由被告祥业公司负责提供所需技术和全部投资资金。

1997年9月28日,被告天马公司董事会形成了1份董事会决议,决定在被告祥业公司已经投入3500万元的基础上,由被告祥业公司再投入资金2260万元;相应地,注册资本也从1750万元调整到2880万元。

在厦门集友会计师事务所出具的该公司1997年年度审计报告中的《资产负债表》显示,该公司1997年年初实收资本为1750万元,1997年年度期末数为2880万元。厦门集友会计师事务在该审计报告中称,会计报表系由被告天马公司负责,其责任是对有关会计报表发表审计意见。同时,在该年度审计报告所附的会计报表注释中载明,该公司对厦门祥业房地产有限公司具有应收账款3,999,941.61元及其他应收款9,308,119.14元。厦门祥业房地产有限公司的投资者为被告祥业公司。

---

[1] 参见福建省厦门市中级人民法院(2007)厦民初字第6号民事判决书。

被告天马公司以其在农行的存款600万元人民币、200万元港币及兴业银行美元股100万元作为抵押,向集美农行贷款100万美元,贷款期限1年,自1992年11月12日起至1993年11月12日止,贷款期间按5.0625%的年利率计息。还约定,被告天马公司在农行未同意延期或未办理延期手续的逾期贷款,按规定加收利息20%。

集美农行于1992年11月17日向被告天马公司足额实际发放了上述贷款,但贷款合同中约定的人民币和港币存款及兴业银行美元股等质押实际未履行。

上述贷款期限届满后,被告天马公司既未申请延期,也未归还贷款。为此,集美农行于1993年11月13日向被告天马公司发出了《贷款到期通知单》,被告天马公司盖章签收了上述通知。

之后,集美农行又分别于1995年5月9日、1996年10月20日就该笔贷款向被告天马公司发出了《贷款逾期催收通知单》,被告天马公司均盖章签收。

1998年6月24日及1999年4月20日,中国农业银行厦门市杏林支行分别向"祥业集团"发出了《关于催收逾期贷款本息的函》,称:"你集团所属被告祥业公司……于1992年11月向我行所属的集美支行申请美元贷款,被告祥业公司于1992年11月17日向我行贷款USD100万元,该笔贷款于1993年11月17日到期……"要求归还上述贷款的本息。被告天马公司亦在上述两催收函件上盖章签收(其中1999年4月20日的函件系加盖在背面)。2000年3月17日,集美农行对被告天马公司所享有的上述债权自2000年6月10日起转移给长城资产公司(截至2000年6月10日,被告天马公司结欠贷款本金100万美元及利息504,494.03美元)。

嗣后,长城资产公司先后于2001年12月14日、2003年6月11日、2004年12月24日在《福建日报》上以公告方式向被告天马公司催收欠款本息,但被告天马公司仍未返还上述欠款本息。

2005年6月28日,长城资产公司将对被告天马公司享有的债权转让给原告。

**原告诉称:**

原告对被告天马公司享有100万美元的到期债权,但被告天马公司至今分文未还。被告祥业公司对被告天马公司出资不实且存在抽逃资金的情况,应对被告天马公司的债务承担连带清偿责任。

**原告为证明其观点,提交证据如下:**

被告天马公司的工商登记资料(1995~1997年的会计报表、年检报告等),以证明被告天马公司对被告祥业公司在厦门投资的其他公司长期存在数额巨大的应收账款,被告祥业公司对被告天马公司出资不实且存在抽逃资金的情况。

被告天马公司未向法院提交书面答辩意见,亦未到庭陈述答辩意见。

**被告祥业公司辩称:**

1. 原告不具备本案主体资格。

本案转让协议无效。本案转让的债权性质是金融债务,但本案原告却系一家经营房地产业务的企业,作为房地产公司,本身不具备经营金融业务的主体资格。现原告超出其经营范围,购买金融债权,实质是进行的金融风险投资经营,这显然有违法律法规关于企业经营范围的规定,属无照经营之一,故本案原告起诉所依据的《债权转让协议》无效,以无效转让协议起诉,显然主体不适格。

从债权债务转让本身而言,根据《合同法》第80条①规定,债权转让要通知债务人,未经通知,该转让对债务人不发生效力。本案债权人转让债权,并没有通知被告,故债权转让对被告没有发生效力,依此也应驳回原告起诉。

2. 原告诉求由被告祥业公司承担连带责任没有事实与法律根据。

原告指责祥业公司存在抽逃资金没有事实根据,祥业公司投入在被告天马公司的资金由于经营风险发生亏损,但不存在抽逃资金问题,原告所举证的证据并不能证明答辩人抽逃资金。

本案借款时被告天马公司还没有增资,原贷款人集美农行并非依据、信赖第一被告现在的注册资金而发放贷款,无论后来增资情况如何,均与贷款时无关。

作为合作企业,原告无权强制要求外方投资。

3. 本案的债务已超过诉讼时效。

4. 原告诉请的标的为人民币不符合原合同标的,且以本金827万元人民币及利息相应计算数额也错误,故本案原告所诉的标的不符合贷款合同约定,应驳回原告的诉求。

**律师观点:**

1. 原告债权转让协议不因其超越经营范围订立而无效。

被告天马公司应当依照借款合同的约定和法律的规定偿还所欠贷款本息,在其未能依照约定返还借款本金及利息的情况下,债权人有权要求其承担继续履行合同义务即返还借款并依照约定支付逾期付款违约金等违约责任。此外,由于被告的违约行为,债权人不得不蒙受的汇率变动损失,该损失也应当由其负担。被告祥业公司主张因原告超越经营范围故本案债权转让协议无效,但依《最高人民

---

① 现为《民法典》第546条相关内容。

法院关于适用〈中华人民共和国合同法〉若干问题的解释(一)》第 10 条①的规定,当事人超越经营范围订立合同,人民法院不因此认定合同无效。因此,被告祥业公司的这一主张没有相应的法律依据,法院应不予支持。

2. 长城资产公司与原告刊登公告的行为,视为已履行对债务人的通知义务,足以引起诉讼时效的中断,本案所涉债务未超过诉讼时效。

《最高人民法院关于审理涉及金融资产管理公司收购、管理、处置国有银行不良贷款形成的资产的案件适用法律若干问题的规定》②第 6 条第 1 款规定:"金融资产管理公司受让国有银行债权后,原债权银行在全国或者省级有影响的报纸上发布债权转让公告或通知的,人民法院可以认定债权人履行了《合同法》第 80 条第 1 款规定的通知义务。"《最高人民法院关于金融资产管理公司收购、处置银行不良资产有关问题的补充通知》(法〔2005〕62 号)第 1 条规定:"国有商业银行(包括国有控股银行)向金融资产管理公司转让不良贷款,或者金融资产管理公司受让不良贷款后,通过债权转让方式处置不良资产的,可以适用法院发布的上述规定。"根据上述规定,长城资产公司与原告刊登公告的行为,就是在履行对债务人的通知义务,被告的抗辩没有法律依据,法院应不予支持。

1998 年 6 月 24 日及 1999 年 4 月 20 日,中国农业银行厦门市杏林支行的《关于催收逾期贷款本息的函》虽其抬头系向"祥业集团"发出的,但其中的内容包含了本案所涉借款的有关事实并明确表达了要求归还该借款本息的催讨意思,被告天马公司在上述两催收函件上亦均盖章签收。该事实足以表明集美农行已经向被告天马公司主张权利,被告天马公司已经收到集美农行的这一催讨要求,足以引起诉讼时效的中断。《最高人民法院关于审理涉及金融资产管理公司收购、管理、处置国有银行不良贷款形成的资产的案件适用法律若干问题的规定》第 10 条规定:"债务人在债权转让协议、债权转让通知上签章或者签收债务催收通知的,诉讼时效中断。原债权银行在全国或者省级有影响的报纸上发布的债权转让公告或通知中,有催收债务内容的,该公告或通知可以作为诉讼时效中断证据。"因此,本案所涉债权在转让给长城资产公司后,长城资产公司刊登催讨公告的行为,就是在对债务进行催讨,足以引起诉讼时效的中断。原告在购得债权后在法律规定的诉讼时效期间内提起诉讼。因此,被告祥业公司关于本案所涉债务已经超过诉讼时效的主张没有事实和法律依据,法院应不予采纳。

---

① 现为《民法典》第 505 条相关内容。
② 该规定已于 2021 年 1 月 1 日起失效。

3. 本案所涉借款行为与被告祥业公司增资不实的行为不具有因果性,原告不可要求被告祥业公司承担连带责任。

仅依被告天马公司的工商登记资料中没有增资时的验资报告,尚无法证明被告祥业公司增资未到位这一事实;而在被告天马公司1997年的年检报告中,审计机构在审计报告中也已经明确表明,有关会计报表系由被告天马公司提供,由该公司负责。因此,被告祥业公司关于依据该报表足以表明其增资已经到位的主张也没有事实依据。虽依原告的现有证据主张尚不足以认定被告祥业公司增资不到位的事实。但由于被告祥业公司系投资者并参与被告天马公司的经营管理,是否投资到位其具有举证上的便利,而其仅依据该份年度审计报告显然也不足以直接证明其已经实际出资的事实。诚然,出资人对于所设立的公司具有法定的资本充实义务,出资人未出资或者出资不实,是造成公司注册资金虚假或者不实的根本原因,也是造成公司债权人受到损害的主要原因,故当公司无力承担债务时,则首先由出资人在其出资不实的范围内向公司债权人承担赔偿责任。但是,依据《最高人民法院关于金融机构为企业出具不实或者虚假验资报告资金证明如何承担民事责任问题的通知》(法〔2002〕21号)第1条的规定,出资人未出资或者未足额出资,相关当事人使用该报告或者证明,与该企业进行经济往来而受到损失的,应当由该企业承担民事责任。对于该企业财产不足以清偿债务的,由出资人在出资不实或者虚假资金范围内承担责任。因此,出资人在出资不实或者虚假资金额范围内承担民事责任的要件之一就是债权人的行为与出资人的出资不实具有因果性,而本案所涉借款行为发生于1992年,原告指称的被告祥业公司增资不实的行为则发生于1997年,显然无法满足上述要件的要求,故原告要求被告祥业公司在增资不实的范围内对其承担民事责任的诉讼请求没有法律依据,法院应不予支持。

4. 原告提交的证据不足以证明被告祥业公司存在抽逃出资的行为。

对投资者是否存在抽逃资金行为的认定需要有充分的证据,关联资金往来并不必然即为投资者抽逃资金的行为,其中最为关键的区别即在于在关联款项往来与投资者的关联性。而原告现有的证据仅能表明被告天马公司曾与被告祥业公司在厦门投资的其他企业存在关联往来和应收账款,仅依这一事实尚不足以认定被告祥业公司在该关联款项中的作用、关联款项的发生、用途等与投资者的联系,故其主张的这一事实没有充分证据证明,法院不应予以采纳。

**法院判决:**

1. 被告天马公司偿还原告本金100万美元(按合同约定的还款日1993年11

月12日的人民币与美元汇率折算成827万元人民币）及其利息（贷款期间按年利率5.0625%计息，自逾期之日起加收利息20%，计算至实际还款之日，暂计至2006年11月20日为7,395,914.8元人民币）；

2. 驳回原告的其他诉讼请求。

**141. 出资不实股东对公司享有债权，能否要求公司偿还？在公司不能偿还的情况下，能否要求其他违反出资义务的股东在出资不实范围内承担连带责任？**

能。股东的出资义务和公司对外承担的债务属于不同法律关系，出资不实股东能要求公司承担偿还责任。其他股东出资不实，在公司不能偿还的情况下，原告可以要求出资不实股东承担连带责任。

### 【案例79】出资虽瑕疵　向公司主张债权仍获支持[①]

**原告：** 星发公司

**被告：** 远发公司、华林公司、唯友公司、灵杰公司

**诉讼请求：**

1. 被告唯友公司向原告支付欠款173.48万元及资金占用损失；
2. 被告远发公司、被告华林公司与被告灵杰公司按照出资比例分摊债务。

**争议焦点：**

1. 瑕疵出资股东能否主张对公司享有的合法债权；
2. 在公司不能清偿对外债务的情况下，其他出资不实股东是否应当承担赔偿责任。

**基本案情：**

2001年8月29日，原告、被告远发公司、被告华林公司、被告灵杰公司以联建房产"某花园"平街一、二、三层房产作为实物出资共同设立被告唯友公司，注册资本为5000万元，资本公积为8267.84万元。其中，原告以房产出资2898万元，占注册资本的57.96%，被告华林公司以房产出资724万元，占注册资本的14.48%，被告灵杰公司以房产出资724万元，占注册资本的14.48%，被告远发公司以房产出资654万元，占注册资本的13.08%，4名股东均承诺在某花园工程竣工验收后3个月内办妥房产过户手续，履行出资义务。但直至2005年11月9日

---

[①] 参见重庆市高级人民法院(2009)渝高法民终字第270号民事判决书。

被告唯友公司被吊销营业执照,4名股东均未将出资的房产过户至被告唯友公司名下,被告唯友公司的股东实缴注册资本为零。

被告唯友公司在成立以后,即进行了文化广场的装修工程,由于被告唯友公司无任何货币资金,故该广场的装修费用全部来自银行借款以及被告唯友公司向各股东(包括原告)、其他个人或单位的借款。

2002年2月27日,原告向垫江县农村信用合作联社借款1500万元用于重庆文化广场(被告唯友公司办公场地)装修,贷款到期日为2004年3月30日。2002年3月4日,原告以其所有的某花园福星阁、吉星阁面积为5410.7平方米(联三栋裙楼第3层)的商场作为抵押担保,并在房交所进行了登记。

合同签订后,2002年3月5日,垫江县农村信用合作联社将1500万元贷款发放到原告账上,当天,原告将该笔款项1500万元划转至被告唯友公司账户。

贷款到期后,被告唯友公司只归还了本金50万元,垫江县农村信用合作联社遂以原告为被告提起诉讼,法院判令原告返还贷款本金1450万元及利息,并由垫江县农村信用合作联社对该案抵押的房产行使优先受偿权。判决生效后,法院裁定将原告所有的位于某花园联三栋裙楼第3层的房屋作价163.3488万元抵偿原告所欠贷款本金及利息,该裁定已实际执行。

2002年12月9日,被告唯友公司向重庆市商业银行大溪沟支行借款500万元,并由原告以其所有的某大厦华林阁正一层677.5平方米、吉星阁正一层517平方米的房屋为抵押担保。

借款到期后,被告唯友公司未支付本金和部分利息。重庆市商业银行大溪沟支行提起诉讼,法院判令被告唯友公司偿还借款本金500万元及利息,并由重庆市商业银行大溪沟支行对该案抵押的房产行使优先受偿权。判决生效后,法院裁定将原告所有的位于某花园华林阁正一层面积为676.43平方米、吉星阁正一层面积为663.28平方米的房屋归重庆市商业银行大溪沟支行所有,用于清偿被告唯友公司所欠债务。该裁定已实际执行。

被告远发公司于2006年向法院提起诉讼,请求判令原告按照联建协议将某花园部分房产过户登记至被告远发公司名下。法院作出(2006)渝五中民初字第402号民事判决,判令原告将某大厦正一层465.437平方米、正二层1341.24平方米等房屋过户至被告远发公司名下,该判决已生效。

被告唯友公司先后于2004年3月19日、3月29日、4月20日、6月28日向原告出具借条,共计向原告借款163.7150万元以归还其欠垫江县鹤游信用社的借款。在上述借条上有被告华林公司、被告灵杰公司、被告远发公司的法定代表人签名确认。被告唯友公司另先后向原告出具收据和收条,载明收到原告的借款和代付款 19.76078 万元。

**原告诉称：**

被告唯友公司应向原告归还借款,被告华林公司、被告灵杰公司、被告远发公司出资不实,应承担相应的连带偿还责任。

**被告辩称：**

1. 原告的债权已经超过诉讼时效；

2. 原告作为瑕疵出资股东,在瑕疵出资额内无权向被告唯友公司主张债权,也不能要求被告唯友公司的其他股东承担偿还责任；

3. 被告唯友公司的资本之所以不能到位是原告造成的,责任应由其承担。

**律师观点：**

1. 瑕疵出资股东对被告唯友公司享有的合法债权不因其出资瑕疵而消除。

股东应当按照《公司法》的规定和公司章程的约定向公司缴纳出资,否则,公司可要求股东补足出资。同时,公司应以其全部财产对公司的债务承担责任。但是,股东的出资义务和公司对外承担债务属于两个不同的法律关系。

本案中,原告、被告华林公司、被告灵杰公司、被告远发公司协议共同出资设立被告唯友公司,但在被告唯友公司登记设立至吊销营业执照期间,其股东均未履行出资义务。原告虽未履行出资义务,但其对被告唯友公司享有的合法债权不因其出资瑕疵而不成立。《公司法》对此情形并无禁止,应予支持。

原告作为公司的债权人,享有要求公司清偿债务的权利。虽然原告未实际出资,但被告唯友公司也并未抗辩要求原告履行出资义务,而是认可其对原告的债务,因此,应确认原告对被告唯友公司的债权,并按照规定,由被告唯友公司对原告的债务承担给付责任。

除此之外,被告华林公司、被告灵杰公司、被告远发公司也未提出反诉主张抵销原告的债权,故原告有权主张其对唯友公司享有的债权并可要求其他未履行出资义务的股东承担补充赔偿责任。同理,其他股东也可行使此项权利。

2. 其他出资不实股东应当在出资不实范围内按出资比例向原告承担补充赔偿责任。

由于本案 4 名股东应向被告唯友公司出资的房产已或被抵偿债务,或出售给第三人,并且被告唯友公司已于 2005 年被吊销营业执照,因此再责令各股东补缴出资已无法律上的可能性,在事实上也不能履行。因此,本着公平及衡平当事人利益的原则,应由 4 名股东在被告唯友公司不能清偿对外债务的情况下,按照出资比例对被告唯友公司的债务承担补充赔偿责任,如果被告唯友公司对其他股东另有债务,也可以按照类似的方式处理。在被告唯友公司不能清偿的情形下应由各股东按出资比例予以分担。

3. 原告向被告唯友公司主张债权未超过诉讼时效。

根据已查明的事实,被告唯友公司认可了原告如下债权,一是被告唯友公司出具的,并有被告唯友公司各股东签名确认的给原告的借条4张,金额为153.48万元,用途为支付垫江县农村信用合作联社和重庆市商业银行大溪沟支行利息。二是被告唯友公司出具给原告的,并加盖被告唯友公司财务专用章的收据和收条10张,金额为19.76万元,主要用途为借款、代付设备款等。因被告唯友公司认可原告对其享有的债权,故原告向被告唯友公司主张债权未超过诉讼时效。而被告唯友公司的各股东基于未履行出资义务的行为承担补充赔偿责任也未超过诉讼时效。

**法院判决:**

1. 被告唯友公司在本判决生效后10日内,向原告支付欠款173.48万元及资金占用损失;

2. 若被告唯友公司不能清偿上述债务,则由被告远发公司在本判决生效后10日内,向原告支付欠款22.69万元及资金占用损失,被告华林公司及被告灵杰公司在本判决生效后10日内,分别向原告支付欠款25.12万元及资金占用损失。

**142. 假定A公司是B公司的股东,B公司又是C公司的股东。A公司在设立B公司时存在瑕疵出资行为,B公司在设立C公司时也存在瑕疵出资行为。C公司、C公司的守约股东和C公司的债权人可否追究A公司的民事责任呢?**

笔者认为,鉴于B公司有权追究A公司的资本充实责任,而B公司又是C公司、C公司的守约股东和C公司的债权人的债务人,因此根据债法中的代位权理论,C公司、C公司的守约股东和C公司的债权人可以对A公司分别提起代位诉讼。

**143. 股东未履行或者未全面履行出资义务或抽逃出资,公司能否限制违反出资义务股东的相应权利?**

股东可以通过公司章程的规定或者股东会决议限制股东权利。

通过公司章程限制股东权利时,由于章程一般需要股东所持表决权2/3以上通过,这能够使公司在限制股东权利时更加慎重;通过股东会决议限制股东权利时,该股东会决议只需要股东所持表决权1/2以上通过即可。

《公司法司法解释(三)》已经明确,股东未履行或者未全面履行出资义务或抽逃出资,公司可以限制违反出资义务股东的利润分配请求权、新股优先认购权与剩余财产分配请求权。

除前述三种权利之外的权利能否进行限制,现行法律及司法解释并未明确。在讨论这一问题之前,笔者需要对股权权能的类型进行分析。以股权行使目的或权利内容为标准,股权可以分为自益权与共益权。自益权是股东获取财产利益的权利,而共益权则是股东对公司的重大事务参与管理的权利。前者是一种财产利益权,后者是一种参与管理权。

股东自益权的内容主要包括:股利分配请求权、剩余财产分配请求权、新股优先认购权、可转换股份转换请求权、股份转让权、股票交付请求权和无记名股份向记名股份的转换请求权等。

股东共益权的内容主要包括:表决权、股东大会召集请求权和召集权、提案权、质询权、累积投票权、新股发行停止请求权、知情权等。知情权兼具自益权与共益权的双重特点。

(1)股东自益权,原则上应当限制。

获得红利分配是股东最重要的财产权利,股东的其他财产权利都是围绕红利分配产生,那么股东出资和股东的财产权利之间就有了原因与结果、手段和目的的直接关系。对于这些权利,在股东出资瑕疵的情况下,应当限制,但股权转让权除外。

对存在出资瑕疵的股权,股东并不当然丧失转让的权利,股权也不因此失去可转让性。立法对于瑕疵股权转让后的出资补足责任已经明确,瑕疵出资股东转让股权后,其仍然承担补足出资的义务,同时如果股权受让人知道转让人尚未履行出资义务,并同意受让股权,其与转让方承担连带责任。

(2)股东共益权,原则上不应限制。

笔者认为,除表决权外,共益权原则上不应受限制。共益权表现为对公司经营决策的参与和对公司主体行为的监督与纠正,没有直接的财产内容,与出资的联系不是很密切,因此不应当受到限制。

表决权与其他共益权不同,其实际上是一种控制权,直接关系公司的运营,如果让没有出资的股东通过表决权的行使控制公司,将不利于利益风险一致的原则,也不利于公司的长远发展。同时,《公司法》规定,股东会会议由股东按照出资比例行使表决权,公司章程另有约定的除外,此规定为限制出资不实股东的表决权提供了理论基础。因此,公司章程可以约定按照实缴出资比例行使表决权,从而限制违反出资义务股东的表决权。

## 【案例80】出资不实　股东权利受限制[①]

**原告**:安达巨鹰公司

**被告**:首都国际公司

**第三人**:协和健康公司

**诉讼请求**:

1. 确认被告不享有对第三人16,500万股股权的股东权利;

2. 被告立即补足对第三人的出资;

3. 被告赔偿原告违约金3000万元人民币。

**争议焦点**:

1. 法定代表人已被股东会更换但未进行工商变更登记,由原法定代表人还是新法定代表人代表公司参加诉讼;

2. 出资瑕疵的股东将其股权转让给其他民事主体后,由谁承担瑕疵股权出资责任;

3. 股东出资不到位,其股东权利的行使是否应受到一定限制,应受哪些限制;

4. 股东不按照公司章程规定缴纳所认缴的出资,是否应向已足额缴纳出资的股东承担违约责任。

**基本案情**:

第三人登记的股东及持有股权为协和医药公司12,000万股,原告11,000万股,东盛药业公司5000万股,海泰集团公司1000万股,新纪元公司1000万股。2004年3月7日,第三人第二届第一次董事会会议决议载明协和医药公司应注入第三人12,000万元资产,在2005年3月30日前完成;海泰集团公司应注入第三人作价1000万元土地资产,在2004年4月30日前完成;东盛药业公司应注入第三人5000万元现金,在第三人工商变更完成后7个工作日内完成。

通过数次股权转让,截至2005年7月,被告分别从协和医药公司、东盛药业公司、海泰集团公司受让第三人股权10,500万股、5000万股、1000万股,并办理

---

[①] 参见最高人民法院安达新世纪·巨鹰投资发展有限公司诉北京首都国际投资管理有限责任公司、协和健康医药产业发展有限公司股东权确权赔偿纠纷上诉案。

了工商变更登记手续,共持有第三人16,500万股的股权。

被告在受让上述16,500万股股权时,与协和医药公司、东盛药业公司通过协议约定,由被告承接出资义务。

截至原告起诉之日,第三人实际收到原告出资11,000万元,新纪元公司出资1000万元。

2006年5月16日,浙江省宁波市中级人民法院通知原告:被告拖欠浙江巨鹰公司款项4905.33万元人民币一案已经进入强制执行程序,被告与浙江巨鹰公司达成执行和解协议,以其所有的第三人16,500万股股权折价3500万元人民币一次性抵偿给浙江巨鹰公司,要求原告在20日内答复是否对该股权行使优先购买权。

**原告诉称:**

1. 被告虽名义登记为第三人的股东,但其对第三人并未投入任何出资,也未支付任何股权对价,其股东权利应受限制,被告对其名义持有的第三人16,500万股股权不应享有利润分配请求权、表决权、增资优先认购权等股东权利;

2. 根据《公司法》(2005年修订)第28条和第三人章程第11条的规定,被告应向原告承担违约责任,自2005年7月20日起向原告支付违约金。

**被告辩称:**

1. 原告新任董事长苏某作为法定代表人,没有办理工商登记,并不能代表原告参加诉讼。并且第三人委托代理人授权委托书上加盖的公章系私刻,第三人出庭人员没有合法授权。

2. 被告按照约定将应付给部分发起人股东的股权转让款,直接支付给第三人,以冲抵该发起人股东对第三人的债务,属《合同法》中债权转让和债务抵销的问题。债权人是第三人,该项诉权属于第三人,原告不具备诉讼主体资格。

3. 由于第三人发起人股东的出资义务已经完成,被告只存在对第三人的债务而不存在出资义务。股东的出资义务系法定义务,不能因当事人之间的约定而转让,被告并非发起人股东,不负有出资的义务。

4. 由于被告不负有出资义务,也不是第三人发起人协议的当事人,故被告不应向其他股东承担违约责任。

**律师观点:**

1. 原告的新法定代表人有权代表原告参加诉讼。

被告提出只有经企业登记机关核准登记、取得法定资格的企业法定代表人陈某双以及其授权的代理人有权代表企业参加诉讼。《最高人民法院关于适用〈中华人民共和国民事诉讼法〉若干问题的解释》第39条①规定:"在诉讼中,法人的法定代表人更换的,由新的法定代表人继续进行诉讼,并应向人民法院提交新的法定代表人身份证明书。"上述规定说明,公司法定代表人的变更并不影响诉讼继续进行,也不影响公司作为独立法人正常行使包括诉权在内的各项民事权利。公司的董事长经过董事会选举产生,其权利来源于董事会的授权,工商部门的变更登记及备案手续并不是产生该项权利的法定要件,故是否进行变更登记及备案手续并不影响董事长作为法定代表人对外代表公司行使权利。

本案中,陈某双作为原告的原董事长,已经向公司提出辞职,后经公司股东会、董事会会议决定,免去其公司董事长及法定代表人的职务,并选举苏某任董事长及法定代表人。原告向法院提交的公司盖章的法定代表人身份证明书,系原告的真实意思表示,亦不违反法律、法规的禁止性规定。原告因陈某双带走其营业执照导致无法及时进行法定代表人变更并不能否定原告对法定代表人的合法变更。除此之外,陈某双将第三人公章带走后,第三人多次登报公示索要未果,经公安机关批准,新刻公章亦不违反法律、法规的禁止性规定。因此,被告以原告法定代表人更换但未进行工商变更登记为由否定其现任法定代表人有权代表原告参加诉讼的主张不应予以支持,被告关于第三人委托代理人授权委托书上加盖的公章系私刻、第三人出庭人员没有合法授权的主张,不应予以支持。

2. 被告应当承担对第三人的出资补足义务。

出资是股东依照《公司法》、公司章程以及公司设立协议向公司交付财产的行为,是股东的基本义务。根据《公司法》的规定,有限责任公司的股东在公司设立时,可以用货币出资,也可以用实物等出资,无论以何种方式出资,都会出现股东未出资、未足额出资及抽逃出资等情形,这些均是股东瑕疵出资的表现。在实践中,股东瑕疵出资有多种表现形式,其中以股东设立公司时,为了应付验资,将款项短期转入公司账户后又立即转出,公司未实际使用该款项进行经营尤为常见。

本案中,海泰集团公司、新纪元公司作为第三人的发起人股东,将款项汇入第三人的临时验资账户,但是在第三人验资后即将资金转出。海泰集团公司、新纪元公司的上述行为,即造成对第三人出资不到位、股权存在瑕疵的后果。协和医药公司、东盛药业公司受让海泰集团公司、新纪元公司的股权成为第三人的股东

---

① 现为《最高人民法院关于适用〈中华人民共和国民事诉讼法〉的解释》(2022年修正)第51条相关内容。

后,第三人的董事会决议亦明确约定了协和医药公司、东盛药业公司应履行出资义务的时间,但协和医药公司、东盛药业公司均未履行出资义务。被告主张第三人的发起人股东并不存在出资瑕疵,但未提供充分的证据予以证明,故该项主张不应予以支持。

根据《公司法》原理,瑕疵出资股东被记载于公司章程、股东名册或者经过工商注册登记后,如果没有经过合法的除权程序,应当认定该瑕疵出资股东具有公司股东资格,享有股东权利,因此,瑕疵出资股东也有权利处分其享有的股权。在出资瑕疵的股东将其股权转让给其他民事主体后,即产生了该瑕疵股权出资责任的承担主体问题。对于上述问题,现行《公司法》以及相关司法解释并未作出明确规定①,在处理上要遵循股权转让双方当事人的真实意思表示以及过错责任相当等基本原则。就股权转让的受让人而言,如果其明知或应当知道受让的股权存在瑕疵而仍接受转让的,应推定该受让人明知其可能会因受让瑕疵股权而承担相应的民事责任,但其愿意承受。故受让人应当承担补足注册资本的义务。

本案中,在被告与协和医药公司签订的股权转让协议中,约定股权转让款直接给付第三人,在其与东盛药业公司签订的股权转让协议中,约定被告不必支付股权转让款,而是要履行相应的出资义务。上述事实表明,被告对其受让的股权存在出资不实、股东资格有瑕疵应当是明知的。根据协议约定以及第三人章程中的规定,被告向第三人履行出资义务,是股权转让双方当事人的真实意思表示,亦不违反法律、法规的强制性规定,其应对第三人承担出资不实的法律责任,即应向第三人履行出资义务。被告主张发起人股东出资义务已经完成,只存在对第三人的债务,其对第三人股权的受让是承债式收购没有事实依据,不应予以支持。

3. 被告的股东权利应当受到限制。

根据《公司法》的规定,股东出资不到位并不影响其股东资格的取得,但其享有股东权利的前提是承担股东义务,违反出资义务,也就不应享有股东的相应权利,这亦是民法中权利与义务统一、利益与风险一致原则的具体体现。本案中,由于被告并没有履行出资义务,其股东权利的行使应当受到一定的限制,这种限制应根据具体的股东权利的性质确定,即与出资义务相对应的股东权利只能按出资比例来行使。原告主张被告不享有对第三人16,500万股的表决权、利润分配请求权及新股认购权并无不当。

---

① 本案发生于2003年,《公司法司法解释(三)》对于瑕疵出资股东股权转让后对公司债务的承担已经作出了明确规定,即股权转让方在未出资本息范围内对公司债务不能清偿的部分承担补充连带责任,受让人对此知道或应当知道,债权人可以请求受让人承担连带责任。

4. 被告应当对原告承担违约责任。

根据《公司法》的规定,股东不按照公司章程规定缴纳所认缴的出资,应当向已足额缴纳出资的股东承担违约责任;第三人章程中也明确约定,任何一方出资人若未按章程的规定足额认缴出资,均应向已足额出资的出资人承担违约责任。被告对其持有的16,500万股股权没有缴纳任何出资,其应当自登记为第三人的股东之日起,对已足额出资的原告承担违约责任。

**法院判决:**

1. 被告于本判决生效后10日内履行对第三人16,500万元出资义务;

2. 被告如不能补足上述出资,则不享有对第三人16,500万股的表决权、利润分配请求权及新股认购权;

3. 被告于本判决生效后10日内按原告在第三人的出资份额向其赔偿违约损失(自2005年7月20日起至实际给付之日按16,500万元每日万分之三计算);

4. 驳回原告其他诉讼请求。

### 【案例81】未按章程约定履行出资义务　公司有权决议限制股东权利[①]

**原告:** 亿中公司

**被告:** 乐生南澳公司

**第三人:** 亿湖公司、澄海二建公司

**诉讼请求:**

1. 确认被告对第三人亿湖公司未履行出资义务;

2. 确认被告对第三人亿湖公司不享有利润分配请求权、新股优先认购权、剩余财产分配请求权等股东权利;

3. 判令被告向原告支付违约金106.64万港元(折合863,784元人民币)。

**争议焦点:** 被告是否有依照约定履行对第三人亿湖公司的出资义务。

**基本案情:**

被告是一家成立于1993年12月14日的公司,系案外人惠州市乐生总公司的子公司,法定代表人陈某湖,经营范围为房产开发,2005年2月7日被南澳县工商行政管理局吊销营业执照。

案外人惠州市乐生总公司成立于1993年7月30日,2008年8月15日被惠

---

① 参见广东省汕头市中级人民法院(2012)汕中法民四初字第10号民事判决书。

州市惠城区工商行政管理局吊销营业执照。

1992年10月24日,案外人南澳县宣传部与案外人惠州城市管理公司签订《合同书》,约定南澳县宣传部将南澳县海滨路原文博馆及四周所属土地约3400平方米的土地使用权转让给惠州城市管理公司,惠州城市管理公司以4800平方米的新建筑面积和120万元人民币的搬迁费补偿给南澳县宣传部。

1992年12月15日,案外人南澳县宣传部与案外人惠州市乐生总公司签订《合同书》,约定南澳县宣传部提供原南澳县文博馆馆址一片土地供惠州市乐生总公司作为开发发展之用,惠州市乐生总公司在南澳县盐埕路征用土地3.325亩,并无偿划出建筑面积4800平方米的楼房供南澳县宣传部使用。

1993年11月11日,南澳县宣传部与惠州城市管理公司的陈某湖签订《补充合同书》,约定4800平方米的新建筑面积由惠州城市管理公司在南澳县盐埕路南澳县宣传部征用土地中建筑偿还,其建筑用地在原2亩的基础上,由南澳县宣传部再划给惠州城市管理公司1.3亩土地。惠州城市管理公司必须补偿南澳县宣传部68万元人民币。原来"三馆"用地归惠州城市管理公司所有。《补充合同书》由陈某湖签名,没有加盖惠州城市管理公司印章。

1993年11月29日,原告、被告、第三人澄海二建公司签订《关于合资成立亿湖公司协议书》,约定三方合资成立第三人亿湖公司。

1993年12月3日,南澳县宣传部向南澳县国土局出具证明,证明南澳县宣传部与第三人亿湖公司合作开发南澳县海滨路原文博馆土地和原盐埕路北侧土地,海滨路原文博馆土地使用权需转移给亿湖公司,请南澳县国土局给予办理有关土地使用权转移手续。

1993年12月4日,南澳县宣传部与南澳县国土局、南澳县国有资产管理办公室现场办公,同意将南澳县海滨路原文博馆土地使用权转移给亿湖公司。

1993年12月17日,南澳县国有资产管理办公室出具证明:兹有被告土地9.3亩,估价1069.5万元人民币,同意该土地参与合作经营亿湖公司。

1993年12月25日,原告、被告、第三人澄海二建公司签订《合资成立亿湖公司合同》,约定亿湖公司的注册资本为3100万港元。其中:被告提供9.3亩土地使用权(南澳县后宅镇海滨路5.95亩、盐埕路3.325亩),折价1333万港元,占43%;原告投入资金1240万港元,占40%;第三人澄海二建公司投入资金527万港元,占17%,并负责全部工程基建任务。被告应于领取工商营业执照之日起一个月内交付9.3亩土地使用权;原告应在3个月内投入第一期资金500万港元;第三人澄海二建公司投入资金200万港元,其余款项在1年内投完。合同第39

# 第三章
## 股东出资纠纷

条同时约定:三方任何一方未按本合同第 5 章的规定依期按数提交出资额时,从逾期 1 个月算起,每逾期 1 个月,违约一方应缴付应交出资额百分之三的违约金给守约方。如逾期 3 个月仍未提交,除累计缴付应交出资额的百分之八的违约金外,守约方有权按本合同第 38 条规定终止合同,并要求违约方赔偿损失。合同还对三方的其他权利义务作出了约定。同日,三方制定了《亿湖公司章程》。

1993 年 12 月 27 日,南澳县对外经济工作委员会以南外经字〔1993〕第 225 号文件批复同意三方合资成立亿湖公司。

1994 年 1 月 11 日,亿湖公司取得南澳县海滨路原文博馆土地的使用权证,该块土地面积为 3769 平方米。

1994 年 4 月 11 日,亿湖公司领取企业法人营业执照,公司类型为有限责任公司,经营范围是厂房及其生活配套设施的开发、建设、出售、出租。陈某湖为董事会成员并兼任总经理,负责亿湖公司的日常经营管理。

1994 年 12 月 20 日,惠州城市管理公司与亿湖公司签订《南澳江海商住大厦权益转让协议书》,将其与南澳县宣传部签订的《合同书》《补充合同书》项下的权利义务转让给亿湖公司,同时约定:惠州城市管理公司在该项目前期投资的 185 万元人民币及利息 428,000 元人民币,合计 2,278,000 元人民币,协议签订时由亿湖公司付给惠州城市管理公司 185 万元人民币,余款在两年内付清。

1994 年 12 月 30 日,惠州城市管理公司开具收款凭证,记载收到亿湖公司交来地皮款现金 185 万元人民币。

1995 年 3 月 31 日,亿湖公司记账凭证记载被告交付 5.65 亩土地使用权,按实收资本 8,098,333 元人民币入账,并附有亿湖公司出具的收到被告 8,098,333 元人民币的收款收据。

1996 年 6 月 28 日,亿湖公司委托南澳县审计师事务所进行验资并获得了《验资报告》。按照《验资报告》的内容,截至 1995 年 12 月 31 日,亿湖公司收到的注册资本如下:(1)被告已交付海滨路北侧 5.65 亩土地使用权,根据合同规定折价 809.6642 港元,同时,经董事会讨论决定 5.65 亩土地使用权折合 8,098,333 元人民币,占应认缴注册资本 1333 万港元的 60.74%;(2)原告已汇入 310 万港元,折合 3,415,620 元人民币,占应认缴注册资本 1240 万港元的 25%;(3)第三人澄海二建公司负责全部工程基建任务,并以工程款 527 万港元作为投入注册资本,因工程未竣工,故尚未转入。

1999 年 10 月 19 日,亿湖公司与南澳县宣传部办理文化大楼移交手续,将亿湖公司施工建设的位于南澳县盐埕路首期建筑面积 3300 平方米的文化大楼交付南澳县宣传部使用和管理。

2012年3月30日,第三人亿湖公司召开会议,对被告在亿湖公司的股东权利作出限制,原告、第三人澄海二建公司派出代表参会并在会议纪要上签名。会议结束后,亿湖公司书面通知被告,主要内容是:因被告未履行出资义务,被告对亿湖公司不享有利润分配请求权、新股优先认购权、剩余财产分配请求权等股东权利。

2012年4月9日,南澳县人民政府作出批复,同意南澳县宣传部就原合同的有关条款与亿湖公司进行协商解决,彻底解决文化大楼的遗留问题。

2012年4月28日,南澳县宣传部与亿湖公司签订《合同书》,主要内容为:南澳县宣传部同意亿湖公司欠南澳县宣传部的1500平方米建筑体以现金的方式偿还南澳县宣传部,偿还造价为每平方米1200元人民币,总造价180万元人民币。亿湖公司负责偿还征地费用欠缴部分50万元人民币及原欠南澳县宣传部30%的搬迁费用36万元人民币。南澳县宣传部同意在亿湖公司交付完搬迁费的30天内完成对原文博馆的搬迁,并交付亿湖公司使用。

同日,原告以被告未履行对亿湖公司的出资义务为由,向法院起诉被告。

2012年5月2日、5月14日,亿湖公司按照约定向南澳县宣传部支付了上述款项,彻底解决了文化大楼的历史遗留问题。南澳县宣传部依约将南澳县海滨路原文博馆土地交付亿湖公司使用。

另有事实:1994年7月26日至1995年8月7日,原告向亿湖公司共投资310万港元;1994年6月15日至1999年3月8日,原告向亿湖公司共投入3,476,088元人民币;2011年6月1日至2012年5月31日,原告向亿湖公司共投入7,672,026元人民币。

**原告诉称:**

根据合资合同、公司章程,被告作为亿湖公司的股东,应提供9.3亩土地使用权(南澳县后宅镇海滨路5.95亩、盐埕路3.325亩),折价1333万港元作为出资。但被告以欺诈的手段,将亿湖公司的土地使用权作为自己的资产投入亿湖公司,虚假出资,因此应当认定被告对亿湖公司未履行出资义务。根据亿湖公司的决议,被告对亿湖公司不享有利润分配请求权、新股优先认购权、剩余财产分配请求权等股东权利,并应按合同约定向原告支付违约金。

**原告为证明其观点,提交证据如下:**

1.《合资成立亿湖公司合同》,用以证明被告的出资内容为9.3亩土地使用权(南澳县后宅镇海滨路5.95亩、盐埕路3.325亩),折价1333万港元;

2. 南澳县宣传部与惠州城市管理公司签订的《合同书》和《补充合同书》,用以证明南澳县宣传部将海滨路土地的使用权转让给惠州城市管理公司；

3. "文化大楼移交手续"，用以证明亿湖公司依约将3300平方米新建建筑物交付给南澳县宣传部；

4. 惠州城市管理公司与亿湖公司签订的《南澳江海商住大厦权益转让协议书》，用以证明惠州城市管理公司将其与南澳县宣传部签订的合同转让给亿湖公司；

5. 惠州市城市管理公司出具的收款凭证，用以证明亿湖公司将海滨路的地皮款支付给惠州市城市管理公司；

6. 国有土地使用权证，用以证明亿湖公司取得了海滨路土地的使用权；

7. 亿湖公司的记账凭证，用以证明被告将登记在亿湖公司名下的海滨路土地使用权挪作自己的出资并列为公司的实收资本；

8. 2012年4月9日南澳县政府作出的《关于解决文化大楼历史遗留问题的批复》、亿湖公司与南澳县宣传部于2012年4月28日签订的《合同书》及广东省行政事业单位资金往来结算票据等，用以证明亿湖公司积极履行合同义务，彻底解决文化大楼历史遗留问题，实现对海滨路5.65亩土地使用权的全面使用和管理。

**被告辩称：**

1. 被告已履行大部分出资义务的事实清楚，原告要求确认被告对亿湖公司未履行出资义务的诉讼请求不成立。

（1）从注册成立亿湖公司的过程看，南澳县国有资产管理办公室出具的证明能够证明亿湖公司获得南澳县海滨路土地使用权的权利来源是基于被告依照章程的规定，依法投入土地使用权。

（2）从注资程序上看，南澳县审计师事务所的《验资报告》及附件资料，足以证明中介机构对被告以土地权益出资的审验完全是基于亿湖公司董事会的决议和公司章程的规定作出的，不仅验资程序有效，而且被告依法以土地权益注资的事实清楚。

（3）原告关于土地使用权是1994年初由惠州城市管理公司在南澳县宣传部的同意下转让而来的陈述没有事实依据。亿湖公司与惠州城市管理公司签署《南澳江海商住大厦权益转让协议书》的时间是1994年12月20日，而亿湖公司取得国有土地使用证的时间是1994年1月11日，南澳县宣传部出具证明同意将土地使用权转让到亿湖公司名下的时间是1993年12月3日，在南澳县宣传部出具该证明时，亿湖公司尚未正式成立（亿湖公司成立的时间是1994年4月11日）。

上述各项法律事实发生的时间顺序，充分证明亿湖公司获得土地使用权的权利来源不可能是基于其与惠州城市管理公司签署的权益转让协议。结合南澳县宣传部在亿湖公司尚未正式成立之前的 1993 年 12 月 3 日向南澳县国土局出具的将土地使用权办理到亿湖公司的证明中记载的内容可以看出,由于南澳县国资办同意被告以该土地使用权出资,由南澳县宣传部、国资办、国土局现场协调后,最终在亿湖公司未正式成立之前将该土地使用权确权到尚处于名称核准登记阶段的亿湖公司名下,故此,在亿湖公司合法成立之前就获得土地使用权的原因只能是基于被告的出资行为。

2. 原告要求确认限制股东权利的诉讼请求不成立。

(1) 亿湖公司作出的限权通知内容无效。根据《公司法司法解释(三)》(2011年)第 17 条的规定,公司对股东资产收益权作出限制,必须根据公司章程或股东会决议而作出。原告除提交亿湖公司的通知外,没有提交任何证据证明该决定是董事会根据公司章程的规定作出的,该通知没有法律效力。

(2) 原告操控亿湖公司而作出的限制被告股东资产收益权的决定属于违法行为。被告虽然没有完全履行出资义务,但是亿湖公司目前仅有的 1 份《验资报告》显示,被告是 3 名股东中履行出资义务最多的股东,已经出资的额度占应认缴出资额的 60.74%,而原告的出资仅占应认缴出资额的 25%,第三人澄海二建公司分文未出。在另外两名股东均未完全履行出资义务,且实缴出资额远远低于被告的情况下,原告操纵亿湖公司作出该项限制被告股东资产收益权的决议,不仅不合理而且属于明显的滥用实际控制人权利的违法行为。

3. 原告无权主张违约金。

(1) 该主张没有法律依据。根据《公司法》第 28 条的规定,原告主张该项权利的前提条件是自己已经"按期足额缴纳出资"。而根据已经依法审验的《验资报告》,原告至今不仅谈不上按期缴纳出资,更谈不上足额缴纳出资。

(2) 该主张没有合同依据。根据《合资成立亿湖公司合同》第 39 条的约定,只有守约方才有权向未按合同规定按期足额出资的股东主张违约金和赔偿金。退一步说,即使原告已按期足额缴纳了全部出资,到现在才主张违约金也超过诉讼时效,法院依法不能予以支持。

**被告为证明其观点,提交证据如下:**

1. 南澳县审计师事务所作出的《验资报告》,用以证明亿湖公司各方股东的出资情况;

2. 惠州城市管理公司于 2012 年 4 月 16 日出具的《确认书》及附件,用以证明被告委托案外人将购置的土地使用权投入亿湖公司的事实;

3. 南澳县国有资产管理办公室于 1993 年 12 月 17 日出具的证明,用以证明南澳县国有资产管理办公室批准被告以土地使用权折价入股亿湖公司的事实;

4. 惠州市乐生总公司与南澳县宣传部签订的《合同书》,用以证明被告在亿湖公司成立之前就取得了南澳县海滨路土地的使用权;

5. 亿湖公司在办理土地确权时的内档资料,用以证明南澳县国土局将海滨路土地确权到亿湖公司是基于被告已经拥有土地使用权、被告的要求和审批机关的批复。

**第三人亿湖公司述称:**

原告的诉讼请求依法有据,请法院支持原告的诉讼请求。

**第三人澄海二建公司述称:**

澄海二建公司没有出资,只是提供建筑资质,亿湖公司内部的资金运转和经营管理与澄海二建公司无关。

**法院认为:**

1. 关于被告是否有依照约定履行对亿湖公司的出资义务的问题。

原告、被告和第三人澄海二建公司签订的《合资成立亿湖公司合同》依法成立,合法有效,三方均应按照约定全面履行自己的义务。三方当事人为设立亿湖公司所制定的《亿湖公司章程》对亿湖公司、原告、被告和澄海二建公司均具有约束力。

本案中,原告主张南澳县海滨路 5.65 亩土地使用权是基于亿湖公司与惠州城市管理公司的权益转让协议受让取得的,相关对价均由亿湖公司支付,被告实际上并没有依照约定履行对亿湖公司的出资义务。为此,原告提供了南澳县宣传部与惠州城市管理公司签订的《合同书》和《补充合同书》,证明海滨路 5.65 亩土地使用权的权利来源;提供了 1994 年 12 月 20 日惠州城市管理公司与亿湖公司签订的《南澳江海商住大厦权益转让协议书》,证明亿湖公司是通过受让惠州城市管理公司的权益而取得上述土地使用权的;提供了 1994 年 12 月 30 日惠州城市管理公司开具的收款凭证,证明亿湖公司依约支付惠州城市管理公司地皮款现金 185 万元人民币;提供了 1999 年 10 月 19 日亿湖公司与南澳县宣传部的"文化大楼移交手续",证明亿湖公司依约施工建设并交付建筑面积 3300 平方米的文化大楼给南澳县宣传部;提供了南府办函(2012)139 号《关于解决文化大楼历史遗留问题的批复》、亿湖公司与南澳县宣传部于 2012 年 4 月 28 日签订的《合同书》及广东省行政事业单位资金往来结算票据等证据,证明亿湖公司积极履行合同义务,彻底解决文化大楼历史遗留问题,实现对海滨路 5.65 亩土地使用权的全面使用和管理。上述证据构成完整的证据链,且均系直接证据,证明亿湖公司取得南澳县海滨路5.65亩土地使用权系由亿湖公司而非被告支付了对价。

根据《公司法司法解释（三）》（2011年）第21条关于"当事人之间对是否已履行出资义务发生争议，原告提供对股东履行出资义务产生合理怀疑证据的，被告股东应当就其已履行出资义务承担举证责任"的规定，被告应对其提出的南澳县海滨路5.65亩土地使用权确权到亿湖公司名下是基于被告的出资行为而取得的主张承担举证责任。根据被告提交的证据，其主张依据不足，理由如下：

（1）从亿湖公司登记设立及南澳县海滨路5.65亩土地使用权确权过程可以看出，亿湖公司在成立之前取得该片土地的使用权，并不是基于被告对亿湖公司的出资。

被告以南澳县国有资产管理办公室于1993年12月17日出具的证明表明亿湖公司在登记设立过程中，南澳县国有资产管理办公室批准被告以土地使用权折价入股，被告依照章程的规定投入土地使用权。另外，被告以向南澳县国土局调取的档案资料，证明南澳县国土局在办理土地使用权确权手续时所依据的文件主要是1992年12月15日南澳县宣传部与惠州城市管理公司签订的《合同书》和1993年12月3日南澳县宣传部向南澳县国土局出具的证明。但是，从上述证据材料看，南澳县国土局同意办理南澳县海滨路5.65亩土地使用权转移手续并确权到亿湖公司名下主要是依据南澳县宣传部向南澳县国土局出具的证明，而南澳县宣传部向南澳县国土局证明的是其与亿湖公司存在合作开发关系，并不是与被告。1993年12月4日，南澳县宣传部与南澳县国土局、南澳县国有资产管理办公室现场办公，同意将南澳县宣传部位于南澳县海滨路原文博馆5.65亩土地使用权转移给亿湖公司，亿湖公司取得的是海滨路5.65亩土地使用权。但南澳县国有资产管理办公室之后又于1993年12月17日出具证明，证明被告有土地9.3亩，该证明内容与事实不符，故南澳县国有资产管理办公室出具的证明不具有证明力。

（2）被告主张支付给惠州城市管理公司的地皮款185万元人民币是其支付的，依据不足。

从南澳县宣传部与惠州城市管理公司签订的《合同书》和《补充合同书》，以及《南澳江海商住大厦权益转让协议书》的内容可以看出，亿湖公司拥有的南澳县海滨路5.65亩土地使用权系南澳县宣传部位于南澳县海滨路原文博馆用地。亿湖公司取得该宗土地使用权应支付的对价包括三部分：一是支付惠州城市管理公司185万元人民币及利息428,000元人民币；二是在南澳县盐埕路土地上新建建筑面积4800平方米的房产交付南澳县宣传部使用和管理；三是支付南澳县宣传部搬迁费等费用。在南澳县盐埕路土地上新建建筑面积4800平方米这部分，亿湖公司已于1999年10月19日将首期建筑面积3300平方米的文化大楼交付南澳县宣传部使用和管理。对于欠建的建筑面积1500平方米，亿湖公司也于2012年5月通过偿还南澳县宣传部现金180万元人民币的方式予以解决，同时也向南澳县宣传部支付了搬迁费等费用。上述第二、三部分对价由亿湖公司承担的事实，本案各方当事人均无异议。从这一点也印证亿湖公司取得南澳县海滨路5.65亩土地使用权并不是基于被告对亿湖公司的出资。

被告抗辩提出，亿湖公司付给惠州城市管理公司的185万元人民币实际上是被告支付的，惠州城市管理公司是根据被告的要求出具收到亿湖公司地皮款185万元人民币的收款凭证。对此，被告提供的主要证据是惠州城市管理公司于2012年4月16日出具的《确认书》。但《确认书》中相关内容并没有证据予以佐证，且从《确认书》的内容看，相关转让款是由陈某湖在《南澳江海商住大厦权益转让协议书》签署前交付惠州城市管理公司的，而协议签署的时间是1994年12月20日，当时陈某湖既是被告的法定代表人，也是亿湖公司的副董事长、总经理，故不能将陈某湖的身份与被告混同。惠州城市管理公司作出的该《确认书》无法否定其自身于1994年12月30日出具的收款凭证，其内容也无法推翻惠州城市管理公司于1994年12月30日收到亿湖公司地皮款185万元人民币的事实。

（3）亿湖公司的董事会决议、1995年3月31日记账凭证和收款收据与事实不符，据此作出的《验资报告》对本案待证事实不具有证明力。

虽然在亿湖公司成立之后，南澳县审计师事务所依据亿湖公司的董事会决议、1995年3月31日记账凭证和收款收据作出了《验资报告》，认为截至1995年12月31日被告已向亿湖公司交付南澳县海滨路5.65亩土地使用权。但是，从查明的事实看，在1995年12月31日前，被告既没有拥有该土地使用权，也没有支付取得该土地使用权应支付的对价。而亿湖公司直至2012年5月才从南澳县宣传部实际取得该土地的控制权。

2. 关于被告在亿湖公司中的股东权利是否应受限制的问题。

根据《公司法司法解释（三）》（2011年）第17条的规定，股东未履行或者未全面履行出资义务或者抽逃出资，公司根据公司章程或者股东会决议对其利润分配请求权、新股优先认购权、剩余财产分配请求权等股东权利作出相应的合理限制，该股东请求认定该限制无效的，人民法院不予支持。亿湖公司于2012年3月30日召开会议，股东原告、澄海二建公司均有代表参加，会议作出了关于限制被告股东权利的决议，有事实依据和法律依据，应为有效。根据《公司法》（2005年修订)第35条的规定,股东按照实缴的出资比例分取红利;公司新增资本时,股东有权优先按照实缴的出资比例认缴出资。可见,享有股东权利的前提是承担股东义务,利润分配请求权、新股优先认购权、剩余财产分配请求权等股东权利是与出资义务相对应的,上述股东权利应按实缴的出资比例来行使。

本案中,被告没有履行出资义务的事实清楚,其股东权利的行使应当受到限制。因此,被告抗辩提出亿湖公司作出限权通知的程序和内容违法,理由不成立,不应采纳。原告请求确认被告对亿湖公司不享有股东的利润分配请求权、新股优先认购权、剩余财产分配请求权等股东权利,合理合法,应予支持。

3. 关于被告是否应对原告承担没有对亿湖公司出资的违约责任的问题。

原告要求被告对其承担没有对亿湖公司出资的违约责任,该责任系违反合资合同中关于股东出资的约定所应承担的违约责任。按照《合资成立亿湖公司合同》第39条的约定:三方任何一方未按本合同第五章的规定依期按数提交出资额时,从逾期1个月算起,每逾期1个月,违约一方应缴付应交出资额百分之三的违约金给守约方。如逾期3个月仍未提交,除累计缴付应交出资额的8%的违约金外,守约方有权按本合同第38条规定终止合同,并要求违约方赔偿损失。根据《公司法》(2005年修订)第28条的规定,股东应当按期足额缴纳公司章程中规定的各自所认缴的出资额。股东以货币出资的,应当将货币出资足额存入有限责任公司在银行开设的账户;以非货币财产出资的,应当依法办理其财产权的转移手续。股东不按照前款规定缴纳出资的,除应当向公司足额缴纳外,还应当向已按期足额缴纳出资的股东承担违约责任。可见,无论是按照合资合同的约定,还是《公司法》的规定,没有依照约定履行出资义务的股东应当向守约方即已按期足额缴纳出资的股东承担违约责任。

本案中,被告没有依照约定履行出资义务的事实清楚,其是否应对原告承担没有出资的违约责任,关键看原告本身是否有严格按照合资合同的约定按期足额缴纳出资。按照合资合同的约定,原告应投入资金1240万港元,于领取工商营业执照之日起3个月内投入第一期资金500万港元,其余款项在1年内投完。亿湖公司领取企业法人营业执照的时间是1994年4月11日,则原告应于1994年7月11日前投入第一期资金500万港元,其余款项在1995年4月11日前投完。根据查明的事实及原告的主张可以看出,原告并没有完全按照合同约定投入资金。因此,原告本身非守约方,其无权要求被告对其承担没有出资的违约责任。被告抗辩提出原告无权主张违约金的意见,理由成立,予以采纳。原告请求判令被告向其支付违约金106.64万港元,理由不成立,不应支持。

**法院判决：**

1. 确认被告未履行向第三人亿湖公司出资的义务；
2. 确认被告不享有第三人亿湖公司的股东利润分配请求权、新股优先认购权、剩余财产分配请求权等股东权利；
3. 驳回原告的其他诉讼请求。

**144. 公司通过决议限制瑕疵出资股东的部分权利，此时瑕疵出资的股东是否可以参与表决？**

不可以。公司通过决议限制瑕疵出资股东的部分股东权利是公司为消除不履行义务股东对公司和其他股东所产生不利影响而享有的一种法定权能，并不以该瑕疵出资股东的意志为前提和基础。在特定情况下，限制某一股东权利又允许其参与表决，可能出现该股东操纵表决权的情形，因此当瑕疵出资股东与股东会讨论的决议事项有利害关系时，该股东就不得就其持有的股权行使表决权。

### 【案例82】已依法依约出资　公司无权决议限制股东权利[①]

**原告：** 张某生

**被告：** 中缝公司

**诉讼请求：** 确认被告于2011年6月23日作出的《董事会决议》无效。

**争议焦点：**

1. 被告于2011年6月23日作出的《董事会决议》是否合法有效；
2. 本案与相关生效裁定是否相冲突；
3. 本案是否属于一案两诉。

**基本案情：**

2003年12月，原告与案外人胡某亮、案外人曾某利和其他3名外方股东订立《合资经营合同》，约定共同出资设立被告，公司注册资金5,010,000美元。被告章程规定：原告认缴额为1,603,200美元，占注册资本32%，合资公司注册成立之前，原告以及胡某亮、曾某利的出资应全部到位，其他投资方的出资在被告注册成立之日起3年内分期到位。

2004年1月5日，被告进行了验资程序。根据验资的结果，原告实缴注册资本13,269,910元人民币，其认缴的注册资本全部到位。

---

[①] 参见浙江省宁波市中级人民法院(2013)浙甬商终字第71号民事判决书。

2004年1月6日，被告成立，原告持股32%。被告章程规定：董事会由6名董事组成，投资方各委派1名；董事会例会每年召开两次，经1/3以上的董事提议，可以召开董事会临时会议……

此后，原告与被告之间的款项往来如下：2004年1月13日，原告通过银行向北京市某区大红门长谊缝纫机修理店（以下简称长谊店）汇款两笔，一笔1,260,000元人民币，另一笔3,380,000元人民币；2004年3月1日，原告张某生通过银行向长谊店汇款1,000,000元人民币。2004年6月6日，原告向被告出具借条两张，分别借款3,000,000元人民币和2,000,000元人民币；同年7月14日，原告向被告出具借条，借款2,000,000元人民币；同年7月16日，原告向被告借款206,600元人民币；同年10月11日，原告向被告出具借条，借款1,169,910元人民币，以上合计14,016,510元人民币。此外，原告于同年8月16日归还被告2,760,000元人民币，于同年10月5日归还6,600元人民币，于同年12月10日归还6,869,910元人民币，合计9,636,510元人民币。

2004年12月6日，被告经股东签名同意作出《股东增资计划》，规定：为了应对年终审计，已抽离的资金须在同年12月16日以前汇入公司账户，且同年12月31日以前不得汇出；按照股东约定及公司现状，现设计新的增资计划供各位股东参考：原告增资数额为3,228,800元人民币；账务处理上，3名中方股东的增资款作为归还公司借款，3名外方股东的增资款以借款的形式借给中方股东，以中方股东的名义归还公司借款，待日后同步增资时再按增资比例逐步归还外方股东。

2009年7月16日，法院受理了（2009）甬仑商初字第1377号被告起诉原告股东出资纠纷一案，经审理认定，原告涉嫌股东违反《公司法》规定抽逃出资，涉案数额已超过500,000元，且存在股东合谋抽逃出资的可能，原告有抽逃出资犯罪嫌疑，该案不属于商事纠纷，应由公安机关处理，法院故于2010年3月25日作出民事裁定，驳回了被告的起诉。二审法院维持了该裁定。2010年7月7日，原告申请再审，再审法院于同年9月19日作出民事裁定，驳回了原告的再审申请。该案的案件材料已移送至公安机关。

2011年4月，经被告董事长提议，决定于2011年5月19日召开董事会会议，被告在会前1个月通知了公司各董事，告知了会议主要内容、时间、地点。2011年5月19日，被告如期召开董事会会议，原告未参加会议也未委托他人参加。会议经表决形成董事会决议，决议规定：向原告发送最后一次《认缴出资催缴函》，限原告在规定时间内向公司偿还抽离资金的本息；如原告未能在规定时间内偿还抽离的资金，于2011年6月23日召开董事会会议，表决以下内容：(1)由其他股东或第三人缴纳此出资额;(2)减少相应的注册资本金数额,申请办理减资手续以调整原告股东的实际持股比例;(3)对原告享有的公司利润分配权、新股优先认购权、剩余财产分配权等股东权利进行限制等方案。董事会会议议题和召开董事会会议通知载明,该次董事会主要议题:一是针对原告抽离出资额,由其他股东或第三人缴纳此出资额,各董事表态;二是办理减资以调整原告股东的实际持股比例的方案,各董事表态;三是针对原告股东抽离出资后,其享有公司利润分配权、新股优先认购权、剩余财产分配权等股东权利将作出相应的限制,各董事表态。随后,被告将董事会决议中的文件、《认缴出资催缴函》以及 2011 年 6 月 23 日召开董事会会议的通知发送给了原告。

2011 年 6 月 16 日,原告向法院起诉,请求依法撤销被告于 2011 年 5 月 19 日作出的董事会决议并责令被告撤回于同日作出的《认缴出资催缴函》。法院于 2011 年 8 月 30 日判决驳回了原告的诉讼请求。

2011 年 6 月 23 日,被告董事会会议召开,除原告外其他 5 名董事均参加了会议。经到会的董事表决形成以下决议:(1)与会董事一致通过对原告股东抽离出资后其享有公司利润分配权、新股优先认购权、剩余财产分配权等股东权利作出相应限制;按公司章程,原告实际出资仅占公司总注册资本的 21.44%,公司将按原告股东实际占有公司的股份比例 21.44% 来分配其享有的公司利润分配权、新股优先认购权、剩余财产分配权等股东权利;(2)与会董事同时一致通过进行申请减资等法定程序,以调整各股东的实际股份比例。如在办理过程中遇到原审批机构不能通过时,与会董事一致通过针对原告抽离之出资额,由其他股东或第三人缴纳此出资额之事,再召开董事会会议对此议题进行表决。

2011 年 8 月 25 日,原告再次向法院起诉要求确认被告 2011 年 6 月 23 日《董事会决议》无效,法院于 2011 年 11 月 24 日作出(2011)甬仑商初字第 783 号民事裁定驳回原告的起诉。

2012 年 5 月 17 日,原告再次向法院提起诉讼。

**原告诉称:**

1. 原告不存在抽逃出资的事实,被告作出的《董事会决议》应属无效。

(1)本案审查的是被告《董事会决议》的效力问题,而非原告是否抽逃出资涉及公司注册资本的问题;

(2)被告不能证明原告抽逃资金的事实,故被告无权认定原告抽逃出资;

(3)被告的《董事会决议》限制了原告的股东权利并损害小股东利益,故该《董事会决议》应属无效。

2. 本案与 2011 年 11 月 24 日的法院生效裁定未发生冲突。法院是以裁定先行驳回原告的起诉,故相关裁定并未涉及案件的实体问题。

3. 本案不存在一案两诉的问题。

**被告辩称:**

1. 因原告有抽逃出资嫌疑,法院已将(2009)甬仑商初字第 1377 号案件移送公安机关。该纠纷后又经过(2011)甬仑商初字第 783 号案件处理,法院已裁定驳回了原告张某生起诉,本案属于一案两诉,法院理应裁定驳回起诉或不予受理。

2. 法院在(2009)甬仑商初字第 1377 号案件和(2011)甬仑商初字第 533 号案件中已认定双方争议的数额是 4,380,000 元人民币,该笔资金为原告抽逃注册资本金事实清楚,证据确凿。

3. 被告作出的《董事会决议》未违反《公司法》相关规定,并非无效,被告有权作出限制原告相应权利的决议。

**法院认为:**

1. 关于被告于 2011 年 6 月 23 日作出的《董事会决议》是否合法有效问题。

被告《董事会决议》是否有效,应先审查原告抽逃出资的行为是否成立。此前法院在(2009)甬仑商初字第 1377 号一案中认为原告有抽逃出资的嫌疑,在法院将案件移送公安机关处理后,公安机关至今未予立案,难以认定原告抽逃出资成立。因司法机关未认定原告抽逃出资,故法院难以对原告的行为是否构成抽逃出资的事实予以认定。而根据法院查明的事实和被告提交的证据,仅能证实原告从被告处领取了部分借款未归还,至于原告是否通过虚构债权债务关系以及利用关联交易的方式转移其出资,尚无定论,故被告董事会单方认定原告的行为涉嫌抽逃出资,缺乏事实和法律依据。被告董事会擅自认定原告抽逃出资,并以此为由限制其股东权利,属于滥用职权。

2. 关于本案与相关生效裁定是否相冲突问题。

此前法院作出的相关生效裁定并未认定原告的行为构成抽逃出资,也未涉及被告董事会决议是否有效的问题,故本案与相关生效裁定未发生冲突。

3. 关于本案是否属于一案两诉问题。

原告虽曾起诉被告,但法院未对该案实体问题进行审查,仅以裁定驳回原告起诉,故本案法院在原告再次起诉后依据新的事实依法作出判决,不属于一案两诉。

**法院判决:**

确认被告 2011 年 6 月 23 日作出的《董事会决议》无效。

## 第三章 股东出资纠纷

**【案例83】股东出资不到位或抽逃出资　剩余财产分配等权利可被合理限制**[①]

**原告**：戴某元

**被告**：捷仁公司

**诉讼请求**：确认被告2012年8月17日《股东会决议》第3条、4条中"股东按出资额收回投资"部分内容无效。

**争议焦点**：

1. 有限责任公司清算后剩余财产是应按认缴出资比例分配,还是按照实缴出资比例分配;

2. 原告超期履行实缴出资义务,被告能否以此为由退回其补缴的出资,被告退回原告补缴出资的行为是否合法。

**基本案情**：

被告注册资本600万元,原告持有被告11.06%的股权,对应认缴出资额为663,600元,出资期限截止日为2011年11月底。

2011年8月5日,被告股东会会议将"被告公司提前解散、终止经营的初步规划"的动议提上日程。

被告《公司章程》第52条第3款规定,公司剩余财产按照股东的出资比例分配。

2011年11月29日,原告收到被告委托律师发送的《催缴出资款通知书》,其中确认原告已经实际出资15万元,另要求其按照《公司法》(2005年修订)第28条规定补缴未实际缴纳的出资51.36万元。

2011年12月2日,原告将51.36万元汇入被告的账户,并同时通知了被告。

2011年12月7日,被告作出股东会决议,同意提前解散公司,并成立清算组对公司进行清算。

2012年8月17日,被告股东会召开会议,决议：

1. 同意清算小组的清算报告；

2. 因原告未按规定的出资期限即2011年11月底前完成实缴出资义务,现决定其补缴的51.36万元因未参与实际经营,不参与清算利润的分配,予以退回；

3. 同意对清算后的可分配利润3,096,990.15元,按各股东的原实际出资比例进行分配(个人所得税由企业代扣代缴)；

---

[①] 参见上海市第二中级人民法院(2013)沪二中民四(商)终字第1009号民事判决书。

4. 同意注销公司，股东按出资额收回投资。

原告在表决时在"不同意的股东"一栏书写："1. 同意注销公司；2. 不同意上述分配方案。"

**原告诉称：**

不同意被告退回原告补缴的 51.36 万元，被告退回上述出资无法律依据，且违反了《公司法》关于股东不得抽逃出资的规定。

《公司法》及被告《公司章程》均规定，公司剩余财产按照股东的出资比例分配，故原告应按照 11.06% 的出资比例参与分配，而不是按照减除 51.36 万元出资后的所谓"原实际出资比例"分配。

原告收到被告《催缴出资款通知书》后，已经及时补缴相应欠缴出资，应当按照原告补缴后的出资比例参与分配公司清算剩余财产。被告以退回原告出资为由，侵犯了原告的剩余财产分配权，因此有关决议因违法而无效。

**被告辩称：**

原告未在规定的出资期限内完成出资，因其补缴的出资款项未实际应用于被告公司的运作，因此无权以认缴出资比例分配公司剩余财产。

根据《公司法司法解释（三）》第 16 条规定，股东未履行或者未全面履行出资义务或者抽逃出资，公司可根据公司章程或者股东会决议对其利润分配请求权、新股优先认购权、剩余财产分配请求权等股东权利作出相应的合理限制，原告未按期缴纳出资，被告退回其补缴款项并按照股东原实际出资比例分配合理合法。

**一审认为：**

原告已按被告律师发出的《催缴出资款通知书》要求，于 2011 年 12 月 2 日将应补缴的 513,600 元汇入被告账户，并同时通知了被告。原告已经履行了全部出资义务。

依据《公司法》（2005 年修订）第 187 条第 2 款规定，对公司的剩余财产分配，有限责任公司按照股东的出资比例分配。被告股东会于 2012 年 8 月 17 日作出的《股东会决议》第 3 条、4 条中涉及"股东按出资额收回投资"等含义的部分内容系对公司剩余财产的分配。该部分内容与上述《公司法》中有限责任公司的剩余财产分配的规定相违背，应为无效。

被告所辩称应适用《公司法司法解释（三）》第 16 条的规定，是涉及股东权利行使纠纷的法律适用问题，并不适用于限制原告对被告剩余财产的分配。

原告补缴的出资是否参与被告实际经营，是否为被告产生利润的问题与被告的剩余财产分配也无关，如果被告认为原告未按期履行出资义务，而给被告造成了损失,可以依法行使自己的相关权利。

综上,被告股东会于2012年8月17日作出的《股东会决议》的第3条及第4条中涉及"股东按出资额收回投资"等含义的部分违反了《公司法》(2005年修订)第187条第2款的规定,应当认定为无效。

**一审判决:**

确认被告2012年8月17日《股东会决议》第3条、4条中关于"股东按出资额收回投资"的内容无效。

被告不服一审判决,向上级人民法院提起上诉。

**被告上诉称:**

被告涉案《股东会决议》第3条、4条中涉及"股东按出资额收回投资"等内容的含义为:虽经清算,被告有309万余元的可分配利润,但因公司经营多年来,多位股东对于认缴的出资未到位,故先将各股东实际缴纳的出资款予以返还,再按照各位股东实际缴纳的出资款占公司实际总资本的比例分配利润之意。

此《股东会决议》内容不违反《公司法》及被告章程规定,且被告之前多次分配红利均按照各股东实缴出资比例进行,故被告按照股东的实缴出资比例分配公司剩余财产的做法合法有据。

被告按照各股东实缴出资比例而非认缴出资比例来分配公司剩余财产的做法亦符合《公司法司法解释(三)》中关于公司对于未足额履行出资义务的股东的权利进行合理限制的法律规定,涉案《股东会决议》内容合法有效。

涉案《股东会决议》的相关内容体现了已足额出资的股东追究未足额出资的股东违约责任的含义,亦符合公平原则。

原审法院判决不当,请求撤销一审判决,驳回原告的诉讼请求。

**原告二审辩称:**

原告已按照被告的要求在规定期间内补足了全部认缴出资,故无论被告是否在收款后不久即进行清算,以及无论原告补缴的出资款是否实际参与公司经营、为被告产生利润等,均不影响原告按照其认缴的出资比例11.06%来分配公司剩余财产。被告通过《股东会决议》限制原告分配公司剩余财产的做法于法有悖,原审法院认定决议无效合理。

请求驳回上诉,维持原判。

**二审认为:**

1. 有限责任公司清算后剩余财产是应按认缴出资比例分配,还是按照实缴出资比例分配?

《公司法》(2005年修订)第187条第2款规定,公司清算后剩余财产由有限责任公司的股东按照各自的出资比例分配。被告《公司章程》第52条第3款亦规定，公司剩余财产按照股东的出资比例分配。而《公司法》第34条规定，股东按照实缴的出资比例分取红利。故前述条文中的"出资比例"理应指向实缴出资所占的比例而非认缴出资。

被告历年分配红利均以各股东实缴出资比例为分配基准，各方均无异议，故涉案《股东会决议》第3条、4条中所涉"股东先行收回各自的实际投资款项，再按照实缴出资比例分配剩余财产"的内容，并不违反我国《公司法》及被告章程的相关规定，应属有效。

2. 原告超期履行实缴出资义务，被告能否以此为由退回其补缴的出资？被告退回原告补缴出资的行为是否合法？

根据《公司法司法解释（三）》第16条的规定，股东未全面履行出资义务的，公司根据股东会决议对其剩余财产分配请求权等作出合理限制的，属有效行为。基于此，被告《股东会决议》作出的按照原告实缴出资比例分配公司剩余财产的规定亦不违反前述法律规定，并体现了公平合理的原则。

原告抗辩，其在收到被告发给各股东要求补足认缴出资款的通知后及时予以了补足，故即便公司在几日后便予以清算等，其仍应享受以全额认缴出资比例的分配标准来分配公司剩余财产。如原告在2002年3月认缴出资后的合理期限内便及时补足出资，与其在公司已预备清算阶段的2011年12月再行补缴的性质差异及后果不言而喻。事实上，被告早在2011年8月5日的股东会决议中已将"审议通过股东会提交的关于被告提前解散、终止经营的初步规划"提上议事日程，且在原告补缴出资款后几日便作出了公司提前解散、成立清算小组的股东会决议。

至于被告在公司预备清算阶段发函要求各出资不到位的股东补足认缴出资的做法亦体现了我国《公司法》第28条中关于股东应当按期缴纳公司章程中规定的各自所认缴的出资额，否则应当向已按期足额缴纳出资的股东承担违约责任这一规定的内容，并无不妥。

原告作为被告的股东虽然已按要求补足了认缴出资，但因其补缴的出资款项并未实际应用于公司的运作以及为公司产生利润等，其仍无权获得以认缴出资比例分配公司剩余财产的权利。

综上，涉案2012年8月17日的被告《股东会决议》内容合法有效，原告主张判令其中部分内容无效的请求不应获得支持。

**二审判决：**

撤销一审判决，驳回原告诉讼请求。

原告不服二审判决,向上级人民法院提起申诉。上级人民法院经审查裁定驳回了原告的再审申请,维持二审判决。

**145. 有限责任公司的股东未履行出资义务或者抽逃全部出资的,公司有何救济措施?**

有限责任公司的股东未履行出资义务或者抽逃全部出资的,经公司催告缴纳或者返还,其在合理期间内仍未缴纳或者返还出资的,公司股东会可以决议形式解除该股东的股东资格。但公司采取除名方式时,应当达到一定条件且须履行一定程序。

(1)除名制度仅在股东完全未履行出资义务或抽逃全部出资的情况下适用,即当公司股东未全面履行出资义务或抽逃部分出资时,公司股东不得以股东会决议形式解除股东资格。

(2)公司在对未履行出资义务或抽逃全部出资的股东除名之前,应当确定合理的期限催告股东缴纳或返还出资。

(3)公司解除未履行出资义务或抽逃全部出资的股东的股东资格,应当召开股东会会议,经代表1/2以上表决权股东通过作出决议。

(4)公司以股东会决议解除该股东的股东资格的,公司应当及时办理法定减资程序或者由其他股东或者第三人缴纳相应的出资。在办理法定减资程序或者其他股东或者第三人缴纳相应的出资之前,公司债权人有权请求相关当事人在其虚假出资或抽逃出资的范围内对公司债务承担连带赔偿责任。

股东除名是依公司一方的意思表示剥夺不履行出资义务的股东在公司的权利,系形成权。公司对不履行义务的股东除名不需要征求被除名股东的意见,公司可以直接作出决定。公司作出除名决定后,不履行义务的股东在公司中股东资格的丧失即生效,不需要被除名股东的配合。被除名股东只剩下丧失股权后的财产权益,该财产权益如何购买、由谁购买,则是公司内部事务,与被除名股东无关。

**【案例84】股东履行部分出资义务　法院否定公司开除股东资格决定**[①]

原告:甲某

被告:乙公司、丙某

---

① 参见上海浦东新区人民法院(2012)浦民二(商)初字第433号判决书。

**诉讼请求：**
1. 确认原告是持有被告乙公司12%股权的股东；
2. 被告乙公司将原告按12%的持股比例记载于公司章程中；
3. 被告乙公司于判决生效之日起10日内至工商部门办理股权变更登记手续（将被告丙持有的12%股权转让至原告名下），被告丙予以配合。

**争议焦点：** 股东履行了部分出资义务，公司能否以决议形式解除"出资不实"股东的资格。

**基本案情：**

被告乙公司成立于2003年2月20日，注册资本为3520万元，现工商登记的股东为丁公司（出资额2464万元，占股权比例70%）、丙某（出资额915.20万元，占股权比例26%）、罗某（出资额140.80万元，占股权比例4%）。

2003年7月8日，上海青诚资产评估有限责任公司出具沪青诚资估字（××××）第×××号《丙拥有的专利、专有技术等无形资产评估报告》，内容为："……拟以委估的无形资产增资入股，为入股价格提供价值依据。本报告的评估范围和对象为丙拥有的专利、专有技术等无形资产……经评估确定丙拥有的专利、专有技术等无形资产于评估基准日2003年7月5日的总评估价值为1015.20万元"。2003年7月10日，被告乙公司股东一致确认，被告丙某投资的无形资产评估价值为1015.20万元，确认价值为900万元。

2003年7月24日，北京中天华正会计师事务所有限公司出具中天华正（京）验[××××]×××号验资报告，内容为："贵公司（乙公司）原注册资本为2360万元人民币，根据贵公司第七次股东会决议和修改后章程的规定，申请增加注册资本1160万元人民币，由丙于2003年7月22日之前缴足，变更后的注册资本为3520万元人民币。经我们审验，截至2003年7月22日，贵公司已收到丙缴纳的新增注册资本合计1160万元人民币。丙以货币出资260万元、无形资产出资900万元。……截至2003年7月22日，以专有技术和专利权出资的丙尚未与贵公司办妥产权转让登记手续，但丙与贵公司已承诺按照有关规定在公司申请变更登记后的规定期限以内办妥专有技术和专利权转让登记手续，并报公司登记机关备案……"该报告附件中注册资本变更前后对照表显示丁公司在被告乙公司注册资本变更前认缴出资额为2040万元（持86.44%股份），罗某认缴出资额为320万元（持13.56%股份），变更后，被告乙公司增加注册资本1160万元，丁公司持股比例变更为58%，罗某变更为9%、被告丙变更为33%。

2005年2月16日，被告乙公司作出股东会第十二次会议决议，内容为将原被告丙出资的无形资产变更为两项:1. Angelplan-2000体部立体定向适形放疗计划系统,项目编号:20050001;2. EI-10080型多能量X射线安全检查设备系统,项目编号:20050002(已经过上海市科委认定为高新成果转化项目)。

2007年7月5日,被告丙及罗某作为出让方,丁公司作为受让方签订股权转让协议,内容为:被告乙公司注册资本3520元,被告丙出资1160万元,占33%股权,罗某出资320万元,占9%股权,被告丙将所持有标的公司7%的股权无偿转让给丁公司,乙方将所持有标的公司5%股权无偿转让给丁公司。2007年,被告乙公司的公司章程中记载丁公司实缴出资2464万元,罗某实缴出资140.80万元,被告丙实缴出资915.20万元,其中货币出资15.20万元,无形资产出资900万元,无形资产包括1项专有技术,5项实用新型。

2009年12月21日,被告乙公司董事会作出关于被告丙将其持有的26%股权中的12%转让给原告,8%转让给罗某,丁公司放弃优先购买权的议案。2010年1月9日,被告乙公司形成股东会决议,通过上述议案。2010年1月26日,原告与被告丙签订股权转让协议,内容为被告丙将其所持被告乙公司12%的股份转让给原告,转让价格为0元。转让后,被告乙公司的股权比例结构为:丁公司占70%股份,原告占12%股份,罗某占12%股份,丙占6%股份,被告乙公司在30日内向工商行政管理机关申请办理变更登记。

2011年12月中旬,原告委托律师向两被告发函要求按照2010年1月26日签订的股权转让协议办理工商登记变更手续。

2012年3月11日,被告乙公司作出2012年度第二次董事会会议决议,会议通过对以下事项进行审议:一、关于确认被告乙公司2003年7月10日增加的1160万元注册资本并未实际到位的议案;二、关于股东补足出资的议案;三、关于责令被告乙公司向各应补缴出资的股东发出催告函的议案。

2012年3月13日,被告乙公司向原告发出催告函,并刊登在上海商报上,内容为:"经公司核查,2003年7月10日,公司管理团队以丙名义出资增加了公司1160万元注册资本,该注册资本并未实际到位。为保证公司资本符合公司法的规定,2012年3月11日,公司通过董事会决议,对于未到位的资金,要求股东在接本催告函20天内予以补足。2010年1月26日,丙将其所持本公司12%的股权(原出资422.40万元)无偿转让给您。该股权虽未办理工商变更手续,但经股东会决议同意,双方也签订了股权转让协议,应认定您为实际股东,该部分出资应由您补足。请您在2012年4月3日之前将422.40万元汇入公司账户。"

2012年4月16日，被告乙公司作出2012年度第三次董事会会议决议，审议通过如下议案：(1)关于解除原告股东资格的议案；(2)关于罗某出资补足原告出资不实中6%股份的议案；(3)关于戊公司出资补足原告出资不实中6%股份并成为公司股东的议案；(4)公司其他股东对出资补足原告出资不实中12%股份放弃优先权的议案；(5)关于召开2012年度第一次临时股东会的议案。2012年4月17日，上海商报刊登了被告乙公司召开2012年度第一次临时股东会的通知。2012年5月5日，被告乙公司作出2012年度第一次临时股东会决议，内容为持出资额3096.60万元的股东通过了前述4项议案。

2012年4月下旬，原告委托律师向两被告、罗某、戊公司发函，确认已经收到被告乙公司发送的催告函，但认为被告丙已经出资到位，不存在原告向公司补足出资的义务，公司或其他人均不得擅自以任何形式处置原告持有的12%股权。

2012年6月25日，上海市浦东新区人民法院院受理了原告起诉被告乙公司公司决议撤销纠纷一案，案号为(2012)浦民二(商)初字第1735号，法院经审理后认为，被告在可以用邮递等方式通知到原告的前提下，未使用适合方式通知原告，本案争议之股东会决议在召集程序上存在瑕疵。鉴于系争股东会决议的召集程序存在违反公司法规定的情形，故判决撤销2012年5月5日的《乙公司2012年度第一次临时股东会决议》。

2012年9月26日，被告乙公司作出召开2012年度第三次临时股东会的通知，会议审议事项为4项，与2012年4月16日被告乙公司第三次董事会会议审议通过的前4项议案内容相同。2012年10月12日原告委托律师参加了第三次临时股东会会议。此次会议表决结果为持出资额3097.60万元的股东同意，持出资额422.40万元的股东反对，同意股占到会有效表决权的88%，通过包括解除原告股东资格在内的4项议案。

被告丙作为无形资产出资的5项实用新型已经国家知识产权局变更权利为被告乙公司。两被告确认之后在2005年变更无形资产出资时，未进行过资产评估。2003年7月22日，被告丙以上海银行本票形式支付260万元(付至被告乙公司在华夏银行上海分行外高桥支行所开账户)；同年7月24日，华夏银行上海分行开具金额为2,600,050.68元的本票，该本票记载被背书人为案外人上海绥利企业发展有限公司，上海银行南浦支行委托收款。

**原告诉称：**

被告乙公司董事会于2009年12月21日提出关于公司股权转让的议案，其中载明"公司股东丙将其持有的26%股权中的12%转让给甲、8%转让给罗某，大丁公司放弃优先购买权"。2010年1月9日被告乙公司股东会作出决议,同意前述董事会议案。据此,被告丙与原告于2010年1月26日签订《公司股份转让协议书》,被告丙同意将其持有的被告乙公司12%的股权无偿转让给原告,同时约定"公司在30日内向工商行政管理机关申请办理变更登记"。以上股权转让符合《乙公司章程》的规定。原告一直要求两被告按照上述股权转让文件的要求,办理相应的工商变更登记,两被告均不予理睬。之后,原告又分别向两被告发送律师函予以催告,但两被告至今仍拒不办理工商变更登记手续。

**原告为证明其观点,提交证据如下：**

1. 被告乙公司档案机读材料,证明被告乙公司设立、注册资本及股权结构情况。

2. 北京中天华正会计师事务所有限公司出具的验资报告(中天华正(京)验[××××]××××号)及附件(对账单、银行询证函、无形资产价值确认协议、无形资产评估报告书等),证明被告丙取得被告乙公司的股权情况,被告丙对被告乙公司的出资已到位。

3. 2007年7月5日,丁公司与被告丙、案外人罗某签订的股权转让协议,证明被告乙公司股权结构变动情况。

4. 被告乙公司于2009年12月21日作出的股东会议案(《关于公司股权转让的议案》),证明被告乙公司董事会提出被告丙将其持有的26%股权中的12%转让给原告的议案。

5. 被告乙公司于2010年1月9日作出的股东会决议,证明被告乙公司的股东均同意上述议案。

6. 原告与被告丙于2010年1月26日签订的《公司股份转让协议书》,证明被告丙同意将其持有的被告乙公司12%的股权无偿转让给原告。

7. 被告乙公司章程,证明上述股权转让符合公司章程约定。

8. 2011年12月15日,原告向两被告发送的律师函及相应快递凭证,证明原告要求两被告办理股权变更登记手续。

9. 2012年4月25日,原告向两被告及案外人罗某发送的律师函及寄送凭证,证明原告就股权事宜向被告乙公司及其他股东主张权利。

10. 2012年4月28日,原告向戊公司发送的律师函及相应寄送凭证,证明原告就被告丙出资及将股权转让原告的有关事宜,向戊公司进行了披露。

11. 2002年10月25日,丁公司、己公司、东南大学影像科学与技术实验室三方签订的协议;2002年11月15日,原告与被告丙、案外人罗某、程某生签订的协议及于 2003 年 12 月 27 日,原告与被告丙、案外人罗某签订的协议,证明被告乙公司的股东(丁公司、罗某、被告丙)对己公司全体股东将己公司 1160 万元的资产以被告丙名义向被告乙公司增资是知晓并同意的,原告与被告丙等对股权分配有约定。

12. 国家知识产权局专利检索信息,证明 2003 年 7 月经评估,由被告丙作为无形资产出资的 5 项实用新型专利已办理权利转移手续,均已转移给被告乙公司,该部分出资已到位。

13. (××××)浦民二(商)初字第×××号案件(以下简称×××号案件)庭审笔录,证明被告乙公司在庭审中确认一直在使用专有技术 Angelplan – 2000γ 基于钴 60 三维适形放射治疗系统。

14. 国家食品药品监督管理局登记的国药械(试)字 2001 第 3030195 号许可证信息,证明被告乙公司声称在 2005 年用于替代被告丙已验资到位的无形资产 Angelplan – 2000 体部立体定向适形放疗计划系统的权利人是乙公司。

15. 公司变更登记申请书及准予变更登记通知书,证明无形资产出资变更是需要工商部门核准的,仅有申请书和公司决议是不够的。

16. 研发人员高某的证人证言及评估师的录音材料,证明被告丙增资后,专有技术已经由被告乙公司持有且实际使用,主要用于生产 Angelplan – sx6000 适形放疗计划系统等有形产品并投放市场,还用于继续研发及其他用途。

17. 国家食品药品监督管理局有关 Angelplan – sx6000 适形放疗计划系统的医疗器械注册证的登记信息,证明 Angelplan – sx6000 适形放疗计划系统是被告乙公司的注册产品。

18. Angelplan – sx6000 适形放疗计划系统产品说明书,证明被告乙公司将专有技术用于该产品。

19.《公证书》,证明被告丙出资的 5 项专利均已登记在被告乙公司的名下,Angelplan – 2000 体部立体定向适形放疗计划系统的批准时间为 2001 年,权利人是己公司。

20. 丁公司 2012 年半年度报告,证明戊公司与被告乙公司分别是 ST 庚(××××)的母公司、子公司,二者之间有关出资的所谓借款,属于串通制造虚假证据,不足以采信。

21. 知识产权局专利登记簿副本,证明被告丙出资所用的 5 项专利均已登记在被告乙公司的名下。

**被告乙公司辩称：**

公司确实曾经确认了原告的股东资格，但由于原告未按要求补足出资，所以公司已经通过法定程序解除了原告的股东资格，故不同意原告的全部诉请。

被告丙同意被告乙公司的答辩意见。

**被告乙公司对原告所提供的证据发表质证意见如下：**

1. 被告乙公司对原告证据1—15、17—21的形式真实性无异议；

2. 被告丙对原告证据1—11、15、18—21的形式真实性无异议；

3. 两被告对原告证据16不予确认。

**被告乙公司为证明其观点，提交证据如下：**

1. 2012年度被告乙公司第二次董事会会议决议，证明被告丙增资未实际到位，股东必须补足出资，由被告乙公司向未出资股东发出催告函。

2. 催告函及邮寄、公告情况证明，证明被告乙公司要求原告补足出资。

3. 账户交易明细及相应协议，证明被告乙公司其余股东已按董事会决议补交出资。

4. 2012年4月16日，被告乙公司2012年度第三次董事会会议决议及2012年4月5日议案、4月17日上海商报公告，证明原告股东资格已被解除，原告未补足的出资额已由其他投资人补交。

5. 被告乙公司2012年度第一次临时股东会议案、公告、2012年5月5日股东会决议，证明解除原告股东资格的议案已获得股东会通过。

6. 2005年2月16日，股东会第十二次会议决议，证明被告丙的无形资产出资做了变更，变更后的无形资产是由被告乙公司提供的，变更前的无形资产实际上都没有登记在两被告名下，是在案外人名下，被告丙所谓的技术出资是不存在的。

7. 内资公司变更（备案）登记、2012年5月3日授权委托书、2012年度第二次董事会授权委托书，证明被告乙公司目前董事的具体组成人员，刘某河有丁公司的授权委托，系丁公司的法定代表人，张某没有参加董事会，委托刘某河参加。

8. 2003年7月20日出资转让协议书及记账凭证，证明原告和被告丙在己公司的股权是以49.40万元的对价转让给被告乙公司，并非无偿转让。

9. 华夏银行上海分行本票，证明被告丙在验资后立即将出资款转走，原告应当向被告乙公司补足出资。

10. 被告乙公司召开2012年度第三次临时股东会的通知、上海商报公告及寄送召开会议通知的快递凭证、授权委托书、律师执业证、营业执照、法定代表人身份证明、乙公司召开2012年度第三次临时股东会决议及股东会记录,证明被告乙公司已经召开股东会,原告亦参加,已经作出解除原告股东资格的决议。

11. 2005年2月16日,章程修改案证明章程记载的无形资产内容变更了,1160万元的出资是为了满足增加注册资本的需要而已,并没有实际到位。

12. 关于被告丙出资的说明,证明被告乙公司没有使用被告丙作为出资的专有技术和实用新型。

被告丙某并未提交证据。

**律师观点:**

原告履行了部分出资义务,被告乙公司解除原告的股东资格事实依据不足。

被告丙的增资义务包括货币260万元及900万元的无形资产,关于货币出资,被告丙自认未实际出资,而根据被告乙公司提供的本票等证据,该260万元确实在出资后两日内即划出,故该260万元在验资后已抽逃。但是,被告丙在2007年时曾向另一股东丁公司转让了部分股权,根据工商登记材料等显示,该转让针对的系货币出资部分,被告丙在该次转让后,出资额变更为货币15.20万元及无形资产900万元,从而原告受让的即为该部分出资所对应的股权,即并不包括货币出资244.80万元。关于无形资产出资部分,虽两被告对此予以否认,但作为增资部分的专有技术及5项实用新型已经评估作价,且5项实用新型也办理了财产权的转移手续,而专有技术部分并无明确的法律交付手段,被告丙曾作为申请人就该放射治疗系统申请过专利,显示其对该专有技术享有权利,该专有技术由被告乙公司申请过评估,表明被告丙已经向公司提供过技术资料,实际权利已经转移给公司,故应确认被告丙在增资时已经以无形资产出资。至于两被告提出在2005年时曾经变更了无形资产出资内容,因该所谓变更并未进行过评估作价,也未经工商部门核准变更,故该项抗辩不能成立。

被告乙公司以原告未补足出资422.40万元为由解除原告的股东资格,无相应的事实依据。原告与被告丙约定以零对价进行转让,已由被告乙公司股东会决议通过,零转让也不影响公司注册资本金额,系原告与被告丙之间的关系,且原告与被告丙在股权转让之前就对被告丙所持股份签署内部股权分配协议,除非原告和被告丙之间有特别约定,否则现被告丙向原告转让的应为无瑕疵的股份,被告丙名下12%的股份应属原告所有。

**法院判决:**

1. 被告丙名下持有的被告乙公司12%股权属原告甲所有;
2. 被告乙公司于本判决生效之日起10日内至工商局办理将被告丙名下持有的

被告乙公司12%股权变更至原告甲名下的相关工商登记手续,被告丙予以配合。

## 【案例85】股东抽逃部分出资不可除名[1]

**原告**:申屠建中

**被告**:上海中科公司

**第三人**:北京中科公司、顾某中、刘某

**诉讼请求**:

1. 确认被告2015年11月5日股东会决议有效;
2. 判令被告办理相关工商变更登记。

**争议焦点**:

1. 在什么条件下有权决议将股东除名;

2. 本案第三人北京中科公司向被告借款的行为是什么性质;在股东已就抽逃出资不法行为进行了部分补正的情况下,是否还能决议将该股东除名;如何正确理解《公司法司法解释(三)》(2014年修正)第18条第1款规定中缴纳或返还出资的"合理期间";

3. 本案中被告关于解除第三人北京中科公司股东资格的股东会决议是否有效;

4. 股东除名将导致什么后果,债权人对公司因抽逃出资股东除名而减资应如何救济。

**基本案情**:

被告系有限责任公司,原告及三位第三人系其股东。被告注册资本800万元,其中第三人北京中科公司出资560万元,原告出资155万元,第三人顾某中出资70万元,第三人刘某出资15万元。

2011年至2015年,第三人北京中科公司向被告借款累计560万元。

2015年6月29日,原告致函被告,要求被告催告第三人北京中科公司还款。此后又继续致函被告要求管理层杜绝股东损害公司利益的行为、保障股东利益。

2015年9月29日,被告向第三人北京中科公司发函,要求北京中科公司于2015年10月9日前返还其从被告处转出的560万元出资。

2015年10月10日,原告致函被告,要求就解除第三人北京中科公司股东资格一事召开股东会会议。

---

[1] 参见上海市第一中级人民法院(2016)沪01民终9059号民事判决书。

两天后,被告向第三人北京中科公司发出决定,因其抽逃全部出资未在合理期间归还,决定限制北京中科公司的股东表决权。

此后不久,原告向第三人北京中科公司、顾某中、刘某发出股东会会议通知,载明审议关于解除北京中科公司股东资格的事项。

2015年11月5日,原告主持股东会会议,形成决议:"解除北京中科公司的股东资格。"原告及第三人顾某中在该决议上签字。

2015年10月至2016年4月,第三人北京中科公司陆续向被告还款,累计还款金额230万元。

**原告诉称:**

2011年至2015年,第三人北京中科公司以各种名义将其出资560万元人民币全部转走。原告知悉上述情况后,要求被告向第三人北京中科公司催款,被告于2015年9月29日发函,但第三人北京中科公司置之不理。2015年10月12日,原告提议召开临时股东会会议解除第三人北京中科公司的股东资格,鉴于公司董事会和董事长未召集股东会会议,2015年10月19日原告向各股东发出股东会会议通知,载明2015年11月5日召开临时股东会。2015年11月5日,股东会会议在被告办公室门口召开,并形成决议:解除第三人北京中科公司的股东资格。现请求确认该股东会决议有效并判令被告办理相关工商变更登记。

**被告辩称:**

系争股东会决议无效。被告章程规定持有1/4以上表决权股份的股东方有权提议召开股东会会议,原告持股比例不符合条件,无权提议召开股东会会议。且该股东会会议的召集程序、表决程序不合法,第三人北京中科公司、刘某合计持股超过70%,均反对该决议。

**第三人述称:**

与被告意见一致。

**法院认为:**

1. 在什么条件下有权决议将股东除名?

本案系股东除名行为引发之诉讼。就股东除名制度,《公司法》未作明确规定。

《公司法司法解释(三)》(2014年修正)第18条第1款明确规定,有限责任公司的股东未履行出资义务或者抽逃全部出资,经公司催告缴纳或者返还,其在合理期间内仍未缴纳或者返还出资,公司以股东会决议解除该股东的股东资格,该股东请求确认该解除行为无效的,人民法院不予支持。该条关于股东除名行为效力的规定,即为系争股东会决议产生的法律依据。

依据上述规定,公司以股东会决议解除股东的股东资格,应符合以下条件和程序:

(1)解除股东资格这一严厉的措施只应用于严重违反出资义务的情形,即"未出资"和"抽逃全部出资",未完全履行出资义务和抽逃部分出资的情形不应包括在内;

(2)公司在对未履行出资义务或者抽逃全部出资的股东除名前,应给予该股东补正的机会,即应当催告该股东在合理期间内缴纳或者返还出资,只有该股东在公司催告的合理期间内仍未履行出资义务的,公司才能以股东会决议解除该股东的股东资格,法院才能确认公司这种除名行为的效力;

(3)公司解除未履行出资义务或者抽逃全部出资股东的股东资格,应当依法召开股东会会议,作出股东会决议。

2. 本案第三人北京中科公司向被告借款的行为是什么性质?在股东已就抽逃出资不法行为进行了部分补正的情况下,是否还能决议将该股东除名?如何正确理解《公司法司法解释(三)》(2014年修正)第18条第1款规定中缴纳或返还出资的"合理期间"?

本案中:

(1)被告陆续向第三人北京中科公司出借的560万元,虽然有借款协议,但第三人北京中科公司和被告是母子公司关系,因此该等借款属于关联交易行为;客观上第三人北京中科公司利用借款形式将其出资全部转出,之后第三人北京中科公司又长期未补足该等出资,因此,第三人北京中科公司的行为属于抽逃出资。

(2)2015年9月29日,被告向第三人北京中科公司发函催款后,第三人北京中科公司于同年10月12日还款5000元。此行为发生在2015年10月19日原告发出股东会会议通知及同年11月5日股东会会议召开之前,即同年11月5日股东会会议召开时。此外,第三人北京中科公司在本案审理过程中又向被告返还了部分款项,其抽逃出资的错误正在逐步得到改正。因此,第三人北京中科公司的情况并不属于抽逃全部出资,该次股东会会议以第三人北京中科公司抽逃全部出资为由解除其股东资格的决议,与法律规定的条件并不完全符合。

(3)至于原告上诉时认为,第三人北京中科公司未在被告发函规定的期限内返还其抽逃的全部出资:

①被告在函件中规定的期间并不合理,被告发函时间是2015年9月29日,要求第三人北京中科公司返还出资的最后期限是2015年10月9日,一共才11

天,其中还包含7天国庆长假;显然,被告催告第三人北京中科公司返还出资的时间过短。

②第三人北京中科公司归还5000元的时间为2015年10月12日,只比被告在函件中规定的期间晚了3天;而且,该还款行为发生在同年10月19日原告发出股东会会议通知及11月5日股东会会议召开之前;据此应认定第三人北京中科公司返还部分出资是在合理期限内。

③假定在第三人北京中科公司抽逃出资的错误已得到部分改正的情况下,解除第三人北京中科公司的股东资格,将势必导致被告公司进行减资,这不利于被告债权人利益的保护。

3. 本案中被告关于解除第三人北京中科公司股东资格的股东会决议是否有效?

(1)关于被告提出的股东会会议的召集程序和表决方式问题,本案系争股东会决议形成至本案一审法院审理时已远超60日,而除原告外的股东并未就股东会会议召集程序及表决方式问题提起过撤销股东会决议之诉。召集程序即使存在瑕疵,亦不影响股东会决议的效力。而关于表决方式,因该股东会会议审议事项为将第三人北京中科公司除名,故即便第三人北京中科公司及刘某(任第三人北京中科公司法定代表人)参加了会议,作为利害关系人的第三人北京中科公司及刘某应予以回避,因此该股东会会议的表决方式并不违反法律规定。

(2)关于系争股东会决议的内容合法性问题,如上所述,因决议解除第三人北京中科公司股东资格不符合相关法律规定,该决议内容无效。

4. 股东除名将导致什么后果?债权人对公司因抽逃出资股东除名而减资应如何救济?

根据《公司法司法解释(三)》(2014年修正)第18条第2款的规定,将未出资或全部抽逃出资的股东除名,"人民法院在判决时应当释明,公司应当及时办理法定减资程序或者由其他股东或者第三人缴纳相应的出资。在办理法定减资程序或者其他股东或者第三人缴纳相应的出资之前,公司债权人依照本规定第十三条或者第十四条请求相关当事人承担相应责任的,人民法院应予支持"。

据此,公司将抽逃出资的股东除名,势必导致公司发生减资或股权转让。如公司发生减资,在减资前(或减资程序存在如未依法通知债权人等瑕疵的),债权人有权请求被除名股东在减资金额范围内对公司债务不能清偿的部分承担补充赔偿责任,还有权请求协助抽逃出资的其他股东、董事、高级管理人员或者实际控制人对被除名股东的补充赔偿责任承担连带责任。

**法院判决:**

驳回原告的诉讼请求。

## 【案例86】章程约定未足额出资除名被认定无效[①]

**原告:** 洪某成

**被告:** 双河源公司

**诉讼请求:** 撤销被告(2014)1号关于取消原告股东资格的文件。

**争议焦点:**

1. 被告召集股东会会议未依据公司章程规定提前15日通知原告,股东会会议的召开程序是否合法;
2. 原告限期内未足额缴纳出资,解除原告股东资格的股东会决议是否有效;
3. 被告章程中关于股东除名的规则条款是否有效。

**基本案情:**

原告起诉时,被告股东为原告以及案外人洪先某、陈某和黄某,其中原告认缴出资500万元,已实缴出资350万元,有150万元未实缴到位。

被告公司章程第55条规定"未按本章程第五章或生效股东会决议的出资方式、出资额、分期缴付数额及期限的规定缴纳出资额的,宽限期最多不超过1个月,宽限期内仍未按上述要求出资的,由股东会人数半数以上,并经代表2/3以上股份的股东通过予以除名"。

2014年1月19日,被告股东会决议取消原告股东资格,案外人洪先某、陈某委托代理人在该决议上签名。根据该决议,被告以(2014)1号公司函通知原告,根据公司章程第55条之规定,其股东资格已被解除。

**原告诉称:**

被告2014年股东会会议召集程序违反《公司法》规定,未通知原告参加,损害了原告作为被告股东的合法权益。且表决形式不合法,决议内容违反公司章程关于认缴出资宽限期的规定。

原告先后出资总额共350万元,最后一次的增资未完全到位并不属于《公司法司法解释(三)》规定的情形,不符合解除股东资格的实质要件。

被告公司章程关于股东除名的规定既不符合《公司法司法解释(三)》规定的解除股东资格的条件,又违反了《公司法》关于资本维持的原则。

---

① 参见安徽省六安市中级人民法院(2014)六民二终字第00281号民事判决书。

有限责任公司无权依据公司章程及股东会决议将已部分出资的股东除名。我国《公司法》并未涉及随意取消股东资格的规定，否则以公司章程及股东会决议将股东除名合法，则可导致某些控股股东任意剥夺中小股东的股东资格，损害中小股东的合法权益。

**被告辩称：**

被告有"随时通知、随时开会的惯例"，是股东之间约定俗成的做法，提前15日通知股东参会不符合公司的实际情况。被告2014年股东会会议召开时人数达到半数、股份达到2/3以上，且当日原告临时不在，决议事项符合公司章程关于股东除名表决方式的约定。

原告在被告2013年股东会决议确定的增资款到账期限内仍未缴足认缴资本。被告的公司章程关于股东除名的规定合法有效。法律并未禁止公司章程设置除名管理措施，除名权在一定程度上对公司相关者利益及社会责任的实现提供了制度保障。被告依据公司章程关于股东除名的规定作出的除名决议是有效的。除名决议作出后被除名股东的股份应被转让或公司依法办理减资程序，并不违背资本维持原则。

**法院认为：**

1. 关于被告股东会会议的召开程序是否合法的问题。

被告系有限责任公司，理应严格按照《公司法》的规定开展活动。《公司法》第41条规定，"召开股东会会议，应当于会议召开十五日前通知全体股东；但是，公司章程另有规定或者全体股东另有约定的除外"。被告公司章程第25条亦规定，股东会会议分为定期会议和临时会议，并应当于会议召开15日以前通知全体股东。被告未提供其已将2014年1月19日召开股东会会议的通知提前15日送达原告的证据，该股东会会议的召集程序违反了《公司法》和被告公司章程的规定。

2. 关于被告解除原告股东资格的股东会决议是否有效的问题。

该案因股东除名行为引起，《公司法司法解释（三）》第17条对此作了明确规定，即公司以股东会决议解除股东的股东资格，应符合以下条件：股东未出资或抽逃全部出资；须履行前置催告程序，即公司应当对存在严重违反出资义务情形的股东进行催告，给予其在合理期间内补正的机会；公司须依法召开股东会会议形成决议。

根据上述规定，有限责任公司以股东会决议解除股东资格应符合以下条件：一是股东未出资或抽逃全部出资；二是给予未出资或抽逃全部出资的股东补正机会;三是依法召开股东会会议作出决议。

本案原告认缴出资500万元,其已实缴出资350万元,虽有150万元未实缴到位,但不属于股东"未出资"或"抽逃全部出资"的情形,故,不符合解除股东资格的实质要件。

据此,被告将原告除名的股东会决议内容违反法律规定,应属无效。

3. 关于被告章程中关于股东除名的规则条款的有效性问题。

股东除名是一项严厉的措施,股东除名所引发的后果是公司减资或被除名股东所持股权转由其他股东持有并履行实缴出资义务,如公司减资,则可能对公司债权人的合法权益造成损害,因此应当严格依照法律规定适用。公司章程条款在设计时,亦应避免与法律规定相冲突,否则其执行效果将难以落地。

本案中,被告公司章程虽对股东除名的适用对象、宽限期及表决程序进行了细化,但其将"未按本章程第五章或生效股东会决议的出资方式、出资额、分期缴付数额及期限的规定缴纳出资额"的股东均纳入可能被除名的对象范围,显然适用对象过于宽泛,具体适用情形亦规定不明确。

我们认为,不能当然判定被告公司章程中关于股东除名的规则条款违法而无效,鉴于其规定的适用对象过于宽泛、适用情形规定并不明确,故,在该条款实际运用中可能会与《公司法司法解释(三)》第17条的规定相冲突,致使该条款效力在个案中被否定。

**法院判决:**

被告于2014年1月19日作出的解除原告股东资格的股东会决议无效。

**146. 在股东除名审议事项表决中,拟被除名的股东是否应回避表决?**

《公司法》及《公司法司法解释(三)》对此并无明确规定。笔者认为,基于拟被除名的股东对表决事项具有直接利害关系,应予回避。在司法实践中,相关判决也支持了该观点。

**【案例87】股东利用关联交易抽逃出资被除名　利害关系股东应回避表决**[①]

**原告:** 宋某祥

**被告:** 万禹公司

---

① 参见上海市第二中级人民法院(2014)沪二中民四(商)终字第1261号民事判决书。

**第三人**:豪旭公司

**诉讼请求**:确认被告 2014 年 3 月 25 日股东会决议有效。

**争议焦点**:

1. 实缴出资后再通过关联交易等隐蔽手段转出,是否构成抽逃出资;
2. 拟被除名的股东及其利害关系人,在股东会表决时是否应当回避。

**基本案情**:

被告系有限责任公司,成立时注册资本为 100 万元,股东为高某和原告,原告担任执行董事,高某担任监事。

2012 年 8 月 28 日,被告股东会决议增资至 1 亿元,吸收第三人为新股东;增资后第三人出资 9900 万元,持股 99%;原告出资 60 万元,持股 0.6%;高某出资 40 万元,持股 0.4%。

2012 年 9 月 14 日,案外人京地公司和子月公司等 6 家公司将 9900 万元汇入第三人银行账户,第三人将该 9900 万元转账给被告,被告就该笔增资款聘请会计师事务所进行了验资。

2012 年 9 月 17 日,被告向案外人燕拓公司和风动公司分别汇款 4900 万元和 5000 万元;而案外人燕拓公司和风动公司在收款后,又分别将 4900 万元和 5000 万元汇入案外人京地公司和子月公司银行账户。

2013 年 12 月 27 日,被告向第三人发函催告,要求第三人于收函后 3 日内返还其抽逃的全部 9900 万元出资款项,否则,被告将依法召开股东会会议,解除第三人的股东资格。第三人于 2013 年 12 月 30 日签收该份函件。

2014 年 3 月 6 日,被告向第三人邮寄《临时股东会会议通知》,通知其 2014 年 3 月 25 日上午 10 时召开股东会会议,审议关于解除第三人股东资格的事项。

2014 年 3 月 25 日,被告召开 2014 年度临时股东会会议,全体股东均出席。会议审议了关于解除第三人股东资格的议案。其中股东会会议记录载明:"……6. 表决情况:同意 2 票,占总股数 1%,占出席会议有效表决权的 100%;反对 1 票,占总股数 99%,占出席会议有效表决权的 0%。"

同日,被告出具股东会决议,载明因第三人抽逃全部出资,且经催告后仍未归还,经与其他所有股东协商一致,决议解除第三人股东资格。原告和股东高某在决议尾部签字,第三人拒签。

2014 年 4 月 7 日,被告再次向第三人发函,通知其股东资格已被解除。

**原告诉称**:

第三人已构成抽逃出资,经原告和被告多次催告后拒不返还。被告作出股东会决议,解除第三人的股东资格。因第三人对上述股东会决议不认可,故请求法院确认被告 2014 年 3 月 25 日股东会决议有效。

**被告述称：**

被告认为原告陈述的事实属实,同意其诉讼请求。

**第三人述称：**

不认可原告诉讼请求。

第三人未抽逃出资。第三人增资时,被告由案外人陈某实际控制,相应账目及被告往来款项均由其操作。而且,被告与案外人燕拓公司、风动公司有多笔资金往来,原告认为上述两笔款项属于抽逃出资不合理。

对于系争股东会决议,持股 99% 的股东对审议事项投反对票,根据《公司法》相关规定,该决议应当不通过。

**一审认为：**

第三人享有被告的股东资格。根据《公司法》及被告公司章程的规定,被告股东应按其认缴出资比例行使股东表决权。即便第三人抽逃出资,不影响其表决权行使。

第三人是否抽逃出资一节事实并不影响本案审理,故对原告提供的相关证据及相关主张,一审法院不予审查。

2014 年 3 月 25 日被告股东会表决结果为:投赞成票的股东原告和高某认缴出资比例共为 1%,享有 1% 的表决权;投反对票的股东第三人认缴出资比例为 99%,享有 99% 的表决权。依据被告公司章程规定,该审议事项应不通过。

**一审判决：**

驳回原告的诉讼请求。

原、被告均不服一审判决,向上级人民法院提起上诉。

**原告上诉称：**

原审法院未审查第三人是否抽逃出资的事实。第三人在本案特殊情况下对解除其股东资格的议案不具有表决权。否则,《公司法司法解释(三)》第 17 条的规定将毫无实际意义。本案不应适用资本多数决的原则。

原告虽有权依据《公司法司法解释(三)》的规定要求第三人返还其抽逃的全部出资,但这并不能成为原审法院否定原告采用本案作为救济途径的理由。

**被告上诉称：**

有关第三人出资及被告对外转账的资金流转过程,能够认定第三人抽逃出资。本案应在查明是否存在股东抽逃出资的基础上,讨论第三人是否对解除其股东资格的议案享有表决权才有意义。

被告认为第三人在系争股东会决议表决中不享有表决权或应当回避。依照原审判决的理由,则守法股东的基本权利不可能得到有效保障。

**第三人辩称:**

第三人并未抽逃出资,9900万元的来往路径完全不一致。相应的汇款票据原件包括案外公司的转账凭证原件全部在原告和被告处的情况,恰恰说明第三人没有抽逃出资。

被告和案外人燕拓公司、风动公司有大量的资金往来,不能单独抽取两笔往来款说明是第三人抽逃出资。依据《公司法》和公司章程的规定,第三人享有表决权。

**二审认为:**

1. 关于第三人是否构成抽逃出资的问题。

根据《公司法司法解释(三)》第12条第3项规定可知,公司成立后,公司、股东或者公司债权人以相关股东的行为利用关联交易将出资转出且损害公司权益为由,请求认定该股东抽逃出资的,人民法院应予支持。

本案中,第三人于2012年9月14日将9900万元入股款项汇入被告验资账户内,并办理完相关验资手续后,完成了对被告的出资义务。但在验资后的第三天,9900万元出资款即从被告基本账户转入案外人燕拓公司和风动公司。而在同一天,案外人燕拓公司和风动公司又将相同金额的款项分别汇入案外人京地公司和子月公司,该两家公司系第三人出资入股前汇集9900万元款项来源的公司。对于该两笔转账行为,第三人未提供证据证明存在其他合理用途。

因此,第三人应当明知其出资款项在短时间内即被全部抽回,其出资并未由被告使用,且该资金流向不存在其他合理用途,第三人之后亦未将其出资补足,且经被告催告后仍未返还。

综上,第三人的行为符合法定抽逃出资的情形。

2. 关于是否应排除第三人在系争股东会决议中表决权的问题。

《公司法司法解释(三)》第17条第1款规定,有限责任公司的股东未履行出资义务或者抽逃全部出资,经公司催告缴纳或者返还,其在合理期间内仍未缴纳或者返还出资,公司以股东会决议解除该股东的股东资格,该股东请求确认该解除行为无效的,人民法院不予支持。

根据上述规定,股东除名权是公司为消除不履行义务的股东对公司和其他股东所产生不利影响而享有的一种法定权能,是不以征求被除名股东的意思为前提和基础的。在特定情形下,股东除名决议作出时,会涉及被除名股东可能操纵表决权的情形。故当某一股东与股东会讨论的决议事项有特别利害关系时,该股东不得就其持有的股权行使表决权。

本案中,第三人是持有被告99%股权的大股东,被告召开系争股东会会议前通知了第三人参加会议,并由其委托的代理人在会议上进行了申辩和提出反对意见,已尽到了对拟被除名股东权利的保护。但如前所述,第三人在系争决议表决时,其所持股权对应的表决权应被排除在外。因此,本案系争除名决议已获除第三人以外的其他股东一致表决同意,即以100%表决权同意并通过。

因此,被告在2014年3月25日作出的股东会决议自然是有效的。

**二审判决:**

1. 撤销一审判决;
2. 确认被告于2014年3月25日作出的股东会决议有效。

**147. 抽逃出资的股东是否可以被公司债权人申请追加为被执行人?**

可以。按照《最高人民法院关于民事执行中变更、追加当事人若干问题的规定》的规定,法院支持公司债权人申请将抽逃出资的股东追加为被执行人,股东在抽逃出资范围内承担补充赔偿责任。

**【案例88】股东验资后立即将出资转出构成抽逃　依法被追加为被执行人**[①]

**原告:** 浦发银行

**被告:** 源润公司、国臣贸易、国信公司、通泰公司、国臣投资、孙某国

**诉讼请求:**

1. 被告国臣贸易提前偿还原告贷款本金30,000万元人民币及截至2009年3月20日的利息501,875.03元和自2009年3月21日起至判决确定给付之日止的利息(按照《短期贷款合同》的约定计算);

2. 被告国信公司、通泰公司、孙某国、国臣投资对上述债务承担连带偿还责任;

3. 被告源润公司对被告国臣贸易所应给付原告的借款本金、利息、律师费、案件受理费、保全费在5000万元范围内承担连带偿还责任;

---

[①] 参见最高人民法院(2011)民提字第86号民事判决书。

4. 原告就被告国臣投资的抵押物优先受偿。

**争议焦点：**被告源润公司是否应在其抽逃出资的范围内承担补充赔偿责任。

**基本案情：**

2000年4月18日，被告通泰公司股东会决议增加被告源润公司为公司股东，源润公司增加注册资本5000万元，增资后通泰公司注册资本增至1亿元。2000年4月18日，源润公司董事会决议：向通泰公司投资5000万元，并接受原通泰公司股东刘某亮转让的资本100万元，共计5100万元，占通泰公司注册资本的51%。

2000年4月13日，被告源润公司将5000万元人民币存入通泰公司账户内。

2000年4月14日，天瑞会计师事务所出具验资报告，证实2000年4月13日源润公司向通泰公司增资5000万元全部缴足。

2000年4月14日，被告通泰公司将660万元、1400万元、140万元分别划入案外人杨某杰、被告国臣贸易、被告孙某国账户。同日，杨某杰、国臣贸易、孙某国将上述款项共计2200万元存入被告国信公司的账户。

2000年4月17日，被告国信公司将上述2200万元划到源润公司的账户。同日，被告通泰公司将2800万元人民币也划到源润公司的账户。

2004年5月12日，源润公司与案外人刘某亮签订《股权转让协议》，约定源润公司将其持有的通泰公司51%的股权计5100万元转让给刘某亮，刘某亮又于2004年5月31日将股权转让给案外人贾某凯，贾某凯于2009年将股权又转让给被告孙某国。上述转让均经工商登记变更。

2008年6月19日，原告与被告国臣贸易签订了《短期贷款协议书》，约定国臣贸易向原告贷款3000万元人民币，贷款期限自2008年6月19日至2009年6月15日，贷款执行年利率8.964%，按季结息。该协议书第5条约定："……无须任何理由，融资行有权随时通知客户在本协议项下的融资提前到期，客户应当立即偿还贷款。"协议第16条约定："客户任何违反本协议任何陈述和保证……均构成了客户对本协议的违约，融资行均有权宣布贷款提前到期，并要求客户赔偿融资行包括律师费在内的所有损失。"与此同时，原告浦发银行与被告国信公司、被告通泰公司、被告孙某国分别签订了《保证合同》，约定国信公司、通泰公司、孙某国为上述贷款提供连带责任保证担保；保证范围为贷款本金及利息、违约金、损害赔偿金以及债权人实现担保权利和债权所产生的费用。当日，原告与被告国臣投资分别签订了《最高额保证合同》和《土地使用权最高额抵押合同》，约定国臣投资为国臣贸易自2007年11月27日至2009年6月15日从浦发银行借得的最高额不超过 5000 万元人民币的贷款提供连带责任保证。被告国臣投资并以其所有的坐落于天津开发区西区、面积为 32,276.24 平方米的土地使用权为被告国臣贸易自 2008 年 4 月 3 日至 2009 年 6 月 15 日从原告借得的最高额不超过 1 亿元人民币的贷款提供抵押担保。双方对该担保到土地管理部门进行了抵押登记,并办理了他项权证。

2008 年 6 月 19 日,原告依约向被告国臣贸易发放了贷款 3000 万元人民币。国臣贸易未按期偿还贷款利息。

**原告诉称:**

原告已举证证明被告源润公司向被告通泰公司增资后 3 日内将通泰公司名下的 5000 万元划回其账户的事实,源润公司的这种行为已构成抽逃出资。股东抽逃出资是对公司法人独立财产权的侵犯,是一种侵权行为,应当对公司承担返还所抽逃资金的责任;同时也侵犯了公司债权人的利益,应当在抽逃出资的范围内对公司债权人承担偿还责任。

**被告源润公司辩称:**

1. 根据中介机构出具的验资报告,源润公司已足额出资。被告通泰公司将公司资金 2200 万元转给案外人杨某杰、被告国臣贸易、被告孙某国,用于上述 3 人在被告国信公司的增资,其后国信公司又将 2200 万元转给源润公司;通泰公司向源润公司划转 2800 万元。原告仅凭资金转至被告源润公司名下这一表面现象认定源润公司有抽逃出资行为,并无依据。

2. 源润公司并非适格被告。

3. 即便源润公司抽逃行为成立,也仅承担补充赔偿责任而非补充给付责任。

其他被告未作答辩。

**法院认为:**

根据已查明事实,被告源润公司先将 5000 万元存入被告通泰公司账户,在会计师事务所出具验资报告后于 3 日内又直接或间接地全部收回。该种将资金转入公司账户验资后又转出的行为,损害公司和债权人利益,为抽逃出资行为,应承担相应责任。在源润公司直接或间接收回出资的行为足以使债权人对其是否履行出资义务产生合理怀疑的情况下,源润公司应当就其已履行出资义务承担举证责任,但源润公司未能合理解释其收回出资有合法原因。

从民商事外观主义原则和工商登记注册资本的公信力分析,原告有理由在向被告国臣贸易贷款前审查作为贷款担保人之一的被告通泰公司担保能力时相信其财产保证能力是 1 亿元,而不是 5000 万元,故方同意其为借款人国臣贸易提供担保。现在国臣贸易不能偿还债务时,通泰公司承担担保责任的能力必然从 1 亿元降至 5000 万元,由此被告源润公司抽逃行为构成了对原告权益的侵害。

源润公司抽逃资金行为虽发生在 2000 年(贷款担保行为发生在 2008 年),但作为国家行政机关的工商登记公示性决定了本案担保人通泰公司注册资本 1 亿元的公信力,故不应以时长或股权几次转让作为其不承担责任的理由。由于源润公司的抽逃出资行为损害了通泰公司在《公司法》规定意义上的独立性,滥用了通泰公司的法人独立地位,侵害了原告的利益,故应当在本案其他被告不能承担贷款偿还责任部分,在其抽逃 5000 万元注册资金范围内对通泰公司的债务承担补充给付责任。

**法院判决:**

1. 被告国臣贸易偿还原告贷款本金 3000 万元人民币,并支付截至 2009 年 3 月 20 日的利息 501,875.03 元人民币及自 2009 年 3 月 31 日起至判决确定之日止的利息(按照《短期贷款协议书》的约定计算);

2. 被告国信公司、通泰公司、孙某国对上述给付事项承担连带给付责任;国信公司、通泰公司、孙某国承担保证责任后,有权向国臣贸易追偿;

3. 被告国臣投资对上述第 1 项给付事项在不超过 5000 万元范围内承担连带给付责任;国臣投资承担保证责任后,有权向国臣贸易追偿;

4. 原告对被告国臣投资所抵押的土地使用权享有优先受偿权;

5. 被告源润公司对其他被告不能承担贷款偿还责任部分,在其抽逃 5000 万元注册资金范围内对被告通泰公司的债务承担补充给付责任;

6. 驳回原告其他诉讼请求。

## 三、对股东出资不实负有责任的董事、高级管理人员责任的承担

**148. 公司股东未履行或者未全面履行出资义务,董事、高级管理人员是否应当对公司承担责任?如需要,董事、高级管理人员应在何种范围内承担责任?董事、高级管理人员对公司和债权人承担责任后,是否有权向违反出资义务的股东追偿?**

公司增资时,若董事、高级管理人员未尽《公司法》规定的忠实、勤勉义务,应当在出资不实股东不能承担的范围内对公司债务承担补充清偿责任。因为公司增资时,公司董事、高级管理人员向股东催收出资是其勤勉义务的范围,因其未履

行义务应当向公司承担责任。①

若股东出资不实的行为发生于设立时,因董事、高级管理人员无催收义务,故无须承担责任。

董事、高级管理人员仅在股东出资不实范围内对公司债务不能清偿的部分承担责任。这种责任为一次性责任,即当董事、高级管理人员赔偿的金额已经达到有限责任限额时,其他债权人不能基于同种理由提出赔偿请求。

董事、高级管理人员对公司和债权人承担责任后,可以向违反出资义务的股东追偿。

**149. 公司其他股东、董事、高级管理人员、实际控制人协助公司股东抽逃出资,是否应对公司和公司的债权人承担责任？公司董事、高级管理人员协助股东抽逃出资承担连带责任后,能否向抽逃出资股东追偿？**

协助抽逃出资的其他股东、董事、高级管理人员应当对抽逃出资的本息以及公司债务承担连带责任。

公司实际控制人虽然对公司不负有忠实、勤勉义务,但当其协助股东抽逃出资时,构成共同侵权行为,应当对公司债务承担连带清偿责任。

关于公司董事、高级管理人员协助股东抽逃出资承担连带责任后,能否向抽逃出资股东追偿的问题,法律并未明确规定。董事、高级管理人员协助公司股东抽逃出资,存在共同侵权的故意,若允许董事、高级管理人员进行追偿,不利于防止协助抽逃出资行为的发生。因此从法理分析,法律不应保护董事、高级管理人员的追偿权利。

**【案例89】董事协助股东抽逃出资　连带承担出资本息返还责任**[②]

**原告:** 约翰亨利公司

**被告:** 通强公司、强盛公司、超运公司、顾某

**诉讼请求:**

1. 4位被告对抽逃注册资本12,404,165元承担连带责任;
2. 被告通强公司、被告顾某对抽逃注册资本105万元承担连带责任;
3. 被告通强公司、被告顾某对非法侵占的166.5万元承担连带责任。

---

① 关于董事、高级管理人员忠实义务与勤勉义务详见本书第十三章损害公司利益责任纠纷。
② 参见上海市高级人民法院(2009)沪高民二(商)终字第19号民事判决书。

**争议焦点：**

1. 股东已提起解散之诉，公司能否提起股东出资纠纷，出资纠纷是否应中止审理；

2. 公司董事、法定代表人利用其关联关系实施了抽逃出资行为，是否应承担赔偿责任；

3. 第三人在抽逃资本过程中充当资金进出平台的，是否应承担连带赔偿责任。

**基本案情：**

原告于2004年12月7日成立，注册资本1200万美元，被告通强公司出资540万美元，占注册资本45%；美国大中公司出资660万美元，占注册资本55%。根据苏州岳华会计师事务所有限公司2007年10月15日出具的验资报告，截至当日，原告新增实收资本465,288美元。连同前三期出资，原告共收到注册资本5,542,930.29美元，占注册资本的46.19%，其中被告通强公司出资2,153,335.81美元，占注册资本17.94%，美国大中公司出资3,389,594.48美元，占注册资本28.25%。

被告通强公司注册资本为2000万元，其中被告强盛公司出资160万元、被告顾某出资1840万元，被告顾某任该公司法定代表人。被告强盛公司注册资本为50万元，其中被告通强公司出资25万元。被告超运公司注册资本为200万元，其中被告顾某出资140万元，被告顾某任该公司法定代表人。

2007年8月20日，朱某强、被告顾某、楼某恢等人签字的会议纪要载明："朱某强土地款250万元已经全部付清。被告顾某说已经收到250万元（部分款项是现金）。朱某强提供收据凭证及相关证据。"

2007年9月17日，被告顾某出具证明："收到朱某强土地款250万元，所有款项已进公司账。"

原告成立后的董事会成员由被告顾某、楼某恢、楼某平组成，被告顾某任法定代表人。在经营期间，两方股东发生矛盾。

2007年8月28日，原告法定代表人变更为李某。原告同时发出通告称，被告顾某自即日起不再担任本公司任何职务，未经公司董事会批准，不得进入公司。

2007年9月21日，被告通强公司以美国大中公司强行隐匿原告财务资料、私自变更法定代表人、阻止被告通强公司人员进入公司等为由向苏州市中级人民法院起诉，请求解散原告并进行清算。

诉讼中，法院依规定程序委托审计机构对原告的实缴资本情况及有无虚假出资、抽逃出资情况进行审计。根据委托要求并结合实际,确定审计范围为:2005年1月1日至2007年12月31日约翰亨利公司注册资本实收情况;该公司在上述期间向被告通强公司、美国大中公司关联企业划款情况。2008年7月30日,依据上海上审会计师事务所出具的沪审事业〔2008〕3647号审计报告显示:

截至2007年12月31日,原告实收资本余额为45,961,013.30元,合5,691,862.97美元,占应出资额的47.43%。其中,被告通强公司投入资本金为18,566,391.70元,占应出资额的42.63%,包括被告通强公司2007年1月至3月投入的资本金1,152,600元,未经验资确认。美国大中公司投入资本金为27,394,621.60元,占应出资额的51.36%。

2007年12月21日,#59记账凭证记载,借记:实收资本–被告通强公司,贷记–固定资产15万元入账,并附2007年11月13日原告董事会决议1份,系扣除被告顾某取公司三菱吉普车的款项。审计认为,该款项应另行结算,不能直接扣除被告通强公司的投入资本金,应予调整,转回减少的被告通强公司出资款150万元。

截至2007年12月31日,原告向被告通强公司的关联企业无实质性经济事项和经济内容的划款金额合计12,404,165元(部分以假发票转账),其中:被告强盛公司3,667,300元,包括向被告强盛公司划款并与管理费费用对应转销无依据的2,867,300元及转销划入南通大中公司无依据的款项80万元;向被告超运公司划款8,736,865元,包括通过通州十建转划入被告超运公司的300万元。

截至2007年12月31日,原告向美国大中公司的关联企业南通大中公司划款后转销无依据的款项,应增加应收4,227,848.12元(以假发票转账及无经济内容的虚假入账);应收无经济内容的虚假入账1,724,866.50元。

在建工程中有105万元是被告顾某个人签字领用现金,并用假发票充抵,此款应作为向被告通强公司无实质性经济事项的划款,审计认为必须披露。但该现金去向,需进一步提供证据。

2005年5月23日,原告与朱某强签订《国有土地使用权出租、转让合同承诺书》,约定土地转让价合计250万元。2005年5月25日,#35记账凭证,收到朱某强43万元;同日#44记账凭证,收到朱某强现金付款7万元;2006年6月30日#119记账凭证,收到太仓高顿金属制品有限公司33.5万元。该3笔收款合计83.5万元。截至2007年12月31日,预收账款–朱某强科目余额为83.5万元。2006年4月,#84记账凭证,收到太仓高顿金属制品有限公司现金支付53万元,收据列明事项为"报建费",账面列入其他应付款–太仓高顿金属制品有限公司。该项土地转让款与实收资本有无关联,审计无法确认。

**原告诉称：**

被告在原告成立后抽逃注册资本，侵害了原告的利益，违反了法律规定和公司章程的规定，应承担连带责任；此外，被告通强公司、被告顾某非法侵占原告的资产，应当对此承担连带责任。

**被告通强公司辩称：**

原告在本案审理前已经视为自动解散，且被告通强公司已先于本案另案提起解散原告之诉，该案的判决结果是本案审理的依据，故本案应中止审理。

被告强盛公司、被告超运公司和被告顾某同意被告通强公司的答辩意见。

**一审认为：**

本案的争议焦点，首先是本案是否属于原告两方股东之间的纠纷，应待原告解散诉讼终结后再行审理的问题；其次是关于被告通强公司抽逃公司资本的责任是否成立，以及责任的承担主体问题。

1. 本案无须中止审理。

按照《公司法》和《中外合资经营企业法实施条例》①的规定，不论中方股东还是外方股东，均负有按期如实向原告缴清出资的义务和不得抽逃出资的义务。原告的股东、实际控制人和高级管理人员等，也负有不得损害公司利益的法定义务。原告以它的中方股东被告通强公司及其有关联关系的主体抽逃公司资本、侵占公司资金为由提起的诉讼，符合法律规定，其诉讼权利应予保护。

中方股东若存在未缴纳出资或者抽逃出资的事实，该部分出资应作为公司解散后的清算财产处理，但在公司未解散之前，本案仍可诉讼。外方股东若存在上述事实，也应作相同的处理。中方股东在原告拒不追缴外方出资时，有权依法提起股东代表诉讼。

因此，被告通强公司另案请求解散原告的诉讼，并不影响本案诉讼的正常进行。其关于本案应中止审理的答辩意见，法院不予采纳。

2. 被告通强公司抽逃出资 12,404,165 元。

4 位被告认可原告的中外股东均一致商定进行虚假验资、双方出资均未实际到位的事实。故所谓经过验资的被告通强公司投入资本金存在一定数额的虚假或者已经抽回的事实，应予确认。

根据审计结论，被告通强公司投入原告的资本金为 18,566,391.70 元，而原告向被告通强公司的关联企业被告强盛公司、被告超运公司支付无实质性经济事

---

① 该条例已于 2020 年 1 月 1 日起失效，《外商投资法》于同日起施行。

项的款项金额达 12,404,165 元。审理中,被告通强公司等未举证证明这些资金进账的合法依据。因此,法院认定上述划款 12,404,165 元属于被告通强公司通过其关联企业从原告抽回的资本金。

3. 被告顾某非法侵占公司资金 105 万元。

根据审计结论,在原告在建工程中,被告顾某从公司签字领用金额为 105 万元的现金支票,以假发票充抵,被告顾某未就此举证证明资金去向。因此,法院认定上述款项 105 万元属于被告顾某非法侵占的公司资金。

关于原告应收土地款与实收土地款的差额问题,法院认为,根据审计查证到的原告进账凭证与《会议纪要》《证明》中被告顾某承认的收款金额,两者之间确有差额,而且"报建费"53 万元是否应计入 250 万元土地款内,审计亦无法确认。由于被告顾某原为原告法定代表人,由其经手的业务由其出具证明在公司进账实属正常。在目前差额部分资金去向不明,审计未予查证,当事人亦未举证证明的情况下,不能仅凭《会议纪要》和《证明》的内容来认定被告顾某对此应承担责任。况且该部分款项系案外人支付,在案外人未到案说明或者无相应法律文书对已付款项予以确认的情况下,法院也难以对此作出准确判断。因此,对于原告主张的 166.5 万元,依据不足,法院对该部分诉请不予支持。

4. 被告强盛公司与被告超运公司均为被告顾某实际控制,不应承担连带责任。

被告通强公司作为原告的股东,理应对法院认定抽逃的出资款 12,404,165 元承担返还之责。

被告顾某作为当时原告的董事、法定代表人,利用其关联关系实施了上述抽逃资本的行为,损害了原告的利益,依法应承担赔偿责任。

被告强盛公司与被告超运公司均为被告顾某实际控制,在上述抽逃资本过程中,充当了资金进出的平台,但没有独立的过错与行为,由其一并承担赔偿责任,缺乏依据。

被告顾某签字领用现金支票 105 万元,根据已查明事实,只能认定为被告顾某个人无合法根据地占用原告资金,不属于抽逃资本行为。因此,该部分赔偿责任应由被告顾某承担,与被告通强公司无关。

**一审判决:**

1. 被告通强公司向原告缴清出资计 12,404,165 元(或者按同等价值的美元计付);

2. 被告顾某对被告通强公司的上述缴款义务承担连带赔偿责任;

3. 被告顾某应向原告赔偿 105 万元;

4. 对原告的其他诉讼请求不予支持。

被告通强公司不服一审判决,向上级人民法院提起上诉。

**被告通强公司上诉称:**

1. 原告主体不适格,本案应中止审理。

根据《中外合资经营企业合资各方出资的若干规定》①第 5 条的规定,合营各方未能在规定的期限内缴付出资的,视同合营企业自动解散,故原告在本案一审判决前已经视为自动解散。且被告通强公司已先于本案另案提起解散原告之诉,该案的判决结果是本案审理的依据,故本案应中止审理。

2. 一审认定事实不清,适用法律错误。

本案并非是股东损害公司权益纠纷,其实质是中外股东之纠纷。对于只有中外两方股东的中外合资企业,本案并不存在股东代表诉讼问题。一审认定被告通强公司抽逃出资与事实不符,被告通强公司的行为是与外方股东协商一致后进行虚假验资,并非抽逃出资。

3. 一审程序违法。

原告在举证期满后一再变更诉讼请求却拒不提交变更后的书面诉状给被告通强公司,严重影响被告通强公司行使举证和抗辩的权利。一审既已认定 105 万元系被告顾某非法侵占公司资金,并非原告诉请中的"抽逃注册资本",就应当驳回这一诉请或告知另案起诉,不应在本案中处理。

**原告二审辩称:**

原告主体适格,中外股东均已出资,并不存在《中外合资经营企业合资各方出资的若干规定》第 5 条规定的情形。被告通强公司先于本案另案提起解散原告之诉与本案无关,不足以作为本案中止审理的事由。

被告强盛公司、被告超运公司和被告顾某同意被告通强公司的上诉意见。

**律师观点:**

1. 本案无须中止审理。

《中外合资经营企业合资各方出资的若干规定》第 5 条规定,合营各方未能在规定的期限内缴付出资的,视同合营企业自动解散,合营企业批准证书自动失效。但根据已查明的事实,本案并不存在上述之情形,且原告合营各方亦未向工商行政管理机关办理注销登记手续,缴销营业执照,在本案审理过程中所谓的原告自

---

① 该规定已由《国务院关于废止和修改部分行政法规的决定》国务院令第 648 号废止,自 2014 年 3 月 1 日起施行。下文不再标注。

动解散之条件亦并未成就。虽然被告通强公司先于本案另案提起解散原告之诉,但在公司未解散之前,原告仍具有民事诉讼主体资格,其以被告通强公司抽逃出资为由提起本案之诉并无不当,其诉讼主体适格。即使原告解散,公司解散后的财产清算亦涉及本案对股东抽逃出资的处理,故本案无须待原告解散诉讼终结后再行审理。

2. 被告通强公司通过其关联企业从原告抽回的资本金系抽逃出资,应对原告承担返还责任。

抽逃出资与虚假验资不同之处主要表现在抽逃出资的行为所发生的时间方面。结合本案的事实,中方股东被告通强公司抽逃出资的行为发生于原告成立以后,即在原告成立时,被告通强公司向公司投入其所认缴的注册资金,该资金的所有权即为公司所享有,而在公司成立以后,被告通强公司通过向其关联企业支付无实质性经济事项款项将其已向公司投入的注册资金转为己有,显然构成抽逃出资的行为,故被告通强公司抽逃出资的行为损害了原告的利益,其对抽逃的出资款理应承担返还之责。基于上述认定,将本案定性为股东损害公司利益赔偿纠纷并无不当。

3. 一审程序并无违法。

原告根据审计报告而对诉讼请求作出相应变更,被告通强公司在得知原告变更诉请后当庭作出答辩,故其诉权并未受到影响。

原告诉请被告通强公司、被告顾某对抽逃注册资本105万元承担连带责任,而一审法院认定该105万元属于被告顾某个人非法侵占的公司资金,据此判决由被告顾某向公司作出赔偿,该处理结果并未加重被告通强公司的赔偿责任,被告通强公司认为法院应当驳回原告关于105万元的诉请或告知其另案起诉并无必要。

**二审判决:**

驳回上诉,维持原判。

## 四、对虚假出资与抽逃出资负有责任的第三人责任的承担

**150. 金融机构出具不实或虚假的资金证明,对出资单位的债权人造成损失应如何承担责任?**

如出资人未出资或者未足额出资,金融机构为企业提供不实、虚假的资金证明,相关当事人相信该者证明,与该企业进行经济往来而受到损失的,应当由该企

业承担民事责任。对于该企业财产不足以清偿债务的部分,由出资人在出资不实或者虚假资金额范围内承担责任。当企业、出资人的财产依法强制执行后仍不能清偿债务的,由金融机构在虚假资金证明金额范围内,根据过错大小承担责任,此种民事责任不属于担保责任。

企业登记时出资人未足额出资但后来补足的,或者债权人索赔所依据的合同无效的,免除金融机构的赔偿责任。值得注意的是,未经审理,法院不得将金融机构追加为被执行人。

金融机构按照验资程序进行审查核实,公司注册登记后又抽逃资金的,金融机构不承担退出验资手续费和赔偿损失的责任。

### 【案例90】出具虚假资金证明 银行承担补充连带责任①

**原告:** 林州兴华公司

**被告:** 王某林、刘某、王某山、王某江、兰某伟、侣某庆、郑州商行纬五路支行

**第三人:** 河南太林公司

**诉讼请求:** 众被告对第三人的债务承担赔偿责任。

**争议焦点:**

1. 第三人的众被告股东瑕疵出资,对公司债务承担责任的范围是怎样的,是否以瑕疵出资额为限;

2. 被告郑州商行纬五路支行出具虚假资金证明,对公司债务承担责任的前提是什么。

**基本案情:**

2006年,原告与第三人工程款纠纷一案,经生效判决认定:第三人支付原告工程款643,524.02元,并支付自1999年6月5日起至判决规定还款之日止的利息。因第三人未履行判决义务,原告已申请法院执行。

据工商登记材料显示,第三人1996年注册成立,注册资金为480,000元,被告王某林担任法定代表人。1997年3月27日,增加注册资本。同日,被告郑州商行纬五路支行出具证明载明:"第三人在我行存款余额壹佰壹拾万元。特此证明"。

1997年3月31日,河南省工商行政管理局给第三人颁发营业执照,其注册资本为148万元,股东分别为被告王某林、被告刘某、被告王某山、被告王某江、被告

---

① 参见河南省郑州市中级人民法院(2009)郑民四终字第400号民事判决书。

兰某伟、被告侣某庆,出资比例分别为46%、14%、14%、9%、8.5%、8.5%。

2001年12月30日,第三人被河南省工商行政管理局吊销营业执照。

2005年9月13日,法院就第三人1997年3月24日至3月27日在信用社存款账户上的登记情况向被告郑州商行纬五路支行进行查询,被告郑州商行纬五路支行在法院出具的协助查询存款通知书(回执)上写明:"提供1997年3月24日至3月27日对账单1份,经查传票无此票。"

**原告诉称:**

被告王某林、被告刘某、被告王某山、被告王某江、被告兰某伟、被告侣某庆(以下统称6名自然人被告)作为第三人的股东,存在瑕疵出资,应当对公司债务承担连带责任。同时,被告郑州商行纬五路支行在第三人设立过程中,出具了虚假的资金证明,对第三人债务承担连带责任。

**被告王某林辩称:**

其出资合法有效,原告的诉请无合法依据,应予以驳回。

其他5名自然人被告同意被告王某林的答辩意见。

**被告郑州商行纬五路支行辩称:**

我行未出具虚假出资证明,只是暂时传票未找到。

**律师观点:**

1. 6名自然人被告虚假出资,应对公司债务在出资不实的范围内承担连带责任。

被告郑州商行纬五路支行为第三人的注册成立出具了90万元的虚假资金证明,同时证明第三人的股东——6名自然人被告存在未足额出资的情况,违反《公司法》的相关规定,因上述6人否认其未足额出资,致使无法查明6人各自出资不实的具体金额,故6人应按出资比例承担出资不实的责任。

2. 被告郑州商行纬五路支行出具虚假资金证明,应对公司债务承担补充连带责任。

被告郑州商行纬五路支行表明1997年3月24日至3月27日第三人在其处无90万元的存款传票,应认定被告郑州商行纬五路支行为第三人注册成立出具了90万元的虚假资金证明,存在过错。

最高人民法院于2002年2月9日下发的《最高人民法院关于金融机构为企业出具不实或者虚假验资报告资金证明如何承担民事责任问题的通知》(法〔2002〕21号)明确规定:"一、出资人未出资或者未足额出资,但金融机构为企业提供不实、虚假的验资报告或者资金证明,相关当事人使用该报告或者证明,与该企业进行经济往来而受到损失的,应当由该企业承担民事责任。对于该企业财产不足以清偿债务的,由出资人在出资不实或者虚假资金范围内承担责任。二、对前项所述情况,企业、出资人的财产依法强制执行后仍不能清偿债务的,金融机构在验资不实部分或者虚假资金证明金额范围内,根据过错大小承担责任。此种民事责任不属于担保责任。"该通知确立的精神为,金融机构承担民事责任的前提是企业、出资人的财产依法强制执行后仍不能清偿债务的,金融机构才承担责任。结合本案情况,第三人欠原告工程款应当先由第三人承担,第三人不足以清偿的,由第三人的股东在出资不实或者虚假资金范围内承担责任,第三人及其股东的财产依法强制执行后仍不能清偿债务的,被告郑州商行纬五路支行在出具虚假资金证明金额范围内承担责任。

**法院判决:**

1. 第三人欠原告的工程款、利息、诉讼费、鉴定费,第三人的财产不足以清偿的,被告王某林、被告刘某、被告王某山、被告王某江、被告兰某伟、被告侣某庆对在第三人出资不实的90万元范围内按出资比例承担出资不实的赔偿责任;

2. 被告郑州市商业银行纬五路支行对上述第三人的债务,在第三人、被告王某林、被告刘某、被告王某山、被告王某江、被告兰某伟、被告侣某庆的财产依法强制执行后仍不能清偿的,在90万元的虚假资金证明范围内承担赔偿责任。

### 151. 会计师事务所出具不实验资报告,由此对被审计单位利害关系人造成损失的应如何承担责任?

会计师事务所因在审计业务活动中对外出具不实报告给利害关系人造成损失的,应当承担侵权赔偿责任,但其能够证明自己没有过错的除外。赔偿责任大小应根据过错承担确定,具体如下:

(1)应先由被审计单位赔偿利害关系人的损失。被审计单位的出资人虚假出资、不实出资或者抽逃出资,事后未补足,且依法强制执行被审计单位财产后仍不足以赔偿损失的,出资人应在虚假出资、不实出资或者抽逃出资数额范围内向利害关系人承担补充赔偿责任。

(2)对被审计单位、出资人的财产依法强制执行后仍不足以赔偿损失的,由会计师事务所在其不实审计金额范围内承担相应的赔偿责任。

(3)会计师事务所对一个或多个债权人在验资不实部分内承担的责任累计已经达到其应当承担责任部分的,对公司其他债权人不再承担赔偿责任。

对于多个债权人同时要求受偿的,会计师事务所应当在其出具的被验资单位注册资金证明金额不实部分内,就其应当承担责任的部分按比例分别承担赔偿责任。

### 五、虚假出资或抽逃出资的行政责任与刑事责任

**152. 公司股东虚假出资或抽逃出资,应当承担哪些行政责任?**

公司股东虚假出资或抽逃出资,由公司登记机关责令改正,处以虚假出资金额或抽逃出资金额5%以上15%以下的罚款。

**153. 何为虚假出资、抽逃出资罪?其立案追诉标准以及量刑标准分别是怎样的?**

虚假出资、抽逃出资罪,是指实行注册资本实缴登记制的公司发起人、股东违反《公司法》的规定未交付货币、实物或者未转移财产权,虚假出资,或者在公司成立后又抽逃其出资,数额巨大、后果严重或者有其他严重情节的行为。

虚报注册资本罪和虚假出资、抽逃出资罪只适用于依法实行注册资本实缴登记制的公司。实行认缴登记制的公司股东不会承担虚报注册资本罪和虚假出资、抽逃出资罪的刑事责任。

(1)立案追诉标准

所谓"数额巨大、后果严重或者其他严重情节",即公司发起人、股东违反《公司法》的规定未交付货币、实物或者未转移财产权,虚假出资,或者在公司成立后又抽逃其出资,涉嫌下列情形之一的,应予立案追诉:

①超过法定出资期限,有限责任公司股东虚假出资数额在30万元以上并占其应缴出资数额60%以上的;股份有限公司发起人、股东虚假出资数额在300万元以上并占其应缴出资数额30%以上的。

②有限责任公司股东抽逃出资数额在30万元以上并占其实缴出资数额60%以上的;股份有限公司发起人、股东抽逃出资数额在300万元以上并占其实缴出资数额30%以上的。

③造成公司、股东、债权人的直接经济损失累计数额在10万元以上的。

④或虽未达到上述数额标准,但具有下列情形之一的:

a. 致使公司资不抵债或者无法正常经营的;

b. 公司发起人、股东合谋虚假出资、抽逃出资的;

c. 2年内因虚假出资、抽逃出资受过行政处罚2次以上,又虚假出资、抽逃出资的;

d. 利用虚假出资、抽逃出资所得资金进行违法活动的。

⑤其他后果严重或者有其他严重情节的情形。

(2) 量刑标准

构成虚假出资、抽逃出资罪,处5年以下有期徒刑或者拘役,并处或者单处虚假出资金额或者抽逃出资金额2%以上10%以下罚金。单位犯此罪的,对单位判处罚金,并对其直接负责的主管人员和其他直接责任人员,处5年以下有期徒刑或者拘役。

**154. 何为非法吸收公众存款罪?其立案追诉标准以及量刑标准分别是怎样的?**

非法吸收公众存款罪,是指非法吸收公众存款或者变相吸收公众存款,扰乱金融秩序的行为。

(1) 立案追诉标准

非法吸收公众存款或变相吸收公众存款,扰乱金融秩序的,涉嫌下列情形之一的,应予立案追诉:

①个人非法吸收或者变相吸收公众存款,数额在20万元以上的;单位非法吸收或者变相吸收公众存款,数额在100万元以上的。

②个人非法吸收或者变相吸收公众存款对象30户以上的;单位非法吸收或者变相吸收公众存款对象150户以上的。

③个人非法吸收或者变相吸收公众存款,给存款人造成直接经济损失数额在10万元以上的;单位非法吸收或者变相吸收公众存款,给存款人造成直接经济损失数额在50万元以上的。

④造成恶劣社会影响的或者其他扰乱金融秩序情节严重的情形。

另外,非法吸收或者变相吸收公众存款构成犯罪,具有下列情形之一的,向亲友或者单位内部人员吸收的资金应当与向不特定对象吸收的资金一并计入上述立案追诉标准的犯罪数额中:

①在向亲友或者单位内部人员吸收资金的过程中,明知亲友或者单位内部人员向不特定对象吸收资金而予以放任的;

②以吸收资金为目的,将社会人员吸收为单位内部人员,并向其吸收资金的;

③向社会公开宣传,同时向不特定对象、亲友或者单位内部人员吸收资金的。

非法吸收或者变相吸收公众存款的数额,以行为人所吸收的资金全额计算。集资参与人收回本金或者获得回报后又重复投资的数额不予扣除,但可以作为量刑情节酌情考虑。集资参与人,是指向非法集资活动投入资金的单位和个人,为非法集资活动提供帮助并获取经济利益的单位和个人除外。

(2) 量刑标准

犯非法吸收公众存款罪,数额较大的,处3年以下有期徒刑或者拘役,并处或者单处罚金;数额巨大或者有其他严重情节的,处3年以上10年以下有期徒刑,并处罚金;数额特别巨大或者有其他特别严重情节的,处10年以上有期徒刑,并处罚金。

单位犯前款罪的,对单位判处罚金,并对其直接负责的主管人员和其他直接责任人员,依照上述的规定处罚。

有前两款行为,在提起公诉前积极退赃退赔,减少损害结果发生的,可以从轻或者减轻处罚。

## 【案例91】非法吸收公众存款　中富证券被罚百万[①]

**被告单位:** 中富证券

**被告人:** 彭某、楼某、陈某、李某

**基本案情:**

2001年6月,友联公司成立,注册资金200万元,德隆集团的法定代表人唐某新兼任总裁,德隆集团的董事唐某川、张某光(均另行处理)分别兼任法定代表人和常务副总裁。

2002年2月,被告单位成立,注册资金5.1亿元,该证券公司具有受托投资管理等业务的资质。2003年年初,被告单位经股权转让后的实际股东是利德公司等4家单位,利德公司控股54.12%。同时,唐某新在与唐某川、张某光等人共谋后,决定友联公司通过唐某川兼任法定代表人的中企公司以3.6亿余元的价格收购利德公司,开始控制被告单位。

2003年7月,被告人彭某受友联公司委派任被告单位总裁助理,全面负责资产管理业务;被告人陈某任被告单位资产管理部总经理,具体负责资产管理业务的操作。期间,唐某新明确要求被告人彭某以保本并支付高于银行同期利率数倍利息的方法吸收公众资金,并下达了吸收资金6亿元的指标,还规定所吸收的资金由友联公司统一支配。为此,被告人彭某、被告人陈某先后制定了《分支机构开展资产管理业务的指导意见》《委托资产管理业务考核暂行办法》等具体规则,拟制了《资产管理委托协议书》《资产管理委托协议附加条款》等合同的格式文本,多次召开各部门和下属营业部相关人员参加会议,组织员工培训和向各营业部分解指标等。2003年9月至12月,被告单位向北京市人防开发管理中心等5家单位和王某等22名个人吸收资金计1.9亿余元。

---

[①] 参见上海市第二中级人民法院(2005)沪二中刑初字第117号判决书。

2004年1月,被告人彭某离开被告单位后,被告人楼某受友联公司委派接任被告单位副总裁,全面负责资产管理等业务。同年2月,被告人陈某离开被告单位,资产管理部的业务由时任该部门副总经理的被告人李某具体操作。同年4月,被告人楼某被任命为被告单位总裁,被告人李某任被告单位资产管理部总经理。期间,在唐某新向被告人楼某等人下达了吸收资金30亿元的指标后,被告人楼某、被告人李某除沿用被告人彭某、被告人陈某任职期间制定的相关运作制度外,还通过召开会议、培训员工、分解指标、提高利率、到各营业部巡查等方法,继续以上述同样方法吸收公众资金。2004年1月至同年4月,被告单位向通用燃气有限公司等17家单位和殷某红等41名个人吸收资金计6亿余元。

**公诉机关指控:**

友联公司通过中企公司完成对被告单位收购后,由被告单位以资产管理为名,采用承诺保本和固定年收益4.5%至13%的方式,吸收公众存款供友联公司统一使用。

2003年9月至2004年4月,被告单位变相吸收公众存款7.9亿余元。其中,被告单位在被告人彭某任职期间吸收资金1.9亿余元;被告人楼某任职期间吸收资金6亿余元;被告人陈某任职期间吸收资金2.2亿余元;被告人李某任职期间吸收资金5.7亿余元。上述资金主要用于购买新疆屯河、湘火炬、合金投资等股票和国债、调拨至其他单位、支付资产管理合同本金和利息、业务拓展等。至案发,尚有6.1亿余元未向被吸收存款人兑付。被告单位的行为已触犯《刑法》第176条的规定,数额巨大,应以非法吸收公众存款罪追究其刑事责任。被告人彭某、被告人楼某应作为直接负责的主管人员承担刑事责任,被告人陈某、被告人李某应作为直接责任人员承担刑事责任。鉴于被告单位及各被告人均有自首情节,可依法从轻或者减轻处罚。

**被告单位辩称:**

被告单位具有受托资产管理业务资质,其向客户收取7.9亿余元资金中的大部分均用于资产管理业务,故指控被告单位的部分行为构成犯罪,缺乏法律依据。

**被告人楼某辩称:**

对被告人楼某等人的违规行为法律没有规定为犯罪,被告人楼某在被告单位开展工作受董事会和董事长领导,也不是直接负责的主管人员,故被告人楼某的行为不构成犯罪。

**被告人彭某辩称:**

1. 被告人彭某等人具有违规行为,应给予行政处罚,指控被告人彭某的行为

构成犯罪,缺乏法律依据;

2. 指控被告人彭某的犯罪金额中,有1.1亿元资金没有存入被告单位,有3000万元资金不是发生在被告人彭某任职期间,被告人彭某不应对上述1.4亿元承担责任。

**被告人陈某辩称:**

被告人陈某主观上无犯罪的直接故意,且法律也未对被告人陈某等人的行为规定为犯罪,故被告人陈某不构成犯罪。

**被告人李某辩称:**

被告人李某根据单位安排履行职责,故指控被告人李某系被告单位单位犯罪中直接责任人员的证据不足。

**法院认为:**

1. 被告单位在未经中国人民银行批准的情况下,以开展所谓的资产管理业务的名义,采用保本付息的方法,向社会不特定的单位和个人变相吸收存款计7.9亿余元,其行为与《证券法》第143条①关于"证券公司不得以任何方式对客户证券买卖的收益或者赔偿证券买卖的损失作出承诺"的规定相违背。国务院颁布施行的《非法金融机构和非法金融业务活动取缔办法》②第4条规定:"前款所称非法吸收公众存款,是指未经中国人民银行批准,向社会不特定对象吸收资金,出具凭证,承诺在一定期限内还本付息的活动;所称变相吸收公众存款,是指未经中国人民银行批准,不以吸收公众存款的名义,向社会不特定对象吸收资金,但承诺履行的义务与吸收公众存款性质相同的活动。"被告单位的行为,与未经中国人民银行批准,变相吸收公众存款的性质相同,严重扰乱了国家的金融秩序,已触犯《刑法》第176条的规定,构成非法吸收公众存款罪,且被告单位吸收公众存款7.9亿余元后,已构成犯罪既遂,该款均应作为犯罪数额认定,其用途并不能改变非法吸收的性质。

2. 被告人彭某、被告人楼某先后受友联公司委派,分别担任被告单位总裁助理和副总裁、总裁,两人在明知其负责开展的保本付息吸收公众存款"业务"系违法行为的情况下仍积极付诸实施,其中被告人彭某任职期间吸收存款1.9亿余元,被告人楼某任职期间吸收存款6亿余元,两人均应承担被告单位单位犯罪中直接负责的主管人员的刑事责任。

---

① 现为《证券法》(2019年修订)第135条相关内容。
② 该规定已由《防范和处置非法集资条例》国务院令第737号废止,新条例于2021年5月1日起施行。

3. 被告人陈某、被告人李某先后担任被告单位资产管理部总经理,两人在明知被告单位开展的保本付息吸收公众存款"业务"系违法行为的情况下仍具体操作,其中被告人陈某任职期间吸收存款2.2亿余元,被告人李某任职期间吸收存款5.7亿余元,两人均应承担被告单位单位犯罪中其他直接责任人员的刑事责任。

公诉机关指控被告单位和各被告人犯罪的罪名成立。四位被告人的辩解均不能否认被告单位变相吸收公众存款和各被告人的地位、作用等事实,均不予采纳。

鉴于被告单位和各被告人在案发前向司法机关如实供述犯罪事实,系自首,依法均可减轻处罚。根据本案的具体情况,对被告人陈某、被告人李某可以宣告缓刑。

**法院判决:**

1. 被告单位犯非法吸收公众存款罪,判处罚金100万元人民币;

2. 被告人彭某犯非法吸收公众存款罪,判处有期徒刑1年,并处罚金4万元人民币;

3. 被告人楼某犯非法吸收公众存款罪,判处有期徒刑1年零6个月,并处罚金5万元人民币;

4. 被告人陈某犯非法吸收公众存款罪,判处有期徒刑1年,缓刑1年,并处罚金3万元人民币;

5. 被告人李某犯非法吸收公众存款罪,判处有期徒刑1年零6个月,缓刑1年零6个月,并处罚金4万元人民币;

6. 违法所得的一切财物予以追缴。

### 155. 何为集资诈骗罪?其立案追诉标准以及量刑标准分别是怎样的?

集资诈骗罪,是指以非法占有为目的,使用诈骗方法非法集资,数额较大的行为。

(1) 立案追诉标准

个人集资诈骗,数额在10万元以上的,单位集资诈骗,数额在50万元以上的,应予追诉。

个人进行集资诈骗,数额在10万元以上的,应当认定为"数额较大";数额在30万元以上的,应当认定为"数额巨大";数额在100万元以上的,应当认定为"数额特别巨大"。

单位进行集资诈骗,数额在 50 万元以上的,应当认定为"数额较大";数额在 150 万元以上的,应当认定为"数额巨大";数额在 500 万元以上的,应当认定为"数额特别巨大"。

集资诈骗的数额以行为人实际骗取的数额计算,案发前已归还的数额应予扣除。行为人为实施集资诈骗活动而支付的广告费、中介费、手续费、回扣,或者用于行贿、赠与等费用,不予扣除。行为人为实施集资诈骗活动而支付的利息,除本金未归还可予折抵本金以外,应当计入诈骗数额。

(2)量刑标准

犯集资诈骗罪,数额较大的,处 3 年以上 7 年以下有期徒刑,并处罚金;数额巨大或者有其他严重情节的,处 7 年以上有期徒刑或者无期徒刑,并处罚金或者没收财产。

单位犯前款罪,对单位判处罚金,并对其直接负责的主管人员和其他直接责任人员,依照前款的规定处罚。

## 【案例92】吴某案几经波折　重审改判无期

**被告人**:吴某

**基本案情**:

被告人吴某,1981 年 5 月 20 日出生于浙江省东阳市,中专文化,本色集团法定代表人。

被告人于 2003 年 8 月在浙江省东阳市开办东阳吴宁贵族美容美体沙龙;2005 年 3 月开办东阳吴宁喜来登俱乐部,同年 4 月开办东阳市千足堂理发休闲屋,同年 10 月开办东阳韩品服饰店;2006 年 4 月成立东阳市本色商贸有限公司,后注资 5000 万元人民币成立本色控股集团有限公司,同年 7 月成立东阳开发区本色汽车美容店、东阳开发区布兰奇洗衣店,同年 8 月先后成立浙江本色广告有限公司、东阳本色洗业管理服务有限公司、浙江本色酒店管理有限公司、东阳本色电脑网络有限公司、东阳本色装饰材料有限公司、东阳本色婚庆服务有限公司,同年 9 月成立东阳本色物流有限公司,同年 10 月组建本色集团,子公司为本色广告公司、本色酒店管理公司、本色洗业管理公司、本色电脑网络公司、本色婚庆公司、本色装饰材料公司、本色物流公司等。

2005 年 5 月至 2007 年 2 月,被告人以每万元每天 40~50 元、最高年利率超过 180% 的高额利息或高额投资回报为诱饵,骗取集资款 77,339.5 万元人民币,实际集资诈骗 38,426.5 万元人民币。被告人将上述款项约花费如下:(1)购买房产。最早是购买博大置业的房产,花了 2200 万元左右;接着是通江花园,有两幢别墅和街面房等,花了将近 3000 万元;再是现代投资公司的望宁公寓,花了 5000 多万元;入股博大花园,定金交了 2600 万元;购置稀宝广场房交了定金 500 万元;在湖北荆门白云大道买了街面房十几间,花了 1400 万元左右,3 个套间 70 万~80 万元;在诸暨购买商务写字楼,花了将近 300 万元;为投标江北土地交了押金 800 万元;以上共计 15,880 万元;(2)购置公司的车辆及个人用的车辆。以公司名义买的车有 30 多辆,花了 1500 万~1600 万元购车费,还有上牌、交税的一些费用,个人的车是法拉利跑车花了 375 万元;以上共计 2000 万元左右;(3)从方某波处购买珠宝 2300 多万元;(4)装潢本色概念酒店用了 3000 万元左右;(5)汽车美容一项,买设备加装潢、房租等,花了 200 万~300 万元;(6)衣服干洗,买设备、加盟布兰奇、房租等,花了 100 多万元;(7)广告公司,用于东义路广告牌、集团总部的广告牌、房租、广告公司的装潢等,花了 400 万~500 万元;(8)商贸城办公室装潢、空调等花了 200 万元,5 楼家具 200 万元,1~3 楼的货物价值 200 万~300 万元,商贸城总计花了 1000 万元左右;(9)网吧经营,房租及电脑设备共花了 500 万~600 万元;(10)建材城的装潢、广告及样品,花了多少记不清了,广告和装潢 200 万元是有的;(11)收购伊人婚纱店花了 50 万元;(12)仓库里还有一些库存,多少搞不清楚了;(13)集团员工的工资,从 2006 年 3 月至 12 月共付了将近 2000 万元;(14)在商贸城附近开了一个职工食堂,花了 69 万元;(15)聘请律师,付了 50 万元;(16)赞助西宅小学 80 万元,磐安 50 万元;(17)装潢义乌小山宾馆 500 万~600 万元;(18)赞助报纸杂志 100 多万元;(19)湖北信义公司办公楼装潢 40 万~50 万元;(20)诸暨信义公司装潢花了将近 100 万元;(21)公司正常经营的费用,如差旅费、招待费等,多少弄不清楚了;(22)经营期货亏了 5000 万元;(23)个人花费有将近 1000 万元,买衣服、包、鞋、化妆品、手表等有 400 万元左右,坐飞机、吃饭请客、娱乐消费等 600 万元是有的。以上 23 项共计 32,910 万元左右。

2006 年 12 月 21 日,被告人被债权人杨某昂以"有一笔 20 亿美元的业务"为由,骗至温州王朝大酒店,逼其签署了大量空白文件,取走本色集团营业执照,直接导致本色集团崩盘。

2007 年 1 月 10 日,东阳市政府一纸公告,查封了本色旗下全部产业。

2007 年 2 月 7 日,被告人因涉嫌犯非法吸收公众存款罪被东阳市公安局刑事拘留,同年 3 月 16 日被逮捕。

**公诉机关指控:**

被告人集资诈骗数额特别巨大并造成特别重大损失,构成集资诈骗罪。

1. 本色集团股东工商登记为被告人及其妹吴某玲,但吴某玲并未实际出资和参与经营。自2005年3月开始,被告人就以合伙或投资等为名,向徐某兰、俞某素、唐某琴、夏某琴、竺某飞、赵某夫等人高息集资。至2006年4月本色集团成立前,被告人已负债1400余万元。为能继续集资,被告人用非法集资款先后虚假注册了上述众多公司,成立后大都未实际经营或亏损经营,但被告人采用虚构事实、隐瞒真相、虚假宣传等方法,给社会造成其公司具有雄厚经济实力的假象,以骗取更多的社会资金。

2. 2005年5月至2007年2月,被告人以高额利息为诱饵,以投资、资金周转等为名,先后从林某平、杨某陵、杨某江等11人处非法集资77,339.5万元人民币,用于偿还本金、支付高额利息、购买房产、汽车及个人挥霍等,实际集资诈骗38,426.5万元人民币。

3. 被告人还用非法集资所得的资金购买的房产于2006年11月至2007年1月向王某镯、宋某俊、卢某丰、王某厚、陈某秀抵押借款共计6619万元人民币,案发前已归还1000万元人民币,尚欠5619万元人民币。

4. 被告人开办的公司因装修、进货、发售洗衣卡、洗车卡等,相关的单位和个人向公安机关申报债权,总计2034余万元人民币。

5. 2006年10月,被告人以做珠宝生意为名,从方某波处购进了标价12,037万元的珠宝,支付货款2381万元。除部分在案发前还存放在被告人办公室外,大部分珠宝被被告人用于抵押或送人。

6. 案发后,公安机关依法查封和冻结了被告人及相关公司名下和相关人员名下的财产和银行存款。被告人及其公司的财产经鉴定,总计价值17,164万元人民币。

**被告人辩称:**

向本案被害人借钱数额和未归还的数额无异议。但其主观上无非法占有的故意,借的钱也是用于公司的经营活动,并未用于个人挥霍。认为其行为不构成犯罪,理由如下:

1. 被告人主观上无非法占有的目的。

(1)公诉机关指控被告人"明知没有归还能力而大量骗取资金"没有事实依据;

(2) 被告人所借款项用于公司经营有关的房产、汽车、购买股权等活动,只有小部分购买了珠宝,且购买珠宝的目的也是经营;

(3) 被告人不具有"其他非法占有资金、拒不返还的行为",其所借款项由于种种原因客观上无力返还,而不是有能力归还故意霸占不予返还。

2. 被告人在借款过程中没有使用虚构事实等手段骗取他人财物。

3. 本案所涉被害人均属亲戚朋友和熟人,不属"社会公众",不能以非法集资论。

4. 本案被指控的行为属公司行为,被告人系本色集团的董事长,所得借款也用于公司活动。

5. 本案被告人系本色集团的法定代表人,其向本案被害人借款时,有的是以单位的名义,有的虽然以个人名义,但所借款均用于单位的经营活动,根据法律规定,属单位行为。

6. 公诉机关指控事实不清、证据不足。

(1) 本案集资款的数额、还款数额有的只是按照当事人的陈述,没有客观、翔实的证据;

(2) 集资款具体去向未经司法鉴定;

(3) 现公诉机关提供的对被告人公司的财产鉴定结论书不公正、不客观、不准确、不全面。

综上,被告人的行为属于一种民间借贷行为,不符合《刑法》关于集资诈骗罪的规定,请求对被告人作出无罪判决。

**一审认为:**

1. 对本案事实的认定。

被告人对公诉机关指控向上述11人借款及未归还的数额无异议,其辩护人提出,对没有相关银行凭证、只有债权人记录的借款,存在债权人夸大事实和包括利息的可能,故应当排除,但未就具体哪一笔提出意见。本院认为,上述事实,不仅有被害人的陈述、证人证言、银行往来凭证等证据所证实,被害人记录的借款时间、金额也经被告人核对确认,故予以认定。

被告人及其辩护人提出,鉴定结论不客观,要求重新鉴定。本院经审查认为,出具鉴定结论的评估机构是法定的鉴定部门,且出具的鉴定结论与客观实际相符,具有法定的效力,予以采信,故被告人及其辩护人提出的意见无事实依据,本院不予采纳。被告人及其辩护人提出,要求对公司的财务进行司法审计。经查,公诉机关提供的3个会计师事务所出具的情况说明,均证明因会计资料不全等客观原因,无法审计,故不予采纳。由于辩方证人对被告人资金的来源与去向并不知情,亦与在侦查阶段所作的证言不相符,故本院不予采信。

2. 关于被告人主观上是否具有非法占有他人财物的故意,即其行为是否构成犯罪的问题。

(1)本身无经济基础,无力偿还巨额高息集资款。

本案的证人俞某素、唐某琴、夏某琴、周某红、徐某兰等人的证言、现金账、借条、欠条、银行本票、汇票、工商登记材料、被告人的供述等证据,证实被告人开办千足堂、汽车租赁等店时,已经向俞某素、徐某兰等人借款,且所集款均以高息或高分红投资回报为诱饵筹得(每万元每日35元、40元、50元)。其开办的美容店、千足堂等,注册资金也只是14万元。至2005年八九月时,被告人已负债上千万元。被告人明知汽车租赁等经营收入,根本无法支付约定的高息、高分红,在资不抵债、入不敷出的情况下,为资金链的延续,于2005年下半年开始,以高息和高额回报为诱饵,大量非法集资。

(2)虚构事实,隐瞒真相,骗取巨额资金。

本案证人证言、书证及被告人的供述均可证实,被告人在实际并未投资白马服饰城商铺和收购湖北荆门酒店的情况下,却以炒商铺、收购烂尾楼需要等名义向他人大量集资。并在从事期货投资已造成近5000万元巨额亏损的情况下,仍向他人支付所谓的高额利润。被告人不仅对出借人隐瞒巨额负债的事实,且对公司的管理人员均隐瞒其资金来源和去向,并用非法集资所得的资金,注册成立多家公司,在社会上进行虚假宣传,其实质是为了掩盖巨额负债的事实,给社会公众造成其有雄厚经济实力的假象,以骗取更多的社会资金。

(3)随意处置集资款。

被告人在负债累累、无经济实力,且无经营管理能力的情况下,不计回报,虚假设立公司,挥霍集资款。其所设立的公司均无法在短期内产生效益,个别经营活动盈利极少,大多是处于亏损的状况。在本身毫无经济实力的情况下,被告人为维持资金雄厚的假象,用集资款支付2381万元,签订上亿货款的珠宝合同,而所购的珠宝随意处置。其明知没有投资能力,不计后果签订开发博大新天地商品房,明知自己没有投资和经营能力,盲目投标江北甘溪路地块,造成定金、保证金1400万元被没收。用集资款支付中间人巨额介绍费;用集资款捐赠达230万元;在无实际用途的情况下,花近2000万元购置大量汽车,其中为本人配置购价375万元的法拉利跑车;为所谓的拉关系随意给付他人钱财130万元;其本人一掷千金,肆意挥霍,其供认花400万元购买名衣、名表、化妆品,同时进行高档娱乐消费等花费达 600 万元。

(4) 巨额集资无账目。

被告人供认:"其实前期的借款我都有记录过,我把记录的账本放在自己的包里。后来因我的包有五六次被偷被抢,里边的账本也被拿去了,我自己干脆就不记录了,就凭我脑袋瓜的记忆,再说借我款的人也有账记录的,我都相信他们的。"可见其本人对到底借了多少资金并不在意,对归还多少本金和利息亦十分随意。此外,东阳市 3 个会计师事务所均出具说明,证明其相关公司无法审计,足见其财务管理混乱的程度。

(5) 造成巨额资金无法追回。

根据现有的证据,证实被告人实际诈骗数额 3.8 亿余元,造成巨额资金无法归还。

虽然被告人一再辩称,其主观上无非法占有的目的,想通过将公司做强做大后上市,再将借款归还。但根据其供述及其私刻假银行印章在承诺书上盖章等行为,足以证实,其系用汇票证明自身有经济实力,以应付他人催讨,拖延时间,继续骗取借款及意图从银行"融资",以后债归还前债的方法维持资金链的延续。

综上,本院认为,被告人明知没有归还能力,仍虚构借款用途,以高息为诱饵,大肆向社会公众集资,并对取得的集资款恶意处分和挥霍,造成巨额资金不能返还,足以认定其主观上具有非法占有的故意。故被告人及其辩护人提出被告人的行为属正常的民间借贷、不构成犯罪的意见与本院查明的事实及法律规定不符,不予采纳。

3. 关于本案属单位犯罪还是自然人犯罪的问题。

(1) 从本色集团设立情况看,被告人成立公司的注册资金都来自非法集资和借款,注册资金来源非法;公司的另一股东吴某玲,在未出资且不知情的情况下,签名后成为名义股东。本色集团违反了《公司法》关于设立有限责任公司的规定,不具备《公司法》上关于单位应当依法设立的特征,不具有单位资格,即实质上是被告人个人公司,法律责任应由被告人个人承受。

(2) 从本色集团的经营状况看,本色集团除了用借款和非法集资的款项购置房地产、汽车、装潢等,实际的经营活动极少。公司的设立是给被告人非法集资提供幌子,其不断扩大公司规模、作虚假宣传,提高影响力,误导公众对其本身经济实力的认识,实质上是为掩盖其集资诈骗的事实,并为其继续集资诈骗提供便利。公司中资金流量和使用最频繁的就是有关非法集资的款项来往,即公司设立后,是以实施犯罪为主要活动,公司人格依法应予以否认。

(3)从资金的取得看,均系被告人一人所为,且被告人对公司的任何人均隐瞒了资金的来源。

(4)从对外集资的形式上看,被告人大多是以个人名义进行,而不是以本色集团的名义进行。正如被告人本人供认"我以个人名义就能借到钱,只是应对方要求在借条上写上本色集团为担保人"。且大量资金是进入被告人的个人账号。

(5)从非法集资的目的上看,被告人并非为了公司的利益。其所集资的资金虽有部分用于所谓的公司注册经营,但其公司经营的都是传统产业,利润较低,甚至亏损,根本无法承担应付的高额利息。而且被告人的集资行为并没有从公司利益出发,也并非为了让公司获取经营资金。公司成立前,被告人已进行非法集资,公司成立后的非法集资行为只是公司成立之前行为的延续,公司设立前后的行为是一个整体,不能割裂开来看。

综上,被告人非法集资多以个人名义实施,公司亦用非法资金出资;将既无出资也不知内情的吴某玲挂名为股东,虚假设立,故公司实质上是被告人的个人公司,不具有《公司法》意义上的实质内涵,不具有承担法律责任的公司人格。且公司财产均系高息集资的资金购置;其设立的公司经营活动极少,在集资过程中出具的借条中有公司名义的,也无非是被告人为应对出借人的要求,骗取他人的信任,即公司只是被告人犯罪的工具。根据《最高人民法院关于审理单位犯罪具体应用法律有关问题的解释》第2条"个人为进行犯罪活动而设立公司、企业、事业单位的,或者公司、企业、事业单位设立后,以实施犯罪为主要活动的,不能以单位犯罪论处"的规定,本案被告人的行为不能以单位犯罪论处。故本院对辩护人提出被告人的行为系单位行为的意见不予采纳。

4. 被告人的行为是否符合集资诈骗罪的问题。

公诉机关指控的本案被害人虽然只有11人,但根据现有的证据,足以证实被告人系通过虚假宣传、支付高额利息及所谓的高额投资回报等形式,误导社会公众,通过本案的11名被害人将款项投资给被告人。而且被告人明知林某平、杨某陵、杨某江、杨某昂等人是做融资生意的,他们的资金也系非法吸存所得到。仅林某平一人,所涉人员和单位就达66人。另被告人除了向本案11名被害人非法集资外,还向王某镯、宋某俊、卢某奉、王某厚、陈某秀、俞某素、唐某琴、夏某琴等人非法集资。被告人除了本人非法集资外,还授意徐某兰向他人非法集资,徐某兰非法吸收公众存款所涉人员达14人。综上,被告人的行为完全符合集资诈骗罪的构成要件。

被告人以非法占有为目的,隐瞒事实真相,虚构资金用途,以高额利息或高额投资回报为诱饵,骗取集资款77,339.5万元人民币,实际集资诈骗38,426.5万元人民币,数额特别巨大,其行为不仅侵犯了他人的财产所有权,而且破坏了国家的金融管理秩序,已构成集资诈骗罪。公诉机关指控罪名成立,本院予以支持。被告人及其辩护人提出,被告人的行为属正常的民间借贷、不构成集资诈骗罪的意见,与本院查明的事实及法律规定不符,本院不予采纳。鉴于被告人集资诈骗数额特别巨大,给国家和人民利益造成了特别重大损失,犯罪情节特别严重,应依法予以严惩。

**一审判决[1]:**

1. 被告人犯集资诈骗罪,判处死刑,剥夺政治权利终身,并处没收其个人全部财产;

2. 被告人违法所得予以追缴,返还被害人。

被告人不服一审判决,向上级人民法院提起上诉。

**被告人上诉称:**

被告人的行为不构成犯罪。同时又称,被告人即使构成犯罪,也不属犯罪情节特别恶劣,社会危害性极其严重,一审量刑显属不当;被告人检举揭发他人犯罪的行为,构成重大立功。

被告人在二审开庭审理中又称自己的行为已构成非法吸收公众存款罪。

二审开庭审理后,被告人又提出书面申请,要求撤回上诉。

**二审认为:**

原判定罪和适用法律正确,量刑适当,审判程序合法。

1. 被告人自2006年4月成立本色集团前已负巨额债务,其后又不计条件、不计后果地大量高息集资,根本不考虑自身偿还能力,对巨额集资款又无账目、记录;同时,被告人将非法集资所得的资金除少部分用于注册传统微利行业的公司以掩盖真相外,绝大部分集资款未用于生产经营,而是用于支付前期集资款的本金和高额利息、大量购买高档轿车、珠宝及肆意挥霍;案发前被告人四处躲债,根本不具偿还能力,原判据此认定被告人的行为具有非法占有的目的并无不当。

2. 在案的被害人陈述和被告人的供述证实,被告人均系以投资商铺、做煤和石油生意、合作开发酒店、资金周转等各种虚假的理由对外集资,同时,被告人为给社会公众造成其具有雄厚经济实力的假象,采用短时间大量虚假注册公司,并

---

[1] 参见浙江省金华市中院(2009)浙金刑二初字第1号刑事判决书。

用这些公司装扮东阳市本色一条街;经常用集资款一次向一个房产公司购买大批房产、签订大额购房协议;买断东义路广告位集中推出本色宣传广告,制作本色宣传册向社会公众虚假宣传;将骗购来的大量珠宝堆在办公室炫富;在做期货严重亏损情况下仍以赚了大钱为由用集资款进行高利分红,被告人的上述种种行为显系以虚构事实、隐瞒真相、向社会公众虚假宣传的欺骗方法集资。

3. 被告人除了本人出面向社会公众筹资外,还委托部分不明真相的人向社会公众集资,虽原判认定的直接受害人仅为11人,但其中林某平、杨某陵、杨某昂、杨某江4人的集资对象就有120多人,受害人涉及浙江省东阳、义乌、奉化、丽水、杭州等地,大部分是普通群众,且被告人也明知这些人的款项是从社会公众吸收而来,被告人显属向不特定的社会公众非法集资,有公众性。

4. 本色集团及各公司成立的注册资金均来自非法集资,成立后大部分公司都未实际经营或亏损经营;被告人用非法集资来的资金注册众多公司的目的是为虚假宣传,给社会公众造成本色集团繁荣的假象,以骗得更多的社会资金。

5. 被告人大量集资均以其个人名义进行,大量资金进入的是其个人账户,用途也由其一人随意决定。故本色集团及所属各公司实质上是被告人非法集资的工具,原判认定本案为被告人个人犯罪准确。

综上,被告人上诉及其二审辩护人辩称被告人没有非法占有的目的、主观上没有诈骗故意、客观上没有实施欺诈行为、没有用虚假宣传欺骗社会公众、本案属于单位犯罪等理由均不能成立,不予采信。原判认定的事实清楚,证据确实、充分。被告人所谓检举揭发他人犯罪,经查,均系其为了获取非法利益而向他人行贿,依法不构成重大立功。被告人以非法占有为目的、采用虚构事实、隐瞒真相、向社会公众作虚假宣传等诈骗方法非法集资,其行为已构成集资诈骗罪。被告人在二审庭审中辩称其仅构成非法吸收公众存款罪,二审辩护人提出被告人的行为不构成犯罪及要求改判无罪的理由,均与查明的事实及法律规定不符,不予采纳。被告人集资诈骗数额特别巨大,并给国家和人民利益造成了特别重大损失,犯罪情节特别严重,应依法予以严惩。二审辩护人要求对被告人从轻改判的理由亦不能成立,不予采纳。出庭检察员的意见成立,应予采纳。被告人在二审庭审之后要求撤回上诉的请求,依法不予准许。

**二审裁定[1]:**

驳回上诉,维持原判。

---

[1] 参见浙江省高级人民法院(2010)浙刑二终字第27号刑事裁定书。

裁定后,法院依法向最高人民法院提起死刑复核。

**最高人民法院认为：**

二审裁定认定被告人吴某犯集资诈骗罪的事实清楚,证据确实、充分,定性准确,审判程序合法。

鉴于被告人归案后,如实供述所犯罪行,并供述了其贿赂多名公务人员的事实,综合全案考虑,对被告人判处死刑,可不立即执行。

**最高人民法院裁定①：**

不核准被告人死刑,将案件发回浙江省高级人民法院重新审判。

**重审认为：**

被告人集资诈骗数额特别巨大,给受害人造成重大损失,且其行为严重破坏了国家金融管理秩序,危害特别严重,应依法惩处。

鉴于被告人归案后如实供述所犯罪行,并主动供述了其贿赂多名公务人员的事实,其中已查证属实并追究刑事责任的有3人,综合考虑,对被告人判处死刑,缓期二年执行。

**终审判决②：**

被告人犯集资诈骗罪,判处死刑,缓期2年执行,剥夺政治权利终身,并处没收其个人全部财产。

2014年7月11日,浙江省高级人民法院依法公开开庭审理罪犯吴某减刑一案,当庭作出裁定:将吴某的死刑(缓期2年执行)、剥夺政治权利终身,减为无期徒刑、剥夺政治权利终身。

## 【案例93】非法集资行为无效　发行人与代理人均担责③

**原告：**钟某先、钟某江等1257人

**被告：**西陵公司、西陵集团、建行三峡分行城区支行

**诉讼请求：**判令3位被告返还集资款11,334,179元人民币及利息。

**争议焦点：**

1. 银行下设办事处独立承担责任还是由其上级单位承担责任；

---

① 参见天涯社区网 http://www.tianya.cn/publicforum/content/free/1/2494160.shtml,2012年7月27日访问。

② 参见浙江法院网 http://www.zjcourt.cn/content/20060320000023/20120521000028.html,2012年7月27日访问。

③ 参见最高人民法院(1998)民终字第193号民事判决书。

2. 明知发行行为违法仍代理发行、奖券兑换集资单行为是否应承担连带责任。

**基本案情：**

1993年2月16日至5月5日,被告西陵公司与建行西陵办事处签订了《协议书》和《补充协议书》,约定:1. 被告西陵公司通过建行西陵办事处代理向全社会发行"购房奖券",并向被告建行三峡分行城区支行支付3%的发售及兑付手续费,同时负责奖券的设计、监印、加盖其公章及其他印章。2. 建行西陵办事处负责代理发行的组织及落实、奖券的发售及柜面宣传,负责回笼现金的清点、接送、进账及代开收据,负责奖券发售加盖日戳。

该协议履行过程中,原告购买了"购房奖券"。该奖券期限为8个月,年利率为20%。1995年,奖券陆续到期,被告西陵公司无力兑付,即通过为民储蓄所将到期的奖券更换成被告西陵公司出具的"内部大额集资单"。该集资单载明:存期1年,年利率分别为20%、23%和25%。

为民储蓄所系由建行星火路办事处与被告西陵集团联合开办。建行西陵办事处与建行星火路办事处均隶属于被告建行三峡分行城区支行。

被告西陵公司、被告西陵集团、为民储蓄所的住所地均在宜昌市珍珠路××号。将购房奖券兑换成被告西陵公司的内部大额集资单即在该址进行。为民储蓄所的工作人员参与了购房奖券的兑付工作,并在大额集资单上加盖了用于储蓄业务的个人名章。

**原告诉称：**

1997年,集资单全部到期,被告西陵公司无力兑付。原告多次要求兑付未果。

**原告为证明其观点,提交证据如下：**

被告西陵公司出具的加盖了为民储蓄所工作人员个人名章的"内部大额集资单"。

**被告建行三峡分行城区支行辩称：**

集资的筹措行为与奖券的发售行为不具有法律上的因果关系。本案中,奖券的兑付存在两种形式:一种是实物兑奖形式,另一种是以现金形式兑付。原告由于受高额集资利息的诱惑,自愿用兑现的现金参与集资。集资并非以奖券的发售为前提和基础,奖券的代理发售关系因奖券的兑付已归于消灭,且众原告中,有些人从未购买过"购房奖券",仅仅是"内部大额集资单"的购买者,还有些人在将"购房奖券"兑换成"内部大额集资单"时追加了资金。发售"购房奖券"和将奖券兑换成"内部大额集资单"是两个独立的民事行为,不能因为银行代理了"购房奖券"的发行,就要求其承担兑付"内部大额集资单"的连带责任。故被告建行三峡分行城区支行不应承担返还集资款的连带责任。

**被告建行三峡分行城区支行对原告所提供的证据发表质证意见如下:**

被告建行三峡分行城区支行没有实施集资代理行为。原告未能提供任何证据证明其所持有的集资单是从何处取得,更未能证明为民储蓄所实施了奖券兑换行为;原告所持的全部集资单中没有一份盖有为民储蓄所印章。没有单位印章,就不能认为是单位行为。

被告西陵公司、被告西陵集团未进行答辩。

**律师观点:**

1. 被告西陵公司擅自发行购房奖券和大额集资单的行为无效。

被告西陵公司未经金融行政主管部门的批准,向社会公开发行购房奖券和大额集资单,属违法集资,为无效民事行为。由此产生的法律后果,被告西陵公司应承担主要责任。原告疏于对购房奖券和大额集资单发行合法性的注意,亦应承担一定责任。

2. 建行西陵办事处、被告建行三峡分行城区支行明知被告西陵公司发行购房奖券的行为是违法集资,仍代理发行,应当承担连带责任。

建行西陵办事处明知被告西陵公司未经金融行政管理部门批准向社会发行购房奖券属非法集资性质,仍代理发行该购房奖券,根据《民法通则》第67条[①]的规定,当代理人知道被委托代理的事项违法仍然进行代理活动的,应由被代理人和代理人负连带责任。因此,建行西陵办事处应对被告的行为负连带责任。因其为被告建行三峡分行城区支行的下属单位,其责任应由被告建行三峡分行城区支行承担。

由于被告建行三峡分行城区支行并未提出有说服力的证据证明具体有哪些人没有购买"购房奖券",又有哪些人在兑换过程中追加了多少资金。故被告建行三峡分行城区支行仍应承担连带责任。

3. 为民储蓄所代理被告西陵公司将到期奖券更换成大额集资单,该行为属于违法集资行为的继续,应当承担连带责任。

为民储蓄所与被告西陵公司、被告西陵集团的住所地均在宜昌市珍珠路××号,该所工作人员在这一地址经手将该奖券兑换成被告西陵公司的内部大额集资单,由于该行为是购房奖券兑付行为的一部分,因此是违法集资行为的继续。又

---

① 现为《民法典》第167条相关内容。

由于为民储蓄所的工作人员在特定的地点所进行的特定行为,使集资户有理由相信其系为民储蓄所的行为,该所客观上对集资户起到了一种集资行为有银行参与的误导作用,因此,为民储蓄所应与被告西陵公司承担连带责任。

被告建行三峡分行城区支行以内部大额集资单上没有为民储蓄所的印章、该所部分工作人员参与将购房奖券兑换成内部大额集资单并在集资单上加盖名章的行为是个人行为而不是为民储蓄所的行为为由主张免责,缺少事实和法律依据。

因为民储蓄所系建行星火路办事处与被告西陵集团联合开办,故为民储蓄所的责任应由两开办单位承担。又因建行星火路办事处为被告建行三峡分行城区支行的下属单位,故其责任应由被告建行三峡分行城区支行承担。

**法院判决:**

1. 被告西陵公司开具给原告的内部大额集资单无效。

2. 被告西陵公司于判决发生法律效力之日起 15 日内偿还原告集资款 11,334,179 元人民币及利息(利息按中国人民银行同期存款利率从开具集资单之日起计至给付完毕之日止)。

3. 被告建行三峡分行城区支行与被告西陵集团对返还上述款项承担连带责任。

## 156. 验资机构、金融机构等中介机构违法出具虚假证明文件,是否应当承担刑事责任?

承担资产评估、验资、验证、会计、审计、法律服务、保荐、安全评价、环境影响评价、环境监测等职责的中介组织的人员故意提供虚假证明文件,情节严重的,构成提供虚假证明文件罪,处 5 年以下有期徒刑或者拘役,并处罚金。有下列情形之一的,处 5 年以上 10 年以下有期徒刑,并处罚金:

(1)提供与证券发行相关的虚假的资产评估、会计、审计、法律服务、保荐等证明文件,情节特别严重的;

(2)提供与重大资产交易相关的虚假的资产评估、会计、审计等证明文件,情节特别严重的;

(3)在涉及公共安全的重大工程、项目中提供虚假的安全评价、环境影响评价等证明文件,致使公共财产、国家和人民利益遭受特别重大损失的。

有前款行为,同时索取他人财物或者非法收受他人财物构成犯罪的,依照处罚较重的规定定罪处罚。

上述规定的人员,严重不负责任,出具的证明文件有重大失实,造成严重后果的,构成出具证明文件重大失实罪,处 3 年以下有期徒刑或者拘役,并处或者单处罚金。

涉嫌下列情形之一,情节严重的,应以提供虚假证明文件罪立案追诉:

(1)给国家、公众或者其他投资者造成直接经济损失数额在 50 万元以上的。

(2)违法所得数额在 10 万元以上的。

(3)虚假证明文件虚构数额在 100 万元以上且占实际数额 30% 以上的。

(4)虽未达到上述数额标准,但具有下列情形之一的:

①在提供虚假证明文件过程中索取或者非法接受他人财物的;

②两年内因提供虚假证明文件,受过行政处罚 2 次以上,又提供虚假证明文件的。

(5)其他情节严重的情形。

涉嫌下列情形之一,造成严重后果的,应以出具证明文件重大失实罪立案追诉:

(1)给国家、公众或者其他投资者造成直接经济损失数额在 100 万元以上的;

(2)其他造成严重后果的情形。

## 第五节　股东出资的税务问题

### 一、知识产权作价出资税务问题

**157. 个人以知识产权作价出资,是否需要缴纳个人所得税?**

个人以知识产权投资,属于个人转让知识产权和投资同时发生。对个人转让知识产权的所得,应按照"财产转让所得"项目,依法计算缴纳个人所得税。

(1)应纳税所得额的确定

个人以知识产权投资,应按评估后的公允价值确认资产转让收入。知识产权转让收入减除该资产原值及合理税费后的余额为应纳税所得额。

(2)收入确认时间

个人以知识产权投资,应于知识产权转让、取得被投资企业股权时,确认知识产权转让收入的实现。

(3)申报及缴税时间

个人应在发生上述应税行为的次月 15 日内向主管税务机关申报纳税。纳税人一次性缴税有困难的,可合理确定分期缴纳计划并报主管税务机关备案后,自发生上述应税行为之日起不超过 5 个公历年度内(含)分期缴纳个人所得税。

分期缴税政策自 2015 年 4 月 1 日起施行。对 2015 年 4 月 1 日之前发生的知识产权投资,尚未进行税收处理且自发生上述应税行为之日起期限未超过 5 年的,可在剩余的期限内分期缴纳其应纳税款。

**158. 居民企业以知识产权作价出资,是否需要缴纳企业所得税？如何确定应纳税所得额？是否享有税收优惠政策？**

企业以知识产权作价出资,资产权属已经发生了变更,符合所得税征税原则的核心要件,因此需要缴纳企业所得税。

(1)所得税处理的一般原则

企业以知识产权作价出资,应按规定视同销售确定收入。该知识产权属于企业自身的资产,应按企业同类资产同期对外销售价格确定销售收入;属于外购的知识产权,可按购入时的价格确定销售收入。同时,确定的收入均应一次性计入确认收入的年度计算缴纳企业所得税。

应纳税所得额 = 评估价值 - 技术转让成本 - 相关税费。其中:技术转让成本是指转让的知识产权的净值,即在该知识产权的计税基础减除在资产使用期间按照规定计算的摊销扣除额后的余额;相关税费是指技术转让过程中实际发生的有关税费,包括除企业所得税和允许抵扣的增值税以外的各项税金及其附加、合同签订费用、律师费等相关费用及其他支出。

(2)技术出资税收优惠政策

可享受税收优惠政策的软件、集成电路企业,每年汇算清缴时应向税务机关备案,同时提交《享受企业所得税优惠政策的软件和集成电路企业备案资料明细表》规定的备案资料。

集成电路设计企业是指以集成电路设计为主营业务并同时符合下列条件的企业,其中包括:主营业务拥有自主知识产权。软件企业是指以软件产品开发销售(营业)为主营业务并同时符合下列条件的企业,其中包括:主营业务拥有自主知识产权(见表 3-4)。

表3－4 享受税收优惠政策的企业备案资料

| 企业类型 | 备案资料（复印件须加盖企业公章） |
| --- | --- |
| 集成电路生产企业 | (1)在发展改革或工业和信息化部门立项的备案文件(应注明总投资额、工艺线宽标准)复印件以及企业取得的其他相关资质证书复印件等；<br>(2)企业职工人数、学历结构、研究开发人员情况及其占企业职工总数的比例说明，以及汇算清缴年度最后1个月社会保险缴纳证明等相关证明材料；<br>(3)加工集成电路产品主要列表及国家知识产权局(或国外知识产权相关主管机构)出具的企业自主开发或拥有的1至2份代表性知识产权(如专利、布图设计登记、软件著作权等)的证明材料；<br>(4)经具有资质的中介机构鉴证的企业财务会计报告(包括会计报表、会计报表附注和财务情况说明书)以及集成电路制造销售(营业)收入、研究开发费用、境内研究开发费用等情况说明；<br>(5)与主要客户签订的1至2份代表性销售合同复印件；<br>(6)保证产品质量的相关证明材料(如质量管理认证证书复印件等)；<br>(7)税务机关要求出具的其他材料。 |
| 集成电路设计企业 | (1)企业职工人数、学历结构、研究开发人员情况及其占企业职工总数的比例说明，以及汇算清缴年度最后1个月社会保险缴纳证明等相关证明材料；<br>(2)企业开发销售的主要集成电路产品列表，以及国家知识产权局(或国外知识产权相关主管机构)出具的企业自主开发或拥有的1至2份代表性知识产权(如专利、布图设计登记、软件著作权等)的证明材料；<br>(3)经具有资质的中介机构鉴证的企业财务会计报告(包括会计报表、会计报表附注和财务情况说明书)以及集成电路设计销售(营业)收入、集成电路自主设计销售(营业)收入、研究开发费用、境内研究开发费用等情况表；<br>(4)第三方检测机构提供的集成电路产品测试报告或用户报告，以及与主要客户签订的1至2份代表性销售合同复印件；<br>(5)企业开发环境等相关证明材料；<br>(6)税务机关要求出具的其他材料。 |

续表

| 企业类型 | 备案资料(复印件须加盖企业公章) |
|---|---|
| 软件企业 | (1)企业开发销售的主要软件产品列表或技术服务列表;<br>(2)主营业务为软件产品开发的企业,提供至少一个主要产品的软件著作权或专利权等自主知识产权的有效证明文件,以及第三方检测机构提供的软件产品测试报告;主营业务仅为技术服务的企业提供核心技术说明;<br>(3)企业职工人数、学历结构、研究开发人员及其占企业职工总数的比例说明,以及汇算清缴年度最后1个月社会保险缴纳证明等相关证明材料;<br>(4)经具有资质的中介机构鉴证的企业财务会计报告(包括会计报表、会计报表附注和财务情况说明书)以及软件产品开发销售(营业)收入、软件产品自主开发销售(营业)收入、研究开发费用、境内研究开发费用等情况说明;<br>(5)与主要客户签订的1至2份代表性的软件产品销售合同或技术服务合同复印件;<br>(6)企业开发环境相关证明材料;<br>(7)税务机关要求出具的其他材料。 |
| 国家规划布局内重点软件企业 | (1)企业享受软件企业所得税优惠政策需要报送的备案资料;<br>(2)符合第2类条件的,应提供在国家规定的重点软件领域内销售(营业)情况说明;<br>(3)符合第3类条件的,应提供商务主管部门核发的软件出口合同登记证书,以及有效出口合同和结汇证明等材料;<br>(4)税务机关要求提供的其他材料。 |
| 国家规划布局内重点集成电路设计企业 | (1)企业享受集成电路设计企业所得税优惠政策需要报送的备案资料;<br>(2)符合第2类条件的,应提供在国家规定的重点集成电路设计领域内销售(营业)情况说明;<br>(3)税务机关要求提供的其他材料。 |

另外,自2015年10月1日起,全国范围内的居民企业转让5年以上非独占许可使用权取得的技术转让所得,纳入享受企业所得税优惠的技术转让所得范围。居民企业的年度技术转让所得不超过500万元的部分,免征企业所得税;超过500万元的部分,减半征收企业所得税。

**【案例94】以专利作价出资　减半缴纳企业所得税**[①]

**基本案情：**

2010年8月6日，宁波GQY董事会作出决议：将"智能稳定平台项目"的专利16项（包括已授权4项、正在申请12项）及专有技术13项以评估值950万元用于对上海新世纪机器人有限公司增资。

上海新世纪机器人有限公司原注册资本为4050万元人民币，宁波GQY以950万元增资后，持有上海新世纪机器人有限公司19%的股权。

**律师观点：**

本次专利作价出资主要涉及企业所得税、营业税和印花税。

1. 企业所得税

根据《企业所得税法》第27条以及《企业所得税法实施条例》第90条规定，一个纳税年度内，居民企业技术转让所得不超过500万元的部分，免征企业所得税；超过500万元的部分，减半征收企业所得税。宁波GQY专利作价评估值为950万元，仅需就450万元按照12.5%的税率缴纳企业所得税。

2. 营业税

根据国家税务总局《营业税税目注释（试行稿）》第8条规定，宁波GQY以专利作价出资无须缴纳营业税。

3. 印花税

宁波GQY以专利出资应以合同金额的万分之三的税率缴纳印花税28,500元。同时，上海新世纪机器人有限公司应对其增加的注册资本额按照万分之五的税率缴纳印花税47,500元。

**159. 居民企业以技术向关联企业出资，是否可以享受税收优惠政策？**

可以。但居民企业以技术向直接或间接持有股权之和达到100%的关联方出资，不享受技术转让减免企业所得税优惠政策。

**160. 如何办理技术合同认定登记？**

按以下方式办理技术合同认定登记：

(1) 申请时间和地点

技术合同认定登记实行按地域一次登记制度。技术开发合同的研究开发人、

---

[①] 《宁波GQY视讯股份有限公司关于无形资产对外投资暨关联交易公告》，载巨潮资讯网，http://static.cninfo.com.cn/finalpage/2010-08-13/58296760.PDF，2020年3月29日访问。

技术转让合同的让与人、技术咨询和技术服务合同的受托人,以及技术培训合同的培训人、技术中介合同的中介人,应当在合同成立后向所在地区的技术合同登记机构(一般是科学技术委员会)提出认定登记申请。

(2)办理流程

具体流程每个地区会有所区别,现仅以上海市技术合同登记流程为例:

①申请人通过"上海一网通办"统一受理平台(https://zwdtuser.sh.gov.cn)提交申请材料。

②受理工作人员5个工作日内,依据受理条件对申请材料进行初审,对申请材料齐全、符合法定形式的,出具《受理通知书》;对申请材料不齐全或者不符合法定形式的,一次告知申请人需要补正的全部内容。

③技术合同登记处工作人员于3个工作日内进行初审,报复核人审核。

④复核人于2个工作日内进行复审。

⑤上海市技术市场管理办公室进行审定,于2个工作日内作出是否审批通过的决定(如需专家评审,办理时限延长至20个工作日)。

**161. 非居民企业以技术出资,是否享有企业所得税税收优惠政策?**

非居民企业以技术出资暂时没有相关税收优惠政策,但国家税务总局会根据实际情况针对个案以批复的形式减免有关技术出资企业所得税,如《国家税务总局关于加拿大TRENCH公司转让技术取得的技术转让费免征企业所得税的批复》(国税函〔2005〕866号)、《国家税务总局关于日本JFE工程公司取得的技术转让所得免征企业所得税的批复》(国税函〔2005〕1243号),但这些减免政策仅限于个案,不具有普遍性。

**162. 纳税人采取技术转让方式销售货物,其货物部分的税收应如何处理?**

如果纳税人采取技术转让方式销售货物,其货物部分应照章征收增值税。如果货物部分价格明显偏低,按有关规定由主管税务机关核定其计税价格。具体核定按下列顺序确定销售额:

(1)按纳税人最近时期同类货物的平均销售价格确定;

(2)按其他纳税人最近时期同类货物的平均销售价格确定;

(3)按组成计税价格确定。

组成计税价格的公式为:组成计税价格 = 成本 × (1 + 成本利润率)

属于应征消费税的货物,其组成计税价格中应加计消费税额。

**163. 个人或企业以知识产权出资,是否需要缴纳增值税?**

实践中,各地的做法并不一致。但笔者认为,《公司法》规定,以非货币财产出资的,应当依法办理其财产权的转移手续。根据《财政部、国家税务总局关于全面推开营业税改征增值税试点的通知》(财税〔2016〕36号),销售无形资产是指有偿转让无形资产所有权或者使用权的业务活动。因此,个人或企业以知识产权出资,办理该知识产权的转移手续的行为属于增值税的应税行为,需要缴纳增值税。

**164. 个人或企业以知识产权出资,是否需要缴纳印花税?**

需要。因出资知识产权证照需要发生变更,被投资方应按件贴花5元。如需签订转让合同,投资方与被投资方均应缴纳印花税。其中,以技术出资,税率为合同金额的万分之三;以商标、著作权等知识产权出资,税率为合同金额的万分之五。

被投资方应就账面增加的"股本"和"资本公积"金额按照万分之五的税率缴纳印花税。

**165. 以专利、技术、著作权等知识产权作价出资,如何进行会计处理?**

以专利、技术与著作权作价出资,如果该专利、技术与著作权已经入账,当资产评估确认的价值大于其账面价值时,借记"长期股权投资"(无形资产评估价值),按已摊销的累积摊销,借记"累积摊销"科目,贷记"无形资产"(无形资产账面余额);资产评估价值大于无形资产账面价值余额贷记"营业外收入";当资产评估确认的价值小于其账面价值时,借记"长期股权投资"(评估价值),无形资产账面价值大于评估价值的余额借记"营业外支出",按已摊销的累积摊销,借记"累积摊销"科目,贷记"无形资产"(无形资产账面余额)。

如果该无形资产未入账,借记"长期股权投资",贷记"无形资产"。

## 二、股权作价出资税务问题

**166. 个人以股权作价出资,是否需要缴纳个人所得税?如何确定其应纳税额?**

个人以股权作价出资税务处理方式与知识产权作价出资税务处理方式一致。①

**167. 企业以股权出资,是否需要缴纳企业所得税?**

企业以股权出资,与企业以知识产权作价出资的税务处理方式一致,即视同销售处理。企业在出售股权时,应相应结转与所售股权相对应的长期股权投资的

---

① 详见本章第157问"个人以知识产权作价出资,是否需要缴纳个人所得税?"。

账面价值,出售所得价款与处置股权账面价值之间的差额,确认为处置收益。

但企业以股权出资如果符合股权收购特殊性税务处理的,可以作递延纳税处理,暂不确认所得或损失。①

**【案例95】收购股权比例不同　企业所得税有差异**②

**收购方**:中航重机

**被收购方**:新能源投资公司、惠腾公司、安吉精铸公司、贵航(集团)公司

**被收购方主要股东**:

(1)新能源投资公司股东:中航工业集团、中航重机

(2)惠腾公司股东:中航工业集团、惠阳螺旋桨公司、美腾风能(香港)、新能源投资公司

(3)安吉精铸公司股东:中航工业集团、贵航(集团)公司

(4)贵航(集团)公司股东:中航通飞公司

**收购方式**:股权收购与资产收购

**交易基准日**:2010年10月29日

**基本案情**:

截至重组日,中航重机股份总额为778,800.32万股,其中:金江公司持有29.48%股份,贵航集团持有13.29%股份,盖克机电持有6.45%股份,中航投资持有2.63%股份。而中航投资是中航工业集团100%控股子公司,贵航集团70%股份由中航工业集团通过通飞集团间接持有。收购方与被收购方均是由中航工业直接或间接持股的子公司。

新能源投资公司的注册资本为32,968.76万元人民币,其中:中航重机出资22,850.28万元,占69.30%;中航工业集团出资10,118.48万元,占30.70%。惠腾公司的注册资本为50,000万元,其中:中航工业集团持股25.00%;惠阳螺旋桨厂持股30%,新能源投资公司持股20%,美腾风能(香港)持股25%。安吉精铸公司的注册资本为3339.35万元,其中:贵航(集团)公司持股77.86%,中航工业集团持股22.14%。贵航(集团)公司的注册资本为167,087万元,由中航通飞公司100%控股。

---

① 关于股权收购特殊性税务处理内容详见本书第七章股权转让纠纷第五节股权转让的税务问题。

② 《中航重机股份有限公司发行股份购买资产之重大资产重组暨关联交易预案》,载巨潮资讯网,http://static.cninfo.com.cn/finalpage/2010-10-29/58595225.PDF,2020年3月29日访问。

本次交易前收购方、被收购方与中航工业之间的关联关系如图3-1所示：

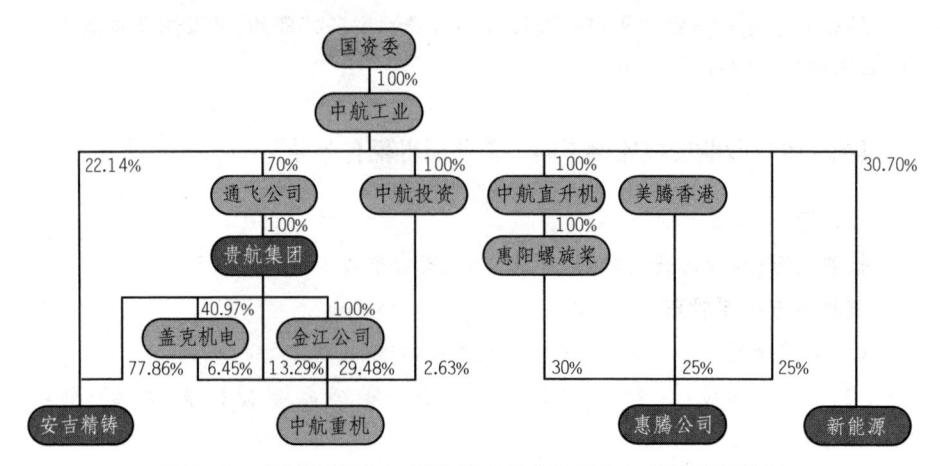

**图 3-1　交易前收购方、被收购方与中航工业之间的关联关系**

此次中航重机收购的标的资产包括：

(1) 中航工业集团持有的新能源投资公司的30.70%股权。

(2) 中航工业集团、惠阳螺旋桨公司、美腾风能(香港)合计持有的惠腾公司的80%股权。其中，中航工业集团持有惠腾公司的25%股权，惠阳螺旋桨公司持有惠腾公司的30%股权，美腾风能(香港)持有惠腾公司的25%股权。

(3) 中航工业集团、贵航(集团)公司合计持有的安吉精铸公司的100%股权。其中，中航工业集团持有安吉精铸公司的22.14%股权，贵航(集团)公司持有安吉精铸公司的77.86%股权。

(4) 贵航(集团)公司拥有的、目前租赁给中航重机全资子公司安大公司使用的12宗授权经营性土地使用权。该土地使用权的账面净值为618.80万元，评估值为7473.81万元，增值额为6855.01万元。

**律师观点：**

本次购买资产涉及的税收主要包括所得税、营业税、土地增值税与印花税。

1. 收购新能源投资公司30.70%股权的税务处理

(1) 营业税

根据《财政部、国家税务总局关于股权转让有关营业税问题的通知》(财税〔2002〕191号)规定，对股权转让不征收营业税。本次股权转让无须缴纳营业税。

(2) 印花税

由于中航重机发行股份购买新能源投资公司的股权，其账面上的"股本"和"资本公积"会增加，中航重机应该就增加部分按照万分之五的比例贴花。同时，新能源投资公司的股东应就转让30.70%股权的行为缴纳印花税。

因此,此次股权收购中航重机和新能源投资公司的股东均应以交易价格24,595.48万元为计税基础,按万分之五的比例缴纳印花税122,980元。

(3)企业所得税

根据《财政部、国家税务总局关于企业重组业务企业所得税处理若干问题的通知》(财税〔2009〕59号)和《国家税务总局关于发布〈企业重组业务企业所得税管理办法〉的公告》(国家税务总局公告2010年第4号)的规定,只有同时能够满足对特殊性重组的约束条件,才能够享受特殊性重组的待遇。而本次股权收购中,中航重机收购新能源投资公司的股权比例仅为30.70%,没有达到75%的比例要求[①],应适用一般性税务处理。具体处理如下:

①假设除印花税外,其他税费为零,新能源投资公司应确认股权转让所得(80,115.59 − 71,094.47 − 12.298)×30.70% = 2765.71万元,按照25%的税率应缴纳的企业所得税为691.43万元。

②中航重机取得股权的计税基础应以公允价值24,595.48万元为基础确定。

③新能源投资公司的相关所得税事项原则上保持不变。

2. 收购惠腾公司80%股权的税务处理

(1)营业税

根据《财政部、国家税务总局关于股权转让有关营业税问题的通知》(财税〔2002〕191号)规定,对股权转让不征收营业税。本次股权转让无须缴纳营业税。

(2)印花税

由于中航重机发行股份购买惠腾公司的股权,其账面上的"股本"和"资本公积"会增加,中航重机应该就增加部分按照万分之五的比例贴花。同时,惠腾公司股东应就其转让80%股权的行为缴纳印花税。因此,此次股权收购中航重机和惠腾公司的股东均应以交易价格94,221.43万元为计税基础,按万分之五的比例缴纳印花税47.11万元。

(3)企业所得税

中航重机发行股份购买惠腾公司的股权同时满足特殊性重组的约束条件:股权收购的比例达到超过75%的要求,具有合理的商业目的,不改变原有经营活

---

[①] 根据《财政部、国家税务总局关于促进企业重组有关企业所得税处理问题的通知》(财税〔2014〕109号)的规定,特殊性重组约束条件中,有关"股权收购,收购企业购买的股权不低于被收购企业全部股权的75%"规定已调整为"股权收购,收购企业购买的股权不低于被收购企业全部股权的50%"(自2014年1月1日起执行),下同。

动,股权支付比例超过85%,适用特殊性税务处理,暂免征企业所得税。具体处理如下:

①惠腾公司的股东取得中航重机股权的计税基础,以其股权的原有计税基础确定。

②中航重机取得惠腾公司股权的计税基础,以其股权的原有计税基础确定。

③中航重机和惠腾公司的原有各项资产和负债的计税基础和其他相关所得税事项保持不变。

3. 收购安吉精铸公司100%股权的税务处理

(1)营业税

根据《财政部、国家税务总局关于股权转让有关营业税问题的通知》(财税〔2002〕191号)规定,对股权转让不征收营业税。故本次股权转让无须缴纳营业税及附加。

(2)印花税

由于中航重机发行股份购买安吉精铸公司的股权,其账面上的"股本"和"资本公积"会增加,中航重机应该就增加部分按照万分之五的比例贴花。同时,此次股权收购中航重机和安吉精铸公司均应以交易价格19,444.79万元为计税基础,按万分之五的比例缴纳印花税9.72万元。

(3)企业所得税

本次股权收购适用特殊性税务处理。具体处理方式与收购惠腾公司80%股权处理方式一致。

4. 收购贵航(集团)公司12宗土地使用权的税务处理

(1)营业税及附加

根据《财政部、国家税务总局关于营业税若干政策问题的通知》(财税〔2003〕16号)规定,单位和个人销售或转让其购置的不动产或受让的土地使用权,以全部收入减去不动产或土地使用权的购置或受让原价后的余额为营业额。

(2)土地增值税和契税

根据《土地增值税暂行条例》的相关规定,转让土地使用权应当缴纳土地增值税。本次贵航(集团)公司转让12宗土地使用权,应当视为转让土地使用权,按照转让价格7473.81万元计算缴纳土地增值税。

根据《契税暂行条例》的相关规定,由受让方中航重机缴纳契税,计税依据是本次交易标的资产的转让价格7473.81万元,根据《贵州省契税实施办法》,贵州省契税税率为3%,应当缴纳契税224.21万元。

(3)印花税

由于中航重机发行股份购买贵航(集团)公司的土地使用权,其账面上的"股本"和"资本公积"会增加,中航重机应该就增加部分按照万分之五的比例贴花。同时,此次收购贵航(集团)公司12宗土地使用权均应以交易价格7473.81万元为计税基础,按万分之五的比例缴纳印花税3.74万元。

(4)企业所得税

中航重机发行股份购买贵航(集团)公司的土地使用权,如土地使用权不低于贵航(集团)公司全部资产的75%,则其他条件都满足特殊性重组的约束条件:具有合理的商业目的,不改变原有经营活动,股权支付比例超过85%,适用特殊性税务处理。贵航(集团)公司取得受中航重机股权的计税基础以及中航重机取得土地使用权的计税基础,都以被转让土地使用权的原有计税基础确定,即618.80万元。

如土地使用权低于贵航(集团)公司全部资产的75%,不满足特殊性税务处理的条件,适用一般性税务处理。具体处理如下:

①贵航(集团)公司应确认资产转让所得;

②中航重机取得股权的计税基础应以公允价值7473.81万元为基础确定;

③贵航(集团)公司的相关所得税事项原则上保持不变。

**168. 个人以股权参与上市公司定向增发股票,是否需要缴纳个人所得税?**

需要。个人以其所持公司股权评估增值后,参与上市公司定向增发股票,属于股权转让行为,其所得应按照"财产转让所得"项目缴纳个人所得税。

**169. 以上市公司股份出资是否需要缴纳证券(股票)交易印花税?**

投资人以其持有的上市公司股份进行出资而发生的股份转让行为,不属于证券(股票)交易印花税的征税范围,不征收证券(股票)交易印花税。

2015年2月4日,国家税务总局发布了《国家税务总局关于部分税务行政审批事项取消后有关管理问题的公告》(国家税务总局公告2015年第8号),取消了"以上市公司股权出资不征证券交易印花税的认定"。对于取消后的管理问题,国家税务总局要求:

(1)北京、上海、深圳市国家税务局在证券登记结算公司营业部柜台建立《以上市公司股权出资不征证券交易印花税股权过户情况登记簿》。

(2)具体操作规程:

①申请人(转让方,下同)负责填写股权变更的相关事项内容;

②证券市场所在地主管税务机关委托当地证券登记结算公司对申请人登记填写内容逐笔验证后再办理相关手续；

③证券市场所在地主管税务机关定期核对《登记簿》填写的内容；

④年度终了后,证券登记结算公司将《登记簿》交由所在地主管税务机关备查。

(3)自2015年起,证券市场所在地主管税务机关应当在年度终了后1个月内,按照上述要求对《登记簿》登记的内容进行汇总和分析,并将主要情况书面上报税务总局(财产行为税司)。

**170. 个人或企业以股权出资,是否需要缴纳印花税?**

需要。根据《国家税务总局关于个人以股权参与上市公司定向增发征收个人所得税问题的批复》(国税函〔2011〕89号),投资方与被投资方均应以股权交易价格为计税依据、以万分之五的税率缴纳印花税。同时,被投资企业应就账面增加的"股本"和"资本公积"金额按照万分之五的税率缴纳印花税。

**171. 个人或企业以股权出资,如何进行会计处理?**

区分公允价值计价、原账面价值计价两种不同情况讨论股权出资的财务处理：

(1)以公允价值计价情况下的股权出资

在非企业合并方式下,股权出资的实质是以对一家公司的长期股权投资换取对另一家公司的长期股权投资,投资方应按《企业会计准则第7号——非货币性资产交换》的规定确定对被投资公司长期股权投资的初始投资成本。即在具有商业实质且出资股权或换入股权公允价值能够可靠计量的情况下,应当以公允价值和应支付的相关税费作为换入股权的成本,同时将换出股权公允价值与换出股权账面价值的差额计入投资损益。被投资公司则应当按照投资合同或协议约定的价值作为初始投资成本,但合同或协议约定价值不公允的除外。

如果股权出资属于非同一控制下的企业合并范畴,根据《企业会准则第20号——企业合并》的规定,此种情况下的股权出资,投资方作为企业合并对价而出资的股权投资应当按公允价值计量,公允价值与其账面价值的差额,作为股权转让所得计入当期损益。同时,投资方以出资股权的公允价值以及为投资而发生的各项直接相关费用之和作为对被投资方长期股权投资的初始投资成本。

如果股权出资属于同一控制下的企业合并行为,从最终控制方的角度,企业合并交易或事项原则上不应引起所涉及资产、负债的计价基础发生变化。根据《企业会计准则第20号——企业合并》的规定,在同一控制下的企业合并方应当在合并日按照取得被合并方所有者权益账面价值的份额作为投资方对被投资方的长期股权投资的初始投资成本,初始投资成本与支付股权的账面价值之间的差额,应当调整资本公积,资本公积不足冲减的,调整留存收益。同时,投资方因进行企业合并的股权出资而发生各项直接相关费用应当于发生时计入当期损益。

(2)以账面价值计价情况下的股权出资

根据《企业会计准则第7号——非货币性资产交换》的规定,如果非企业合并方式下以股权出资的行为,不能满足该项股权交换具有商业实质的条件,或者在出资股权或换入股权公允价值不能够可靠计量的情况下,投资方则应当以出资股权的账面价值和应支付的相关税费作为换入股权的成本,不确认损益。

**【案例96】股权出资的会计处理方式**

2009年1月1日,A公司持有%公司30%的股权账面价值230万元(初始投资成本为200万元,损益调整30万元)。根据投资协议,A公司以其持有E公司30%的股权作价250万元,与B公司出资现金750万元共同投资成立C公司,C公司注册资本1000万元,其中A公司持有25%股权,B公司持有75%股权。

1. A公司的会计处理如下(单位:万元,下同):

借:长期股权投资—C公司(成本)　　　　250
　　贷:长期股权投资—E公司(成本)　　　　200
　　　　长期股权投资—E公司(损益调整)　　30
　　　　投资收益　　　　　　　　　　　　20

2. C公司的会计处理如下:

借:长期股权投资—E公司(成本)　　　　250
　　现金　　　　　　　　　　　　　　　750
　　贷:实收资本　　　　　　　　　　　　1000

## 三、债务重组的税务问题

**172. 如何确定企业债务的重组日、重组业务当事各方及重组主导方?**

债务重组,以债务重组合同(协议)或法院裁定书生效日为重组日。

债务重组中当事各方,指债务人及债权人。

债务重组的重组主导方为债务人。

**173. 个人以债权出资,是否需要缴纳个人所得税?**

对个人因债权出资取得相应股权价值高于该债权原值的部分,属于个人所得,按照"财产转让所得"项目计征个人所得税。税款由被投资企业在个人取得股权时代扣代缴。此处的个人包括国内公民以及外籍人士。

根据《财政部、税务总局关于个人非货币性资产投资有关个人所得税政策的通知》(财税〔2015〕41号)规定,个人应在发生上述应税行为的次月15日内向主管税务机关申报纳税。纳税人一次性缴税有困难的,可合理确定分期缴纳计划并报主管税务机关备案后,自发生上述应税行为之日起不超过5个公历年度内(含)分期缴纳个人所得税。个人以非货币性资产投资交易过程中取得现金补价的,现金部分应优先用于缴税;现金不足以缴纳的部分,可分期缴纳。个人在分期缴税期间转让其持有的上述全部或部分股权,并取得现金收入的,该现金收入应优先用于缴纳尚未缴清的税款。

**174. 企业债务重组中,如何进行一般性税务处理?**

一般性税务处理原则如下:

(1)以非货币资产清偿债务,应当分解为转让相关非货币性资产、按非货币性资产公允价值清偿债务两项业务,确认相关资产的所得或损失。

收入按照该资产的公允价值计算,成本按照该资产净值计算。

(2)发生债权转股权的,应当分解为债务清偿和股权投资两项业务,确认有关债务清偿所得或损失。

(3)债务人应当按照支付的债务清偿额低于债务计税基础的差额,确认债务重组所得;债权人应当按照收到的债务清偿额低于债权计税基础的差额,确认债务重组损失。

(4)债务人的相关所得税纳税事项原则上保持不变。

**【案例97】非货币资产偿债　转让与债务清偿两步走**[①]

**债权人:**日昇公司

**债务人:**雷伊公司

**重组方式:**非货币资产清偿债式债务重组

**交易基准日:**2011年10月26日

---

① 《广东雷伊(集团)股份有限公司出售资产及债务重组公告》,载巨潮资讯网,http://static.cninfo.com.cn/finalpage/2011-10-28/60127578.PDF,2020年3月29日访问。

**基本案情：**

日昇公司是雷伊公司的第二大股东，持有 10.68% 股权。为支持雷伊公司业务发展，截至 2011 年 10 月 26 日，日昇公司已累计向雷伊公司支付总额为 5530 万元人民币的款项。

为了盘活闲置资产，化解资产风险，偿还对日昇公司的欠款，雷伊公司于 2011 年 10 月 26 日与日昇公司签署了《出售资产及债务重组协议》。以 4742.34 万元人民币的价格，出售位于广东省普宁市军埠镇军埠路旁，尚未取得工业土地使用权证的、面积分别为 76.26 亩和 222.3 亩（合计 298.56 亩）的两地块及地上附着物（沟渠、围墙等）（以下简称标的资产）。同时，以标的资产的受让价款抵扣对日昇公司总额为 5530 万元人民币的欠款。交易完成后雷伊公司尚欠日昇公司 787.66 万元人民币。

标的资产的账面净值为 47,423,362.64 元人民币，评估净值为 48,656,000 元。经过双方协商确定标的资产的转让价格为 47,423,362.64 元人民币。

**律师观点：**

本次交易涉及的税收主要包括营业税及附加、印花税、契税、土地增值税和企业所得税。

1. 营业税及附加

雷伊公司以不动产偿债，应当按照土地使用权转让缴纳营业税、城市维护建设税与教育费附加。

2. 印花税

根据《印花税暂行条例》的规定，企业产权转让所立的书据需要按照"产权转移书据"目录贴花，而前述印花税的纳税主体是雷伊公司和日昇公司。以 47,423,362.64 元为计税依据，万分之五的税率缴纳印花税 23,711.68 元。

3. 土地增值税与契税

根据《土地增值税暂行条例》的相关规定，转让土地使用权应当缴纳土地增值税。本次雷伊公司两宗土地使用权偿债，应当视为转让土地使用权，按照转让价格 4742.34 万元计算缴纳土地增值税。

根据《契税暂行条例》的相关规定，由受让方日昇公司缴纳契税，计税依据是本次交易标的资产的转让价格 47,423,362.64 元人民币，根据《广东省契税实施办法》，广东省契税税率为 3%，应当缴纳契税 1,422,700.88 元。

4. 企业所得税

根据《财政部、国家税务总局关于企业重组业务企业所得税处理若干问题的通知》(财税〔2009〕59号)规定,雷伊公司以非货币资产偿债,应当分为转让土地使用权和按土地使用权的公允价值清偿债务两步,最后按照其债务重组获得的收入缴纳企业所得税。但其转让标的资产的价格与其抵债金额相同,其债务重组并没有获得收入,因此,无须缴纳企业所得税。

**175. 在债务重组过程中,哪些债权不得在税前扣除?适用税前扣除应满足哪些条件?**

在债务重组过程中,下列债权不得作为损失在税前扣除:

(1)债务人或者担保人有经济偿还能力,未按期偿还的企业债权;

(2)违反法律、法规的规定,以各种形式、借口逃废或悬空的企业债权;

(3)行政干预逃废或悬空的企业债权;

(4)企业未向债务人和担保人追偿的债权;

(5)企业发生非经营活动的债权;

(6)其他不应当核销的企业债权。

企业债权投资损失应依据债务重组协议、其债务人重组收益纳税情况说明以及会计核算资料等相关证据材料确认。下列情况债权投资损失的,还应出具相关证据材料:

(1)债务人或担保人依法被宣告破产、关闭、被解散或撤销、被吊销营业执照、失踪或者死亡等,应出具资产清偿证明或者遗产清偿证明。无法出具资产清偿证明或者遗产清偿证明,且上述事项超过3年以上的,或债权投资(包括信用卡透支和助学贷款)余额在300万元以下的,应出具对应的债务人和担保人破产、关闭、解散证明、撤销文件、市场监督管理部门注销证明或查询证明以及追索记录等(包括司法追索、电话追索、信件追索和上门追索等原始记录)。

(2)债务人遭受重大自然灾害或意外事故,企业对其资产进行清偿和对担保人进行追偿后,未能收回的债权,应出具债务人遭受重大自然灾害或意外事故证明、保险赔偿证明、资产清偿证明等。

(3)债务人因承担法律责任,其资产不足归还所借债务,又无其他债务承担者的,应出具法院裁定证明和资产清偿证明。

(4)债务人和担保人不能偿还到期债务,企业提出诉讼或仲裁的,经人民法院对债务人和担保人强制执行,债务人和担保人均无资产可执行,人民法院裁定终结或终止(中止)执行的,应出具人民法院裁定文书。

(5)债务人和担保人不能偿还到期债务,企业提出诉讼后被驳回起诉的、人民法院不予受理或不予支持的,或经仲裁机构裁决免除(或部分免除)债务人责任,经追偿后无法收回的债权,应提交法院驳回起诉的证明,或法院不予受理或不予支持证明,或仲裁机构裁决免除债务人责任的文书。

(6)经国务院专案批准核销的债权,应提供国务院批准文件或经国务院同意后由国务院有关部门批准的文件。

(7)企业按独立交易原则向关联企业提供借款、担保而形成的债权损失,准予扣除,但企业应作专项说明,同时出具中介机构出具的专项报告及其相关的证明材料。

**176. 企业发生债务重组,何时确认收入的实现?**

企业应在债务重组合同(协议)或法院裁定书生效日时确认收入的实现。

**177. 满足哪些条件,债务重组适用特殊性税务处理方式进行所得税处理?交易各方应如何进行特殊性税务处理?**

企业重组同时符合下列条件的,适用特殊性税务处理规定:

(1)具有合理的商业目的,且不以减少、免除或者推迟缴纳税款为主要目的。

(2)被收购、合并或分立部分的资产或股权比例符合规定的比例。

(3)企业重组后的连续12个月内不改变重组资产原来的实质性经营活动。

(4)重组交易对价中涉及股权支付金额符合规定比例。

(5)企业重组中取得股权支付的原主要股东,在重组后连续12个月内,不得转让所取得的股权。

企业重组符合上面规定的条件,交易各方对其交易中的股权支付部分,应纳税所得额占该企业当年应纳税所得额50%以上,可以在5个纳税年度的期间内,均匀计入各年度的应纳税所得额。企业发生债权转股权业务,对债务清偿和股权投资两项业务暂不确认有关债务清偿所得或损失,股权投资的计税基础以原债权的计税基础确定。企业的其他相关所得税事项保持不变。此外,交易中股权支付暂不确认有关资产的转让所得或损失的,其非股权支付仍应在交易当期确认相应的资产转让所得或损失,并调整相应资产的计税基础。

2015年6月24日,国家税务总局发布了《国家税务总局关于企业重组业务企业所得税征收管理若干问题的公告》(国家税务总局公告2015年第48号),要求企业重组业务适用特殊性税务处理的,除财税〔2009〕59号文件所称企业发生其他法律形式简单改变情形外,重组各方应在该重组业务完成当年,办理企业所得税年度申报时,分别向各自主管税务机关报送《企业重组所得税特殊性税务处理报告表及附表》和申报资料。合并、分立中重组一方涉及注销的,应在尚未办理注销税务登记手续前进行申报。

重组主导方申报后,其他当事方向其主管税务机关办理纳税申报。申报时还应附送重组主导方经主管税务机关受理的《企业重组所得税特殊性税务处理报告表及附表》(复印件)。

企业重组业务适用特殊性税务处理的,申报时,应从以下方面逐条说明企业重组具有合理的商业目的:

(1)重组交易的方式;

(2)重组交易的实质结果;

(3)重组各方涉及的税务状况变化;

(4)重组各方涉及的财务状况变化;

(5)非居民企业参与重组活动的情况。

企业重组业务适用特殊性税务处理的,申报时,当事各方还应向主管税务机关提交重组前连续12个月内有无与该重组相关的其他股权、资产交易情况的说明,并说明这些交易与该重组是否构成分步交易,是否作为一项企业重组业务进行处理。

若同一项重组业务涉及在连续12个月内分步交易,且跨两个纳税年度,当事各方在首个纳税年度交易完成时预计整个交易符合特殊性税务处理条件,经协商一致选择特殊性税务处理的,可以暂时适用特殊性税务处理,并在当年企业所得税年度申报时提交书面申报资料。

在下一纳税年度全部交易完成后,企业应判断是否适用特殊性税务处理。如适用特殊性税务处理的,当事各方应按本公告要求申报相关资料;如适用一般性税务处理的,应调整相应纳税年度的企业所得税年度申报表,计算缴纳企业所得税。

适用特殊性税务处理的企业,在以后年度转让或处置重组资产(股权)时,应在年度纳税申报时对资产(股权)转让所得或损失情况进行专项说明,包括特殊性税务处理时确定的重组资产(股权)计税基础与转让或处置时的计税基础的比对情况,以及递延所得税负债的处理情况等。适用特殊性税务处理的企业,在以后年度转让或处置重组资产(股权)时,主管税务机关应加强评估和检查,将企业特殊性税务处理时确定的重组资产(股权)计税基础与转让或处置时的计税基础及相关的年度纳税申报表比对,发现问题的,应依法进行调整。

## 【案例98】债权转股权　免缴企业所得税[①]

**基本案情：**

为增强金华房开的资本实力并优化财务结构,适应其不断扩大的经营规模,促进其快速发展,温州房开经与金华房开协商同意将应收金华房开债权中的7080万元,转为对其作长期股权投资。温州国投以货币增资4720万元。本次增资实施后,金华房开注册资本将由2000万元增加至13,800万元。

增资前后金华房开股东持股情况如表3-5所示：

表3-5　增资前后金华房开股东持股情况

| 股东名称 | 增资前 出资额/万元 | 增资前 持股比例/% | 增资方式 | 增资后 增资额/万元 | 增资后 出资额/万元 | 增资后 持股比例/% |
|---|---|---|---|---|---|---|
| 温州房开 | 1200 | 60 | 债转股 | 7080 | 8280 | 60 |
| 温州国投 | 800 | 40 | 货币 | 4720 | 5520 | 40 |
| 合计 | 2000 | 100 | — | 11800 | 13800 | 100 |

**律师观点：**

本次变更涉及的税收主要包括印花税和企业所得税。

1. 印花税

本次债转股后金华房开的实收资本总额增加,增加部分11,800万元应按万分之五的税率,缴纳印花税59,000元。

2. 企业所得税

根据《财政部、国家税务总局关于企业重组业务企业所得税处理若干问题的通知》(财税〔2009〕59号)规定,满足特殊性税务处理条件时,企业发生债权转股权业务,对债务清偿和股权投资两项业务暂不确认有关债务清偿所得或损失,股权投资的计税基础以原债权的计税基础确定。企业的其他相关所得税事项保持不变。

本次债权转股权能够充实金华房开的资本金,有利于进一步整合资源,具有

---

[①] 《浙江东日股份有限公司关于全资子公司对其子公司实施债转股增加注册资本的公告》,载巨潮资讯网,http://static.cninfo.com.cn/finalpage/2012-10-31/61740240.PDF,2020年3月29日访问。

合理的商业目的,若在重组后连续12个月内,温州房开不转让因债转股所取得的股权,就应该认为符合特殊性税务处理的条件。按照特殊性税务处理,暂不确认有关债务清偿所得或损失,温州房开股权投资的计税基础以7080万元确定。金华房开的其他相关所得税事项保持不变。

### 178. 债务重组过程中,债务人与债权人如何进行会计处理?

总的来说,债务重组中,债权人豁免债务,就是放弃债权,意味着债务人得到一个赠与,应计入资本公积金,本质上又回到了货币出资。

(1)债务人的会计处理

①以现金清偿债务的,债务人应当将重组债务的账面价值与实际支付现金之间的差额,计入当期损益。

②以非现金资产清偿债务的,债务人应当将重组债务的账面价值与转让的非现金资产公允价值之间的差额,计入当期损益。

③将债务转为资本的,债务人应当将债权人放弃债权而享有股份的面值总额确认为股本(或者实收资本),股份的公允价值总额与股本(或者实收资本)之间的差额确认为资本公积。

重组债务的账面价值与股份的公允价值总额之间的差额,计入当期损益。

④修改其他债务条件的,债务人应当将修改其他债务条件后债务的公允价值作为重组后债务的入账价值。重组债务的账面价值与重组后债务的入账价值之间的差额,计入当期损益。

修改后的债务条款如涉及或有应付金额,且该或有应付金额符合《企业会计准则第13号——或有事项》中有关预计负债确认条件的,债务人应当将该或有应付金额确认为预计负债。重组债务的账面价值,与重组后债务的入账价值和预计负债金额之和的差额,计入当期损益。

或有应付金额,是指需要根据未来某种事项出现而发生的应付金额,而且该未来事项的出现具有不确定性。

⑤债务重组以现金清偿债务、非现金资产清偿债务、债务转为资本、修改其他债务条件等方式的组合进行的,债务人应当依次以支付的现金、转让的非现金资产公允价值、债权人享有股份的公允价值冲减重组债务的账面价值,再按照第④点处理。

(2)债权人的会计处理

①现金清偿债务的,债权人应当将重组债权的账面余额与收到的现金之间的

差额,计入当期损益。债权人已对债权计提减值准备的,应当先将该差额冲减减值准备,减值准备不足以冲减的部分,计入当期损益。

②以非现金资产清偿债务的,债权人应当对受让的非现金资产按其公允价值入账,重组债权的账面余额与受让的非现金资产的公允价值之间的差额,比照第①点处理。

③将债务转为资本的,债权人应当将享有股份的公允价值确认为对债务人的投资,重组债权的账面余额与股份的公允价值之间的差额,比照第①点处理。

④修改其他债务条件的,债权人应当将修改其他债务条件后的债权的公允价值作为重组后债权的账面价值,重组债权的账面余额与重组后债权的账面价值之间的差额,比照第①点处理。

修改后的债务条款中涉及或有应收金额的,债权人不应当确认或有应收金额,不得将其计入重组后债权的账面价值。

或有应收金额,是指需要根据未来某种事项出现而发生的应收金额,而且该未来事项的出现具有不确定性。

⑤债务重组采用以现金清偿债务、非现金资产清偿债务、债务转为资本、修改其他债务条件等方式的组合进行的,债权人应当依次以收到的现金、接受的非现金资产公允价值、债权人享有股份的公允价值冲减重组债权的账面余额,再按照第④点处理。

## 【案例99】债权作价出资会计处理方式

2007年2月10日,甲公司尚欠乙公司应收账款20万元,由于发生财务困难,甲公司无法支付货款,与乙公司协商进行债务重组。经双方协议,乙公司同意甲公司以其股权抵偿该账款。乙公司对该项应收账款计提了坏账准备1万元。假设转账后甲公司注册资本为1000万元,净资产的公允价值为1300万元,抵债股权占甲公司注册资本的1%。相关手续已办理完毕。假定不考虑其他相关税费。

债务人甲公司的会计处理如下:

1. 计算:

重组债务应付账款的账面价值与所转股权的公允价值之间的差额

$= 200,000 - 13,000,000 \times 1\%$

$= 200,000 - 130,000$

$= 70,000(元)$

差额70,000元作为债务重组利得,所转股份的公允价值130,000元与实收资本100,000元(10,000,000×1%)的差额30,000元作为资本公积。

2. 会计分录(单位:元):

借:应付账款　　　　　　　　　　　　200,000
　　贷:实收资本　　　　　　　　　　　100,000
　　　　资本公积—资本溢价　　　　　　30,000
　　　　营业外收入—债务重组利得　　　70,000

债权人乙公司的会计处理如下:

1. 计算:

重组债权应收账款的账面余额与所转让股份的公允价值之间的差额

= 200,000 − 13,000,000 × 1%

= 200,000 − 130,000

= 70,000(元)

差额70,000元,扣除坏账准备10,000元,计60,000元,作为债务重组损失,计入营业外支出。

2. 会计分录(单位:元):

借:长期股权投资—甲公司　　　　　　130,000
　　营业外支出—债务重组损失　　　　　60,000
　　坏账准备　　　　　　　　　　　　 10,000
　　贷:应收账款　　　　　　　　　　　200,000

### 179. 债务重组过程中是否需要缴纳印花税、增值税、土地增值税和契税？

随着债务重组协议的签订,在履行过程中需要签订一些具体的合同,如购销合同、专利转让合同、土地使用权转让合同等,应就这些行为按照规定缴纳相应的印花税、土地增值税与契税。

但如果重组过程中,一方将全部或者部分实物资产以及与其相关联的债权、负债和劳动力一并转让给其他单位和个人,其中涉及的货物、不动产、土地使用权的转让无须缴纳增值税。同时,债转股投入新公司的实物资产免征增值税。

原债务人作为被投资公司因债转股导致的"实收资本"与"资本公积"增加的部分按照万分之五的税率缴纳印花税。

### 180. 以国债出资,转让收入时间以及应纳税所得额如何确定？

按以下方式确定:

(1)国债转让收入时间确认方式如下:

①企业转让国债应在转让国债合同、协议生效的日期,或者国债移交时确认转让收入的实现;

②企业投资购买国债,到期兑付的,应在国债发行时约定的应付利息的日期确认国债转让收入的实现。

(2)企业转让或到期兑付国债取得的价款,减除其购买国债成本,并扣除其持有期间的国债利息收入以及交易过程中相关税费后的余额,为企业转让国债收益(损失)。

企业转让国债,应作为转让财产,其取得的收益(损失)应作为企业应纳税所得额计算纳税。

关于国债成本确定问题:

①通过支付现金方式取得的国债,以买入价和支付的相关税费为成本;

②通过支付现金以外的方式取得的国债,以该资产的公允价值和支付的相关税费为成本;

③国债成本计算方法:企业在不同时间购买同一品种国债的,其转让时的成本计算方法,可在先进先出法、加权平均法、个别计价法中选用一种。计价方法一经选用,不得随意改变。

### 四、固定资产作价出资税务问题

**181. 个人以固定资产作价出资是否需要缴纳个人所得税?**

个人以固定资产作价出资税务处理方式与知识产权作价出资税务处理方式一致。详见前文(本节问答157)。

### 【案例100】设备原值与股权价值相当　实物出资无须缴个人所得税[①]

**基本案情:**

基于对我国 LED 产业广阔市场前景的认知,为进一步满足日益旺盛的市场需求,2007年12月5日,长方光电公司股东会决议将注册资本由100万元增资至1030万元。新增注册资本930万元中,邓某长实物出资285万元,邓某贤实物出

---

① 《深圳市长方半导体照明股份有限公司关于公司设立以来股本演变情况的说明及其董事、监事、高级管理人员的确认意见》,载巨潮资讯网,http://static.cninfo.com.cn/finalpage/2012-02-28/60594554.PDF,2020年3月29日访问。

资 100 万元,邓某宜实物出资 80 万元。3 名投资人用于出资的实物资产是生产经营 LED 的相关设备。

3 位实物资产投资人用于出资的实物资产已经中深信资产评估公司评估。评估具体情况为:邓某长出资的实物资产购置价格为 285 万元,评估值为 292.13 万元;邓某贤出资的实物资产购置价格为 100 万元,评估值为 102.40 万元;邓某宜出资的实物资产购置价格为 80 万元,评估值为 82 万元。

正宏会计师事务所对前述出资进行了审验,确认上述注册资本已缴足。

**律师观点:**

本次出资涉及的税收主要包括个人所得税、增值税以及印花税。

1. 个人所得税

本案发生于 2007 年,根据《国家税务总局关于非货币资产评估增值暂不征收个人所得税的批复》(国税函〔2005〕319 号)规定,3 位投资人以实物进行投资无须缴纳个人所得税。

如果本案发生于 2008 年后,根据《国家税务总局关于资产评估增值计征个人所得税问题的通知》(国税发〔2008〕115 号)规定,3 位投资人应就取得股权价值高于购置价值的部分缴纳个人所得税。但由于本案中用于出资的设备原值与投资取得股权的价值相同,因此,3 位投资人无须缴纳个人所得税。

2. 增值税

根据《增值税暂行条例实施细则》(财法字〔1993〕38 号)规定,单位或个体经营者将购买的货物作为投资,提供给其他单位,视同销售货物,须缴纳增值税。

3. 印花税

根据《印花税暂行条例》规定,长方光电公司应该以实收资本 930 万元为计税依据按比例税率万分之五缴纳印花税 4650 元。

### 182. 企业以固定资产作价出资,是否需要缴纳企业所得税?

企业以固定资产出资,与企业以知识产权作价出资的税务处理方式一致,即视同销售处理。

但企业以固定资产出资如果符合资产收购特殊性税务处理的,可以作递延纳税处理,暂不确认所得或损失。①

---

① 关于资产收购特殊性税务处理内容详见本书第七章股权转让纠纷第五节股权转让的税务问题。

## 【案例101】实物出资视同销售　增值部分缴纳企业所得税[①]

**基本案情：**

2010年12月20日科新机电同新疆国兴资产、金象集团共同签署了《新疆科新重装有限公司投资协议书》，三方共同设立新疆科新。三方出资情况如表3-6所示：

表3-6　新疆科新股权结构

| 序号 | 股东名称 | 出资额/万元 | 出资比例/% | 出资方式 |
| --- | --- | --- | --- | --- |
| 1 | 新疆国兴资产 | 750 | 15 | 货币 |
| 2 | 金象集团 | 750 | 15 | 货币 |
| 3 | 科新机电 | 3167.72 | 70 | 货币 |
|  |  | 332.28 |  | 实物资产（油压机、卷板机各1台） |

**律师观点：**

科新机电以实物作价出资主要涉及增值税、印花税与企业所得税。

1. 增值税

根据《增值税暂行条例实施细则》第4条第6项规定：将自产、委托加工或者购进的货物作为投资，提供给其他单位或者个体工商户，应该视同销售。科新机电实物出资的部分应以332.28万元为销售收入，按照17%税率[②]，缴纳增值税。

2. 印花税

根据《印花税暂行条例》规定，新疆科新应按照实收资本金额一次性缴纳万分之五的印花税，即(750+750+3167.72+332.28)×0.05%=2.5万元。

3. 企业所得税

根据《企业所得税法实施条例》第25条规定，企业发生非货币性资产交换，以及将货物、财产、劳务用于捐赠、偿债、赞助、集资、广告、样品、职工福利或者利润分配等用途的，应当视同销售货物、转让财产或者提供劳务。同时，根据《国家税

---

[①] 《四川科新机电股份有限公司关于设立新疆科新重装有限公司的公告》，载巨潮资讯网，http://static.cninfo.com.cn/finalpage/2010-12-24/58820488.PDF，2020年3月29日访问。

[②] 根据《财政部、税务总局关于调整增值税税率的通知》(财税[2018]32号)第1条规定，纳税人发生增值税应税销售行为，原适用17%税率的，税率调整为16%（自2018年5月1日起执行）。

务总局关于企业处置资产所得税处理问题的通知》(国税函〔2008〕828号)第2条规定,企业将资产移送他人,因资产所有权属已发生改变而不属于内部处置资产,应按规定视同销售确定收入。科新机电以实物资产出资入股,实物资产的权属已经发生了变更,因此在企业所得税处理上应视同销售处理。

根据《国家税务总局关于企业取得财产转让等所得企业所得税处理问题的公告》(国家税务总局公告2010年第19号)第1条规定,"企业取得财产(包括各类资产、股权、债权等)转让收入、债务重组收入、接受捐赠收入、无法偿付的应付款收入等,不论是以货币形式,还是非货币形式体现,除另有规定外,均应一次性计入确认收入的年度计算缴纳企业所得税",因此科新机电应一次性将该视同销售的收入进行确认。

该实物资产的账面净值合计为249.73万元,交易价格为332.28万元,假设相关税费为0元,科新机电一次性缴纳企业所得税(332.28 − 249.73)×25% = 20.64万元。

**183. 企业以接受捐赠的固定资产作价出资,所得税处理有何特殊之处?**

企业接受捐赠的固定资产,不计入企业应纳税所得额。

企业出售该资产或进行清算时,若出售或清算价格低于接受捐赠时的固定资产价格,应以接受捐赠的固定资产价格计入应纳税所得或清算所得,若出售或清算价格高于接受捐赠时的固定资产价格,应以出售收入扣除清理费用后的余额计入应纳税所得或清算所得,依法缴纳企业所得税。

**184. 企业以固定资产作价出资,是否需要缴纳增值税?如何确定销售收入以及税率?**

一般情况下,企业以固定资产作价出资需要缴纳增值税。如前所述,企业以固定资产作价出资,应按规定视同销售确定收入。如用于出资的固定资产属于企业自制的资产,应按企业同类资产同期对外销售价格确定销售收入;属于外购的资产,可按购入时的价格确定销售收入。适用税率具体情形如下:

(1)一般纳税人

①以不得抵扣且未抵扣进项税额的固定资产出资,按简易办法4%征收率减半征收增值税。下列固定资产不得从中抵扣:

a. 用于非增值税应税项目、免征增值税项目、集体福利或者个人消费的购进货物;

b. 非正常损失的购进货物及相关的应税劳务;

c. 非正常损失的在产品、产成品所耗用的购进货物；

d. 国务院财政、税务主管部门规定的纳税人自用消费品；

e. 有关货物的运输费用和销售免税货物的运输费用。

②以其他固定资产出资,按照适用税率征收增值税。

(2)小规模纳税人

小规模纳税人以固定资产作价出资,减按2%征收率征收增值税；以除固定资产以外的其他资产作价出资,应按3%的征收率征收增值税。

值得注意的是,在资产重组过程中,个人或企业将全部或者部分固定资产以及与其相关联的债权、负债和劳动力一并转让给其他单位和个人,不属于增值税的征税范围,其中涉及的货物转让,不征收增值税。

**185. 债转股企业与金融资产管理公司签订债转股协议,债转股企业将货物资产作为投资提供给债转股新企业的,是否需要缴纳增值税？**

不需要。

**186. 以固定资产作价出资,如何进行会计处理？**

以固定资产投资,投资方会计处理如下：

(1)固定资产转入清理。固定资产转入清理时,按固定资产账面价值,借记"固定资产清理"科目,按已计提的累积折旧,借记"累积折旧"科目,按已计提的减值准备,借记"固定资产减值准备"科目,按固定资产账面余额,贷记"固定资产"科目。

固定资产清理过程中发生的有关费用以及应支付的相关税费,借记"固定资产清理"科目,贷记"银行存款""应交税费"等科目。

(2)确认发生的清理费用。借记"长期股权投资",贷记"固定资产清理"。

### 五、以房地产作价出资的税务问题[①]

(一)房地产转让的一般税务问题

**187. 转让房地产需要缴纳哪些税费？如何确定各个税种的应纳税额？法定纳税义务人是谁？纳税义务发生时间为何时？由何地税务机关征管？**

转让房地产需要缴纳增值税、城市维护建设税、教育费附加、土地增值税、印花税、企业所得税、契税、城镇土地使用税、个人所得税。各个税种的应纳税额计

---

[①] 根据《土地增值税暂行条例》规定,此处的房地产作扩张解释,包括国有土地使用权、地上的建筑物及附着物。

算方式以及纳税义务产生时间具体如下：

(1) 增值税

根据《国家税务总局关于发布〈纳税人转让不动产增值税征收管理暂行办法〉的公告》(国家税务总局公告 2016 年第 14 号)的规定：

①一般纳税人转让其取得的不动产，按照以下规定缴纳增值税：

a. 一般纳税人转让其 2016 年 4 月 30 日前取得(不含自建)的不动产，可以选择适用简易计税方法计税，以取得的全部价款和价外费用扣除不动产购置原价或者取得不动产时的作价后的余额为销售额，按照 5% 的征收率计算应纳税额。纳税人应按照上述计税方法向不动产所在地主管税务机关预缴税款，向机构所在地主管税务机关申报纳税。

b. 一般纳税人转让其 2016 年 4 月 30 日前自建的不动产，可以选择适用简易计税方法计税，以取得的全部价款和价外费用为销售额，按照 5% 的征收率计算应纳税额。纳税人应按照上述计税方法向不动产所在地主管税务机关预缴税款，向机构所在地主管税务机关申报纳税。

c. 一般纳税人转让其 2016 年 4 月 30 日前取得(不含自建)的不动产，选择适用一般计税方法计税的，以取得的全部价款和价外费用为销售额计算应纳税额。纳税人应以取得的全部价款和价外费用扣除不动产购置原价或者取得不动产时的作价后的余额，按照 5% 的预征率向不动产所在地主管税务机关预缴税款，向机构所在地主管税务机关申报纳税。

d. 一般纳税人转让其 2016 年 4 月 30 日前自建的不动产，选择适用一般计税方法计税的，以取得的全部价款和价外费用为销售额计算应纳税额。纳税人应以取得的全部价款和价外费用，按照 5% 的预征率向不动产所在地主管税务机关预缴税款，向机构所在地主管税务机关申报纳税。

e. 一般纳税人转让其 2016 年 5 月 1 日后取得(不含自建)的不动产，适用一般计税方法，以取得的全部价款和价外费用为销售额计算应纳税额。纳税人应以取得的全部价款和价外费用扣除不动产购置原价或者取得不动产时的作价后的余额，按照 5% 的预征率向不动产所在地主管税务机关预缴税款，向机构所在地主管税务机关申报纳税。

f. 一般纳税人转让其 2016 年 5 月 1 日后自建的不动产，适用一般计税方法，以取得的全部价款和价外费用为销售额计算应纳税额。纳税人应以取得的全部价款和价外费用，按照 5% 的预征率向不动产所在地主管税务机关预缴税款，向机构所在地主管税务机关申报纳税。

②小规模纳税人转让其取得的不动产,除个人①转让其购买的住房外,按照以下规定缴纳增值税:

a. 小规模纳税人转让其取得(不含自建)的不动产,以取得的全部价款和价外费用扣除不动产购置原价或者取得不动产时的作价后的余额为销售额,按照5%的征收率计算应纳税额。

b. 小规模纳税人转让其自建的不动产,以取得的全部价款和价外费用为销售额,按照5%的征收率计算应纳税额。

c. 除其他个人②之外的小规模纳税人,应按照本条规定的计税方法向不动产所在地主管税务机关预缴税款,向机构所在地主管税务机关申报纳税;其他个人按照本条规定的计税方法向不动产所在地主管税务机关申报纳税。

③个人转让其购买的住房,按照以下规定缴纳增值税:

a. 个人转让其购买的住房,按照有关规定全额缴纳增值税的,以取得的全部价款和价外费用为销售额,按照5%的征收率计算应纳税额。

b. 个人转让其购买的住房,按照有关规定差额缴纳增值税的,以取得的全部价款和价外费用扣除购买住房价款后的余额为销售额,按照5%的征收率计算应纳税额。

c. 个体工商户应按照本条规定的计税方法向住房所在地主管税务机关预缴税款,向机构所在地主管税务机关申报纳税;其他个人应按照本条规定的计税方法向住房所在地主管税务机关申报纳税。

④其他个人以外的纳税人转让其取得的不动产,区分以下情形计算应向不动产所在地主管税务机关预缴的税款:

a. 以转让不动产取得的全部价款和价外费用作为预缴税款计算依据的,计算公式为:

应预缴税款 = 全部价款和价外费用 ÷ (1 + 5%) × 5%

b. 以转让不动产取得的全部价款和价外费用扣除不动产购置原价或者取得不动产时的作价后的余额作为预缴税款计算依据的,计算公式为:

应预缴税款 = (全部价款和价外费用 − 不动产购置原价或者取得不动产时的作价) ÷ (1 + 5%) × 5%

---

① 根据《增值税暂行条例实施细则》第9条第2款之规定,《增值税暂行条例》中所称"个人",是指个体工商户和其他个人。

② 《增值税暂行条例》中的"其他个人"系指自然人。

(2)城市维护建设税

①适用税率：

a. 纳税人所在地在城市市区的，税率为7%；

b. 纳税人所在地在县城、建制镇的，税率为5%；

c. 纳税人所在地不在城市市区、县城、建制镇的，税率为1%。

②计算公式：应纳税额=实际缴纳增值税×适用税率。

③纳税义务发生时间：缴纳增值税时。

④法定纳税义务人：转让方。

⑤纳税地点：在增值税征管机关处申报纳税。

(3)教育费附加

①适用税率：3%。

②计算公式：应纳税额=实际缴纳的增值税×3%。

③纳税义务发生时间：缴纳增值税时。

④法定纳税义务人：转让方。

⑤纳税地点：在增值税征管机关处申报纳税。

(4)土地增值税

①适用税率：土地增值税采用4级超率累进税率(见表3-7)。

表3-7　土地增值税税率

| 级数 | 增值额与扣除项目金额的比率 | 税率/% | 速算扣除系数/% |
|---|---|---|---|
| 1 | 不超过50%的部分 | 30 | 0 |
| 2 | 超过50%至100%的部分 | 40 | 5 |
| 3 | 超过100%至200%的部分 | 50 | 15 |
| 4 | 超过200%的部分 | 60 | 35 |

②计算公式：土地增值税税额=增值额×适用税率-扣除项目金额×速算扣除系数(其中，增值额=收入额-扣除项目金额)。

其中，纳税人转让房地产所取得的收入，包括货币收入、实物收入和其他收入。

可扣除项目如表3-8所示：

表3-8 可扣除项目

| 可扣除项目分类 | 具体可扣除项目 |
| --- | --- |
| 取得土地使用权所支付的金额 | 出让方式取得时缴纳的土地出让金、受让方支付的契税以及其他有关登记、过户手续费 |
| | 划拨方式取得时补缴的出让金、受让方支付的契税以及其他有关登记、过户手续费 |
| | 转让取得时支付的地价款、受让方支付的契税以及其他有关登记、过户手续费 |
| 房地产开发成本 | 土地征用及拆迁补偿费、前期工程费、建筑安装工程费、基础设施费、公共配套设施费、开发间接费用(直接组织、管理开发项目发生的费用,包括工资、职工福利费、折旧费、修理费、办公费、水电费、劳动保护费、周转房摊销费) |
| 房地产开发费用 | 与房地产开发项目有关的销售费用、管理费用和财务费用 |
| 与转让房地产有关的税金 | 转让房地产时缴纳的增值税、教育附加费及城市维护建设税 |
| 其他扣除项目 | 对从事房地产开发的纳税人允许按取得房地产时所支付的金额和房地产开发成本之和,加计20%扣除 |

③纳税义务发生时间:转让合同签订后7日内。

④法定纳税义务人:转让方。

⑤纳税地点:在土地所在地税务机关申报纳税。纳税人转让的房地产坐落在两个或两个以上地区的,应按土地所在地分别申报纳税。

实际工作中,纳税地点的确定又可以分为以下两种情形:

a. 纳税人是法人的。当转让的房地产坐落地与其机构所在地或经营所在地一致时,则在办理税务登记的原管辖税务机关申报纳税即可;如果转让的房地产坐落地与其机构所在地或经营所在地不一致时,则应在房地产坐落地所管辖的税务机关申报纳税。

b. 纳税人是自然人的。当转让的房地产坐落地与其居住所在地一致时,则在住所所在地税务机关申报纳税即可;如果转让的房地产坐落地与其居住所在地不一致时,则在办理过户手续所在地的税务机关申报纳税。

(5)印花税

①适用税率:0.05%。

②计算公式:印花税＝计税金额×适用税率。

计税金额为土地使用权出让合同或土地使用权转让合同或商品房销售合同所记载金额。

③纳税义务发生时间:签订转让合同后。

④法定纳税义务人:转让方与受让方。

⑤纳税地点:分别在转让方与受让方所在地的税务机关申报纳税。

(6)企业所得税

①适用税率:25%。

②计算公式:企业所得税＝应纳税所得额×25%。

其中,应纳税所得额＝收入总额－不征税收入－免税收入－各项扣除金额－弥补亏损。

各种扣除金额包括成本、费用、与转让房地产有关的税金(营业税及附加、土地增值税、印花税)。

③纳税义务发生时间:取得收入时。

④法定纳税义务人:转让方。

⑤纳税地点:在土地使用权转让方注册登记地的税务机关申报纳税。

(7)契税

2016年2月17日,财政部、国家税务总局、住房城乡建设部发布了《关于调整房地产交易环节契税、营业税优惠政策的通知》(财税〔2016〕23号),通知要求,对个人购买家庭唯一住房(家庭成员范围包括购房人、配偶以及未成年子女,下同),面积为90平方米及以下的,减按1%的税率征收契税;面积为90平方米以上的,减按1.5%的税率征收契税。对个人购买家庭第2套改善性住房,面积为90平方米及以下的,减按1%的税率征收契税;面积为90平方米以上的,减按2%的税率征收契税。

①适用税率:契税税率为3%~5%。

②计税依据:

a.出让国有土地使用权的,其契税计税价格为承受人为取得该土地使用权而支付的全部经济利益。

以协议方式出让的,其契税计税价格为成交价格。成交价格包括土地出让金、土地补偿费、安置补助费、地上附着物和青苗补偿费、拆迁补偿费、市政建设配套费等承受者应支付的货币、实物、无形资产及其他经济利益。

没有成交价格或者成交价格明显偏低的,征收机关可依次按下列两种方式

确定:

评估价格:由政府批准设立的房地产评估机构根据相同地段、同类房地产进行综合评定,并经当地税务机关确认的价格。

土地基准地价:由县以上人民政府公示的土地基准地价。

以竞价方式出让的,其契税计税价格,一般应确定为竞价的成交价格,土地出让金、市政建设配套费以及各种补偿费用应包括在内。

b. 土地使用权出售、房屋买卖,为成交价格。成交价格是指土地、房屋权属转移合同确定的价格,包括承受者应交付的货币、实物、无形资产或者其他经济利益。

c. 土地使用权赠与、房屋赠与,由征收机关参照土地使用权出售、房屋买卖的市场价格核定。

d. 土地使用权交换、房屋交换,为所交换的土地使用权、房屋价格的差额。交换价格相等时,免征契税;交换价格不等时,由多交付的货币、实物、无形资产或者其他经济利益的一方缴纳契税。

e. 以划拨方式取得土地使用权,经批准转让房地产时,由房地产转让者补交契税。计税依据为补交的土地使用权出让费用或者土地收益和其他出让费用。

f. 土地使用者将土地使用权及所附建筑物、构筑物等(包括在建的房屋、其他建筑物、构筑物和其他附着物)转让给他人的,应按照转让的总价款计征契税。

前款成交价格明显低于市场价格并且无正当理由的,或者所交换土地使用权、房屋的价格的差额明显不合理并且无正当理由的,由征收机关参照市场价格核定。

③计算公式:应纳税额 = 计税依据 × 税率。

④纳税义务发生时间:为纳税人签订土地、房屋权属转移合同的当天,或者纳税人取得其他具有土地、房屋权属转移合同性质凭证的当天。

⑤法定纳税义务人:土地使用权受让方。

⑥纳税地点:在土地所在地的税务机关申报纳税。

(8)城镇土地使用税

以出让方式或转让方式取得土地使用权的,应由受让方从合同约定交付土地时间的次日起缴纳城镇土地使用税。合同未约定的,由受让方从签订合同的次日起缴纳城镇土地使用税。根据《城镇土地使用税暂行条例》的相关规定,城镇土地使用税采用定额税率,即采用有幅度的差别税额。按大、中、小城市和县城、建制镇、工矿区分别规定每平方米城镇土地使用税应纳税额。

城镇土地使用税每平方米税额标准具体规定如下：大城市1.5~20元；中等城市1.2~24元；小城市0.9~18元；县城、建制镇、工矿区0.6~12元。

(9)个人所得税

①税率：20%。

②计算方式：个人所得税＝(财产转让收入－原值－合理费用)×20%。

③个人转让自用达5年以上并且唯一的家庭用房，免征个人所得税。

④纳税义务人：转让方。

⑤纳税义务发生时间：取得所得的次月15日内，向税务机关报送纳税申报表，并缴纳税款。

**188. 房地产开发企业未支付的质量保证金，能否在计算土地增值税时予以扣除？**

房地产开发企业在工程竣工验收后，根据合同约定，扣留建筑安装施工企业一定比例的工程款，作为开发项目的质量保证金。在计算土地增值税时，建筑安装施工企业就质量保证金对房地产开发企业开具发票的，按发票所载金额予以扣除；未开具发票的，扣留的质量保证金不得计算扣除。

**189. 房地产开发费用按照何标准进行扣除？**

土地增值税扣除项目的房地产开发费用，不按纳税人房地产开发项目实际发生的费用扣除，扣除标准如下：

(1)财务费用中的利息支出，凡能够按转让房地产项目计算分摊并提供金融机构证明的，允许据实扣除，但最高不能超过按商业银行同类同期贷款利率计算的金额。其他房地产开发费用，在按照"取得土地使用权所支付的金额"与"房地产开发成本"金额之和的5%以内计算扣除。

(2)凡不能按转让房地产项目计算分摊利息支出或不能提供金融机构证明的，房地产开发费用在按"取得土地使用权所支付的金额"与"房地产开发成本"金额之和的10%以内计算扣除。

全部使用自有资金，没有利息支出的，按照以上方法扣除。

上述具体适用的比例按省级人民政府此前规定的比例执行。

(3)房地产开发企业既向金融机构借款，又有其他借款的，其房地产开发费用计算扣除时不能同时适用前述第(1)、(2)项所述两种办法。

(4)土地增值税清算时，已经计入房地产开发成本的利息支出，应调整至财务费用中计算扣除。

**190. 转让未取得土地使用权属证书的土地使用权,是否应缴纳土地增值税、营业税和契税等税费?**

应当。土地使用者转让、抵押或置换土地,无论其是否取得了该土地的使用权属证书,无论其在转让、抵押或置换土地过程中是否与对方当事人办理了土地使用权属证书变更登记手续,只要土地使用者享有占有、使用、收益或处分该土地的权利,且有合同等证据表明其实质转让、抵押或置换了土地并取得了相应的经济利益,土地使用者及其对方当事人应当依照税法规定缴纳营业税、土地增值税和契税等相关税费。

**191. 出现哪些情形,纳税人应当对房地产的价格进行评估确认转让房地产的收入?如何评估?如何确定评估机构?评估机构有何义务?**

房地产评估价格,是指由政府批准设立的房地产评估机构根据相同地段、同类房地产进行综合评定的价格。评估价格须经当地税务机关确认。

纳税人有下列情形之一的,按照房地产评估价格计算征收:

(1)隐瞒、虚报房地产成交价格的。

隐瞒、虚报房地产成交价格,是指纳税人不报或有意低报转让土地使用权、地上建筑物及其附着物价款的行为。

隐瞒、虚报房地产成交价格,应由评估机构参照同类房地产的市场交易价格进行评估。税务机关根据评估价格确定转让房地产的收入。

(2)提供扣除项目金额不实的。

提供扣除项目金额不实的,是指纳税人在纳税申报时不据实提供扣除项目金额的行为。

提供扣除项目金额不实的,应由评估机构按照房屋重置成本价乘以成新度折扣率计算的房屋成本价和取得土地使用权时的基准地价进行评估。税务机关根据评估价格确定扣除项目金额。

(3)转让房地产的成交价格低于房地产评估价格,又无正当理由的。

转让房地产的成交价格低于房地产评估价格,又无正当理由,是指纳税人申报的转让房地产的实际成交价低于房地产评估机构评定的交易价,纳税人又不能提供凭据或无正当理由的行为。

转让房地产的成交价格低于房地产评估价格,又无正当理由的,由税务机关参照房地产评估价格确定转让房地产的收入。

纳税人可委托经省以上房地产管理部门确认评估资格并报税务部门备案的房地产评估机构受理有关转让房地产的评估业务。

接受委托的各房地产评估机构,在按税务部门要求按期将评估结果报送房地产所在地税务机关,作为确认计税依据参考的同时,应将评估结果报当地政府设立的事业性房地产估价管理机构审核。

对于房地产所在地税务机关要求受委托的房地产评估机构提供与房地产评估有关的资料的,评估机构应当无偿提供,不得以任何借口予以拒绝。

**192. 哪些情形下,纳税人应办理土地增值税清算手续？应于何时办理？清算时应向税务局提交哪些文件？**

符合下列情形之一的,纳税人应进行土地增值税的清算:

(1)房地产开发项目全部竣工、完成销售的;

(2)整体转让未竣工决算房地产开发项目的;

(3)直接转让土地使用权的。

符合下列情形之一的,主管税务机关可要求纳税人进行土地增值税清算:

(1)已竣工验收的房地产开发项目,已转让的房地产建筑面积占整个项目可售建筑面积的比例在85%以上,或该比例虽未超过85%,但剩余的可售建筑面积已经出租或自用的;

(2)取得销售(预售)许可证满3年仍未销售完毕的;

(3)纳税人申请注销税务登记但未办理土地增值税清算手续的;

(4)省税务机关规定的其他情况。

应进行土地增值税清算的项目,纳税人应当在满足条件之日起90日内到主管税务机关办理清算手续。税务机关可要求纳税人进行土地增值税清算的项目,由主管税务机关确定是否进行清算;对于确定需要进行清算的项目,由主管税务机关下达清算通知,纳税人应当在收到清算通知之日起90日内办理清算手续。

纳税人清算土地增值税时应提供如下清算资料:

(1)土地增值税清算表及其附表。

(2)房地产开发项目清算说明,主要内容应包括房地产开发项目立项、用地、开发、销售、关联方交易、融资、税款缴纳等基本情况及主管税务机关需要了解的其他情况。

(3)项目竣工决算报表、取得土地使用权所支付的地价款凭证、国有土地使用权出让合同、银行贷款利息结算通知单、项目工程合同结算单、商品房购销合同统计表、销售明细表、预售许可证等与转让房地产的收入、成本和费用有关的证明资料。主管税务机关需要相应项目记账凭证的,纳税人还应提供记账凭证复印件。

（4）纳税人委托税务中介机构审核鉴证的清算项目，还应报送中介机构出具的《土地增值税清算税款鉴证报告》。

**193. 纳税人应当于何时申报土地增值税？向何地税务机关申报？申报时需要提交哪些材料？如何确定纳税期限？**

纳税人应在转让房地产合同签订后的7日内，到房地产所在地主管税务机关办理纳税申报，并向税务机关提交房屋及建筑物产权、土地使用权证书，土地转让、房产买卖合同，房地产评估报告及其他与转让房地产有关的资料。

纳税人因经常发生房地产转让而难以在每次转让后申报的，经税务机关审核同意后，可以定期进行纳税申报，具体期限由税务机关根据情况确定。

申报后，纳税人按照税务机关核定的税额及规定的期限缴纳土地增值税。

房地产所在地，是指房地产的坐落地。纳税人转让房地产坐落在两个或两个以上地区的，应按房地产所在地分别申报纳税。

税务机关核定的纳税期限，应在纳税人签订房地产转让合同之后、办理房地产权属转让（过户及登记）手续之前。

**194. 在哪些情形下，对土地增值税清算可实行核定征收？**

在土地增值税清算过程中，发现纳税人符合核定征收条件的，应按核定征收方式对房地产项目进行清算。在土地增值税清算中符合以下条件之一的，可实行核定征收：

（1）依照法律、行政法规的规定应当设置但未设置账簿的；

（2）擅自销毁账簿或者拒不提供纳税资料的；

（3）虽设置账簿，但账目混乱或者成本资料、收入凭证、费用凭证残缺不全，难以确定转让收入或扣除项目金额的；

（4）符合土地增值税清算条件，企业未按照规定的期限办理清算手续，经税务机关责令限期清算，逾期仍不清算的；

（5）申报的计税依据明显偏低，又无正当理由的。

符合上述核定征收条件的，由主管税务机关发出核定征收的税务事项告知书后，税务人员对房地产项目开展土地增值税核定征收核查，经主管税务机关审核合议，通知纳税人申报缴纳应补缴税款或办理退税。

**195. 清算补缴土地增值税，是否需要加收滞纳金？**

纳税人按规定预缴土地增值税后，清算补缴的土地增值税，在主管税务机关规定的期限内补缴的，不加收滞纳金。

**196. 转让房地产中,转让方拒绝开具发票,受让方能否向法院提起民事诉讼请求转让方开具发票?**

根据有关税法规定,单位在经营活动中,应当按照规定开具发票。

有观点认为,开具发票属于行政法律关系,不是民事法律关系,不属于法院受理、调处范围,法院应裁定驳回转让方的诉讼。

笔者认为,开具发票既是法定义务,又是合同义务。受让方可以向法院提起诉讼请求转让方开具发票。税务机关依据国家有关发票管理法规,对发票的印制、使用和稽查等活动进行管理,与纳税人之间形成的是行政法律关系。这与从事经济活动的当事人,在自愿、协商基础上建立的民事法律关系,两者在主体、权利义务内容等方面都各不相同。发票的作用主要为,一是作为收款凭证,例如经济活动中购买商品或接受劳务都应当以发票作为记录经济业务的原始凭证;二是需要以发票为依据主张其他民事权利或财产权利,例如增值税发票可用作税款的抵扣依据。正是由于发票具有的作用,即使合同未对开具发票作出约定,按照有关交易惯例和有利于合同目的实现的原则,可将开具发票作为合同的任意条款进行补充解释,视为收款人的一项合同义务。学术上也多将此作为合同的从给付义务,是对主给付义务的补充。从给付义务的履行有助于保障债权的实现。例如商品房买卖中,开发商有移转房屋所有权的义务,而办理产权登记必须提供房款发票,如果开发商不向业主开具发票,房屋就无法办理过户登记,业主的债权显然无法得到实现。一个行为可以同时具有行政义务与合同义务的性质。收款人不开具发票的行为,既是违反有关发票管理法规的行为,应受行政处罚,又是违约行为,应向对方承担违约责任。从现行法律规定上看,《消费者权益保护法》也规定"经营者提供商品或者服务,应当按照国家有关规定或者商业惯例向消费者出具购货凭证或者服务单据;消费者索要购货凭证或者服务单据的,经营者必须出具"。可见,法律对经营者开具发票并不完全将之作为行政义务来看待,亦承认是一项民事义务,其义务在性质上可以是双重的。

**【案例102】卖方未证交付发票  买方诉讼请求开具发票获支持**[1]

**原告:** 茶业公司

**被告:** 电梯公司

**诉讼请求:** 被告向原告开具金额为 271,500 元的增值税发票。

---

[1] 参见浙江省杭州市江干区人民法院(2010)杭江九商初字第 61 号民事判决书。

**争议焦点**:买卖合同中卖方开具增值税发票是否是其法定义务,买方能否通过民事诉讼请求卖方开具发票。

**基本案情**:

2007年11月23日,原、被告签订电(扶)梯设备买卖合同,合同约定:原告向被告购买电(扶)梯3台,价款共计271,500元人民币。

2008年12月8日,被告交付的电(扶)梯经绍兴市特种设备检测院复检合格,原告未按约向被告支付尾款54,300元。

2009年11月24日,被告向法院起诉,要求原告支付货款并承担违约责任,杭州市江干区人民法院作出(2009)杭江商初字第1589号民事判决:原告支付被告货款54,300元及支付逾期付款违约金6559元。

后被告向原告提供了购货人为原告公司名称、价税为"272,700元"的增值税专用发票,因被告将原告公司的名称填写错误,原告据此将票据退回给被告。

双方因重新开票所需补缴税款的损失承担无法达成一致意见发生纠纷。

**原告诉称**:

原告按约支付了3期货款,但被告一直未向原告开具增值税发票。

**被告辩称**:

开具增值税发票的诉讼请求是一种行政法律关系,不应作为本案的诉讼请求;被告已开具足额的增值税发票,不能重复开具;增值税发票不能抵扣的过错在于原告,原告收至发票后应当进行检查,并且在90天内进行抵扣,如果当时原告能及时发现或进行抵扣,发现错误,根据有关规定被告可开具红色的发票进行冲抵,所以过错在原告。

**被告为证明其观点,提交证据如下**:

1. 被告于2008年6月12日开具给原告的增值税发票记账联1份,拟证明被告已向原告开具了全额的增值税发票;

2. 申通快递详情单1份,拟证明被告在2008年6月20日,通过邮寄的方式将增值税专用发票寄给原告,经办人是原告的郎总。

**针对被告的上述证据,原告认为**:

1. 对于证据1,被告是在2009年5月将增值税发票给原告的,且购货单位也填写错误,财务发现错误后,在当月就退回给了被告;

2. 对于证据2,从详情单上看该邮件是从慈溪寄出,寄件人也不是本案被告,且也不能看出邮寄的材料是本案所涉的增值税发票。

**法院认为：**

1. 关于证据的认定。

被告提供的证据1(增值税发票记账联)，仅能证明被告向原告开具了购货单位为原告公司全称、价税为"272,700元"的增值税专用发票1张的事实，对这一事实，法院应予以确认。证据2(快递详情单)，寄件人的地址为慈溪某路656号4楼，寄件人为何某华，寄件人并非本案的被告，且被告也未提供证据证明何某华系其单位的员工；况且该邮件材料是否为被告所称的增值税发票，详情单上无任何注明，故对该份证据的证明效力，法院应不予确认。

2. 发票开具行为系民事法律关系。

买卖合同中，卖方开具发票属于该买卖行为的附随义务，属于民事法律关系的范畴，非行政法律关系，被告认为开具增值税发票的诉讼请求是一种行政法律关系，不应作为本案的诉讼请求，该主张于法无据。

3. 按时开具有效增值税发票是销售方的法定义务。

销售方给付购货方增值税发票为法定义务，该法定义务应当作为合同的附随义务由销售方履行。销售方未给付增值税发票或给付的增值税发票无效，属销售方未全部履行合同义务，购货方有权要求销售方给付有效的增值税发票。

本案中，被告给付原告的增值税发票，购货人填写错误，应属无效发票，且该发票原告已退还给被告，被告应向原告给付有效的增值税发票。

关于价款金额，因本案中，被告向原告出售了含税价为271,500元的货物，故价款金额应为271,500元。

**法院判决：**

被告给付原告价税金额为271,500元的增值税专用发票。

## 197. 纳税义务人与合同相对人约定由合同相对人或者第三人缴纳税款，该约定是否有效？

有效。我国税收征管方面的法律、法规虽明确规定了税种、税率、税额及纳税义务人，禁止纳税人将必须由其履行的义务如申报纳税、开具发票等以协议或其他方式转移给其他任何个人和单位，但并未禁止纳税人与合同相对人或第三人约定由合同相对人或第三人缴纳税款，即对于实际由谁缴纳税款并未作出强制性或禁止性规定。

纳税义务人与第三方之间关于税费承担的约定是合同当事人之间的权利义务关系安排，既没有违反税收征管方面的法律、法规，亦没有损害国家利益、社会公共利益与第三方利益,不符合合同无效制度安排的根本目标。故,纳税义务人与合同相对人关于由合同相对人或者第三人缴纳税款的约定合法有效。

## 【案例103】约定税费他方承担　未违反法律合法有效[①]

**原告:** 太重公司

**被告:** 嘉和泰公司

**诉讼请求:**

1. 被告立即支付土地补偿金、相关税费合计3548.6271万元及违约金755.86256万元(截至2006年1月12日)及至全部清偿之日止的违约金;

2. 被告立即支付土地出让金5255.08万元。

**争议焦点:**

1. 双方签订的《协议书》《补充协议》性质如何,是联合开发合同还是土地使用权转让合同;《转让合同》系对《协议书》和《补充协议》的变更,还是仅为双方办理登记备案之用;

2. 税费承担约定是否违反了强制性规定,是否有效;

3. 在税费应纳税额不确定的情形下,卖方能否要求买方依照税费承担约定缴纳税费。

**基本案情:**

2002年3月26日,原告(甲方)与被告(乙方)签订《协议书》。其主要内容如下:

"(三)双方权利义务:(8)原告负责办理土地出让手续,土地出让金及相关出让费用由被告按原告与土地管理部门签署的《国有土地出让合同》约定的付款方式及付款时间支付给原告,再由原告向政府相关部门缴纳;

"(四)付款方式:(1)协议签订后2日内,被告向原告支付土地补偿金500万元,10日内支付1500万元;(2)原告与土地部门签订土地出让合同后10日内,被告按该合同确定的土地出让金比例和数额向原告支付该笔款项;(3)原告土地出让完毕,且已取得国有土地使用权后,原告与被告签订该土地使用权转让合同,此合同一经土地局批准10日内,被告支付剩余的土地补偿金,原告收到土地补偿金后,将土地证及已批准的土地使用权转让协议交由被告办理过户手续。

"(五)违约责任:被告未按本协议第4条约定时间向原告支付该条约定款

---

[①] 参见最高人民法院(2007)民一终字第62号民事判决书。

项,按该条应支付款项,每超过一日按万分之四计息补偿给原告,如超过约定时间3个月后仍不能支付,原告有权终止协议,除留下已付款的10%作为对原告补偿外,其余款项退回被告。"

2002年4月2日,原告(甲方)与被告(乙方)签订《补充协议》。约定被告按每亩94万元向原告支付土地补偿金,94万元/亩中的流转税按原告76%,被告24%的比例承担。除此以外,原协议履行过程中的所有各项税费均由被告承担。同日,被告以承兑汇票方式向原告支付土地补偿金2000万元(该承兑汇票2002年9月到期)。

2002年8月12日,被告以承兑汇票方式向原告支付土地出让金1000万元(该承兑汇票2003年2月到期)。2002年9月23日被告以电汇方式向原告支付土地出让金50万元。被告合计向原告支付土地出让金1050万元。

2002年9月24日,原告与太原市国土资源局签订《国有土地使用权出让合同》(以下简称《出让合同》),原告取得了该宗土地的使用权。确认出让土地面积为42,968.75平方米(约64.45亩)。

2002年10月30日,被告以支票方式向原告支付土地补偿金250万元。

2002年12月,原告与被告签订《太原市出让土地使用权转让合同书》(以下简称《转让合同》)。确定土地使用权转让价格为每平方米1223元,总额为5255.08万元。

2002年12月31日,被告向太原市国土资源局支付土地出让金386.72万元。

2003年1月20日,被告以承兑汇票方式向原告支付土地补偿金2000万元。

后2005年1月5日、8月19日、8月29日、9月22日,被告以支票、现金方式,四次向原告支付土地补偿金330万元。

综上,被告以承兑汇票、支票、现金方式共支付土地补偿金4580万元,余款未付。

2003年1月15日,原告与被告取得国有土地使用权转让鉴证单。双方通过办理权属变更登记手续,被告于2003年1月取得该宗土地的国有土地使用证。

按照《协议书》和《补充协议》有关税费承担的约定,被告尚欠原告各种税金。

原告已缴纳契税41.25万元;已申报营业税281.25万元,实际缴纳营业税242.526万元。

**原告诉称:**

2002年3月16日原告与被告签订《协议书》,就原告向被告转让太原市某路西一巷48号土地拆迁补偿事宜进行了明确约定。2002年4月2日又签订《补充协议》,就《协议书》中有关税费承担问题进一步明确。合同签订后,原告按约履行了合同,而被告只支付了土地补偿金4559.7万元,尚欠原告土地补偿金、相关税费等合计3548.6271万元。被告应支付欠款并对其违约行为按照合同约定承担违约责任。根据原告与被告签订的《转让合同》,被告还另外拖欠原告土地转让金5255.08万元没有支付。

**被告辩称:**

被告不欠原告任何款项,原告的诉讼请求应被驳回。

1. "土地补偿金"即"土地转让金",被告已支付相应款项。

原告主张的"土地补偿金"与"土地转让金"是转让同一地块的不同阶段的称谓,其实质是土地转让价。2002年3月26日,双方签订《协议书》时土地性质为划拨土地,且协议的名义是合作开发,故使用"补偿金"这一名词,实质是土地使用权转让合同。2002年12月,双方就该地块重新签订了《转让合同》,并经政府批准。该合同是最终确定土地使用权转让法律关系的合法文件,转让价格为5255.08万元。被告已超额支付土地转让款,不存在欠款一说,原告也无权主张所谓的违约金。

2. 被告不欠原告任何税费。

《转让合同》中没有约定由被告负担相关税费,且在该合同第8条明确约定增值税由原告负担。

**一审认为:**

1. 关于《协议书》的效力问题

(1)《协议书》的性质是土地使用权转让合同。

就《协议书》内容看,主要是约定被告为取得该宗土地使用权,向原告支付94万元/亩的补偿金。并非以提供土地使用权、资金等作为共同投资、共同经营,共享利润、共担风险合作开发为基本内容。根据《最高人民法院关于审理涉及国有土地使用权合同纠纷案件适用法律问题的解释》(法释〔2005〕5号)第24条,应当认定为土地使用权转让合同。

(2)《协议书》是真实履行的合同,《转让合同》只是用于办理过户之用。

关于《协议书》《补充协议》和《转让合同》的关系,从形式上讲,《协议书》和《补充协议》是未经备案登记、仅由双方持有的合同。《转让合同》是经过备案登记的合同。从内容上讲,《协议书》和《补充协议》约定转让土地补偿金94万元/亩,共6058.3万元,土地增值税及相关税费由被告承担。《转让合同》约定土地转让金为每平方米1223元,共5255.08万元,土地增值税由原告承担。《协议书》约定的权利、义务,付款方式,违约责任、争议解决方式等条款,在《转让合同》中没有条款约定或者说明。二者是针对同一标的所签订的形式不同、内容也不尽相同的两份合同。虽然都有转让的真实意思表示,但《协议书》是真实履行的合同,而《转让合同》只是用于办理过户之用。

(3)《协议书》合法有效。

《协议书》是双方当事人真实的意思表示,也是实际真正履行的合同。《协议书》和《转让合同》是对同一标的所签的先后两份合同,但后签订的《转让合同》并不当然取代《协议书》。原因在于,一是《转让合同》未废止《协议书》及《协议书》中约定的补偿金条款,也未约定《协议书》与《转让合同》相抵触的部分无效。二是《协议书》和《补充协议》约定了包括拆迁、安置、履行期限、履行方式、违约责任承担、纠纷解决方式等内容,《转让合同》不具备该类交易行为所签合同的必要条款。依照《合同法》第78条①规定,应推定为未变更。三是《协议书》不违反国家法律、法规。原告与被告签订《协议书》时,该土地为划拨用地,但双方在履行合同过程中,在经政府管理部门批准后,该划拨用地使用权已转化为出让土地使用权,不存在《合同法》第52条规定的合同无效②的任何一种情形。根据《最高人民法院关于审理涉及国有土地使用权合同纠纷案件适用法律问题的解释》(法释〔2005〕5号)第11条规定,《协议书》应认定为合法有效。

2. 关于《补充协议》的效力问题

双方在《协议书》的基础上,签订《补充协议》,对土地增值税、流转税的金额及履行方式等进行了明确约定,其内容与《协议书》内容并不冲突,与《协议书》的内容共同构成完整的合同内容,二者是同一的关系。根据《合同法》第61条③规定,该《补充协议》的内容是对《协议书》内容的补充。可以确认《补充协议》与《协议书》具有相同的法律效力。

3. 关于《转让合同》的效力问题

(1)《转让合同》价格非双方合意。

《转让合同》第7条约定的土地转让价格5255.08万元,是国土局的评估价格,是国家土地管理部门对土地交易双方成交价格进行间接调控和引导的最低限价,并非双方达成合意的表示。

---

① 现为《民法典》第544条相关内容。
② 关于合同效力的一般规则可参见《民法典》总则编第六章民事法律行为第143～157条相关内容。
③ 现为《民法典》第510条相关内容。

(2)《转让合同》约定的价格不符合客观事实。

按照《转让合同》约定,该宗土地价格为5255.08万元,土地增值税由原告承担,相关税费没有约定,按规定由原告承担。则原告在取得5255.08万元收入时,需向国家交纳土地出让金1417.97万元,需向国家交纳土地增值税及其他相关税费,还要负责拆迁、安置,且该宗土地上建筑物评估价为1041.2171万元。显然,原告以5255.08万元转让该宗土地与客观事实和真实合意不符。

(3)按照《转让合同》约定的价款5255.08万元,被告的支付有悖常理。

被告在已支付3300万元前提下,只应向原告支付1955.08万元。但被告于2003年1月20日支付了2000万元,在取得土地使用证,认为已超额支付的情况下,又于2005年1月5日、8月19日、8月29日、9月22日4次向原告共付款330万元,显然与常理不符。

(4)《转让合同》约定的重要条款形同虚设。

《转让合同》第8条约定:原告同意按原出让合同规定向国家交纳土地增值税。但原出让合同中并无交纳土地增值税的约定。

(5)《转让合同》没有约定土地交付、价款支付、违约责任、纠纷解决方式等内容,不具备土地使用权转让合同的必要条款,不符合一般的交易习惯。

(6)按照《协议书》第4条约定:原告土地出让完毕,且已取得国有出让土地使用权后,与被告签订该土地使用权转让合同(按土地局规定文本),此合同一经土地局批准10日内,即由被告向原告支付剩余的土地补偿金,原告收到土地补偿金后,将土地证及已批准的土地使用权转让协议交由被告办理过户手续。《协议书》第3条约定:出让费标准为原告在政策中能享受到的最优惠的价格标准。显然双方存在合理减少土地转让费的合意。由此可以推断,《转让合同》是按照土地局规定文本,为履行土地局的批准手续而作出的。双方将转让价格约定为5255.08万元,是为了少报纳税金额,而非变更原约定的转让价格。因此,《转让合同》中关于转让价格及土地增值税的约定并非双方当事人真实意思表示,该类条款只会使国家税款减少,因此该类条款应认定无效。其余条款与以前协议内容基本竞合,是双方当事人的真实意思表示,且经土地管理部门审查,并作了土地权属变更登记,双方已实际履行,为有效条款。

4. 关于被告已付价款数额的确定问题、税金问题及违约金问题

(1)被告已付土地补偿金数额的问题。

关于承兑汇票。在双方未就付款方式作出明确约定情况下,被告以承兑汇票方式付款并无不妥,原告收取承兑汇票后也没有提出异议。对原告扣除贴现利息

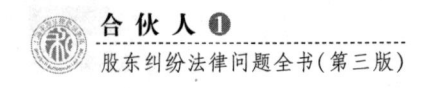

的主张不予支持。

关于国土资源局收取的 386.72 万元土地出让金。原告出售该地,实际就是要取得 94 万元/亩,合计 6058.3 万元的土地补偿金收益,其他一切费用均由被告支付。《协议书》第 3 条约定:原告土地出让手续办理完毕且被告已支付全部土地补偿金后,原告即为被告办理土地使用权转让手续,转让费由被告承担。因此,该笔出让金不应算在原告收取的补偿金中。

故按照《协议书》约定,被告应支付原告土地补偿金 6058.3 万元,已支付 4580 万元,欠付原告土地补偿金 1478.3 万元。

(2) 税金问题。

双方在《补充协议》中约定:除流转税按 76% 和 24% 的比例由原告和被告承担外,其余所有税费均由被告承担。双方当事人对税金的约定并不违反法律、法规强制性规定。被告向原告支付的补偿金是双方约定的不含税价格,双方约定各种税金由被告承担合法有效。但是土地增值税和印花税原告并未缴纳,营业税部分缴纳部分未发生,对于未缴纳的税费原告没有权利向被告主张,在各税费实际发生后,原告可依据《协议书》及《补充协议》向被告主张或另行起诉。对原告已缴付的 41.25 万元契税,予以支持。

(3) 违约金问题。

被告没有完全履行其付款义务,是基于双方签订了两份合同,双方都有过错,因此对原告主张按照日万分之四计算违约金的请求,不予支持。但由于被告迟延付款的责任显然大过原告,其迟延付款的行为客观上给原告造成了利息损失。依照《合同法》第 107 条[1]的规定,利息损失也属违约责任的一种,原告虽然未提出利息损失的请求,但提出了违约金请求。因此被告应负担迟延付款的利息。

**一审判决:**

1. 被告向原告支付土地补偿金 1478.3 万元及利息(自 2005 年 9 月 23 日起至判决确定的支付之日,以 1478.3 万元为基数,按照中国人民银行同期贷款利率计算);

2. 被告向原告支付契税 41.25 万元;

3. 驳回原告的其他诉讼请求。

原、被告均不服一审判决,向上级人民法院提起上诉。

---

[1] 现为《民法典》第 577 条相关内容。

**被告二审诉称：**

1. 关于《转让合同》的效力。

《转让合同》是双方当事人真实意思表示，符合法律规定，并经政府批准，是最终确定双方土地使用权转让法律关系的合法文件，土地价格应以《转让合同》的约定为准。被告已按约定履行完毕自己的义务，不存在拖欠款项的行为，一审判决被告承担责任是错误的。

2. 关于《协议书》和《补充协议》的效力。

《协议书》和《补充协议》签订时，该宗土地为行政划拨地。根据法律规定，原告无权转让该宗土地，应属无效协议。在办理出让手续后，《协议书》的效力才得到补正，才发生法律效力。虽然该协议有效了，但它先天不足是事实，需要在履行过程中逐步合法化。《协议书》是《转让合同》的准备，并最终被《转让合同》取代。

3.《转让合同》效力优于《协议书》。

一审判决认定《协议书》和《转让合同》是针对同一标的所签订的新旧两份合同。既然如此，根据《合同法》的一般原理，后合同(《转让合同》)的效力应当优于前合同(《协议书》)，政府批准的合同效力当然优于未经批准的合同。

4.《转让合同》和《协议书》相冲突的约定，应以《转让合同》为准。

与《协议书》相比，《转让合同》在转让范围、面积、价格、增值税负担等方面都发生了变化，当然应以《转让合同》为准。

5.《补充协议》就税费负担所作的约定，违反了税法的强制性规定。

即使有效，增值税的负担约定也显失公平。增值税的纳税主体是转让人而非受让人，所以《转让合同》变更增值税由原告承担。

6. 一审判决认定被告已付价款数额有误，被告代原告支付的386.72万元出让金，应计入已付款数额。

7. 2005年以后所付330万元是为了促使原告履行全面交付土地义务，被迫多付的。

8. 假如一审判决结果是正确的，其对诉讼费的分担违背了人民法院诉讼收费办法，超过被告应负担的比例。

**原告二审辩称：**

被告主张《转让合同》取代《协议书》和《补充协议》毫无根据且严重歪曲事实。被告对协议约定的出让金和税金提出异议，目的是歪曲协议、赖账。被告认为386.72万元出让金应由原告承担，没有根据。

**原告二审诉称：**

1. 一审判决对被告欠付土地转让金的事实没有认定是错误的。

《协议书》约定被告支付土地补偿金每亩94万元，是对原告进行土地拆迁、安置、"三通一平"等工作的补偿，而非土地转让价格。《转让合同》约定的是土地转让金，是土地本身的转让价格。两份合同的约定并不矛盾，更不重复，被告应当分别履行相应的合同付款义务。《协议书》与《转让合同》的内容相互独立，没有重复，均有双方当事人的盖章签字。根据《合同法》规定，两份合同均成立并生效。在两份合同中，并没有任何相互否定或者变更的条款，分别构成双方不同的权利义务。

2. 一审判决为被告减免大部分违约责任，没有依据，也不公平。

一审判决已认定被告拖欠土地补偿金的事实存在，应当履行付款义务，但是将原告根据合同约定诉请的违约金改为支付同期贷款利息，并且违约金的起算时间也被推迟了2年8个月之多，显然不符合约定，对原告是不公平的。《协议书》对违约条款的约定清楚明确，对双方均有法律约束力，人民法院应当尊重当事人的意思自治。按《协议书》约定，被告应在《转让合同》经批准10日内付清土地补偿金。而《转让合同》经批准的时间双方均认可为2003年1月15日，则被告付清土地补偿金的时间应为2003年1月25日。原告正是据此计算违约金，并且对被告中间几次还款均相应予以核减，分段计算。截至2006年1月12日，被告应当支付违约金755.86256万元。这一计算结果既符合合同约定，也符合客观事实，应当得到法院的支持。

3. 一审判决驳回原告对税金的诉讼请求是错误的。

依法纳税是企业应承担的义务，税金对于原告是必然发生的费用，原告当然有权主张，是否已经发生并不影响被告承担合同义务。而且应纳税款的计算均有国家相关法律法规的规定，原告起诉税费金额是依法计算的结果，有充分的法律依据，应当得到支持。

4. 一审判决对被告已付款数额认定也存在错误。

被告支付的款项中有2002年4月2日2000万元承兑汇票，应扣除贴现利息30.3万元；8月12日1000万元的承兑汇票应扣除贴现利息15.6万元。

**被告二审辩称：**

1.《协议书》和《补充协议》已被《转让合同》取代。被告已按《转让合同》确定的价格履行完毕付款义务，并无任何拖欠。

2. 被告按约履行了全部付款义务，不拖欠原告的任何款项，原告无权主张所谓的违约金。

3. 原告主张的各种税费包括营业税、契税、印花税、土地增值税由被告承担不能成立。因为《转让合同》取代《协议书》及《补充协议》后，《转让合同》并没有约定上述税费由被告承担，《转让合同》第8条还明确约定增值税由原告承担。

4. 原告认为已付款中应扣除贴现利息，没有依据。被告支付承兑汇票时，原告按票面金额开具了收据，已认可不扣除贴现利息，现在无权主张扣除。

**二审认为：**

1. 关于《协议书》《补充协议》和《转让合同》的效力及相互关系问题

(1)《协议书》的性质系土地使用权转让合同，合法有效。

《协议书》《补充协议》是双方在平等的基础上，自愿协商达成的协议，是双方真实的意思表示。《协议书》不仅详细地约定了所转让土地的面积、价格、付款方式、违约责任，还具体约定了双方的权利义务及履行程序。《协议书》签订时，被告及原告均知道该宗土地属于划拨用地。双方缔约行为并没有规避法律损害国家利益，事实上，原告和被告正是按照《协议书》约定完成该宗土地转让的。

根据《最高人民法院关于审理涉及国有土地使用权合同纠纷案件适用法律问题的解释》（法释〔2005〕5号）第9条[①]规定："转让方未取得出让土地使用权证书与受让方订立合同转让土地使用权，起诉前转让方已经取得出让土地使用权证书或者有批准权的人民政府同意转让的，应当认定合同有效。"因此，《协议书》合法有效。

(2)《补充协议》就转让土地使用权的税费承担所作的约定合法有效。

《补充协议》是对《协议书》约定转让土地使用权的税费承担所作的补充约定，明确了转让土地使用权的税费如何承担及由谁承担的问题。虽然我国税收管理方面的法律法规对于各种税收的征收均明确规定了纳税义务人，但是并未禁止纳税义务人与合同相对人约定由合同相对人或第三人缴纳税款。税法对于税种、税率、税额的规定是强制性的，而对于实际由谁缴纳税款没有作出强制性或禁止性规定。故《补充协议》关于税费负担的约定并不违反税收管理方面的法律法规的规定，属合法有效协议。

---

[①] 该解释于2020年进行修正，原解释第9条内容可参见2020年修正版中的第13条。第13条规定："合作开发房地产合同的当事人一方具备房地产开发经营资质的，应当认定合同有效。当事人双方均不具备房地产开发经营资质的，应当认定合同无效。但起诉前当事人一方已经取得房地产开发经营资质或者已依法合作成立具有房地产开发经营资质的房地产开发企业的，应当认定合同有效。"

(3) 关于《转让合同》的效力问题。

原告与被告之所以在《协议书》之外又签订《转让合同》，是因为签订《协议书》时，双方当事人均知道所转让的土地属划拨用地，不能直接转让。只有在原告办完土地出让手续，取得国有出让土地使用权后，再与被告签订国有土地使用权转让合同，并由双方共同到土地管理部门办理登记备案，才能完成该土地使用权转让。因此，《转让合同》对于原告及被告来讲就是到土地管理部门办理登记备案手续，以完成《协议书》约定的转让土地使用权行为，而并非为了变更《协议书》的约定条款或者构成双方新的权利义务关系；对于土地管理部门来讲，以《转让合同》登记备案，则表明土地管理部门认可《转让合同》中的价格并据此征收转让税费，办理相关手续。虽然《转让合同》中的价格比双方当事人实际约定的价格低，但土地管理部门给予登记备案的事实表明，土地管理部门认可双方当事人可以此最低价格办理土地使用权转让手续，也表明双方当事人这一做法并不违反土地管理部门的相关规定。事实上，土地管理部门也正是依据该《转让合同》办理了土地权属变更手续。由此可以认定，在本案中《转让合同》仅是双方办理登记备案之用，别无他用，其效力仅及于登记备案。《转让合同》对于合同双方既没有变更《协议书》约定条款，也不构成新的权利义务关系。从被告支付土地补偿金的过程和数额看，也可证明被告在签订《转让合同》后，仍是按《协议书》约定的土地补偿金数额支付的。

(4) 关于《协议书》《补充协议》与《转让合同》的关系。

双方当事人签订《转让合同》的目的是办理土地使用权转让登记备案手续。《转让合同》没有约定变更或取代《协议书》的条款，并未在双方当事人之间成立新的权利义务关系。从双方当事人实际履行合同的情况看，原告转让土地使用权收取土地补偿金、出让金、转让金，原告与太原市国土资源局签订《出让合同》及其与被告签订《转让合同》到土地管理部门登记等行为都是在履行《协议书》约定的权利义务。而被告支付土地补偿金、出让金、转让金，取得土地使用权等也是履行《协议书》约定的权利义务。因此，本案中的《转让合同》是双方在土地管理部门办理土地使用权转让手续的备案合同；《协议书》才是双方实际履行的合同。

综上，《协议书》及《补充协议》是合法有效的协议，是确定双方当事人权利义务及违约责任的合同依据。

2. 被告已付土地补偿金的数额问题

根据 2002 年 3 月 26 日原告与被告签订的《协议书》第 4 条约定，被告在《协议书》签订 10 日内，应支付土地补偿金 2000 万元。被告应按约定时间履行付款义务。但被告以2002年9月到期的2000万元承兑汇票支付该笔土地补偿金,导致原告不能在约定时间实际收到该款项。原告只有支付贴现利息,才能在约定时间取得上述款项。被告这种以远期承兑汇票履行到期付款义务的行为,实际是迟延付款,属于不当履行合同义务的行为。由于被告不当履行合同义务,造成原告为此支付30.3万元的贴现利息损失,应由被告承担。

386.72万元土地出让金是2002年12月原告与被告签订《转让合同》后,由被告直接支付给太原市国土资源局的。依据《协议书》第3条约定,原告土地出让手续办理完毕且被告支付全部土地补偿金后,原告即为被告办理土地使用权转让手续,转让费用由被告承担。故该笔款项属于被告应承担的土地转让款,不应计入其已付的土地补偿金数额。

3. 原告的税金请求是否成立问题

根据《补充协议》的约定,除流转税按76%和24%的比例由原告和被告分别承担外,其余所有税费均由被告承担。如前所述,《补充协议》关于税费负担的约定并不违反税收管理法律法规的规定,是合法有效协议,双方当事人应按约定履行自己的义务。《补充协议》约定转让土地使用权税费的承担,只是明确了转让土地使用权过程中所发生的相关税费由谁负担的问题。而对于何时缴纳何种税费及缴纳多少税费,《补充协议》没有约定,也无法约定。只有在相关主管部门确定税费种类和额度,原告缴纳后,被告才能支付。原告在未缴纳税金,也没有相关部门确定纳税数额的情况下,请求被告支付转让土地税金,没有事实依据。

4. 关于原告的违约金请求是否成立问题

《协议书》对于双方当事人具体的权利义务中包括被告付款时间、数额及违约责任均作出了明确约定。原告及被告都应按照诚实、信用原则,实际履行合同义务。原告按约定办理了土地出让、转让手续并将涉案地块实际交付给被告。被告应按约定履行付款义务,但被告在取得土地使用权后,未按约定时间及数额支付土地补偿金。被告迟延向原告支付土地补偿金是引起本案诉讼的主要原因。因此,被告的行为已构成违约,应按合同约定承担违约责任。因为被告最后支付土地补偿金的时间是2005年9月23日,原告此前并未要求被告支付违约金。故被告应从2005年9月23日起承担违约责任。

**二审判决:**

1. 维持一审判决第3项;

2. 变更一审判决第1项为:被告向原告支付土地补偿金1508.6万元人民币,并从2005年9月23日起按实际迟延付款天数以日万分之四的比例计算违约金支付给原告直至还清之日止；

3. 变更一审判决第 2 项为：被告向原告支付营业税 58.20624 万元人民币，支付契税 41.25 万元人民币。

## （二）房地产作价出资的税务问题

**198. 以房地产作价出资与一般的房地产转让所需缴纳的税费有何不同？**

二者应缴纳的税费差异如表 3-9 所示：

表 3-9　房地产转让与房地产作价出资税费比较

| 方式<br>税费 | 房地产转让 ||| 房地产作价出资 |
|---|---|---|---|---|
| | 税率 | 计算公式 | 纳税义务人 | |
| 增值税 | 5% | 详见问答 187 | 转让方 | 免征 |
| 城市维护建设 | 1%、5%、7% | 增值税额×税率 | 转让方 | 免征 |
| 教育费附加 | 3% | 增值税额×3% | 转让方 | 免征 |
| 土地增值税 | 30%、40%、50%、60% | 增值额×适用税率－扣除项目金额×速算扣除系数 | 转让方 | 1. 无论是否为房地产企业，以房地产出资设立房地产企业，征收；<br>2. 房地产企业以建造的商品房出资，无论是否设立房地产企业，征收；<br>3. 其他情形下免征。 |
| 印花税 | 0.05% | 转让价款×0.05% | 转让方与受让方 | 征收（与转让相同） |
| 企业所得税 | 25% | 应税所得×25% | 转让方 | 征收（与转让相同） |
| 契税 | 3%~5% | 计税价格×税率 | 受让方 | 征收（与转让相同） |

## 【案例104】土地作价出资　免征土地增值税[1]

**收购方(被投资方)**：中储股份
**被收购方(投资方)**：中储总公司
**被收购方主要股东**：诚通控股公司
**收购方式**：资产收购
**定价基准日**：2011年4月6日

**基本案情：**

中储股份拟向中储总公司发行8435.61万股股份，购买截至2011年2月28日中储总公司持有的西安4宗地、衡阳5宗地、武汉1宗地、洛阳4宗地、平顶山2宗地，上述16宗地的预评估价值为85,537.05万元。发行后中储股份总股本为92,445.89万股，发行价格为定价基准日前20个交易日中储股份A股股票均价，即10.14元/股。

中储总公司是由诚通控股公司100%控股的全资子公司，公司注册资本为57,148万元。截至2010年12月31日，公司总资产为1,304,580.53万元。股票发行前，中储总公司持有中储股份的44.75%股权，发行后持股比例将变为49.79%，仍为中储股份第一大股东。

**律师观点：**

中储总公司以土地使用权投资入股的行为主要涉及营业税、土地增值税、契税、印花税以及企业所得税。

1. 营业税

根据国家税务总局《营业税税目注释(试行稿)》第8条规定，中储总公司以土地使用权投资入股中储股份的行为，无须缴纳营业税。

2. 土地增值税及契税

根据《财政部、国家税务总局关于企业改制重组有关土地增值税政策的通知》(财税〔2015〕5号)以及《财政部、国家税务总局关于土地增值税若干问题的通知》(财税〔2006〕21号)规定，中储股份与中储总公司均非房地产开发企业，中储总公司将持有的土地向中储股份投资，依法可以享受暂免征收土地增值税的待遇。

被投资方中储股份应以85,537.05万元为计税依据按照3%的税率缴纳契税

---

[1] 《中储发展股份有限公司非公开发行股份购买资产暨关联交易预案》，载巨潮资讯网，http://static.cninfo.com.cn/finalpage/2011-04-07/59229961.PDF，2020年3月29日访问。

2566.12万元。

3. 印花税

投资方中储总公司应就土地使用权转让行为缴纳印花税,被投资方中储股份应就账面增加的"股本"以及"资本公积"金额缴纳印花税,即投资双方均以85,537.05万元为计税依据按照万分之五的税率各自缴纳印花税427,685.25元。

4. 企业所得税

由于无法确定上述16宗地的价值是否达到投资方中储总公司总资产的75%,因此无法判断此次土地使用权作价出资是否满足企业所得税特殊性税务处理的条件。

如果适用特殊性税务处理方式,则投资方中储总公司取得中储股份股权的计税基础,以及中储股份取得中储总公司股权的计税基础,均以上述16宗土地使用权的原有计税基础确定。

如果适用一般性税务处理方式,则中储总公司应确认土地使用权转让所得或损失,中储股份取得土地使用权的计税基础以85,537.05万元确定。

### 199. 以土地使用权作价出资,如何进行会计处理?

以土地使用权作价出资,如果该土地使用权已经入账,当资产评估确认的价值大于其账面价值时,借记"长期股权投资"(无形资产评估价值),按已摊销的累积摊销,借记"累积摊销"科目,贷记"无形资产"(无形资产账面余额);资产评估价值大于无形资产账面价值余额贷记"营业外收入";当资产评估确认的价值小于其账面价值时,借记"长期股权投资"(评估价值),无形资产账面价值大于评估价值的余额借记"营业外支出",按已摊销的累积摊销,借记"累积摊销"科目,贷记"无形资产"(无形资产账面余额)。

如果该土地使用权未入账,借记"长期股权投资",贷记"无形资产"。

### 200. 以划拨方式取得的土地使用权出资,是否需要缴纳相关税费?

需要。以划拨方式取得的土地使用权出资,应当签订土地使用权出让合同,向当地市、县人民政府补交土地使用权出让金或者以转让、出租、抵押所获收益抵交土地使用权出让金。在缴纳出让金后,再办理出资手续,同时按照土地使用权转让税收规定缴纳相关税款。

### 201. 对原划拨土地使用权采取国家股入股的,股份制企业转让的,是否需要缴纳相关税费?

股份制企业应在办理土地使用权证书并补交土地使用权出让金后,方可转让。此时如转让价格高于其取得该土地使用权所支付对价的,则应按土地使用权转让规定缴纳相关税款。

**202. 以土地使用权作价出资成立项目公司,投资各方以及项目公司如何进行所得税处理?**

房地产企业投资开发的形式主要有两种:

(1)法人型合作:成立项目公司进行房地产联合开发。即由双方出资或提供土地依法成立项目公司,以项目公司的名义进行开发,双方按照出资比例或通过合同约定承担风险、分享收益。

(2)非法人型合作:不成立项目公司,而是按照合作协议约定各自独立履行义务、分享收益。其特点是对外显示出来的项目主体只有一方,双方对合作开发的权利、义务,体现在双方的合作开发合同之中。

接下来将分别介绍两种合作方式下的税务处理。为了表述方便,以土地使用权合作开发房地产的一方称为出地方,以货币合作开发房地产的一方称为货币方。

以土地使用权作价出资成立项目公司,各方所得税具体处理方式如下:

(1)出地方的所得税处理

出地方以换取开发产品为目的,将土地使用权投资其他企业房地产开发项目的,按以下规定进行处理:

出地方应在首次取得开发产品时,将其分解为转让土地使用权和购入开发产品两项经济业务进行所得税处理,并按应从该项目取得的开发产品(包括首次取得的和以后应取得的)的市场公允价值计算确认土地使用权转让所得或损失。

出地方应按照《企业会计准则第 7 号——非货币性资产交换》进行以土地使用权换取长期股权投资的会计处理。非货币资产交换准则规定,非货币资产交换具有商业实质且公允价值能够可靠计量的,应当以换出资产的公允价值和应支付的相关税费作为换入资产的成本,除非有确凿证据表明换入资产的公允价值比换出资产公允价值更加可靠。换出资产为固定资产的、无形资产的,换出资产公允价值和换出资产账面价值的差额计入营业外收入或营业外支出。出地方对项目公司的长期股权投资进行核算。

(2)货币方的会计处理

货币方应按照《企业会计准则第 2 号——长期股权投资》进行投资业务的会计处理,按照实际支付的购买价款作为初始投资成本。

(3) 项目公司会计处理

项目公司的财务上反映为科目"注册资本"或"资本公积金"的增加。

(4) 项目公司所得税处理

项目公司应在投资交易发生时，按该项土地使用权的市场公允价值和土地使用权转移过程中应支付的相关税费计算确认该项土地使用权的取得成本。如涉及补价，土地使用权的取得成本还应加上应支付的补价款或减除应收到的补价款。

当然，如果以土地使用权作价出资成立项目公司，满足一定条件，可以适用资产收购特殊性税务处理方式进行所得税处理。①

## 【案例105】成立项目公司合作开发房地产的会计与税务处理

**基本案情：**

甲公司以10万平方米的土地使用权出资，乙公司以4000万元的货币资金出资，共同投资成立独立法人丙公司，合作开发房地产。甲公司投入土地使用权的取得成本为4000万元，公允价值为6000万元，占丙公司60%的股份。乙公司出资占丙公司40%的股份，双方约定按出资比例采用利润共享、风险共担的分配形式。当年实现销售收入为30,000万元，税后利润2500万元，年终股东（大）会决议以50%的股利支付率采用货币资金方式分配利润。甲公司系房地产开发公司，此次与乙方合作系开发新楼盘。

**律师观点：**

1. 会计处理

甲公司会计处理如下（单位：元，下同）：

(1) 按照协议投入土地使用权时：

借：长期股权投资—丙公司　　　　60,000,000
　　贷：无形资产—土地使用权　　　　40,000,000
　　　　营业外收入　　　　　　　　20,000,000

(2) 按照投资比例分配利润时：

借：应收股利　　　　　　　　　　7,500,000
　　贷：投资收益　　　　　　　　　7,500,000

---

① 关于资产收购特殊性税务处理的条件及方式详见本书第七章股权转让纠纷第五节股权转让的税务问题。

（3）实际分配利润时：
借：银行存款　　　　　　　　　7,500,000
　　贷：应收股利　　　　　　　　　　7,500,000
乙公司会计处理如下：
（1）按照协议投入资金时：
借：长期股权投资—丙公司　　　40,000,000
　　贷：银行存款　　　　　　　　　40,000,000
（2）丙公司实现利润时：
借：长期股权投资—损益调整　　10,000,000
　　贷：投资收益　　　　　　　　　10,000,000
（3）按照投资比例分得投资收益时：
借：银行存款　　　　　　　　　5,000,000
　　贷：长期股权投资—损益调整　　5,000,000
丙公司会计处理如下：
（1）收到甲、乙公司出资时：
借：无形资产—土地使用权　　　60,000,000
　　银行存款　　　　　　　　　40,000,000
　　贷：实收资本—甲公司　　　　　60,000,000
　　　　　　—乙公司　　　　　　　40,000,000
（2）宣告分配利润时：
借：利润分配—应付股利　　　　12,500,000
　　贷：应付股利—甲公司　　　　　7,500,000
　　　　　　—乙公司　　　　　　　5,000,000
（3）分配利润时：
借：应付股利—甲公司　　　　　7,500,000
　　　　—乙公司　　　　　　　5,000,000
　　贷：银行存款　　　　　　　　　12,500,000

2. 税务处理
（1）营业税
甲公司以土地使用权投资入股，无须缴纳营业税。乙公司在出资环节也不涉及营业税。房屋销售环节，丙公司应交营业税 = 30,000 × 5% = 1500万元。

(2) 印花税

甲公司与丙公司应缴纳印花税 = 计税金额 × 适用税率 = 6000 × 0.05% = 3 万元。

(3) 土地增值税

甲公司系房地产开发公司,此次以土地使用权向丙公司出资系开发新楼盘,因此应缴纳土地增值税。

增值额 = 收入 − 扣除项目金额 = 6000 − 4000 = 2000 万元

增值额/扣除项目 = 2000/4000 = 0.5,适用税率 30%,速算扣除系数 0%。

土地增值税税额 = 增值额 × 适用税率 − 扣除项目金额 × 速算扣除系数
= 2000 × 30% − 4000 × 0% = 600 万元

(4) 企业所得税

甲公司以土地使用权出资,应将其分解成按 6000 万元转让土地使用权和投资两项业务,确认土地使用权转让所得 2000 万元,缴纳企业所得税 500 万元。

(5) 契税

假设税率为 4%,丙公司缴纳契税 = 6000 × 4% = 240 万元。

**203. 在成立项目公司情形下,出地方以土地使用权作价出资,是否需要缴纳契税?**

一般情况下,以土地、房屋权属作价投资入股的,视同土地使用权转让,房屋买卖应征收契税。由项目公司依照规定缴纳契税,计税依据为项目公司取得土地使用权的公允价值。

**204. 房地产开发企业将开发产品用于职工福利、奖励、对外投资、分配给股东或投资人、抵偿债务、换取其他单位和个人的非货币性资产等(以下简称非直接销售),需要缴纳哪些税收?如何确定收入?**

对于非直接销售行为,视为销售,房地产开发企业应当缴纳企业所得税、土地增值税与增值税。

(1) 计算企业所得税的于开发产品所有权或使用权转移,或于实际取得利益权利时确认收入(或利润)的实现。确认收入(或利润)的方法和顺序为:

①按本企业近期或本年度最近月份同类开发产品市场销售价格确定;

②由主管税务机关参照当地同类开发产品市场公允价值确定;

③按开发产品的成本利润率确定。开发产品的成本利润率不得低于 15%,具体比例由主管税务机关确定。

(2)土地增值税的收入按下列方法和顺序确认：

①按本企业在同一地区、同一年度销售的同类房地产的平均价格确定；

②由主管税务机关参照当地当年、同类房地产的市场价格或评估价值确定。

(3)增值税的收入按如下方法确认：

转让建筑物有限产权或者永久使用权的，转让在建的建筑物或者构筑物所有权的，以及在转让建筑物或者构筑物时一并转让其所占土地的使用权的，按照销售不动产缴纳增值税。

(三)联合开发房地产的税务问题

**205. 联合开发房地产中，如何确定纳税主体？**

对从事联合开发房地产的企业，无论是出地方，还是货币方，凡能单独核算自身转让、开发、销售房地产的收入、成本、费用的，独立核算的货币方、出地方分别各自按照税法规定进行税务处理。

**206. 联合开发房地产中，投资方与被投资企业应如何进行企业所得税处理？**

按下列方式进行处理：

(1)凡开发合同或协议中约定向投资各方(合作、合资方，下同)分配开发产品的，企业在首次分配开发产品时，如该项已经结算计税成本，其应分配给投资方开发产品的计税成本与其投资额之间的差额计入当期应纳税所得额；如未结算计税成本，则将投资方的投资额视同销售收入进行相关的税务处理。

(2)凡开发合同或协议中约定分配项目利润的，应按以下规定进行处理：

①企业应将该项目形成的营业利润额并入当期应纳税所得额统一申报缴纳企业所得税，不得在税前分配该项目的利润。同时不能因接受投资方投资额而在成本中摊销或在税前扣除相关的利息支出。

②货币方取得该项目的营业利润应视同股息、红利，并进行相关的税务处理。

**207. 联合开发房地产中，出地方是否需要缴纳土地增值税？**

对于一方出地、一方出资金，双方合作建房，建成后按比例分房自用的，暂免征收土地增值税；建成后转让的，应征收土地增值税。

**【法律依据】**

一、公司法类

(一)法律

❖《公司法》

❖《外商投资法》

❖《企业破产法》

(二)行政法规

❖《市场主体登记管理条例》

(三)司法解释

❖《最高人民法院关于适用〈中华人民共和国外商投资法〉若干问题的解释》(法释〔2019〕20号)

❖《最高人民法院关于适用〈中华人民共和国公司法〉若干问题的规定(三)》(2020年修正)

❖《最高人民法院关于适用〈中华人民共和国公司法〉若干问题的规定(二)》(2020年修正)

❖《最高人民法院关于破产债权能否与未到位的注册资金抵销问题的复函》(法函〔1995〕32号)

❖《最高人民法院关于金融机构为企业出具不实或者虚假验资报告资金证明如何承担民事责任问题的通知》(法〔2002〕21号)

❖《最高人民法院关于金融机构为行政机关批准开办的公司提供注册资金验资报告不实应当承担责任问题的批复》(法复〔1996〕3号)

(四)部门规范性文件

❖《国家土地管理局关于执行股份有限公司土地使用权管理暂行规定中几个问题的请示的批复》(国土批〔1997〕56号)

(五)地方司法文件

❖《北京市高级人民法院关于印发〈北京市高级人民法院关于审理公司纠纷案件若干问题的指导意见〉的通知》(京高法发〔2008〕127号)

❖《上海市高级人民法院关于审理涉及公司诉讼案件若干问题的处理意见(三)》(沪高法民二〔2004〕2号)

❖《江苏省高级人民法院关于审理适用公司法案件若干问题的意见(试行)》(苏高法审〔2003〕2号)

❖《陕西省高级人民法院关于印发〈陕西省高级人民法院民二庭关于公司纠纷、企业改制、不良资产处置及刑民交叉等民商事疑难问题的处理意见〉的通知》(陕高法〔2007〕304号)

❖《山东省高级人民法院关于审理公司纠纷案件若干问题的意见(试行)》(鲁高法发〔2007〕3号)

## 二、税法类

(一)法律

❖《个人所得税法》

❖《企业所得税法》

❖《税收征收管理法》

(二)行政法规

❖《个人所得税法实施条例》

❖《企业所得税法实施条例》(国务院令第512号发布,国务院令第714号修正)

❖《增值税暂行条例》

❖《城镇土地使用税暂行条例》

❖《印花税暂行条例》

❖《契税暂行条例》

❖《发票管理办法》

(三)部门规章

❖《土地增值税暂行条例实施细则》(财法字〔1995〕6号)

❖《增值税暂行条例实施细则》(财政部、国家税务总局令第65号)

❖《印花税暂行条例施行细则》(财税字〔1988〕第255号)

❖《契税暂行条例细则》(财法字〔1997〕52号)

(四)其他规范性文件

❖《国家税务总局关于资产评估增值计征个人所得税问题的通知》(国税发〔2008〕115号)

❖《财政部、国家税务总局关于个人非货币性资产投资有关个人所得税政策的通知》(财税〔2015〕41号)

❖《财政部关于进一步做好债转股企业资产评估工作的通知》(财企〔2000〕734号)

❖《企业会计准则第2号——长期股权投资》(财会〔2014〕14号)

❖《企业会计准则第4号——固定资产》(财会〔2006〕3号)

❖《企业会计准则第7号——非货币性资产交换》(财会〔2019〕8号)

❖《企业会计准则第12号——债务重组》(财会〔2019〕9号)

❖《国家税务总局关于企业处置资产所得税处理问题的通知》(国税函〔2008〕828号)

- ❖《国家税务总局关于债务重组所得企业所得税处理问题的批复》(国税函〔2009〕1号)
- ❖《国家税务总局关于印发〈房地产开发经营业务企业所得税处理办法〉的通知》(国税发〔2009〕31号)
- ❖《财政部、国家税务总局关于企业重组业务企业所得税处理若干问题的通知》(财税〔2009〕59号)①
- ❖《财政部、国家税务总局关于促进企业重组有关企业所得税处理问题的通知》(财税〔2014〕109号)
- ❖《国家税务总局关于技术转让所得减免企业所得税有关问题的通知》(国税函〔2009〕212号)
- ❖《国家税务总局关于发布〈企业重组业务企业所得税管理办法〉的公告》(国家税务总局公告2010年第4号)
- ❖《财政部、国家税务总局关于居民企业技术转让有关企业所得税政策问题的通知》(财税〔2010〕111号)
- ❖《国家税务总局关于进一步明确企业所得税过渡期优惠政策执行口径问题的通知》(国税函〔2010〕157号)
- ❖《国家税务总局关于贯彻落实企业所得税法若干税收问题的通知》(国税函〔2010〕79号)
- ❖《国家税务总局关于纳税人资产重组有关增值税问题的公告》(国家税务总局公告2011年第13号)
- ❖《国家税务总局关于纳税人资产重组有关营业税问题的公告》(国家税务总局公告2011年第51号)
- ❖《国家税务总局关于发布〈企业资产损失所得税税前扣除管理办法〉的公告》(国家税务总局公告2011年第25号)
- ❖《财政部关于对技术转让费的计算、支付和技术转让收入征税的暂行办法》(财税字〔1985〕44号)
- ❖《财政部、国家税务总局关于债转股企业、股份制企业所得税征管和收入级次划分有关问题的通知》(财税〔2002〕25号)
- ❖《财政部、国家税务总局、发展改革委、工业和信息化部关于软件和集成电

---

① 其中第6条已被《财政部、国家税务总局关于促进企业重组有关企业所得税处理问题的通知》(财税〔2014〕109号)修改。

路产业企业所得税优惠政策有关问题的通知》(财税〔2016〕49号)

❖《财政部、国家税务总局关于将国家自主创新示范区有关税收试点政策推广到全国范围实施的通知》(财税〔2015〕116号)

❖《国家税务总局关于发布修订后的〈企业所得税优惠政策事项办理办法〉的公告》(国家税务总局公告2018年第23号)

❖《国家税务局关于企业重组业务企业所得税征收管理若干问题的公告》(国家税务总局公告2015年第48号)

❖《财政部、国家税务总局关于土地增值税一些具体问题规定的通知》(财税字〔1995〕48号)

❖《财政部、国家税务总局关于企业改制重组有关土地增值税政策的通知》(财税〔2015〕5号)

❖《财政部、国家税务总局、国家国有资产管理局关于转让国有房地产征收土地增值税中有关房地产价格评估问题的通知》(财税字〔1995〕61号)

❖《国家税务总局、国家土地管理局关于土地增值税若干征管问题的通知》(国税发〔1996〕4号)

❖《财政部、国家税务总局关于继续实施企业改制重组有关土地增值税政策的通知》(财税〔2018〕57号)

❖《国家税务总局关于房地产开发企业土地增值税清算管理有关问题的通知》(国税发〔2006〕187号)

❖《国家税务总局关于印发〈土地增值税清算管理规程〉的通知》(国税发〔2009〕91号)

❖《国家税务总局关于土地增值税清算有关问题的通知》(国税函〔2010〕220号)

❖《财政部、国家税务总局关于全国实施增值税转型改革若干问题的通知》(财税〔2008〕170号)

❖《财政部、国家税务总局关于部分货物适用增值税低税率和简易办法征收增值税政策的通知》(财税〔2009〕第9号)

❖《国家税务总局关于增值税简易征收政策有关管理问题的通知》(国税函〔2009〕90号)

❖《国家税务总局关于纳税人资产重组有关增值税问题的公告》(国家税务总局公告2011年第13号)

❖《国家税务总局关于一般纳税人销售自己使用过的固定资产增值税有关

问题的公告》(国家税务总局公告 2012 年第 1 号)

❖《国家税务总局关于专利技术转让过程中销售设备征收增值税问题的批复》(国税函〔1998〕361 号)

❖《国家税务总局关于债转股企业实物投资免征增值税政策有关问题的批复》(国税函〔2003〕1394 号)

❖《财政部、国家税务总局关于国有土地使用权出让等有关契税问题的通知》(财税〔2004〕134 号)

❖《财政部、国家税务总局关于土地使用权转让契税计税依据的批复》(财税〔2007〕162 号)

❖《财政部、国家税务总局关于以上市公司股权出资有关证券(股票)交易印花税政策问题的通知》(财税〔2010〕7 号)

### 三、民法类

(一)法律

❖《民法典》

❖《消费者权益保护法》

(二)司法解释

❖《最高人民法院关于审理民事案件适用诉讼时效制度若干问题的规定》(2020 年修正)

❖《最高人民法院关于对帮助他人设立注册资金虚假的公司应当如何承担民事责任的请示的答复》(〔2001〕民二他字第 4 号)

❖《最高人民法院关于审理涉及会计师事务所在审计业务活动中民事侵权赔偿责任案件的若干规定》(法释〔2007〕12 号)

### 四、其他

(一)法律

❖《刑法》

❖《土地管理法》

❖《道路交通安全法》

(二)司法解释

❖《最高人民检察院、公安部关于公安机关管辖的刑事案件立案追诉标准的规定(二)》(公通字〔2010〕23 号)

❖《最高人民检察院、公安部关于印发〈关于修改侵犯商业秘密刑事案件立案追诉标准的决定〉的通知》(高检发〔2020〕15 号)

- 《最高人民法院关于人民法院执行工作中若干问题的规定(试行)》(2020年修正)
- 《最高人民法院关于印发〈全国法院审理金融犯罪案件工作座谈会纪要〉的通知》(法〔2001〕8号)

(三)行业协会规范性文件

- 《中国资产评估协会关于印发〈资产评估执业准则——机器设备〉的通知》(中评协〔2017〕39号)
- 《中国资产评估协会关于印发〈资产评估执业准则——不动产〉的通知》(中评协〔2017〕38号)
- 《中国资产评估协会关于印发〈资产评估执业准则——无形资产〉的通知》(中评协〔2017〕37号)
- 《中国资产评估协会关于印发修订〈专利资产评估指导意见〉的通知》(中评协〔2017〕49号)
- 《中国资产评估协会关于印发修订〈商标资产评估指导意见〉的通知》(中评协〔2017〕51号)
- 《中国资产评估协会关于印发修订〈著作权资产评估指导意见〉的通知》(中评协〔2017〕50号)